JN426537

파이썬으로 배우는

인공지능 수학

이재광
jkl7559@unist.ac.kr

울산과학기술원(UNIST) 전기전자공학과 산학협력중점교수
한남대학교 컴퓨터공학과 명예교수

전태일
tijeon@dju.kr

대전대학교 정보보안학과 명예교수

파이썬으로 배우는
인공지능 수학

인쇄 2023년 2월 15일 초판 1쇄
발행 2023년 3월 1일 초판 1쇄

저자 이재광, 전태일
발행인 성희령
발행처 INFINITYBOOKS | **주소** 경기도 고양시 일산동구 하늘마을로 158, 대방트리플라온 C동 209호
대표전화 02)302-8441 | **팩스** 02)6085-0777
기획팀 채희만, 임민정 | **영업팀** 최형진, 이호준 | **마케팅팀** 한석범 | **편집팀** 임유리 | **경영관리팀** 이승희

도서문의 및 A/S지원
홈페이지 www.infinitybooks.co.kr | **이메일** helloworld@infinitybooks.co.kr

ISBN 979-11-92373-15-7 | **등록번호** 제2021-000018호 | **판매정가** 32,000원

머리말

인공지능이 우리의 실생활에 깊이 파고들고 있다. 인공지능은 우리의 질문에 거의 인간처럼 대답하고 대학생 과제물을 상당한 수준으로 작성할 정도로 발전하였다. 심지어는 창의성까지 갖추고 있어서 간단한 지시만 내려도 아주 그럴듯한 소설을 쓰기도 하고 그림도 그리고 음악도 만들고 동영상도 만들어낸다. 뿐만 아니라 전문 학술 논문도 그럴듯하게 작성하는 능력을 갖춰가고 있다. 인공지능 기술은 놀라운 속도로 발전하고 있다. 하지만 사용자 관점에서 우리 생활을 편리하게 해주는 인공지능 애플리케이션에 경외감을 느끼기도 하지만 인공지능이 인간을 초월하지 않을까 하는 불안감을 느끼기도 한다. 최근까지만 해도 인공지능 기술 개발이나 응용에 특별한 규제나 법이 체계적으로 갖추지 못했고, 윤리적인 문제 등에 대한 큰 고민 없이 개발하고 활용해왔다. 하지만 인공지능 애플리케이션 활용이 주는 편리함 뒤에 숨어있는 위협 요소들을 깨우치게 되었고 국제기구나 규제 기관을 중심으로 인공지능에 대한 신뢰성을 구축하려고 노력하고 있다.

그러면 인공지능 시대에 과학을 전공하는 사람으로서 갖춰야 할 인공지능에 대한 지식은 무엇인가? 최소한 인공지능을 가능하게 하는 기초지식은 무엇인지 알아야 할 필요가 있다. 인공지능이 컴퓨터를 활용해서 구현되는 과학기술이고 인공지능 시스템은 하나의 알고리즘으로서 입력되는 데이터로부터 정확한 예측을 하는 메커니즘을 갖추고 있다. 이러한 알고리즘은 주어진 데이터셋으로부터 모델을 만들고 모델을 데이터로 학습시키고 훈련한 뒤에 인공지능 시스템이라는 방식으로 제품화하여 출시하게 된다. 인공지능 모델은 다양한 수학적 지식이 있어야 하고 알고리즘이 학습하는 방식에도 수학적 이론이 필요하다. 초보적인 수학 지식도 필요하지만, 고급 수학 지식도 다양한 인공지능 영역에서 필요로 하고 있다. 인공지능 애플리케이션 사용자 관점에서 이러한 개발 과정에 있는 수학 지식을 모두 알 필요는 없다. 하지만 이 분야에 종사하여 인공지능 시스템을 기획하고, 개발하는 사람은 인공지능에 활용되는 수학적 지식을 이해하고 이들이 어떻게 인공지능 시스템에 활용되는지를 알고 있어야 한다.

이 책에서는 인공지능 분야에 관심을 두고 학습하고자 하는 학생들이 반드시 알아야 할 다양한 수학지식을 기초부터 학습할 수 있도록 정리하고 인공지능 분야와의 연관성을 제공하고자 한다. 뒤에 이어지는 인공지능에 필요한 수학 분야들을 살펴보면 학습하는 데 상당한 시간이 필요하다. 모든 영역을 독립된 과목으로 학습한다고 가정해볼 때 매 분야가 적어도 한 학기 이상의 학습 시간이 필요하다. 따라서 인공지능에 필요한 전 영역에 걸친 수학을 한 권의 책에 담아내는 일은 불가능하다. 하지만 저자들은 인공지능에 필요한 최소한의 수학적 지식을 가능하면 중고등학교 수학 지식과 대학 저학년 학부 학생 수준 정도에서 설명하는 일은 해볼 수 있을 것으로 생각했다.

이 책을 집필하는 저자들은 이처럼 수학지식 전반에 걸쳐 인공지능 분야에 필요하다고 생각되는 가장 기초적인 수학 지식을 한 곳에 모아 인공지능과의 연관성을 강조하고 인공지능 학습을 위한 도구로서의 수학적 지식을 분야별로 소개 수준에서 전개하려고 노력하였다. 또한 수학과 연관된 인공지능 패키지인 아나콘다와 구글 코랩을 설치하고 다양한 패키지를 활용하는 방법에 대해 쉽게 설명하였으며, 해당 수학적 기초지식을 파이썬으로 구현하여 학생들이 추상적 수학지식을 좀 더 현실감 있게 받아들일 수 있도록 노력하였다.

이러한 노력에도 불구하고 이 책에 제시된 수학적 이론이 인공지능의 어느 분야에 어떻게 응용되는지 꼭 짚어 설명하기에는 부족함이 많다는 점을 인정한다. 왜냐하면 인공지능과 수학의 연관성을 이해하기 위해서는 수학의 다양한 기초지식도 필요하지만, 인공지능 자체에 대한 심도 있는 이해도 필요하기 때문이다. 따라서 기초수학 지식이 부족한 학생들에게는 이 책의 수학 이론이 인공지능과는 괴리되어 공중에 떠버리는 느낌이 들 때도 있을 것이다. 그러나 수학에 대한 기초가 부족한 학생들도 차근히 따라 학습하고 나면 인공지능에 필요한 기초수학 지식을 습득하게 되어 인공지능에 한 발 더 다가갈 수 있을 것이라고 믿는다. 또한 이 책에 제공되는 수학지식을 이해하고 인공지능에 적용할 준비가 될 때까지 학습하는 데 고도의 집중력과 인내심을 가지고 학습하면 인공지능을 수월하게 이해할 수 있을 거라고 믿는다.

2023년 2월

저자 일동

강의계획서

본 교재는 대학의 일반적인 15주로 구성되는 한 학기 강의에 적합하도록 구성하였다. 주별로 아래와 같은 계획으로 수업을 진행하면 인공지능에 필요한 기초수학 지식을 이해하고 습득할 수 있다고 여겨진다. 고등학교 수학 내용을 복습하거나 반복하기도 하므로 강의자에 따라 강조하고 싶은 부분에 시간을 더 보내고 학생들이 이미 학습한 내용이라고 여겨지는 부분은 생략해도 큰 문제가 없다고 생각한다. 10장에서 다루는 미분은 인공지능 학습에 중요한 내용이며 고등학교에서 배우지 않은 내용을 다루고 있으므로 2주 정도의 시간으로 편성하여 강의하기를 권장한다. 11장부터 13장까지는 통계와 확률에 관한 내용이다.

13장과 14장은 별도의 파일로 제공(http://www.infinitybooks.co.kr/)하는데, 13장은 인공지능과 연관된 내용을 다루기는 하지만 한 학기 강의 시간으로 부족할 수가 있으므로 학생들의 수준을 고려하여 11장과 12장으로 갈음하여도 무방하다. 13장과 14장의 내용은 학생들의 학습 진행 과정을 고려한 뒤에 강의를 결정하길 권장한다. 수업 진행이 수월하여 12장까지 수업이 계획대로 진행되면 13장과 14장을 한 주에 걸쳐 정리하여 학생에게 전달하면 유익할 것으로 생각한다. 특히 14장은 인공지능과 수학이 어떻게 연관되었는지에 대한 복잡한 수학 이론을 요약하여 설명했다. 따라서 14장은 향후 계속해서 인공지능을 수학하게 될 학생들을 대상으로 하는 딥러닝 분야에 대한 소개이므로 13장까지 학습 시간이 부족하면 생략해도 무방하다.

3주에는 인공지능 수학에 필요한 패키지 설치와 파이썬을 학습하는데 이미 파이썬을 학습한 학생들이라면 3장을 건너뛰고 진행해도 된다. 하지만 학생들이 준비할 시간이 더 필요하다고 여겨진다면 2주로 나누어 학습하고 13장과 14장을 생략할 수도 있다. 강의자가 학생 수준과 학습 진행 정도를 고려하여 재량에 맞춰 강의계획을 수립하기를 바란다.

주차	장	주제	주요 내용
1주	1장	인공지능과 수학 개요	인공지능 정의, 역사, 활용 영역, 생활 속의 인공지능 활용 기술 사례, 인공지능과 수학
2주	2장	데이터 표현	코드, 숫자 데이터 표현, 문자 데이터 표현, 이미지 데이터 표현, 동영상 데이터 표현, 오디오 데이터 표현, 데이터 구조
3주	3장	인공지능 수학을 배우기 위한 준비	아나콘다 개요, 데이터 분석용 파이썬 패키지, 아나콘다 다운로드와 실행, 아나콘다 네비게이터 시작, 넘파이, 맷플롯립, 심파이, 사이파이 설치 확인, 주피터 노트북 사용, 구글 코랩
	4장	파이썬 기초	파이썬 개요, 넘파이 개요, 맷플롯립 개요, 심파이 개요, 사이파이 개요
4주	5장	기초 수학 1	함수, 독립변수와 종속변수, 일변수 함수와 다변수 함수, 벡터함수, 이항 연산, 제곱과 거듭제곱, 제곱근
5주	6장	기초 수학 2	다항함수, 삼각함수, 지수함수, 로그함수, 수열과 급수, 난수, 절댓값
6주	7장	선형대수 1	스칼라와 벡터, 내적과 노름, 벡터의 외적, 행렬, 전치행렬, 역행렬, 텐서, 행렬 표현 응용
7주	8장	선형대수 2	벡터 공간, 선형변환, 기저, 고윳값과 고유벡터
8주	중간고사		
9주	9장	미분 1	극한과 미분, 미분, 선형 근사법, 극댓값과 극솟값, 연쇄법칙
10주	10장	미분 2	편미분, 전미분, 다변수 합성함수의 연쇄법칙
11주			네이피어의 수와 자연대수, 경사하강법
12주	11장	확률과 통계 1	인공지능과 확률 통계, 평균과 기댓값, 분산과 표준편차, 표준오차
13주	12장	확률과 통계 2	확률변수, 확률변수의 종류, 공분산, 상관계수
14주	13장	확률과 통계 3	조건부확률, 전확률과 베이즈의 정리, 가능도, 정보량
	14장	인공지능과 수학	인공지능, 회귀 분석, 인공신경망, 딥러닝, 인공지능에서 수학의 역할
15주	기말고사		

차례

13장과 14장은 도서 구매자에 한해 인피니티북스 홈페이지에서 다운로드할 수 있습니다 (www.infinitybooks.co.kr).

Mathematics for Artificial Intelligence

01 인공지능과 수학 개요

학습목표

- 인공지능의 정의와 역사에 대해 알아본다.
- 인공지능의 발전 단계를 서술한다.
- 실제로 인공지능 활용 영역이 얼마나 다양한지 알아본다.
- 우리가 매일 생활하는 과정에서 인공지능 활용 기술은 무엇이 있는지 알아본다.
- 인공지능에서 수학이 활용되는 다양한 사례를 통해 수학과 인공지능의 관계를 간단히 알아본다.

학습목차

1.1 인공지능의 정의

인공지능(Artificial Intelligence, AI)이라는 용어는 1956년 미국 다트머스 대학의 존 매카시(John McCarthy) 교수(그림 1.1 참조)가 개최한 다트머스 콘퍼런스에서 처음 사용되었다.

그림 1.1 존 매카시

초기 인공지능은 그 시대를 살아가는 사람에게는 거의 꿈과 같은 이야기였다. 하지만 초고속 인터넷 시대를 지나 가상세계까지 확대되는 디지털 플랫폼 시대를 사는 지금 우리 삶의 다양한 분야(빅데이터, IoT, 클라우드 컴퓨팅, 핀테크, 메타버스 등)에서 인공지능 기술은 실생활에 활용되고 있으며 우리 사회를 지탱하고 발전시켜나가는 핵심 기술로 자리매김하고 있다. 그뿐만 아니라, 인공지능 분야의 기술 발전 속도가 급속하게 빨라지고 있다. 이러한 인공지능을 이해하기 위해서 먼저 지능이 무엇인지부터 살펴보자.

인간의 지능은 무언가를 이해하고 배우는 능력 또는 본능적 혹은 자동적으로 무언가를 하는 대신 생각하고 이해하는 능력이라고 할 수 있다. 덧붙여 사고는 문제를 고려하거나 아이디어를 만들기 위해 두뇌를 사용하는 행위이다. 사고하려면 두뇌가 있는 인간이나 사물에 두뇌가 있어야 한다. 즉, 지능이란 '문제를 풀고 결정을 내리기 위해 배우고 이해하는 능력'으로 정의할 수 있다.

그렇다면 인공지능이란 무엇인가? 인공지능은 사고나 학습 등 인간이 가진 지적 능력을 컴퓨터를 통해 구현하는 기술이라 할 수 있다. 즉, 인간의 인식, 판단, 추론, 문제해결, 그 결과로 나온 언어나 행동, 학습 기능과 같은 인간의 두뇌 작용을 이해하는 것을 연구하는 학문 분야이다. 궁극적으로 두뇌의 기능을 실현하는 것이 목적이다. 쉽게 말해 컴퓨터나 기계가 사람이 하는 것처럼 생각하고 행동할 수 있게 하는 기술이다. 이러한 인공지능에 대한 정의는 다음과 같이 다양하다.

- 기계를 인간 행동의 지식과 같이 행동하게 만드는 것이다[1].
- 인공지능은 기계로부터 만들어진 지능을 말한다. 컴퓨터공학에서 이상적인 지능을 갖춘 존재, 혹은 시스템에 의해 만들어진 지능, 즉 인공적인 지능을 뜻한다. 일반적으로 범용 컴퓨터에 적용한다고 가정한다.
- 인간의 학습 능력과 추론 능력, 지각 능력, 자연 언어의 이해 능력 등을 컴퓨터 프로그램으로 실현한 기술이다.

[1] 존 매카시(John McCarthy, 1956)

인공지능은 컴퓨터공학의 관점에서 보면 소프트웨어 기술의 한 분야이다. 컴퓨터공학은 컴퓨터를 이용한 정보 처리 전반에 걸친 영역을 다루는 학문으로 컴퓨터가 계산하는 원리를 수학적으로 다루는 계산 기초 이론과 전기 및 전자공학이 연관된 하드웨어 기술, 여기에 프로그램이나 데이터를 처리하는 소프트웨어 기술 등으로 구성되어 있다. 또한, 소프트웨어 기술은 운영체제(OS), 데이터베이스(DB), 프로그래밍 언어(PL), 컴퓨터그래픽스(CG), 휴먼 컴퓨터인터페이스(HCI) 등 다양한 기술이 포함되어 있다.

이 밖에도 인공지능은 컴퓨터공학 분야뿐만 아니라 인지과학, 심리학, 언어학 등과도 연관되어 있다. 인지과학(cognitive science)은 인지 과정을 추구함으로써 지능과 지성에 대해 연구하는 학문 분야이다. 심리학(psychology)은 컴퓨터공학이 생겨나기 전부터 인간과 생물의 지적 활동을 대상으로 연구하는 학문 분야이다. 인공지능 분야에서는 심리학의 지식을 응용한 기술이 다양한 분야에서 이용되고 있다. 또한, 언어의 사용은 인간과 일부 동물이 나타내는 지적 활동이다. 최근에는 언어학(linguistics)과 인공지능 분야가 서로 밀접한 연관이 있어서 언어에 관한 연구도 활발히 진행되고 있다. 철학(philosophy)은 인간의 지능과 지성에 관한 연구 분야로서 "지성이란 무엇인가"라는 원칙적인 물음에 대해 인공지능과 공동 연구가 진행되고 있다. 두뇌와 그 기능을 연구하는 뇌과학(brain science)과 두뇌와 신경 전반을 다루는 신경과학(neuroscience)도 인공지능 연구 분야와 밀접한 관계를 맺으며 활발히 연구되고 있다.

인공지능의 발전 단계

인공지능의 발전 단계는 적용 기술이나 활용에 따라 크게 4단계로 구분된다(그림 1.2 참조). 이 발전 단계는 완전하게 학계에서 일치하는 의견은 아니지만 대체로 수용되고 있다. 먼저 4단계를 살펴보고 이후의 발전 단계에 대해서는 간략하게 설명하도록 한다.

효율화(Efficiency)

지정된 명령이나 조건에 따라 제품을 동작시키는 단계이다. 전자제품에 탑재된 단순 제어 프로그램 수준으로 '제어공학'이나 '시스템공학' 등의 학문 분야와 유사한 성격을 갖는다. 예를 들어 전자레인지, 세탁기, 냉장고 등의 전자제품의 자동화 기능이 있다.

개별화(Customization)

특정 도메인 영역의 데이터를 분석하여 패턴을 찾고 판단하는 단계이다. 효율화 단계에서 처리해야 할 입력과 출력의 수가 극단적으로 많은 경우 이를 제어할 수 없게 된다. 이 경우에 특정 도메인 영역으로 축소하고 최고의 인간 지식과 경험을 기반으로 적절한 판단을 위해 추론 및 탐색하거나, 기존에 보유한 지식을 기반으로 판단하는 단계이다. 예를 들어 간단한 퍼즐해결, 진단 프로그램 등이 여기에 해당한다.

추론(Reasoning)

데이터를 분석하여 행동의 원인과 결과를 도출하는 단계이다. 인간 및 다른 기계와 함께 추론하고 협상하여 상호작용하는 능력을 갖춘 단계이다. 따라서 축적된 데이터를 바탕으로 추론하거나 예측하는 경우를 의미한다. 추론을 위해서 **머신러닝**(Machine Learning) 알고리즘을 이용한다.

탐구(Exploration)

자체적으로 가설을 세우고 검증하여 더 나은 솔루션을 제안하는 단계이다. 인간의 지능체계와 유사한 능력을 갖추는 단계로서 머신러닝보다 많이 발전하여 판단을 위한 특성(feature) 자체를 학습하는 수준의 인공지능을 의미한다. 현재의 **딥러닝**(Deep Learning) 기술이 이에 해당한다. 하지만 아직은 초보적인 단계이며 이러한 체계를 구축하는 것이 인공지능의 목표이다.

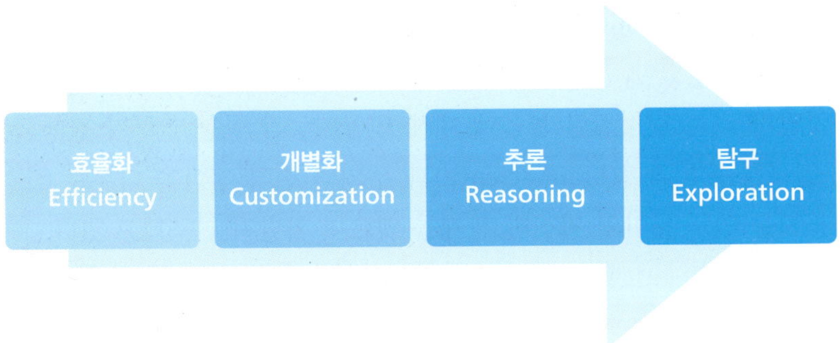

그림 1.2 인공지능의 발전 단계

지금까지 설명한 인공지능 발전 단계 이후는 어떻게 발전할 것인가? 이에 대해서는 학자에 따라 의견이 달라질 수 있지만 대체로 인공지능 기술이 탐구 능력을 초월하는 **인공초지능**(Artificial SuperIntelligence, ASI) 단계로 진화할 수 있다고 말할 수 있다. 모든 도메인에서 최고의 지성을 가진 인간을 초월하는 능력을 갖추는 단계이다. 과연 이러한 능력이 어떻게 인간의 지능을 능가하는지 명확히 설명할 수는 없다. 하지만 이러한 사례를 알파고(AlphaGo)를 통해 어렴풋이 본 경험이 있다. 현재 인류에게 닥친 기후변화 문제를 풀 수 있기를 희망해볼 수 있다.

인공지능 기술이 최고조에 달하게 된다면 인공초지능에 의해 가능해지는 기하급수적 발전경로를 따라 인간 능력의 극대화 상태로 진입할 수 있을 것으로 예측한다. 이러한 단계를 **특이점**(singularity)과 **초월**(transcendence)이라고 한다. 인간의 뇌를 서로 연결하여 집단지능을 실현할 수 있는 **하이브 마인드**(hive mind)가 인류로 하여금 아이디어를 공유하고 문제를 해결하는 단계에 이를 수 있을 것이다. 하지만 이러한 상태가 절대로 가능하지 않으며 인간의 의식을 데이터로 나타내거나 디지털화할 수 없을 것이라는 주장도 있다는 점에서 이 단계에 이르게 될지는 누구도 장담할 수 없다.

약한 인공지능과 강한 인공지능

인공지능 발전 단계와는 좀 다른 방향에서 살펴보면 인공지능의 사고나 해결 여부를 기준으로 약한(weak) 인공지능과 강한(strong) 인공지능으로 구분할 수 있다. 약한 인공지능은 어떤 문제를 실제로 사고하거나 해결할 수 없는 컴퓨터 기반의 인공적인 지능을 만들어내는 것으로 학습을 통해 특정한 문제를 해결한다. 따라서 유용한 도구로 사용하기 위해 설계된 인공지능이라 할 수 있다. 강한 인공지능은 실제로 사고하거나 해결할 수 있다는 점에서 약한 인공지능과 차이가 있다. 인간의 사고와 같이 컴퓨터 프로그램이 행동 및 사고하는 인간형 인공지능과 인간과 다른 형태의 사고능력을 발전시키는 컴퓨터 프로그램인 비인간형 인공지능으로 구분한다. 따라서, 인간을 완전히 모방한 인공지능이라 할 수 있다.

인공지능의 강함과 약함은 매우 주관적일 수 있다. 협의의 의미로 볼 때 현재 자동화의 수준이 인텔리전트하게 구현되는 인공지능을 강한 인공지능이라고 하고 과거의 TV 리모컨 같은 자동화 정도의 수준을 약한 인공지능이라고 말할 수도 있다. 반면에 과거의 낮은 수준의 인공지능에 비해 현재의 인공지능 수준도 미래에 가면 상대적으로 낮은 수준으로 인식될 수 있다. 따라서 지금까지 이뤄놓은 현재 수준의 인공지능을 약한 인공지능이라고 생각할 수 있고 향후에 발전된 형태의 인공지능을 강한 인공지능이라고 할 수도 있을 것이다.

인공지능 구현 기술

최근 인공지능 산업에서 'AI에서 딥러닝 활용', '강화 학습 AI 알고리즘을 적용한 머신러닝 적용' 등과 같은 이야기를 많이 듣는다. "인공지능이라는 용어와 함께 사용되는 머신러닝, 딥러닝, 강화 학습 등은 무엇일까?"하는 의문이 들 수 있다. 이는 한마디로 인공지능을 구현하는 기술이라 할 수 있다. 인공지능 구현 기술들에 대하여 간단히 살펴보자.

인공지능을 구현하기 위해서는 매우 다양한 기술이 필요한데, 과거 인공지능 초기 발전단계에 활용되었던 기술을 포함해서 최근에 활발히 활용되는 인공지능 분야의 기술들은 다음과 같다.

- 전문가 시스템(Expert System)
- 퍼지 논리(Fuzzy Logic)
- 머신러닝(Machine Learning)
- 딥러닝(Deep Learning)
- 강화 학습(Reinforcement Learning)
- 인공신경망(Artificial Neural Network)
- 유전 알고리즘(Genetic Algorithm)

전문가 시스템(Expert System)

생성 시스템의 하나로, 인공지능 기술의 응용 분야 중에서 가장 활발하게 응용되고 있는 분야이다. 즉 인간이 특정 분야에 대하여 가지고 있는 전문적인 지식을 정리하고 표현하여 컴퓨터에 기억시킴으로써, 일반인도 이 전문 지식을 이용할 수 있도록 하는 시스템이다(그림 1.3 참조). 대표적인 예로는 의료 진단 시스템, 설계 시스템 등이 있다.

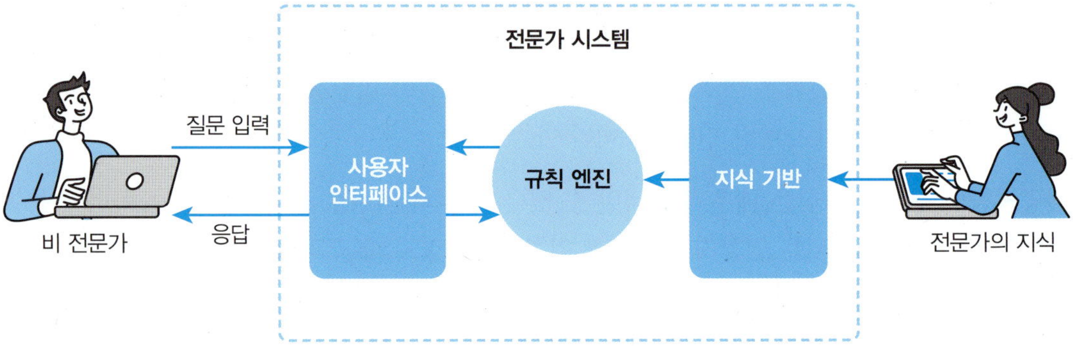

그림 1.3 전문가 시스템

퍼지 논리(Fuzzy Logic)

불분명한 상태, 모호한 상태를 참 혹은 거짓의 2진 논리에서 벗어난 두 개 이상의 상태로 표현하는 논리 개념이다. 퍼지 논리는 근사치나 주관적인 값을 사용하는 규칙들을 생성함으로써 부정확함을 표현할 수 있는 규칙 기반 기술(rule-based technology)이다.

머신러닝(Machine Learning)

기계 학습이라고도 하며 경험을 통해 자동으로 개선하는 컴퓨터 알고리즘을 연구하는 영역이다. 인공지능의 한 분야로 컴퓨터가 학습할 수 있도록 하는 알고리즘과 기술을 개발한다. 가령, 수신한 이메일이 스팸인지 아닌지 구분할 수 있도록 머신러닝을 활용한 알고리즘을 훈련할 수 있다. 머신러닝의 핵심은 표현(representation)과 일반화(generalization)에 있다. 표현이란 데이터에 대한 평가이며, 일반화란 아직 알 수 없는 데이터에 대한 처리를 말한다. 이는 컴퓨터 학습 이론 분야이기도 한데 다양한 응용 분야에서 머신러닝을 사용한다. 문자 인식이나 이미지 인식 등이 머신러닝을 가장 잘 활용한 사례이다.

딥러닝(Deep Learning)

심층 학습이라고도 하며 영어로 'structured learning' 또는 'hierarchical learning'이라고도 하는데 여러 비선형 변환 기법을 조합하여 높은 수준의 추상화[2]를 시도하는 머신러닝 알고리즘의 집합이다. 큰 틀에서 사람의 사고방식을 컴퓨터에게 가르치는 머신러닝의 한 분야이다. 어

[2] 추상화(abstractions)란 다량의 데이터나 복잡한 자료들 속에서 핵심적인 내용 또는 기능을 요약하는 작업이다.

떠한 데이터가 있을 때 이를 컴퓨터가 알아들을 수 있는 형태(예를 들어 이미지의 경우는 픽셀 정보를 열벡터로 표현하는 등)로 표현(representation)하고 이를 학습에 적용하기 위해 많은 연구(어떻게 하면 더 좋은 표현 기법을 만들고 또 어떻게 이들을 학습할 모델을 만들지에 대한)가 진행되고 있다. 이러한 노력의 결과로 DNN(Deep Neural Networks), CNN(Convolutional Neural Networks), DBN(Deep Belief Networks)과 같은 다양한 딥러닝 기법을 이미지 인식, 음성 인식, 자연어 처리, 음성 및 영상 처리 등의 분야에 적용하여 인간보다 더 정확한 판단을 하는 수준에 도달하였다.

입력된 이미지를 보고 고양이인지 아닌지를 판단하는 과정을 머신러닝과 딥러닝에서 어떻게 처리하는지를 간략하게 그림으로 나타내었다(그림 1.4 참조).

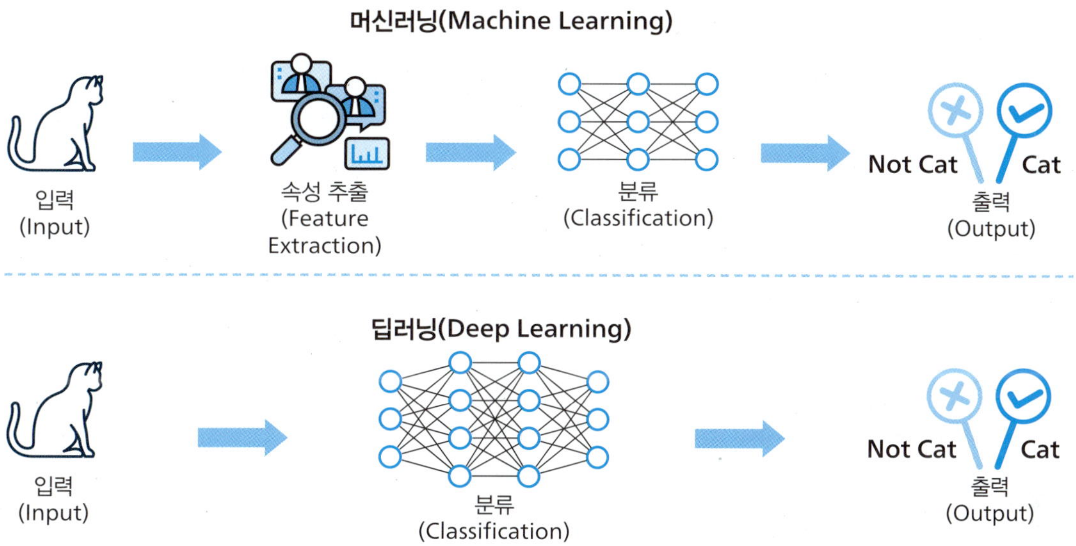

그림 1.4 머신러닝과 딥러닝

강화 학습(Reinforcement Learning)

머신러닝의 한 영역이다. 행동심리학에서 영감을 받았으며, 어떤 환경 안에서 정의된 에이전트가 현재의 상태를 인식하여, 선택 가능한 행동 중 보상을 최대화하는 행동 혹은 행동 순서를 선택하는 방법이다. 이러한 문제는 매우 포괄적이기 때문에 게임 이론, 제어 이론, 운용과학, 정보 이론, 시뮬레이션 기반 최적화, 다중 에이전트 시스템, 집단지능, 통계학, 유전 알고리즘 등의 분야에서도 연구된다. 운용과학과 제어 이론에서 강화 학습이 연구되는 분야는 '근사 동적 계획법'이라고 불린다. 또한, 최적화 제어 이론에서도 유사한 문제를 연구하지만, 대부분 연구가 최적해의 존재와 특성에 초점을 맞춘다는 점에서 학습과 근사의 측면에서 접근하는 강화 학습과는 다르다. 경제학과 게임 이론 분야에서 강화 학습은 어떻게 제한된 합리성 하에서 평형이 일어날 수 있는지를 설명하는 데에 사용되기도 한다.

인공신경망(Artificial Neural Network, ANN)

머신러닝과 인지과학에서 생물학의 신경망(동물의 중추 신경계 중 특히 뇌)에서 영감을 얻은 통계학적 학습 알고리즘이다. 인공신경망은 시냅스의 결합으로 네트워크를 형성한 인공뉴런(노드)이 학습을 통해 시냅스의 결합 세기를 변화시켜, 문제해결 능력을 갖춘 모델 전반을 가리킨다. 좁은 의미에서 오차 역전파법을 이용한 다층 퍼셉트론을 가리키는 때도 있지만, 이것은 잘못된 용법으로, 인공신경망은 이에 국한되지 않는다.

인공신경망에는 교사 신호(정답)의 입력으로 문제에 최적화되어 가는 지도 학습(supervised learning)과 교사 신호가 필요 없는 비지도 학습(unsupervised learning)이 있다. 명확한 해답이 있는 경우에는 지도 학습이, 데이터 클러스터링에는 비지도 학습이 이용된다. 인공신경망은 많은 입력 데이터에 의존하면서 일반적으로 알 수 없는 함수를 추측하고 근사치를 낼 때 사용한다. 일반적으로 입력으로부터 값을 계산하는 뉴런 시스템의 상호 연결로 표현되고 적응성이 있어 패턴 인식과 같은 머신러닝을 수행할 수 있다. 예를 들면, 필기체 인식을 위한 신경망은 입력 뉴런의 집합으로 정의되며 이들은 입력 이미지의 픽셀에 의해 활성화된다. 함수의 변형과 가중치가(이들은 신경망을 만든 사람이 결정한다) 적용된 후 해당 뉴런의 활성화는 다른 뉴런으로 전달된다. 이러한 처리는 마지막 출력 뉴런이 활성화될 때까지 반복되며 어떤 문자를 읽었는지에 따라 결정된다. 다른 머신러닝과 같이 '데이터로부터 학습하는' 신경망은 일반적으로 규칙 기반 프로그래밍으로 풀기 어려운 컴퓨터 비전 또는 음성 인식과 같은 다양한 범위의 문제를 해결하는 데 이용된다.

유전 알고리즘(Genetic Algorithm)

자연계의 생물 유전학에 기본 이론을 두며, 병렬적이고 전역적인 탐색 알고리즘으로서 다윈의 적자생존 이론을 기본 개념으로 한다. 유전 알고리즘은 해결하고자 하는 문제를 풀 수 있는 해들을 정해진 형태의 자료구조로 표현한 다음, 이들을 점차 변형함으로써 점점 더 좋은 해를 만들어낸다. 유전자가 해들을 나타내는 자료구조이며, 변형하여 더 좋은 해를 만드는 과정을 진화로 표현할 수 있다. 달리 표현하면, 유전 알고리즘은 어떤 미지의 함수 $y = f(x)$를 최적화하는 해 x를 찾기 위해, 진화를 모방한(simulated evolution) 탐색 알고리즘이라고 말할 수 있다.

유전 알고리즘은 특정한 문제를 풀기 위한 알고리즘이라기보다는 문제를 풀기 위한 접근 방법에 가까우며, 유전 알고리즘에서 사용할 수 있는 형식으로 바꾸어 표현할 수 있는 모든 문제에 적용할 수 있다. 일반적으로 문제가 계산 불가능할 정도로 지나치게 복잡할 경우 유전 알고리즘을 통하여, 실제 최적해를 구하지는 못하더라도 최적해에 가까운 답을 얻는 방안으로써 접근할 수 있다. 이 경우 해당 문제를 푸는 데 최적화되어 있는 알고리즘보다 좋은 성능을 보여주지는 못하지만, 대부분 받아들일 수 있는 수준의 해를 보여줄 수 있다.

이러한 생물의 진화 과정, 즉 자연 선택과 유전 법칙 등을 모방한 알고리즘들로 진화 전략(evolutionary strategies), 유전 프로그래밍(genetic programming) 등 여러 형태의 이론과 기법들이 최근에 활발히 연구되고 있다. 유전 알고리즘은 이 중에서 가장 기본적이고 대표적인 알고리즘으로, 자연과학/공학 및 인문 · 사회과학 분야에서 비선형 또는 계산 불가능한 복잡한 문제를 해결하는 데 널리 응용되고 있다.

인공지능을 구현하기 위한 기술에서 가장 핵심적인 기술의 범주를 구분하면 머신러닝과 딥러닝이다. 이들의 관계를 그림으로 표현하면 그림 1.5와 같다.

$$\text{인공지능} \supset \text{머신러닝} \supset \text{딥러닝}$$

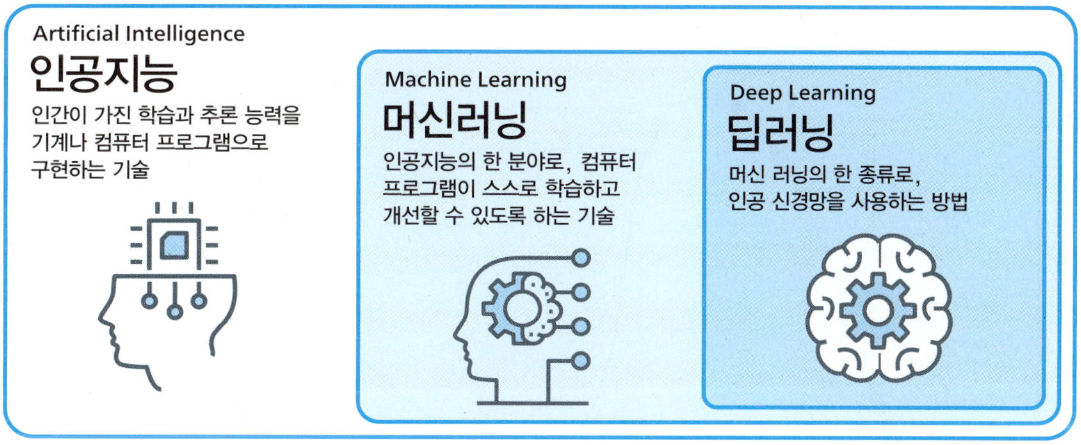

그림 1.5 인공지능, 머신러닝, 딥러닝

최신 인공지능 기술

가트너(Gartner)에서는 매년 인공지능 관련 새로운 과학 기술에 대하여 하이프 사이클(hype cycle) 이론에 기반을 둔 데이터과학과 인공지능 분야를 발표하고 있는데 2021년 자료를 근거로 새로운 인공지능 기술을 살펴보기로 하자(그림 1.6 참조). 새롭게 등장한 기술과 관심이 증가한 주요 기술을 소개하고 있다. 향후 데이터과학과 인공지능 분야 기술의 발전 방향을 살펴볼 수 있는 중요한 참고자료가 되기 때문에 그중 몇 가지를 소개하기로 한다.

- 챗봇(Chatbot)
- GPU 가속기(GPU Accelerators)
- AI 기반 최소실현 제품 및 가속화된 AI 개발 사이클(AI-based minimum viable products and accelerated AI development cycles)
- 연합 머신러닝(Federated Machine Learning)
- AI 클라우드 서비스

- 적응형 머신러닝(Adaptive Machine Learning)
- 적대적 생성 네트워크(Generative Adversarial Networks)
- 전이 학습(Transfer Learning)
- 복합 인공지능(Composite AI)
- 합성 데이터(Synthetic Data)
- 설명 가능한 인공지능(eXplainable AI)

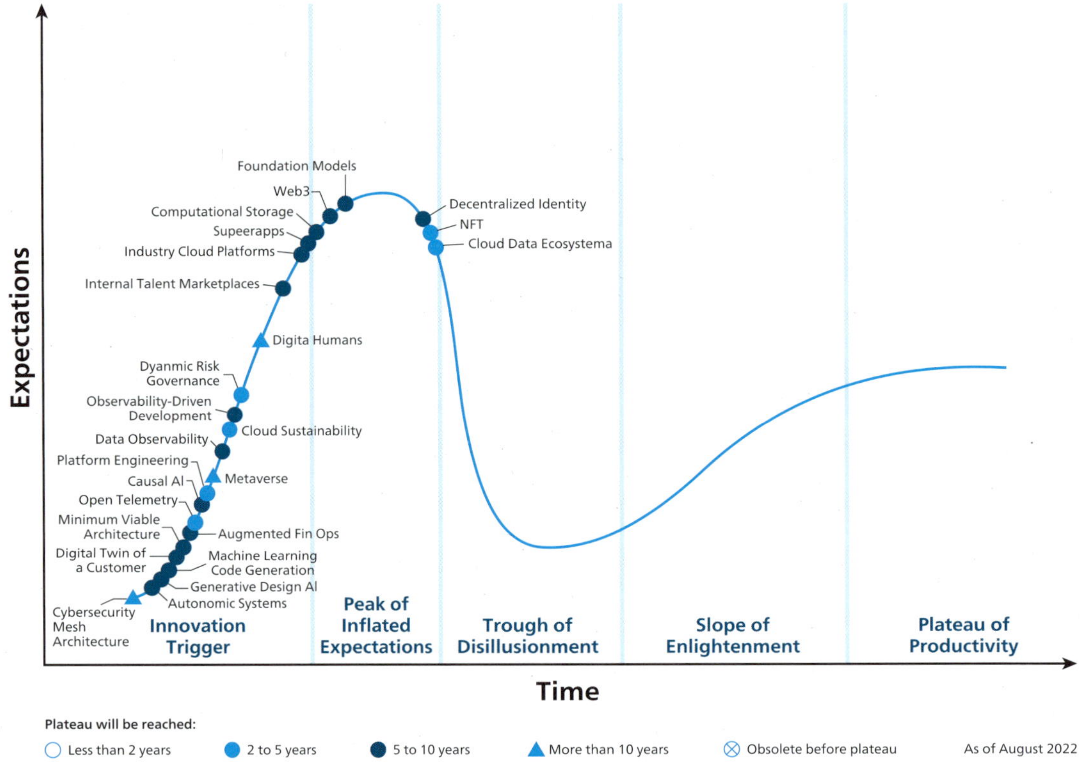

그림 1.6 Gartner에서 제공한 AI 하이프 사이클

챗봇(Chatbot)

고객과 조직원의 안전을 위해 비접촉 방식으로 자동화된 고객 대응 절차 수립에 챗봇이 필요하다. 인공지능 대화 시스템을 이용한 고객의 질의나 요구사항에 대응하는 기법에 챗봇이 유용하다.

GPU 가속기(GPU Accelerators)

GPU 가속기를 활용한 컴퓨팅을 통한 고도의 병렬 컴퓨팅 능력으로 HPC(High-Performance Computing), DNN(Deep learning Neural Network) 훈련과 추론 업무를 수행한다. GPU 컴퓨팅은 클라우드 서비스에도 매우 유용한 기술이다.

AI 기반 최소실현 제품 및 가속화된 AI 개발 사이클 (AI-based minimum viable products and accelerated AI development cycles)

전례 없는 사건 상황에서 파일롯 프로젝트를 대신할 최소실현 제품과 개발 속도를 높일 수 있는 방식의 인공지능 응용이 필요하다. 자연어 처리, 머신러닝, 챗봇 및 컴퓨터 비전 영역이 다른 인공지능 초기 영역보다 점점 더 중요해질 것으로 여겨진다.

연합 머신러닝(Federated Machine Learning)

분산된 환경에서 사용자의 데이터를 중앙 서버에서 학습하지 않고 개인 휴대폰에서 모델을 학습하고, 학습된 결과를 중앙 서버에서 취합 후 개선된 공통 모델을 생성하는 기술이다. 이를 통해서 개인정보 보호 문제와 학습에 많은 시간이 소요되는 단점을 해결할 수 있다.

AI 클라우드 서비스(AI Cloud Service)

AI와 머신러닝을 클라우드 서버에서 활용할 수 있게 공통된 API를 제공하는 호스팅 서비스 기술이다.

적응형 머신러닝(Adaptive Machine Learning)

머신러닝 모델을 학습과 검증이라는 두 단계로 나누는 것이 아니라, 실제 데이터를 활용해서 동작하는 과정에서도 새롭게 다시 학습할 수 있게 하는 기술이다. 자율주행 자동차 또는 스마트 로봇처럼 동작 환경이 변하거나 예측하지 못한 새로운 환경에 적응할 수 있는 강인한 학습 모델을 만드는 기술이다.

적대적 생성 네트워크(Generative Adversarial Networks)

생성과 분류라는 상호 경쟁하는 신경망 모델을 구성하여 원본 데이터와 최대로 유사한 데이터를 생성하는 기술이다.

전이 학습(Transfer Learning)

학습 시간 단축을 위해서, 이전에 학습된 머신러닝 모델을 재사용하는 기술이다.

복합 인공지능(Composite AI)

다양한 인공지능 기술을 복합적으로 적용하여 학습 효과와 상식 수준을 증대시키며 광범위한 비즈니스 문제를 효과적으로 활용한다.

합성 데이터(Synthetic Data)

측정을 통해서 획득한 데이터가 아니라 인공적으로 생성된 학습 데이터를 인공지능 학습에 사용하는 기술이다. 합성 데이터로 인하여 모델이 한쪽으로 치우치는 바이어스(bias) 현상이 발생하는 단점이 있다.

설명 가능한 인공지능(eXplainable AI)

사용한 모델 정보, 결과 도출 과정에 대한 설명 및 추론 결과에 대한 설명이 제공되어 사용자가 해당 인공지능 모델을 신뢰할 수 있는 인공지능을 말한다. 인공지능에 대한 신뢰 문제 측면에서 살펴보면 인공지능 모델과 제품 및 서비스에 대해 사용자에게 안심하고 사용할 수 있는 인공지능 서비스임을 입증하는 과정이다.

1.2 인공지능의 역사

인공지능의 역사는 탄생부터 지금까지 2번의 겨울과 3번의 봄으로 비유된다. 2번의 좌절이 있었고 이를 극복하여 새로운 방식으로 인공지능 연구 분야를 확대해나가고 있는 현재를 세 번째 봄이라고 부른다(그림 1.7 참조).

인공지능의 탄생(1943~1956)

인공지능이라는 용어는 1956년에 처음 등장했지만, 현재 인공지능의 한 분야인 머신러닝의 기원이 되는 인공신경망에 대한 기초 이론은 1943년도에 논리학자인 월터 피츠(Walter Pitts)와 신경외과의 워랜 맥컬록(Warren McCulloch)이 "A Logical Calculus of Ideas Immanent in Nervous Activity"라는 논문[3]에 등장하였다. 이 논문에서 뉴런의 작용을 0과 1로 이루어지는 2진법 논리 모델로 설명했고, 이는 인간 두뇌에 관한 최초의 논리적 모델이었다. 이후 많은 시행착오를 거치면서 인공지능이라는 학문 분야가 생겨났고, 긴 시간 동안 정립된 이론과 기술들이 정리되어 현재의 인공지능 분야를 이루게 되었다.

1950년 영국 수학자 앨런 튜링(Alan Mathison Turing)은 "계산 기계와 지능(Computing Machinery and Intelligence)"이라는 논문에서 기계가 생각할 수 있는지 테스트하는 방법과 지능적 기계의 개발 가능성, 학습하는 기계 등에 관해 기술하였다. 이 기술을 현실화한 튜링머신(Turing Machine)은 존 폰 노이만(John von Neumann) 교수에게 직접 또는 간접적인 영향을 주어 현대 컴퓨터 구조의 표준이 되었다.

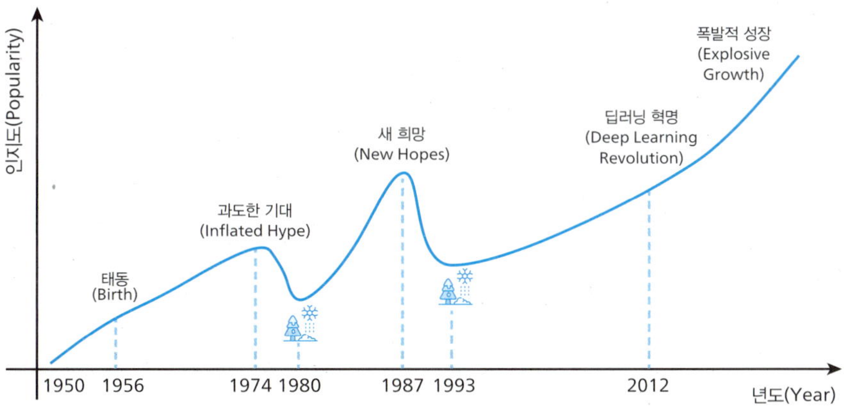

그림 1.7 인공지능의 2번의 겨울과 3번의 봄

[3] https://www.cs.cmu.edu/~./epxing/Class/10715/reading/McCulloch.and.Pitts.pdf

인공지능의 첫 번째 봄(1956~1974)

1956년 미국 다트머스 대학에 있던 존 매카시(John McCarthy) 교수가 콘퍼런스를 개최하면서 초청장 문구에 'AI(Artificial Intelligence, 인공지능)'라는 용어를 처음으로 사용하였다. 이 콘퍼런스에 모인 10여 명의 과학자는 앨런 튜링의 '생각하는 기계'를 구체화하고 논리와 형식을 갖춘 시스템으로 이행시키는 방안을 논의하였다.

다트머스 콘퍼런스 이후 인공지능이라는 새로운 영역은 급속도로 발전하기 시작하였다. 그 이유는 인공지능이 어려운 대수학 문제를 해결했고 기하학 정리를 증명해냈으며 영어를 학습했기 때문에 많은 사람이 인공지능의 업적에 놀라게 되었다. 이러한 결과로 기계의 지능적 행동이 모든 것을 가능하게 해줄 거라는 낙관론을 갖게 되었으며, 연구가들은 낙관론에 힘을 실어 완전한 지능을 갖춘 기계가 20년 안에 만들어질 거라는 예측까지 하게 되었다. 여러 프로젝트를 통해 자금이 유입되었고 많은 인공지능 연구소들이 설립되었다.

인공지능이 모든 것을 가능하게 해줄 거라는 믿음이 만연하던 초창기 인공지능 연구는 크게 두 가지 분야로 구분되는데, 하나는 '기호주의(symbolism)'이고 다른 하나는 '연결주의(connectionism)'이다. 기호주의는 인간의 지능과 지식을 기호화하여 메뉴얼화하는 접근 방법이었고, 연결주의는 1943년 월터 피츠와 워랜 맥컬록이 연구한 뇌신경망의 재현을 목표로 하는 접근 방법이었다. 각기 서로 장단점을 가지고 있으나 그 시대에는 현실적으로 실현 가능한 기호주의 분야가 사람들의 관심을 더 받았다. 이어서 1958년 기호주의로 독주하고 있던 마빈 민스키(Marvin Lee Minsky)에게 도전장을 낸 마빈 민스키의 1년 후배인 프랭크 로젠블랫(Frank Rosenblatt)은 **퍼셉트론**(Perceptron)을 고안하였다(그림 1.8 참조).

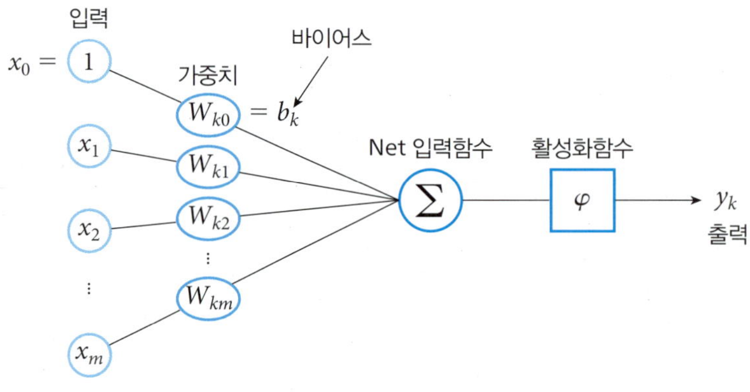

그림 1.8 로젠블랫의 퍼셉트론 모델

퍼셉트론은 인공신경망(딥러닝)의 기본이 되는 알고리즘으로 월터 피츠와 워랜 맥컬록의 뇌 모델과 1949년에 발표된 도널드 올딩 헵(Donald Olding Hebb)의 '헵의 학습 이론'에 힌트를 얻어 가중치를 추가한 개량된 버전이었다(그림 1.9 참조).

퍼셉트론을 이용하여 사람의 이미지를 보고 남자인지 여자인지를 성공적으로 구별할 수 있었다. 이 결과는 뉴욕타임스에 발표되었고 인공지능 연구 방향이 기호주의에서 연결주의로 바뀌는 계기가 되었다.

1. AND GATE

x_1	x_2	y
0	0	0
1	0	0
0	1	0
1	1	1

2. NAND GATE

x_1	x_2	y
0	0	1
1	0	1
0	1	1
1	1	0

3. OR GATE

x_1	x_2	y
0	0	0
1	0	1
0	1	1
1	1	1

4. XOR GATE

x_1	x_2	y
0	0	0
1	0	1
0	1	1
1	1	0

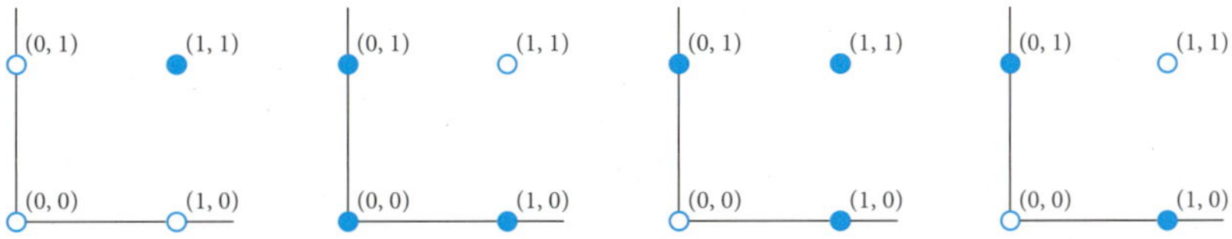

그림 1.9 퍼셉트론을 통한 논리회로 구현

로젠블랫의 퍼셉트론에 모든 관심이 집중되자 기호주의의 마빈 민스키는 제자 시모어 페퍼트(Seymour Papert)와 퍼셉트론의 한계를 수학적으로 증명하면서 로젠블랫의 퍼셉트론이 무너지고 2년 뒤인 1971년 로젠블랫이 사망하면서 인공지능의 빙하기가 도래하게 되었다. 로젠블랫의 퍼셉트론으로 AND, OR, NAND 같은 선형 문제는 풀 수 있지만[4], XOR 같은 비선형 문제는 해결할 수 없었고, 대부분 데이터는 선형보다 비선형 형식으로 분포되어 있었다. 인공지능에 대한 낙관적 기대로 연구자금 지원을 주도한 MIT의 자유분방한 연구 분위기에서 나온 결과는 실망스러웠고 결과론적으로는 눈앞에 있는 복잡한 문제를 해결하는 데 실패했다. 이러한 실패로 인해 자금을 지원하던 많은 기관은 지원을 끊었고 퍼셉트론을 기반으로 한 수많은 인공지능 연구를 할 수 없게 되었다. 연구자들은 다시 마빈 민스키의 기호주의 학문으로 관심을 집중하기 시작했다.

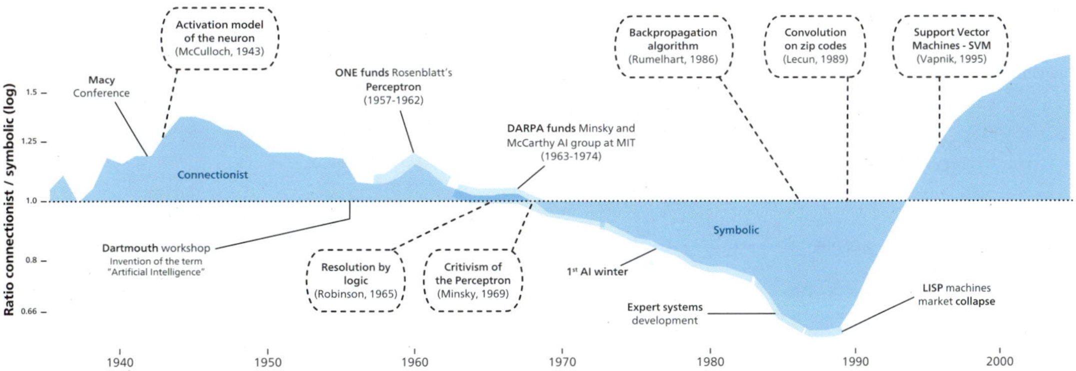

그림 1.10 기호주의와 연결주의 발달 추이 비교

4 https://computing.dcu.ie/~humphrys/Notes/Neural/single.neural.html#:~:text=A%20%22single%2Dlayer%22%20perceptron,invention%20of%20multi%2Dlayer%20networks.

하지만 기호주의도 그 자체적으로 문제해결의 실마리를 제공하지 못하였기 때문에 그동안 희망에 부풀었던 인공지능에 대한 학자들의 관심이 멀어졌다. 또한, 실용적 미래를 위해 투자를 고려하던 자본과 연구비 지원도 서서히 줄어들게 되었다. 결국, 한계에 도달하면서 인공지능은 세간의 관심에서 점점 멀어져 갔다. 인공지능 분야는 소위 말하는 첫 번째 암흑기에 접어들게 되었다. 하지만 이러한 암흑기가 오게 된 원인은 잘못된 연구 방향이 아니라는 게 시간이 지나면서 밝혀졌다. 사실 연결주의의 개념을 이용한 결과의 궁극적인 실패 원인을 살펴보면 연구의 방향성보다는 당시의 컴퓨터 계산 능력의 한계로 인한 어려움으로 보는 게 타당하다. 이에 대해서는 세 번째 봄을 맞은 현재의 인공지능 연구 분야가 다시 연결주의를 기반으로 진행되고 있다는 점을 보면 알 수 있다. Dominique Cardon, Jean-Philippe Cointet et Antoine Mazièresd의 논문에서 인용한 그림 1.10[5]을 살펴보면 기호주의와 연결주의가 서로 대립하면서도 공존하면서 인공지능 분야를 발전시켜오고 있었음을 확인할 수 있다.

첫 번째 봄을 시작한 인공지능은 그 개념에 대해 많은 사람이 관심을 갖게 되었다는 면만으로도 충분한 의의가 있는 계기가 되었으며, 현재 우리의 인공지능 응용 분야에 대한 발전을 보면 역사적으로 큰 획을 긋게 되는 과정이었다고 볼 수 있다.

그림 1.11에서는 2번의 암흑기라고 표현한 겨울과 3번의 봄을 여러 기술 및 응용의 등장과 소멸을 통해 시간의 흐름에 맞춰 인공지능의 역사를 간략하게 표현하였다.

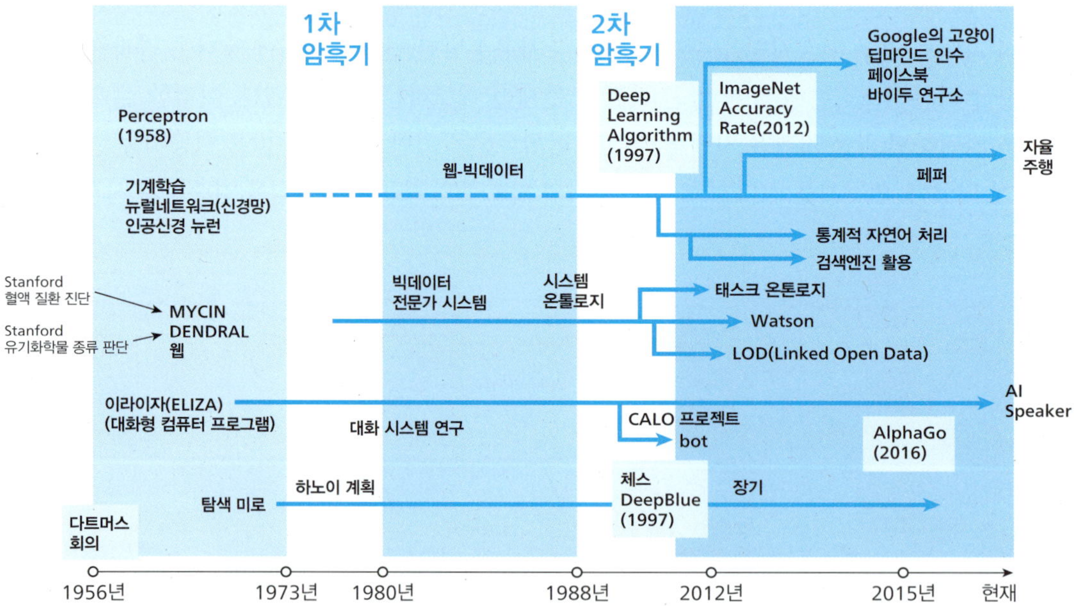

그림 1.11 인공지능의 간략한 역사

[5] Neurons spike back. The invention of inductive machines and the artificial intelligence controversy; https://neurovenge.antonomase.fr/NeuronsSpikeBack.pdf

첫 번째 겨울(1974~1980)

70년대에 이르자, 인공지능은 비판의 대상이 되었고 재정적 위기가 닥쳤다. 인공지능 연구가들은 그들의 눈앞에 있는 복잡한 문제를 해결하는 데 실패했다. 연구가들의 엄청난 낙관론은 연구에 대한 기대를 매우 높여놓았고, 그들이 약속했던 결과를 보여주지 못하자, 인공지능에 대한 자금 투자는 사라져버렸다. 동시에 연결주의 또는 신경망은 1969년에 출판된 마빈 민스키의 저서 퍼셉트론(시각과 뇌의 기능을 모델화한 학습 기계)에 대한 파괴적인 비판 때문에 완전히 중지되었다. 또한, 몇몇 철학자들의 인공지능에 대한 비판이 있었고 향후 거의 10년 동안 신경망에 관한 모든 연구가 중지되었다.

두 번째 봄(1980~1987)

인공지능 분야에 대한 지원이 끊기기는 했으나 1980년대에는 전 세계적으로 연구자들에 의해 '전문가 시스템'이라는 검색에 맞춰진 인공지능 프로그램에 대한 발전이 있었다. 전문가 시스템이 실제 응용에서 효과를 나타내면서 다시 자금이 유입되기 시작하였다. 일본 정부는 자신들의 5세대 컴퓨터 프로젝트와 인공지능에 적극적으로 투자하였고 1982년에 존 홉필드(John Joseph Hopfield)와 데이비드 루멜하트(David Rumelhart)는 완벽하게 새로운 길에서 정보를 프로세스하고 배울 수 있는 신경망의 형태를 증명해내면서 신경망 이론이 복귀하였다. 또한, 이 시기에 데이비드 루멜하트는 '역전파'라고 하는 신경망을 개선하기 위한 새로운 방법을 연구하고 있었다. 이러한 두 가지 발견은 1970년 이후 버려진 신경망 이론이라는 분야를 복구시켰다. 새로운 분야는 1986년 분산 병렬처리 형태에서 영감을 받았고 이와 같은 형태로 통일되었으며 신경망은 1990년대에 광학 문자 인식 및 음성 인식과 같은 프로그램의 구동 엔진으로 사용되면서 상업적으로 성공했다.

두 번째 겨울(1987~1993)

하지만 1987년에 특성화된 AI 하드웨어 시장이 갑자기 무너졌다. 당시에 애플이나 IBM의 데스크톱 컴퓨터들의 처리 속도가 급격히 빨라지고 성능이 좋아졌기 때문이다. 또한, 인공지능 프로그래밍 언어인 LISP을 기반으로 개발된 제품은 가격이 매우 고가였지만 심볼릭스(Symbolics)와 기타 회사들이 만든 데스크톱 컴퓨터가 LISP 기기들보다 저렴하면서 더욱 좋은 성능을 나타냈다. 고객으로서 LISP 기기를 더는 구매할 이유가 사라진 것이다. 전체 산업 1억 달러의 절반의 가치가 하룻밤에 사라졌다. 결국, 최초로 성공한 전문가 시스템인 XCON은 유지하기에 너무 비싸다는 것이 증명되었다. 업데이트하기에도 너무 어려웠고 학습도 되지 않았다. 또한 이 전문가 시스템은 일반적이지 않은 질문을 했을 때 괴상한 행동을 하는 일명 '불안정(brittle)' 상태가 나타났고 이러한 문제들에 의해 결국 고객의 외면을 받게 되었다. 전문가 시스템은 특별한 경우에만 유용할 뿐이었다. 또다시 인공지능의 겨울이 시작되었다.

세 번째 봄(1993~현재)

인공지능에 대한 관심은 줄어들었지만, 묵묵히 연구를 지속해오던 연구자들도 있었다. 그 결과로 마침내 인공지능에서 가장 오래된 목표 중 몇 가지를 달성했다. 결과가 비록 다른 분야의 발전을 도와주는 역할이었지만 기술 산업에 걸쳐 성공적으로 사용되었다. 대표적인 성공 요인은 컴퓨터의 계산 능력의 신장이었고 무엇보다 주요한 요인은 인공지능 연구자들이 어려운 여건에도 몇 가지 고립된 문제해결을 위해 집중하여 높은 과학적 의무감으로 문제를 해결한 것이다. 과거에 활용하던 것보다 더욱 정교한 수학적 도구를 활용해서 문제를 해결하였다.

1986년 인공지능의 첫 번째 빙하기를 깨고 인공지능 부활의 신호탄을 쏘아 올린 사람은 바로 머신러닝의 아버지라 불리는 제프리 힌턴(Geoffrey Everest Hinton)[6]이다. 제프리 힌턴 교수(그림 1.12 참조)는 로젠블랫의 퍼셉트론으로 해결하지 못했던 XOR 문제를 다층 퍼셉트론(Multi-Layer Perceptrons, MLP)과 역전파 알고리즘(Back-propagation Algorithm)을 이용하여 해결할 수 있음을 실험으로 증명하였다.

그림 1.12 제프리 힌턴 (Geoffrey Hinton)

사실 제프리 힌턴이 다층 퍼셉트론과 역전파 알고리즘을 처음으로 고안하지는 않았다. 1969년 위치 허(Yu-Chi Ho)와 브라이슨(Arthur E. Bryson)이 이미 역전파 알고리즘을 고안했고, 1974년 하버드대학의 폴 웨어보스(Paul Werbos)는 다층 퍼셉트론 환경에서 학습을 가능하게 하는 역전파 알고리즘으로 박사학위 논문까지 썼지만, 당시 인공지능 분야가 침체기에 있었기 때문에 8년 후인 1982년에야 논문을 발표했다. 이것이 1984년 얀 르쿤(Yann LeCun)에 의해 다시 세상 밖으로 나왔고, 1986년 데이비드 루멜하트와 제프리 힌턴에 의해 세상에 알려지게 되었다. 제프리 힌턴의 다층 퍼셉트론과 역전파 알고리즘을 계기로 1990년대 초반까지 인공지능 연구에 큰 발전이 있었다. 그러나 1990년대 다층 퍼셉트론에서도 한계가 보이기 시작하면서 인공지능 연구의 두 번째 빙하기를 맞이하게 되었다.

인공지능의 또 다른 겨울로 접어들게 된 난관은 기울기 소멸(vanishing gradient) 문제와 과학습(overfitting) 문제였다. 다층 신경망의 은닉층(hidden layer)을 늘려야 복잡한 문제를 해결할 수 있는데 신경망의 깊이가 깊어질수록 오히려 기울기(gradient)가 사라져 학습이 되지 않는 문제가 바로 기울기 소멸 문제였다. 또한, 신경망이 깊어질수록 너무 정교한 패턴을 감지하게 되어 훈련 데이터 외 새로운 데이터에 대해서는 정확도가 떨어지는 과학습 문제도 발생하였다.

[6] https://images.app.goo.gl/zMa6Gp35SXj3Raxz7

모두가 인공신경망을 외면하던 암흑기 시절에도 제프리 힌턴은 꾸준히 인공신경망을 연구하여 "A fast learning algorithm for deep belief nets"라는 논문[7]을 통해 가중치(weight)의 초깃값을 제대로 설정한다면 심층신경망을 통한 학습이 가능하다는 것을 밝혀냈다. 기존의 인공신경망과 크게 달라진 점은 없었지만, 인공지능이 두 번째 겨울을 거치면서 인공신경망이라는 단어가 들어간 논문은 제목만 보고 심사에서 거절당하거나 연구비 지원을 받을 수 없었다. 따라서 사람들의 관심을 끌지 못하는 인공지능은 새로운 돌파구가 필요했고 그 해결책으로 여러 계층이라는 의미의 딥(deep)이란 단어를 붙인 새로운 용어인 DNN(Deep Neural Network)을 사용하면서 본격적으로 딥러닝(Deep Learning)이라는 용어가 사용되기 시작하였고 인공지능의 부활을 가져왔다.

인공지능 학습을 위해서는 방대한 데이터가 필요했는데 2009년 페이페이 리(Fei-Fei Li)는 이미지 데이터를 저장하고 처리하기 위한 ImageNet이라는 이미지 데이터베이스를 구축하였다. 인공지능을 학습시키기 위해서는 수천, 수만 번의 반복 학습이 필요한데, 이때 알고리즘뿐만 아니라 학습량도 매우 중요하다고 생각했다. 이를 계기로 ImageNet이라는 방대한 이미지 데이터베이스를 구축하게 되었고, 2010년부터 ILSVRC(ImageNet Large Scale Visual Recognition Challenge)라고 하는 이미지 인식(image recognition)을 누가 더 빨리 정확하게 달성할 수 있는지를 경쟁하는 경진대회도 진행하였다.

ILSVRC는 주어진 대용량의 이미지셋을 데이터로 이미지 인식 알고리즘의 정확도, 속도 등의 성능을 평가하는 대회이다. 2010년, 2011년까지는 저층구조(shallow architecture)를 가진 알고리즘이 우승하였으나, 약 26% 정도의 오류율을 보여 왔다. 오류율이 0.1%라도 낮아진다면 우승이라는 말이 있었을 만큼 얕은 구조 기반의 알고리즘으로는 오류율을 낮추는 것이 매우 힘든 일이었다. 그러나 2012년, 심층구조(deep architecture)인 제프리 힌턴 팀의 AlexNet이 약 26%였던 오류율을 16%로 낮추는 압도적인 정확도로 우승을 차지하면서 딥러닝은 부흥기를 맞게 된다. 이후 등장하는 알고리즘은 모두 심층구조 기반의 딥러닝 알고리즘이었으며, 2015년에는 사람의 정확도라고 알려진 5%대의 오류율보다 훨씬 낮은 오류율을 가지고 이미지를 분류할 수 있었다. 이제 사람보다 기계가 이미지를 더 잘 구별하게 된 것이다.

인공지능이 세 번째 봄을 맞이하게 된 궁극적인 이유는 인공지능이 탄탄한 수학 이론에 기반을 둔 연구 영역이라는 점을 분명히 했기 때문이다. 수학적 언어는 분야별로 축적된 탄탄한 이론을 제공할 수 있었고 객관적이면서도 엄밀성을 강조하였기 때문에 이를 이용한 인공지능에 대한 신뢰감은 과거에 인공지능에 대한 막연한 낙관론과는 달랐다. 수학에 기반을 둔 인공지능은 여러 분야에서 성공적으로 결과를 도출하였고 수학적 이론에 바탕을 둔 측정 방식과 증명

[7] https://www.cs.toronto.edu/~hinton/absps/fastnc.pdf

방식으로 구현하였다. 이로 인해 인공지능 분야의 발전에 관심을 가진 기업이나 연구소 또는 연구자들이 다시 한번 인공지능이 문제해결의 핵심이라고 믿게 되었다. 인공지능은 두 번의 겨울을 경험하면서 더 엄격한 과학 학문으로 자리매김하였다. 이는 실패를 거듭한 혁명이었으며 엄밀한 수학 이론을 도입하여 인공지능 분야의 발전을 도모하며 신뢰감을 되찾았다. 신뢰감을 주게 된 수학 분야는 확률 분야의 지식이었다. 주데아 펄(Judea Pearl)이 1988년에 출판한 저서[8]는 인공지능에 결정론과 확률을 도입하는 계기가 되었다. 따라서 베이지안 네트워크(Bayesian networks), 은닉 마프코프 모형(hidden Markov models), 정보 이론(information theory), 확률 모델링(stochastic modeling)과 같은 확률 지식 기반의 새로운 인공지능 도구가 도입되었고 이들은 기존의 고전적 방법들과 융합되어 연구 도구로서 최적화되었다. 더 정밀한 수학적 모형이 신경망과 진화 알고리즘과 같은 연산 지능적 패러다임을 위해 개발되었다. 인공지능 연구자들이 개발한 알고리즘은 대규모 시스템의 일부로 편입되기 시작했고 매우 어려운 문제들을 해결하며 데이터 마이닝, 산업 로봇공학, 논리학, 음성 인식, 은행 소프트웨어, 의학적 진단, 검색엔진 등 여러 분야에 응용되면서 기술 산업에 매우 유용함이 증명되었다.

인공지능의 기술 발전 요인

최근 인공지능 기술 중 머신러닝과 딥러닝, 강화 학습이 특히 주목을 받고 있다. 이러한 인공지능 기술이 주목받는 몇 가지 요인이 있다.

첫째, 컴퓨터 하드웨어 기술의 비약적인 발전이다. 컴퓨터가 발명된 것은 1940년대였지만, 그 당시의 컴퓨터는 최신 컴퓨터와는 비교가 되지 않을 정도로 처리 속도가 느리고, 데이터 저장 용량도 극히 적었다. 그러나 컴퓨터 하드웨어 기술이 급속히 발전하여 현재는 스마트폰의 계산 능력이 예전의 슈퍼컴퓨터에 견줄만한 정도가 되었다. 하드웨어 기술 발전으로 예전에는 불가능했던 대규모 계산이 가능해졌고 인공지능 소프트웨어에서도 그 능력이 큰 진전의 핵심 요소가 되었다.

둘째, 인터넷의 확대이다. 인공지능의 처리 문제 영역에서 양질의 데이터를 대량으로 수집해야 한다. 현재 인터넷을 통해 다양한 데이터를 대량으로 수집하고 유통하며 축적하고 있다. 대규모 데이터를 인공지능 기술로 처리하여 과거에는 불가능했던 크고 복잡한 현실 문제를 해결할 수 있게 되었다.

셋째, 인공지능 기술 자체의 발전이다. 20세기 중반부터 시작된 인공지능 연구는 머신러닝, 딥러닝, 강화 학습 발전 등 인공지능 기술의 능력 향상이 지속해서 이루어지고 있다.

[8] Probabilistic Reasoning in Intelligent Systems: Networks of Plausible Inference, Judea Pearl

인공지능과 4차 산업혁명

세계는 이미 4차 산업혁명 시대에 진입했으며 인공지능은 빠르게 인간의 업무 영역을 대체해 나갈 것이다. 널리 퍼져 있지 않을 뿐 미래는 이미 와있으며 인공지능, 사물 인터넷, 클라우드 컴퓨팅, 빅데이터, 핀테크 등이 ICT 영역과 융합되면서 4차 산업혁명이 진행되고 있다. 인공지능은 우리가 생각했던 것보다 꽤 오랜 시간 많은 연구자를 통해 꾸준히 연구되어왔으며 네트워크와 하드웨어 기술의 발달로 인하여 인공지능 분야의 처리 능력과 연산 효율성이 크게 개선되었다. 인공지능은 이미지나 영상 내 개체 식별, 자연어 처리, 음성 인식 등 다양한 분야에서 활용되고 있으며 4차 산업혁명 시대의 핵심 분야로 자리 잡고 있다. 컴퓨터 계산 능력을 활용한 인공지능과 4차 산업혁명을 선도하는 ICT 기술이 융합되면서 원래 인공지능의 목표인 인간과 같은 지능을 가진 인공두뇌 기술에 점점 다가갈 것으로 기대된다.

지금까지 인공지능의 탄생과 발전 과정의 역경, 극복의 역사를 간단히 설명하였다. 인공지능이 실제 우리 생활에 어떠한 영향을 주고 있는지 그 활용 분야에 대해 알아보자.

1.3 인공지능 활용 영역

현재 인공지능을 응용한 산업 기술이 사회의 다양한 분야에서 활용되고 있다. 즉, 우리 생활 속에서 인공지능 기술이 널리 사용되고 있다. 아주 다양한 영역에서 인공지능이 활용되고 있지만, 대표적인 영역을 분류하여 살펴보자.

헬스케어 분야

환자별 맞춤 의료와 X-레이 및 다양한 의료 영상자료 판독 등에 인공지능 애플리케이션을 활용할 수 있다. 질병 예방 차원의 건강관리를 위해 개인별로 특화된 운동 처방과 식습관을 지도해주는 인공지능 도우미를 운영할 수 있다. 인공지능의 핵심 기술 분야인 머신러닝은 환자와 상호작용하는 모든 단계에서 치료 방법은 물론 환자와 소통하는 방법에 엄청난 영향을 끼치고 있다. 머신러닝을 활용하면 의료 영상자료를 인간의 맨눈으로 검토하는 수준보다 정밀한 검토 능력으로 검토하여 종양을 발견하고 병리 보고서에 기반을 둔 진단을 할 수 있다. 인공지능을 활용하면 잠재적 증상 감지를 수월하게 할 수 있다. 기존에 인간이 관여하여 결정하는 수동 절차보다 훨씬 더 정확하고 효율적이다. 환자와의 대화를 통해 질병 증상에서 패턴을 파악하는 데 도움을 주는 챗봇을 활용할 수 있다. 빅데이터 분석을 통한 머신러닝 기술을 이용하여 과거에는 인과 관계가 없어 보였던 개인의 바이오 데이터와 질병 간의 상관관계를 파악할 수 있다. 안면 인식 소프트웨어로 수집한 대량의 데이터를 이용한 딥러닝 결과를 통해 희소 유전병을 발병 이전에 식별할 수도 있다. 인공지능을 응용한 헬스케어 분야를 그림 1.13에 나타내었다.

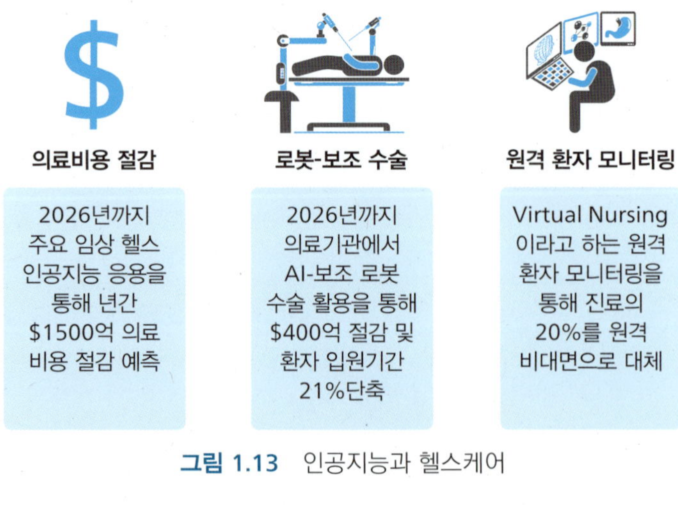

그림 1.13 인공지능과 헬스케어

자동차 분야

인공지능은 교통 및 운송 분야에 획기적인 변화를 초래하고 있다. 도로를 주행하는 자동차의 사고 가능성을 최소화하고 안전한 교통 시스템을 구축할 수 있다. 완전 자율주행 자동차가 궁극적인 목표이다. 완벽한 완전 자율주행까지는 못하지만 이미 인공지능 기술을 활용한 운전 보조 기능들이 자동차에 장착되면서 사고 확률을 현격히 줄여나가고 있다. 운전자의 최소간섭으로 자동차는 목적지까지 가장 빠르고 안전하게 고객을 이동시키기 위해 센서 기술과 이미지 처리 기술 및 교통신호 제어시스템을 자동차의 기계적 시스템과 연동시키는 데 인공지능 기술을 활용하고 있다.

제조 분야

인공지능 기술은 제조 분야에 혁명적인 변화를 초래하고 있다. 제조 산업에서 인공지능 기술은 기타 영역에서 활용하는 통상의 인공지능 기술과는 차별화된다. 제조의 특성상 인공지능 기술은 제품에 대한 고신뢰, 고정밀, 실시간성을 요구하는 제조 현장에 적합한 기술로 활용되고 있다. 복잡한 제조 공정을 단순하고 오류 없이 운용할 수 있게 데이터를 축적하고 인공지능 분석 기술 결과를 활용하여 최적화된 운영방안을 제시할 수 있다. 이뿐만 아니라 고객의 수요를 예측하여 고객의 요구에 맞는 제품을 기획 및 디자인하고 제조하며 배송까지 하는 일련의 과정을 인공지능 기법으로 처리할 수 있다.

이미 과거 공급자 위주의 제조 산업은 소비자의 요구사항이 다양해지고 빠르게 변화함에 따라 소비자가 주도권을 갖는 시대로 접어들었다. 이에 따라 대량 생산에서 맞춤 소량 생산 시대로 접어들었고 개인이 원하는 제품 제조에 참여할 수 있는 방식까지 가능해졌다. 다품종 소량 생산이 가능한 유연 생산 체제뿐만 아니라 제조 전 주기에 걸친 지능화와 고도화에 인공지능 기술을 활용해오고 있다.

스마트 제조를 위해 주목할 만한 대표적인 인공지능 융합 기술 분야로 제품 디자인 및 설계에 활용되는 제너레이티브 디자인 기술이 있으며, 안전한 작업 환경을 제공하기 위한 스마트 작업대와 작업자의 숙련도 향상을 위한 작업 증강시스템 등이 있다. 또한 품질관리 영역에서는 인공지능 이미지 기술을 이용한 제품의 오류 탐지 및 생산 공정 전 과정에 대한 모니터링을 통한 최적화된 제조기법이 적용되고 있다. 설비 운용 분야에서는 생산 현장에서 발생하는 다양한 동적 상황에 대해 인간의 최소간섭으로 신속하게 대응할 수 있는 지능형 제조 설비 시스템 등이 운영되고 있다.

금융 분야

인공지능 분야의 응용이 서서히 보수적인 금융기관에서도 나타나기 시작하였다. 과거의 독보적 우위를 점해오던 금융기관의 존재감이 핀테크 기술의 발전으로 점점 취약해지거나 그들 스스로 혁신하지 않으면 존재하지 못하는 상황이 되었다. 컴퓨터와 인터넷을 활용하는 기술과 인공지능 기술로 무장한 ICT 기업들은 과거의 금융기관이 제공해오던 서비스보다 훨씬 빠르고 안전하며 편리한 고객 서비스를 제공할 수 있게 되었다. 제도적으로 금융 서비스 분야가 이들에게 개방되면서 자연스럽게 인공지능 기술이 금융업에 도입되고 있다. 금융기관은 고객에게 인공지능 기술을 활용하여 고객 맞춤 서비스를 제공할 수 있게 되었고 인공지능 기법으로 투자 설계를 해주고 있다. 대부분의 은행은 핀테크 기술을 활용하여 모바일 금융 서비스를 제공하고 있으며 고객과의 소통에도 챗봇과 같은 인공지능 서비스를 제공하고 있다. 고객의 금융 서비스 활용 행동을 분석하여 고객 맞춤형 청구서 알림, 초과 인출 사전 알림, 계좌 이체 통지 등을 제공한다.

비즈니스 분야

비즈니스 분야에서는 데이터 비즈니스, 인공지능 기반 기술 비즈니스, 알고리즘 비즈니스, 서비스 비즈니스, 플랫폼 비즈니스 등 이러한 영역에서 인공지능 기술이 활용된다. 데이터는 크게 학습 데이터셋 판매와 데이터 가공 비즈니스가 핵심으로, 데이터 통합 및 가공 솔루션 제공이 주 업무이다. 조직 내부에서 생산되는 데이터를 마스터링하고, 마이그레이션하고, 데이터 레이크 클렌징 등 인공지능에 활용할 수 있는 상태로 데이터를 가공하는 비즈니스 모델을 제시하고 있다. 인공지능 기반 기술로는 인공지능 관련 기술 수행을 위한 소프트웨어 제공이다. 자연어 인식 및 생체 인식, 음성 인식, 영상 인식 등의 비정형 인공지능 솔루션이 여기에 해당한다. 알고리즘 비즈니스 유형으로는 알고리즘을 제품화하는 방식으로 비즈니스를 창출한다. 머신러닝 솔루션, 타사 비즈니스 지원 및 업무 자동화 지원 등으로 업무가 분류된다. 서비스 비즈니스 영역에서는 고객에게 최상의 서비스를 제공하기 위해 기업 내부 및 외부에서 축적한 데이터 분석을 인공지능 기술을 활용하여 수행하고 최적의 알고리즘을 적용한다. 예를 들어 1:1 맞춤형 교육 서비스를 제공하기 위해 학생 개인의 학업 성취 관련 정보를 수집하고 분석하여 학습 패턴을 설계 및 제공하고 피드백을 통해 학습효과를 지속해서 높이는 서비스를 제공할 수 있다.

1.4 생활 속의 인공지능 활용 기술 사례

실제로 우리의 일상생활에서 인공지능 기술을 활용한 구체적 응용 분야를 살펴보자.

음성 인식 플랫폼

개인 비서는 물론 자동차 시동부터 운전까지 사물인터넷(IoT)을 활용한 장치와의 소통에 음성이 가장 편리하므로 입력 인터페이스로 음성 인식 플랫폼이 중요한 역할을 하고 있다. 머신러닝 기술을 활용해 인간의 자연어를 이해하고 음성 합성(speech synthesis) 기술을 이용해 거의 인간의 목소리와 같은 형태로 대응하는 서비스를 제공하고 있다. 자연어 처리는 기계 번역, 음성 인식, 감정 분석 등의 영역에서 활용되고 있다.

음성 인식 기술의 대표적인 예로 삼성전자의 빅스비(Bixby)와 같은 스마트폰 음성 응답 시스템을 들 수 있다(그림 1.14 참조). 빅스비는 삼성전자가 자체 개발한 음성 인식 플랫폼으로, 갤럭시 제품에 탑재된 인공지능 가상 비서이다. 빅스비는 애플의 '시리(Siri)' 개발진이 창업한 비브랩스와 삼성 내부 자사 기술을 융합하여 만들어진 서비스이다. 빅스비는 지능형 검색엔진인 울프럼 알파를 적용하여 자연스러운 대화형 인터페이스를 지원한다. 더불어 인공지능 딥러닝 기능을 탑재하였고 마이크로소프트의 SNS 서비스인 MS Linkedin과도 연동하였다. 빅스비는 비즈니스, 여가, 생활 관련 기능 등을 지원한다. 현재 한국어, 영어, 중국어를 지원하고 있다.

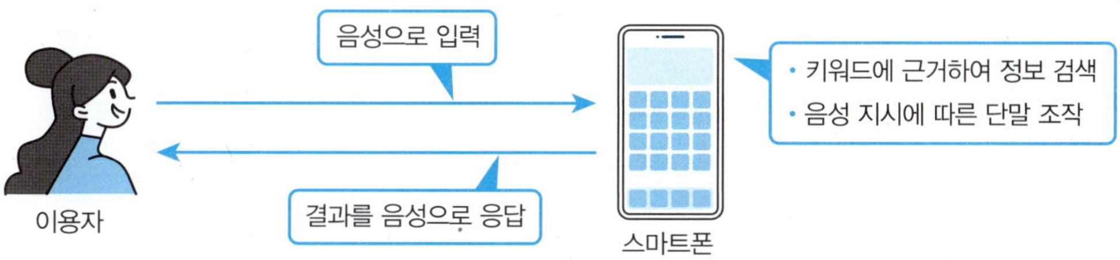

그림 1.14 빅스비 음성 응답 시스템

스마트폰의 음성 응답 시스템, 자연어 음성 입력은 키워드로 정보 검색과 스마트폰의 작업을 수행할 수 있다. 자연어는 한국어나 영어와 같은 우리가 평소 대화와 생각의 수단으로 사용하는 언어를 의미한다. 음성 응답 시스템에서는 검색 결과를 문자뿐만 아니라 음성으로 사용자에게 알려준다. 이를 실현하기 위해서는 음성을 단어로 인식하는 음성 인식(speech recognition) 기술과 인식된 단어의 의미를 해석하는 자연어 처리 기술이 필요하다. 또한, 음성으로 응답할 때는 음성 합성(speech synthesis) 기술이 사용된다. 이것은 인공지능 기술의 전형적인 예이다. 그림 1.14에 나타난 음성 응답 시스템은 다음과 같은 순서로 진행된다.

❶ 스마트폰에서 음성 응답 프로그램이 시작되면 사용자의 음성 입력을 기다린다.

❷ 음성이 입력되면 스마트폰의 프로그램은 네트워크를 통해 입력된 데이터를 서버 컴퓨터로 전송한다.

❸ 서버 컴퓨터에서는 음성 인식과 자연어 처리 프로그램으로 수신한 음성 데이터를 분석하여 무엇을 수행할 것인지를 결정한다.

❹ 그 결과를 스마트폰에 보내어 단말기 조작이나 정보 검색 처리를 실행한다.

❺ 스마트폰에서는 그 결과를 합성된 음성으로 응답한다.

이 구성은 스마트폰뿐만 아니라 AI 스피커와 같은 네트워크 연결 휴먼 인터페이스 시스템으로도 사용된다. 아마존 AI 가상 비서인 알렉사(Alexa)와 구글 어시스턴트(Assistant) 등이 대표적인 해외 AI 스피커 선두 주자이며 우리나라는 SK텔레콤의 누구(NUGU), KT의 지니(Genie)와 네이버 클로바(Clova), 카카오 미니(Mini) 등의 제품에서 인공지능 활용 음성 응답 기술을 활용한다. 그림 1.15는 음성 인식과 스마트폰 마이크에서 입력된 음성 정보를 자연어의 문자열로 변환하는 작업을 나타내고 있다. 자연어 처리는 인공지능 분야에서 상당 기간 연구해온 기술 영역으로 음성 인식, 내용 요약, 번역, 사용자 감성 분석, 텍스트 분류 작업(스팸 메일 분류, 뉴스 기사 카테고리 분류), 질의/응답 시스템, 챗봇 등에 활용하는 기술이다.

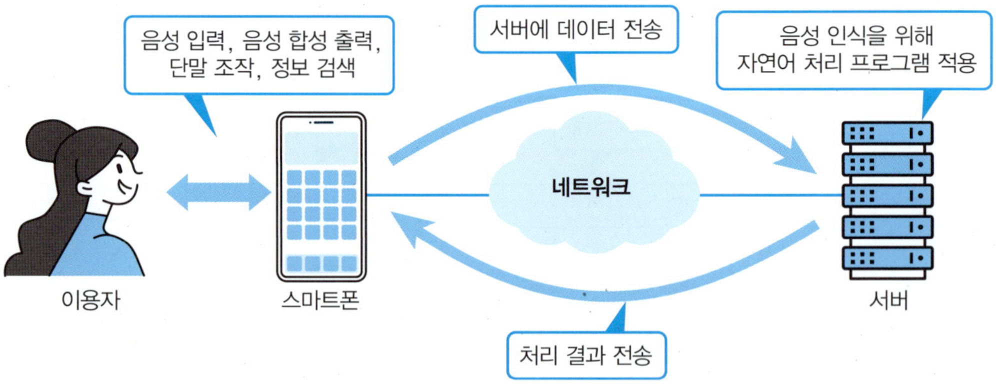

그림 1.15 음성 응답 시스템의 구성

검색 기술

검색 엔진은 인공지능 기술을 최대한 활용하고 있는 분야이다. 인공지능은 고객과 브랜드 모두에게 더 나은 결과를 제공하기 위해 지속해서 사용자의 행동을 학습한다. 고객이 찾고자 하는 상품이나 서비스를 검색 엔진이 직관적으로 판단하여 사용자가 결정을 내리는 시간을 절약하는 데 도움을 주고, 상품과 서비스를 제공하는 기업에서는 마케팅 측면에서 관련성 높은 광고를 표시할 기회를 확보할 수 있다.

또한, 한영 메일 번역에 의한 정보 검색에서 해당 정보를 대용량 데이터에서 효율적으로 찾는 검색 기술이 이용되고 있다. 검색도 인공지능 초기부터 연구가 진행된 기술 중 하나이다. 또한, 검색 대상이 되는 데이터를 인터넷에서 모아오기 위해서 소프트웨어 에이전트(software agent)라는 프로그램 기술이 이용되고 있다. 인터넷의 웹서버에 자동으로 접속하여 웹서버가 보유한 데이터를 수집하는 프로그램을 크롤러(crawler)라고 한다. 웹 크롤러(web crawler)는 조직적, 자동화된 방법으로 인터넷을 탐색하는 컴퓨터 프로그램이다. 웹 크롤러가 하는 작업을 웹 크롤링 또는 스파이더링(spidering)이라고 한다. 검색 엔진과 같은 여러 사이트에서는 데이터의 최신 상태 유지를 위해 웹 크롤링을 한다. 웹 크롤러는 대체로 방문한 사이트의 모든 페이지의 복사본을 생성하는 데 사용되며, 검색 엔진은 이렇게 생성된 페이지를 더 빠른 검색을 위해 인덱싱한다. 또한, 크롤러는 링크 체크나 HTML 코드 검증과 같은 웹 사이트의 자동 유지 관리 작업을 위해 사용되기도 하며, 자동 이메일 수집과 같은 웹 페이지의 특정 형태의 정보를 수집하는 데도 사용된다.

웹 크롤러는 봇이나 소프트웨어 에이전트의 한 형태이다. 웹 크롤러는 대개 시드(seeds)라는 URL 리스트에서부터 시작하는데, 페이지의 모든 하이퍼링크를 인식하여 URL 리스트를 갱신한다. 갱신된 URL 리스트는 재귀적으로 다시 방문한다. 크롤러는 소프트웨어 에이전트의 종류이며, 인공지능 기술의 연구 성과 중 하나이다(그림 1.16 참조). 해외에서 크롤러를 활용하는 대표적 검색 엔진에는 구글과 빙(Bing) 등이 있고 우리나라는 네이버, 다음 등에서 활용한다. 하지만 국내 검색 엔진은 포털 성격이 강하기 때문에 순수 검색 기능에 집중하고 있는 구글 같은 검색 엔진 기술에 미치지 못한다.

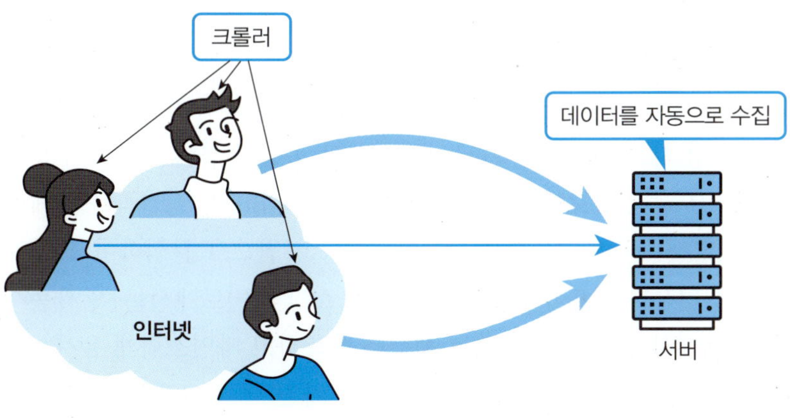

그림 1.16 크롤러(소프트웨어 에이전트의 일종)

번역 시스템

스마트폰에서 사용할 수 있는 인공지능 기술의 또 다른 예로, 언어 번역 시스템이 있다. 기계 번역(machine translation)은 사람의 개입 없이 원문을 다른 언어로 자동 번역하는 서비스이다. 초기의 기계 번역 엔진은 사람이 개발하거나 사전(dictionary)을 구성하는 규칙 기반 방법으로 번역을 실행하는 시스템이었기 때문에 오류가 많았다. 1990년대에 통계적 기계 번역 기술로 오류를 상당히 줄일 수는 있었지만 만족할만한 수준이 되지 못했다. 그러나 2017년 인공지능의 신경망 기계 번역 기술이 적용되면서 충분히 우수한 품질을 제공하고 있다. 특히 한국어와 같은 언어 특성으로 인해 영어와 다른 언어로 번역을 자연스럽게 해나갈 수 있게 되었다. 예를 들어 영한 번역 소프트웨어에서 영어 문장을 입력하면 자연스러운 한국어로 번역하여 출력하는 데 아주 전문적인 문서만 아니라면 일반 비즈니스 문서 정도에서는 만족할만하다(그림 1.17 참조). 또한, 기계 번역과 음성 인식 및 음성 합성 기술을 융합하여 음성 자동 번역 시스템도 발전하고 있다. 스마트폰에 이들 기능을 탑재하면 자동 번역 전화나 대화를 할 수 있다.

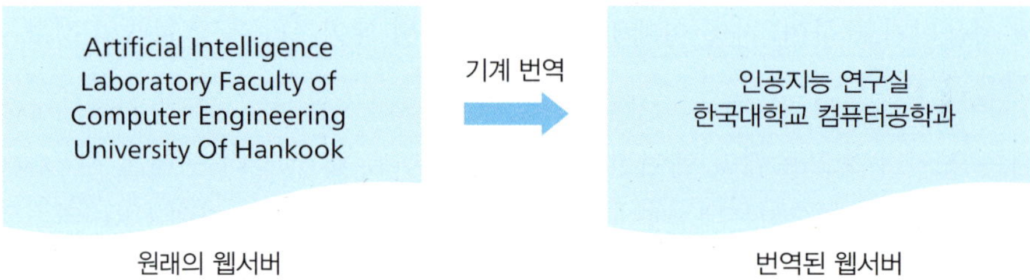

그림 1.17 웹 브라우저의 자동 번역 기능

지금까지 음성 인식과 자연어 처리를 기반으로 인공지능 응용 기술을 살펴보았는데, 인공지능의 적용 사례는 이뿐만이 아니다. 최근 머신러닝의 비약적인 발전으로 인해 응용 분야가 확대되고 있다. 그중 하나는 온라인 쇼핑 사이트의 추천 제공 기술이다.

추천 제공 기술

스마트폰이나 PC를 사용한 온라인 쇼핑은 현대 생활에서 빼놓을 수 없는 편리한 수단이다. 일반적으로 온라인 쇼핑 시스템에서 운영하는 서버는 고객 상품 검색 기록과 주문 명세가 고객의 특징을 표현하는 중요 고객 정보이기 때문에 저장해서 분석하고 그 결과를 마케팅 등에 활용한다. 이렇게 축적한 고객의 구매 성향 정보를 머신러닝 기법으로 분석하여 고객의 특징을 나타내는 사용자 모델을 만든다(그림 1.18 참조). 온라인 쇼핑 사이트에서는 이 사용자 모델을 이용하여 과거 이용 명세에서 고객이 찾고 있는 제품을 예측하고 자연스럽게 유사 제품이나 관심을 가질 만한 제품을 제안하거나 비슷한 사용자 모델을 가진 다른 고객의 구매 제품에 대한 정보도 제공하며 이들 제품류에 대한 광고 서비스를 제공한다. 그 결과 사용자가 같은 쇼핑 사이트에 접속해도 사용자의 구매 성향에 따라 특성별로 사이트의 내용을 달리 구성해서 제공한다.

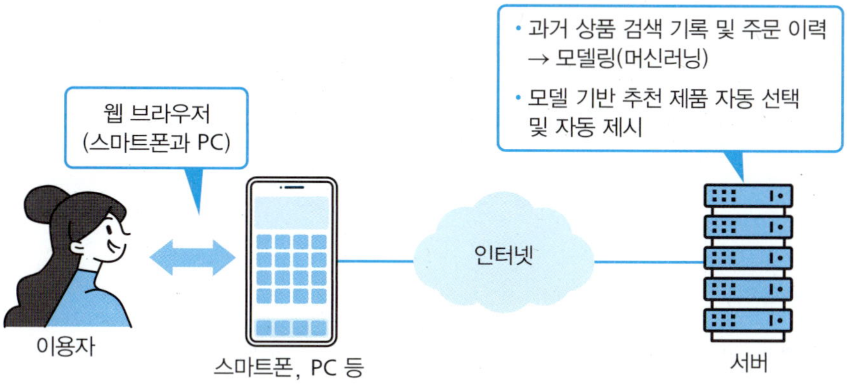

그림 1.18 온라인 쇼핑 관리 사이트의 '추천' 기술

이미지 인식 기술

이미지 인식 기술은 인공지능 기술의 중요한 분야이다. 스마트폰이나 PC 등의 얼굴 인식 기술은 이미지 인식 기술의 응용 예이다. 응용 예로서 얼굴 인식을 통한 인증 시스템을 구현하고 있다(그림 1.19 참조). 얼굴 인식 인증 시스템을 사용하면 사용자가 장치를 시작할 때 암호나 패턴 또는 지문을 입력하는 대신에 카메라로 얼굴 사진을 촬영하는 것만으로 인증받을 수 있다.

그림 1.19 스마트폰의 얼굴 인증

이미지 인식 기술의 응용으로 자동차 등의 자율주행 기술이 실용화되고 있다. 레이저 펄스를 쏘고 반사되어 돌아오는 시간을 측정하여 반사체의 위치 좌표를 측정하는 레이더 시스템인 라이다(Light Detection And Ranging, LiDAR), 광 계측 장치, GPS 등의 정보와 함께 카메라에서 이미지 정보를 이용하여 차량의 주변 상황을 판단하고 주행한다(그림 1.20 참조). 이미지 인식 기술은 이미 실용화된 자동 브레이크와 평행 주차 어시스트 시스템에서도 사용되고 있다.

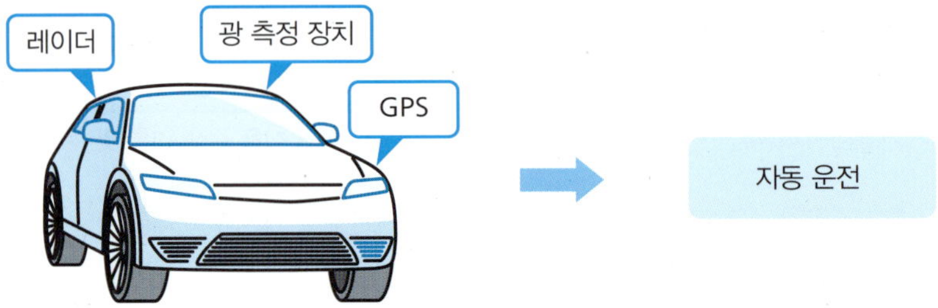

그림 1.20 자율주행 기술

게임 분야 기술

대표적인 인공지능 기술 중 하나가 게임 분야의 인공지능 기술이 있다. 게임에 인공지능 기술을 적용한 예로는 알파고(AlphaGo) 같이 바둑이나 장기 게임 등이 있다(그림 1.21 참조). 이 게임 소프트웨어에서는 머신러닝 분야인 딥러닝을 활용한다. 이처럼 단일 목적의 게임에서는 인공지능이 이미 인간보다 우월하다는 것이 증명되었다. 최근에는 게임 산업에서 인공지능 기술 활용을 통해 사용자 개인의 패턴 및 습관을 분석하여 최적화된 맞춤형 게임 서비스를 제공하고 있다.

그림 1.21 게임 소프트웨어의 머신러닝과 딥러닝 활용

전문가 시스템

주식이나 증권 매매에도 인공지능 기술인 전문가 시스템을 사용하고 있다. 전문가 시스템은 시스템이 가진 지식을 사용하여 시스템이 자율적으로 추론함으로써 인간의 전문가가 하는 것과 유사한 지적 작업을 수행하는 인공지능 시스템이다.

주식과 증권 매매에서는 시장의 동향과 사회 정세에 관한 정보를 입력 데이터로 받아 시스템에 대비한 전문 지식을 사용하여 추론을 자동으로 실시하는 것으로, 주식이나 증권 매매를 자동으로 수행한다(그림 1.22 참조). 이러한 시스템에 의한 매매는 인간의 손으로는 절대 흉내 낼 수 없는 속도로 빠르게 진행되고 있다. 전문가 시스템은 인공지능 분야에서 지식 표현과 탐색 · 추론 · 머신러닝 등의 요소 기술을 조합한 응용 기술이다. 전문가 시스템은 의료 분야에서 투약 · 진단의 보조와 위성 사진에서 자원 탐사 등 다양한 분야에서 이용되고 있다.

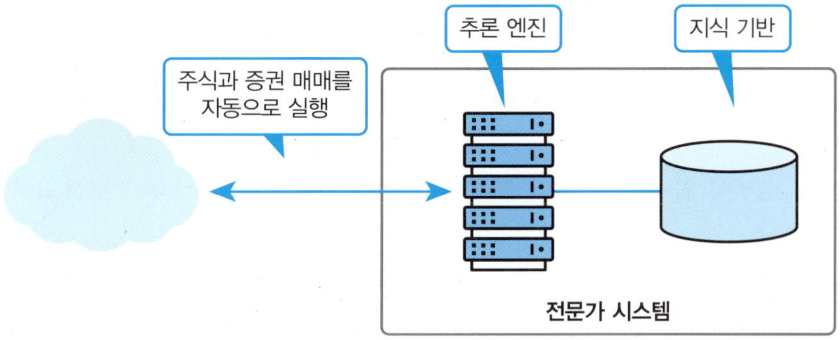

그림 1.22 전문가 시스템 활용 주식 및 증권 거래

빅데이터 분석 기술

최근 다양한 분야에서 빅데이터 분석을 이용한 응용이 구현되고 있다. 빅데이터 기술은 분석 기법과 데이터 수집, 처리 및 관리로 나누어지는데 인공지능을 활용한 빅데이터 분석 기술이 비약적으로 발전하고 있다. 데이터 마이닝 기술은 빅데이터 속에 숨겨진 패턴과 데이터 요소 간의 상관관계 등을 파악할 수 있고 이를 통해 미래를 예측할 수 있다.

비즈니스 방면에서 빅데이터 분석 기술을 활용하면 판매 예측과 재고 관리를 수월하게 할 수 있다. 예를 들어 상점에서 판매할 제품을 구매할 때 구매량을 결정해야 하는데 인공지능을 활용한 빅데이터 분석을 통해 얻은 지식을 바탕으로 재고가 늘어나지 않도록 구매량을 결정할 수 있다(그림 1.23 참조). 이 경우 판매량에 대한 예측은 과거의 판매 동향에 관한 데이터뿐만 아니라 매출에 영향을 주는 기온이나 날씨 및 공휴일, 심지어 고객 여론이나 상품 정보 및 상품 평가 등의 변수를 포함하여 분석한다. 최근에는 비정형 데이터인 영상 자료나 문서도 처리할 수 있는 빅데이터 분석 기술이 발달하여 빅데이터에서 의미 있는 정보를 추출하고 해당 정보와 연관된 정보를 파악할 수 있어서 단순한 정보 이상의 결과를 얻을 수 있다.

그림 1.23 머신러닝을 활용한 빅데이터 분석

로봇 기술

생산 현장에서 로봇이 활약하고 있다. 로봇에는 다양한 인공지능 기술이 포함되어 있다. 로봇의 시각 시스템인 로봇 비전(robot vision)이 로봇의 모션 제어(motion control) 및 모션 계획(motion planning)은 다양한 로봇의 구성 기술로 응용되고 있다. 최근에는 로봇의 제어에서 머신러닝, 특히 강화 학습의 성과가 활용되고 있다. 이러한 로봇은 인공지능 로봇이라고 하는데, 인공지능 로봇이란 공간 안에서 이용 가능한 센서에서 얻은 공간 정보로부터 작업 달성에 필요한 정보를 추출하고 이를 기반으로 최선의 적합한 행동을 정확하게 학습 또는 선택하거나 실행할 수 있는 로봇을 말한다. 인공지능의 강화 학습을 통해 로봇이 실행한 동작들의 최종 결과가 좋은 결과를 냈었는지 아닌지를 파악하고 좋은 결과를 내는 방향으로 개선하도록 하는 머신러닝 기술이다.

강화 학습을 통해 이족 보행 로봇 제어를 학습할 수 있는데 이 경우 보행 시도를 여러 번 반복하는 중에 점점 올바른 이족 보행 제어 지식을 습득하도록 학습을 수행할 수 있다(그림 1.24 참조).

그림 1.24 강화 학습에 의한 로봇 제어 지식 획득

1.5 인공지능과 수학

인공지능과 수학은 어떤 관계인지 간단히 알아보고 인공지능 학습에 필요한 가장 기초적인 수학 지식이 무엇인지 살펴본다. 이 책에서는 저학년 대학생을 위해 필수 수학 개념은 이해하기 쉽게 다루고, 복잡한 개념과 여러 분야가 엉킨 기법은 사례와 예제를 통해 설명한다.

여기서 한 가지 언급하고 넘어가야 할 것은 인공지능 기술을 사용하는 데 반드시 수학이 필요한 것은 아니다. 수학적 지식이 필요하지 않은 인공지능 영역들도 존재한다. 다만 인공지능 핵심 기술을 구현하려면 도구로써 다양한 수학 지식이 필요하다는 의미이다.

인공지능의 도구인 수학

최근 빅데이터, 클라우드 컴퓨팅, 사물인터넷, 핀테크 등 ICT 분야의 급속한 발전과 더불어 인공지능 영역에서는 핵심 알고리즘인 딥러닝이 인간의 두뇌를 빠르게 대체하고 있다. 물론 인간 두뇌의 종합적인 기능을 대체하기에는 아직 이르지만 바둑을 둔다거나 특정 이미지를 보고 이상 상태를 탐지하는 등의 특정 영역에서는 인간 두뇌의 능력을 뛰어넘고 있다. 딥러닝 알고리즘을 설계할 때 인간은 컴퓨터가 아닌 '수학의 힘'을 빌리고 있다. 지금까지의 기술로는 컴퓨터가 인공지능을 스스로 설계하지 못하기 때문이다. 현재까지 개발된 컴퓨터의 계산 능력과 상상력 그리고 창의력이 인간이 만든 수학을 따라가지 못하고 있다. 수학 지식은 수천 년에 걸쳐 검증되면서 탄탄하게 축적되었다. 거기에 비하면 머신러닝이나 딥러닝의 역사는 아무리 길게 잡아도 수십 년밖에 안 된다.

특히 인공지능의 학습에 쓰이는 데이터는 집합 형태로 표현하여 처리할 수 있고, 데이터 내에 존재하는 여러 속성이나 특징을 변수로 보아 수학에서 사용하는 벡터로 표현하며 이들의 관계를 함수로 나타낼 수 있다. 벡터는 다차원 공간의 특정 위치와 방향을 표현하는 디지털 데이터이다. 이렇게 표현된 디지털 데이터를 통해 기계를 학습시킨다. 학습을 위해 머신러닝 알고리즘을 활용하는데 이러한 알고리즘은 최적의 모델을 만들기 위해 빅데이터를 활용한 반복 학습이라는 훈련을 하게 된다. 훈련한다는 뜻은 오차를 최소화하기 위한 절차로서 이 부분에서는 미분적분학의 최솟값을 구하기 위한 여러 가지 이론이 활용된다. 특히 미분에서 오차의 한계를 최소화하기 위한 다양한 알고리즘을 활용한다.

머신러닝 알고리즘은 소위 딥러닝이라는 다층 인공신경망으로 모델화하는데 이러한 모델을 표현하고 입력받은 데이터를 처리하는 과정에는 다변수 벡터함수와 연관된 수학 이론을 심도있게 활용한다. 또한, 이들을 수식으로 표현하기 위해 행렬 및 선형대수학의 선형변환 기법 등을 활용한다. 이렇게 처리된 결과로 도출되는 인공지능의 계산 결과의 형태도 다변수벡터로 표현된다.

최적의 결과를 도출하기 위해서는 통계적인 기법과 확률적인 기법들을 복잡하게 활용한다. 새로운 데이터 입력으로부터 올바른 예측을 하도록 설계된 딥러닝 모델로 오차를 최소화하기 위한 기법이 바로 가설 검정을 통한 베이지안 통계 및 확률론 지식이다. 여기서 행렬은 벡터의 공간 변환, 인공지능망 최적 설계, 확률의 추출 과정, 학습 계산을 가능하게 해주는 표현의 도구 역할을 한다. 인공지능 문제를 해결하기 위해 수식을 세우면 상당히 많은 수식이 동원되는 연립방정식 형태를 가지게 되는데 이를 간결하게 표현하는 방법이 행렬이다. 또한, 차원이 높은 공간의 원소 형태로 표현되는 데이터는 벡터로 표현할 수 있고 이렇게 표현된 데이터는 이미 선형대수학에서 구축한 지식을 이용해 처리할 수 있다. 벡터와 행렬과 선형변환으로 구현되는 인공지능 문제를 해결하는 데 필요한 기초 지식이 바로 선형대수학이다. 인공지능을 구성하는 모델의 내부에서 일어나는 데이터 변환 과정은 일반인이 알고 있는 피상적 인공지능 지식만으로는 이해하기 어렵다. 따라서 기초 수학 지식이 부족하면 인공지능의 핵심이 되는 머신러닝과 딥러닝을 구현하기 위한 전문 서적을 읽고 이해할 수 없을 뿐만 아니라 인공지능 전문 영역의 지식을 습득할 수 없다. 머신러닝과 딥러닝에서 활용되는 다양한 수학 이론이 보통의 학생들이 보기에는 난해하고 복잡해서 응용 분야의 인공지능 결과물을 활용하는 정도에서 지적 호기심이 그치고 마는 경우가 허다하다.

인공지능을 위해 수학을 공부하는 학생에게

앞에서 언급했듯이 수학은 인공지능의 주요 분야인 머신러닝과 딥러닝 분야에서 필수 지식이며 대체 불가한 지식이다. 특히 머신러닝과 딥러닝을 설명하고 결과를 도출하고 발전시키는 데 필요한 도구이며 잘 다듬어지고 설계된 지식이다. 이 책에서는 인공지능을 학습하는 데 반드시 학습해야 하는 수학 지식들이 무엇인지 선별하고 간추리고 그 내용을 어떻게 하면 가장 쉽고 직관적으로 학생에게 전달하고 이해시킬 수 있을지를 고민하며 정리하고 다듬었다. 그러면서도 과다하다고 생각되는 지식은 생략하거나 그림을 통해 이해를 돕는 방식으로 설명을 간략화하였으며, 인공지능 응용 사례와 동떨어져 보이는 수학 지식과의 연관관계를 찾아 그 연결고리를 직관적이나마 설명하려고 노력하였다.

아무리 인공지능의 머신러닝과 딥러닝에서 사용하는 수학 지식을 쉽게 설명하려고 해도 어느 정도의 기초 수학 지식이 쌓여 있어야 이해할 수 있기 때문에 수학적 사고와 표현 및 풀이에 익숙해지기 위해 인내심을 갖고 차근차근 학습할 필요가 있다. 물론 이 책에서는 중고등학교에서 배운 기초적인 수학 내용을 토대로 전개하기는 하지만 수학 자체를 어려워하는 학생들에게는 인공지능이 수학 때문에 접근하기 어려운 영역이라고 여겨질 수도 있다. 하지만 인공지능에 활용되는 기본적인 기법을 살펴보면 이미 중고등학교와 대학교 저학년 과정에서 학습했던 정도의 지식만으로도 충분히 이해할 수 있는 내용으로 구성된다는 사실을 믿고 지금까지 부족했던 수학 지식을 보충하고 완성해나가는 기회가 되길 바란다.

물론 중고등학교에서 들어보지 못했던 새로운 개념이 나오거나 새로운 기법의 알고리즘에 난이도가 있는 수학 이론이 사용되는 것을 쉽다고 말할 수는 없다. 그렇다고 해서 인공지능의 머신러닝과 딥러닝 영역에 적용되는 대부분 지식이 대학생들은 아예 엄두도 내지 못할 정도의 수학적 지식은 아니기 때문에 너무 걱정할 필요는 없다. 따라서 이 책을 학습하면서 기본적인 수학 지식을 습득하고 예제 문제를 통해 접근하면 인공지능을 보다 잘 이해할 수 있다고 장담할 수 있다. 한 가지 문제는 머신러닝이나 딥러닝에서 필요한 수학 지식을 지금까지 어느 학생도 어떠한 교육 과정에서도 특정 한 과목명으로 학습한 적이 없었다. 그래서 이 교재에서는 많은 수학 과목들에 흩어져 있는 기초 수학 지식을 종합적으로 정리하여 한 권의 책에 담고 소개하고자 노력하였다. 다만 지식을 수집하는 과정과 모아진 수학 지식들을 체계적으로 전개하는 게 복잡하고 이들 끼리의 연관관계를 명확히 하고자 하였다.

이 책에서는 저학년 대학생이 고등학교 때까지 학습한 수학 지식을 가지고 있는 학생이라면 누구나 이해할 수 있는 여러 영역의 수학 지식을 선별하여 정리하였고, 가능하면 쉬운 예제를 통해 이해할 수 있도록 구성하였다. 설명한 수학 개념을 실제로 파이썬 언어를 이용하여 구현하고 결과를 그림으로 확인해볼 수 있도록 실습 예제도 수록하였다.

인공지능의 부분 영역인 머신러닝과 딥러닝의 학습 과정에서 내부 연결망과 그 변수들을 최적화하는 과정을 거치는데 이때 수학적 지식이 활용된다. 이 과정을 거쳐 결국 특정 영역에서 인공지능의 지적 능력이 인간의 지적 능력을 초월하는 영역까지 발전해 나갈 수 있게 된다. 인공지능의 최적화 과정에서 수학의 '미분' 개념이 사용된다. 마지막으로 인공지능의 최종 결과물은 발생 가능성이 가장 큰 확률을 가진 형태로 표시된다. 인공지능은 정답을 구하는 것이 아니라, 가장 정답 확률이 높은 답을 제시한다. 인공지능은 어떻게 보면 수학의 정답처럼 정확한 값을 찾는 게 아니고 근사치를 찾는다는 면에서 엄밀한 수학에 의존하여 결과를 도출하는 게 모순일 수도 있다. 하지만 인공지능의 결과에 대한 불완전성을 수학의 확률이 보완한다. 그래서 인공지능에는 미분적분학, 선형대수학, 이산수학, 수치해석학, 확률 이론, 통계 이론 같은 기초 수학 지식도 필요하지만, 그중에서도 난이도가 있는 지식과 함수론, 그래프 이론, 정보 이론이나 게임 이론 등 학부 과정에서 취급하지 않는 수학 지식도 필요하다.

머신러닝이나 딥러닝을 좀 더 깊게 학습하려면 세밀하고 어려운 문제를 정교한 방법으로 해결해야 하는데 여기서 언급한 수학 지식 이외의 고급 수학 이론이 필요하다. 하지만 이 책에서는 인공지능의 머신러닝과 딥러닝을 이해하기 위한 기초 수학 내용 중에서 보편적으로 언급되는 분야의 수학 지식만 언급하였다. 물론 언급한 수학 분야 간에 연관관계가 존재하기는 하지만 연관관계보다는 영역별 인공지능에 필요한 단편적인 지식을 소개하는 게 목적이므로 이들을 체계화할 필요는 없어 보인다. 다음 그림 1.25에 열거한 수학 이론 중에서 우리는 옅은 색으로 구성된 수학 분야인 집합론, 선형대수학, 미분적분학, 이산수학, 통계학, 확률론 그리고 정보이론 일부와 수치 해석학 일부 정도의 수준에서 기초 수학 개념을 전개하고 설명하려고 한다. 이 책에서 제시하는 지식보다 더 높은 수준의 수학 지식이 필요한 독자라면 관련된 교재나 연구 논문을 찾아보길 권장한다.

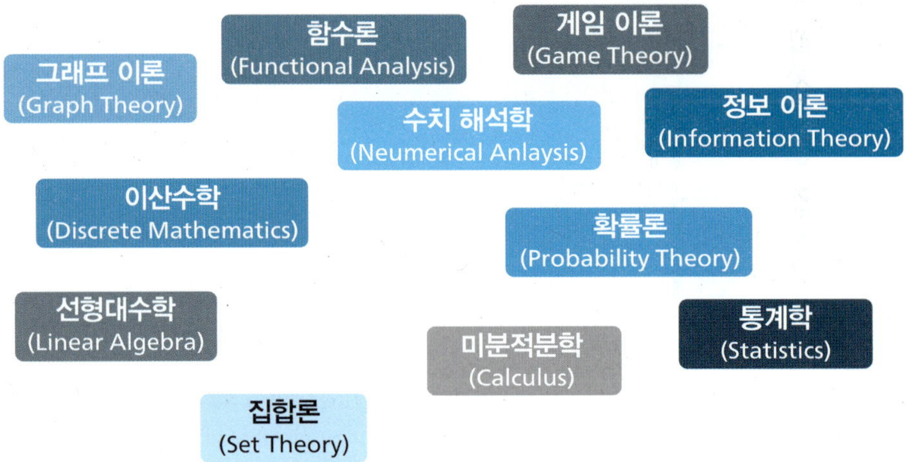

그림 1.25 인공지능과 수학 분야

앞에서 언급한 수학 지식의 필요성이라는 의미를 다시 한번 생각해보자. 사실 인공지능 구현은 수학 없이 할 수도 있다. 하지만 개념을 설명하고 타인을 이해시키기 위한 과정이 번잡하고 사람마다 사용하는 용어의 의미 전달이 불분명해져서 혼란스러울 게 분명하다. 또한, 설명을 위해 장황하거나 본래의 개념에서 벗어난 비유와 통일된 합의의 부족으로 인해 인공지능에 대한 명확한 이해나 발전 과정에서 객관성이나 엄밀성을 잃을 가능성이 크다. 더구나 인공지능 연구비를 지원하는 기관의 신뢰를 얻고 실제 인간의 사고를 절약해주며 인간의 결정보다 정확하고 오차가 작은 결과를 도출하는 데 수학적 지식이 적용되었다는 사실 만으로도 일반 학문 영역으로의 진실성을 확보할 수 있을 거라고 생각된다. 또한 인공지능 활용 영역이나 비즈니스 영역에서의 결과물에 대한 신뢰도 검증 및 평가 과정에도 수학적 방법을 활용한다면 실제 인공지능 서비스를 제공하는 비즈니스 영역의 제조사와 인공지능 서비스 수혜자인 고객 모두로부터 신뢰성을 확보할 수 있을 거라고 생각된다.

인공지능과 수학의 상관관계

우리 생활에 밀접한 영향을 주는 핵심 기술 중 하나로 인공지능이 있다. 우리는 인공지능이 우리를 위하여 대신 일할 수 있도록 인공지능을 이해하고 활용하기 위한 수학 이론들을 제시한다. 이렇게 사용되는 수학 이론 중 가장 빈번하게 언급되는 내용을 몇 가지 살펴보기로 하자.

이를테면 '선형회귀 이론(linear regression)'은 일반적으로 최소제곱법(least square method)을 사용해 선형회귀 모델을 세운다. 선형회귀 이론은 다음과 같은 상황에 적용된다. "한 반에 있는 학생들의 앉은키는 이 학생들의 키와 비례한다. 따라서 직선의 방정식으로 앉은키와 키의 관계식을 만들어낼 수 있다." 물론 더 복잡한 경우의 예로, 주가나 날씨를 시간에 따라 기록하면 그 값이 들쑥날쑥하다. 이런 데이터들을 조금 더 잘 예측할 수 있도록 딥러닝 기술이 쓰이고 있다. 딥러닝은 인간의 뇌를 흉내 낸 인공신경망을 여러 층으로 분리하여 학습하는 인공지능 기법의 하나인데, 선형함수보다 복잡한 비선형함수를 포함하여 복잡한 데이터를 설명한다.

음성 인식과 영상 인식 분야에서 획기적 발전을 이루게 된 데에는 다양한 수학 이론을 기반으로 한 딥러닝이 가장 큰 공헌을 했다고 할 수 있다. 또한, 최근에는 자연어 처리와 이해에서도 딥러닝이 매우 중요한 역할을 하고 있으며 많은 발전이 이루어지고 있다.

인공지능 애플리케이션을 활용하기 위해서는 수학적 지식이 꼭 필요한 것은 아니다. 왜냐하면 일반인도 개발된 인공지능 지식을 쉽게 적용할 수 있게 다양한 인터페이스를 주기 때문이다. 하지만 인공지능을 심도 있게 이해하고 기술을 더 발전시키고자 한다면 반드시 머신러닝을 알아야 하고 머신러닝의 핵심 기술인 딥러닝을 이해해야 한다. 그런데 딥러닝을 이해하려면 이에 필요한 다양한 수학 지식을 가지고 있어야 한다.

인공지능의 일부인 머신러닝과 머신러닝의 일부인 딥러닝에서는 응용수학 분야라고 할 만큼 다양한 수학 지식을 광범위하게 활용한다. 딥러닝에서의 학습은 훈련 데이터가 제시하는 연습문제를 잘 해결하는 방향으로 신호를 전달하는 연결 지점에서 연결 강도를 변수별 가중치로 제공하고 이 값들을 변경하면서 진행한다. 이때 연결 강도를 어떻게 변경해야 할지를 선형대수학과 다변수 다차원 벡터함수의 편미분을 사용하여 구한다. 이 과정에서 다양한 종류의 최적해를 찾는 문제가 등장한다. 딥러닝과 머신러닝 그리고 인공지능의 발전을 이해하고 인공지능 기술을 활용하여 다양한 서비스를 제공하기 위한 인공지능 애플리케이션을 개발하려는 모든 전공의 학생들은 반드시 개발에 필요한 수학적 기초 지식을 배워야 할 필요가 있다.

정리

Mathematics for Artificial Intelligence

이 장에서는 인공지능 수학을 학습하기 위한 기초적인 정보를 제공하였다. 우선 인공지능의 정의는 인간의 학습 능력과 추론 능력, 지각 능력, 자연어의 이해 능력 등을 컴퓨터 프로그램으로 실현하는 기술이다. 인공지능 발전 단계는 효율화 단계에서 개별화 단계를 거쳐 추론 단계와 탐구 단계에 이를 것이고 그 후에도 우리가 예측할 수 없는 영역까지 진화해나갈 것으로 기대하고 있다. 1950년대부터 시작된 초기 인공지능에 관한 연구는 비유적으로 2번의 겨울과 3번의 봄을 겪으며 발전해왔다.

지금 우리가 연구하고 실생활에 응용하고 있는 인공지능은 탄탄한 수학 이론에 기반을 둔 연구 영역으로 발전하였다. 수학적 언어는 분야별로 축적된 탄탄한 이론을 제공할 수 있었고 객관적이면서도 엄밀성을 강조하였기 때문에 이를 이용한 인공지능에 대한 신뢰감은 과거에 인공지능에 대한 막연한 낙관론과는 달라진 것만은 분명하다. 수학에 기반을 둔 인공지능은 사람들의 생활과 직접 연관된 응용 분야에서 성공적으로 결과를 도출하였고 수학 이론에 바탕을 둔 측정 방식과 증명 방식으로 구현하고 있는 학문 영역으로 자리매김하고 있다. 이로 인해 인공지능 분야의 발전에 관심을 가진 기업이나 연구소 또는 연구자들이 다시 한번 인공지능이 인류가 직면한 다양한 문제를 해결해줄 핵심이라는 믿음이 점점 설득력을 보여주고 있다.

실제로 헬스케어, 자동차, 제조, 금융, 비즈니스 분야에 응용되고 있는 인공지능 기술의 개략적인 의미도 살펴보았으며 인공지능 기술이 얼마나 가깝게 우리의 생활에 영향을 주고 있는지도 알아보았다. 인공지능 활용 기술 사례로서 음성 인식 플랫폼, 검색, 번역, 추천, 이미지 인식, 게임, 전문가 시스템, 빅데이터 분석, 로봇 기술 등의 사례를 살펴보면서 인공지능의 기술 영역을 살펴보았다.

인공지능에서 머신러닝이나 딥러닝이 전부는 아니지만, 우리가 앞으로 학습하고자 하는 수학과 인공지능과의 관계에서 중요한 역할을 하는 분야이다. 인공지능에 필요한 지식 중에서 인공지능을 더욱 세밀하게 구현하기 위해 여러 수학 분야의 중요성이 드러나는데, 필요한 최소의 수학 분야로는 집합과 함수, 미분적분학, 선형대수학, 통계와 확률, 정보 이론, 게임 이론 등이 있다. 또한, 인공지능과 수학과의 관계를 통해 인공지능 발전에 수학의 역할이 얼마나 큰지 간단히 알아보았다.

연습문제

01 인공지능이라는 용어가 최초로 사용된 역사적 사건은 무엇인가?

❶ 다트머스 콘퍼런스

❷ 튜링 머신의 등장

❸ 전문가 시스템의 등장

❹ 퍼셉트론의 등장

02 인공지능, 머신러닝, 딥러닝의 관계를 표현한 것으로 올바른 것은?

❶ 딥러닝 ⊂ 머신러닝 ⊂ 인공지능

❷ 머신러닝 ⊂ 인공지능 ⊂ 딥러닝

❸ 머신러닝 ⊂ 딥러닝 ⊂ 인공지능

❹ 인공지능 ⊂ 머신러닝 ⊂ 딥러닝

03 인공지능의 정의로 적합하지 않은 내용은?

❶ 기계를 인간 행동의 지식과 같이 행동하게 만드는 것

❷ 기계로부터 만들어진 지능

❸ 수학 난제 해결 목적의 소프트웨어

❹ 인간의 학습 능력과 추론 능력, 지각 능력, 자연어의 이해 능력 등을 컴퓨터 프로그램으로 실현한 기술

04 컴퓨터공학의 관점에서 본 인공지능의 정의로 적합한 것은?

❶ 하드웨어 기술의 한 분야

❷ 검색 기술의 한 분야

❸ 소프트웨어 기술의 한 분야

❹ 이미지 인식 기술의 한 분야

05 인공지능과 연관된 학문 영역으로 비교적 적합하지 않은 분야는?

❶ 인지과학
❷ 심리학
❸ 언어학
❹ 신경과학
❺ 정치학

06 인공지능의 발전 단계를 4단계로 구성했을 때 초기 단계부터 발달 과정 순으로 나열한 것은?

❶ 개별화-추론-탐구-효율화
❷ 추론-탐구-효율화-개별화
❸ 탐구-추론-효율화-개별화
❹ 효율화-개별화-추론-탐구

07 인공지능의 발전 4단계 중의 추론 영역에서 가장 많이 활용되는 분야는?

❶ 진단 프로그램 알고리즘
❷ 머신러닝 알고리즘
❸ 딥러닝 알고리즘
❹ 시스템 공학 알고리즘

08 인공지능 기술이 탐구 능력을 초월하는 단계를 무엇이라고 하는가?

❶ 초월(Transcendence)
❷ 특이점(Singularity)
❸ 인공초지능(Artificial Super Intelligence, ASI)
❹ 하이브 마인드(Hive Mind)

09 인공지능의 사고나 해결 여부를 기준으로 분류했을 때 강한 인공지능을 올바르게 설명한 것은?

❶ 어떤 문제를 실제로 사고하거나 해결할 수 있는 컴퓨터 기반의 인공지능
❷ 특정 목적에 유용한 도구로 사용하기 위해 설계된 인공지능
❸ 알고리즘과 기초 데이터 및 규칙의 입력이 필요한 인공지능
❹ 인지적 능력 중 한정적인 부분만 사고할 수 있는 인공지능

10 인공지능을 구현하는 데 필요한 기술 중 하나로 컴퓨터가 학습할 수 있는 알고리즘과 기술을 개발하는 분야는?

❶ 전문가 시스템(Experts System)

❷ 머신러닝(Machine Learning)

❸ 인공신경망(Artificial Neural Network)

❹ 유전 알고리즘(Genetic Algorithm)

❺ 퍼지 논리(Fuzzy Logic)

11 인공지능을 구현하는 데 필요한 기술 중 하나로 여러 비선형 변환기법의 조합을 통해 높은 수준의 추상화를 시도하여 Deep Neural Networks, Convolutional Neural Networks, Deep Belief Networks와 같은 알고리즘을 활용하는 분야는?

❶ 강화 학습(Enforced Learning)

❷ 머신러닝(Machine Learning)

❸ 인공신경망(Artificial Neuron Network)

❹ 딥러닝(Deep Learning)

❺ 퍼지 논리(Fuzzy Logic)

12 인공지능을 구현하는 데 필요한 기술 중 하나로 머신러닝과 인지과학에서 생물학의 신경망에서 영감을 얻은 통계학적 학습 알고리즘을 활용하는 분야는?

❶ 강화 학습(Enforced Learning)

❷ 머신러닝(Machine Learning)

❸ 인공신경망(Artificial Neuron Network)

❹ 딥러닝(Deep Learning)

❺ 퍼지 논리(Fuzzy Logic)

13 초기 인공지능 연구는 크게 두 가지 분야로 분류할 수 있는데 이들을 나열한 것으로 적합한 것은?

❶ 인지주의와 연결주의

❷ 인지주의와 학습자의

❸ 기호주의와 논리주의

❹ 기호주의와 연결주의

❺ 논리주의와 학습주의

14 퍼셉트론을 중심으로 한 연구 분야는 어느 특정 문제를 해결하지 못한다는 다른 연구자의 주장에 의해 연구 동력을 잃게 되는데 그 특정 문제는 무엇인가?

❶ AND 연산 문제　❷ OR 연산 문제

❸ NAND 연산 문제　❹ XOR 연산 문제

15 인공지능 연구 분야가 시대적으로 부흥하기도 하고 침체하기도 하였는데 퍼셉트론 이론이 힘을 잃으면서 상당 기간 연구가 지지부진하였다. 그러나 1986년 다층 퍼셉트론과 역전파 알고리즘을 실험적으로 증명하며 인공지능의 부활을 알린 사람은 누구인가?

❶ 프랭크 로젠블랫(Frank Rosenblatt)

❷ 마빈 민스키(Marvin Minsky)

❸ 제프리 힌턴(Geoffrey Hinton)

❹ 존 매카시(John McCarthy)

16 인공지능은 주어진 대용량의 이미지셋을 데이터로 이미지 인식 알고리즘의 정확도, 속도 등의 성능을 평가하는 대회는 다음 중 어느 것인가?

❶ Vanishing Gradiant/overfitting

❷ Back Propagation/Deep Belief Net

❸ Image Recognition/shallow architecture

❹ Deep Architecture/Fuzzy Logic

17 인공지능을 학습시키기 위해 반복 학습과 학습량이 중요하다. 2010년부터 주어진 대용량의 이미지셋을 데이터로 이미지 인식 알고리즘의 정확도, 속도 등의 성능을 평가하는 대회를 개최해왔는데, 이 대회의 명칭은 무엇인가?

❶ CNN　❷ ILSVRC

❸ ImageNet　❹ DNN

18 최근 인공지능 기술은 특히 머신러닝과 딥러닝, 강화 학습 기술이 주목을 받고 있다. 이러한 인공지능 기술이 주목받고 있는 3가지 요인으로 적합하지 않은 것은?

❶ 인터넷의 확대

❷ 컴퓨터 하드웨어 기술의 비약적 발전

❸ 인공지능 연구기관의 통합운영

❹ 인공지능 기술 자체 발전

19 한동안 침체기에 있었던 인공지능이 1990년대 중반부터 세 번째 봄을 맞이하게 된 궁극적 이유로 적합한 것은?

❶ 인공지능 연구자들의 통합된 연구방향

❷ 인공신경망 기술과 기호 주의의 결합

❸ 탄탄한 수학 이론에 기반한 연구 영역이라는 인식 확산

❹ 대량 이미지 수집 능력의 확대

20 인공지능에 수학 이론이 응용되면서 상당한 발전과 체계를 갖추게 되었는데, 여기에 공헌하게 된 새로운 수학적 도구들로 적합하지 않은 것은?

❶ 베이지안 네트워크(Bayesian networks)

❷ 은닉 마르코프 모형(hidden Markov models)

❸ 정보 이론(information theory)

❹ 확률 모델링(stochastic modeling)

❺ 생물 수학(Bio mathematics)

21 인공지능을 활용한 응용으로써 환자와의 대화를 통해 질병 증상에서 패턴을 파악하는 데 도움을 주는 것은 무엇인가?

❶ 챗봇(Chatbot)

❷ 원격의료(Telemedicine)

❸ 자연어 처리(Natural Language Processing)

❹ 스마트 모니터링(Smart Monitoring)

❺ 바이오마커(Biomarker)

22 인공지능을 활용한 응용으로써 자동차 분야에 사용되는 기술로 적합하지 않은 것은?

❶ 센서 기술
❷ 이미지 처리 기술
❸ 신호 제어 기술
❹ 연료 대체 기술

23 생활 속의 인공지능 활용 기술을 영역과 사례로 적합하게 연결하지 않은 것은?

❶ 음성 인식 - Speech Synthesis
❷ 검색 엔진 - Crowler
❸ 이미지 인식 - LiDAR
❹ 게임 - AlphaGo
❺ 로봇 - Expert System

02 데이터 표현

학습목표

- 수와 수학 기호를 이용하여 실생활의 텍스트 자료를 표현하는 방법을 배운다.
- 수와 수학 기호로 표현된 이미지 자료를 처리하는 수학 원리를 이해한다.
- 텍스트 자료는 벡터, 이미지 자료는 행렬로 표현할 수 있음을 소개한다.
- 음성 데이터를 컴퓨터에서 표현하는 방법을 배운다.
- 컴퓨터에서 데이터를 표현하는 구조(스택, 큐, 연결 리스트, 2진 트리, 해싱, 힙, 스택 등)에 대해 배운다.

학습목차

2.1 코드

일상생활에서 데이터와 정보라는 단어를 구별 없이 사용하고 있다. 그러나 컴퓨터에서는 정확하게 구별해서 사용하고 있다. **데이터**(data)란 어떤 사람이나 사건, 일, 아이디어 등에 대해서 단어나 숫자, 그래픽 등을 표현한 것이다. 이러한 데이터는 의사결정이나 어떤 행동을 시작하는 기준으로 사용했을 때 **정보**(information)가 된다. 하지만 컴퓨터에서는 인간이 사용하는 정보의 체계와는 다른 방법으로 데이터를 처리하고 표현하는 방법이 필요하다. 우리는 이러한 데이터를 컴퓨터에서 어떻게 표현하는지 정확하게 알아야 한다.

사람은 데이터를 읽고, 듣고, 보는 데 사용한다. 따라서 데이터는 크게 텍스트(문자, 숫자, 특수기호), 이미지(화상), 오디오(음성), 비디오(동영상)로 분류할 수 있다. 사람은 컴퓨터를 활용하여 사람이 사용하는 데이터를 읽고 저장하고 계산하고 전송하고 인쇄하려면 사람이 인식하는 데이터를 컴퓨터가 인식할 수 있도록 변환해야 한다. 컴퓨터는 모든 데이터를 2진수로 표현하기 때문에 데이터를 2진수로 변환하는 과정이 필요하고 반대로 컴퓨터에서 표현된 2진수를 사람이 인식할 수 있는 데이터로 변환하는 과정도 필요하다. 전자를 인코딩(encoding, 부호화)이라고 하고 후자를 디코딩(decoding, 복호화)이라고 한다. 데이터를 2진수로 표현한 것을 **코드**(code)라고 한다. 그리고 부호화와 복호화 기능을 합친 프로토콜을 **코덱**(CODEC)이라고 한다.

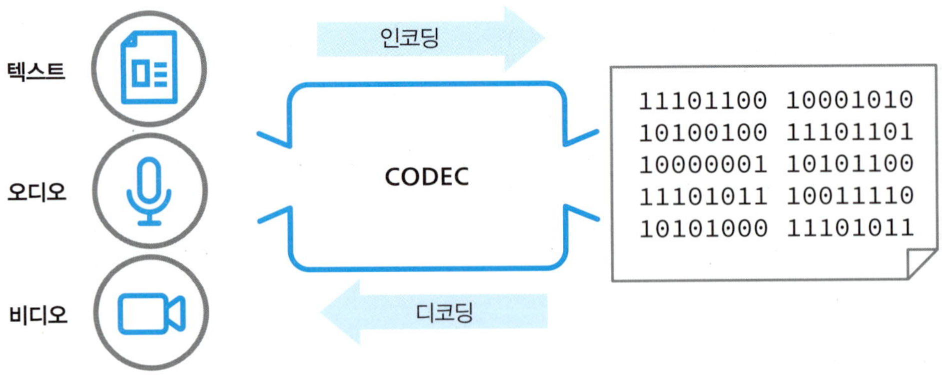

그림 2.1 코덱(CODEC)

컴퓨터에서 데이터를 표현하는 최소 단위를 **비트**(bit, binary digit의 약자)라고 한다. 비트로 나타낼 수 있는 상태의 수는 다음과 같다.

1비트 = 2가지(0, 1)

2비트 = 4가지(00, 01, 10, 11)

3비트 = 8가지(000, 001, 010, 011, 100, 101, 110, 111)

4비트(니블, nibble) = 16가지(0000부터 1111까지)

...

8비트(바이트, byte) = 256가지(00000000부터 11111111까지)

따라서 n개의 비트로는 2^n가지 상태의 수를 표현할 수 있다.

컴퓨터에서 데이터는 산술 연산을 위한 수치 데이터와 입출력 또는 데이터 처리를 위해 코드화된 문자 데이터로 나누어지게 되는데, 이를 요약하면 다음 그림 2.2와 같다.

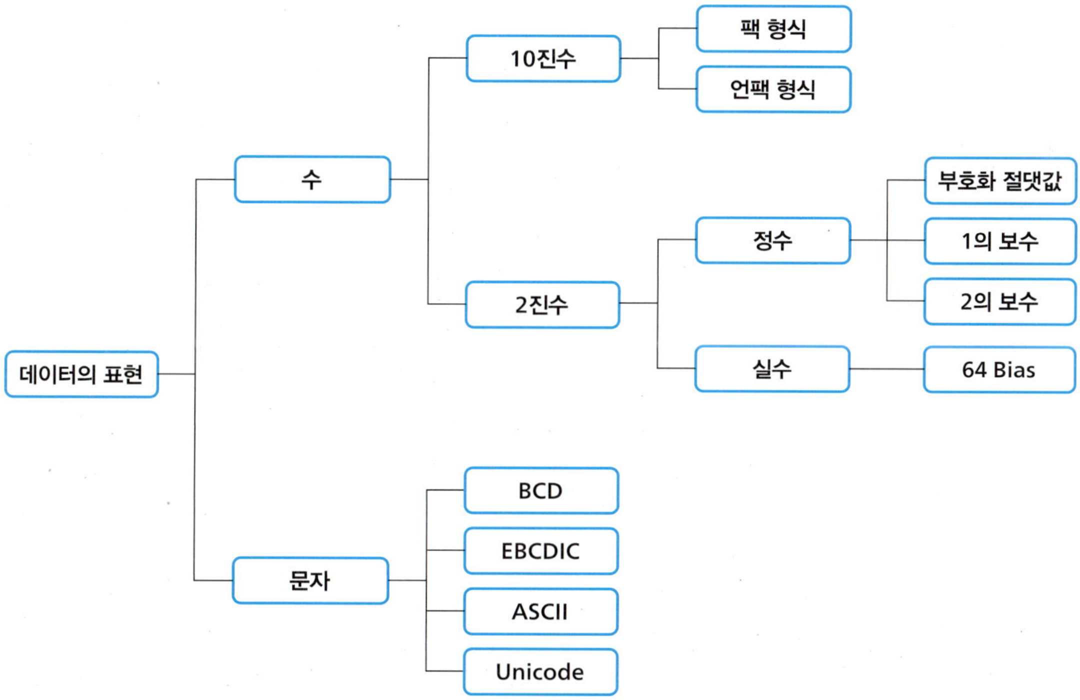

그림 2.2 컴퓨터에서 데이터 표현 방법

2.2 숫자 데이터 표현

일반적으로 숫자 데이터는 부호, 값의 크기, 소수점으로 표현되는데 n비트의 수를 표현하려면 부호 비트를 포함하여 $(n + 1)$비트의 레지스터(register)가 필요하다.

10진 데이터 표현

10진 데이터 표현은 10진수를 2진수로 변환하지 않고 10진수 상태 그대로 표현하는 것이다.

팩 10진수 형식(packed decimal format)

10진수 한 자리를 4개의 비트로 표현하는 방법으로 맨 오른쪽 4개의 비트는 양수이면 'C'(1100)로, 음수이면 'D'(1101)로 나타낸다(그림 2.3 참조).

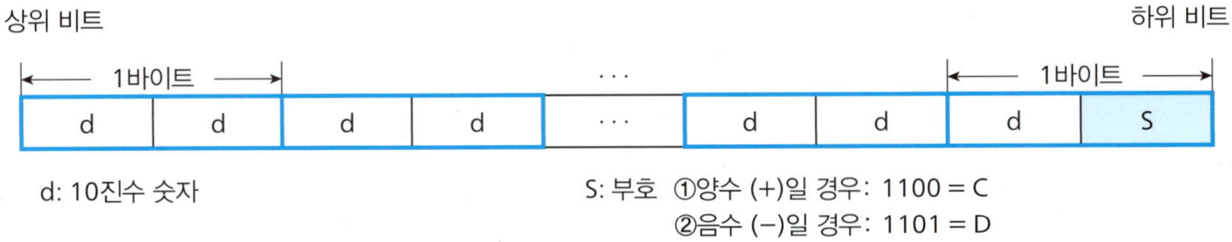

그림 2.3 팩 10진수 형식

예를 들어 +213과 −213을 팩 10진수 형식으로 표현하면 그림 2.4와 같다.

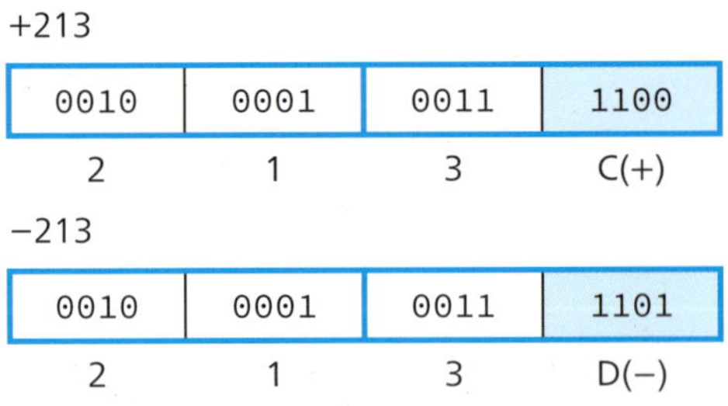

그림 2.4 +213과 −213의 팩 10진수 형식 표현

언팩 10진수 형식(unpacked decimal format)

10진수 한 자리를 표현하기 위해 1바이트(8bit)를 사용하는 형식으로 상위 4비트는 존(zone) 영역, 하위 4비트는 숫자(digit) 영역으로 구성된다. 가장 오른쪽 존 영역은 2진 데이터의 부호(+,

−)를 나타내며, 그 값은 양수일 때는 C(1100), 음수일 때는 D(1101)로 표현된다. 이외의 존 영역은 F(1111)로 채워진다. 숫자 영역에는 해당 10진수의 2진수값으로 채워진다(그림 2.5 참조).

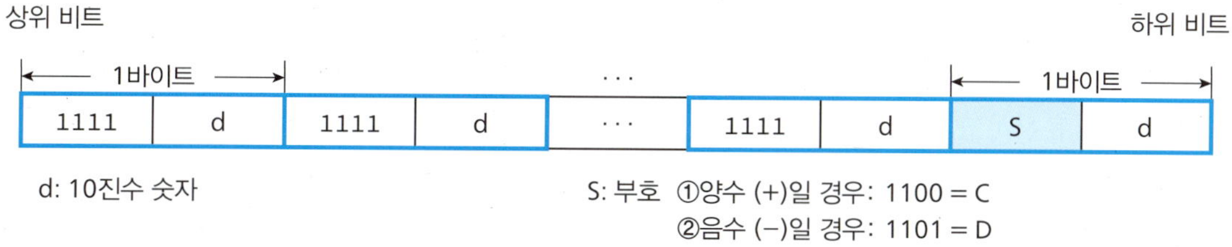

그림 2.5 언팩 10진수 형식

예를 들어 +213과 −213을 언팩 10진수 형식으로 표현하면 그림 2.6과 같다.

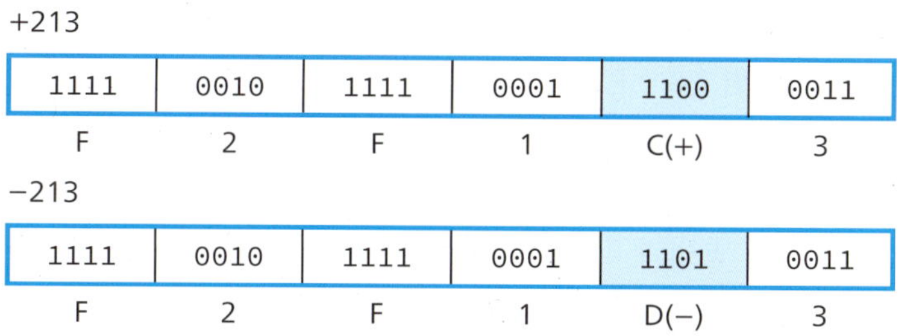

그림 2.6 +213과 −213의 언팩 10진수 형식 표현

2진 정수 데이터 표현

2진 정수의 표현은 고정 소수점 형식으로 표현된다. **고정 소수점**(fixed point) **형식**은 그림 2.7과 같이 부호부와 정수부로 구분하여 표현한다.

그림 2.7 고정 소수점 형식

고정 소수점 형식은 정수를 표현할 때 첫 번째 비트는 부호를 나타내며, 0이면 양수, 1이면 음수를 나타낸다. 두 번째 비트부터 마지막 비트까지는 정수를 2진수로 변환하여 표현한다. 소수점은 맨 오른쪽 비트 다음에 고정된 것으로 가정한다. 보통 16비트로 구성된 2바이트 정수형을 사용하지만, 더 큰 정수를 표현하기 위해서 32비트로 구성되는 4바이트 정수형을 사용하기도 한다. 고정 소수점 형식은 음의 정수를 표현하는 방식에 따라 다음 3가지 방식으로 분류된다.

- 부호와 절댓값 표현법
- 1의 보수 표현법
- 2의 보수 표현법

부호와 절댓값

정수부에는 표현하고자 하는 수의 절댓값을 나타내고 부호부에는 표현하는 수가 양수이면 0, 음수이면 1로 나타낸다. 그림 2.8은 +21과 −21을 부호와 절댓값 형식으로 표현한 것이다.

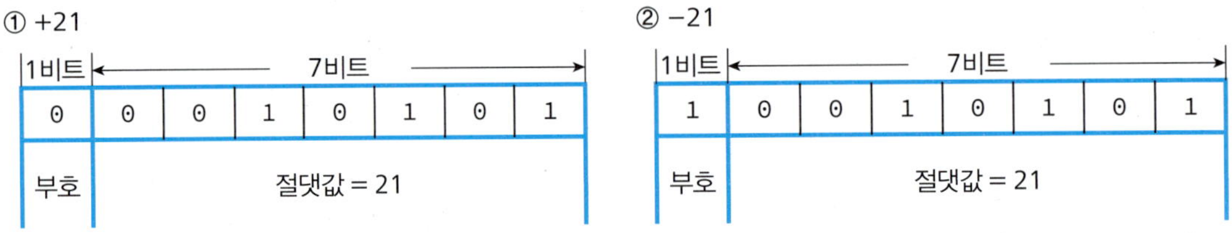

그림 2.8 +21과 −21의 부호와 절댓값 형식 표현

1의 보수

양수는 부호와 절댓값 표현 방법과 같고, 음수는 양수의 1의 보수를 취하여 표현한다. 즉, 음수와 양수는 1의 보수관계이다. 그림 2.9는 +21과 −21을 1의 보수 형식으로 표현한 것이다.

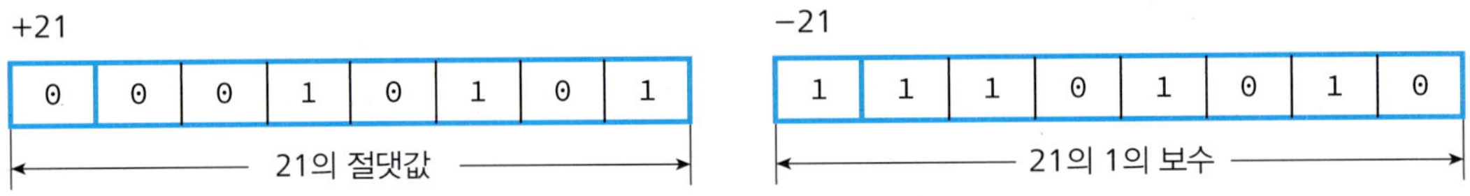

그림 2.9 +21과 −21의 1의 보수 형식 표현

2의 보수

양수는 부호화 절댓값 표현 방법과 같고, 음수는 양수의 2의 보수를 취하여 표현한다. 즉, 음수와 양수는 2의 보수관계이다. 1의 보수 방법으로 표현된 수의 최하위 비트에 1을 더해 2의 보수로 바꾼다. 그림 2.10은 +21과 −21을 2의 보수 형식으로 표현한 것이다.

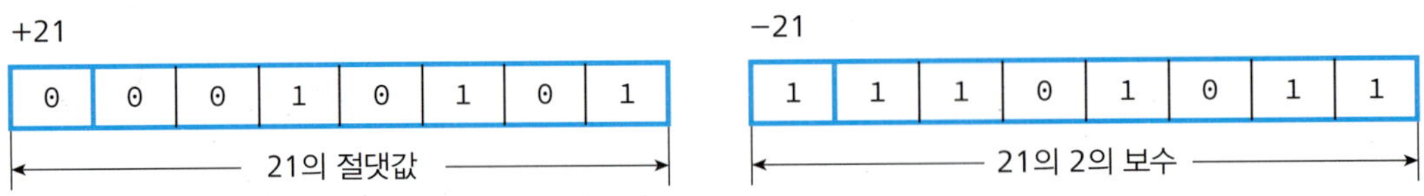

그림 2.10 +21과 −21의 2의 보수 형식 표현

결과적으로 2진수 정수 표현의 3가지 방법은 양수 표현은 모두 같고, 음수 표현만 다르다. 지금

까지는 정수를 표현하는 방법에 대해 알아보았다. 이번에는 정수가 아닌 임의의 실수를 표현하는 방법을 알아보자.

2진 실수 데이터 표현

2진 실수 데이터는 부동 소수점 방식으로 표현한다. **부동 소수점**(floating point) **표현**은 컴퓨터에 이용되는 소수점의 위치를 자유롭게 정하는 수치 표현 방법으로, 1개의 숫자를 표현할 때 지수 부분과 유효 숫자 부분으로 나누어 자동으로 자리 맞춤을 한다. 부동 소수점의 구성 요소는 숫자의 부호(가수 부호), 가수(mantissa, 소수부)의 절댓값, 자릿수의 좌우 이동 표시(지수부의 부호), 지수의 절댓값으로 수치를 표현하고 가수부로 유효 숫자의 절댓값을 나타내며, 지수부에 의해 소수점 위치를 나타낸다(그림 2.11 참조).

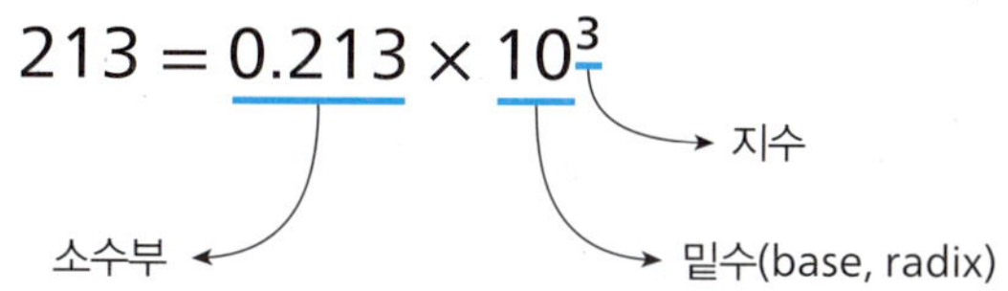

4바이트를 사용하는 부동 소수점 형식

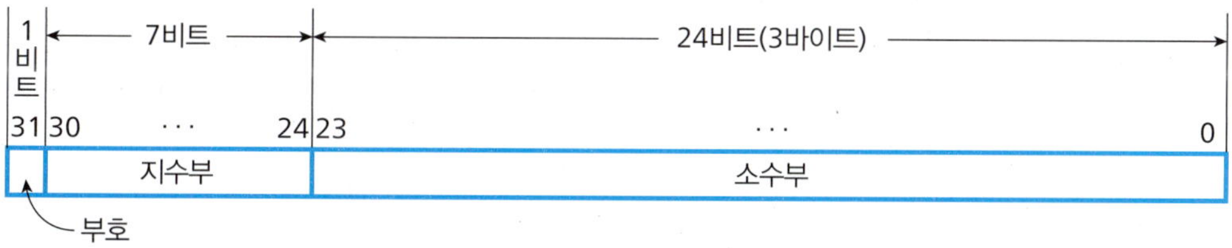

그림 2.11 4바이트를 사용하는 부동 소수점 형식

이 밖에 비트를 묶어서 2진 코드(binary code)로 숫자를 표현하는 방법이 있었다. 대표적으로 2진화 10진 코드인 BCD(binary coded decimal) 코드는 컴퓨터를 처음 만들었을 때 사용하던 코드로서 10진수 한 자리를 네 자리의 2진수로 표현하는 방식이다. 두 자리 이상의 10진수는 각 자릿수를 2진수 네 자리(4비트)의 BCD 코드로 표현하는데, 예를 들어 128은 0001 0010 1000의 12비트로 나타낸다. 이는 4비트에 대한 가중치가 왼쪽에서부터 8, 4, 2, 1이라는 의미로 8421 코드라고도 하며, 각각 대응되는 10진수로 변환이 쉽다. 이외에도 그레이 코드(gray code), 3-초과 코드(excess-3 code), 시프트 카운트 코드(shift counter code) 등이 있다.

2.3 문자 데이터 표현

문자 데이터는 비트의 조합을 코드로 표현하여 나타낸다.

ASCII 코드

ASCII(American Standard Code for Information Interchange, 미국 정보 교환 표준 코드) **코드**는 미국 표준 협회가 제정한 자료 처리 및 통신 시스템 상호 간의 정보 교환용 표준 코드로서 7비트로 구성된 128개의 기호를 정한 것이다. 제어 부호 33자, 그래픽 기호 33자, 숫자 10자, 알파벳 대소문자 52자로 되어 있다. 이 코드는 통신의 시작과 종료, 라인 피드 등의 제어 조작을 표시할 수 있는 코드로 데이터 통신에 널리 이용되고 있다. ASCII 코드는 7비트 2진 코드로 많은 컴퓨터에서 사용되고 있다. 또한, 1비트 패리티 비트를 추가하여 8비트로 사용되는 코드도 있으며, 이 두 가지 형태를 보면 다음과 같다(그림 2.12 참조).

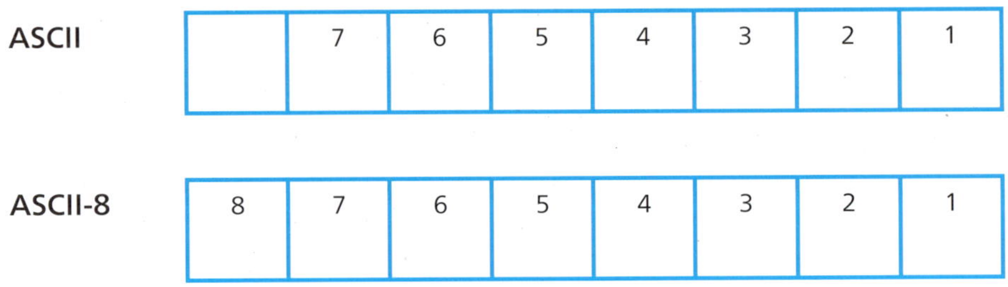

그림 2.12 ASCII 코드 표현

오늘날, ASCII 코드 또는 기본 라틴어는 유니코드(Unicode)의 일부분이다. ASCII 코드는 유니코드에서 첫 번째 128개의 코드(00000000부터 0000007F까지)를 차지하고 있다. 표 2.1은 ASCII 코드값에 대한 10진수(decimal), 16진수(hexadecimal), 그리고 가능한 경우 영어 해석을 포함한 그래픽 코드(기호)를 나타내고 있다. 16진수의 코드는 단지 유니코드에서 최하위 2비트만을 나타낸다. 이는 실제 코드를 알기 위해 코드에서 16진수 000000을 고의로 표현하지 않았다. 10진수 코드는 단지 변환할 때의 각 기호에 대한 정숫값을 보여줄 뿐이다.

표 2.1 ASCII 코드 표

Symbol	Hex	Symbol	Hex	Symbol	Hex	Symbol	Hex
NULL	00	SP	20	@	40	`	60
SOH	01	!	21	A	41	a	61
STX	02	"	22	B	42	b	62
ETX	03	#	23	C	43	c	63
EOT	04	$	24	D	44	d	64
ENQ	05	%	25	E	45	e	65
ACK	06	&	26	F	46	f	66
BEL	07	'	27	G	47	g	67
BS	08	(	28	H	48	h	68
HT	09	)	29	I	49	i	69
LF	0A	*	2A	J	4A	j	6A
VT	0B	+	2B	K	4B	k	6B
FF	0C	,	2C	L	4C	l	6C
CR	0D	-	2D	M	4D	m	6D
SO	0E	.	2E	N	4E	n	6E
SI	0F	/	2F	O	4F	o	6F
DLE	10	0	30	P	50	p	70
DC1	11	1	31	Q	51	q	71
DC2	12	2	32	R	52	r	72
DC3	13	3	33	S	53	s	73
DC4	14	4	34	T	54	t	74
NAK	15	5	35	U	55	u	75
SYN	16	6	36	V	56	v	76
ETB	17	7	37	W	57	w	77
CAN	18	8	38	X	58	x	78
EM	19	9	39	Y	59	y	79
SUB	1A	:	3A	Z	5A	z	7A
ESC	1B	;	3B	[	5B	{	7B
FS	1C	<	3C	\	5C	|	7C
GS	1D	=	3D	]	5D	}	7D
RS	1E	>	3E	^	5E	~	7E
US	1F	?	3F	_	5F	DEL	7F

EBCDIC 코드

EBCDIC(Extended Binary Coded Decimal Interchange Code, **확장 2진화 10진법 교환 부호**) **코드**는 BCD 코드를 확장한 형태로 확장형 BCD 코드라고 하며, 미국의 IBM이 대형 컴퓨터의 운영체제에서 사용하기 위해 개발한 알파벳과 숫자를 위한 2진 코드를 말한다. EBCDIC은 IBM의 운영체제에서 사용되는 텍스트 파일용 코드로서 파일 내의 각 알파벳이나 숫자는 8비트 2진수로 표현되므로, 총 256개의 문자가 정의된다.

유니코드

유니코드(Unicode)는 전 세계 모든 문자를 표현하는 텍스트를 컴퓨터로 표현하고 처리하기 위해 일관성 있는 부호화 정보기술 표준이다. 이 업무는 유니코드 컨소시엄(unicode consortium)에서 관장하고 있는데, 2020년 현재 143,859(143,696개의 그래픽 문자와 163개의 형식 문자)개의 문자로 이루어진 유니코드 13.0은 154개의 현대 언어와 고대 스크립트뿐만 아니라 다수의 심볼 집합과 이모지(emoji)까지 표준화된 부호화를 제공하고 있다. 현대 컴퓨터 운영체제, XML, Java 및 .NET 프레임워크를 유니코드로 구현하고 있으며 컴퓨터 소프트웨어의 국제적 표준 및 지역 언어 표준화의 기본이 되는 부호화 기법이다.

유니코드는 유니코드 변환 형식(unicode transformation format, UTF)이라는 방식으로 부호화하는데 UTF-9, UTF-16, UTF-32라는 3가지 문자 부호화 방식을 채택하고 있다. 가장 많이 사용되는 부호화 방법은 UTF-8, UTF-16과 완전한 유니코드는 아니지만, UTF-16보다 먼저 사용해오던 UCS-2 방법이다(universal character set, UCS).

UTF-8은 WWW와 유닉스 계열 운영체제의 95%를 차지하는 부호화 방법이다. UTF-8의 처음 128개 유니코드는 ASCII 코드 문자로서 ASCII 코드 문자는 UTF-8의 유니코드 문자의 일부분이다(그림 2.13 참조). UTF-16은 유니코드의 16비트 부호화 형식이다. UTF-16에서 65,536까지의 문자는 하나의 16비트값으로 부호화된다(그림 2.14 참조). 65,536부터 1,112,064까지의 코드 포인트에 해당되는 문자들은 두 개의 16비트값이 한 쌍이 되어 부호화된다. 마이크로소프트 윈도우즈나 자바 프로그래밍 언어와 자바스크립트 등에서 UTF-16 부호화 방식을 사용한다. UTF-32는 앞에서 설명한 가변 길이 부호화 방식이 아닌 고정 길이 부호화 방식으로 32비트를 사용한다. UTF-32 방식은 코드 포인트를 찾기가 쉽지만, 많은 비트가 0으로 채워지기 때문에 자원 낭비가 있다는 단점이 있다.

Character		Binary code point	Binary UTF-8	Hex UTF-8
$	U+0024	010 0100	00100100	24
¢	U+00A2	000 1010 0010	11000010 10100010	C2 A2
ह	U+0939	0000 1001 0011 1001	11100000 10100100 10111001	E0 A4 B9
€	U+20AC	0010 0000 1010 1100	11100010 10000010 10101100	E2 82 AC
한	U+D55C	1101 0101 0101 1100	11101101 10010101 10011100	ED 95 9C
𐍈	U+10348	0 0001 0000 0011 0100 1000	11110000 10010000 10001101 10001000	F0 90 8D 88

그림 2.13 UTF-8 부호화 예

Character		Binary code point	Binary UTF-16	UTF-16 hex code units
$	U+0024	0000 0000 0010 0100	0000 0000 0010 0100	0024
€	U+20AC	0010 0000 1010 1100	0010 0000 1010 1100	20AC
𐐷	U+10437	0001 0000 0100 0011 0111	1101 1000 0000 0001 1101 1100 0011 0111	D801 DC37
𤭢	U+24B62	0010 0100 1011 0110 0010	1101 1000 0101 0010 1101 1111 0110 0010	D852 DF62

그림 2.14 UTF-16 부호화 예

2.4 이미지 데이터 표현

컴퓨터에서 **이미지**(image, 화상)는 디지털화해서 비트 패턴으로 표현해야 한다. 디지털화(digitization)라는 것은 이미지를 **화소**(pixel, 픽셀)라는 점(dot)들의 2차원 배열(또는 행렬)로 표현하는 것을 의미한다. 이미지 크기는 **해상도**(resolution)에 따라 다르다. 예를 들면, 어떤 이미지를 1,000개의 화소로 표현할 수 있고 10,000개의 화소로 표현할 수도 있다. 따라서 더 좋은 이미지를 표현하기 위해서는 더 많은 메모리가 필요하다. 이미지를 저장장치에 저장할 때는 비트맵(bitmap) 방식으로 저장한다. 이미지 표현 방식과 비트맵 표현은 그림 2.15와 같다.

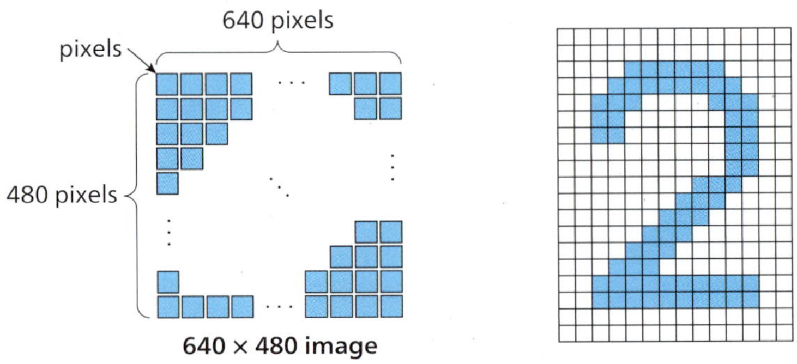

그림 2.15 이미지 표현 방식과 비트맵 표현 예

이미지를 디지털화하기 위해 이미지는 2차원 함수 $f(x, y)$로 표현할 수 있다. 여기서 (x, y)는 위치를 가리키는 좌푯값이고, $f()$는 해당 위치의 밝깃값이다. 그 예로, 2차원 평면 $x = 50$, $y = 50$ 위치에 밝깃값이 128인 화소가 있다면, $f(100, 50) = 128$이 된다. 이때 영역(domain)은 2차원의 위치 좌표(실숫값)이고 범위(Range)는 해당 좌표에서의 밝기(실숫값)를 나타낸다. 아날로그 이미지 $f(x, y)$는 컴퓨터에서 직접 저장하거나 처리할 수 없다. 이를 위해서는 표본화(sampling)와 계수화(quantization) 과정을 거쳐 디지털 이미지로 변환해야 한다.

아날로그 이미지		디지털 이미지
$f(x, y)$		$I(x_i, y_i)$
$R \times R \rightarrow R$	$\rightarrow$	$Z \times Z \rightarrow Z$
(Domain) (Range)		(Domain) (Range)

아날로그 이미지를 디지털화하는 첫 번째 과정인 표본화(sampling)는 아날로그 이미지의 연속적인 2차원 위치 좌표를 불연속적인 위치 좌표로 변환하는 과정으로 함수 $f(x, y)$의 영역을 변

환하는 것이다. 즉 실수 좌푯값에서 정수 좌푯값으로 변환하는 것이다. 이때, 표본화에 따라 다음과 같은 해상도(image resolution)가 결정된다(그림 2.16 참조).

- SD(Standard Definition): 720 × 480
- HD(High-definition): 1280 × 720
- FHD(Full high-definition): 1920 × 1080
- QHD(Quad high-definition): 2560 × 1440
- UHD(Ultra high-definition): 3840 × 2160

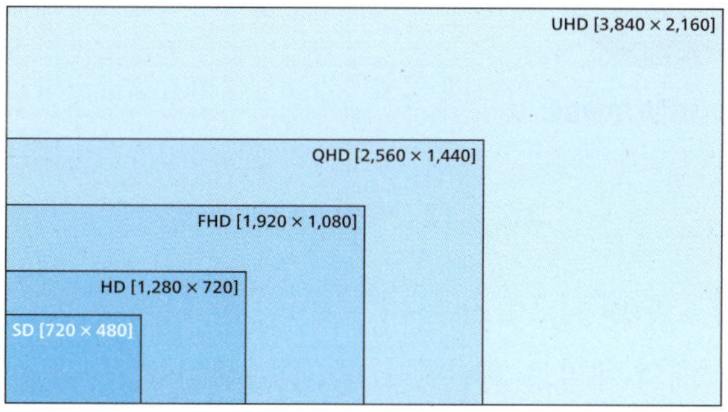

그림 2.16 이미지 해상도

표본화에 이어 계수화(quantization) 과정을 거치는데, 계수화는 화소별로 연속적인 밝기/컬러값을 불연속적인 디지털 밝기/컬러의 정숫값으로 변환하는 과정이다. 즉, 함수 $f(x, y)$의 범위를 변환하는 것이다($R \rightarrow Z$). 이때 만약 G개의 비트로 계수화하면 표현할 수 있는 밝기의 수는 총 2^G개이다. 흑백 이미지는 1비트인 경우 각 픽셀을 '0'(검은색) 또는 '1'(흰색)로 표현할 수 있다. 4단계의 회색을 나타내기 위해서는 2비트 패턴을 사용할 수 있다. 흑색은 00, 짙은 회색은 01, 밝은 회색은 10, 흰색은 11로 나타낼 수 있다. 8비트로는 256단계(0, 1, 2, …, 255)를 나타낼 수 있다.

여기서 2진 이미지(binary image)의 예를 살펴보자. 디지털 이미지 중 가장 간단한 형태로서 각 픽셀은 1비트로 오직 밝음(1)과 어두움(0)이라는 두 가지만을 표현한다(그림 2.17 참조).

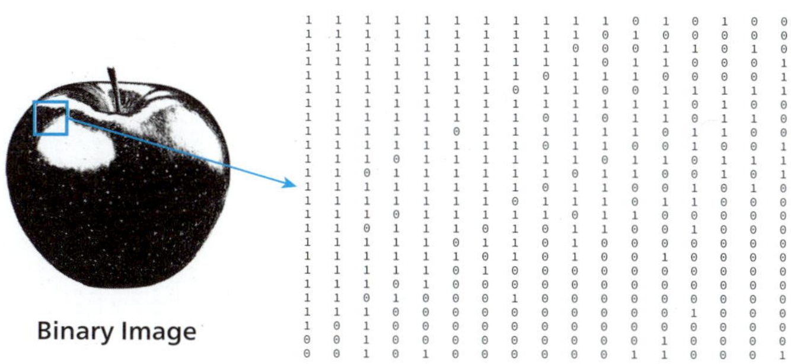

그림 2.17 2진 이미지 표현

흑백 이미지(gray-scale image)는 각 픽셀의 밝깃값을 0 ~ 255 사잇값으로 표현한다. 즉, 각 픽셀은 8비트(1바이트) 메모리를 사용한다. 픽셀값의 범위가 0 ~ 255 사잇값이기 때문에, $2^8 = 256$가지로 표현한 것이 흑백 이미지이다(그림 2.18 참조).

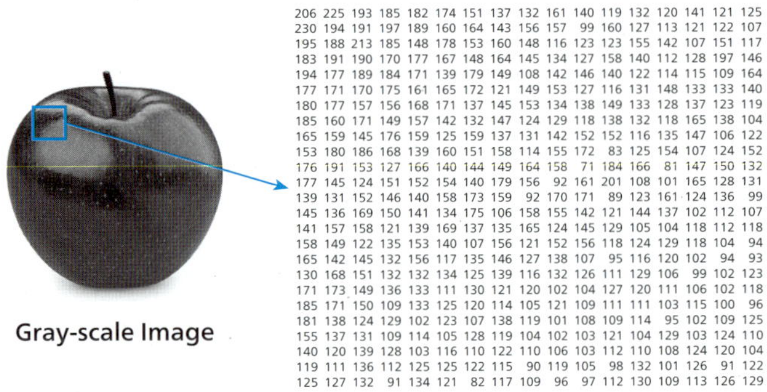

그림 2.18 흑백 이미지 표현

컬러 이미지를 표현하는 방법에는 여러 가지가 있다. 한 가지 방법으로 빛의 3원색인 **RGB** (red, green, blue)라는 3개의 채널로 표현한다. 즉, 빨간색(red), 녹색(green), 파란색(blue)의 3가지 기본 색상의 조합으로 만들어진다.

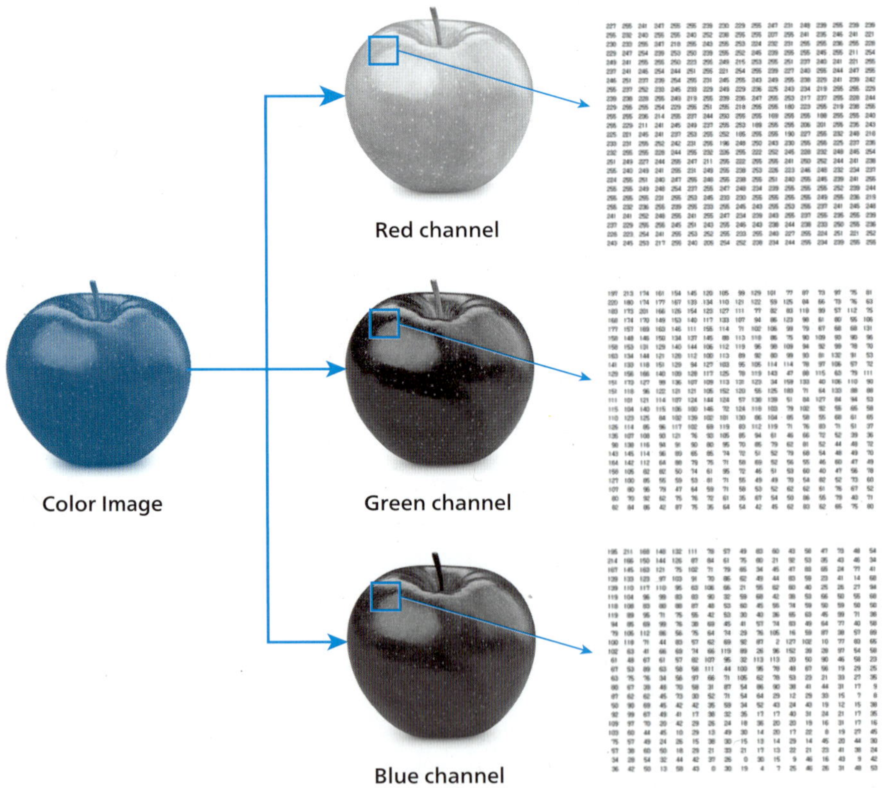

그림 2.19 컬러 이미지 표현

각 기본색의 강도를 측정하여 8비트로 각 색조별 비트 패턴을 지정한다. 각 채널은 0 ~ 255 사잇값으로 각각 빨간색의 정도, 녹색의 정도, 파란색의 정도를 나타낸다. 각 채널은 8비트 기본 컬러 3개가 조합되어, $256^3 = 16,777,216$가지의 색을 만들어 낼 수 있다. 8비트(R, G, B) 3개를 조합해 총 24비트(3바이트)를 이용하여 컬러를 표현하고, 이를 트루 컬러(true color)라고 한다. 컬러 이미지를 저장할 때도 아날로그 컬러 이미지 $f(x, y)$는 표본화와 계수화를 거쳐서 2차원 정수 배열로 변환된다(그림 2.19 참조).

이미지를 저장할 때의 크기를 살펴보자. 화상의 크기가 N(가로 픽셀) × M(세로 픽셀)이고, 화소 당 표현하는 색상/밝기의 레벨이 2^m일 경우에 이미지 1개를 저장하는 데 필요한 데이터양 $= N \times M \times m$(bits) $= N \times M \times m/8$(bytes)이 된다. 따라서 화소 당 3바이트 트루 컬러의 경우에 다음과 같이 된다.

- SD(Standard Definition): 720 × 480 × 3 = 1,036,800바이트 ≒ 1M바이트
- HD(High Definition): 1280 × 720 × 3 = 2,764,800바이트 ≒ 3M바이트
- FHD(Full High Definition): 1920 × 1080 × 3 = 6,220,800바이트 ≒ 6M바이트
- QHD(Quad High Definition): 2560 × 1440 × 3 = 11,059,200바이트 ≒ 11M바이트
- UHD(Ultra High Definition): 3840 × 2160 × 3 = 24,883,200바이트 ≒ 25M바이트

즉, 원본 이미지의 크기는 대략 1M에서 25M바이트 정도가 된다. 그러나 실제 저장 시에는 다양한 방식으로 압축해서 저장된다. 현재 널리 사용되는 이미지 파일 형식에는 다음과 같은 형식이 있다.

- JPEG(Joint Photgraphic Experts Group) 파일: 영상 데이터의 압축 저장을 위한 매우 효율적인 국제 표준의 형식(.jpg)
- GIF(Graphics Interchange Format) 파일: 그래픽 영상에 대한 압축률이 높은 기법(.gif)
- BMP(bitmap) 파일: 비트맵을 저장(.bmp)
- PDF(Portable Document Format) 파일: Adobe사의 문서 관리 소프트웨어인 Acrobat에서 사용되는 상용 영상 파일 형식(.pdf)
- PNG(Portable Network Graphics) 파일: 웹에서 24비트의 컬러 영상을 압축하지 않고 사용할 수 있도록 하기 위한 이미지 형식(.png)

이미지를 표현하는 또 다른 방법으로는 **YCM**이 있는데, 이 경우에는 위와는 다른 3가지 색깔 즉, 노란색(yellow), 청록색(cyan), 자홍색(magenta)을 기본색으로 사용한다.

2.5 동영상 데이터 표현

동영상(video, 비디오) 데이터는 연속적인 이미지 프레임의 집합이다. **프레임**(frame)은 비디오를 구성하는 하나의 이미지이다. 프레임을 사람의 눈으로 구분할 수 없을 만큼 매우 빠르게 화면에 나타나게 하면, 움직이는 효과를 갖는다. 초당 프레임 수(frame per second, fps)에 대한 표준은 없지만, TV나 비디오의 경우 30fps를 주로 사용하고 영화는 24fps를 사용한다. 비디오 데이터를 저장하기 위한 용량을 계산해보자. 화소 당 3바이트로 나타내면 720 × 480 SD 해상도로 구성된 1개 프레임의 용량은 720 × 480 × 3 = 1M가 된다. 따라서 30fps 비디오 1초를 저장하는 데 필요한 용량은 1MB/프레임 × 30fps = 30MB/s이다. 이를 압축하지 않으면 4.7GB DVD에 약 2.6분 분량의 비디오 저장이 가능하다.

비디오 데이터 파일 형식에는 AVI(audio video interleaved), MPEG(moving picture experts group), ASF(active stream format), RA/RV(RealAudio/RealVideo) 등이 있다.

2.6 오디오 데이터 표현

오디오(audio)는 소리(음성)나 음악을 기록하거나 방송하는 것을 말한다. 음성은 기본적으로 문자, 숫자 또는 이미지와는 다르다. 오디오는 연속적인 신호 데이터이다. 목소리나 음악을 마이크로폰을 사용하여 전기 신호로 바꿀 때도 연속적인 신호를 사용한다. 오디오 정보는 보통 아날로그인데, 이를 컴퓨터에서 처리하기 위해서는 디지털 정보로 바꾸어야 한다. 즉, 아날로그 정보를 디지털 신호로 표현하는 것이다. 예를 들면, 가수의 목소리를 USB에 저장할 때 아날로그 정보를 저장하기 위해 디지털 장비를 사용할 것이다. 이를 위해서는 아날로그 데이터가 가진 잠재적으로 무한개가 될 수 있는 값의 수를 줄여서 디지털 흐름으로 표현하되 정보의 손실을 최소화하면서 표현해야 할 것이다.

그림 2.20은 CODEC(coder-decoder)이라는 아날로그 신호를 디지털 신호로 변화하는 부호기를 보여준다.

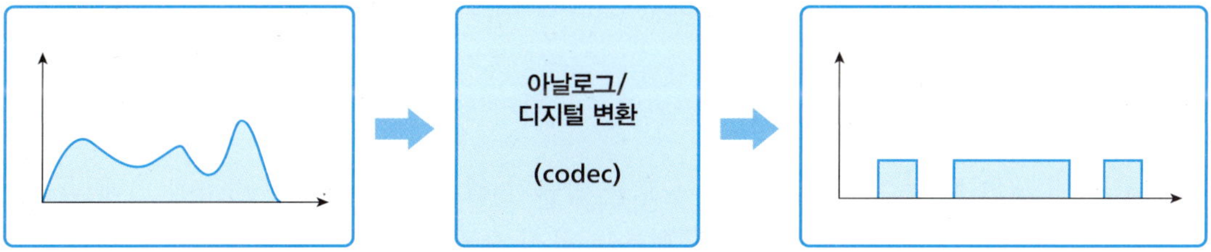

그림 2.20 아날로그 대 디지털 부호화

아날로그 대 디지털 부호화에서는 연속적인 파형 속에 포함된 정보를 일련의 디지털 펄스(1 혹은 0)로 표현한다. 이를 위해서는 몇 가지 단계가 필요하다.

펄스 진폭 변조

아날로그 대 디지털 부호화의 첫 단계는 펄스 진폭 변조(pulse amplitude modulation, PAM)이다. 이 기술은 아날로그 정보를 가지고 표본을 채집하고 그 채집 결과에 근거하여 일련의 펄스를 만든다. **채집**(sampling)이란 같은 간격마다 신호의 진폭을 측정하는 것을 의미한다.

펄스 진폭 변조에서 사용되는 채집 방법은 여러 가지가 있지만, 펄스 코드 변조(pulse code modulation, PCM)라는 아날로그 대 디지털 부호화 방법을 사용한다. 펄스 진폭 변조에서 원래 신호는 그림 2.21에 있는 것처럼 같은 간격으로 채집된다. 채집과 보유(sample and hold)라는 기술을 사용하여 주어진 순간에 신호 준위를 측정하고, 잠시 간격을 유지한다. 추출된 값은 실제 파형에서는 순간적으로만 발생하지만, 펄스 진폭 변조의 결과로 짧지만 측정할 수 있는 기간 동안 유지된다.

비록 원래의 파형을 일련의 펄스로 변환하지만, 펄스의 크기는 여전히 임의의 진폭(여전히 디지털이 아닌 아날로그 신호임)을 갖기 때문에, 디지털로 변환하기 위해서는 펄스 코드 변조를 사용해서 바꾸어야 한다.

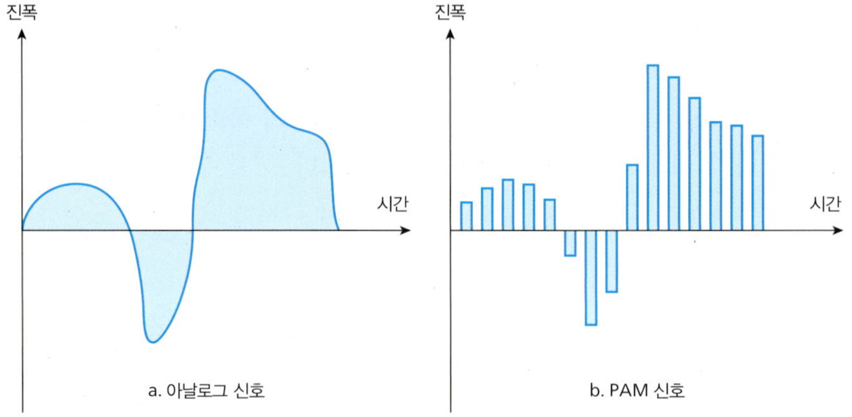

그림 2.21 펄스 진폭 변조

펄스 코드 변조

펄스 코드 변조(PCM)는 완벽한 디지털 신호를 만들기 위해서 펄스 진폭 변조에 의해 만들어진 펄스를 사용한다. 이를 위해 펄스 코드 변조는 펄스 진폭 변조에 의해 만들어진 펄스를 먼저 계수화한다. 계수화(digitizing)는 채집된 값에 특정 범위에 속하는 정숫값을 할당하는 방법이다. 그림 2.22는 계수화를 한 뒤 계수 결괏값을 나타냈다.

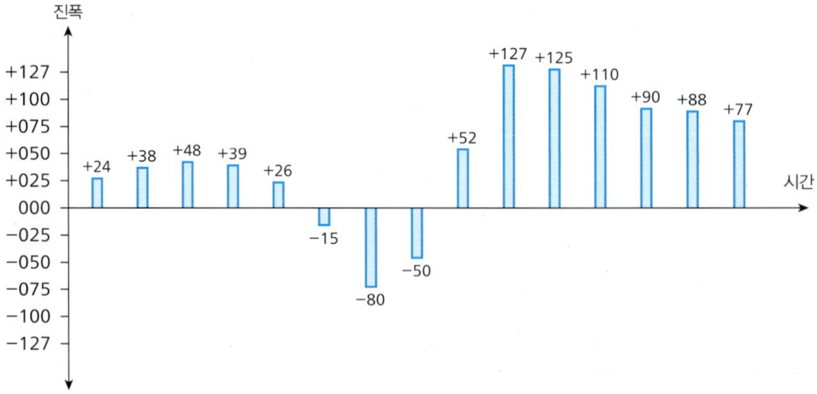

그림 2.22 계수화된 PAM 신호

다음 그림 2.23은 계수화된 표본에 부호와 크기의 값을 할당하는 간단한 방법을 보여준다. 각 값은 상응하는 7비트 2진수로 나타낸 것이다. 8번째 비트는 부호를 나타낸다.

+024	00011000	−015	10001111	+125	01111101
+038	00100110	−080	11010000	+110	01101110
+048	00110000	−050	10110010	+090	01011010
+039	00100111	+052	00110110	+088	01011000
+026	00011010	+127	01111111	+077	01001101

Sign bit
+는 0 −는 1

그림 2.23 부호와 크기를 사용하는 계수화

이제 2진수로 변환된 정보는 디지털 부호화 기법 중 하나를 사용해서 2진 신호로 변환된다. 그림 2.24는 원래 아날로그 신호를 부호화한 펄스 코드 변조를 거쳐서 최종적으로 단극형 신호로 부호화한 결과를 보여준다. 여기서는 처음 세 개의 신호값만을 나타냈다.

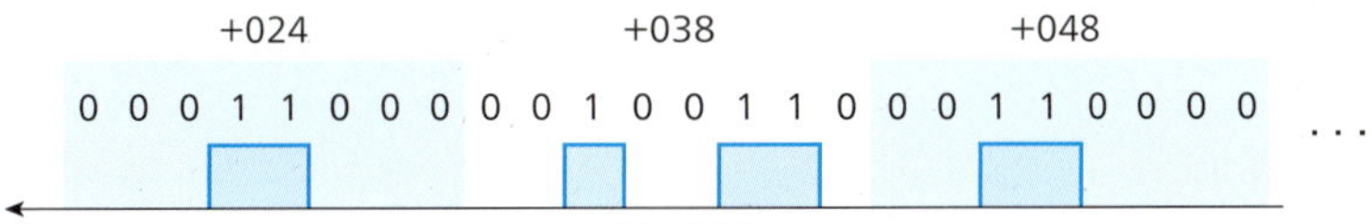

그림 2.24 펄스 코드 변조

펄스 코드 변조는 실제로 PAM, 계수화, 2진 부호화, 디지털-대-디지털 부호화의 과정으로 구성되어 있다. 그림 2.25는 그림의 형태로 전 과정을 보여주고 있다.

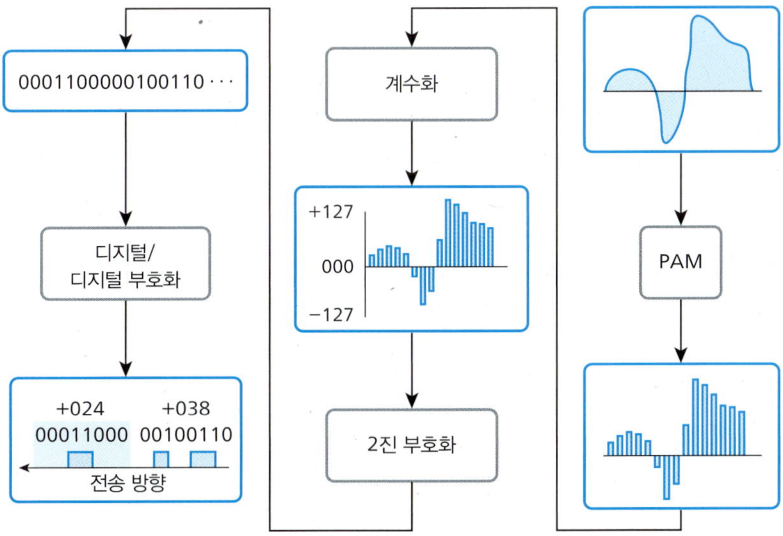

그림 2.25 아날로그 신호에서 펄스 코드 변조를 이용하여 디지털 코드로 변환

표본 채집률

앞에 그림 2.25에서 본 것처럼 아날로그 신호의 디지털 재현의 정확도는 채집된 표본의 수에 따라 달라진다. PAM과 PCM을 사용하여 무한개의 표본을 채집함으로써 파형을 완벽하게 재현할 수도 있지만, 세 개의 표본만을 취함으로써 파형의 최소한의 기본적인 변화 방향만을 재현할 수도 있다. 분명한 것은, 양극단 사이에 있을 적절한 표본 개수를 찾기 원한다는 것이다. 그러므로 문제는 표본이 얼마나 많아야 충분한가이다.

실제로 아날로그 신호를 재구성하기 위해 수신 장치는 놀랄 만큼 적은 정보만 필요하다. 나이퀴스트 이론에 의하면, PAM을 사용하여 원래의 아날로그 신호를 정확히 재현하기 위해서는 표본 채집률은 최소한 원래 신호의 최고 주파수의 두 배가 되어야 한다. 따라서 최대 주파수가 3300Hz인 전화 목소리 정보를 채집하려면, 매초 6600번의 표본 채집률이 필요하다. 실제에서는 나중의 신호 처리 과정에서 생기는 불완전성을 보정하기 위해 8000개의 표본을 채집한다.

xHz의 두 배의 주파수에 달하는 표본 채집률이 필요하다는 것은, 신호가 $1/(2x)$초마다 채집되어야 한다는 것을 의미한다. 위의 예는 전화상의 목소리가 1/8000초마다 한 번씩 채집되어야 하는 것을 의미한다.

2.7 데이터 구조

컴퓨터 프로그래밍에서 데이터 구조는 데이터를 구조적으로 표현하는 방식으로 이를 구현하는 데 필요한 알고리즘에 대해 논하는 가장 기본적인 이론이다. 컴퓨터 메모리는 1차원 구조이기 때문에 현실 세계의 다차원 데이터를 다루기 위해서는 1차원인 선 형태로 바꾸는 과정이 필요하다. 2차원 배열, 2진 트리, 그래프 등의 데이터 구조가 2차원 데이터를 1차원으로 표현하는 방법이다. 추상적 자료형은 알고리즘이 문제를 해결하는 데 필요한 자료의 형태와 자료를 사용한 연산들을 수학적으로 정의한 모델이다. 그리고 데이터 구조는 추상적 자료형이 정의한 연산을 구현한 구현체를 가리키는 말이다. 스택을 예로 들면, 함수 호출을 관리하기 위해 후입선출의 성질을 가진 추상적 자료형이 필요하니 푸시(push)와 팝(pop)을 가지도록 스택(Stack)이라는 추상적 자료형을 정의하고 구현해서 함수 호출을 관리하는 데 사용하는 구현체, 즉 데이터 구조를 콜 스택이라고 부르는 것이다.

데이터 구조(data structure 또는 자료구조)는 대량의 데이터를 효율적으로 관리할 수 있는 데이터의 구조를 의미한다. 코드 상에서 효율적으로 데이터를 처리하기 위해, 데이터 특성에 따라 체계적으로 데이터를 구조화해야 한다. 어떤 데이터 구조를 사용하느냐에 따라 코드 효율이 달라지기 때문이다.

데이터 구조는 적은 수의 데이터를 관리하기 위해 고안된 것이 아니다. 가령 1개의 데이터를 처리하는 데 1초가 걸리는 크기 1의 구조가 있다고 하면, 이 구조를 이용해 1000개의 데이터를 처리하려면 1000의 크기와 1000초가 필요하게 된다. 이때 데이터 구조는 1개의 데이터를 처리하는 시간과 크기를 줄여 데이터를 처리하는 데 더 적은 크기와 시간이 필요하게끔 하는 역할을 한다. 따라서 자료구조가 중요한 이유는 프로그램 내에서 자료를 가장 효율적으로 처리하기 위함이고, 그것을 통해 보다 성능이 좋은 프로그램을 만들기 위함이다.

일반적으로 자료구조를 구분할 때 선형과 비선형 구조로 구분하기도 한다. 각각 선의 형태를 띠는 것과 그렇지 않은 것으로 풀어 말할 수 있으며, 선형 구조는 배열, 리스트, 큐, 스택을 말하고 비선형 구조는 그래프와 트리를 말한다.

배열

배열(array)은 색인(인덱스)과 색인에 대응하는 데이터들로 이루어진 자료구조를 말한다(그림 2.26 참조). 일반적으로 배열에는 같은 종류의 데이터가 차례로 저장되어 값의 색인이 곧 배열의 시작점으로부터 값이 저장된 상대적인 위치가 된다. 대부분의 프로그래밍 언어에서 사용할 수 있는 가장 기초적인 자료구조로, 기본적인 용도 외에 다른 복잡한 자료구조를 표현하기 위해서 또는 행렬, 벡터 등을 컴퓨터에서 표현하는 용도로도 사용된다.

배열의 첫 번째 요소의 메모리 주소를 첫 번째 주소 또는 기본 주소라고 한다. 배열 안에 여러 정보를 저장할 수 있고, 반복문과 결합하면 정보를 효율적으로 관리할 수 있다. 배열은 색인(인덱스)으로 식별/조회가 가능하다. 배열의 장점은 색인으로 인한 빠른 접근이 가능한 것이고. 배열의 단점은 미리 배열의 크기를 설정해줘야 하므로 데이터를 추가하기가 어렵다는 것이다. 데이터를 삭제할 경우, 삭제한 데이터 뒤에 있는 데이터를 앞으로 이동시켜야 하는 어려움도 있다.

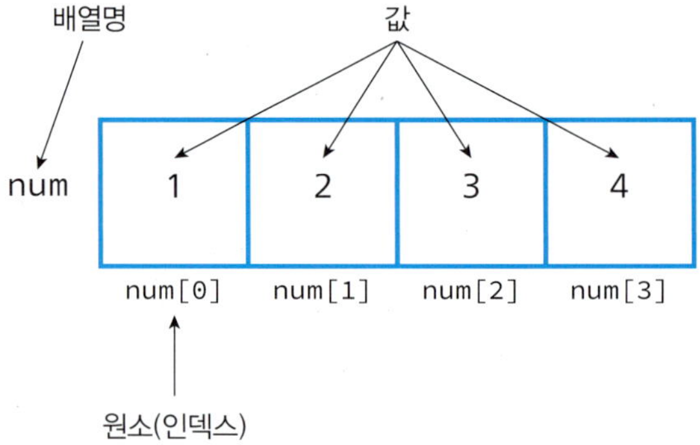

그림 2.26 배열

큐

큐(queue)는 컴퓨터의 기본적인 데이터 구조 중 하나로, 먼저 집어넣은 데이터가 먼저 나오고 나중에 들어간 데이터가 나중에 나오는 FIFO(First In First Out) 또는 LILO(Last In Last Out) 구조로 저장하는 형식을 말한다(그림 2.27 참조). 영어 단어 'Queue'는 표를 사러 일렬로 늘어선 사람들로 이루어진 줄을 말하기도 하며, 먼저 줄을 선 사람이 먼저 나갈 수 있는 상황을 연상하면 된다. 나중에 집어넣은 데이터가 먼저 나오는 스택과는 반대되는 개념이다.

프린터의 출력 처리나 윈도우즈 시스템의 메시지 처리기, 프로세스 관리 등 데이터가 입력된 시간 순서대로 처리해야 할 필요가 있는 상황에 이용된다. 이러한 큐 구조는 컴퓨터공학 전반에 자주 쓰이는 데이터 구조이다. 가장 대표적인 예로 '버퍼(buffer)'를 들 수 있다. enqueue를 큐에 데이터를 넣는 기능이라 하고 dequeue를 큐에서 데이터를 꺼내는 기능이라 한다.

그림 2.27 큐

스택

스택(stack)은 한쪽 끝에서만 자료를 넣거나 뺄 수 있는 구조로, 가장 나중에 넣은 데이터를 가장 먼저 빼낼 수 있는 데이터 구조이다(그림 2.28 참조). 따라서 스택은 LIFO(Last In First Out) 또는 FILO(First In Last Out) 데이터 관리 방식을 따른다. 자료를 넣는 것을 '밀어 넣는다' 하여 푸시(push)라고 하고 반대로 넣어둔 자료를 꺼내는 것을 팝(pop)이라고 하는데, 이때 가장 최근에 푸시한 자료부터 나오게 된다. 이처럼 나중에 넣은 값이 먼저 나오는 것을 LIFO 구조라고 한다.

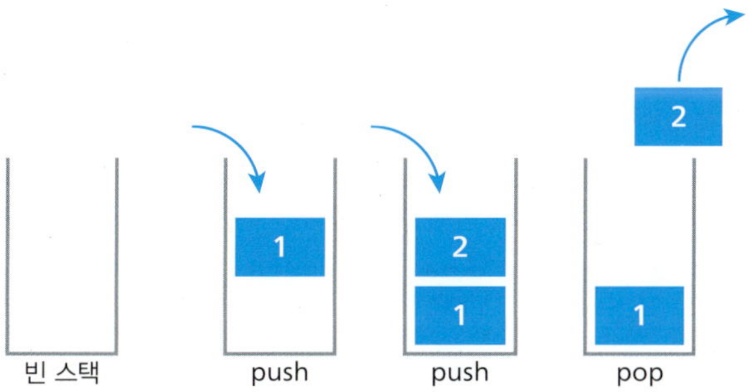

그림 2.28 스택

예를 들어 a부터 b와 c를 순서대로 넣은 다음 자료를 하나씩 꺼내면 c부터 b와 a의 순서로 나오게 된다. 흔히 스택을 쌓는다고 이야기하는 것처럼 스택은 하나의 바구니에 데이터들이 순차적으로 들어가는 형태를 가진다. 스택에서는 중요한 연산이 존재하는데 push()는 데이터를 스택에 넣고 pop()은 데이터를 스택에서 꺼낸다.

스택의 장점은 구조가 단순해서 구현이 쉽고 데이터 저장/읽기 속도가 빠르다는 것이다. 단점은 데이터의 최대 개수를 미리 정해야 한다는 것이다. 저장 공간의 낭비가 발생할 수 있기 때문에 미리 최대 개수만큼 저장 공간을 확보해야 한다.

리스트

리스트(list)는 컴퓨터공학에서 같은 값이 한 번 이상 존재할 수 있는 일련의 값이 모여 있는 추상적 자료형이다. 시퀀스(sequence)라고도 부른다. 리스트의 인스턴스는 무한 시퀀스의 수학 개념을 컴퓨터상에 표현한 것이며 잠재적으로 무한인 리스트는 스트림과 같다. 리스트에서 같은 값이 여러 번 발생하면 각각 발생한 건은 별개의 항목으로 취급한다. 리스트라는 이름은 특히 연결 리스트처럼 추상 리스트를 구현하는 데 사용할 수 있는 여러 데이터 구조에 사용된다.

연결 리스트

연결 리스트(linked list)는 각 노드가 데이터와 포인터를 가지고 한 줄로 연결된 방식으로 데이터를 저장하는 구조이다. 이름에서 말하듯이 데이터를 담고 있는 노드들이 연결되어 있는데, 노드의 포인터가 다음이나 이전의 노드와의 연결을 담당하게 된다. 연결 리스트의 종류로는 단일 연결 리스트, 이중 연결 리스트, 원형 연결 리스트 등이 있다.

연결 리스트는 늘어선 노드의 중간지점에서도 자료의 추가와 삭제가 $O(1)$의 시간에 가능하다는 장점이 있다. 그러나 배열이나 트리 구조와는 달리 특정 위치의 데이터를 검색해 내는 데에는 $O(n)$의 시간이 걸리는 단점도 갖고 있다.

단일 연결 리스트

단일(single) 연결 리스트는 각 노드에 자료(data) 공간과 한 개의 포인터(pointer) 공간이 있고, 각 노드의 포인터는 다음 노드를 가리킨다(그림 2.29 참조).

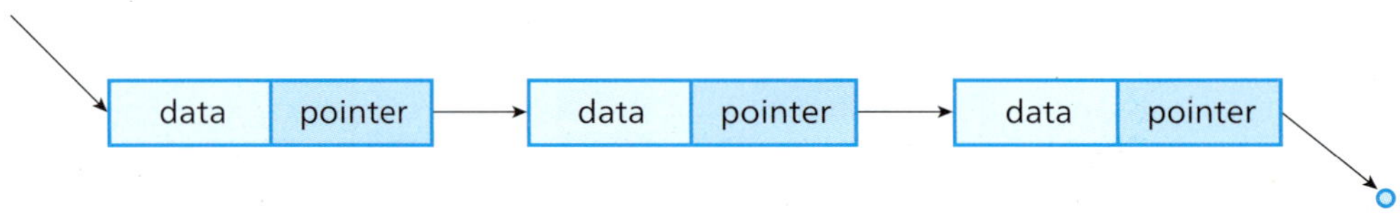

그림 2.29 단일 연결 리스트 구조

이중 연결 리스트

이중(double) 연결 리스트의 구조는 단일 연결 리스트와 비슷하지만, 포인터 공간이 두 개가 있고 각각의 포인터는 앞의 노드와 뒤의 노드를 가리킨다(그림 2.30 참조).

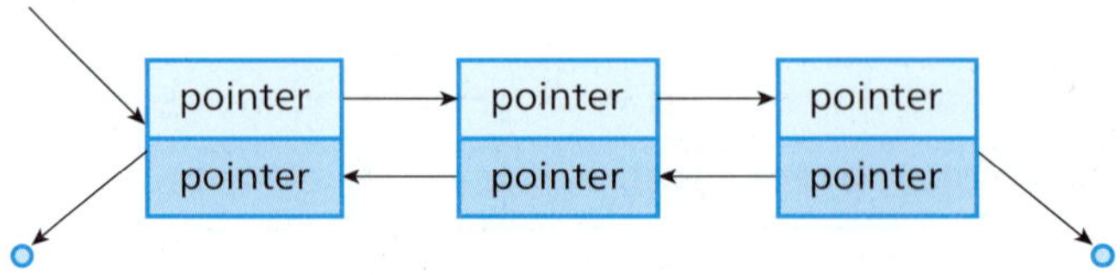

그림 2.30 이중 연결 리스트의 구조

원형 연결 리스트

원형(circular) 연결 리스트는 일반적인 연결 리스트에 마지막 노드와 처음 노드를 연결시켜 원형으로 만든 구조이다(그림 2.31 참조).

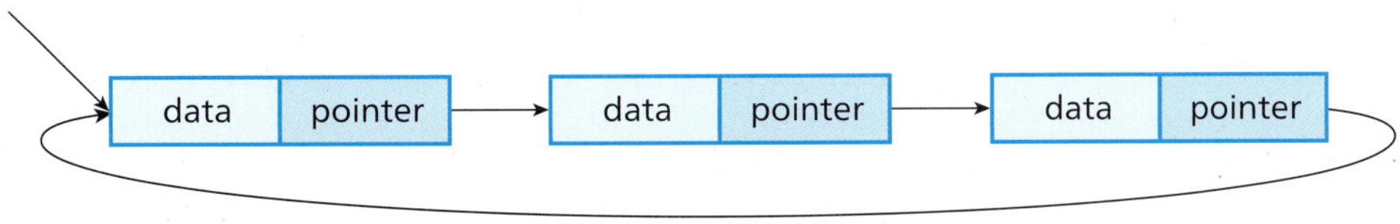

그림 2.31 단순 원형 연결 리스트의 구조

해시테이블

해시테이블(hash table)은 연관 배열 구조를 이용하여 키(key)에 결괏값(value)을 저장하는 데이터 구조이다(그림 2.32 참조). 연관 배열 구조(associative array)란, 키 1개와 값 1개가 1:1로 연관된 구조이다. 따라서 키를 이용하여 값을 도출할 수 있다.

해시테이블은 키, 해시함수(hash function), 해시(hash), 값(value), 저장소(bucket, slot)로 이루어져 있다. 키는 해시함수를 통해 해시로 변경이 되며 해시는 값과 매칭되어 저장소에 저장된다. 키는 고유한 값이며, 해시함수의 입력(input)이 된다. 다양한 길이의 값이 될 수 있다. 이 상태로 최종 저장소에 저장이 되면 다양한 길이만큼의 저장소를 구성해 두어야 하므로 해시함수로 값을 바꾸어 저장되어야 공간의 효율성을 추구할 수 있다. 해시함수는 키를 해시로 바꿔주는 역할을 한다. 다양한 길이를 가지고 있는 키를 일정한 길이를 가지는 해시로 변경하여 저장소를 효율적으로 운영할 수 있도록 도와준다. 다만, 서로 다른 키가 같은 해시가 되는 경우를 해시충돌(hash collision)이라고 하는데, 해시충돌을 일으키는 확률을 최대한 줄이는 함수를 만드는 것이 중요하다. 해시는 해시함수의 결과물이며, 저장소에서 값과 매칭되어 저장된다. 값은 저장소에 최종적으로 저장되는 값으로 키와 매칭되어 저장, 삭제, 검색, 접근이 가능해야 한다.

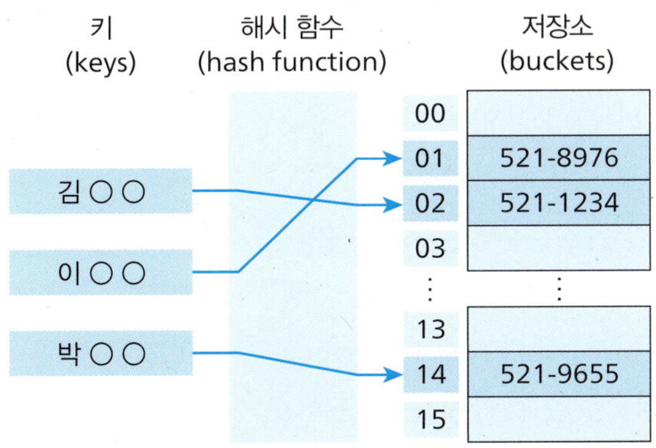

그림 2.32 해시테이블

트리

트리(tree, 나무)란 그래프의 일종으로, 여러 노드가 한 노드를 가리킬 수 없는 구조이다(그림 2.33 참조). 간단하게는 우회로가 없고, 서로 다른 두 노드를 잇는 길이 하나뿐인 그래프를 트리라고 부른다.

트리에서 최상위 노드를 루트 노드(root node, 뿌리 노드)라고 한다. 또한, 노드 A가 노드 B를 가리킬 때 A를 B의 부모 노드(parent node), B를 A의 자식 노드(child node)라고 한다. 자식 노드가 없는 노드를 단말 노드(leaf node, 리프 노드)라고 한다. 단말 노드가 아닌 노드를 내부 노드(internal node)라고 한다. 트리 중 이진 트리(binary tree) 형태의 구조로, 탐색(검색) 알고리즘 구현을 위해 많이 사용된다.

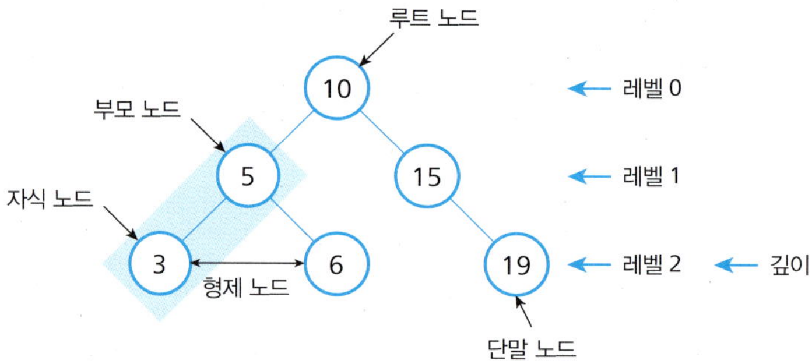

그림 2.33 트리

트리 기본 용어

- 노드: 트리에서 데이터를 저장하는 기본 요소(데이터와 다른 연결된 노드에 대한 가지 정보 포함)
- 루트 노드: 트리 맨 위에 있는 노드
- 레벨: 최상위 노드를 레벨 0으로 하였을 때, 하위 가지로 연결된 노드의 깊이를 나타냄
- 부모 노드: 어떤 노드의 다음 레벨에 연결된 노드
- 자식 노드: 어떤 노드의 상위 레벨에 연결된 노드
- 단말 노드: 자식 노드가 하나도 없는 노드
- 형제 노드: 동일한 부모 노드를 가진 노드
- 깊이: 트리에서 노드가 가질 수 있는 최대 레벨

힙

힙(heap)은 최댓값 및 최솟값을 찾아내는 연산을 신속히 처리하기 위해 고안된 완전 2진 트리(complete binary tree)를 기본으로 한 데이터 구조로서 다음과 같은 힙 속성(property)을 만족

한다. A가 B의 부모 노드(parent node)이면, A의 키(key)값과 B의 키값 사이에는 대소관계가 성립한다.

힙에는 두 가지 종류가 있으며, 부모 노드의 키값이 자식 노드의 키값보다 항상 큰 힙을 '최대 힙', 부모 노드의 키값이 자식 노드의 키값보다 항상 작은 힙을 '최소 힙'이라고 부른다. 키값의 대소관계는 오로지 부모 노드와 자식 노드 간에만 성립하며, 특히 형제 사이에는 대소관계가 정해지지 않는다.

각 노드의 자식 노드의 최대 개수는 힙의 종류에 따라 다르지만, 대부분 경우는 자식 노드의 개수가 최대 2개인 2진 힙(binary heap)을 사용한다. 힙에서는 가장 높은(혹은 가장 낮은) 우선순위를 가지는 노드가 항상 뿌리 노드로 오게 되는 특징이 있으며, 이를 응용하면 우선순위 큐와 같은 추상적 자료형을 구현할 수 있다.

그래프

그래프(graph)는 Vertex와 Edge로 구성된 한정된 자료구조를 의미한다. Vertex는 꼭짓점, Edge는 꼭짓점과 꼭짓점을 연결하는 변이다.

컴퓨터 시스템에 그래프를 저장하는 방법은 여러 가지가 있다. 데이터 구조는 그래프 구조와 그래프 관리에 사용되는 알고리즘에 영향을 받는다. 이론적으로 그래프는 리스트와 행렬 구조 중의 하나로 구별이 가능하다. 하지만 실제 적용에 있어서 최적의 데이터 구조는 이 두 구조의 조합된 형태를 띤다. 리스트 구조는 종종 '희소 그래프(sparse graphs)'에 적합하며 적은 메모리 공간을 요구한다. 행렬 구조는 많은 양의 메모리가 필요하지만, 더욱 빠른 접근을 제공한다.

단순히 노드와 그 노드를 연결하는 변을 하나로 모아 놓은 데이터 구조로서 연결된 객체 간의 관계를 표현할 수 있다. 예를 들면 지도, 지하철 노선도 최단 경로, 전기 회로, 도로 등이며 그래프는 여러 개의 고립된 부분 그래프로 구성될 수 있다.

그래프의 구현에는 2가지가 있다. 그중 하나인 인접 리스트(adjacency list)로 그래프를 표현하는 것이 가장 일반적인 방법이다(그림 2.34 참조).

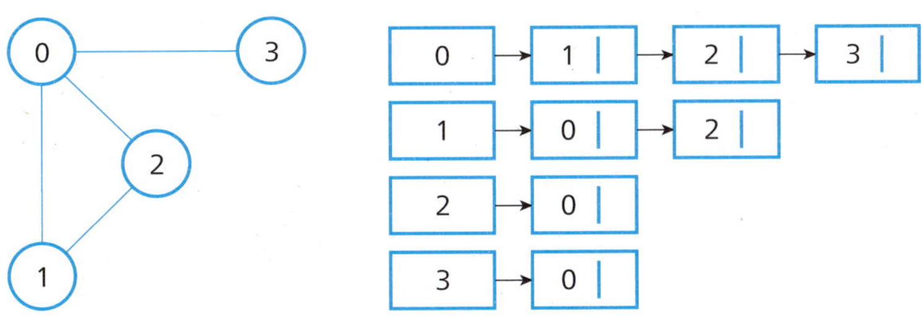

그림 2.34 인접 리스트

다른 하나는 인접 행렬(adjacency matrix)로 인접 행렬의 크기는 $|V||V|$(꼭짓점의 수)로 나타낸다. 만약 꼭짓점 x에서 꼭짓점 y로 변이 존재하면 행렬 성분 x행 y열의 값은 1이고 그렇지 않으면 0이다(그림 2.35 참조). 이것은 부분 그래프(subgraph), 역(reverse) 그래프를 쉽게 찾게 해준다.

각 변(edge)은 벡터와 스칼라로 재현되며 방향성의 여부에 따라 그래프의 형태가 달라진다. 스칼라 변으로 구현된 그래프는 무방향성 그래프, 벡터 변으로 구현된 그래프는 방향성 그래프라고 이야기한다.

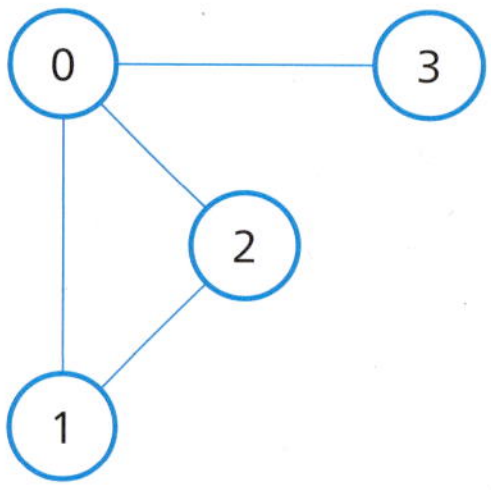

	0	1	2	3
0	0	1	1	1
1	1	0	1	0
2	1	1	0	0
3	1	0	0	0

그림 2.35 인접 행렬

정리

컴퓨터에서 데이터를 처리하고 표현하는 방법이 필요하다. 우리는 이러한 데이터를 컴퓨터에서 어떻게 표현하는지 정확하게 알 필요가 있다. 컴퓨터는 모든 데이터를 2진수로 표현하기 때문에 데이터를 2진수로 변경하는 과정(부호화)이 필요하고 그 반대로 컴퓨터가 만들어낸 2진수를 사람이 이해할 수 있는 데이터로 변환하는 역과정(디코딩)도 필요하다. 데이터를 2진수로 표현한 것을 코드(code)라고 한다. 그리고 부호화와 디코딩 기능을 합친 프로토콜을 코덱(CODEC)이라고 한다.

컴퓨터에서 10진 데이터 표현은 10진수를 2진수로 변환하지 않고 10진수 상태 그대로 표현하는 것이다. 여기에는 팩 10진 형식(packed decimal format)과 언팩 10진 형식(unpacked decimal format)이 있다. 그리고 2진 정수 표현은 고정 소수점 형식으로 표현된다. 고정 소수점 형식은 음의 정수를 표현하는 방식에 따라 부호와 절댓값 표현법, 1의 보수 표현법, 2의 보수 표현법으로 분류된다. 2진 실수 데이터는 부동 소수점 방식으로 표현된다. 부동 소수점(floating point) 표현은 컴퓨터에 이용되는 소수점의 위치를 자유롭게 정하는 수치 표시 방법으로, 1개의 숫자를 표현할 때 지수 부분과 유효 숫자 부분으로 나누어 자동으로 자리 맞춤을 한다.

문자 데이터는 비트의 조합을 코드로 표현하여 나타낸다. ASCII 코드는 미국 표준 협회가 제정한 자료 처리 및 통신 시스템 상호 간의 정보 교환용 표준 코드이다. EBCDIC 코드는 미국의 IBM이 대형 컴퓨터의 운영체제에서 사용하기 위해 개발한 알파벳과 숫자를 위한 2진 코드를 말한다. 유니코드(Unicode)는 전 세계 모든 문자를 표현하는 텍스트를 컴퓨터로 표현하고 처리하기 위해 일관성 있는 부호화 정보기술 표준이다. 유니코드는 유니코드 변환 형식(UTF)이라는 방식으로 부호화하는데 UTF-9, UTF-16, UTF-32라는 문자 부호화 방식을 채택하고 있다.

컴퓨터에서 이미지(image, 화상)는 디지털화해서 비트 패턴으로 표현해야 한다. 디지털화(digitization)라는 것은 이미지를 화소(pixel, 픽셀)라는 점(dot)들의 2차원 배열(또는 행렬)로 표현하는 것을 의미한다. 이미지 크기는 해상도(resolution)에 따라 다르다. 현재 널리 사용되는 이미지 파일 형식에는 JPEG 파일, GIF 파일, BMP 파일, PDF 파일, PNG 파일이 있다.

동영상(video, 비디오) 데이터는 연속적인 화상 프레임의 집합이다. 프레임(frame)은 비디오를 구성하는 하나의 이미지이다. 프레임을 사람의 눈으로 구분할 수 없을 만큼 매우 빠르게 화면에 나타나게 하면, 움직이는 효과를 갖는다. 오디오(audio)는 소리(음성)나 음악을 기록하거나 방송하는 것을 말한다. 음성은 기본적으로 문자, 수 또는 이미지와는 다르다. 오디오는 연속적이지 이산적이지 않다. 목소리나 음악을 마이크로폰을 사용하여 전기 신호로 바꿀 때도 연속 신호를 사용한다. 오디오 정보는 보통 아날로그인데, 이를 컴퓨터에서 처리하기 위해서는 디지털 정보로 바꾸어야 한다. 즉, 아날로그 정보를 디지털 신호로 표현하는 것이다. 이를 위해서는 펄스 진폭 변조와 펄스 코드 변조 과정이 필요하다.

데이터 구조(data structure)는 대량의 데이터를 효율적으로 관리할 수 있는 데이터의 구조를 의미한다. 코드 상에서 효율적으로 데이터를 처리하기 위해, 데이터 특성에 따라 체계적으로 데이터를 구조화해야 한다. 어떤 데이터 구조를 사용하느냐에 따라 코드 효율이 달라지기 때문이다.

배열(array)은 색인(인덱스)과 색인에 대응하는 데이터들로 이루어진 데이터 구조를 나타낸다. 스택(stack)은 한쪽 끝에서만 자료를 넣거나 뺄 수 있는 구조로서 가장 나중에 쌓은 데이터를 가장 먼저 빼낼 수 있는 데이터 구조이다. 큐(queue)는 먼저 집어넣은 데이터가 먼저 나오고 나중에 들어간 사람이 나중에 나오는 FIFO(First In First Out) 또는 LILO(Last In Last Out) 구조로 저장하는 형식을 말한다. 리스트(list)는 컴퓨터공학에서 같은 값이 한 번 이상 존재할 수 있는 일련의 값이 모여 있는 추상적 자료형이다. 리스트에는 단일 연결, 이중 연결, 원형 연결 리스트가 있다.

트리(tree, 나무)란 그래프의 일종으로, 여러 노드가 한 노드를 가리킬 수 없는 구조이다. 힙(heap)은 최댓값 및 최솟값을 찾아내는 연산을 신속히 처리하기 위해 고안된 완전 2진 트리(complete binary tree)를 기본으로 한 구조이다. 그래프(graph)는 꼭짓점(vertex)과 변(edge)으로 구성된 한정된 데이터 구조를 의미한다.

연습문제

01 다음 중 2진수 0011에 대한 2의 보수(2′s complement)는?

① 1100
② 1110
③ 1101
④ 0111

02 다음 중 10진수 856에 대한 BCD(binary coded decimal) 코드는?

① 1101 0101 0110
② 1000 0101 0111
③ 1000 0101 0110
④ 1010 0101 0110

03 다음 중 (−17) + (−4)를 2의 보수로 계산하였을 때의 결과는?

① 00010101
② 11101011
③ 11110011
④ 00001101

04 다음 중 음수를 표현하는 방법이 아닌 것은?

① 1의 보수(1′s complement)
② 부호 및 크기(signed magnitude)
③ 2의 보수(2′s complement)
④ 10의 보수(10′s complement)

05 다음 중 2진수 1101.11을 10진법으로 나타내면?

① 11.75
② 13.55
③ 13.75
④ 15.3

06 부동 소수점 표현에서 2진수 100101.123을 정규화 방법으로 표현할 때 지숫값은?

① 4
② 5
③ 6
④ 7

07 다음 중 10진수 956에 대한 BCD 코드(binary coded decimal)는?

① 1001 0101 0110
② 1101 0110 0101
③ 1000 0101 0110
④ 1010 0110 0101

08 2바이트(16비트)로 표현할 수 있는 양의 정수 범위는?

① $2^8 - 1$
② 0부터 65535까지
③ 128K
④ 1M

09 다음 중 자료에 관한 설명으로 옳은 것은?

① EBCDIC 코드는 데이터 통신용으로 널리 쓰이며, 특히 소형 컴퓨터용으로 쓰인다.
② ASCII 코드는 IBM에서 개발한 것으로 대형 컴퓨터용에 쓰인다.
③ 자료의 가장 작은 단위를 bit라 하며, bit는 binary digit의 약자이다.
④ 부동 소수점 방식의 특징은 적은 비트를 차지함과 동시에 정밀도가 낮다는 것이다.

10 다음 중 −14를 부호화된 2의 보수 표현법으로 표현한 것은? (단, 8bit로)

① 10001110
② 11100011
③ 11110010
④ 11111001

11 다음 중 2진수 $(1001011)_2$의 2의 보수(2′s Complement)는?

① 0110100
② 1110100
③ 1110101
④ 0110101

12 다음 중 2의 보수 표현 방식에서 8비트로 정수를 표현할 때 표현 가능 범위는?

① $-2^7 \sim +2^7$
② $-2^8 \sim +2^8$
③ $-2^7 \sim +(2^7 - 1)$
④ $-2^8 \sim +(2^8 - 1)$

13 다음 중 4비트로 나타낼 수 있는 정보 단위는?

① nibble
② character
③ full-word
④ double-word

14 다음 중 영문자(alphanumeric) 코드에 해당하는 것은?

① Gray 코드
② BCD 코드
③ ASCII 코드
④ Access 3 코드

15 정보를 표현하는 최소 단위는?

❶ byte ❷ word
❸ bit ❹ record

16 다음에서 수치 자료에 대한 부동 소수점 표현(floating point representation)의 특징이 아닌 것은?

❶ 고정 소수점 표현보다 표현의 정밀도를 높일 수 있다.
❷ 아주 작은 수와 아주 큰 수의 표현에는 부적합하다.
❸ 수 표현에 필요한 자릿수에 있어서 효율적이다.
❹ 과학이나 공학 또는 수학적인 응용에 주로 사용되는 수 표현이다.

17 64가지의 서로 다른 데이터를 나타내려고 하면 최소한 몇 개의 비트(bit)가 필요한가?

❶ 1 ❷ 3
❸ 5 ❹ 6

18 EBCDIC 코드에 의한 $(-123)_{10}$의 팩 형식 10진수의 형태는?

❶

F	1	F	2	D	3

❷

F	1	F	2	C	3

❸

1	2	3	D

❹

1	2	3	C

19 숫자를 EBCDIC 코드로 표현할 때 0부터 9까지의 수에서 앞의 4비트(존)값은?

❶ 0000 ❷ 0011
❸ 67 ❹ 1111

20 다음 중 리스트(list)에 대한 설명 중 틀린 것은?

❶ 구조체도 리스트의 요소가 될 수 있다.
❷ 리스트의 요소 간에는 순서가 있다.
❸ 리스트는 여러 가지 방법으로 구현될 수 있다.
❹ 리스트는 집합과 동일하다.

21 연결 리스트에서 있을 수 있는 여러 가지 경우에 대한 설명 중 잘못된 것은?

❶ 정적인 데이터보다는 다양하고 변화 있는 데이터에서 효과적인 방법이다.
❷ 모든 노드는 데이터와 링크(포인터)를 가지고 있어야 한다.
❸ 연결 리스트에서 사용한 기억장소는 다시 사용할 수 없다.
❹ 데이터들이 메모리상에 흩어져서 존재할 수 있다.

22 삽입(insert)과 삭제(delete) 작업이 자주 발생할 때 실행시간이 가장 많이 소요되는 자료구조는?

❶ 배열로 구현된 리스트
❷ 단순 연결 리스트
❸ 원형 연결 리스트
❹ 이중 연결 리스트

23 원형 연결 리스트에 대한 설명 중 틀린 것은?

❶ 모든 노드가 연결되어 있다.
❷ 마지막에 삽입하기가 간단하다.
❸ 헤더 노드를 가질 수 있다.
❹ 최종 노드 포인터가 NULL이다.

24 리스트의 *n*번째 요소를 가장 빠르게 찾을 수 있는 구현 방법은 무엇인가?

❶ 배열
❷ 단순 연결 리스트
❸ 원형 연결 리스트
❹ 이중 연결 리스트

25 문자 A, B, C, D, E를 차례로 큐(queue)에 넣었다가 다시 꺼내어 출력했을 때에 결과는?

❶ A, B, C, D, E
❷ E, D, C, B, A
❸ A, B, C, E, D
❹ B, A, C, D, E

26 문자 A, B, C, D, E를 차례로 스택(stack)에 넣었다가 다시 꺼내어 출력했을 때에 결과는?

❶ A, B, C, D, E
❷ E, D, C, B, A
❸ A, B, C, E, D
❹ B, A, C, D, E

27 다음 중 큐와 유사하게 운영되는 것이 아닌 것은?

❶ 문서 출력을 위해 프린터를 이용할 때 여러 개의 문서를 출력해도 먼저 인쇄 버튼을 누른 문서부터 차례로 출력된다.

❷ 은행에서 번호표를 뽑고 창구 앞에서 줄을 서서 기다린다.

❸ 택시를 타기 위해 승강장에 줄을 서서 기다린다.

❹ 웹 브라우저에서 방금 전 방문했던 사이트 기록 저장 후 '이전 페이지로 돌아가기'를 클릭한다.

28 펄스 코드 변조(PCM)는 (_________________) 변환의 예이다.

❶ 디지털-대-디지털 ❷ 디지털-대-아날로그

❸ 아날로그-대-아날로그 ❹ 아날로그-대-디지털

29 펄스 코드 변조를 위한 첫 번째 단계는 (_________)이다.

❶ 계수화 ❷ 변조

❸ 표본 채집 ❹ 2진 부호화

30 펄스 코드 변조의 순서로 적합한 것은?

❶ 펄스 진폭 변조 → 계수화 → 2진 부호화 → 디지털-대-디지털 부호화

❷ 2진 부호화 → 계수화 → 펄스 진폭 변조 → 디지털-대-디지털 부호화

❸ 펄스 진폭 변조 → 디지털-대-디지털 부호화 → 2진 부호화 → 계수화

❹ 디지털-대-디지털 부호화 → 계수화 → 2진 부호화 → 펄스 진폭 변조

Mathematics for Artificial Intelligence

03 인공지능 수학을 배우기 위한 준비

학습목표

- 아나콘다가 왜 필요한지 배운다.
- 아나콘다의 구성요소에 대해 배운다.
- 아나콘다를 다운로드하고 설치하는 법을 배운다.
- 구글 코랩을 설정하는 방법을 배운다.

학습목차

3.1 아나콘다 개요

아나콘다(Anaconda)는 패키지 관리와 손쉬운 사용을 목적으로 과학 계산(데이터 사이언스, 머신러닝 애플리케이션, 데이터 처리, 예측 분석 등)을 위해 파이썬과 R 프로그래밍 언어의 무료-오픈 소스 배포판이다. 아나콘다에는 수학과 과학 분야에서 사용되는 콘다(Conda), 파이썬(Python), 사이파이(SciPy), 넘파이(Numpy), 맷플롯립(Matplotlib), 판다스(Pandas) 등을 비롯한 150개 이상의 패키지들이 포함되어 있다. 특히 최근에 아나콘다는 데이터 사이언스(Data Science)와 머신러닝(Machine Learning), 딥러닝(Deep Learning), 강화 학습(Enforcement Learning) 분야에서 파이썬을 사용하기 위해 많이 사용되고 있는 배포판이다. 아나콘다를 설치하기 위해서는 웹 사이트(https://www.anaconda.com/)에서 자신의 운영체제(OS)에 맞는 프로그램을 다운로드하여 설치하면 된다.

아나콘다의 구성 요소는 그림 3.1과 같이 크게 네 부분으로 나뉘는데, 이 책에서는 주로 데이터 사이언스 라이브러리(Data Science Library)와 아나콘다 네비게이터(Anaconda Navigator) 부분을 다룬다. 데이터 사이언스 라이브러리는 (a) 주피터(Jupyter)와 같은 IDE(Integrated Development Environment) 개발 도구, (b) 넘파이(Numpy), 사이파이(SciPy) 등과 같은 과학 분석용 라이브러리, (c) 맷플롯립(Matplotlib)과 같은 데이터 시각화(Data Visualization) 라이브러리, (d) 텐서플로(TensorFlow)와 같은 머신러닝 라이브러리 등을 포함하고 있다. 아나콘다를 이용하면 파이썬에서 다양한 가상 환경을 쉽게 구축하여 프로그램 개발 및 테스트를 효율적으로 진행할 수 있다. 아나콘다에서 패키지 버전은 패키지 관리 시스템인 콘다를 통해 관리된다.

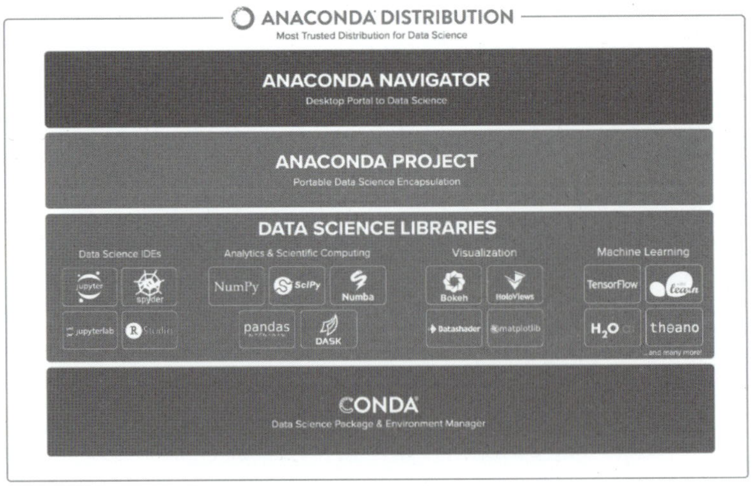

그림 3.1 아나콘다 구성 요소

3.2 데이터 분석용 파이썬 패키지

아나콘다에는 파이썬과 함께 여러 분야에 사용할 수 있는 다양한 패키지가 있다는 큰 장점이 있다. 그중 데이터 분석에 많이 사용되는 몇 가지 유명한 패키지를 소개한다.

넘파이

넘파이(NumPy) 패키지는 파이썬에서 수치 해석, 특히 선형대수(linear algebra) 계산 기능을 제공한다. 자료형이 고정된 다차원 배열(n-dimensional array) 클래스와 벡터화 연산(vectorized operation)을 지원하며 수학 연산을 위한 가장 기본적이고 중요한 패키지이다(http://www.numpy.org/ 참조).

사이파이

사이파이(SciPy) 패키지는 고급 수학함수, 수치적 미적분, 미분 방정식 계산, 최적화, 신호 처리 등에 사용하는 다양한 과학 기술 계산 기능을 제공한다(http://www.scipy.org/ 참조).

심파이

심파이(SymPy) 패키지는 숫자를 더하거나 빼는 수치 연산이 아니라 인수 분해, 미분, 적분 등 심볼릭 연산 기능을 제공한다. 심파이의 기능은 http://live.sympy.org/ 또는 http://www.sympygamma.com/ 웹 사이트를 방문하면 브라우저상에서 바로 확인할 수 있다(http://www.sympy.org/ 참조).

판다스

판다스(Pandas) 패키지는 테이블 형태의 데이터를 다루는 데이터 프레임(data frame) 자료형을 제공한다. 자료의 탐색이나 정리에 아주 유용하여 데이터 분석에 빠질 수 없는 필수 패키지이다(http://pandas.pydata.org/ 참조).

맷플롯립

맷플롯립(Matplotlib) 패키지는 파이썬에서 각종 그래프나 차트 등을 그리는 시각화 기능을 제공한다. Tkinter, wxPython, Qt, GTK+ 등의 다양한 그래픽 엔진을 사용할 수 있다(http://matplotlib.org/ 참조).

시본

시본(Seaborn) 패키지는 맷플롯립(Matplotlib) 패키지에서 지원하지 않는 고급 통계 차트를 그리는 통계용 시각화 기능을 제공한다(http://seaborn.pydata.org/ 참조).

패키지 설치

아나콘다 배포판을 설치하면 넘파이(NumPy), 사이파이(SciPy), 심파이(SymPy), 맷플롯립(Matplotlib), 시본(Seaborn) 등은 자동으로 설치된다. 이외에도 통계 및 회귀분석이나 시계열 분석용인 스탯츠모델즈(StatsModels), 머신러닝용 패키지인 사이킷런(Scikit-Learn), 신경망 모형 등의 딥러닝 모형 개발용인 텐서플로(TensorFlow), 인공신경망 구현 패키지인 케라스(Keras), 딥러닝 라이브러리인 파이토치(Pytorch), 확률론적 그래프 모형을 구현하는 피지엠파이(pgmpy) 등도 있다.

3.3 아나콘다 다운로드와 실행

이 절에서는 아나콘다 다운로드 및 실행 방법을 설명한다. 아나콘다를 실행하면 파이썬으로 인공지능 수학을 학습하기 위한 준비를 할 수 있다. 아나콘다는 다양한 수치계산, 머신러닝에 대한 다양한 패키지가 내장된 파이썬 배포판이다. 이를 이용하면 쉽게 파이썬으로 코딩할 수 있는 환경을 구축할 수 있다.

아나콘다 다운로드

아나콘다는 윈도우즈, 맥OS, 리눅스 버전이 있다. 이 책에서는 윈도우즈 기반으로 설명했다. 아나콘다를 다운로드하기 전에 사용자가 사용하고 있는 윈도우즈10 시스템의 종류를 확인하려면 그림 3.2와 같이 [제어판] - [시스템 및 보안] - [시스템]에 들어가서 해당 [시스템 종류] - '64비트 운영 체제, x64 기반 프로세서'를 확인할 수 있다.

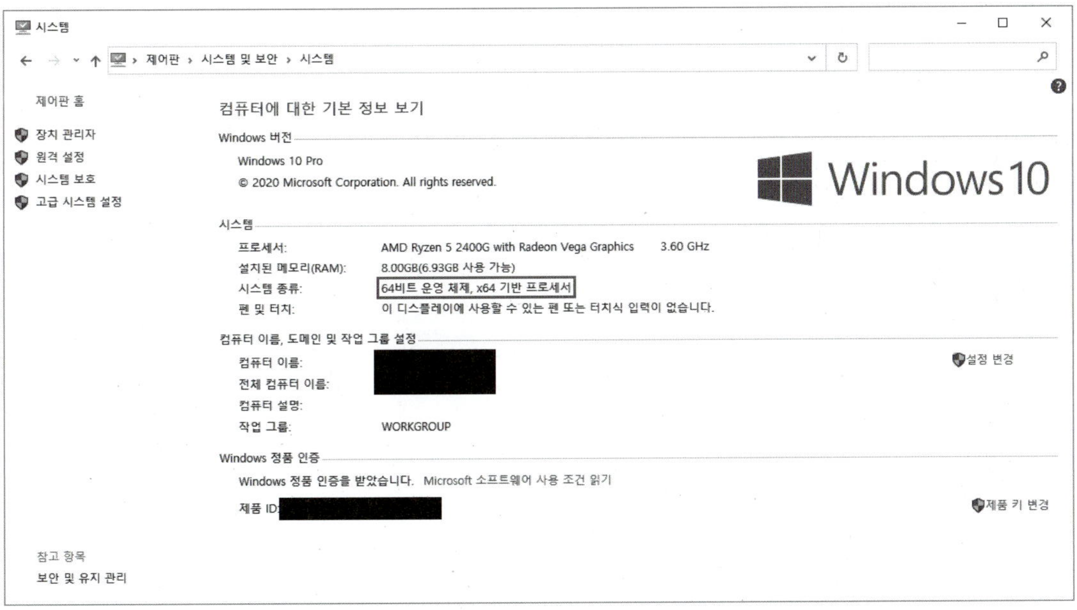

그림 3.2 윈도우즈10 프로에서 시스템 종류 확인 화면

사용자의 시스템 종류를 확인하고 다운로드하기 위해 아나콘다 홈페이지(https://www.anaconda.com/products/individual)에 접속하면 그림 3.3과 같이 화면이 나타난다. 그러면 64비트 윈도우즈 운영체제의 경우 [For Windows Python 3.9 · 64-Bit Graphical Installer · 621MB]

위에 있는 Download 버튼을 클릭하면 다운로드가 시작된다.

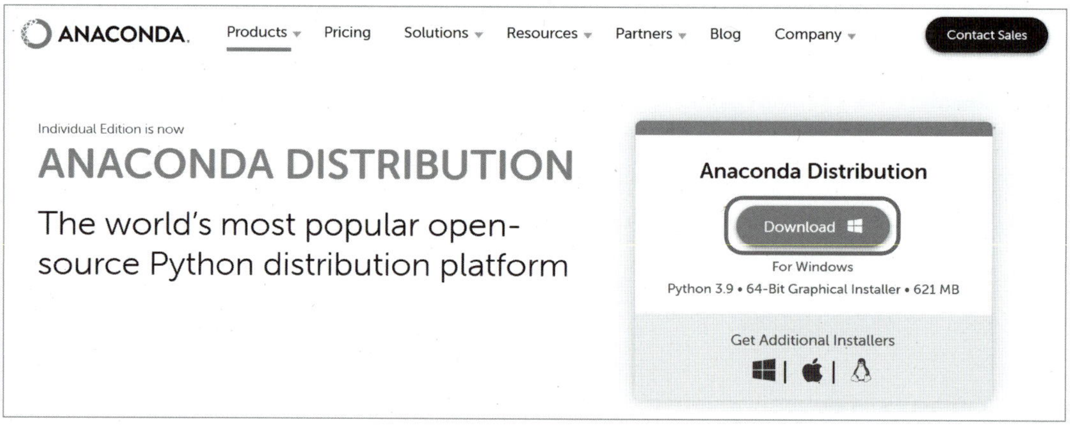

그림 3.3 아나콘다 웹 사이트 화면

다운로드가 완료되면 화면 맨 왼쪽 하단에 [Anaconda3-2022....exe]가 나타난다.

아나콘다 설치

아나콘다 웹 사이트 화면에서 다운로드한 실행 파일을 선택하면 첫 번째 설치(Setup) 화면이 나타난다. 그러면 화면 하단에 있는 Next를 선택한다(그림 3.4 ❶ 참조).

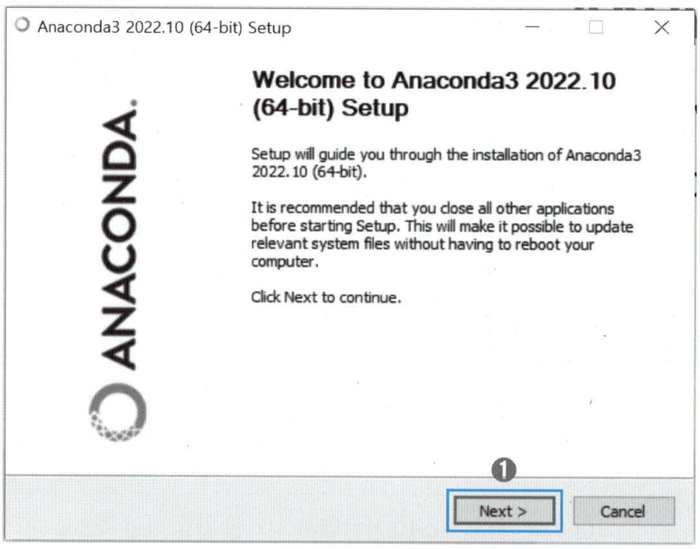

그림 3.4 Anaconda Setup 화면

그러면 그림 3.5와 같이 라이선스 동의(License Agreement) 화면이 나타난다. 여기서 [I Agree] 버튼을 클릭한다(그림 3.5 ❷ 참조).

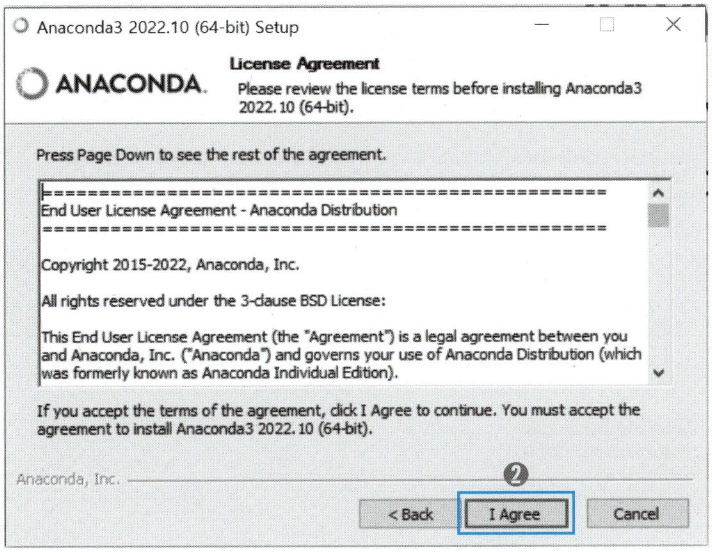

그림 3.5 라이선스 동의 화면

이어서 그림 3.6과 같이 설치 유형 선택(Select Installation Type) 화면이 나타난다.

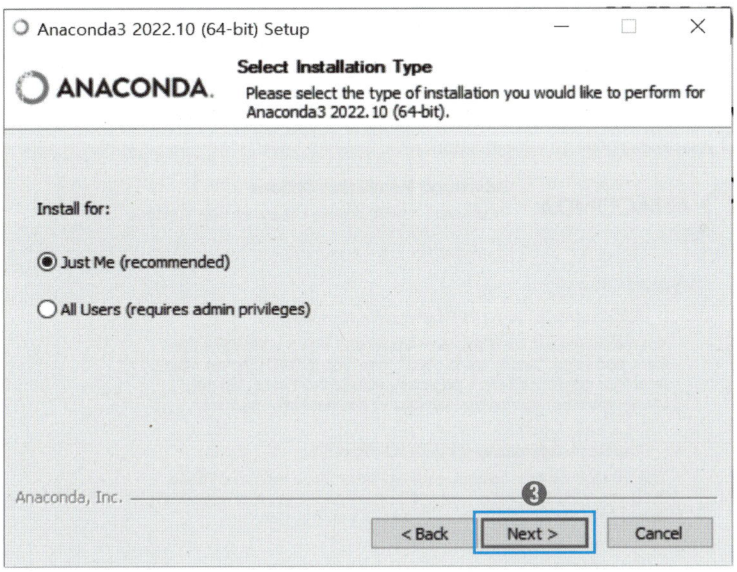

그림 3.6 설치 유형 선택(Select Installation Type) 화면

그림 3.6에서 기본값(Default)인 [Just Me]를 선택하고 [Next]를 누른다(그림 3.6 ❸ 참조). 그러면 아나콘다를 설치할 디렉토리를 선택하는 화면이 나타난다(그림 3.7 참조).

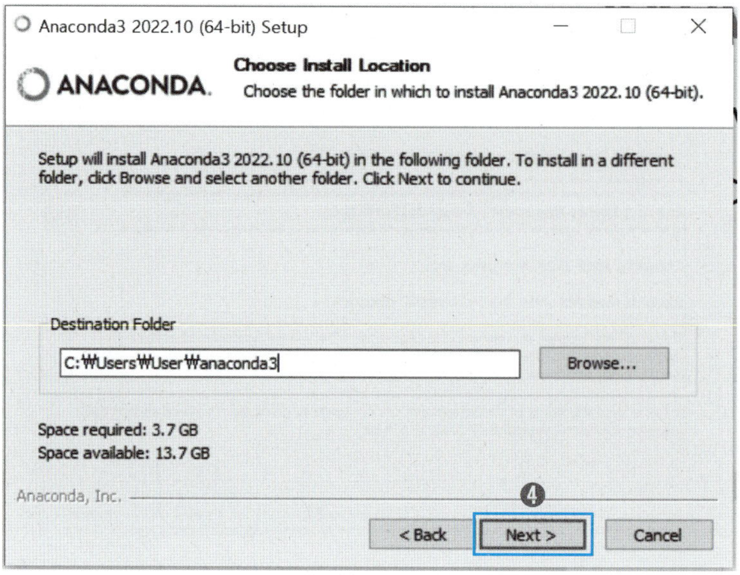

그림 3.7 아나콘다 배포판 설치 디렉토리 선택 화면

아나콘다 설치 디렉토리를 선택하는 화면에서는 [Destination Folder]를 기본값으로 두거나 [Browse...]를 눌러서 원하는 곳으로 변경한 후 [Next] 버튼을 클릭한다(그림 3.7 ❹ 참조). 그러면 추가 설치 옵션(Advanced Installation Options) 선택 화면이 나타난다(그림 3.8 참조).

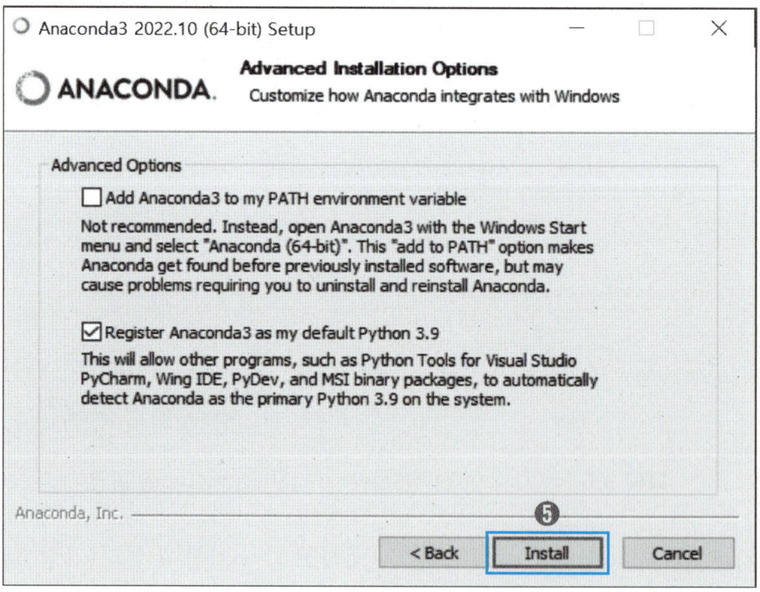

그림 3.8 추가 옵션 선택 화면

그림 3.8의 추가 옵션 선택 화면에서 두 번째 옵션을 선택한 후 [Install] 버튼(그림 3.8 ❺ 참조)

을 클릭하면 설치가 시작되고, 설치가 성공적으로 끝나면 그림 3.9와 같이 설치 완료(Installation Complete) 화면이 나타난다. 설치하는 데 약간의 시간이 걸린다.

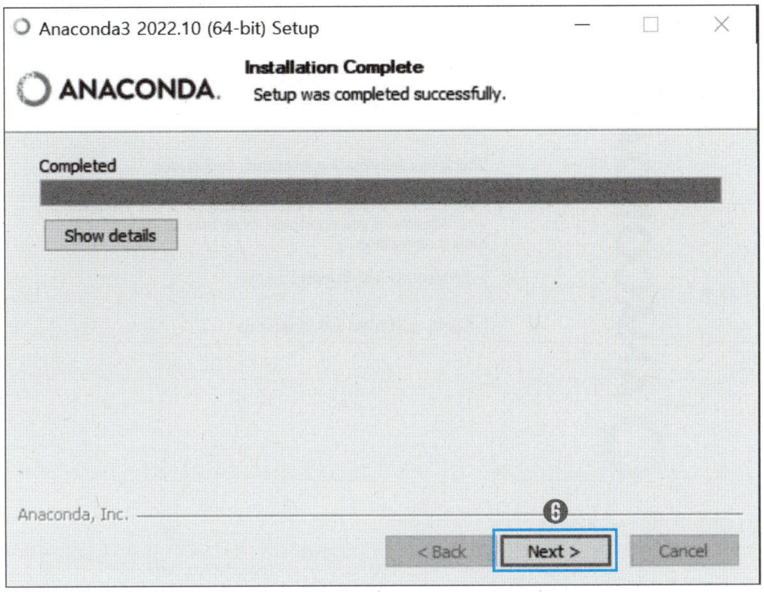

그림 3.9 설치 완료(Installation Complete) 화면

그림 3.9의 설치 완료 화면에서 [Next] 버튼을 클릭하면(그림 3.9 ❻ 참조) 그림 3.10과 같이 DataSpell 설치 화면이 나타난다.

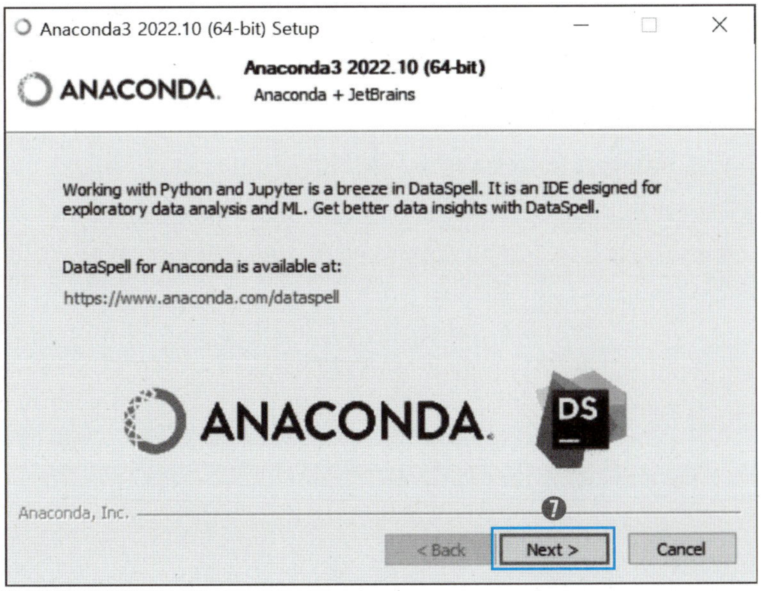

그림 3.10 DataSpell 설치 선택 화면

[Next] 버튼(그림 3.10 ❼ 참조)을 클릭하면 아나콘다 설치 완료 화면이 나타난다(그림 3.11 참조).

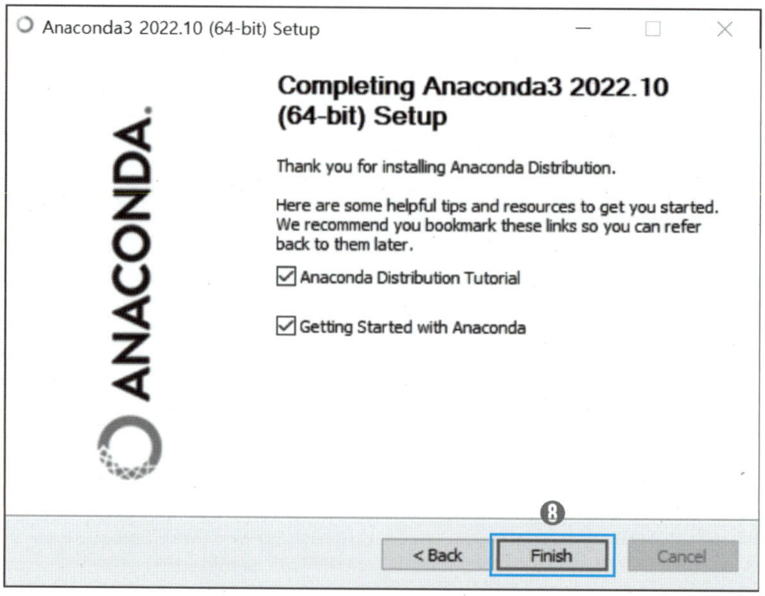

그림 3.11 아나콘다 설치 완료 화면

그림 3.11에서 [Finish] 버튼을 클릭(그림 3.11 ❽ 참조)하면 아나콘다 설치가 완료된다. 동시에 파이썬 관련 파일과 아나콘다 네비게이터(Anaconda Navigator) 응용 프로그램도 설치된다.

3.4 아나콘다 네비게이터 시작

아나콘다 네비게이터(Anaconda Navigator)는 사용자 인터페이스(user interface) 클라이언트로서 하부 컴포넌트를 쉽게 사용하도록 한 데스크톱 포털 기능을 제공한다. 그러면 아나콘다 네비게이터를 실행시키는 방법을 알아보자. 윈도우즈의 시작 메뉴에서 'anaconda navigator'를 검색하여 'Anaconda Navigator(Anaconda3)'를 클릭한다(그림 3.12 ❾ 참조). 그러면 그림 3.13과 같이 아나콘다 네비게이터의 메인 화면이 나타난다.

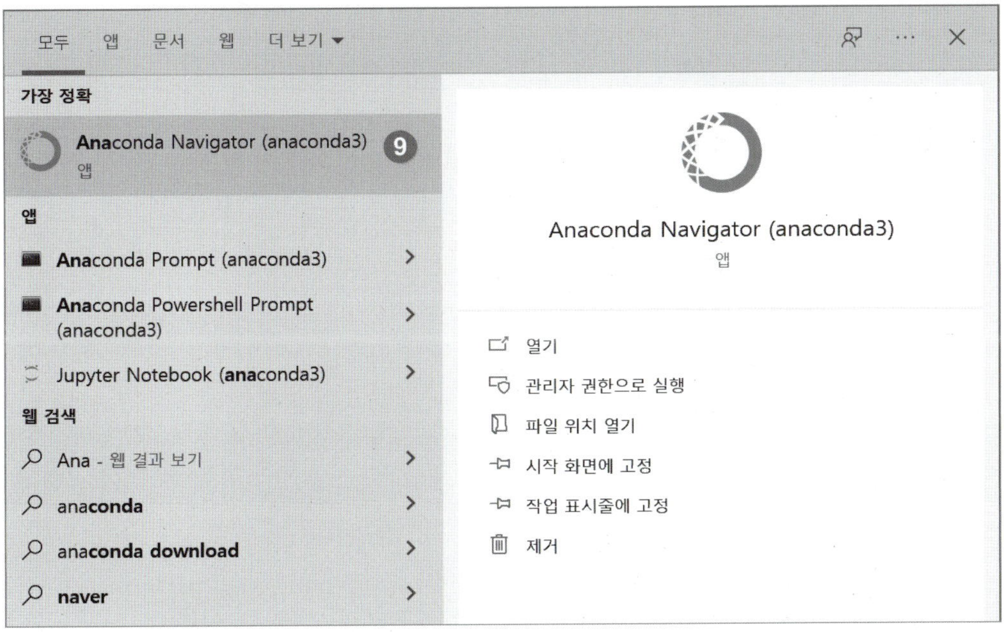

그림 3.12 윈도우즈 검색 탭에서 Anaconda Navigator 검색 화면

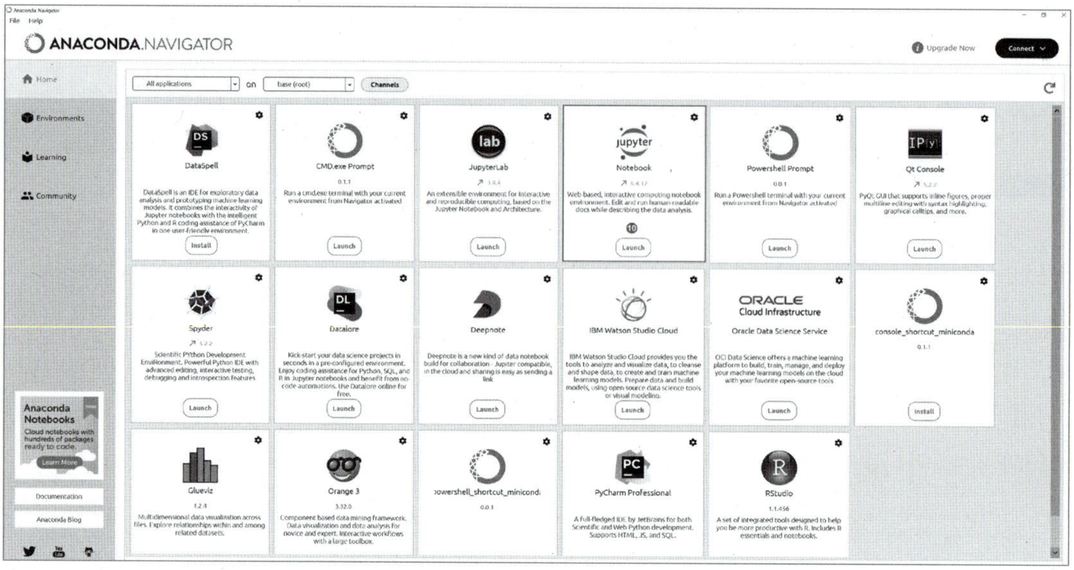

그림 3.13 아나콘다 네비게이터 메인 화면

그림 3.13의 화면에서 주피터 노트북(Jupyter Notebook)을 실행할 수 있다(그림 3.13 ⑩ 참조). 주피터 노트북에 대해서는 뒤에서 설명하기로 한다.

3.5 넘파이, 맷플롯립, 심파이, 사이파이 설치 확인

이 책에 설명된 파이썬 코드를 실행하기 위해서는 넘파이(NumPy)와 맷플롯립(Matplotlib), 심파이(SymPy), 사이파이(SciPy) 패키지가 설치되어 있어야 한다. 따라서 이 패키지가 설치되어 있는지 확인이 필요하다. 아나콘다를 설치하면 기본적으로 이 패키지들이 설치되어 있다. 아나콘다 네비게이터의 맨 왼쪽 위에 있는 ⓫ [Environments] 탭에서 ⓬ [Installed]를 선택하면 기본적으로 설치된 라이브러리들을 확인할 수 있다(그림 3.14 참조). 그림 3.14를 보면 넘파이, 맷플롯립, 심파이, 사이파이가 설치된 것을 확인할 수 있다.

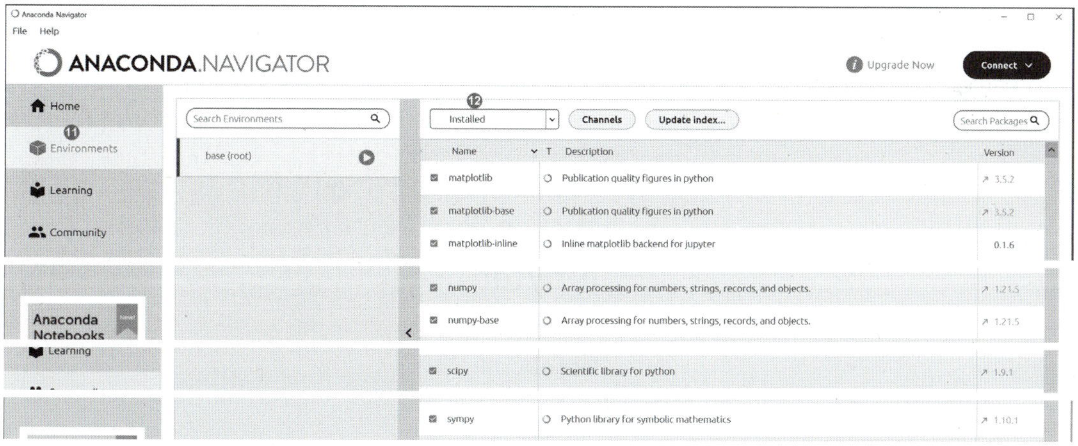

그림 3.14 Environments 화면에서 넘파이, 맷플롯립, 심파이, 사이파이 확인

3.6 주피터 노트북 사용하기

아나콘다는 브라우저에서 실행되는 파이썬 실행 환경인 주피터 노트북(Jupyter Notebook)을 포함하고 있다. 주피터 노트북은 파이썬 코드와 실행 결과 및 문장이나 수식 등을 하나의 노트북 파일에 통합할 수 있고, 실행 결과를 그래프로 쉽게 볼 수 있다. 이 책에서 설명하는 파이썬의 예제 코드는 모두 주피터 노트북 형식으로 저장되어 있다.

주피터 노트북 시작하기

아나콘다 네비게이터를 통해서 주피터 노트북을 실행하는 방법을 알아보자. 그림 3.14의 아나콘다 네비게이터의 Home 화면에서 그림 3.15와 같이 주피터 노트북의 [Launch] 버튼(그림 3.15 ⓭ 참조)을 클릭하여 실행할 수 있다.

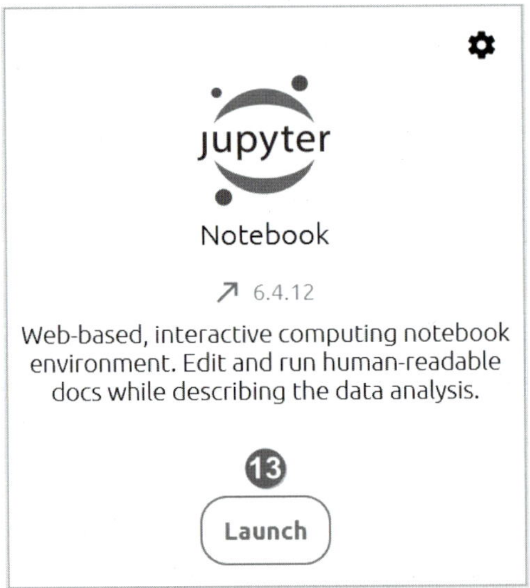

그림 3.15 주피터 노트북 시작하기

그러면 자동으로 웹 브라우저가 시작되면서 그림 3.16과 같이 주피터 노트북 대시보드(dashboard)가 나타난다.

그림 3.16 주피터 노트북의 대시보드

이 '대시보드'에서 폴더를 이동하거나 새로운 노트북 파일 작성이 가능하다. 시작하면 사용자의 홈디렉토리에 있는 내용이 나타난다.

주피터 노트북 사용하기

주피터 노트북을 사용하여 간단한 파이썬 프로그램을 실행해보자. 먼저 노트북을 만들기 위해 대시보드 화면의 오른쪽 상단에 있는 [New] 탭을 클릭해서 Python 3을 선택한다(그림 3.17 ⑭ 참조).

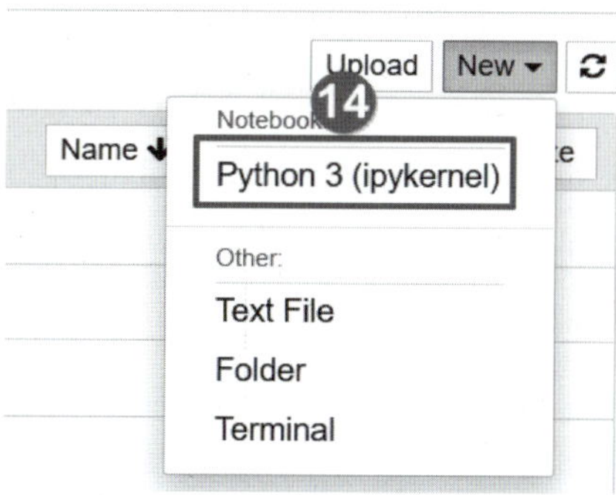

그림 3.17 노트북 작성하기

그러면 노트북이 생성되어 브라우저의 새 탭에서 나타난다. 이 노트북은 .ipynb 확장자를 가진 파일이다(그림 3.18 참조).

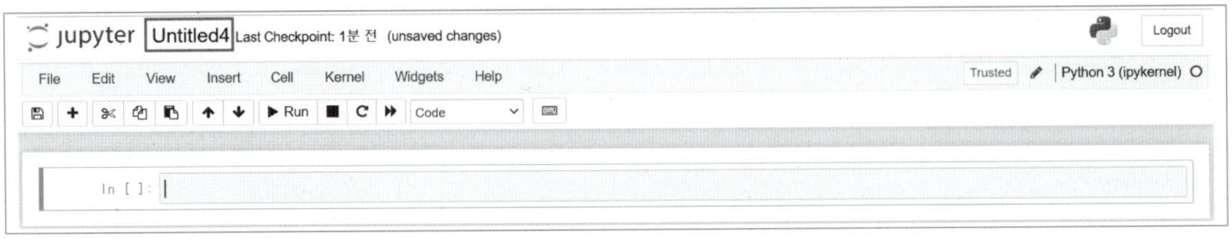

그림 3.18 새로운 노트북

노트북 화면 상단에는 메뉴나 툴바 등이 배치되어 있으며, 이를 통하여 노트북에 대한 다양한 작업을 수행할 수 있다. 노트북이 생성된 직후에는 이름이 'Untitled'로 되어있지만, 이 이름을 클릭하거나 메뉴에서 [File] - [Rename]을 선택해서 이름을 변경할 수 있다.

파이썬 코드는 노트북의 '셀(cell)' 부분에서 작성할 수 있다. 셀은 화면에 나타나는 빈 직사각형이다. 셀에서 간단한 파이썬 코드를 작성해보자(그림 3.19 참조).

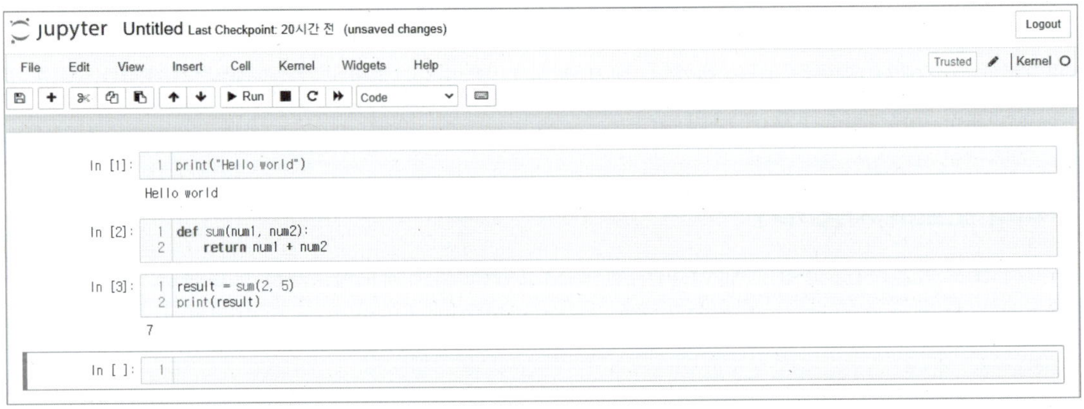

그림 3.19 파이썬 예제 코드 실행 화면

그림 3.19를 보면 예제로 'In [1]' 옆에 있는 박스에 `print("Hello world!")`를 작성하고, [Shift] + [Enter] 단축 키를 누르면 셀 아래에 실행 결과가 나타난다. 또, 셀에서 'In [2]'로 나타나는 박스에 여러 줄로 된 함수를 정의하고 'In [3]'과 같이 실행시킬 수도 있다. 이후 장에서 설명하겠지만, 맷플롯립(Matplotlib) 모듈을 사용하여 셀 아래에 실행 결과 그래프를 나타낼 수도 있다.

마크다운으로 전환하기

셀 유형에는 'Code'와 'Markdown'이 있다. 기본적인 셀 유형은 'Code'이지만, 'Code'가 아닌 경우 상단 메뉴의 [Cell] - [Cell Type]에서 선택할 수 있다(그림 3.20 참조). 'Markdown' 셀에서는 마크다운 형식으로 문장을 작성하거나 LaTeX 형식으로 수식을 작성할 수도 있다. 참고로 이 유형의 셀에서는 파이썬 코드를 실행할 수 없다.

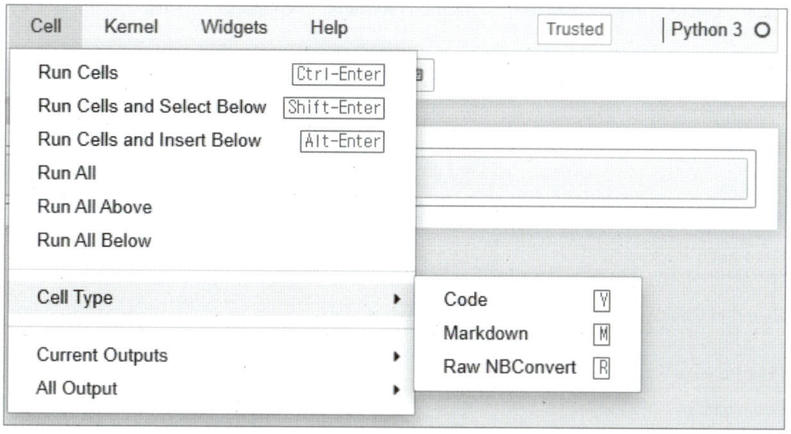

그림 3.20 셀 유형(Cell Type) 선택 화면

그림 3.21의 ⓯번은 마크다운 유형으로 '안녕하세요. 반갑습니다.'를 출력한 화면이다. 'Code' 유형에서는 실행 결과가 셀의 아래에 출력되지만, 'Markdown' 유형은 입력한 내용이 그대로 나타난다.

마크다운 유형은 기본적으로 문장을 작성하지만, 줄바꿈할 때는 공백을 두 번 입력해야 하는 점에 유의해야 한다. 제목이나 소제목 등을 나타내는 다양한 기법이 있지만, 더 자세한 내용은 참고 서적을 찾아보길 바란다.

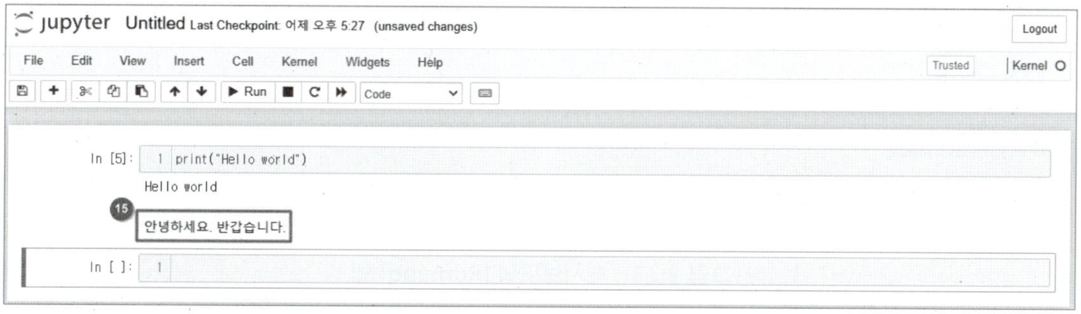

그림 3.21 Markdown 출력 화면

노트북의 저장과 종료

노트북은 자동으로 저장되도록 설정되어 있지만, 그림 3.22의 ⓰번처럼 메뉴의 [File] - [Save and Checkpoint]에 의해 수동으로 저장할 수도 있다. 노트북은 브라우저 탭을 닫아도 종료되지 않는다. 노트북을 종료하려면 ⓱번처럼 메뉴에서 [File] - [Close and Halt]를 선택해야 한다.

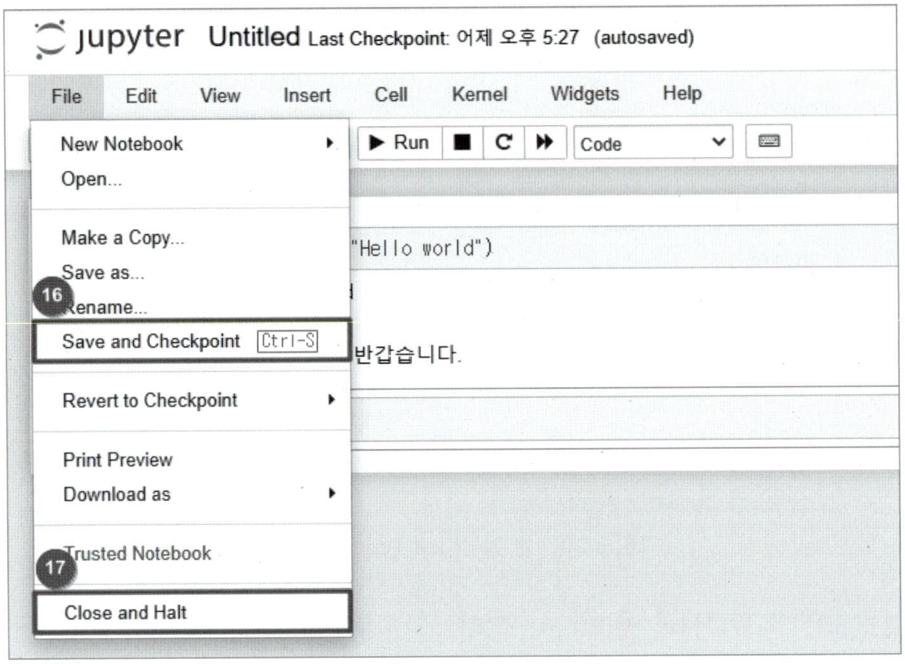

그림 3.22 노트북 저장 및 종료 화면

위의 단계를 거치지 않고 탭을 닫는 경우는 대시보드의 ⑱ [Running] 탭에서 ⑲ [Shutdown]을 클릭하면 종료할 수 있다(그림 3.23 참조). 종료한 노트북을 다시 실행하려면 대시보드에서 해당 노트북을 클릭하면 된다.

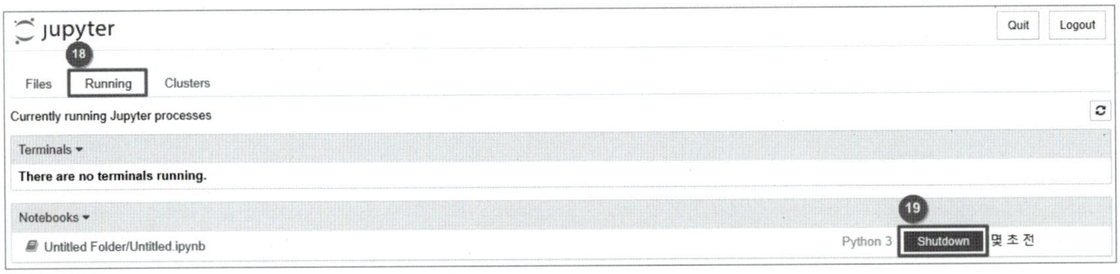

그림 3.23 대시보드의 [Running] 탭

주피터 노트북의 메뉴 기능

주피터 노트북에는 파일을 효율적으로 관리하기 위한 편리한 기능들이 있다. 여러 가지 기능의 메뉴를 정리하여 소개한다.

[File] 메뉴

[File] 메뉴에는 노트북을 관리할 수 있는 기능들이 있다(그림 3.24 참조).

- [New Notebook]: 새로운 노트북을 작성할 수 있다.
- [Open]: 기존 노트북을 연다.
- [Make a Copy]: 현재 노트북을 복사하여 새로운 노트북을 만든다.
- [Sava as ...]: 다른 이름으로 저장할 수 있다.
- [Rename]: 현재 노트북 이름을 변경할 수 있다.
- [Save and Checkpoint]: 파일을 업데이트한 날짜와 시간 정보와 함께 노트북을 저장한다.
- [Close and Halt]: 노트북과 실행 환경을 종료한다.

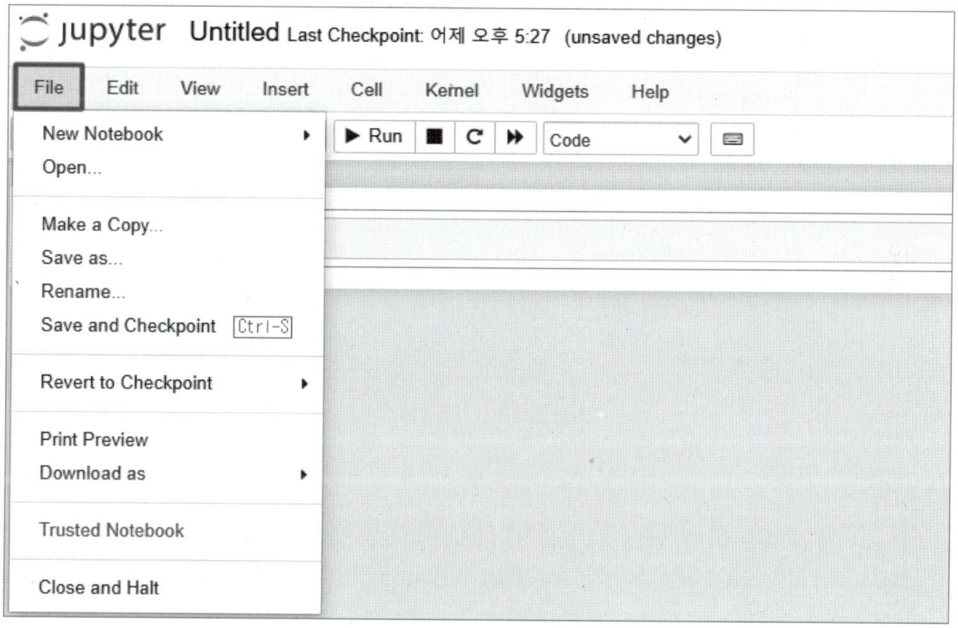

그림 3.24 [File] 메뉴

[Edit] 메뉴

[Edit] 메뉴에는 셀을 다루는 작업에 대한 기능들이 있다(그림 3.25 참조).

- [Copy Cells]: 현재 커서가 위치한 셀의 내용을 복사한다.
- [Delete Cells]: 현재 커서가 위치한 셀을 삭제한다.
- [Merge Cell Above], [Merge Cell Bellow]: 현재 커서가 위치한 셀과 그 위쪽 또는 아래쪽 셀을 결합하여 하나로 통합한다.
- [Split Cell]: 현재 커서가 놓인 위치에서 셀을 두 개로 나눈다(분할).
- [Move Cell Up], [Move Cell Down]: 현재 커서가 위치한 셀의 위치를 위쪽 또는 아래쪽 셀의 위치로 바꾼다.

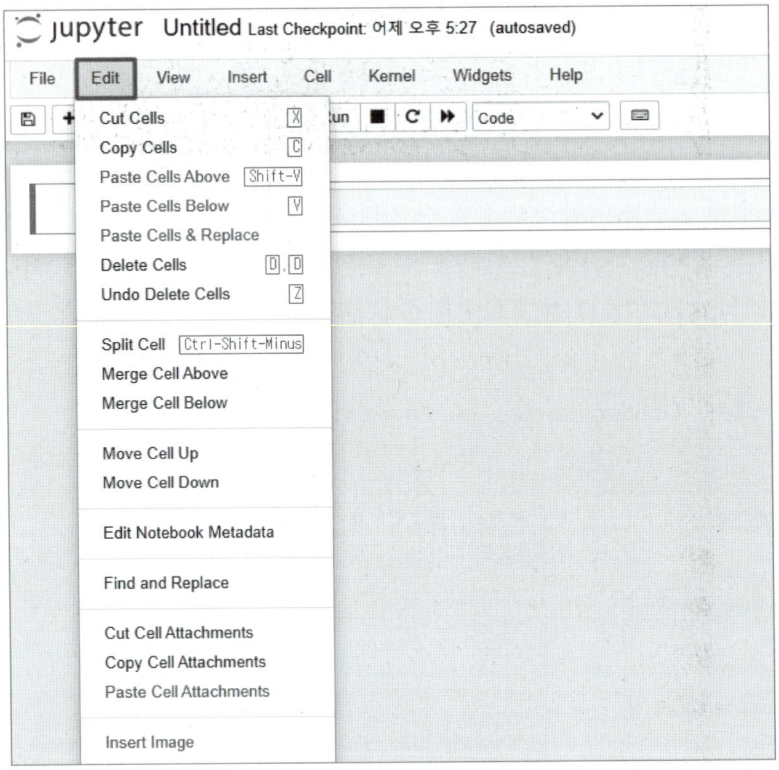

그림 3.25 [Edit] 메뉴

[View] 메뉴

[View] 메뉴는 작업 화면이나 셀의 기능을 표시하거나 숨기는 기능들이 있다(그림 3.26 참조).

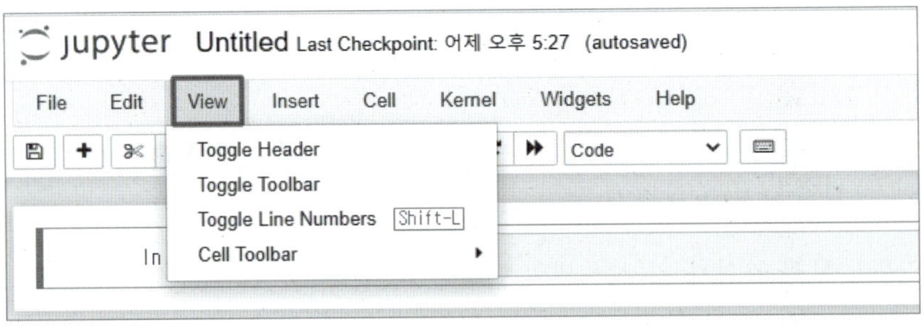

그림 3.26 [View] 메뉴

[Insert] 메뉴

[Insert] 메뉴에는 커서가 위치한 셀의 상단, 하단에 새로운 셀을 삽입할 수 있는 기능이 있다(그림 3.27 참조).

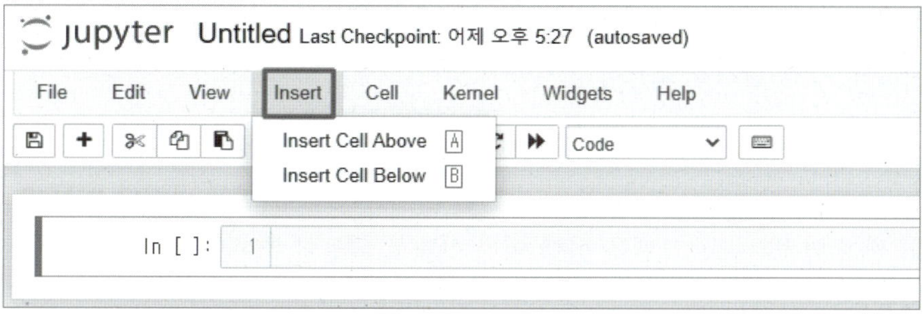

그림 3.27 [Insert] 메뉴

[Cell] 메뉴

[Cell] 메뉴에는 입력된 소스 코드의 실행에 관한 중요한 기능들이 있다(그림 3.28 참조).

- [Run Cells]: 셀의 소스 코드를 실행한다.
- [Run Cells and Select Below]: 셀의 소스 코드를 실행하고 커서를 다음 셀로 이동한다. 현재 셀의 아래쪽에 셀이 없으면 새로운 셀이 생성되고 커서가 이동한다.
- [Run Cells and Insert Below]: 셀의 소스 코드를 실행하고 하단에 새로운 셀을 추가하여 커서를 이동한다.
- [Run All]: 모든 셀의 소스 코드를 실행한다.
- [Run All Above], [Run All Below]: 현재 커서가 위치한 셀까지의 모든 셀 또는 하단에 있는 모든 셀의 소스 코드를 실행한다.
- [Current Outputs] - [Clear]: 현재 커서가 위치한 셀의 실행 결과를 지운다.
- [All Outputs] - [Clear]: 모든 셀의 실행 결과를 지운다.

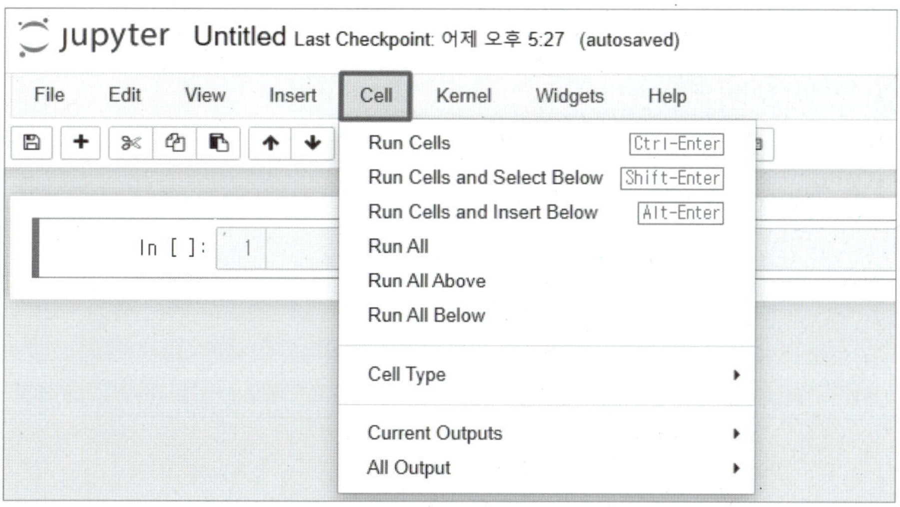

그림 3.28 [Cell] 메뉴

[Kernel] 메뉴

[Kernel] 메뉴는 실행 환경을 조작하는 기능이 있다(그림 3.29 참조).

- [Restart]: 실행 중인 커널을 다시 시작한다.
- [Restart & Clear Output]: 실행 중인 커널을 다시 시작하고 현재 나타나 있는 출력을 모두 지운다. 셀이 입력된 프로그램을 실행 이전 상태로 되돌릴 뿐이므로 셀의 소스 코드는 실행되지 않는다.
- [Restart & Run All]: 실행 중인 커널을 다시 시작하고 모든 셀의 소스 코드를 실행한다. 이미 나타나 있는 출력도 모두 다시 작성된다.
- [Shutdown]: 파이썬 실행 환경을 종료한다.

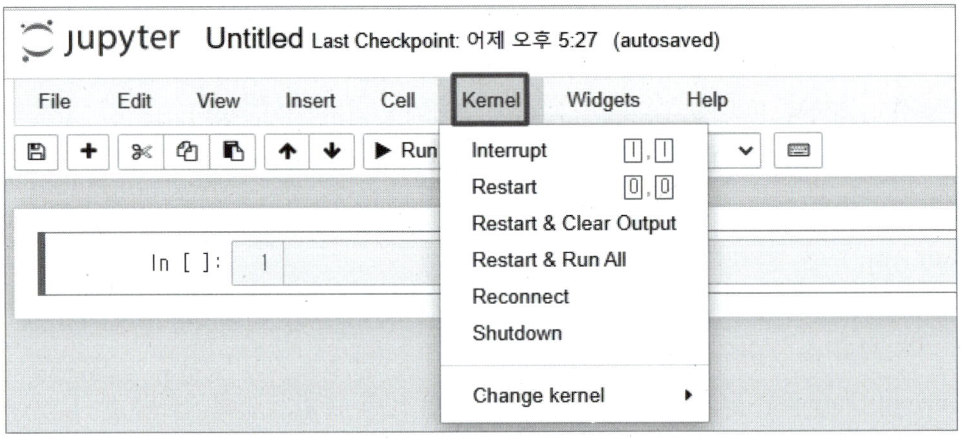

그림 3.29 [Kernel] 메뉴

3.7 구글 코랩

파이썬 개발 환경은 매우 다양한데 그중 많이 사용하고 있는 것 중 하나가 구글에서 개발한 **코랩**(Colab, Colaboratory)이 있다. 구글 코랩은 구글에서 제공하는 온라인 서비스로서 클라우드 기반의 무료 주피터 노트북 개발 환경이다. 아나콘다의 주피터 노트북과 유사한 환경을 제공한다. 구글 계정을 가지고 있으면 누구나 손쉽게 활용할 수 있다. 코랩은 구글 드라이브에서 노트북을 만들 수 있고, 웹 브라우저만 있으면 어디서든 접속하여 수정할 수 있다. 또한, 인공지능의 딥러닝을 위한 고사양의 GPU도 제공한다. 하지만 코랩 노트북의 세션 시간은 하루 12시간만 제공하므로 세션 시간이 지나면 자동으로 연결이 끊어지고 데이터도 지워진다. 하지만 노트북의 소스 코드는 .ipynb 확장자로 구글 드라이브에 안전하게 보관되므로 언제든지 코랩 노트북을 다시 실행시킬 수 있다. 보다 자세한 사항은 Google Colaboratory 공식 페이지(https://colab.research.google.com/)를 참고하길 바란다.

코랩의 주요 특징

코랩의 주요 특징을 나열하면 다음과 같다.

- 구글 코랩(Colab)은 클라우드 기반의 무료 주피터 노트북 개발 환경이다.
- 환경설정이 쉽고 코딩 작업 준비가 간단하다.
- 웹 브라우저만 설치되어 있으면 언제 어디서든 인터넷에 접속하여 코드 수정이 가능하다.
- 목차 기능, Markdown의 미리 보기 기능, 고양이 모드 등 다양한 기능을 제공한다.
- 여러 명이 동시에 작업할 때 각자 노트북 환경이 달라도 클라우드 환경은 동일하기 때문에 빠르고 편리하게 그룹 작업을 할 수 있다.
- 오류 발생 시 [Search Stack Overflow] 버튼을 클릭하면 자동으로 스택 오버플로우 사이트 검색 결과가 나타난다.
- 최대 세션 유지 시간은 12시간으로 세션이 끊어지더라도 작업 중이던 파일은 .ipynb 파일 확장자로 구글 드라이브에 저장된다.

코랩 환경설정하기

1. 구글 계정 로그인 후 크롬 브라우저 오른쪽 [Google 앱]을 클릭한다(그림 3.30 ❶ 참조).

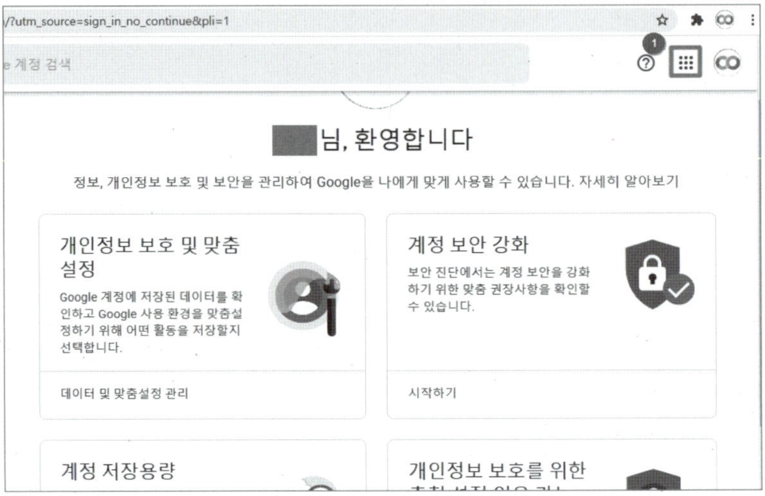

그림 3.30 구글 계정 로그인 후 화면

2. [Google 앱]을 선택하면 그림 3.31과 같이 여러 가지 앱이 나타나는데, 여기서 [드라이브]를 클릭한다. 그러면 드라이브 화면이 나타난다(그림 3.32 참조).

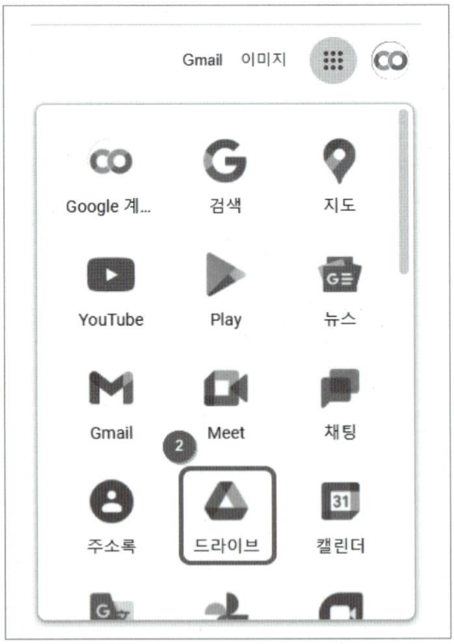

그림 3.31 구글 앱 선택 후 드라이브 클릭

3. 구글 드라이브는 사용자의 모든 파일을 한곳에서 편리하게 보관해준다. 드라이브 화면에서 새로운 드라이브를 만들기 위해서 왼쪽 상단의 [+ 새로 만들기]를 클릭한다(그림 3.32 ❸ 참조).

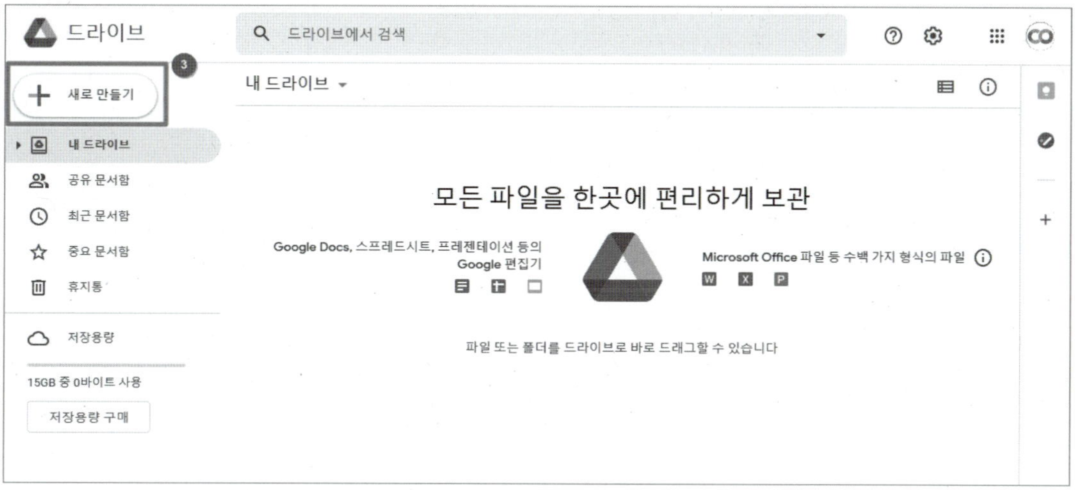

그림 3.32 드라이브에서 [+ 새로 만들기] 클릭 화면

4. 화면에 드라이브 관련 메뉴가 나타난다. 이때 가장 상단에 있는 [폴더]를 클릭한다(그림 3.33 ❹ 참조). 그러면 새 폴더 화면이 나타난다.

그림 3.33 드라이브에서 새로 만들기 화면

5. 새 폴더 화면이 나타나면 폴더 이름은 '코랩'으로 입력하고 [만들기] 버튼을 클릭한다(그림 3.34 ❺, ❻ 참조).

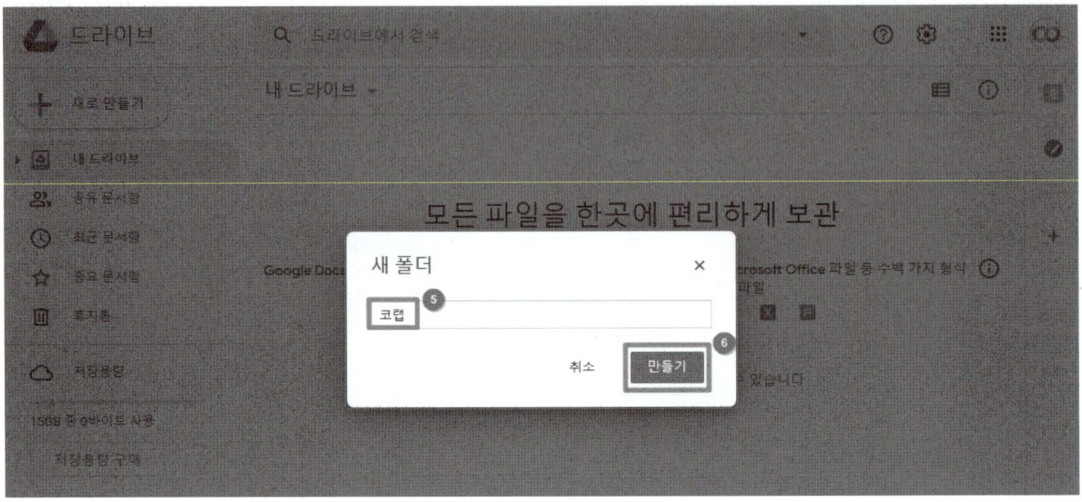

그림 3.34 새 폴더 이름 입력 화면

6. 생성된 [코랩] 폴더를 확인하고 더블클릭하면 [코랩] 폴더 위치로 이동한다(그림 3.35 참조).

그림 3.35 드라이브 내 폴더 화면

7. 이어서 [코랩] 폴더 위치에서 [새로 만들기]를 클릭하고, [더보기] 클릭, [연결할 앱 더 보기]를 클릭한다(그림 3.36 ❼, ❽ 참조).

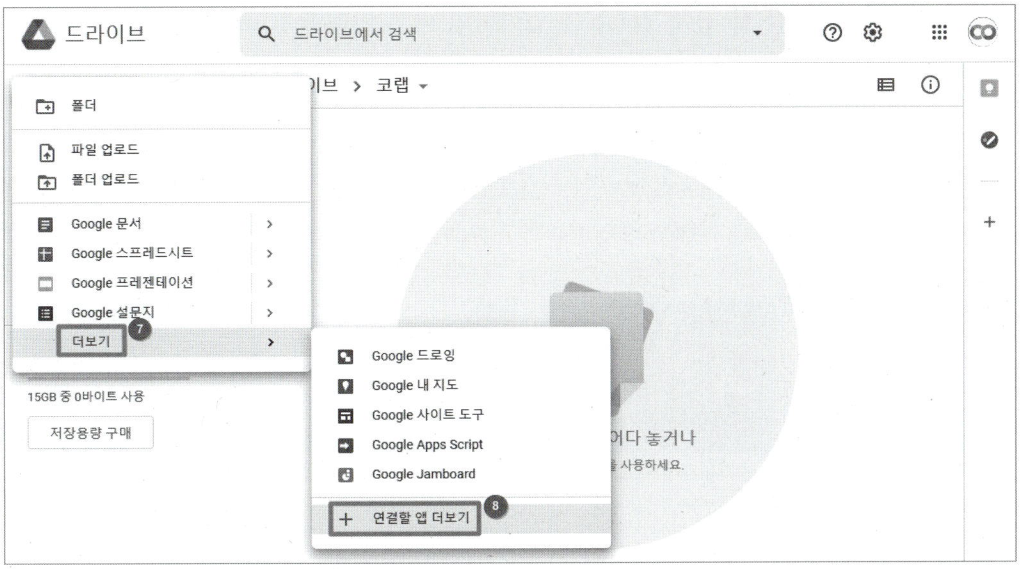

그림 3.36 연결할 앱 더보기

8. 드라이브 화면 위로 드라이브에서 사용할 수 있는 도구들을 가져올 수 있는 Google Workspace Marketplace 창이 나타난다(그림 3.37 참조).

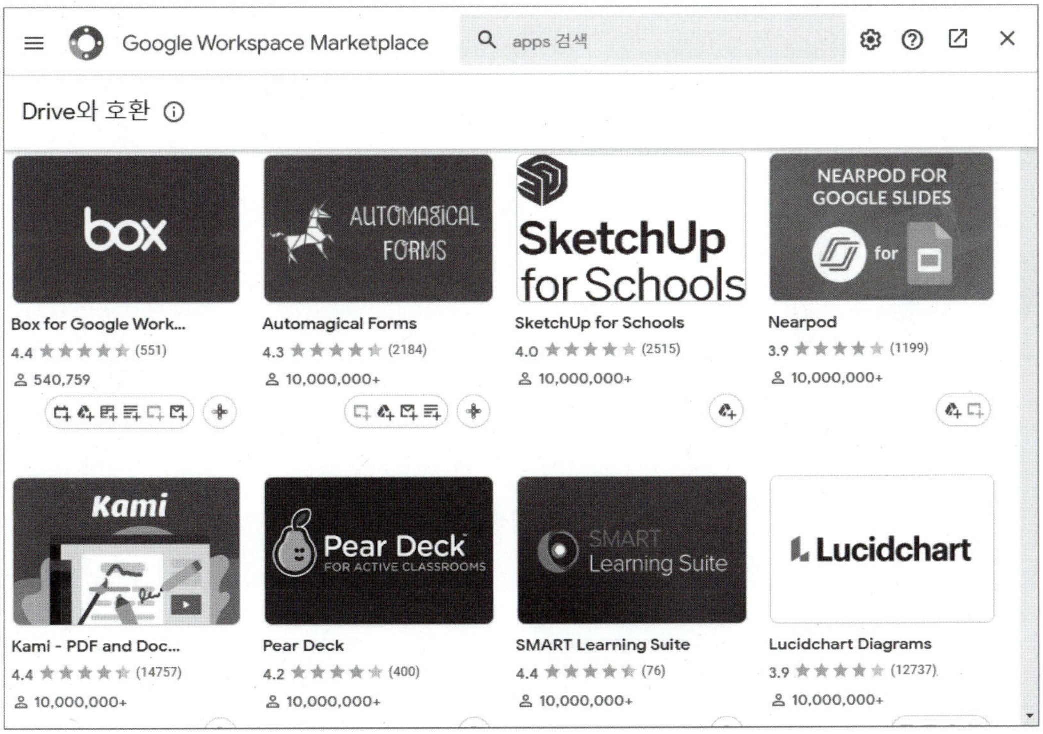

그림 3.37 Google Workspace Marketplace 창

9. 그림 3.37의 [apps 검색] 창에 'colab'을 입력하면 바로 아래에 [Colaboratory]가 나타난다. [Colaboratory]를 클릭하여 검색한다(그림 3.38 ❾, ❿ 참조).

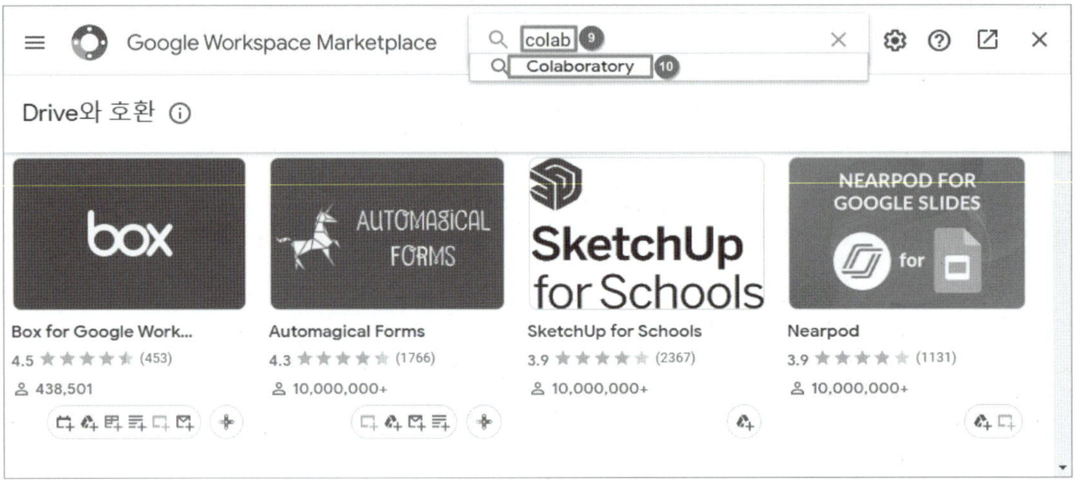

그림 3.38 Google Workspace Marketplace 검색 창 입력

10. [Colaboratory]를 클릭한다(그림 3.39 ⓫ 참조).

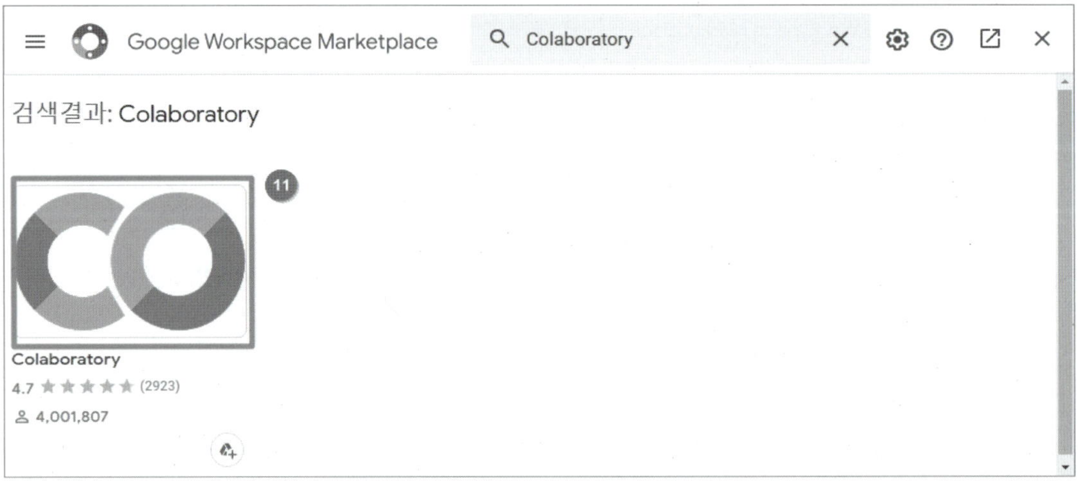

그림 3.39 검색 결과 화면

11. 화면에 나타난 [설치] 버튼을 클릭한다(그림 3.40 ⑫ 참조).

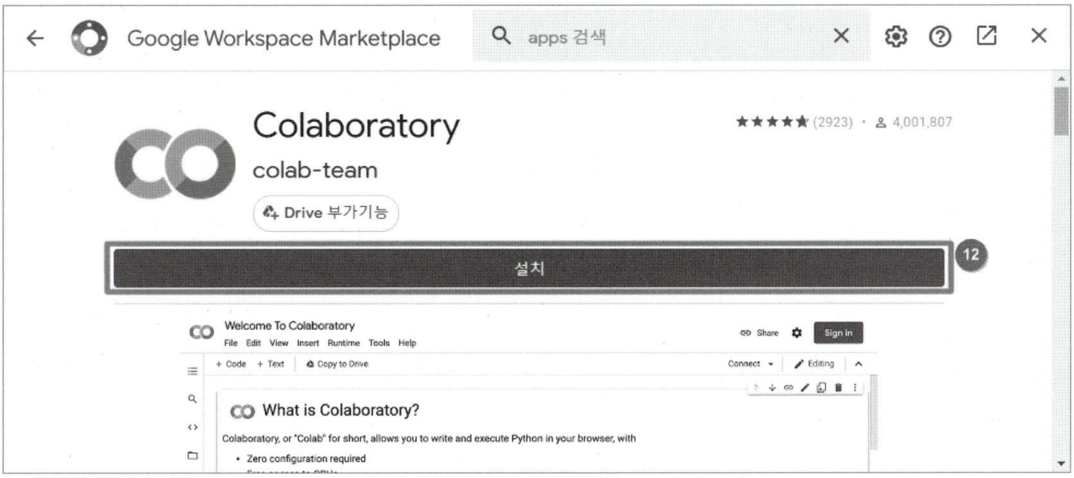

그림 3.40 설치] 버튼을 클릭하기

12. 설치 가능 화면에서 [계속] 버튼을 클릭하면 계정 선택 화면이 나타나고, 자신의 계정을 선택한다(그림 3.41 ⑬, ⑭ 참조).

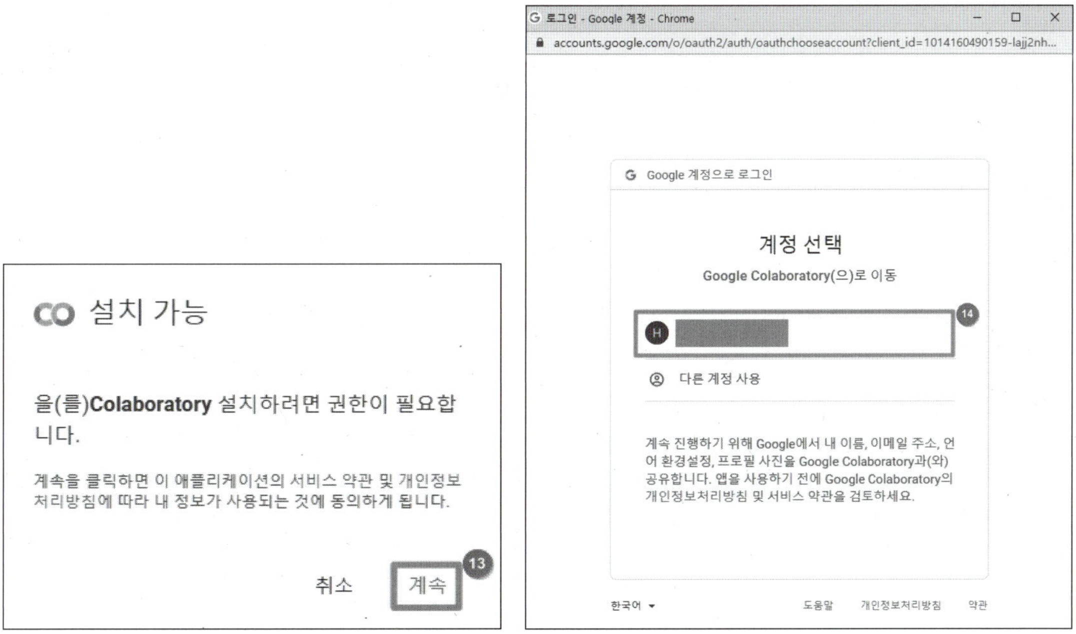

그림 3.41 설치 가능 화면

13. [Colaboratory] 앱이 설치되고 Google Drive에 연결했다는 메시지가 나타나면 [확인] 버튼을 클릭한다(그림 3.42 ⓯ 참조).

그림 3.42 Google Drive 연결 화면

14. 설치가 완료되면 창을 닫는다.

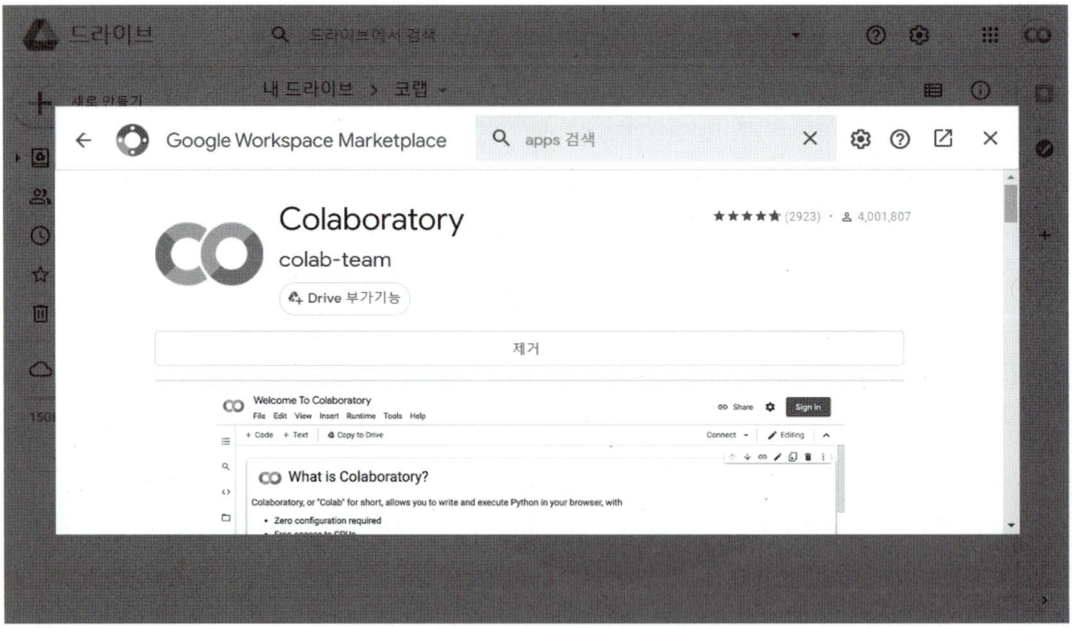

그림 3.43 코랩 설치 완료

15. [+ 새로 만들기]를 클릭하고 [더보기]를 클릭, [Google Colaboratory]를 클릭한다(그림 3.44 ⑯, ⑰ 참조).

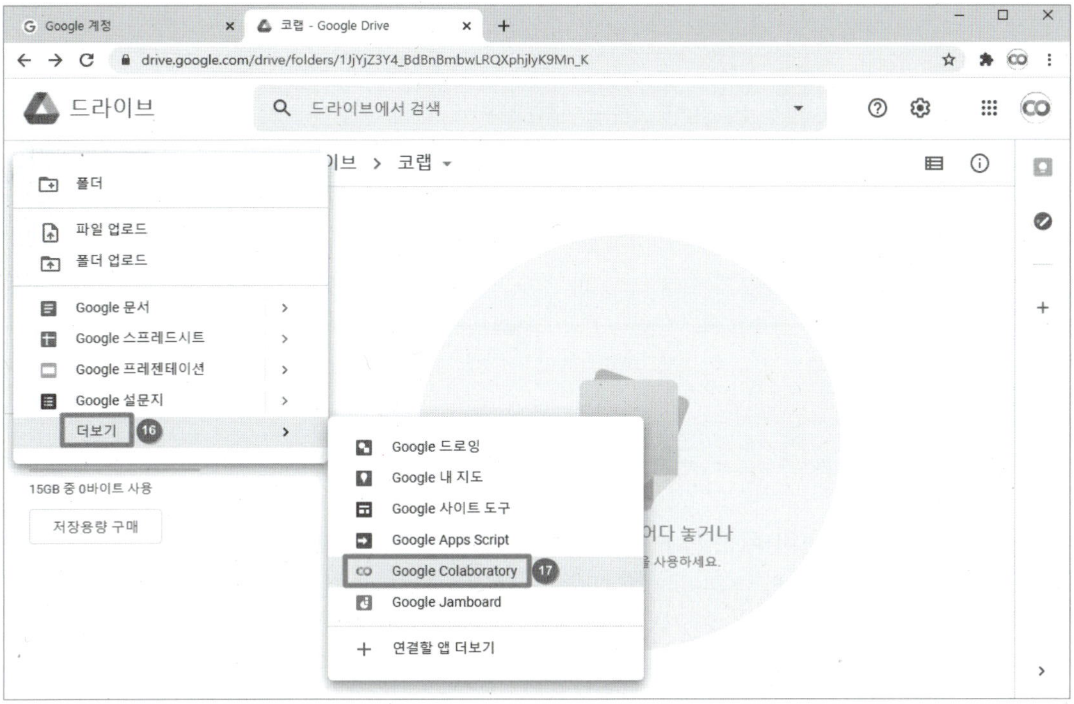

그림 3.44 [+ 새로 만들기] - [더보기] - [Google Colaboratory]

16. 이제 구글 코랩이 실행되고 파이썬 코드를 실습할 준비가 완료되었다(그림 3.45 참조).

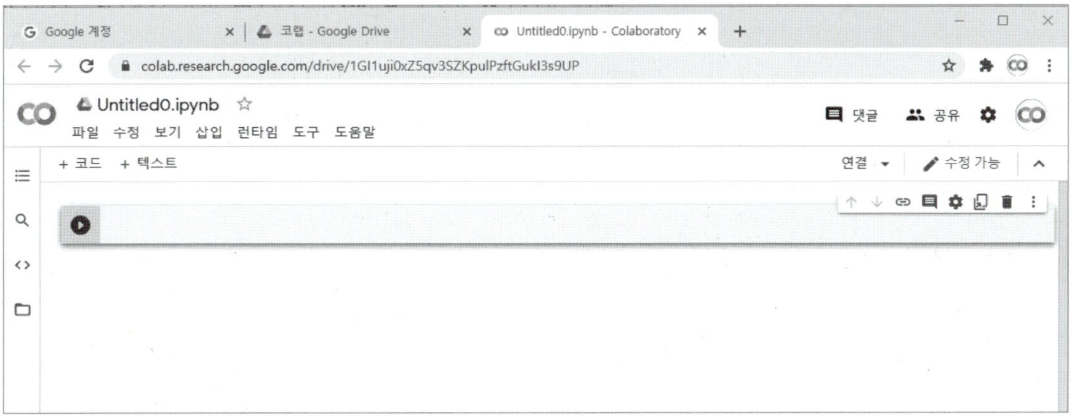

그림 3.45 구글 코랩 실행 화면

17. 구글 코랩 역시 주피터 노트북처럼 'In [1]' 옆에 있는 박스에 `print("Hello world!")`를 작성하고, [Shift] + [Enter] 단축 키를 누르면 셀 아래에 실행 결과가 나타난다(그림 3.46 참조).

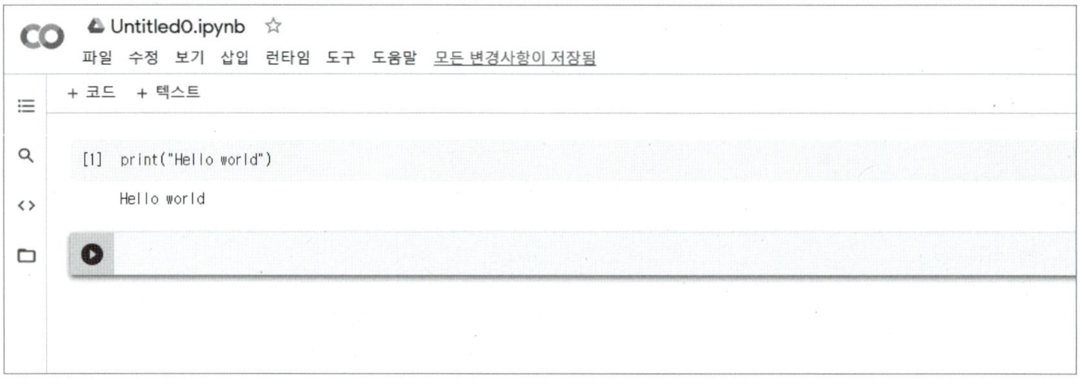

그림 3.46 예제 프로그램 실행

18. 주피터 노트북과 달리 리본 메뉴의 구성이 한글로 설정된 것을 볼 수 있다. 구글 코랩에서 사용할 수 있는 기능은 단축키를 통해서 확인할 수 있으며, 도구 탭의 단축키를 누르면 설정 메뉴로 들어가게 된다(그림 3.47 ⑱, ⑲ 참조).

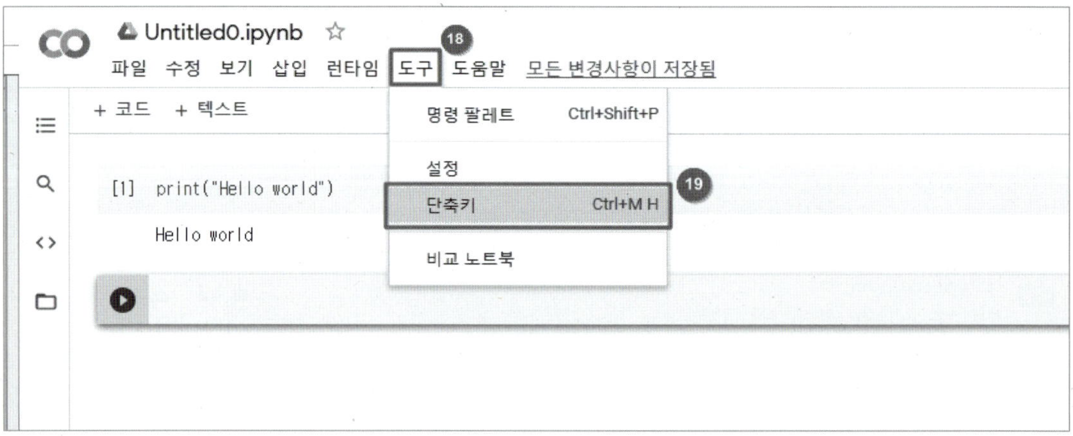

그림 3.47 도구 탭에서 단축키 설정 화면

19. 코랩에서 자주 사용하는 단축키는 실행(그림 3.48 ⑳ 참조)과 저장(그림 3.48 ㉑ 참조)이 있다. 기본값으로 지정 시 주피터 노트북과 동일하지만, 단축키의 수정이나 단축키로 지정하여 사용하고 싶은 기능은 단축키 부분(그림 3.48 ㉒ 참조)을 눌러 원하는 단축키를 입력하는 것으로 사용할 수 있다.

그림 3.48 키보드 환경설정 화면

정리

아나콘다(Anaconda)는 패키지 관리와 손쉬운 사용을 목적으로 과학 계산(데이터 사이언스, 머신러닝 애플리케이션, 데이터 처리, 예측 분석 등)을 위해 파이썬과 R 프로그래밍 언어의 무료-오픈 소스 배포판이다.

아나콘다의 구성 요소는 크게 네 부분으로 나뉘는데, 이 책에서는 주로 데이터 사이언스 라이브러리(Data Science Library)와 아나콘다 네비게이터(Anaconda Navigator) 부분을 다룬다. 데이터 사이언스 라이브러리는 (a) 주피터(Jupyter)와 같은 IDE(integrated development environment) 개발 도구, (b) 넘파이(Numpy), 사이파이(SciPy) 등과 같은 과학 분석용 라이브러리, (c) 맷플롯립(Matplotlib)과 같은 데이터 시각화(data visualization) 라이브러리, (d) 텐서플로(TensorFlow)와 같은 머신러닝 라이브러리 등을 포함하고 있다.

아나콘다 배포판을 설치하면 넘파이(NumPy), 사이파이(SciPy), 심파이(SymPy), 맷플롯립(Matplotlib), 시본(Seaborn) 등은 자동으로 설치된다. 이외에도 통계 및 회귀분석이나 시계열 분석용인 스탯츠모델즈(StatsModels), 머신러닝용 패키지인 사이킷런(Scikit-Learn), 신경망 모형 등의 딥러닝 모형 개발용인 텐서플로(TensorFlow), 인공신경망 구현 패키지인 케라스(Keras), 딥러닝 라이브러리인 파이토치(PyTorch), 확률론적 그래프 모형을 구현하는 피지엠파이(pgmpy) 등도 있다.

아나콘다는 브라우저에서 실행되는 파이썬 실행 환경인 주피터 노트북(Jupyter Notebook)을 포함하고 있다. 주피터 노트북은 파이썬 코드와 실행 결과 및 문장이나 수식 등을 하나의 노트북 파일에 통합할 수 있고, 실행 결과를 그래프로 쉽게 볼 수 있다.

파이썬 개발 환경은 매우 다양한데 많이 사용하고 있는 것 중 하나가 구글에서 개발한 코랩(Colab, Colaboratory)이 있다. 구글 코랩은 구글에서 제공하는 온라인 서비스로서 클라우드 기반의 무료 주피터 노트북 개발 환경으로 아나콘다의 주피터 노트북과 유사한 환경을 제공한다. 구글 계정을 가지고 있으면 누구나 손쉽게 활용할 수 있다.

연습문제

Mathematics for Artificial Intelligence

01 다음 중 아나콘다의 구성 요소가 아닌 것은?

❶ Anaconda Navigator
❷ Data Science Libraries
❸ Anaconda Project
❹ Anaconda

02 다음 중 데이터 사이언스 라이브러리가 아닌 것은?

❶ Numpy
❷ Matplotlib
❸ SciPy
❹ Data Visualization

03 다음 중 패키지 관리와 손쉬운 사용을 목적으로 과학 계산(데이터 사이언스, 머신러닝 애플리케이션, 데이터 처리, 예측 분석 등)을 위해 파이썬과 R 프로그래밍 언어의 무료-오픈소스 배포판인 것은?

❶ Anaconda
❷ Conda
❸ Tensorflow
❹ PyTorch

04 다음 중 구글(Google)에서 제공하는 온라인 서비스로서 클라우드 기반의 무료 주피터 노트북 개발 환경으로 아나콘다의 주피터 노트북과 유사한 환경을 제공하며 구글 계정을 가지고 있으면 누구나 손쉽게 활용할 수 있는 파이썬 개발 환경에 해당하는 것은?

❶ Colab
❷ Anaconda
❸ Conda
❹ Chrome

05 다음 중 구글 코랩의 주요 특징이 아닌 것은?

❶ 클라우드 기반의 유료 주피터 노트북 개발 환경이다.
❷ 환경설정이 쉽고 코딩 작업 준비가 간단하다.
❸ 웹 브라우저만 설치되어 있으면 언제 어디서든 인터넷에 접속하여 코드 수정이 가능하다.
❹ 여러 명이 동시에 작업할 때 각자 노트북 환경이 달라도 클라우드 환경은 동일하기 때문에 빠르고 편리하게 그룹 작업을 할 수 있다.

Mathematics for Artificial Intelligence

04 파이썬 기초

학습목표

- 파이썬 언어의 기본 문법을 배운다.
- 넘파이(Numpy) 사용법을 배운다.
- 맷플롯립(Matplotlib) 사용법을 배운다.
- 심파이(SimPy) 사용법을 배운다.
- 사이파이(SciPy) 사용법을 배운다.

학습목차

4.1 파이썬 개요

이 장에서는 인공지능 수학을 공부하는 데 가장 기본적인 파이썬(Python) 언어의 문법을 공부한다. 파이썬은 대화형인 인터프리터(interpreter) 언어로서 배우기 쉽고, 인공지능 수학을 배우는 데 가장 최적의 프로그래밍 언어이다. 만약 독자가 이미 파이썬에 대해서 잘 알고 있다면 이 장을 생략해도 좋다.

파이썬은 대화형 프로그래밍 언어이면서 범용 프로그래밍 언어이다. 파이썬이 많은 사람에게 각광을 받는 이유는 생산성이 높은 언어이기 때문이다. 파이썬을 이용하면 간결하고 효율적인 프로그램을 빠르게 작성할 수 있다. 무엇보다도 초보자에게 가장 좋은 언어이다. 파이썬에서 프로그래머가 한 줄의 문장을 입력하고 엔터키를 치면 인터프리터가 바로 해석해서 실행한다. 즉, 컴파일할 필요가 없는 언어이다. 또한, 파이썬은 문법이 쉽고 간단해서 가독성이 높을 뿐만 아니라 배우기 쉬운 프로그래밍 언어이다.

파이썬은 누구나 무료로 다운로드할 수 있어서 전 세계적으로 많이 사용되고 있다. 다른 언어에 비해 과학 기술 계산과 데이터 분석에 강점이 있어서 현재 머신러닝, 딥러닝 등의 인공지능 분야의 개발 언어로 가장 많이 사용되고 있다.

파이썬은 문법이 쉬워서 누구나 쉽게 배울 수 있고, 누군가 작성한 코드를 보면 직관적으로 이해할 수 있다. 물론 객체지향이나 추상화 개념과 같은 어려운 부분도 있지만 이 장에서는 인공지능 수학을 배우기 위한 기본 문법만 다룬다.

문자열 출력

파이썬 프로그램은 한 줄 또는 여러 줄의 명령어로 이루어진다. 한 줄의 명령어를 **문장**(statement)이라고 한다. 화면에 원하는 문자열을 출력하기 위해서는 `print()` 함수(function)를 호출하면 된다. 이때 출력하고자 하는 문자열은 작은따옴표(' ') 또는 큰따옴표(" ") 안에 기술하고 이를 함수의 **인수**(argument)라고 한다. 그리고 '#' 다음에 입력한 내용은 프로그램으로 인식되지 않고 **주석**(comment 또는 설명문)으로 처리된다. 코드를 이해하는 데 필요한 설명문과 같은 것이다. 영문 또는 한글 문자열 출력에 대한 예는 다음과 같다.

In
```
# Hello World! 문자열을 화면에 출력하기
print('Hello World!')
```

Out

```
Hello World!
```

In

```
# 안녕하세요? 문자열을 화면에 출력하기
print("안녕하세요?")
```

Out

```
안녕하세요?
```

문자열은 '+' 기호와 '*' 기호를 사용하여 문자열을 결합할 수도 있고 문자열을 지정한 숫자만큼 반복해서 보여줄 수도 있다.

In

```
# + 기호를 사용하여 문자열을 연결해서 출력하기
print("Hello World! " + "안녕하세요?")
```

Out

```
Hello World! 안녕하세요?
```

In

```
# 문자열을 지정한 숫자만큼 반복해서 출력하기
print ('-'*30)
```

Out

```
------------------------------
```

`print()` 함수는 여러 개의 값을 화면에 차례대로 출력하는 기능도 제공한다.

In

```
# 여러 개의 값을 콤마로 구분하여 차례대로 출력하기
print("10과 20을 합한 값은", 10+20, "입니다")
```

Out

```
10과 20을 합한 값은 30 입니다.
```

변수와 상수

변수(variable)는 값을 저장하는 장소이다. 변수에 정수나 소수, 문자열 등의 다양한 값을 저장했다가 필요할 때 꺼내 쓸 수 있다. 변수에 저장된 값은 원하면 언제든지 다른 값으로 바꿀 수 있다. 파이썬에서 변수를 만드는 과정은 간단하다. 아래와 같이 변수의 이름을 정하고 등호(=)를 사용하여 값을 저장하면 된다. = 기호는 같다는 의미가 아니라 변수에 값을 저장한다는 의미이다. 변수에 값을 저장하는 문장을 **할당문**(assignment statement) 또는 대입문이라고 한다. 변수에 저장된 값은 숫자, 문자, 문자열 등이 될 수 있다.

```
변수 이름 = 값
```

예를 들어, score라는 변수에 20이라는 정숫값을 대입하려면 다음과 같이 기술하면 된다.

```
score = 20
```

=을 사용하여 변수에 값을 할당하는 몇 가지 예를 살펴보자. 다음은 변수에 정수, 소수, 문자열을 저장하는 예를 보여준다.

In
```
# 변수에 정수, 소수, 문자열 대입하기
a = 12 # 변수 a에 정수 12를 대입한다
pi = 3.1415927 # 변수 pi에 소수 3.1415927을 대입한다
message = "Hello, 안녕하세요?"
# 변수 message에 문자열 "Hello, 안녕하세요?"를 대입한다
```

참고

변수 이름을 지을 때 유념할 사항이 있다. 변수 이름은 가능한 변수의 역할을 잘 설명하는 이름으로 지으면 좋다. 프로그램을 이해하기가 쉽기 때문이다. 그리고 변수 이름은 다음 규칙을 지켜야 한다.

- 대소문자를 서로 다른 문자로 취급한다.
- 영문자와 숫자와 언더바(_)를 사용할 수 있다.
- 변수 이름 중간에 공백이 있으면 안 된다. 단어를 구분하려면 언더바(_)를 사용하는 것이 좋다.

상수(constant)는 값이 결정되어 절대로 변경되지 않는 변수를 의미한다. 일반적으로 값이 변경되지 않는 변수를 지정할 때는 다음과 같이 대문자를 사용하는 것이 좋다.

```
TAX_RATE = 0.05
PI = 3.14
```

변수에 저장된 값은 print() 함수를 사용하여 출력할 수 있다. 다음은 변수 score에 20이라는 값을 저장하고 print() 함수를 사용하여 출력한 것이다.

In
```
# 변수에 값을 저장하여 그 값을 출력한다
score = 20
print(score)
```

Out
```
20
```

여러 개의 변수에 저장된 값을 출력하고자 할 때는 ,(콤마)로 값을 구분할 수 있다.

In
```
# 여러 개의 변수에 저장된 값을 출력한다
score = 20
pi = 3.14
message = "안녕하세요?"
print(score, pi, message) # 각 변수는 콤마로 구분한다
```

Out
```
20 3.14 안녕하세요?
```

연산자와 수식

수식(expression)은 기본적으로 **연산자**(operator)와 **피연산자**(operand)로 이루어져 있다. 연산자는 연산을 나타내는 기호를 의미하고 피연산자는 연산의 대상을 말한다. 수식 `a + b`에서 `a`와 `b`는 피연산자이고 `+`는 연산자이다. 파이썬에서는 연산자를 사용하여 다양한 연산을 할 수 있다. 연산자에는 사칙 연산자, 대입 연산자, 비교(관계) 연산자, 논리 연산자가 있다. 먼저 산술 연산자는 기본적인 산술 연산인 덧셈, 뺄셈, 곱셈, 나눗셈, 나머지 연산, 거듭제곱을 실행하는 연산자이다. 산술 연산자를 정리하면 표 4.1과 같다.

표 4.1 산술 연산자

산술 연산자	사용 예	설명
+	a + b	덧셈
-	a - b	뺄셈
*	a * b	곱셈
/	a / b	나눗셈(소수점 이하 버리지 않음)
//	a // b	나눗셈(소수점 이하 버림)
%	a % b	나머지 연산(나눗셈의 나머지)
**	a ** b	거듭제곱

나눗셈 연산에는 결과가 소수가 되는 나눗셈과 정수가 되는 나눗셈이 있다. / 연산자를 사용하면 결과는 소수까지 나타나고 // 연산자를 사용하면 결과는 정수만 나타난다. 또한, % 연산자를 사용하면 정수로 나눈 나머지값이 출력된다. 산술 연산자에는 우선순위가 있는데 여러 연산자가 하나의 수식에 있는 경우에는 1) 거듭제곱, 2) 곱셈, 나눗셈, 나머지, 3) 덧셈, 뺄셈 순으로 적용된다. 이제 사칙 연산자를 사용하여 연산을 수행하고 그 결과를 변수에 저장하여 출력해보자.

In

```
# 산술 연산자를 이용한 다양한 연산
a = 7
b = 4

c = a + b # 덧셈
print("덧셈:", c)

d = a - b # 뺄셈
print("뺄셈:", d)

e = a * b # 곱셈
print("곱셈:", e)

f = a / b # 나눗셈(소수점 이하 버리지 않음)
print("나눗셈(소수점 이하 버리지 않음):", f)

g = a // b # 나눗셈(소수점 이하 버림)
print("나눗셈(소수점 이하 버림, 정수):", g)

h = a % b # 나머지 연산
print("나머지 연산:", h)

i = a ** b # 거듭제곱(a의 b승)
print("거듭제곱:", i)
```

Out

```
덧셈: 14
뺄셈: 8
곱셈: 33
나눗셈(소수점 이하 버리지 않음): 3.6666666666666665
나눗셈(소수점 이하 버림, 정수): 3
나머지 연산: 2
거듭제곱 : 1331
```

파이썬에서는 산술 연산을 위한 대입 연산자를 사용할 수 있다. 파이썬에서 사용하는 대입 연산자를 요약하면 표 4.2와 같다.

표 4.2 대입 연산자

대입 연산자	사용 예	설명
=	a = b	a에 b를 대입한다
+=	a += b	a = a + b와 같다
-=	a -= b	a = a - b와 같다
*=	a *= b	a = a * b와 같다
/=	a /= b	a = a / b와 같다
//=	a //= b	a = a // b와 같다
%=	a %= b	a = a % b와 같다
**=	a **= b	a = a ** b와 같다

대입 연산자를 사용한 연산의 결과를 출력해보자.

In
```
# 대입 연산자를 사용한 산술 연산의 결과 출력하기
i = 12
i += 3 # i에 3을 더한다 i = i + 3과 같다
print("i에 3 더하기:", i)

j = 12
j -= 3 # j에서 3을 뺀다 j = j - 3과 같다
print("j에서 3 빼기:", j)
```

Out
```
i에 3 더하기: 15
j에서 3 빼기: 9
```

이외에도 비교 연산자(표 4.3 참조)와 논리 연산자(표 4.4 참조)가 있다.

표 4.3 비교 연산자

비교 연산자	설명	비교 연산자	설명
a == b	a와 b가 같다	a <> b	a와 b가 다르다
a != b	a와 b가 같지 않다	a is b	a와 b가 같다
a < b	a가 b보다 작다	a is not b	a와 b가 다르다
a > b	a가 b보다 크다	a in b	a가 b에 포함된다
a <= b	a가 b보다 작거나 같다	a not in b	a가 b에 포함되지 않는다
a >= b	a가 b보다 크거나 같다		

표 4.4 논리 연산자

논리 연산자	사용 예	설명
and	a and b	a와 b가 모두 참이면 참
or	a or b	a와 b 중 하나 이상 참이면 참
not	not a	a가 참이면 거짓, 거짓이면 참

변수의 자료형과 문자열

변수의 자료형에서 가장 많이 사용하는 것은 정수형(int)과 부동 소수점형(float)이다. 변수의 자료형은 **type() 함수**로 확인할 수 있다.

In

```
a = 2
b = 1.2
print("a의 자료형은", type(a)) # 정수형
print("b의 자료형은", type(b)) # 부동 소수점형

c = a + b
print("c = ", c)
print("c의 자료형은", type(c)) # 부동 소수점형
# 정수형과 부동 소수점형의 합은 부동 소수점형

d = 1.2e5 # 1.2 × 10^5을 나타낸다
print("d= ", d)
print("d의 자료형은", type(d))

e = 1e-3 # 1 × 10^-3을 나타낸다
print("e = ", e)
print("e의 자료형은", type(e))
```

Out

```
a의 자료형은 <class 'int'>
b의 자료형은 <class 'float'>
c = 3.2
c의 자료형은 <class 'float'>
d= 120000.0
d의 자료형은 <class 'float'>
e = 0.001
e의 자료형은 <class 'float'>
```

위의 예에서 숫자 2는 정수형이고 숫자 1.2는 부동 소수점형이다. 정수형과 부동 소수점형의

합은 부동 소수점형이 된다. 부동 소수점 표현에서 지수를 사용하는 방법이 있는데, 예를 들면 `1.2e5`는 1.2×10^5을 의미하고, `1e-3`은 1×10^{-3}을 의미한다.

또한 제곱근, 지수함수, 로그함수, 삼각함수 등과 같은 수학적인 함수의 값은 'import math'에 의해 math 모듈을 임포트(가져오기)하여 'math(함수 이름)'으로 호출하여 구할 수 있다. 원주율 파이는 math.pi로 나타낸다.

In

```
import math # math 모듈 가져오기

print("2의 제곱근 = ", math.sqrt(2)) # 제곱근
print("3의 지수함수 = ", math.exp(3)) # 지수함수
print("5의 자연로그값 = ", math.log(5)) # 자연로그
print("파이의 코사인값 = ", math.cos(math.pi)) # 코사인
print("파이의 사인값 = ", math.sin(math.pi / 2)) # 사인
print("파이의 탄젠트값 = ", math.tan(math.pi / 4)) # 탄젠트
```

Out

```
2의 제곱근 = 1.4142135623730951
3의 지수함수 = 20.085536923187668
5의 자연로그값 = 1.6094379124341003
파이의 코사인값 = -1.0
파이의 사인값 = 1.0
파이의 탄젠트값 = 0.9999999999999999
```

리스트

많은 값을 한꺼번에 저장해서 처리하면 매우 편리할 때가 있다. **리스트**(list)는 대량의 데이터를 하나의 변수에 저장할 수 있다. 리스트 [ ] 안에 **값**(요소, element)을 나열하고 값과 값 사이를 콤마(,)로 구분한다. 각 요소는 **색인**(인덱스, index)을 갖는다. 리스트에서 색인을 사용하여 각 요소를 검색하거나 삭제 또는 교체할 수 있다. 일반 형식은 다음과 같다.

```
리스트 이름 = [값1, 값2, ...]
```

먼저 리스트에 학생 10명의 점수를 저장해서 출력하는 코드를 작성해보자.

In

```
# 리스트에 10명의 점수를 저장해서 출력한다
a = [66, 72, 83, 94, 95, 77, 84, 96, 88, 92] # 리스트를 정의한다
print(a)
```

Out

```
[66, 72, 83, 94, 95, 77, 84, 96, 88, 92]
```

리스트 이름 다음에 번호를 지정하면 리스트의 요소를 검색할 수 있다. 각 요소의 번호는 항상 0부터 시작하여 0, 1, 2, 3 ... 순으로 지정된다. 아래의 그림을 보면 더 쉽게 이해할 수 있다.

66	72	83	94	95	77	84	96	88	92
a(0)	a(1)	a(2)	a(3)	a(4)	a(5)	a(6)	a(7)	a(8)	a(9)

In

```
# 리스트의 요소를 번호로 검색한다
a = [66, 72, 83, 94, 95, 77, 84, 96, 88, 92] # 리스트를 정의한다
print(a[2]) # 요소의 번호는 0, 1, 2, 3, ... 순으로 지정된다
```

Out

```
83
```

append() 함수를 사용하여 리스트에 요소를 추가할 수 있다. 추가된 요소는 리스트의 맨 뒤에 위치하게 된다.

In

```
# 리스트에 요소를 추가할 수 있다
b = [66, 72, 83, 94, 95, 77, 84, 96, 88, 92] # 리스트를 정의한다
b.append(81) # 리스트의 맨 뒤에 81을 추가한다
print(b)
```

Out

```
(66, 72, 83, 94, 95, 77, 84, 96, 88, 92, 81)
```

리스트 안에 또 다른 리스트를 포함시킬 수 있다. 이것은 2차원 이상의 배열을 생성하는 방법이다. 따라서 2차원 리스트는 1차원 리스트를 요소로 갖는 리스트이다. 이때 리스트 안에 같은 자료형뿐만 아니라 서로 다른 자료형의 요소도 포함시킬 수 있다.

In

```
# 리스트 안에 리스트를 중첩해서 2차원 배열을 만들 수 있다
d = [[11, 22, 33], [44, 55, 66]]
print(d) # 2차원 배열을 출력한다
print(d[0]) # 하나의 인덱스로 한 행(1차원 리스트)을 출력한다
print(d[0][0]) # 2개의 인덱스를 지정하여 하나의 요소를 출력한다
print(d[1][2]) # 2개의 인덱스를 지정하여 하나의 요소를 출력한다
```

Out

```
[11, 22, 33], [44, 55, 66]
[11, 22, 33]
[11]
[55]
```

리스트에 * 연산자를 사용하여 정수를 곱하면 모든 요소가 정수 개만큼 추가되는 새로운 리스트를 만들 수 있다.

In

```
# 리스트의 모든 요소를 여러 개 추가한 새로운 리스트 만들기
a = [11, 22] # 리스트 a를 정의한다
print (a * 3) # 리스트 a의 요소가 3개가 되는 새로운 리스트
```

Out

```
[11, 22, 11, 22, 11, 22]
```

이외에도 리스트에서 사용할 수 있는 연산자와 함수가 많이 있는데, 그중에서 가장 많이 사용하는 연산자와 함수를 요약하면 표 4.5와 같다.

표 4.5 리스트에서 많이 사용하는 함수/연산자

연산자/함수	의미	사용 예	결과
len()	리스트 길이	len(11, 22, 33, 44)	4
+	리스트 연결	[11, 22, 33] + [44, 55]	[11, 22, 33, 44. 55]
*	반복	[11, 22] * 3	[11, 22, 11, 22, 11, 22]
in	소속	22 in(11, 22, 33)	True(참)
not in	소속되지 않음	44 not in [11, 22, 33]	True(참)
[]	인덱스	a[1]	a의 첫 번째 요소
min()	리스트에서 가장 작은 요소	min[11, 22, 33, 44]	11
max()	리스트에서 가장 큰 요소	max[11, 22, 33, 44]	44
for 문	반복	for x in [11, 22, 33]: print(x)	11 22 33

리스트는 인공지능에 필요한 대량의 데이터를 효율적으로 처리할 수 있다. 실제로 리스트의 데이터는 4.2절에서 설명하는 넘파이 배열 형식 등으로 변환하여 사용하는 경우가 많다.

튜플

튜플(tuple)은 리스트와 매우 유사하다. 리스트처럼 여러 요소를 한꺼번에 다루지만, 요소의 추가, 삭제, 교체 등 수정을 할 수 없다. 이 점이 불편하지만, 경우에 따라 리스트가 한 번 만들어지면 변경하지 않는 것이 도움이 될 때 튜플을 사용한다. 튜플도 리스트와 마찬가지로 여러 가지 자료형의 값을 생성할 수 있다. 튜플을 생성하려면 아래 형식처럼 소괄호 () 안에 요소들을 넣는 것이 원칙이다. 하지만 괄호 없이 나열된 객체는 기본적으로 튜플로 간주한다. 튜플을 지정하는 일반 형식은 다음과 같다.

```
튜플 = (요소1, 요소2, ..., 요소n)
```

예를 들어 5개의 요소를 저장하는 튜플을 생성하여 인덱스를 지정해서 요소를 출력해보자.

In

```
# 튜플을 생성하고 요소를 지정하여 출력한다
a = (11, 22, 33, 44, 55) # 튜플 생성하기
b = a[2] # 인덱스가 2인 요소를 출력한다
print(b)
```

Out

```
33
```

리스트나 튜플의 요소는 다음과 같이 변수에 할당할 수 있다.

In

```
# 리스트나 튜플의 요소를 변수에 할당한다
a = [11, 22, 33]
a_1, a_2, a_3 = a
print(a_1, a_2, a_3)
b = (44, 55, 66)
b_1, b_2, b_3 = b
print(b_1, b_2, b_3)
```

Out

```
11 22 33
44 55 66
```

튜플에서도 리스트와 마찬가지로 연산자를 사용할 수 있다. + 연산자는 연접(concatenation)을, *는 반복(Repetition)을 의미한다. 튜플은 변경할 수 없으므로 연산의 결과는 새로운 튜플이 된다. 튜플은 함수와 데이터를 교환하는 데 자주 사용된다.

if 문

우리는 문제를 해결할 때 어떤 조건에 따라 서로 다른 처리를 해야 하는 경우가 있다. 이렇게 조건에 따라 결정을 내리는 문장을 조건문이라고 한다. 대표적인 조건문이 if 문이고 if 문의 일반 형식은 다음 표 4.6과 같다.

표 4.6 if 문 형식

명령	의미
if 조건: 명령	<조건>이 '참'인 경우만 명령을 실행한다. <조건>이 '거짓'이면 아무것도 실행하지 않는다.

if 조건:
  명령1
else:
  명령2
	<조건>이 '참'이면 <명령1>을 실행하고,
	'거짓'이면 <명령2>를 실행한다.

if 조건1:
  명령1
elif 조건2:
  명령2
else:
  명령3
	<조건1>이 '참'이면 <명령1>을 실행하고,
	<조건2>가 '참'이면 <명령2>를 실행한다.
	<조건1>과 <조건2>가 모두 '거짓'이면
	<명령3>을 실행한다.

간단한 예를 살펴보자. 아래의 예에서는 if 다음의 조건(a가 90보다 큰)이 참이면 다음 블록의 처리가 이루어진다. 블록은 행의 시작에 들여쓰기로 나타낸다. 파이썬에서 들여쓰기는 4개의 공백으로 나타내는 경우가 많다. if 다음의 조건이 참이 아니면(a가 90보다 크지 않으면) else 다음 블록의 처리가 이루어진다.

In
```
# if 문을 이용한 조건문
a = 95

if a > 90: # a가 90보다 크면
    print("합격입니다") # 실행 문장은 들여쓰기로 구분
else: # a가 90보다 크지 않으면
    print("불합격입니다")
```

Out
```
합격입니다
```

a가 90보다 큰 경우는 "합격입니다"를 출력하고 a가 90보다 크지 않은 경우는 "불합격입니다"를 출력한다.

비교를 위해 비교(관계) 연산자를 사용한다. 비교 연산자의 종류는 표 4.3에 나타나 있다. 표 4.3에는 >(크다) 외에 <(작다), >=(이상), <=(이하), ==(같음), !=(같지 않음)이 있다. 다음의 예는 비교 연산자 ==을 사용하여 값이 같은지를 비교하였다.

In
```
a = 5
b = 3

if a == b: # a와 b가 같으면
    print(a + b)
else: # a와 b가 같지 않으면
    print(a - b)
```

Out
```
2
```

이렇게 `if` 문을 사용하여 조건에 따라 서로 다른 처리를 할 수 있다.

for 문

필요에 따라 원하는 횟수만큼 반복 처리할 때 `for` 문으로 처리할 수 있다. `for` 문은 조건에 따라 같은 문장을 여러 번 반복하는 구조이다. `for` 문을 리스트나 `range`와 함께 사용하는 일반 형식은 아래의 표 4.7과 같다.

표 4.7 for 문 형식

명령	의미
for 변수 in 리스트 　반복 문장	<변수>의 값을 리스트의 요소 수만큼 명령을 반복한다.
for 변수 in range(숫자): 　명령	<변수>의 값을 0부터 <숫자> − 1까지 증가시키며 명령을 반복한다. 즉, 명령을 숫자만큼 반복한다.
for 변수 in range(숫자1, 숫자2): 　명령	<변수>의 값을 <숫자1>부터 <숫자2> − 1까지 증가시키며 명령을 반복한다.
for 변수 in range(숫자1, 숫자2, 숫자3): 　명령	<변수>의 값을 <숫자1>부터 <숫자2> − 1까지 <숫자3>만큼씩 증가시키며 명령을 반복한다.

리스트와 함께 사용하는 경우는 리스트의 요소 수만큼 반복 처리가 이루어지지만, 여기서 변수로 리스트의 요소를 사용할 수 있다. 다음은 `for` 문과 리스트를 사용한 반복문의 예이다. 반복 수행되는 문장은 `if` 문처럼 줄 머리에 들여쓰기(indent)로 나타낸다. 이 코드는 리스트의 요소 수가 4개이므로 블록의 처리가 4번 이루어진다. 이때 리스트의 각 요소가 순서대로 변수 a에

들어간다. 블록 내의 실행 문장이 처리될 때마다 리스트의 요소가 순서대로 변수 a에 대입되는 것을 확인할 수 있다.

In

```
# for 문과 리스트를 이용한 반복 처리
for a in [11, 22, 33, 44, 55]: # 리스트의 각 요소가 변수 a에 대입된다
    print(a + 2) # 반복 수행되는 문장은 들여쓰기를 한다
```

Out

```
13
24
35
46
57
```

for 문에 range() 함수를 사용할 수 있다. 이 경우 괄호 안에 지정한 정수의 수만큼 반복 처리되지만, 변수에는 0부터 정수 – 1까지 숫자가 대입된다. 결과를 보면 변수 a에 0부터 9까지의 정수가 들어가는 것을 알 수 있다.

In

```
# range() 함수를 사용한 반복문
for a in range(10): # a에 0부터 9까지 대입된다
    print(a)
```

Out

```
0
1
2
3
4
5
6
7
8
9
```

range(숫자1, 숫자2) 형식도 사용할 수 있다. <숫자1>부터 <숫자2> – 1까지의 정수가 1씩 증가한다.

In

```
for x range(0, 5) # <숫자1>부터 <숫자2> - 1까지 정수가 x에 대입된다
    print(x)
```

Out

```
0
1
2
3
4
```

이외에 range(<숫자1>, <숫자2>, <숫자3>) 형식도 있다. <숫자1>부터 <숫자2>까지 <숫자3> 간격으로 정수가 생성된다. 예를 들어 range(0, 10, 2)와 같이 호출하면 0, 2, 4, 6, 8이 생성된다. 또한, range() 함수와 리스트를 생성하는 list() 함수를 결합해서 사용할 수 있다. 예를 들어 list(range(10))을 호출하면 [0, 1, 2, 3, 4, 5, 6, 7, 8, 9]가 생성된다.

이와 같이 for 문을 사용하여 인공지능에 필요한 많은 작업을 짧은 코드로 작성할 수 있다.

while 문

while 문은 어떤 조건을 정해놓고 반복하는 구조이다. 반복을 결정하는 조건이 있고 조건이 참이면 반복하고 그렇지 않으면 반복 루프를 빠져나가게 된다. while 문의 형식은 다음과 같다.

```
while 조건:
    반복 문장
    반복 문장
```

<조건>이 '참'이면 <명령>을 반복해서 수행하고 <조건>이 '거짓'이면 <명령>의 반복 실행을 중지한다. 즉, <조건>이 '거짓'이 될 때까지 <명령>을 반복 실행한다.

예를 들어 1부터 100까지 합을 구하는 프로그램을 작성하면 다음과 같다.

In

```
# 1부터 100까지 합 구하기
i = 0

while i < 100:
    i = i + 1

print(i)
```

Out
```
5050
```

함수

프로그램을 작성할 때 같은 처리를 반복해야 하는 경우가 많이 있다. 이때 유용하게 사용하는 것이 **함수**(function)이다. 함수는 여러 번 반복 처리해야 하는 단계들을 하나로 모아서 필요할 때 호출해서 사용할 수 있다. 우리는 이미 여러 가지 함수를 사용하였다. print(), range(), list() 등이 모두 함수이다. 함수는 작업에 필요한 데이터를 전달받아 그 결과를 호출자에게 반환할 수 있다. 파이썬에서 함수를 정의하는 일반 형식은 아래와 같다.

```
def 함수 이름 (매개변수1, 매개변수2):
    문장1
    문장2
    return 반환값
```

매개변수는 함수에 들어가는 값, 반환값은 함수에서 나가는 값이다. 다음은 함수의 예이다. func_exam1이라는 함수를 정의한 후 이 함수를 호출한다. 그 결과, 함수의 처리가 실행된다. 이 함수는 인수와 반환값이 없다. 함수가 처리되고 실행 결과로 25가 나타난다.

In
```
# 함수를 정의하고 호출하기
def func_exam1(): # func_exam1은 함수 이름이다
    a = 12
    b = 13
    print(a + b)

func_exam1() # 함수 호출
```

Out
```
25
```

함수는 매개변수(parameter)라는 값을 함수의 입력으로 받을 수 있다. 매개변수는 함수 이름 바로 옆의 () 안에 지정되고 콤마(,)로 구분하여 복수로 설정할 수 있다. 다음의 예는 함수에 매개변수 x, y가 지정되는데, 함수를 호출할 때 각각에 값을 전달한다. 함수는 결괏값을 함수의 외부에 전달할 수 있다. 반환되는 값은 함수의 끝에 return이라고 쓰고 그 옆에 기술한다. 함수에 반환값이 있어서 함수를 호출하여 반환값을 받고 그 값을 출력하는 예를 살펴보자.

In

```python
# 매개변수에 전달하는 함수
def get_min(x, y): # x, y는 매개변수
    if (x < y): # x가 y보다 작은지 비교한다
        return x
    else:
        return y

print(get_min(10, 20)) # 함수가 호출되면 매개변수에 값을 전달
```

Out

```
10
```

위의 예는 매개변수로 받은 두 값을 비교하여 작은 값을 출력하는 것이다. 이렇게 함수는 외부에서 매개변수를 통하여 값을 전달받을 수 있다.

여러 개의 값을 반환값으로 하려면 튜플을 사용한다. `return` 직후에 반환하려는 값이 포함된 튜플을 설명한다.

In

```python
# 결과를 튜플로 나타내기
def func_exam(a, b): # a, b는 매개변수
    c = a + b
    d = a - b
    return(c, d) # 결과를 튜플로 나타내기

k, l = func_exam(7, 3) # 튜플의 각 요소를 k, l에 할당
print(k, l)
```

Out

```
10 4
```

이렇게 한 번 정의된 함수는 여러 번 호출할 수 있다. 여러 번 수행해야 하는 작업은 함수로 정리해두면 매우 편리하다.

4.2 넘파이 개요

넘파이(NumPy, Numerical Python의 약자)는 파이썬에서 선형대수와 같은 수치 계산과 행렬이나 대규모 다차원 배열 간의 연산을 쉽게 처리할 수 있도록 지원하기 위한 라이브러리이다. 인공지능을 구현하기 위해 벡터와 행렬과 같은 데이터 구조를 자주 다루기 때문에 넘파이는 매우 유용한 도구이다. 넘파이는 아나콘다에 포함되어 있어서 아나콘다를 설치하면 바로 사용할 수 있다. 이 절에서 기술한 넘파이의 설명은 이 책을 공부하는 데 필요한 최소한의 것으로 인공지능에 필요한 수학을 구현하기 위한 넘파이를 배운다. 넘파이에 대한 자세한 내용은 다른 서적이나 자료를 참고하길 바란다.

넘파이 가져오기

모듈은 사용 가능한 외부 파이썬 파일이다. 파이썬은 `import` 명령으로 모듈을 불러올 수 있다. 넘파이 라이브러리를 사용하기 위해서는, 코드의 시작 부분에 `import` 문을 기술하면 된다. 또는 `as`를 사용하여 모듈에 `np`라는 이름을 지정할 수 있다. 그러면 `np`라는 이름으로 넘파이의 모듈을 처리할 수 있다.

In

```
import numpy # 넘파이 가져오기
import numpy as np # 넘파이를 np라는 이름으로 지정한다
```

넘파이의 배열 생성

인공지능 구현에서 행렬이나 벡터를 많이 이용하므로, 이를 표현하는 데 넘파이 배열을 사용한다. 벡터나 행렬에 대해서는 다음 절에서 다시 설명하지만, 여기서는 간단하게 넘파이 배열과 숫자가 늘어선 것을 지정해주면 된다. 단순히 배열이라고 함은 넘파이 배열을 말한다. 넘파이 배열은 넘파이의 **`array()` 함수**와 파이썬 리스트를 이용하여 쉽게 만들 수 있다.

In

```
import numpy as np # 넘파이 가져오기
# 파이썬 리스트를 1차원 넘파이 배열로 만든다
a = np.array([0, 1, 2, 3, 4, 5, 6, 7, 8, 9])
print(a)
```

Out
```
[0 1 2 3 4 5 6 7 8 9]
```

이러한 배열을 1차원 배열이라고 한다. 1차원 배열을 겹쳐서 2차원 배열을 만들 수 있다. 2차원 배열은 요소가 리스트인 리스트(2중 리스트)로 만든다.

In
```
import numpy as np

b = np.array([[2, 3, 4], [5, 6, 7]]) # 파이썬 리스트로 2차원 넘파이 배열을 만든다
print(b)
```

Out
```
[[2 3 4]
[5 6 7]]
```

마찬가지로 3차원 배열도 만들 수 있다. 3차원 배열은 2차원 배열을 겹쳐서 3중 리스트로 만든다.

In
```
import numpy as np
# 3중 리스트로 3차원 넘파이 배열을 만든다
c = np.array([[[1, 2, 3], [4, 5, 6]], [[6, 5, 4], [3, 2, 1]]])
print(c)
```

Out
```
[[[1, 2, 3]
[4, 5, 6]]
[[6, 5, 4]
[3, 2, 1]]]
```

이렇게 하여 더 높은 차원의 배열을 만들 수 있다. 또한, 넘파이 배열은 함수를 사용하여 생성할 수 있다. **np.zeros() 함수**는 요소값이 모두 0인 배열을, **np.ones() 함수**는 요소값이 모두 1인 배열을 생성한다. 수치 계산에서 시작값과 끝값 사이를 일정한 간격의 값으로 채워진 배열이 필요할 때는 **np.arange() 함수**와 **np.linspace() 함수**를 사용하면 된다. 두 함수는 3개의 인수를 갖는데, 처음 2개는 시작값과 끝값이다. np.arrange() 함수의 세 번째 인수는 증가치(increment)인 반면 np.linspace() 함수는 배열의 총 원소의 개수이다. 이 함수들에 대한 예는 다음과 같다.

In

```
import numpy as np

d = np.zeros(4) # 4개의 0으로 채워진 배열
print(d)

e = np.zeros((2, 3)) # 모든 원소가 0으로 채워진 2행 3열 배열
print(e)

f = np.ones(4) # 4개의 1로 채워진 배열
print(f)

g = np.arange(0, 10, 1) # 0부터 10까지 들어있는 배열
print(g)

h = np.linspace(0, 10, 11) # 0부터 10까지 11개의 요소가 들어있는 배열
print(h)
```

Out

```
[0. 0. 0. 0.]
[[0. 0. 0.]
[0. 0. 0.]]
[1. 1. 1. 1.]
[0 1 2 3 4 5 6 7 8 9]
[ 0. 1. 2. 3. 4. 5. 6. 7. 8. 9. 10.]
```

배열의 형태

배열의 형태는 **shape() 함수**로 확인할 수 있다. 배열을 구성하는 차원의 개수(열 방향)와 차원별 크기(행 방향)를 튜플로 나타낸다.

In

```
import numpy as np

a = np.array([[1, 2, 3],
              [4, 5, 6],
              [7, 8, 9]]) # 3행 3열의 2차원 배열
print(np.shape(a)) # 배열 a의 형태를 알려준다
```

Out

```
(3, 3)
```

결과는 (행 수, 열 수)로 나타내는 튜플이다. 단순히 행의 수를 알고 싶다면, **len() 함수**를 사용하면 된다.

In
```
print(len(a)) # a의 행 수를 얻을 수 있다
```

Out
```
3
```

배열의 연산

넘파이 배열에서는 배열과 스칼라값(숫자) 사이에서 연산을 수행한다. 연산 시 스칼라값이 배열의 각 원소에 적용된다. 먼저 간단한 예를 살펴보자.

In
```
a = np.array([[0, 1],
              [3, 4]]) # 2차원 배열

print(a + 3) # 배열의 모든 요소에 3 더하기
print()

print(a * 2) # 배열의 모든 요소에 2 곱하기
print()

print(2 ** a) # 배열의 모든 요소에 제곱하기
print()

print(a / 2) # 배열의 모든 요소를 2로 나누기
```

Out
```
[[3 4]
 [6 7]]

[[0 2]
 [6 8]]

[[ 1 2]
 [ 8 16]]

[[0.  0.5]
 [1.5 2. ]]
```

배열 간의 표준 산술 연산을 수행할 수 있다. 동일한 위치의 각 요소끼리 연산이 수행된다. 예를 들어 같은 크기를 갖는 배열 간의 덧셈, 뺄셈, 곱셈, 나눗셈을 살펴보자.

In

```python
import numpy as np

a = np.array([[1, 2], [3, 4]]) # 2차원 배열 선언
b = np.array([[5, 6], [7, 8]]) # 2차원 배열 선언

print(a) # 배열 a를 출력한다
print(b) # 배열 b를 출력한다
print()

print(a + b) # 배열 간의 덧셈 결과 출력
print()

print(a - b) # 배열 간의 뺄셈 결과 출력
print()

print(a * b) # 배열 간의 곱셈 결과 출력
print()

print(a / b) # 배열 간의 나눗셈 결과 출력
```

Out

```
[[1 2]
 [3 4]]

[[5 6]
 [7 8]]

[[ 6 8]
 [10 12]]

[[-4 -4]
 [-4 -4]]

[[ 5 12]
 [21 32]]

[[0.2        0.33333333]
 [0.42857143 0.5       ]]
```

배열의 요소에 접근하기

넘파이 배열은 n차원 배열(ndarray, n차원 배열의 약자) 객체로서 모든 원소는 같은 유형, 같은 크기를 갖는다. 배열의 각 요소에 대한 접근은 리스트와 마찬가지로 **인덱스**(index)를 사용한다. 1차원 배열의 경우 대괄호 []에 인덱스를 지정하여 요소에 접근 또는 요소를 검색할 수 있다. 배열의 인덱스는 0, 1, 2, ... 순으로 지정된다.

In
```
import numpy as np

a = np.array([1, 2, 3, 4, 5]) # 1차원 배열 선언
print(a[2]) # 인덱스 2를 지정하여 요소에 접근하기
```

Out
```
3
```

위의 경우에는 배열의 3번째 요소가 지정된다. 또한 다음과 같이 인덱스를 지정하여 요소를 교체할 수 있다.

In
```
a[2] = 7 # 인덱스를 지정하여 요소 교체하기
print(a)
```

Out
```
[1 2 7 4 5]
```

결과를 보면 인덱스가 2인 요소가 7로 교체되었다. 2차원 배열의 경우에는 요소를 지정할 때 인덱스를 행과 열 2개를 지정한다. 콤마(,)로 구분하여 인덱스를 지정할 수도 있고 다음과 같이 인덱스를 지정한 []를 나란히 기술할 수도 있다.

In
```
b = np.array([[1, 2, 3],
              [4, 5, 6]]) # 2차원 배열 선언
print(b[1, 2]) # b[1][2]와 같다
```

Out
```
5
```

행 인덱스가 1, 열 인덱스가 2인 요소를 지정하였다. 따라서 결과는 5가 된다. 요소를 교체할 때도 마찬가지로 인덱스를 2개 지정한다.

In

```
b[1, 2] = 7 # 1행 2열 배열 요소를 교체한다
print(b)
```

Out

```
[[1 2 3]
 [4 5 7]]
```

2개의 인덱스로 지정된 요소가 교체되었다. 3차원 이상의 배열인 경우도 마찬가지로 인덱스를 여러 개 지정하여 요소에 접근할 수 있다. 또한, 다음과 같이 2차원 배열에서 인덱스에 콜론(:)을 지정하여 행이나 열 등에 접근하여 배열의 행을 출력하고 열을 교환할 수 있다.

In

```
import numpy as np

a = np.array([[0, 1, 2],
              [3, 4, 5]])

print(a[0, :]) # 인덱스가 0인 행을 출력
print()
a[:, 2] = np.array([6, 8]) # 인덱스가 2인 열을 교환
print(a)
```

Out

```
[0 1 2]

[[0 1 6]
 [3 4 8]]
```

함수와 배열

함수의 인수나 반환값으로 넘파이 배열을 사용할 수 있다. 다음 예의 함수 func_ex1은 배열을 인수로 받아 처리한 다음 반환값을 배열로 돌려준다.

In

```
import numpy as np

def func_ex1(x):
   y = x * 2 + 1
   return y

a = np.array ([[0, 1, 2],
               [3, 4, 5]]) # 2차원 배열
b = func_ex1(a) # 배열을 인수로 전달하고 반환값으로 배열을 받는다
print(b)
```

Out

```
[[1 3 5]
 [7 9 11]]
```

넘파이의 다양한 기능

넘파이는 다양한 기능의 함수를 가지고 있다. 예를 들어 **sum() 함수**에 의해 합계, **average() 함수**에 의해 평균, **max() 함수**에 의해 최댓값, **min() 함수**에 의해 최솟값을 얻을 수 있다. 간단한 예를 살펴보자.

In

```
import numpy as np

a = np.array([[1, 2, 3],
              [4, 5, 6]]) # 2차원 배열

print("합계:", np.sum(a)) # 합을 계산하는 함수
print("평균:", np.average(a)) # 평균을 계산하는 함수

print("최댓값:", np.max(a)) # 최댓값을 구하는 함수
print("최솟값:", np.min(a)) # 최솟값을 구하는 함수
```

Out

```
합계: 21
평균: 3.5
최댓값: 6
최솟값: 1
```

주피터 노트북의 셀에서 넘파이의 2차원 배열을 2개 생성하여 배열 간의 덧셈, 뺄셈, 곱셈을 계산해보자.

In

```
import numpy as np

a = np.array([[1, 2, 3],  # 2차원 배열 선언
              [4, 5, 6]])
b = np.array([[6, 5, 4],  # 2차원 배열 선언
              [3, 2, 1]])

print(a + b) # 배열의 덧셈
print()
```

```
print(a - b) # 배열의 뺄셈
print()
print(a * b) # 배열의 곱셈
print()
```

Out

```
[[7 7 7]
 [7 7 7]]

[[-5 -3 -1]
 [ 1 3 5]]

[[6 10 12]
 [12 10 6]]
```

넘파이 배열에서 배열 요소의 합(sum), 평균(mean), 최댓값(max), 최솟값(min)을 계산할 수 있다. 먼저 1차원 배열의 경우를 살펴보자.

In

```
import numpy as np

a = np.array([1, 2, 3, 4, 5])
print("배열 a =", a)
print("배열의 합은", a.sum()) # 배열 요소의 합
print("배열의 평균은", a.mean()) # 배열 요소의 평균
print("배열의 최댓값은", a.max()) # 배열 요소의 최댓값
print("배열의 최솟값은", a.min()) # 배열 요소의 최솟값
```

Out

```
배열 a = [1 2 3 4 5]
배열의 합은 15
배열의 평균은 3.0
배열의 최댓값은 5
배열의 최솟값은 1
```

위의 함수들을 2차원 배열에도 적용할 수 있다. 예를 들어 변수 b에 3행 3열의 2차원 배열을 선언한 다음, 배열의 모든 요소의 합을 b.sum()으로 구할 수 있다. 그리고 인수 axis를 지정하면 각 행별, 열별의 합을 구할 수 있다. 즉, b.sum(axis=0)은 행의 합을 계산한다. b.sum(axis=1)은 반대로 열의 합을 계산한다. 이렇게 axis를 사용하여 계산 방향을 지정할 때는 mean, max, min에도 똑같이 적용된다.

In

```python
import numpy as np

b = np.array([[0, 1, 2], [3, 4, 5], [6, 7, 8]])
print(b) # 배열의 출력
print(b.sum()) # 배열의 합
print(b.sum(axis=0)) # 배열 행의 합
print(b.sum(axis=1)) # 배열 열의 합
```

Out

```
[[0 1 2]
 [3 4 5]
 [6 7 8]]
36
[ 9 12 15]
[ 3 12 21]
```

4.3 맷플롯립 개요

맷플롯립(Matplotlib)은 파이썬에서 각종 그래프나 차트를 그려주는 데이터 시각화 기능을 제공한다. 인공지능에서는 데이터를 시각화(visualization)하는 것이 매우 중요하므로 이를 위해 맷플롯립이 가장 많이 사용되고 있다. 이 절에서는 그래프를 그리기 위한 맷플롯립의 사용법을 배운다. 맷플롯립을 사용하면 코드의 실행 결과를 시각화할 수 있다.

맷플롯립을 사용하면 꺾은선 그래프, 막대 그래프, 히스토그램 등 다양한 유형의 그래프를 간편하게 그릴 수 있고 데이터 곡선, 눈금, 범례, 제목 등 다양한 그래프 구성 요소를 나타낼 수 있다.

맷플롯립 가져오기

맷플롯립을 사용하기 위해서는 먼저 `matplolib.pyplot`을 임포트해야 한다. `pyplot`을 다른 이름으로 사용할 수 있지만 보통 `plt`라는 별칭(alias)을 사용한다. 데이터는 넘파이 배열을 사용하기 때문에 넘파이도 임포트해야 한다. 또한 주피터 노트북에서 첫 번째 라인에 '`%matplolib inline`'을 넣게 되면, Shift + Enter를 누르지 않고 Run 버튼을 눌러 실행하여 그래프를 얻을 수 있다. `%matplolib inline` 명령은 주피터에게 맷플롯립 그래프를 출력 영역에 나타내줄 것을 지시하는 명령이다. 맷플롯립에서 필요한 라이브러리를 임포트하려면 다음과 같이 하면 된다.

In
```
%matplotlib inline
import numpy as np
import matplotlib.pyplot as plt
```

이후의 코드는 `%matplolib inline` 명령을 생략해도 된다.

데이터를 선 그래프로 나타내기

맷플롯립을 사용하여 임의의 데이터에 대한 선 그래프를 그려보자. 선 그래프는 **`plot()` 함수**를 사용한다. 예를 들어 일주일 동안 자신의 체중을 측정한 데이터가 다음과 같다고 하자.

일	1	2	3	4	5	6	7
체중(kg)	78.8	78.4	78.7	78.9	79.2	79.4	78.6

이 데이터를 그래프로 나타낸다면 7개의 점 (1, 78.8), (2, 78.4), (3, 78.7), (4, 78.9), (5, 79.2), (6, 79.4), (7, 78.6)을 선으로 연결하는 것이다. 여기서 일은 x 좌표로, 체중은 y 좌표로 나타내면 각각의 값이 plot() 함수의 인수가 된다. plot() 함수의 인수인 color = "r"은 그래프의 색상을 지정한다. "r"은 빨간색, "g"는 녹색, "b"는 파란색, "k"는 검은색을 의미한다. 맨 마지막에 **show() 함수**를 호출하면 그래프를 보여준다.

In

```
import numpy as np
import matplotlib.pyplot as plt

x = np.array([1, 2, 3, 4, 5, 6, 7]) # 날짜 데이터
y = np.array([78.8, 78.4, 78.7, 78.5, 78.4, 79.2, 78.6]) # 체중 데이터

plt.plot(x, y, color="r") # 빨간색 선으로 그래프를 나타낸다
plt.show() # 그래프를 보여준다
```

Out

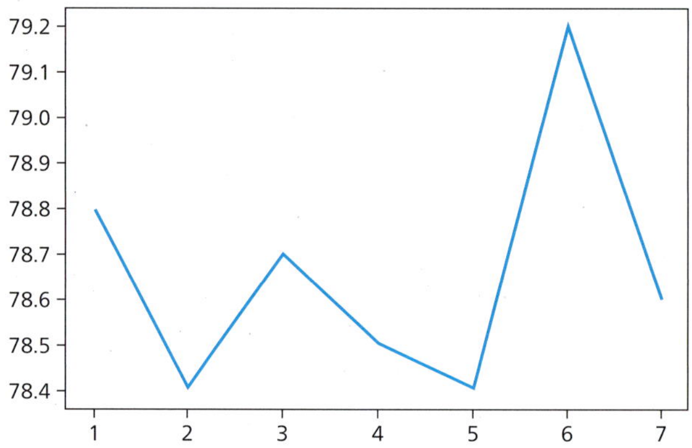

같은 데이터에 대해 산포도 형식으로 나타낼 때는 **scatter() 함수**를 사용하면 된다.

In

```
import numpy as np
import matplotlib.pyplot as plt

x = np.array([1, 2, 3, 4, 5, 6, 7])
y = np.array([78.8, 78.4, 78.7, 78.5, 78.4, 79.2, 78.6])

plt.scatter(x, y, color="r") # 빨간색으로 산포도 형식을 보여준다
plt.show()
```

Out

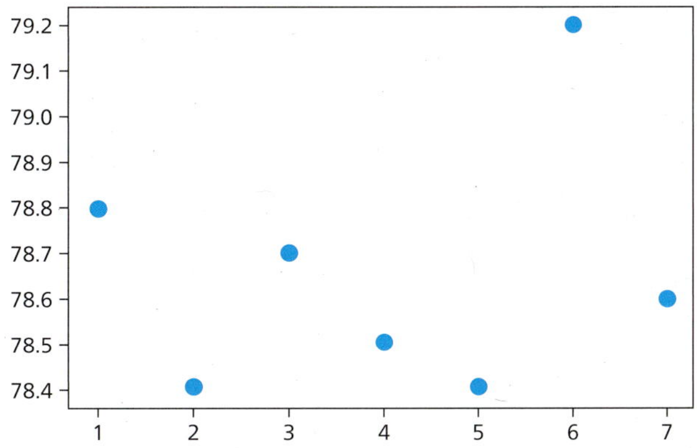

같은 데이터에 대해 격자 바탕에 그래프 형식으로 나타낼 때는 **grid() 함수**를 사용하면 된다.

In

```
import numpy as np
import matplotlib.pyplot as plt

x = np.array([1, 2, 3, 4, 5, 6, 7])
y = np.array([78.8, 78.4, 78.7, 78.5, 78.4, 79.2, 78.6])

plt.plot(x, y, color="r",marker="o") # 색은 빨간색, 점을 추가해서 그래프로 나타낸다
plt.grid() # 그리드(격자) 형식으로 나타낸다
plt.show()
```

Out

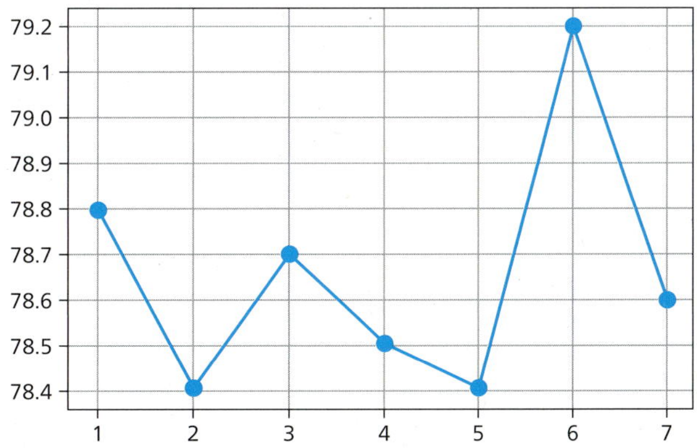

맷플롯립에서 그래프를 그릴 때, 넘파이의 **linspace() 함수**가 자주 사용된다. linspace() 함수는 지정한 범위 내에 원하는 원소 개수로 숫자를 뽑아서 배열을 생성한다. 즉, '시작값 <= x <= 마지막값' 범위 내에서 일정한 간격으로 지정한 개수만큼 샘플을 뽑아 배열을 생성한다. 일반

형식은 다음과 같다.

```
np.linspace(시작값, 마지막값, 샘플 개수)
```

먼저 np.linspace(시작값, 마지막값) 형태로 지정해보자. 이렇게 생성된 배열은 연속적으로 변화하는 그래프의 가로축의 값으로 주로 사용된다. 샘플 개수가 지정되지 않으면 기본값은 50이 된다.

In
```
import numpy as np

x = np.linspace(-5, 5) # -5부터 5까지 50개의 구간으로 나눈다
print(x)
print()
print(len(x)) # x의 요소 수
```

Out
```
[-5.         -4.79591837 -4.59183673 -4.3877551  -4.18367347 -3.97959184
 -3.7755102  -3.57142857 -3.36734694 -3.16326531 -2.95918367 -2.75510204
 -2.55102041 -2.34693878 -2.14285714 -1.93877551 -1.73469388 -1.53061224
 -1.32653061 -1.12244898 -0.91836735 -0.71428571 -0.51020408 -0.30612245
 -0.10204082  0.10204082  0.30612245  0.51020408  0.71428571  0.91836735
  1.12244898  1.32653061  1.53061224  1.73469388  1.93877551  2.14285714
  2.34693878  2.55102041  2.75510204  2.95918367  3.16326531  3.36734694
  3.57142857  3.7755102   3.97959184  4.18367347  4.3877551   4.59183673
  4.79591837  5.        ]

50
```

이어서 np.linspace(시작값, 마지막값, 샘플 개수) 형태를 실제 그래프에 적용해보자. 예를 들어 linspace(-5, 5, 300)은 함수 범위 [-5, 5]를 일정한 간격으로 300개 점의 값으로 그래프를 그린다.

In
```
import numpy as np
import matplotlib.pyplot as plt

x = np.linspace (-5, 5, 300) # -5부터 5까지 300개의 구간으로 나눈다
y1 = x ** 2
y2 = (x - 2) ** 2

plt.plot(x, y1, color = "r") # 선은 빨간색
plt.plot(x, y2, color = "k", linestyle = " ") # 색은 검정색, 선 스타일은 점선
plt.grid()
plt.show()
```

Out

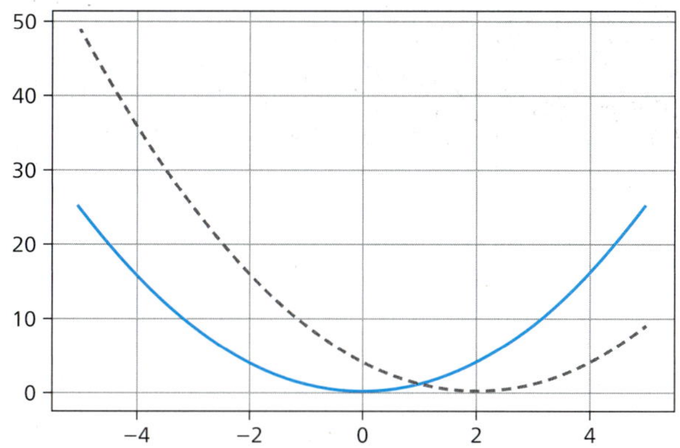

그래프 모양 꾸미기

그래프를 나타낼 때 다음을 포함하면 그래프의 내용을 보다 이해하기 쉽게 나타낼 수 있다.

- 축 레이블(label) 지정하기
- 그래프 제목(title) 지정하기
- 그리드(grid) 설정하기
- 데이터를 설명하는 범례(legend) 및 선 스타일(line style) 지정하기
- 색상(color) 지정하기

이를 종합적으로 나타내는 예를 들면 다음과 같다.

In

```
import numpy as np
import matplotlib.pyplot as plt

x = np.linspace(-5, 5)
y_1 = 2 * x
y_2 = 5 * x

# 축 레이블
plt.xlabel("X-Axis", size=14) # X 축 레이블의 글꼴 크기를 14로 지정
plt.ylabel("Y-Axis", size=14) # Y 축 레이블의 글꼴 크기를 14로 지정

# 그래프 제목
plt.title("Graph Title")

# 그리드 표시
```

```
plt.grid()

# 범례 및 선 스타일 지정
plt.plot(x, y_1, label="y1 value", color="r") # 빨간색 지정
plt.plot(x, y_2, label="y2 value", linestyle="dashed", color="k")
                                                    # 선 스타일과 색상 지정
plt.legend() # 범례 표시

plt.show() # 화면에 그래프를 보여준다
```

Out

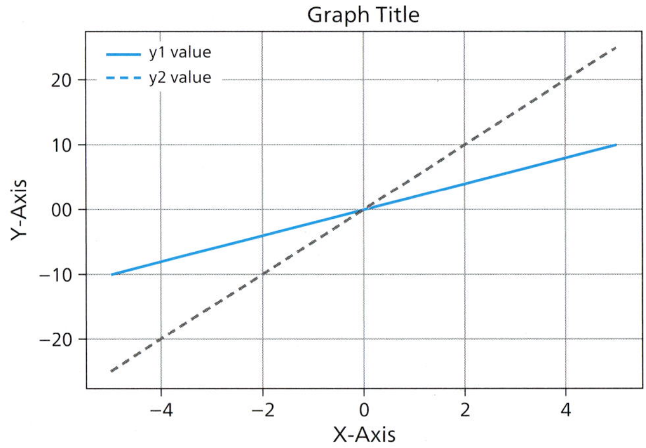

히스토그램 그리기

히스토그램(histogram)은 도수 분포표를 그래프로 나타낸 것으로 가로축은 계급, 세로축은 도수(횟수나 개수 등)를 나타낸다. **hist() 함수**를 사용하여 다양한 히스토그램을 나타낼 수 있다. 히스토그램은 각 범위값의 빈도를 계산하여 직사각형 기둥으로 나타낸다. 예를 들어 20명의 몸무게를 재어서 히스토그램으로 나타내보자. 결과를 나타낸 그래프를 보면 각 숫자의 빈도를 보여주는 것을 확인할 수 있다.

In

```
import numpy as np
import matplotlib.pyplot as plt
data = np.array([60, 71, 62, 62, 62, 62, 71, 65, 68, 65, 66, 66, 67,
67, 68, 68, 68, 69, 60, 71])

plt.hist(data, bins=20) # bins는 구간의 수(기본값은 10)
plt.show()
```

Out

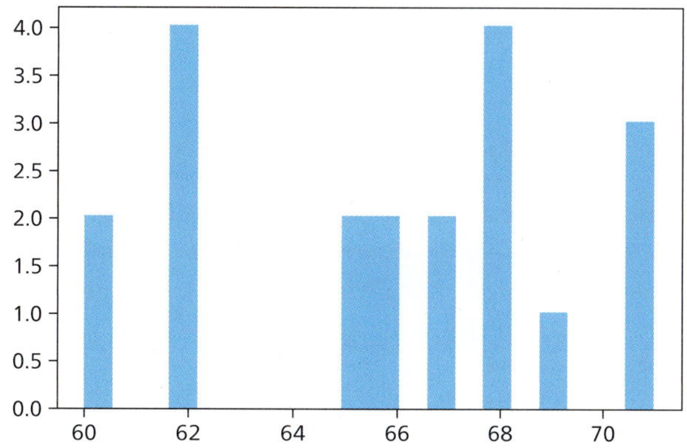

두 개의 예제 데이터에 대해 다양한 히스토그램 그래프를 보여주는 예를 살펴보자. 히스토그램의 종류는 histtype으로 지정한다. 종류는 'bar', 'barstacked', 'step', 'stepfilled'가 있고 기본값은 'bar'이다. 다음 예는 두 종류의 데이터를 함께 히스토그램으로 나타낸 경우를 보여준다.

In

```
import numpy as np
import matplotlib.pyplot as plt

weight1 = np.array([60, 71, 62, 62, 62, 62, 71, 65, 68, 65, 66, 66, 67,
67, 68, 68, 68, 69, 60, 71])
weight2 = np.array([63, 71, 63, 63, 65, 65, 68, 63, 65, 67, 69, 62, 68,
62, 69, 62, 65, 67, 64, 63])
plt.hist((weight1, weight2), histtype='bar')
                                        #전통적인 막대(bar) 형태 히스토그램
plt.title('histtype - bar')
plt.figure()

plt.hist((weight1, weight2), histtype='barstacked')
                                        #여러 데이터가 쌓인 막대 형태
plt.title('histtype - barstacked')
plt.figure()

plt.hist((weight1, weight2), histtype='step') # 내부가 비어있는 lineplot 형태
plt.title('histtype - step')
plt.figure()
plt.hist((weight1, weight2), histtype='stepfilled')
                                        # 내부가 차 있는 lineplot 형태
plt.title('histtype - stepfilled')
plt.show()
```

Out

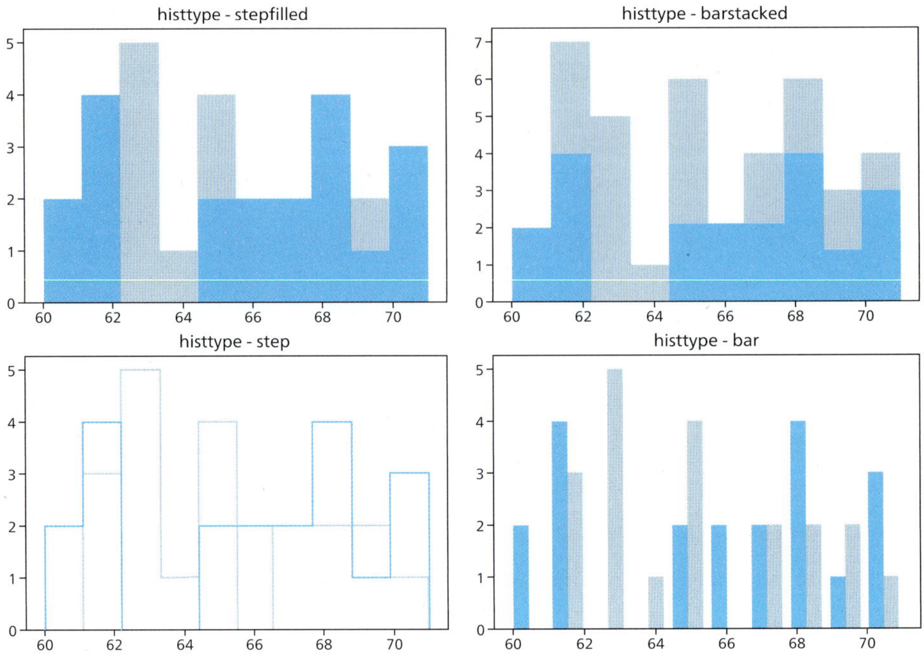
histtype - stepfilled
histtype - barstacked
histtype - step
histtype - bar

4.4 심파이 개요

심파이(SymPy, Symbolic Python의 약자)는 기호 연산(symbolic math)을 위한 오픈 소스 라이브러리이다. 기호 연산은 주로 펜과 종이를 사용하여 수작업으로 풀었던 연산을 기호를 사용하여 컴퓨터로 연산하는 것을 말한다. 기호 연산은 과학 기술 계산에서 수치적 근삿값을 이용하는 것보다 훨씬 더 신뢰할 수 있는 계산 결과를 얻을 수 있다. 심파이를 이용하면 대수(algebra) 문제를 기호 수학으로 풀 수 있다. 심파이에서 기호변수는 `symbol()` 함수를 사용하는데, 'from sympy import Symbol, solve'처럼 기호변수를 사용하기 전에 미리 정의해야 한다. 파이썬의 심파이 라이브러리는 다음의 수학적인 풀이에 많이 사용된다.

- 방정식의 해 구하기
- 미분과 적분

특히 방정식을 풀 때는 `solve()` 함수가 필요하다. `solve()` 함수를 사용하려면 아나콘다에서 넘파이와 심파이 라이브러리가 설치되었는지 확인해야 한다. 이에 대한 자세한 설명은 3.5절을 참조하기 바란다.

심파이 가져오기

심파이 라이브러리는 다음과 같이 가져오면 된다.

In
```
from sympy import *
```

상수, 변수, 함수 기호 만들기

심파이는 `Symbol` 클래스를 사용하여 파이썬 객체로서 수학 기호를 다룬다. 기호(symbol) 객체는 수식을 표현하는 데이터 구조의 요소로 사용된다. 기호를 만들려면 `symbols()` 함수를 사용한다. `symbols()` 함수의 인수는 기호의 이름을 나타내는 문자열을 지정한다. 기호를 대입하는 변수 이름은 기호 이름과 일치하거나 기호 이름을 단축한 것으로 하면 코드를 쉽게 읽을 수 있다. 다음 예는 `symbols()` 함수로 기호를 만들고 기호의 값과 형식을 나타낸다.

In

```
from sympy import *
x = symbols('x')
print(x)
print(type(x))
```

Out

```
x
<class 'sympy.core.symbol.Symbol'>
```

심파이에서는 symbols() 함수를 사용하여 여러 기호를 동시에 생성할 수도 있다. 기호의 이름을 다음과 같이 공백으로 구분하거나 순서대로 인수를 지정한다.

In

```
x, y, z = symbols('x y z')
x, y, z = symbols('x', 'y', 'z')
```

파이썬의 슬라이싱처럼 콜론(:)을 사용하여 범위를 지정해서 숫자와 문자의 연속 기호를 일괄적으로 정의할 수 있다. 다음 예를 살펴보자.

In

```
print(symbols('a:3'))
print(symbols('b10:13'))
print(symbols('c0(1:4)'))
print(symbols(':c'))
print(symbols('x(b:d)'))
print(symbols('(x:y) (0:2)'))
```

Out

```
(a0, a1, a2
(b10, b11, b12)
(c01, c02, c03)
(a, b, c)
(xb, xc, xd)
(x, y, 0, 1)
```

기호는 다양한 정보를 가정할 수 있다. 가정은 표 4.8의 키워드 인수를 사용하여 설정한다.

표 4.8 가정을 설정하는 주요 키워드 인수

키워드 인수	설명
real	실수
positive	양수
negative	음수
integer	정수
odd	기수
prime	소수
complex	복소수

예를 들어, 기호를 정수로 가정하는 경우 `integer = True`로 지정한다. 또한 기호의 가정을 검증하는 함수가 준비되어 있다. 다음 예에서 `is_integer` 함수는 기호의 가정이 정수인지 확인한다. 이처럼 기호의 가정을 확인하는 함수는 해당 키워드 인수 이름에 접두어 `is`가 붙은 이름이다.

In
```
x = symbols( 'x', integer=True)
x.is_integer
```

Out
```
True
```

정의된 기호와 심파이의 다양한 기능을 결합하여 수식을 만들 수 있다.

In
```
x = symbols('x')
sqrt(x**2)
```

Out

$\sqrt{x^2}$

기호에 대한 가정이 있다면 그 가정에 따라 수식이 단순화된다.

In
```
y =symbols('y', positive=True)
sqrt(y**2)
```

Out
```
y
```

심파이에 원주율 파이(π)와 같은 수학에서 많이 사용하는 상수와 무한대(∞)와 같은 특수한 숫자 기호가 준비되어 있다. 다음 표 4.9는 구현되는 특수 상수 기호의 예이다.

표 4.9 특수 상수 기호의 예

기호	설명
pi	원주율 π
E	네이피어 수 e
I	허수 단위 i
oo	무한대 ∞

위의 기호를 사용한 간단한 예를 살펴보자. 다음은 $\cos\pi$를 계산하는 예이다.

In
```
cos(pi)
```

Out
```
-1
```

심파이에는 수학함수를 나타내는 Function 클래스가 있다. 이 클래스는 파이썬의 def 문으로 만들어지는 함수와 다르기 때문에 주의해야 한다. 기호 만들기와 마찬가지로 Function 클래스는 함수 이름의 문자열을 전달한다. 출력된 UndefinedFunction 객체는 처리가 정의되지 않은 함수를 나타내는 객체이다. 또한 함수의 기호에 가정을 줄 수 있다. 다음의 예를 살펴보자.

In
```
f = Function('f')
print(f)
print(type(f))
```

Out
```
f
<class 'sympy.core.function.UndefinedFunction'>
```

UndefinedFunction 객체는 함수의 독립변수를 설정할 수 있다. 다음의 예에서 인수에 지정된 기호는 함수의 독립변수이다. 함수의 독립변수는 free_symbols 속성에서 확인할 수 있다.

In
```
x, y = symbols('x y')
f = Function('f') (x, y)

f.free_symbols
```

Out

```
{x, y}
```

한편, 특정 프로세스가 정의된 함수로 삼각함수와 지수함수와 같은 표준 수학함수가 준비되어 있다. 구현된 수학함수 목록은 아래 사이트에 있는 공식 문서를 참조하길 바란다.

```
https://docs.sympy.org/latest/modules/functions/
```

심파이 수학함수는 다음의 예와 같이 인수로 숫자나 기호를 받아 계산된 결과를 돌려준다.

In

```
exp(x) + exp (I * pi)
```

Out

$$e^x = -1$$

심파이 숫자 형식

심파이가 취급하는 숫자에는 정수형(integer), 부동 소수점형(float), 분수형(rational)이 있다. 정수형(integer) 객체의 예는 다음과 같다. 심파이는 메모리가 허락하는 한 큰 정수를 처리할 수 있다.

In

```
from sympy import *

x = Integer(5)

print(x)
print(type(x))
```

Out

```
5
<class 'sympy.core.numbers.Integer'>
```

심파이의 숫자는 파이썬의 숫자나 산술 연산자를 사용하여 기본 연산이 가능하다. 심파이와 파이썬의 숫자가 혼합되어 있어도 계산할 수 있다. 그러나 수식에 하나라도 심파이 객체가 포함되어 있으면, 결과도 심파이의 객체로 반환된다. 심파이의 정수를 포함한 나눗셈의 결과가 정수가 되지 않으면 분수로 반환한다. 이에 대한 예를 살펴보자.

In
```
y = x / 3

print(y)
print(type(y))
```

Out
```
5/3
<class 'sympy.core.numbers.Rational'>
```

심파이의 부동 소수점 숫자는 `Float` 클래스로 나타낸다. `Float` 객체의 예를 살펴보자. `Float` 클래스의 두 번째 인수는 숫자의 정밀도(유효 숫자의 자릿수)를 지정한다.

In
```
x = Float(1.1, 5)
print(x)
```

Out
```
1.1
```

파이썬의 부동 소수점 숫자를 `float`형으로 정밀도가 높은 값을 지정하면 반올림으로 인하여 원하는 정확도를 얻을 수 없다. 이때는 소수점을 표현하는 문자열을 인수로 주면 된다. 아래의 예를 보면 이해할 수 있다.

In
```
print(Float(0.2, 20))          # 반올림 오류가 포함된 값
print(Float('0.2', '20'))      # 반올림 오류가 포함되지 않는 값
```

Out
```
0.20000000000000001110
0.20000000000000000000
```

정밀도가 서로 다른 부동 소수점 연산에서는 당연히 정밀도가 낮은 것을 지정하면 포함 오차가 계산 결과에 영향을 주므로 주의해야 한다. 계산 결과는 더 높은 정밀도가 적용된다.

In
```
Float ('2', 10) + Float( '0.2', 3)
```

Out
```
2.200012207
```

분수는 Rational 클래스를 나타낸다. 인수는 아래와 같이 분자와 분모의 값을 지정하거나 분수를 표현하는 문자열을 지정하면 된다.

In
```
Rational('1/3') # Rational(1, 3)도 가능
```

Out

$$\frac{1}{3}$$

다음 예는 분수를 약분해서 간결한 형태로 표현한 것이다.

In
```
Rational(2, 6)
```

Out

$$\frac{1}{3}$$

분수도 아래의 예와 같이 서로 다른 수치형과 같은 산술 연산자를 사용하여 기본 연산을 할 수 있다.

In
```
x = Rational(4, 3)
y = Rational(1, 2)
x + y
```

Out

$$\frac{11}{6}$$

수식의 표현

심파이의 기호나 숫자와 산술 연산자를 사용하여 수식을 표현할 수 있다. 다음 예는 $2x^3 + 5x - 4$의 수식을 만들고 있다.

In
```
from sympy import *

x = symbols('x')
```

```
eq = 2 * x ** 3 + 5 * x - 4
eq
```

Out

$$2x^3 + 5x - 4$$

수식에 포함된 기호를 다른 기호나 숫자 등으로 대체할 수 있다. 이 작업은 subs() 함수나 replace() 함수로 가능하다. 일반적으로 subs() 함수를 사용하지만, 수식함수를 다른 함수로 바꾸는 경우에는 replace() 함수를 사용한다.

다음 예는 subs() 함수로 첫 번째 인수의 기호와 수식을 두 번째 인수로 대체한다. 여기서 수식에 포함된 x를 y로 대체한다.

In

```
y = symbols('y')
(x + x * y).subs(x, y)
```

Out

$$y^2 + y$$

한 번에 여러 할당 작업을 할 경우에는 사전 형식으로 정리하여 지정할 수 있다.

In

```
z = symbols('z')
(x + y).subs({x: z**2, y: sqrt(z)})
```

Out

$$z^2 + \sqrt{z}$$

정수를 포함한 같은 수식 evalf() 함수를 호출하면 수식이 계산되고 심파이의 부동 소수점 결과를 반환한다. 또한 N함수를 사용해서 수식을 평가할 수 있다. 부동 소수점 정밀도를 인수로 지정할 수 있으며 기본적으로 15자리이다. 다음 예를 살펴보자.

In

```
eq = pi / 2
print(eq)
print(eq.evalf())        # print(N(eq))도 가능하다
```

Out
```
pi/2
1.57079632679490
```

방정식 해 구하기

심파이는 solveset() 함수를 사용하여 방정식의 해를 구할 수 있다. solveset() 함수의 인수로 지정된 수식은 0과 같은 것으로 간주한다. 다음의 예는 단변량의 단일 방정식 $x^2 = 1$의 해를 구하는 것이다. 항을 좌변으로 정리하면 $x^2 - 1= 1$이므로 인수는 x**2 - 1로 지정한다.

In
```
from sympy import *
x = symbols('x')
solveset(x**2 - 1)
```

Out
```
{-1, 1}
```

심파이에는 방정식을 나타내는 Eq 클래스가 준비되어 있다. Eq 클래스의 인수는 방정식의 좌변과 우변을 준다. 이를 이용하면 아래와 같이 해를 구할 수 있다.

In
```
expr = Eq(x ** 2, 1)
solveset(expr)
```

Out
```
{-1, 1}
```

연립 방정식은 linsolve() 함수와 nonlinsoIve() 함수를 사용한다. 방정식이 선형인 경우에는 linsoIve() 함수, 비선형인 경우에는 nonlinsolve() 함수를 사용한다. 이러한 인수는 방정식과 변수를 정리한 목록을 지정한다. 아래의 예는 각각 선형 및 비선형 연립 방정식의 해를 구하는 것이다.

In
```
y = symbols('y')
eq1 = x + y - 7
eq2 = -3 * x - y + 5
linsolve([eq1, eq2], [x, y])
```

Out

```
{(-1, 8)}
```

In

```
eq3 = x * y - 1
eq4 = x - 2wnonlinsolve([eq3, eq4], [x, y])
```

Out

$$\left\{\left(2, \frac{1}{2}\right)\right\}$$

이 밖에도 몇 가지 simplify() 함수의 예를 들면 다음과 같다. simplify() 함수는 수식을 간단히 만들어준다.

In

```
simplify( cos(x)**2 + sin(x)**2 )
```

Out

```
1
```

In

```
expr = x**2 + 5*x + 3*(x-1) + (x-1)**2
simplify(expr)
```

Out

$$2x^2 + 6x - 2$$

expand() 함수는 수식을 전개해준다.

In

```
expand( (x-1)*(x-2) )
```

Out

$$x^2 - 3x + 2$$

factor() 함수는 수식을 인수분해 해준다.

In

```
factor( x**3 - 8 )
```

Out

$$(x-2)(x^2+2x+4)$$

collect() 함수는 수식을 특정 변수의 다항식으로 정리한다.

In

```
expr = x*y + x - 3 + 2*x**2 - z*x**2 + x**3
expr
```

Out

$$x^3 - x^2z + 2x^2 + xy + x - 3$$

이 결과에 대해 x의 다항식으로 표현하려면 다음과 같이 하면 된다.

In

```
collect(expr, x)
```

Out

$$x^3 + x^2(-z+2) + x(y+1) - 3$$

cancel() 함수는 분수의 분자와 분모를 약분하여 간단한 형태로 만든다.

In

```
expr = (x**2 + 2*x + 1)/(x**2 + x)
cancel(expr)
```

Out

$$\frac{x+1}{x}$$

이외에도 다양한 함수를 가지고 있다. 더 자세히 알고 싶다면 심파이를 중점적으로 설명한 책을 참고하길 바란다.

4.5 사이파이 개요

사이파이(SciPy, Scientific Python의 약자)는 파이썬을 기반으로 하여 과학, 분석, 그리고 엔지니어링을 위한 과학적 컴퓨팅 영역의 여러 기본 작업을 할 수 있는 라이브러리이다. 사이파이는 기본적으로 넘파이, 맷플롯립, 판다스, 심파이 등과 함께 동작한다. 사이파이는 수치 적분 루틴과 미분방정식 해석기, 방정식의 근을 구하는 알고리즘, 표준 연속/이산 확률 분포와 다양한 통계 관련 도구 등을 제공한다. 넘파이와 사이파이를 함께 사용하면 확장 애드온을 포함한 MATLAB을 완벽하게 대체한다. 이에 대해서는 7장과 8장의 선형대수, 9장과 10장의 미분, 11장, 12장, 13장의 통계에서 설명한다.

정리

파이썬은 대화형인 인터프리터(interpreter) 언어로서 배우기 쉽고, 인공지능 수학을 배우는 데 가장 최적의 프로그래밍 언어이다. 파이썬이 많은 사람에게 각광을 받는 이유는 생산성이 높은 언어이기 때문이다. 파이썬을 이용하면 간결하고 효율적인 프로그램을 빠르게 작성할 수 있다. 파이썬에서 프로그래머가 한 줄의 문장을 입력하고 엔터키를 치면 인터프리터가 바로 해석해서 실행한다. 즉, 컴파일할 필요가 없는 언어이다. 또한 파이썬은 문법이 쉽고 간단해서 가독성이 높을 뿐만 아니라 배우기 쉬운 프로그래밍 언어이다.

넘파이(NumPy, Numerical Python의 약자)는 파이썬에서 선형대수와 같은 수치 계산과 행렬이나 대규모 다차원 배열 간의 연산을 쉽게 처리할 수 있도록 지원하기 위한 라이브러리이다. 인공지능을 구현하기 위해 벡터와 행렬과 같은 데이터 구조를 자주 다루기 때문에 넘파이는 매우 유용한 도구이다. 넘파이는 아나콘다에 포함되어 있어서 아나콘다를 설치하면 바로 사용할 수 있다.

맷플롯립(Matplotlib)은 파이썬에서 각종 그래프나 차트를 그려주는 데이터 시각화 기능을 제공한다. 인공지능에서는 데이터를 시각화(visualization)하는 것이 매우 중요하므로 이를 위해 맷플롯립이 가장 많이 사용되고 있다. 맷플롯립을 이용하면 꺾은선 그래프, 막대 그래프, 히스토그램 등 다양한 유형의 그래프를 간편하게 그릴 수 있고 데이터 곡선, 눈금, 범례, 제목 등 다양한 그래프 구성 요소를 나타낼 수 있다.

심파이(SimPy, Symbolic Python의 약자)는 기호 연산(symbolic math)을 위한 오픈 소스 라이브러리이다. 기호 연산은 주로 펜과 종이를 사용하여 수작업으로 풀었던 연산을 기호를 사용하여 컴퓨터로 연산하는 것을 말한다. 그러면 과학 기술 계산에서 수치적 근삿값을 이용하는 것보다 훨씬 더 신뢰할 수 있는 계산 결과를 얻을 수 있다. 심파이를 이용하면 대수(algebra) 문제를 기호 수학으로 풀 수 있다. 심파이에서 기호변수는 `symbol()` 함수를 사용하는데, 'from sympy import Symbol, solve'처럼 기호변수를 사용하기 전에 미리 정의해야 한다. 파이썬의 심파이 라이브러리는 수학적인 풀이에 많이 사용한다.

사이파이(SciPy, Scientific Python의 약자)는 파이썬을 기반으로 하여 과학, 분석, 그리고 엔지니어링을 위한 과학적 컴퓨팅 영역의 여러 기본 작업을 위한 라이브러리이다. 사이파이는 기본적으로 넘파이, 맷플롯립, 판다스, 심파이 등과 함께 동작한다. 사이파이는 수치 적분 루틴과 미분방정식 해석기, 방정식의 근을 구하는 알고리즘, 표준 연속/이산 확률 분포와 다양한 통계 관련 도구 등을 제공한다.

연습문제

Mathematics for Artificial Intelligence

01 다음은 사용자로부터 입력받은 문자열에서 처음과 끝의 3글자를 추출한 후 합쳐서 출력하는 파이썬 코드이다. ㉠에 들어갈 알맞은 내용은?

```
String = input("7문자 이상을 입력하시오."
a = (          ㉠          )
print a
입력값: Good Morning
출력값: Goding
```

① string[1:3] + string[-3:]

② string[:3] + string[-3:-1]

③ string[0:3] + string[-3:]

④ string[0:] + string[:-1]

02 파이썬의 변수 작성 규칙 설명으로 옳지 않은 것은?

① 첫 자리에 숫자를 사용할 수 없다.

② 영문 대문자/소문자, 숫자, 언더바(_)를 사용할 수 있다.

③ 변수 이름의 중간에 공백을 사용할 수 있다.

④ 이미 사용되고 있는 예약어는 사용할 수 없다.

03 다음 파이썬으로 구현된 프로그램의 실행 결과로 옳은 것은?

```
a = [0, 10, 20, 30, 40, 50, 60, 70, 80, 90]
a =[: 9 : 2]
```

① [20, , 40, 60]

② [60, 40, 20]

③ [0, 20, 40, 60, 80]

④ [10, 30, 50, 70, 90]

04 다음은 파이썬으로 만들어진 반복문 코드이다. 이 코드의 결과는?

```
while(True):
   print('a')
   print('b')
   print('c')
continue
print('d')
```

❶ a, b, c 출력이 반복된다.
❷ a, b, c가 출력된다.
❸ a, b, c, d 출력이 반복된다.
❹ a, b, c, d가 출력된다.

05 파이썬에서 사용하는 산술 연산을 위한 대입 연산자의 사용 예로서 옳지 않은 것은?

❶ a += b
❷ a //= b
❸ a **= b
❹ a =% b

06 파이썬에서 사용하는 비교 연산자의 사용 예로서 옳지 않은 것은?

❶ a <> b
❷ a is not b
❸ a <= b
❹ a not in b

07 파이썬에서 다음 명령의 실행 결과는?

```
d = [[1, 2, 3], [4, 5, 6]]
print(d[1][2])
```

❶ 2
❷ 3
❸ 4
❹ 5

08 파이썬에서 리스트에 사용되는 함수/연산자의 사용 예와 결과로 옳지 않은 것은?

	사용 예	결과
❶	len(1, 2, 3, 4)	4
❷	min[1, 2, 4, 4]	1
❸	[1, 2, 3] + [4, 5]	[1, 2, 3, 4, 5]
❹	[1, 2] * 3	[3, 6]

09 5개의 요소를 저장하는 튜플을 생성하여 인덱스를 지정하고 요소를 출력하는 프로그램이다. 결과로 옳은 것은?

```
a = (1, 2, 3, 4, 5)
b = a[3]
print(b)
```

❶ 2 ❷ 3

❸ 4 ❹ 5

10 다음 코드를 실행하면 생성되는 list의 결과로 옳은 것은?

```
list(range(0, 10, 2))
```

❶ [0, 2, 4, 6, 8] ❷ [0, 2, 4, 8]

❸ [0, 4, 8] ❹ [1, 3, 5, 7, 9]

11 넘파이에서 다음과 같이 arrange() 함수를 사용하여 배열을 생성한 결과는?

```
np.arrange(0, 10, 3)
```

❶ [0, 1, 2, 3] ❷ [0, 3, 6, 9]

❸ [0, 1, 2] ❹ [8, 9, 10]

12 넘파이 배열은 n차원 배열 객체로서 모든 원소는 같은 크기를 갖는다. 각 요소에 대한 접근은 인덱스(index)를 사용한다. 다음 명령에 대한 결과로 옳은 것은?

```
a = np.array([[0, 1, 2],
[3, 4, 5]])
print(a[1, 2])
```

❶ 5 ❷ 4

❸ 1 ❹ 2

13 맷플롯립에서 데이터에 대해 격자 바탕에 그래프 형식으로 나타내주는 함수는?

① grid() ② scatter()
③ plot() ④ show()

14 맷플롯립에서 도수 분포표를 그래프로 나타낼 때는 hist() 함수를 이용한다. 히스토그램 종류를 나타내는 histtype 지정으로 적합하지 않은 것은?

① bar ② step
③ stepfilled ④ level

15 심파이에 많이 사용하는 특수 상수 기호로 옳지 않은 것은?

① pi = 원주율 π ② E = 네이피어 수 e
③ I = 허수 단위 i ④ oo = 무한대 ∞

Mathematics for Artificial Intelligence

05 기초 수학 1

학습목표

- 인공지능 학습에 기초가 되는 수학 지식을 학습한다.
- 함수의 개념을 알아본다.
- 일변수 및 다변수 함수의 의미를 알아본다.
- 인공지능에서 필요한 벡터함수의 정의를 이해한다.
- 이항 연산의 개념과 거듭제곱의 의미를 파악하고 제곱근의 개념을 알아본다.

학습목차

5.1 함수

함수(function)는 하나의 집합에 속하는 원소들과 또 다른 집합의 원소들 사이의 **관계**(relation)를 설정하는 규칙이다. 관계란 일종의 대응 규칙으로서 한 집합의 원소와 다른 한 집합의 원소를 어떻게 매핑시키는지를 결정하는 일이다. 따라서 함수를 **맵**(map)이라고도 한다.

표 5.1 인공지능에서의 함수

인공지능에서의 함수
인공지능의 머신러닝 영역에서 학습 알고리즘을 통해 모델을 만드는 과정이 나온다. 이때 훈련 데이터라고 하는 자료를 활용하여 학습시킨다. 훈련을 위해 입력되는 값을 샘플이라고 하고 그 입력값에 대응되는 값을 레이블이라고 한다. 샘플에 레이블을 대응시키는 규칙이 바로 함수이다.

함수

몇 가지 규칙을 만족할 때만 함수라고 한다. 예를 들어 특정 그룹에 속하는 사람들의 나이를 생각해보자. 그룹에 속하는 사람들의 집합을 A라고 하고 사람들의 나이가 될 수 있는 양의 정수로 된 집합을 B라고 하면 사람별 나이에 대응하는 **관계**(relation)는 하나의 함수가 될 수 있다(그림 5.1).

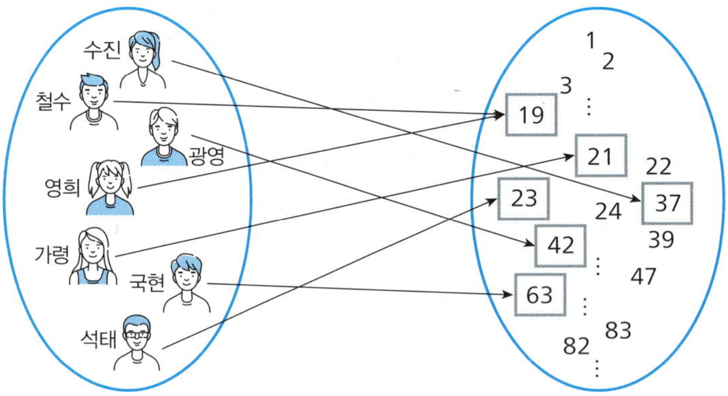

그림 5.1 7명의 나이를 대응시키는 함수

나이를 대응시키는 관계를 보면 집합 A는 7명으로 구성된 집합이고, 집합 B는 양의 정수로 구성된 집합이다. 이 관계에서의 규칙은 두 가지이다. 첫 번째 규칙은 집합 A에 속하는 모든 원소인 구성원에 대해 반드시 나이를 대응시켜야 한다는 규칙이며, 두 번째 규칙은 한 구성원에 반드시 하나의 나이값만 대응시켜야 한다는 규칙이다. 두 가지 규칙만 만족한다면 이 관계를 보통 **함수**(function)라고 하고, 집합 A를 **정의역**(domain), 집합 B를 **공역**(codomain)이라고 한다. 함수를 **사상**(map 또는 mapping)이라고도 한다. 함수를 정의하고 나면 정의역의 모든 원소에 대응되는 공역의 한 부분 집합인 함숫값의 집합을 **치역**(range)이라고 한다. 위에 정의한 7명의 나이를 대응시키는 함수에서 치역은 {19, 21, 23, 37, 42, 63}이다.

함수가 되지 못하는 예를 들어보자. A 학급의 학생들로 구성된 집합과 그 옆 학급의 학생들로 구성된 집합 B를 생각해보자. 이 경우 A 학급의 학생과 B 학급 학생의 친구관계를 매칭해보았더니 그림 5.2와 같았다. 이 관계는 함수가 될 수 있을까?

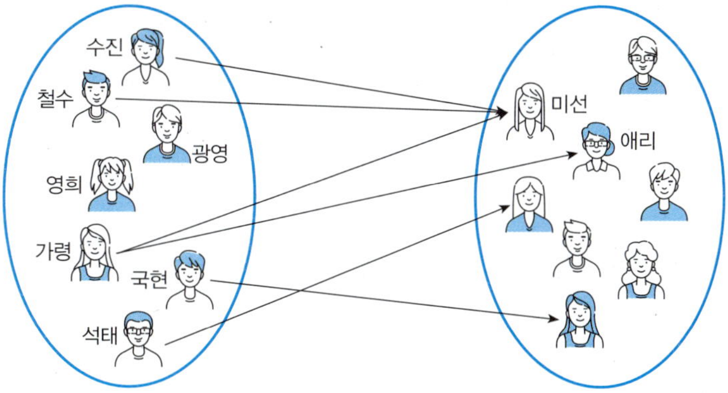

그림 5.2 함수가 아닌 관계

이 관계는 함수 아니다. 왜냐하면 A 학급의 영희와 광영은 B 학급에 어느 학생과도 친구관계를 맺고 있지 않기 때문에 함수가 되기 위한 첫 번째 규칙에 어긋난다. 한편 A 학급의 가령은 B 학급 내 미선과 애리 2명의 친구가 있다. 따라서 함수가 되기 위한 두 번째 조건도 만족하지 못한다. 함수가 되기 위한 두 가지 조건 중 어느 하나라도 만족하지 않으면 함수가 될 수 없다. 이 예제는 두 가지 조건을 모두 만족하지 못하므로 함수가 아니다.

함수는 두 가지 조건을 만족하는 관계라고 했는데, 이러한 관계를 보통의 글로 표현하면 문장도 길어지고 의미 전달도 모호해질 수 있다. 기호로 나타내면 더 편리할 뿐만 아니라 개념을 명확히 전달할 수 있기 때문에 함수를 아래의 수식 (5.1)과 같이 나타내기로 한다.

$$\begin{aligned} f: A &\rightarrow B \\ x &\mapsto y \end{aligned} \tag{5.1}$$

위에서 예로 들었던 7명의 사람 나이를 대응시킨 그림 5.1의 함수를 수식 (5.1)의 기호를 사용해서 기술해보면 f는 함수를 의미하며, A는 7명으로 구성된 집합이고, B는 양의 정수 집합이고, 화살표는 대응 규칙을 나타낸다. x는 집합 A에 속하는 사람이고 y는 양의 정수 중의 하나이다.

예를 들어 철수와 영희가 각각 집합 A에 속한다고 하고 두 사람의 나이가 모두 19세였다고 한다면 f(철수) = 19이고 f(영희) = 19이다. 여기서 나이를 대응시키는 규칙이 함수가 되기 위한 두 번째 규칙을 위반한다고 잘못 이해하지 말기 바란다.

또 다른 함수의 예를 생각해보자. 10명의 인원으로 구성된 일개 분대원에게 탄알을 1개씩만 지급하고 5개의 과녁을 표적으로 사격하는데 과녁은 어느 곳을 향해 발사해도 좋다는 조건이라고 해보자. 단 과녁에 맞기만 하면 대응된다고 하고 어느 사람도 과녁을 빗나가게 사격하지 않는다고 가정한다.

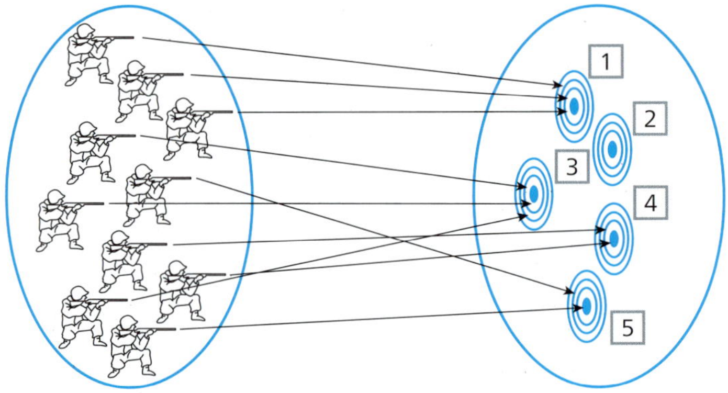

그림 5.3 10명이 5개 과녁에 사격하는 함수

이 경우에 모든 사병은 5개의 과녁 중 하나와 대응되므로 함수가 되기 위한 첫 번째 조건을 만족한다. 한편 어느 구성원도 탄알을 한 개만 사용할 수 있으므로 두 개의 과녁과 매칭되지 않는다. 따라서 이러한 대응 규칙은 하나의 함수가 된다. 정의역은 10명으로 구성된 분대원 전체 집합이고, 공역은 5개로 구성된 과녁 집합 {1, 2, 3, 4, 5}이다. 여기서 어떤 과녁(그림 5.3에서는 2번 과녁)에는 사격이 되지 않을 수도 있다는 점에 유의하기를 바란다. 그래서 이 함수의 치역은 총알이 한 개라도 맞은 과녁 전체 집합인 과녁 번호 집합인 {1, 3, 4, 5}가 된다.

함수를 명확히 이해하기 위해 또 다른 함수의 예를 들어보자. 마트 상품에 상품 가격을 붙이는 일을 생각해보자. 이 경우 정의역은 마트의 모든 상품으로 구성된 집합이고, 상품 가격이 정수 형태로만 표현된다고 가정했을 때 공역은 상품 가격이 될 수 있는 양정수 전체 집합이다. 여기서 이 함수의 치역은 모든 상품 가격을 모아놓은 집합인 양정수의 부분 집합이다. 어떤 상품들은 가격이 같을 수도 있으므로 중복되는 가격은 한 개의 가격만 사용해서 나타낸다.

결론적으로 함수란 두 집합 사이의 관계로서 두 가지 대응 조건을 만족하기만 하면 된다. 인공지능에서 다루는 대부분 문제를 기술하는 데 함수 개념이 필요하므로 함수의 개념을 완벽하게 이해하는 것이 매우 중요하다. 여러 예제를 통해서 함수에 대한 이해가 충분히 되었기를 바란다.

함수 표기

함수는 값 x가 정해지면 그에 종속적인 값 y가 결정되는 관계이다. 예를 들어 x가 정해지면 y값이 그에 따라 결정될 때, 함수 f를 다음 수식 (5.2)와 같이 나타낸다.

$$y = f(x) \tag{5.2}$$

수식 (5.2)는 y가 x의 함수라는 것을 의미한다. x값은 자유롭게 변경되는 값이므로 **독립변수**(independent variable)라고 하고 y는 x값에 종속되어 값이 결정되므로 **종속변수**(dependent variable)라고 한다.

함수의 예

실숫값을 갖는 함수의 예를 들어보자. 아래에 나타낸 식은 함수 $y = f(x)$의 예이다.

$$\begin{aligned} &y = 2x \\ &y = 2^x + 3 \\ &y = 2x^2 + 3x + 5 \\ &y = \sqrt{7x + 4} \\ &y = \log_{10}(x + 7) \\ &y = \sin x \end{aligned}$$

위의 식은 모두 x값이 결정되면 y값이 종속적으로 결정되는 관계이다. 여기서 일반적으로 함수가 정의되는 정의역과 공역을 생략했는데, 이들 함수의 정의역은 함수를 표현한 우측의 항이 실제로 잘 정의되도록 하는 모든 값으로 구성되며, 공역은 비교적 자유롭게 실수 전체의 집합 R로 설정해도 무방하다. 예를 들어서 함수 $y = \sqrt{7x + 4}$의 경우 정의역은 루트가 잘 정의되기 위해서 $7x + 4 \geq 0$이어야만 한다. 그래서 함수 $y = f(x) = \sqrt{7x + 4}$의 정의역은

$$A = \{x \in R \,|\, x \geq -4/7\}$$

이다. 이 함수를 표현하면

$$\begin{aligned} f: A &\to R \\ x &\mapsto \sqrt{7x + 4} \end{aligned}$$

가 된다. 실제 이 함수의 정의역에 속하는 모든 값에 대응되는 값들로만 구성된 집합인 함수 f의 치역은

$$f(A) = \{f(x) \,|\, x \in \mathrm{A}\} = \{y \in R \,|\, y \geq 0\}$$

이다. 치역은 함수 f의 공역인 실수 전체 집합 R의 부분 집합이다.

함수의 상과 역상

함수로 대응관계를 알게 되었을 때 두 가지 관심의 대상이 되는 집합이 있다. 하나는 정의역의 특정 부분 집합이 함수에 의해 공역 내의 어떤 집합에 대응되는지이고, 다른 하나는 공역의 한 부분 집합으로 대응되는 정의역의 원소들이 무엇인지 알고 싶을 때가 있다. $f : X \rightarrow Y$가 함수라고 하자. $A \subseteq X$이고 $B \subseteq Y$일 때 집합

$$f(A) = \{f(x) | x \in A\} \tag{5.3}$$

를 f에 의한 A의 **상**(image)이라 하고 그림으로 나타내면 다음과 같다.

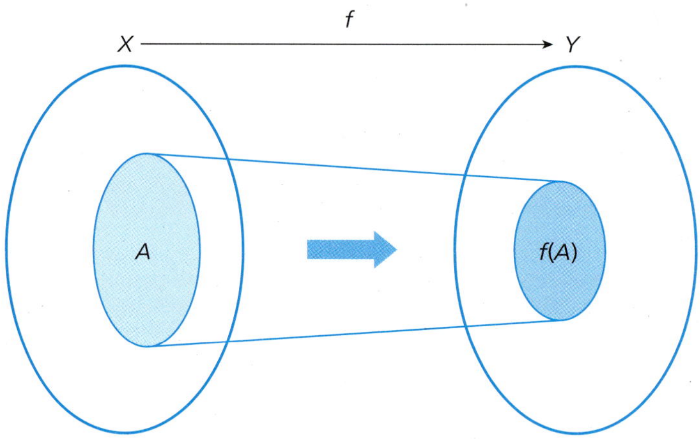

그림 5.4 함수에서의 상

그리고 집합

$$f^{-1}(B) = \{x \in X | f(x) \in B\} \tag{5.4}$$

를 f에 의한 B의 **역상**(inverse image)이라 하고 그림으로 나타내면 다음과 같다.

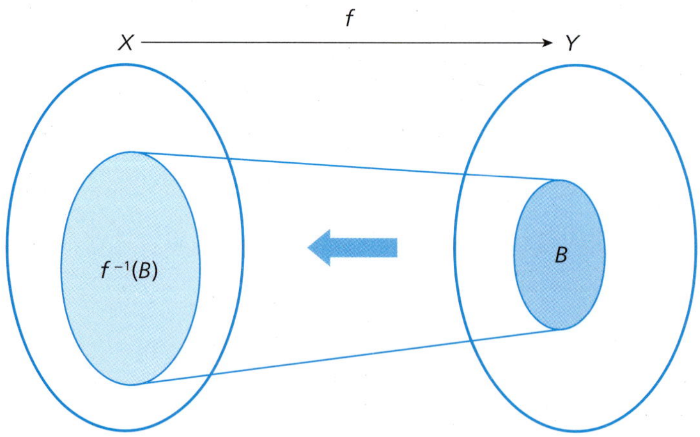

그림 5.5 함수에서의 역상

그림 5.1에서 예로 들었던 함수는 7명의 사람의 나이를 대응시키는 함수였다. 이 함수를 f라고 하고, A = {철수, 가령, 국현}, $B = \{19, 21\}$라고 해보자. 그러면

$$f(A) = \{f(x) | x \in A\} = \{f(\text{철수}) = 19, f(\text{가령}) = 21, f(\text{국현}) = 63\} = \{19, 21, 63\}$$

이고,

$$f^{-1}(B) = \{x \in X | f(x) \in B\} = \{x \in X | f(x) = 19 \text{ 또는 } 21\} = \{\text{철수, 영희, 가령}\}$$

이다. 집합 B는 반드시 함수 f의 치역의 부분 집합일 필요는 없다. 공역의 부분 집합이기만 하면 된다. 따라서 $B = \{1,2, 3, . . . , 100\}$이라고 한다면 $f^{-1}(B)$는 정의역 X의 전체 집합이 된다. 물론 $B_1 = \{19, 21, 23, 37, 42, 63\}$인 경우에도 $f^{-1}(B_1)$는 정의역 X의 전체 집합이다.

5.2 독립변수와 종속변수

위의 예에서 집합 A에 속하는 원소와 집합 B에 속하는 원소를 우리는 **변수**(variable)라고 하고 정의역에 속하는 변수를 독립변수, 공역에 속하는 변수를 종속변수라고 했다. 변수라는 의미를 좀 더 세밀하게 살펴보자.

변수와 상수

함수에서 변수는 집합의 구성 요소를 대표하기 때문에 일정하지 않고 수시로 교체된다. 하지만 교체되지 않는 수로 표현될 때도 있는데, 이 경우의 수를 **상수**(constant)라고 한다. 변수와 상수는 인공지능의 도구를 수학적으로 서술할 때 필요한 수식 처리에 필수적인 요소이다.

변수와 상수의 차이는 다음과 같다.

- 변수 : 변화하는 값
- 상수 : 일정한 수치로 변화하지 않는 값

변수를 표현할 때 주로 x와 y 등의 알파벳을 사용한다. 상수는 0, 3.7, π, $\sqrt{2}$, -23 등의 수치로서 이들을 표현할 때 알파벳 a 또는 b 등을 사용하거나 그리스 문자 α나 β 등을 사용하여 나타낸다.

상수함수의 예를 들어보자. 지구상에 살아있는 고양이 전체 집합을 A라고 해보자. 그리고 집합 B는 한 개의 단어 '고양이'로 이루어진 집합이라고 하자. 즉, B = {고양이}라고 하자. 모든 고양이를 보고 우리가 그 동물을 고양이라고 이름을 붙여 부르는 관계를 함수라고 하면 전 세계 고양이를 고양이라는 하나의 동물분류 이름으로 지칭할 수 있다. 머신러닝에서 기계에게 수많은 고양이의 이미지를 보여주고 이들을 고양이라고 판단할 수 있는 지능을 부여하기 위한 훈련을 하는데 이 경우에 입력되는 모든 고양이 이미지는 독립변수이고 출력되는 값은 고양이라고 하는 1개의 값을 갖는 상수함수로 표현하여 학습 모델을 구축한다.

변수와 상수의 예

변수가 될 수 있는 예를 들어보자. 단순한 변수로는 다음과 같이 익숙한 값들이다.

예: 현재 기온은 x도이다.
이 경우에 x는 시간이 변화하면서 값이 변화하는 수이므로 x는 변수이다.

예: 일 년은 365일이다.

이 경우에 365는 변화하지 않는 값이므로 상수이다.

조금 복잡한 변수관계를 생각해보자. 혈압과 혈당 수치에 영향을 주는 요소로는 가족력, 비만도, 운동량, 음주량이 있다. 독립변수가 되는 요소는 (가족력, 비만도, 운동량, 음주량)으로 4개이고 종속변수는 혈압과 혈당 2개이다. 함수로 나타내면 그림 5.6과 같이 나타낼 수 있다.

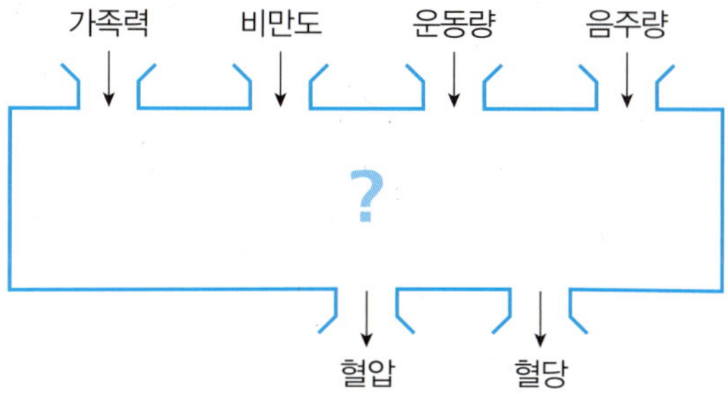

그림 5.6 독립변수와 종속변수

네모 상자 속에서 일어나는 독립변수 간의 상호작용은 우리가 수많은 데이터를 통해서 이해할 수 있다. 따라서 인공지능과 같은 영역에서는 입력되는 변수들이 종속변수에 어떠한 영향을 주는지 그리고 어떠한 상호작용으로 혈압과 혈당이 결정되는지를 알아보고 이러한 상호작용을 모델로 만들어 예측하고자 한다. 이처럼 인공지능에서 다루게 되는 문제 대부분은 함수를 통해 기술되기 때문에 함수에 대한 이해를 분명히 해야 한다.

이번에는 중고등학교 때 배웠던 함수 개념을 가지고 독립변수와 종속변수의 관계를 알아보자. 실수를 입력하고 실수를 출력하는 함수에서 독립변수, 상수, 종속변수의 관계를 알아보자. $y = 2x + 3$이라고 할 때, x는 독립변수이고 2와 3은 상수이며 y는 종속변수이다. 이를 한눈에 보기 좋게 나타내면 그림 5.7과 같다.

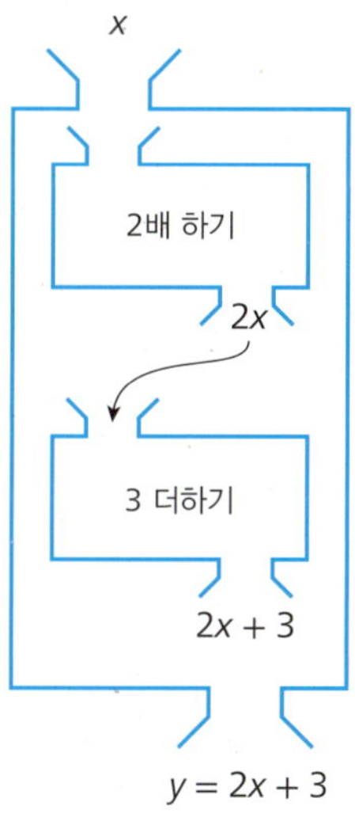

그림 5.7 독립변수, 상수, 종속변수

수학함수와 프로그래밍 함수의 차이점

수학에서도 '함수'라는 용어를 사용하고 프로그래밍에서도 '함수'라는 용어를 사용한다. 이들은 비슷하기도 하지만 차이점도 있다. 따라서 함수가 어느 문맥에서 활용되는지 명확히 해야 혼동을 피할 수 있다. 수학에서는 함수를 $y = f(x)$와 같이 표현한다.

함수 f에 값 x를 입력 처리하면 함수에서 출력되는 값은 y라는 의미이다. 하지만 프로그래밍에서의 함수는 그 의미가 조금 다르다.

프로그래밍 함수를 이해하려면 먼저 변수에 대한 이해가 필요하다. 프로그래밍 언어에서 변수란 어떤 수, 문자, 혹은 위치정보를 저장하는 공간을 의미한다. 변수를 선언한다는 표현을 자주 보게 되는데, 선언한다는 말은 해당 이름으로 메모리에 저장 공간을 만들겠다는 의미이다. 변수를 선언할 때는 변수 유형과 변수 이름을 지정해야 한다. 변수 유형이란 char, int, long, float, double, long double 등과 같은 변수의 특성을 반영한 형태를 말한다. 예를 들어 char란 변수가 문자의 특성을 갖는다는 뜻이고, 변수를 int라고 선언한다면 그 변수는 정수로 인식된다는 의미이다. 이렇게 선언하는 이유는 각 데이터의 표현방식이 다르기 때문이다. 그리고 변수 이름은 다른 변수와 구별하기 위해 붙인 이름이다. 프로그래밍 C언어에서 변수를 선언하는 예는 다음과 같다.

```
int deep;
```

int는 변수 유형이 정수(integer)라는 뜻이고, deep은 변수 이름이다. 그리고 맨 뒤에 붙이는 ';'은 C언어에서 하나의 명령이 종료되었다는 것을 컴파일러에게 알려주는 역할을 한다. 변수 이름이 정해지면 변수를 초기화해야 한다. 변수를 초기화한다는 뜻은 deep이라는 이름의 창고를 메모리 공간에 할당하는 것이다. 할당한다는 말은 메모리라고 하는 운동장의 어느 한 영역을 지정해주는 것을 말한다. 이는 마치 빈집에 새로 이사를 온 것과 마찬가지이기 때문에 청소가 제대로 되어 있지 않을 수도 있다. 즉, 그 공간에 과거 컴퓨터에서 활용했던 자료들이 남아있을 수 있다는 뜻이다. 그래서 해당 공간에 새로운 값을 저장하려면 초기화를 해서 깨끗이 정리할 필요가 있다는 뜻이다. 예를 들어

```
deep = 0;
```

이라고 초기화를 하면, deep이라는 변수 이름이 붙은 공간에 0이 저장된다. 지금까지는 C언어의 예를 들었는데, 파이썬에서는 변수 선언이 더 간단하다. 예를 들어 다음과 같은 파이썬 코드가 있다고 하자.

```
a = 7
b = 3.2
print(a, b)
```

파이썬에서는 데이터 유형을 자동으로 추론하므로 선언이 간편하다. 위 코드에서 함수 'print'는 입력된 값을 출력하는 함수이다. 그래서 출력 결과로 7, 3.2가 나온다.

프로그래밍 함수에서 입력되는 값은 변수이며 그 변수를 컴퓨팅 알고리즘으로 계산하여 결괏값을 선언된 변수 형태로 반환한다. 변수 사용 시 항상 변수 유형을 컴퓨터에게 선언해야 한다. 왜냐하면 메모리에 필요한 공간을 할당하고 값을 저장하는 데 필요한 메모리 공간의 양을 컴퓨터에게 알려줄 필요가 있기 때문이다.

실제로 메모리에 저장되는 값은 수학적으로 정확한 값이 아니고 수치해석학 방식으로 연산한 결과로 할당된 메모리 크기에 들어갈 수 있는 최적의 근삿값이다. 따라서 출력도 마찬가지로 메모리 크기에 맞춰 저장했던 값(근삿값)을 반환한다.

그런데 컴퓨터로 계산한 값이 우리가 수학의 수식으로 계산한 값과 같아 보이는 이유는 무엇일까? 그 이유는 오차의 한계를 매우 작도록 계산하여 반환하는데 오차 부분을 무시하고 반환을 했을 때 그 값이 수학적 계산값과 같은 올바른 값으로 디스플레이상에 나타나기 때문이다. 또한 함수의 특성에 따라 인수나 반환값이 없는 함수도 존재한다. 이런 점이 프로그래밍 함수가 수학함수와 다른 점이다. 또한, 이 책에서는 수학함수를 파이썬을 이용한 프로그래밍 함수로 구현하지만, 구체적으로 들여다보면 그 의미가 다르다. 이처럼 수학에서 다루는 함수의 개념과 프로그래밍에서 취급하는 함수는 공통점도 있지만, 기본적으로 차이가 난다는 점을 이해하고 사용하기를 바란다.

수학함수를 파이썬 함수로 구현

예제 5.1

변수와 상수를 이용하여 함수 $y = ax$를 파이썬 코드로 구현하고 그래프로 나타내보자.

In
```
%matplotlib inline
import numpy as np
import matplotlib.pyplot as plt

a = 1                          # a는 상수
x = np.linspace(1, 5)          # x는 1부터 5까지 범위를 갖는 변수
y = a * x                      # y는 변수

plt.plot(x, y)
plt.xlabel("x", size = 15)
plt.ylabel("y", size = 15)
plt.grid()

plt.show()
```

Out

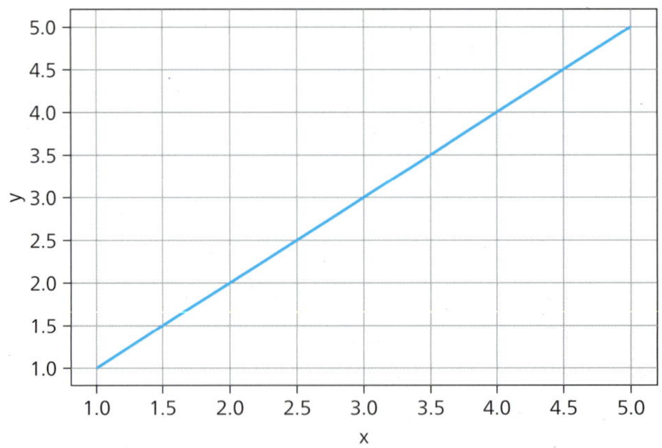

결과를 보면 $y = ax$ 수식에 대한 직선 그래프가 그려졌다. 이 경우 x와 y의 값은 변화해도 a의 값은 변화하지 않는다.

예제 5.2

함수로 나타내는 변수와 상수의 예를 하나 더 살펴보자. 함수가 $y = 2x + 3$이라고 할 때, x는 변수이고, 2와 3은 상수이다. 함수를 파이썬 코드로 구현하고 그래프로 나타내보자.

In

```
%matplotlib inline
import numpy as np
import matplotlib.pyplot as plt

a = 2                       # a는 상수
b = 3                       # b는 상수
x = np.linspace(1, 5)       # x는 1부터 5까지 범위를 갖는 변수
y = a * x + b               # y는 변수

plt.plot(x, y)
plt.xlabel("x", size = 14)
plt.ylabel("y", size = 14)
plt.grid()

plt.show()
```

Out

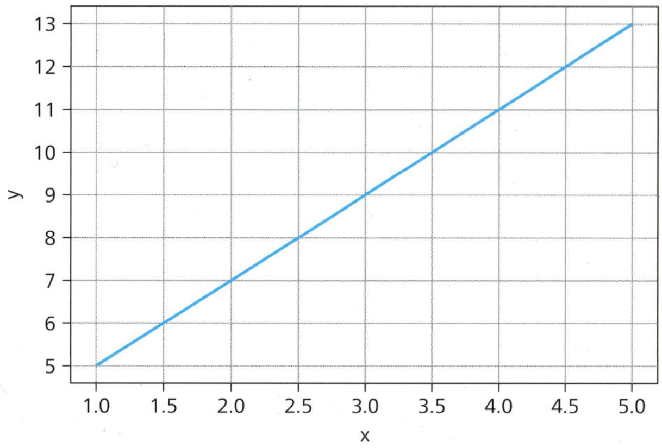

예제 5.3

함수 $y = 2x + 3$을 파이썬 함수로 구현해보자(예제 3.4 참조).

In

```
import numpy as np

def my_func(x):           # my_func라는 파이썬 함수로 수식 구현
    return 2 * x + 3      # 2x + 3

x = 4                        # 글로벌 변수이므로 위의 인수 x는 다른 변수
y = my_func(x)               # y = f(x)

print(y)
```

Out

```
11
```

예제 5.4

예제 5.3의 코드를 보완하여 함수 $y = 3x + 4$를 파이썬 함수로 구현해보자.

In
```
import numpy as np

def my_func(x):
    return 3 * x + 4        # 3x + 4

x = 3
y = my_func(x)              # y = f(x)

print(y)
```

Out
```
13
```

도전문제

문제 5.1

함수 $y = 2x$의 그래프를 파이썬 코드로 구현해보시오.

In
```
%matplotlib inline
import numpy as np
import matplotlib.pyplot as plt

a = 2                      # a는 상수
x = np.linspace(1, 5)      # x는 1부터 5까지 범위를 갖는 변수
y = a * x                  # y는 변수

plt.plot(x, y)
plt.xlabel("x", size = 14)
plt.ylabel("y", size = 14)
plt.grid()

plt.show()
```

Out

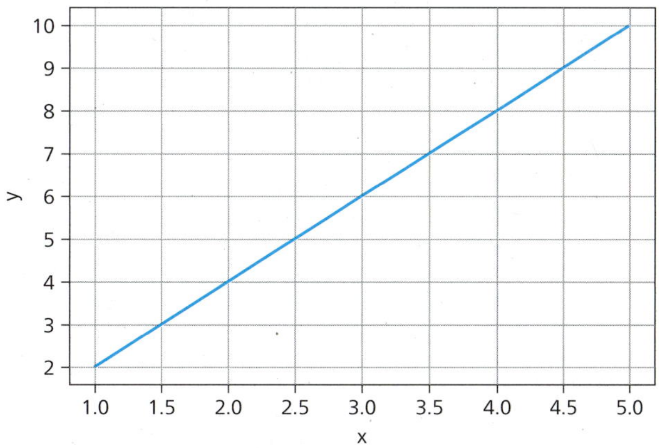

문제 5.2

함수 $y = 4x + 5$의 그래프를 파이썬 코드로 구현해보시오.

In

```
%matplotlib inline
import numpy as np
import matplotlib.pyplot as plt

a = 4                        # a는 상수
b = 5                        # b는 상수
x = np.linspace(1, 5)        # x는 1부터 5까지 범위를 갖는 변수
y = a * x + b                # y는 변수

plt.plot(x, y)
plt.xlabel("x", size = 14)
plt.ylabel("y", size = 14)
plt.grid()

plt.show()
```

Out

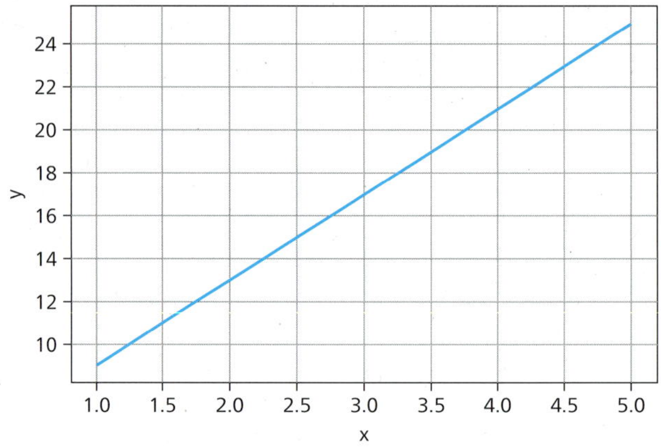

문제 5.3

함수 $y = 2x^2 + 3x + 5$를 파이썬 코드로 구현해보시오.

In

```
import numpy as np

def my_func(x):
   return 2*x**2 + 3*x + 5        # y = 2x^2 + 3x + 5

x = 3
y = my_func(x)                    # y = f(x)

print(y)
```

Out

```
32
```

5.3 일변수 함수와 다변수 함수

함수를 독립변수와 종속변수 개수에 따라 여러 형태로 분류할 수 있다. 이들에 대해 알아보자. 함수가 정의되려면 반드시 정의역과 공역이 있어야 하는데, 독립변수의 개수는 정의역 내에서의 문제이고 종속변수가 속하는 공역이 어떠한 형태의 집합인지에 따라 함수의 이름이 달라진다. 예를 들어 독립변수가 한 개인 정의역으로부터 실수의 부분 집합인 공역으로의 함수이면 일변수 실함수라고 한다. 공역이 복소수라면 일변수 복소수함수라고 한다. 정의역이 여러 개의 독립변수로 이뤄졌고 실수 부분 집합인 공역으로의 함수라면 다변수 실함수라고 한다. 공역이 다변수로 이루어졌을 경우의 함수를 일반적으로 벡터함수라고 한다. 여기서는 먼저 일변수 실함수에 대해 알아보자.

일변수 실함수

함수의 정의역이 실수의 집합 R이고 공역도 실수의 집합 R일 때 함수 $y = f(x)$를 일변수 실함수(real-valued function of a real variable)라고 한다. 독립변수가 실수이므로 일차원이기 때문에 일변수라고 하며, 종속변수는 실수이므로 실함수라고 한다. 즉, 함수 f는 아래 수식 (5.5)와 같이 표현할 수 있다.

$$\begin{aligned} f: R &\rightarrow R \\ x &\mapsto f(x) \end{aligned} \tag{5.5}$$

일변수 실함수를 그래프로 나타내면 아래 그림 5.8과 같다.

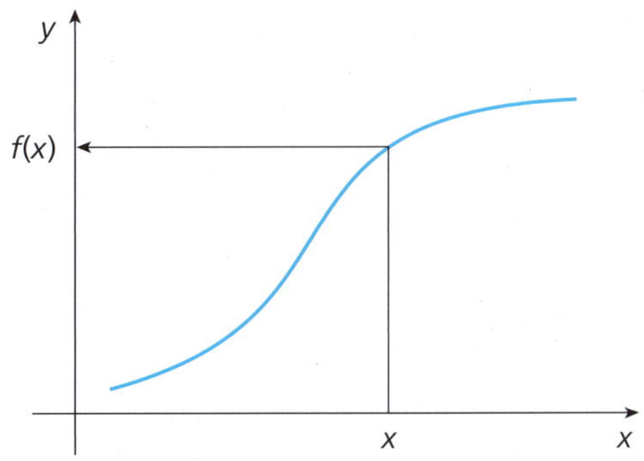

그림 5.8 일변수 실함수의 그래프

일변수 실함수 그래프

예제 5.5

다음 일변수 실함수 $y = 3x + 2$의 그래프를 파이썬 코드로 구현해보자.

In

```
%matplotlib inline
import numpy as np
import matplotlib.pyplot as plt

a = 3                       # a는 상수
b = 2                       # b는 상수
x = np.linspace(1, 5)       # x는 변수 1부터 5까지 범위를 갖는 변수
y = a * x + b               # y는 변수

plt.plot(x, y, 'bo-')       # 파란색(blue) 마커
plt.xlabel("x")
plt.ylabel("y")
plt.grid()

plt.show()
```

Out

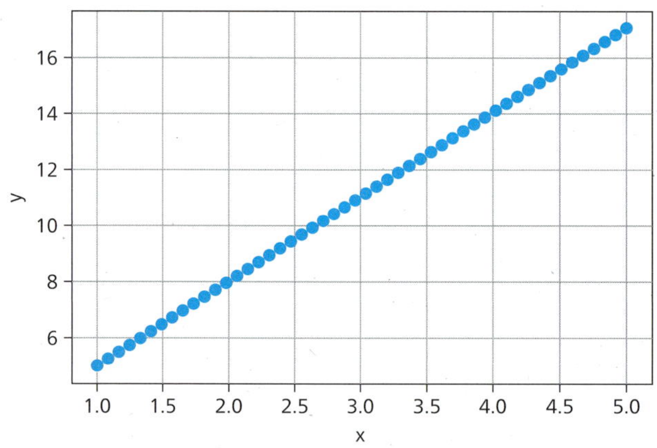

도전문제

문제 5.4

다음 일변수 실함수 $y = 2x^2 - 3x + 4$의 그래프를 파이썬 코드로 구현해보시오.

In

```
%matplotlib inline
import numpy as np
import matplotlib.pyplot as plt

a = 2                        # a는 상수
b = 3                        # b는 상수
c = 4                        # c는 상수
x = np.linspace(1, 5)        # x는 1부터 5까지 범위를 갖는 변수
y = a*x** 2 - b*x + c        # y는 변수

plt.plot(x, y, 'bo-')
plt.xlabel("x")
plt.ylabel("y")
plt.grid()

plt.show()
```

Out

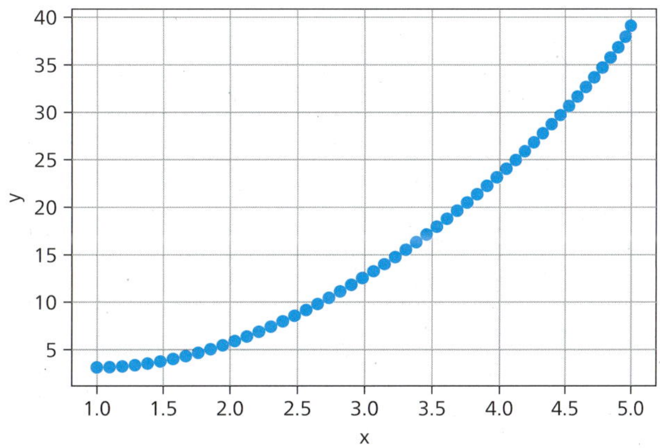

인공지능의 머신러닝 분야에서 취급하는 데이터는 일반적으로 상당히 많은 독립변수에 영향을 받으며 그 결괏값도 다변수 형태로 나타나는 벡터함수로 표현할 수 있다. 여기서는 벡터함수를 이해하기 위한 다음 단계로 독립변수가 2개인 실함수를 생각해보자. 예를 들어 사람의 건강 정도를 함수로 나타낼 때 혈압과 혈당을 변수로 사용할 수 있다. 이 경우 건강 정도를 나타내는 함숫값은 2가지 변수에 의해 결정된다. 이럴 때 함수를 어떻게 표현해야 하는지 알아보자.

이변수 실함수

만약에 함수의 정의역이 두 개의 실수로 이뤄졌고 함숫값은 실수로 정의된다면 그 함수는 $z = f((x, y))$형태가 된다. 이 경우 함수 z를 이변수 실함수라고 한다. 따라서 함수 f는 수식 (5.6)과 같이 표현할 수 있다.

$$
\begin{aligned}
f &: R^2 \to R \\
&(x, y) \mapsto f((x, y))
\end{aligned} \tag{5.6}
$$

앞에서 건강 지수를 혈압과 혈당으로 나타내는 함수를 생각해보면 (x, y) = (혈압, 혈당)이고 z는 건강의 정도를 나타내는 실숫값이다.

이변수 실함수를 그래프로 나타내면 아래 그림 5.9와 같이 평면 위에 펼쳐진 곡면이다.

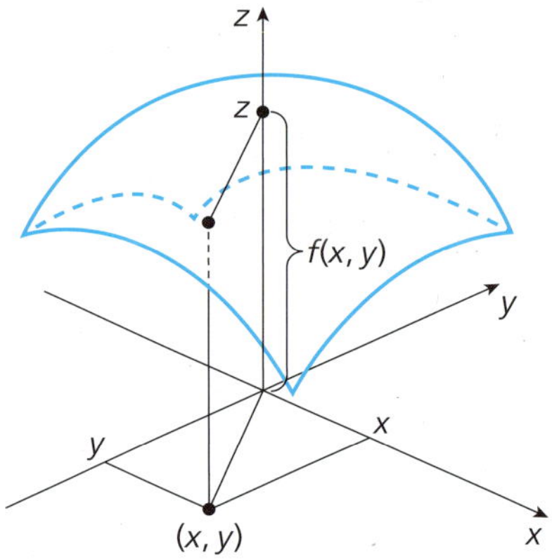

그림 5.9 이변수 실함수의 그래프

이변수 실함수의 한 예를 들어보자. 한 학급 학생들의 수학 시험 점수와 국어 시험 점수의 평균 점수를 구한다고 생각해보자. 이 함수는 한 학생의 수학 시험 점수인 x와 국어 시험 점수인 y를 더한 뒤에 2로 나눈 값을 구하는 과정이다. 이를 함수로 나타내면 수식 (5.7)이 된다.

$$
f(x, y) = \frac{x + y}{2} \tag{5.7}
$$

지금까지 이변수 실함수에 대해 설명했다. 그러면 독립변수의 개수가 더 많은 실함수를 생각해보자. 예를 들어 이번에는 학생이 치른 모든 과목의 시험 성적으로부터 평균 점수를 구하고 싶다면 어떻게 해야 할까? 이 경우에 총 시험과목의 수가 변수의 수이다. 시험과목의 수가 2개 이상인 경우처럼 변수가 여러 개인 다변수 실함수는 어떻게 표현할 수 있을까? 예를 들어 시험과목의 수인 변수의 개수가 n개라고 한다면 각 과목의 성적을 $x_1, x_2, \ldots, x_n$처럼 나타낼 수 있다. 그래서 전과목의 평균점수인 다변수 실함수 f는 아래 수식 (5.8)과 같이 표현할 수 있다.

$$
\begin{aligned}
f &: R^n \to R \\
&(x_1, x_2, \ldots, x_n) \mapsto f((x_1, x_2, \ldots, x_n)) = \frac{x_1 + x_2 + \ldots + x_n}{n}
\end{aligned} \tag{5.8}
$$

변수의 수가 2개 이상인 다변수 함수의 그래프는 그림으로 나타낼 수는 없지만, 상상은 해볼 수 있을 것이다.

a

예제 5.6

다음 이변수 실함수 $z = 3x + 2y$의 그래프를 파이썬 코드로 구현해보자.

In

```
%matplotlib inline
import numpy as np
import matplotlib.pyplot as plt

def f(x, y):
   return 3*x + 2*y

x = np.linspace(-3, 7, 100)
y = np.linspace(-3, 7, 100)
X, Y = np.meshgrid(x, y)
Z = f(X, Y)

fig = plt.figure()
ax = fig.gca(projection = '3d')
ax.plot_surface(X, Y, Z, linewidth = 0.1)
ax.view_init(40, -110)
plt.xlabel('x')
plt.ylabel('y')
ax.set_zlabel('z')
plt.title("Surface Plot")

plt.show()
```

Out

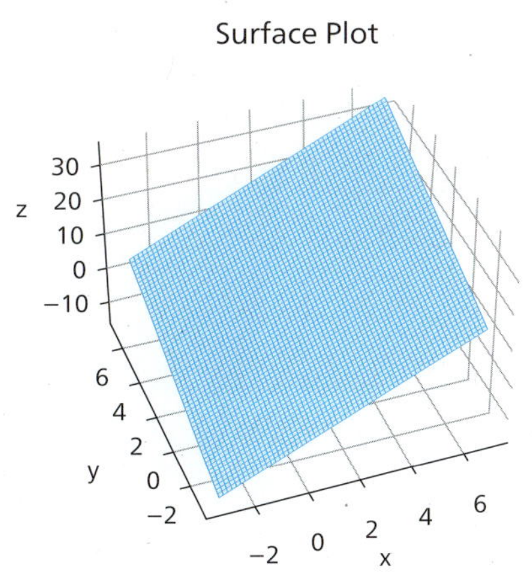

도전문제

문제 5.5

다음 이변수 실함수 $z = 2x^2 - 3xy + 4y^2$의 그래프를 파이썬 코드로 구현해보시오.

In

```
%matplotlib inline
import numpy as np
import matplotlib.pyplot as plt

def f(x, y):
   return 2*x**2 - 3*x*y + 4*y**2

x = np.linspace(-3, 7, 100)
y = np.linspace(-3, 7, 100)
X, Y = np.meshgrid(x, y)
Z = f(X, Y)

fig = plt.figure()
ax = fig.gca(projection = '3d')
ax.plot_surface(X, Y, Z, linewidth = 0.1)
ax.view_init(40, -110)
plt.xlabel('x')
plt.ylabel('y')
ax.set_zlabel('z')
plt.title("Surface Plot")

plt.show()
```

Out

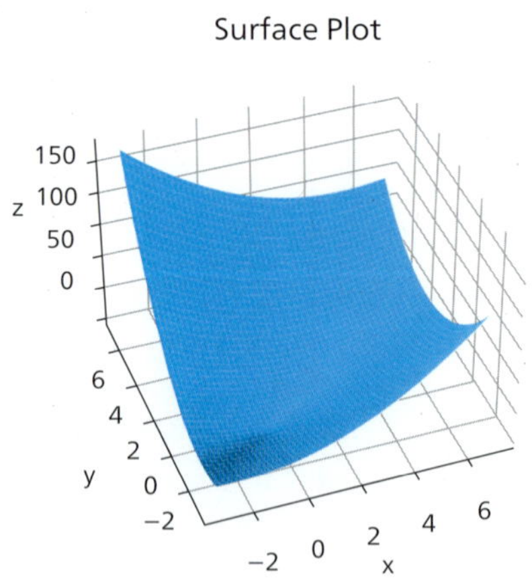

5.4 벡터함수

지금까지는 독립변수의 개수가 몇 개인가에 중점을 두고 함수를 살펴보았다. 그래서 독립변수가 한 개인 일변수 실함수로부터 변수의 개수를 늘려가면서 다변수 실함수까지 알아보았다. 즉, 독립변수가 실수 x에서 순서쌍 (x, y), 그리고 점차 차원이 증가하여 n차 공간의 $(x_1, x_2, \dots, x_n)$으로 변화하며 함숫값은 실수가 되는 경우를 살펴보았다.

이번에는 공역에 속하는 종속변수의 차원이 증가하면 어떻게 되는지 살펴보기로 하자. 즉, 공역이 실수가 아니고 차수가 높은 공간일 경우를 생각해보자. 정의역에 속하는 독립변수에 대해 여러 개의 일변수 함숫값을 순서쌍 형태로 나타내는 함수를 생각해볼 수 있다. 이러한 함수처럼 공역의 변수 수가 복수 개인 함수를 실함수라는 용어에 대응하여 벡터함수라고 한다. 벡터란 일반적으로 두 개 이상의 변수를 가진 순서쌍 형태이기 때문에 벡터라는 말을 사용하였다. 나중에 배우게 될 벡터 공간의 벡터도 복수 차원의 순서쌍으로 표현되기 때문에 벡터라는 용어를 사용한다.

일변수 2차 벡터함수

정의역이 실수 R이고 공역이 R인 두 개의 실함수 f_1과 f_2를 생각해보자. 그리고 두 개의 함수로 이루어진 상징적인 순서쌍 (f_1, f_2)를 고려해보자. 그리고 이 표현이 정의역이 R이고 공역이 R^2인 함수라고 간주할 수 있다. 즉, 다음과 같이 표현되는 함수 f를 생각해보자.

$$
\begin{aligned}
f: R &\to R^2 \\
x &\mapsto (f_1(x), f_2(x))
\end{aligned}
$$

여기서 함수 f는 두 개의 일변수 실함수 f_1과 f_2로 이루어진 함수로서 $f = (f_1, f_2)$라고 나타낸다. 즉, 독립변수로서 1차원 공간인 R상의 실수 x를 가지며, 종속변수는 2차원 공간인 R^2상의 순서쌍 $(f_1(x), f_2(x))$이다. 이를 그래프로 나타내면 그림 5.10과 같다.

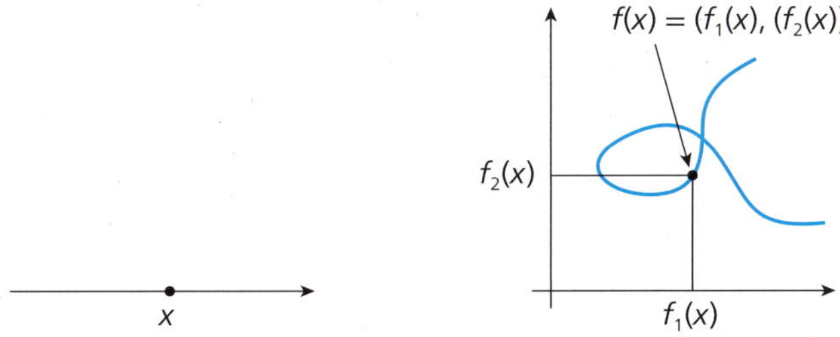

그림 5.10 일변수 2차 벡터함수

예를 들어 한 학급에 있는 한 학생의 수학 성적과 IQ가 어떤 연관이 있을지 궁금하여 이를 대응시키는 규칙을 생각해보자. 학생이라는 변수는 독립변수로서 하나로 이루어진 변수이지만 그 학생에 대응되는 값은 (수학 성적, IQ)인 실수 순서쌍이 된다. 이는 일변수 2차 벡터함수라고 이해할 수 있다. 즉, 해당 학급에 속하는 학생 집합을 A라고 하고 A에 속하는 한 학생 $a \in A$에 대해 (a의 수학 성적, a의 IQ) $\in R \times R$을 대응시키는 규칙이다. 이를 함수로 나타내보자. 정의역에 속하는 학생의 수학 성적을 나타내는 일변수 실함수를 $f_1 : A \rightarrow R$이라고 하고, 학생의 IQ를 나타내는 다른 일변수 실함수를 $f_2 : A \rightarrow R$이라고 하면, 일변수 2차 벡터함수는 수식 (5.9)처럼 표현할 수 있다.

$$\begin{aligned} f : A &\rightarrow R^2 \\ a &\mapsto (f_1(a), f_2(a)) \end{aligned} \tag{5.9}$$

따라서 일변수 실함수 2개를 순서쌍으로 묶은 (f_1, f_2)가 일변수 2차 벡터함수가 된다. 예를 들어 다영이라는 학생의 수학 성적과 IQ를 다음과 같이 함수로 표현할 수 있다.

$$f(\text{다영}) = (f_1(\text{다영}), f_2(\text{다영})) = (\text{다영의 수학 성적, 다영의 } IQ)$$

일변수 벡터함수 그래프

예제 5.7

다음 일변수 2차 벡터함수 $(f_1(x), f_2(x)) = (2x, x^2)$의 그래프를 파이썬 코드로 구현해보자.

In

```
import numpy as np
import matplotlib.pyplot as plt
from mpl_toolkits import mplot3d

plt.figure(figsize =(7, 7))

ax = plt.axes(projection='3d')
ax.xaxis.set_tick_params(labelsize=15)
ax.yaxis.set_tick_params(labelsize=15)

ax.set_xlabel('$x$', fontsize =20)
ax.set_ylabel('$y$', fontsize =20)

# (f_1(x), f_2(x))=(2x,x^2)
t = np.linspace(0, 2, 101)
x = 2*t
y = t**2
```

```
ax.plot3D(x, y, c='k')
ax.plot([x[0]], [y[0]], 'o', markersize=10, color='k',
        label="t = {:.2f}".format(t[0]))
ax.plot([x[50]], [y[50]], '^', markersize=10, color='k',
        label="t = {:.2f}".format(t[50]))
ax.legend(fontsize=15, loc="upper left")

plt.show()
```

Out

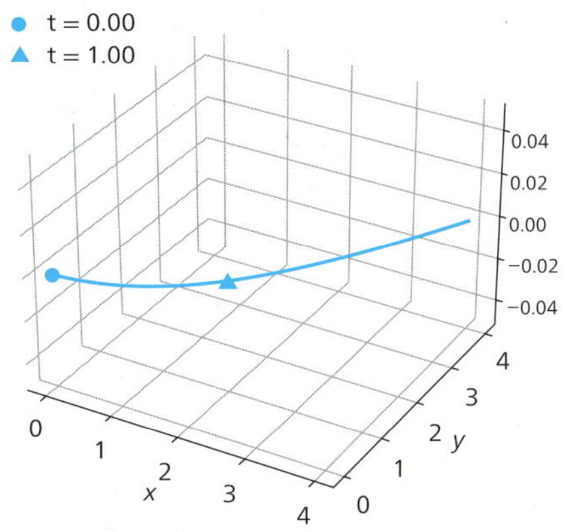

예제 5.8

다음 일변수 3차 벡터함수 $(f_1(x), f_2(x), f_3(x))=(2x, x^2, -x)$의 그래프를 파이썬 코드로 구현해 보자.

In

```
import numpy as np
import matplotlib.pyplot as plt
from mpl_toolkits import mplot3d

plt.figure(figsize=(7, 7))

ax = plt.axes(projection='3d')
ax.xaxis.set_tick_params(labelsize=15)
ax.yaxis.set_tick_params(labelsize=15)
ax.zaxis.set_tick_params(labelsize=15)
ax.set_xlabel('$x$', fontsize =20)
ax.set_ylabel('$y$', fontsize =20)
```

```
ax.set_zlabel('$z$', fontsize =20)

# eq(3.3)
t = np.linspace(0, 2, 101)
x = 2*t
y = t**2
z = -t

ax.plot3D(x, y, z, c='k')
ax.plot([x[0]], [y[0]], [z[0]], 'o', markersize=10, color='k',
        label="t = {:.2f}".format(t[0]))
ax.plot([x[50]], [y[50]], [z[50]], '^', markersize=10, color='k',
        label="t = {:.2f}".format(t[50]))
ax.plot([x[-1]], [y[-1]], [z[-1]], '*', markersize=10, color='k',
        label="t = {:.2f}".format(t[-1]))
ax.legend(fontsize=15, loc="upper left")

plt.show()
```

Out

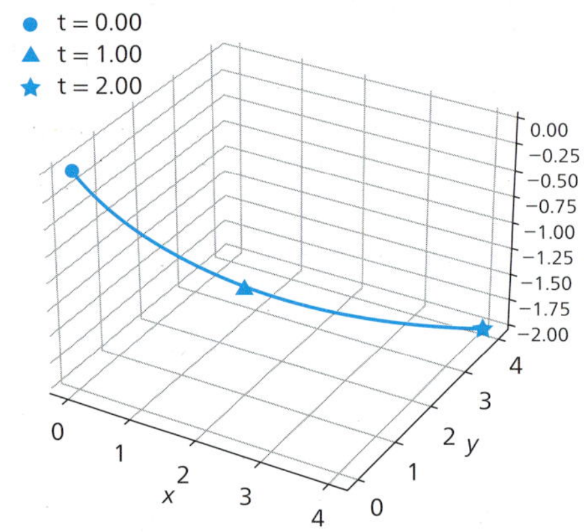

일변수 n차 벡터함수 그래프

앞에서 일변수 2차 벡터함수와 일변수 3차 벡터함수의 그래프를 그려보았다. 차수를 높이기 위해 종속변수의 차수를 증가시켜보자. 그러면 일변수 n차 벡터함수로 일반화된 함수 f는 $f = (f_1, f_2, \ldots, f_n)$으로 정의할 수 있다. 이를 그래프로 나타내는 것은 3차 벡터함수까지만 가능하고 그 이상은 상상해볼 수 있다.

일변수 n차 벡터함수를 구체적으로 정의해보자. 일변수 실함수 n개를 순서쌍으로 표현하면 그함수가 바로 일변수 n차 벡터함수가 된다. 이를 수식으로 표현하면 다음과 같은 수식 (5.10)이 된다.

$$\begin{aligned} f &: R \to R^n \\ x &\mapsto (f_1(x), f_2(x), \ldots, f_n(x)) \end{aligned} \tag{5.10}$$

예를 들어서 3차원 공간상의 위치를 나타낼 때 정의역이 $A = [0, 1]$이고, 독립변수를 t라고 하자. 3차 벡터함수 $r(t) = (f_1(t), f_2(t), f_3(t))$는 3차원 공간의 한 점을 나타낸다. 즉,

$$\begin{cases} x = f_1(t) \\ y = f_2(t) \\ z = f_3(t) \end{cases}$$

라고 하면 아래 그림 5.11과 같이 3차원 공간의 한 점 (x, y, z)로 나타낼 수 있다.

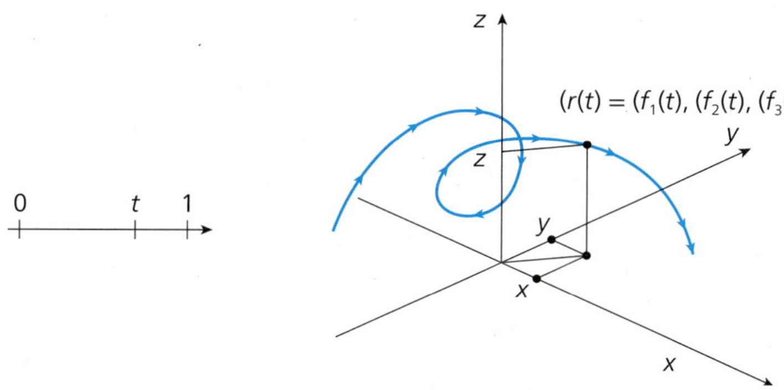

그림 5.11 3차원 공간의 점으로 표현되는 함숫값

다변수 벡터함수

이번에는 독립변수를 m차로 높이고, 종속변수는 n차로 높인 벡터함수 F를 정의해보자. 이는 다음 수식 (5.11)과 같이 나타낼 수 있다.

$$\begin{aligned} F &: R^m \to R^n \\ (x_1, \ldots, x_m) &\mapsto (f_1(x_1, \ldots, x_m), \ldots, f_n(x_1, \ldots, x_m)) \end{aligned} \tag{5.11}$$

즉, $F((x_1, x_2, \ldots, x_m)) = (f_1(x_1, \ldots, x_m), \ldots, f_n(x_1, \ldots, x_m))$으로 표현할 수 있다. 일반적으로 이러한 벡터함수를 $F = (f_1, f_2, \ldots, f_n)$로 표현한다. 수식 (5.11)에서 각각의 $f_i(i = 1, \ldots, n)$는 변수가 m개인 실함수이다.

이와 같은 다변수 벡터함수를 실제 그래프로 나타낼 수는 없지만, 다음 그림 5.12와 같이 표현

할 수 있을 것이다. 여기서 편의상 $(x_1, x_2, \ldots, x_m)$을 하나의 벡터 $\vec{x}$로 나타내면 수식 표현이 좀 더 간단해진다.

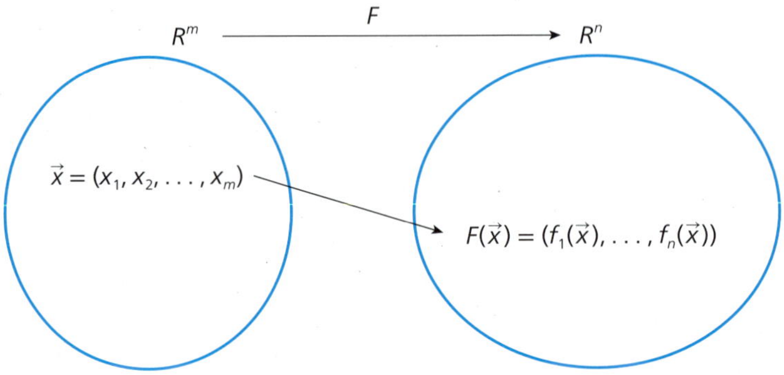

그림 5.12 다변수 다차원 벡터함수

인공지능의 딥러닝에서 다변수 벡터함수는 다층 인공신경망을 표현하고 설명하는 데 매우 중요한 역할을 한다. 지금까지 설명한 함수의 유형에 대해 완전히 이해하기를 바란다.

도전문제

문제 5.6

다음 일변수 2차 벡터함수 $(f_1(x), f_2(x)) = (x^2 + 3, x^3)$의 그래프를 파이썬 코드로 구현해보시오.

In

```
import numpy as np
import matplotlib.pyplot as plt
from mpl_toolkits import mplot3d

plt.figure(figsize=(7, 7))

ax = plt.axes(projection='3d')
ax.xaxis.set_tick_params(labelsize=15)
ax.yaxis.set_tick_params(labelsize=15)

ax.set_xlabel('$x$', fontsize=20)
ax.set_ylabel('$y$', fontsize=20)

# eq(3.3)
t = np.linspace(0, 2, 101)
x = t**2 + 3
y = t**3
```

```
ax.plot3D(x, y, c='k')
ax.plot([x[0]], [y[0]], 'o', markersize=10, color='k',
        label="t = {:.2f}".format(t[0]))
ax.plot([x[50]], [y[50]], '^', markersize=10, color='k',
        label="t = {:.2f}".format(t[50]))
ax.legend(fontsize=15, loc="upper left")

plt.show()
```

Out

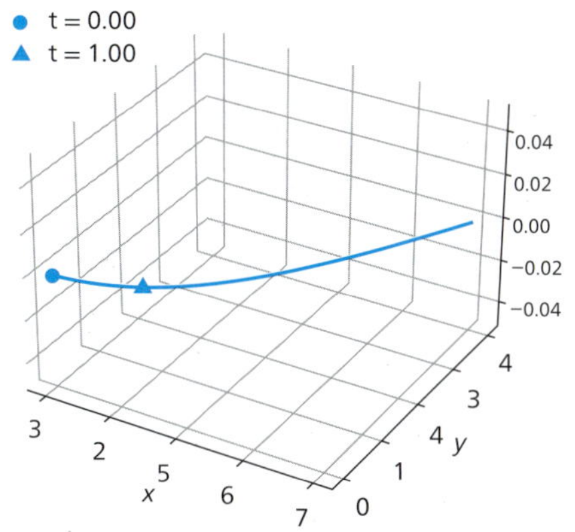

문제 5.7

다음 이변수 3차 벡터함수 $(f_1(x_1, x_2), f_2(x_1, x_2), f_3(x_1, x_2)) = (x_1 + x_2, x_1^2 + 2x_1x_2, x_1x_2^3)$의 그래프를 파이썬 코드로 구현해보시오.

In

```
import numpy as np
import matplotlib.pyplot as plt
from mpl_toolkits import mplot3d

plt.figure(figsize=(7,7))

ax = plt.axes(projection='3d')
ax.xaxis.set_tick_params(labelsize=15)
ax.yaxis.set_tick_params(labelsize=15)
ax.zaxis.set_tick_params(labelsize=15)
ax.set_xlabel(r'$x$', fontsize =20)
ax.set_ylabel(r'$y$', fontsize =20)
ax.set_zlabel(r'$z$', fontsize =20)
```

```
u = np.linspace(0, 1, 30)
v = np.linspace(0, 1, 30)
U, V = np.meshgrid(u, v)
X = U + V
Y = U**2 + 2*U*V
Z = U* V**3

# ax.plot_surface(X1, X2, Z,cmap=plt.cm.binary, edgecolor="k")
ax.scatter3D(X, Y, Z, marker='*', color='gray')

plt.show()
```

Out

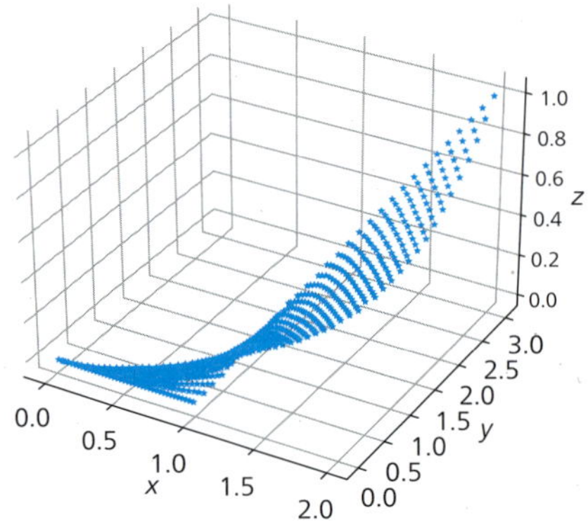

5.5 이항 연산

수학에서 연산(operation)이란 어떤 집합의 거듭제곱 집합에서 그 집합으로 가는 함수를 말한다. 다시 말해서 해당 집합의 원소끼리 정의된 규칙에 따라 계산을 하면 그 결과가 항상 해당 집합의 원소가 되게 하는 성질을 만족하는 규칙이다. 이런 성질을 보통 해당 연산이 '닫혀있다(closed)'라고 한다.

컴퓨터를 구성하는 회로에서 활용도가 높은 입출력 연산을 불 대수(Boolean algebra)라고 한다. 불 대수에서는 논리적 상관관계를 주로 다루며, 거짓(0)과 참(1)의 2가지 값만을 입력으로 받아들이고 출력도 0과 1 중에 하나로 나타낸다. 이러한 방식으로 회로의 기초가 되는 게이트(gate)함수를 정의한다. 게이트함수를 실제 반도체에 이용하여 하드웨어로 구현하고 이들을 집적시킨 집적회로(IC)를 만들고 집적회로를 고도로 집적시켜 현대의 컴퓨터 칩까지 발전시켰다. 따라서 불 대수는 컴퓨터 하드웨어의 기초가 되는 이론이다.

이항 연산

이항 연산(binary operation)이란 주어진 집합 S에 대해 $S \times S$가 정의역이고 공역이 S인 함수를 말한다. 여기서 $S \times S$는 곱집합 또는 데카르트 곱이다. 일반적으로 집합 S와 집합 T의 곱집합(product) 또는 데카르트 곱(Cartesian product)은 각 집합의 원소를 각 성분으로 하는 순서쌍의 집합이다. 예를 들어 집합 S와 집합 T의 곱집합 $S \times T$는 집합 $S \times T = \{f(s, t) \mid s \in S, t \in T\}$를 의미한다.

이미 우리는 이항 연산을 초등학교 때부터 알고 있으며 잘 사용해왔다. 여기서는 그동안 사용해왔던 사칙 연산을 좀 더 체계적인 구조 속에서 살펴보기로 하자. S가 실수 집합 R이라고 하자. 실수와 실수를 더하면 그 결과도 실수라는 것을 잘 알고 있다. 이 덧셈 연산을 아래 수식 (5.12)와 같이 함수로 표현할 수 있다.

$$\begin{aligned} + : R \times R &\to R \\ (x, y) &\mapsto x + y \end{aligned} \tag{5.12}$$

기호 '+'는 일반적으로 나타내는 함수 기호 'f'를 대신해서 표현된 함수이다. 즉 $f((x, y))$ 대신에 $+((x, y))$라고 쓰고 이 표현 대신에 우리한테 익숙한 $+((x, y)) \equiv x + y$라고 표현하는 것이다. 여기서 줄이 3개인 항등 기호는 좌측의 값을 우리가 이미 알고 있는 방식으로 우측에 표현할 때 사용하기로 한다. 좌측에 나타낸 표현 '+ ((x, y))'는 그동안 사용하지 않던 새로운 표현방식이고 이 표현을 우리가 알고 있는 실수와 실수의 덧셈 결과인 '$x + y$'라고 나타내어 정의하는 방식이다.

위와 같은 방법으로 실수의 사칙 연산을 모두 이항 연산으로 나타낼 수 있다. 일반적으로 이항 연산은 주어진 집합 S 위에 정의되는 이항 연산 기호를 '∘'로 나타내어

$$\begin{aligned} \circ : S \times S &\rightarrow S \\ (s, t) &\mapsto s \circ t \end{aligned}$$

라고 정의할 수 있다. 이항 연산은 아래 그림 5.13과 같이 입력값이 2개이고 출력값이 1개인 이변수 함수라고 할 수 있다.

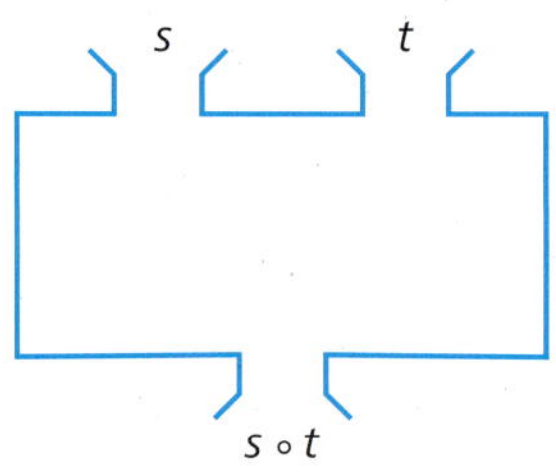

그림 5.13 이항 연산

$S = \{0, 1\}$이라고 하고 이항 연산을 하나 정의하자. 이 연산기호를 ⊕라고 표현해보자. 연산 ⊕은 다음과 같이 정의한다.

$$\begin{aligned} \oplus : S \times S &\rightarrow S \\ (x, y) &\mapsto x \oplus y \end{aligned}$$

여기서 입력값 $x, y \in \{0, 1\}$이므로 $S \times S = \{0, 1\} \times \{0, 1\} = \{(0, 0), (0, 1), (1, 0), (1, 1)\}$이다. 연산 ⊕은 각각 아래의 표와 같이 정의한다.

표 5.2 XOR 연산

x	y	$x \oplus y$
0	0	0
0	1	1
1	0	1
1	1	0

이렇게 정의한 연산 ⊕는 이항 연산의 조건을 만족한다. 이 연산의 이름은 XOR(exclusive OR) 연산이다. 특히 인공지능에서는 여러 가지 이항 연산을 사용해서 기술해야 할 때가 있는데, 대표적인 연산 중의 하나로 XOR 연산을 사용한다.

이항 연산 AND와 OR

앞 절에서 배운 이항 연산인 XOR 연산과 유사한 연산으로서 AND 연산과 OR 연산이 있다. AND 연산은 두 개의 입력값 중에서 작은 값을 출력하는 이항 연산이다. 기호는 ∧로 나타낸다. AND 연산을 논리곱(conjunction)이라고도 하는데 그 이유는 출력되는 값이 입력값의 일반적인 곱과 같기 때문이다.

표 5.3 AND 연산

x	y	$x \wedge y$
0	0	0
0	1	0
1	0	0
1	1	1

OR 연산은 두 개의 입력값 중에서 큰 값을 출력하는 이항 연산이다. 기호는 ∨로 나타낸다. OR 연산을 논리합(disjunction)이라고도 하는데 그 이유는 출력되는 값이 입력값의 불 대수 합과 동일하기 때문이다. 표 5.4의 마지막 줄에서 1 ∨ 1 값이 1인 점에 주의하길 바란다.

표 5.4 OR 연산

x	y	$x \vee y$
0	0	0
0	1	1
1	0	1
1	1	1

NOT 연산

이항 연산은 아니지만 단항 연산인 부정(NOT) 연산도 소개하고자 한다. NOT 연산은 단항 연산으로서 기호 '~'로 나타내며 입력이 0이면 출력으로 1을 내보내고 반대로 입력이 1이면 출력으로 0을 내보내는 연산이다.

표 5.5 NOT 연산

x	$\sim x$
0	1
1	0

예제 5.9

AND, OR, XOR, NOT 연산을 파이썬 코드로 구현해보자.

In

```
print(bin(0b01010101 & 0b00001111))    # 2진 AND 연산
print(bin(0b01010101 | 0b00001111))    # 2진 OR 연산
print(bin(0b01010101 ^ 0b00001111))    # 2진 XOR 연산
print(bin(~0b01010101))                # 2진 NOT 연산
```

Out

```
0b101
0b1011111
0b1011010
-0b1010110
```

5.6 제곱과 거듭제곱

수학에서 어떤 주어진 수나 문자 a를 두 번 곱하는 것을 제곱이라고 하고 다음과 같이 표현한다.

$$a \times a = a^2$$

a의 오른쪽 위 끝에 첨자 '2'를 표기하여 a를 2회 곱한다는 의미를 간단히 나타냈다. 주어진 수나 문자 a를 두 번 이상 곱할 때 거듭제곱이라고 한다. 실제로 제곱이나 거듭제곱은 주어진 수나 문자를 주어진 횟수만큼 곱하는 연산이다. 이를 연산기호 '⋄'로 표기하면 다음 수식 (5.13)과 같다.

$$\begin{aligned} \diamond &: R \times N \to R \\ (a, n) &\mapsto a \diamond n = \underbrace{a \times a \times \ldots \times a}_{n\text{번}} \end{aligned} \tag{5.13}$$

즉, 실수 집합 R의 한 원소 a와 자연수 집합 N의 한 원소 n으로 이루어진 순서쌍 (a, n)에 실수 a를 n번 곱한 값인 실수 $a \times \ldots \times a$를 대응시키는 함수이다.

거듭제곱

거듭제곱(exponentiation)은 같은 수를 거듭하여 곱한 것으로, 주어진 실수를 명시된 횟수만큼 곱하는 연산이다. 주어진 실수를 밑(base) 또는 기저라고 하고, 곱하는 횟수를 지수(exponent 또는 power)라고 한다.

즉, 밑이 a이고 지수가 n인 거듭제곱을 a의 n거듭제곱 또는 간단히 n제곱이라고 하고 a^n으로 표현한다. 따라서 a의 n거듭제곱은 다음과 같이 구한다.

$$\underbrace{a \times a \times \ldots \times a}_{n\text{번}} = a^n$$

n은 0이 아닌 자연수라고 가정하고 정의하였다. 실제로 거듭제곱하는 횟수에 해당하는 수 n이 음의 정수 또는 0일 수도 있으므로 자연수에 국한하지 않고 정수로 확장하여 거듭제곱을 정의할 수 있다. 물론 정수뿐만 아니라 유리수 거듭제곱 또는 실수 거듭제곱 또는 복소수 거듭제곱

까지도 정의할 수 있다. 일단 여기서는 정수 거듭제곱에 관해서만 설명하고 거듭제곱의 역함수에 해당하는 거듭제곱근을 설명한 뒤에 유리수 거듭제곱에 대해 알아보기로 한다.

먼저 정수 거듭제곱의 예를 들어보자. 주어진 실수 $a = 5$이고 곱해야 하는 횟수 $n = 4$라고 하자. 그러면 5를 4번 곱하여

$$5 \times 5 \times 5 \times 5 = 5^4 = 625$$

를 얻게 된다. 여기서 밑은 5이고 지수는 4이다. 그리고 5^4을 5의 네제곱이라고 읽는다.

실수 a와 양의 정수 n에 대하여 거듭제곱을 다음과 같이 재귀적으로 정의하기도 한다.

$$a^1 = a$$
$$a^{k+1} = a^k \times a \qquad (k \in N)$$

$n = 0$인 경우를 생각해보자. 0이 아닌 실수 a가 주어졌을 때, a의 영제곱은 다음과 같다.

$$a^0 = 1$$

곱해야 하는 횟수가 음의 정수일 경우를 생각해보자. n이 양의 정수라고 하면 $-n$은 음의 정수이다. 따라서 0이 아닌 실수 a에 대해 a의 $-n$제곱은 다음과 같이 정의한다.

$$a^{-n} = \frac{1}{a^n}$$

즉, 0이 아닌 실수의 음의 정수 제곱은 우선 그 음의 정수의 절댓값인 양의 정수를 지수로 하여 거듭제곱을 구하고, 그 수의 역수를 취한다. 실수 0의 음의 정수 거듭제곱은 정의하지 않는다. 예를 들어서 2^{-3}을 구한다면

$$2^{-3} = \frac{1}{2^3} = \frac{1}{8}$$

이 된다.

주어진 실수 a, b와 자연수 n, m에 대하여 거듭제곱과 관련된 다음의 식들이 성립된다.

$$a^1 = a$$
$$a^n a^m = a^{n+m}$$
$$(a^n)^m = a^{nm}$$
$$a^n b^n = (ab)^n$$
$$\left(\frac{a}{b}\right)^n = \frac{a^n}{b^n} (b \neq 0)$$
$$a^m \div a^n = a^{m-n}$$

거듭제곱의 코드 구현

예제 5.10

다음 수식 $y = x^a$을 파이썬 코드로 구현해보자. 파이썬에서 거듭제곱은 '**'를 사용한다.

In

```
%matplotlib inline
import numpy as np
import matplotlib.pyplot as plt

def my_func (x):
    a = 3
return x**a             # x의 세제곱
x = np.linspace(1, 3)
y = my_func(x)          # y = f(x)

plt.plot(x, y)
plt.xlabel("x", size=14)
plt.ylabel("y", size=14)
plt.grid()

plt.show()
```

Out

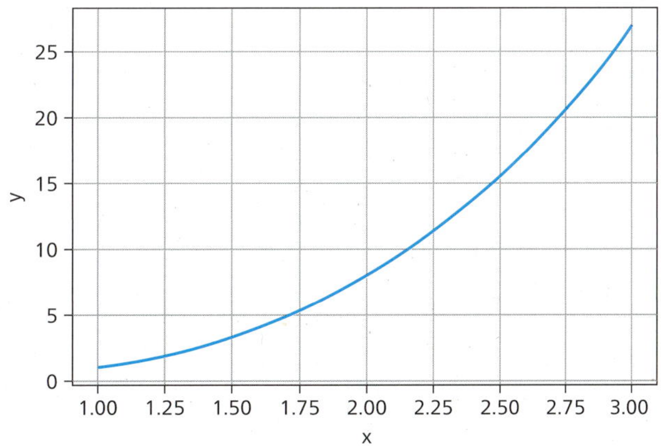

x값이 1일 때 y값은 1, x값이 2일 때 y값은 8, x값이 3일 때 y값은 27로 되어 있다. 각각 1의 세제곱과 2의 세제곱, 3의 세제곱에 해당한다. 또한 x값이 정수가 아니어도 지수를 연속으로 계산할 수 있는 것을 알 수 있다.

거듭제곱 그래프

예제 5.11

다음 수식 $y = x^4$의 그래프를 파이썬 코드로 구현해보자.

In

```
%matplotlib inline
import numpy as np
import matplotlib.pyplot as plt

def my_func (x):
   a = 4
   return x**a          # x의 네제곱

x = np.linspace(1, 3)
y = my_func(x)          # y = f(x)

plt.plot(x, y)
plt.xlabel("x", size=14)
plt.ylabel("y", size=14)
plt.grid()

plt.show()
```

Out

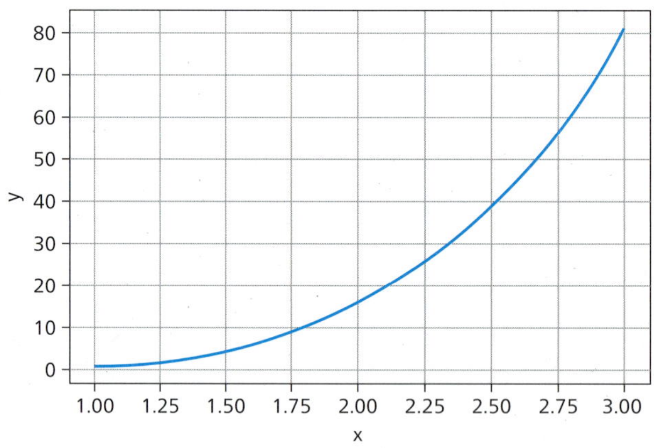

거듭제곱해야 하는 값을 5로 증가시켜서 파이썬 코드로 구현해보고 그래프의 증가 정도를 거듭제곱의 값이 4인 경우와 비교해보자.

예제 5.12

다음 수식 $y = x^5$의 그래프를 파이썬 코드로 구현해보자.

In

```
%matplotlib inline
import numpy as np
import matplotlib.pyplot as plt
def my_func (x):
    a = 5
    return x**a          # x의 오제곱
x = np.linspace(1, 3)
y = my_func(x)           # y = f(x)

plt.plot(x, y)
plt.xlabel("x", size=14)
plt.ylabel("y", size=14)
plt.grid()

plt.show()
```

Out

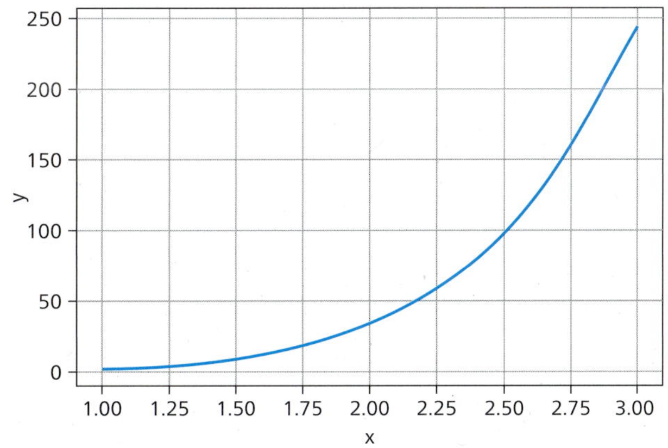

$y = x^4$의 그래프와 $y = x^5$의 그래프를 비교해보면 거듭제곱에 의한 증가 속도의 차이를 확인할 수 있다.

5.7 제곱근

먼저 어떤 수 a의 제곱근이란 제곱을 했을 때 a가 되는 수를 말한다. 예를 들어 2의제곱근의 개념을 알아보자. 실수 $\sqrt{2}$를 제곱하면 2가 된다. 따라서 $\sqrt{2}$는 2의 제곱근이다. 한편 $-\sqrt{2}$를 제곱하면 그 결과도 2가 된다. 따라서 $-\sqrt{2}$도 2의 제곱근이다. 실수 $a = -4$가 주어졌을 때 어떤 실수를 제곱해서 −4가 되는 경우가 있을까? 답은 '당연히 그런 경우는 없다'이다. 왜냐하면 실수를 제곱하면 그 값은 항상 음이 아니기 때문이다. 따라서 $a = -4$의 실수 제곱근은 존재하지 않는다. 일반적으로 음수의 실수 제곱근은 존재하지 않는다.

제곱근에는 양수와 음수의 값이 있다. 예를 들어 9의 제곱근은 3과 −3이다. 그중 양의 제곱근은 $\sqrt[2]{\ }$ 기호(square root symbol)를 사용하여 다음과 같이 표현한다.

$$y = \sqrt[2]{x}$$

일반적으로 제곱근 기호를 사용할 때 $\sqrt[2]{\ }$ 대신에 루트 기호 왼쪽 위 끝의 2를 생략한 $\sqrt{\ }$를 사용한다.

실수의 제곱근을 대응시키는 제곱근함수를 생각할 수 있다. 제곱근함수는 다음과 같은 성질을 만족한다.

음이 아닌 두 실수 x, y에 대해	$\sqrt{xy} = \sqrt{x}\sqrt{y}$
음이 아닌 실수 x에 대해	$\sqrt{x^2} = (\sqrt{x})^2 = x$
모든 실수에 대해	$\sqrt{x^2} = \lvert x \rvert$

거듭제곱이나 거듭제곱근은 수식 작성에 자주 등장하는 개념이다. 실수의 경우 모든 양의 실수 a는 서로 덧셈 역원인 두 개의 제곱근을 갖는다. 그중 음이 아닌 하나를 주요 제곱근이라고 한다. 예를 들어 16의 제곱근은 ±4이며 그중 양수인 4를 주요 제곱근이라고 한다. 실수 범위에서 음수는 제곱근을 갖지 못하는 이유는 실수의 제곱은 절대로 음수가 될 수 없기 때문이라고 앞에서 설명하였다.

거듭제곱근

실수 a가 주어졌고 n이 2 이상의 정수일 때, n제곱하여 a가 되는 수를 a의 n거듭제곱근이라고 하고 다음과 같이 표현한다.

$$\sqrt[n]{a}$$

세제곱근의 경우를 생각해보자. 예를 들어서 8의 세제곱근을 구해보자. 2를 세제곱하면 8이 된다. 따라서

$$\sqrt[3]{8} = 2$$

이다. 이 경우에는 세제곱근이 정숫값으로 딱 떨어졌다. 하지만 항상 그런 것은 아니다. 2의 세제곱근은 어떤 수인가? 어떤 실수를 세제곱했을 때 2가 되는 실수를 2의 세제곱근이라고 한다고 했다. 그리고 그 수를 $\sqrt[3]{2}$라고 표현했다. 그러므로 2의 세제곱근은 정수로 표현되지 않는다.

이번에는 주어진 실수가 음수인 경우를 생각해보자. 다시 말해서 어떤 실수를 세제곱했을 때 −8이 되는 실수가 −8의 세제곱근이다. 그런데 $(-2)^3 = -8$이므로 $\sqrt[3]{-8} = -2$이다. 이 경우도 세제곱근이 정숫값을 갖지만 그렇지 않은 세제곱근들이 더 많다. 예를 들어 −2의 세제곱근을 구해보자. 어떤 수를 세제곱해서 −2가 되는 실수가 존재할까? 답은 '존재한다'이다. 실제로 $-\sqrt[3]{2}$가 그런 수이다. 즉, $(-\sqrt[3]{2})^3 = -2$이다. 따라서 $-\sqrt[3]{2}$는 −2의 세제곱근이다.

제곱근에서는 음수의 제곱근이 존재하지 않는다고 했다. 하지만 홀수 거듭제곱근은 값이 존재한다. 일반적으로 음수의 짝수 거듭제곱근은 존재하지 않지만, 홀수 거듭제곱근은 존재한다는 점이 차이점이다.

실수 a의 n거듭제곱근을 $a^{1/n}$이라고도 표현한다. 그 이유는 형식적으로 볼 때

$$(a^{1/n})^n = a^{(1/n)n} = a^1 = a$$

이므로 $a^{1/n}$을 a의 n제곱근이라고 할 수 있다. 이런 표현을 이용하면 우리가 앞에서 정의하지 못했던 유리수 거듭제곱과 실수 거듭제곱의 개념을 정의할 수 있다.

유리수 거듭제곱

앞에서 실수의 정수 거듭제곱에 대해 학습했다. 그럼 주어진 실수 a의 유리수 거듭제곱은 어떻게 정의하면 될까? 거듭제곱할 유리수를 n/m이라고 하자. 그러면 $a^{n/m}$은 어떤 수를 의미하는가? $a^{n/m}$을 $a^{n/m} = (a^n)^{1/m}$로 표현할 수 있다. 따라서 $a^{n/m}$을 m거듭제곱하면

$$(a^{n/m})^m = [(a^n)^{1/m}]^m = (a^n)^{(1/m)m} = a^n$$

이 성립된다. 즉, $a^{n/m}$은 a^n의 m거듭제곱근이라고 할 수 있다. 따라서

$$a^{n/m} = \sqrt[m]{a^n}$$

으로 표현할 수 있다. 이렇게 하여 주어진 실수 a의 유리수(n/m) 거듭제곱을 a^n의 m거듭제곱근을 이용하여 정의하였다.

예를 들어보자. 실수 $a = 8$의 $n/m = 2/3$거듭제곱은 무엇인가? 즉, $8^{2/3}$은 어떤 수인지 알아보자.

$$(8^2)^{1/3} = (64)^{1/3} = (2^6)^{1/3} = 2^2 = 4$$

이다. 다른 예를 들어보자. $(24)^{4/3}$은 어떤 값인가?

$$\begin{aligned}(24)^{4/3} &= (2^3 \cdot 3)^{4/3} = (2^{12} \cdot 3^4)^{1/3} \\ &= (2^{12})^{1/3}(3^4)^{1/3} = 2^4(3^3 \cdot 3^1)^{1/3} \\ &= 2^4(3^3)^{1/3}(3)^{1/3} = 2^4 \cdot 3 \cdot \sqrt[3]{3} = 48\sqrt[3]{3}\end{aligned}$$

이 된다.

실수 거듭제곱

앞에서 정의한 유리수 거듭제곱의 정의를 활용하고 수열의 수렴성을 이용하면 일반적인 실수 거듭제곱도 정의할 수 있다. 여기서 실수 거듭제곱의 정의를 구체적으로 하지 않지만, 실수 거듭제곱에서도 정수 거듭제곱에서 성립되었던 식이 전부 성립된다. 즉, 주어진 실수 a, b와 거듭제곱 지수인 실수 x, y에 대해서

$$a^x a^y = a^{x+y}$$

$$(a^x)^y = a^{xy}$$

$$a^x b^x = (ab)^x$$

$$\left(\frac{a}{b}\right)^x = \frac{a^x}{b^x}(b \neq 0)$$

$$a^x \div a^y = a^{x-y}$$

가 성립된다. 예를 들어서 $(3.2)^\pi$나 $e^{\sqrt{3}}$ 같은 값도 정의할 수 있다는 의미이다. 여기서 π는 원주율이고 e는 나중에 배우게 될 자연대수의 밑수이다.

제곱근의 코드 구현

예제 5.13

다음 수식 $y = \sqrt{x}$를 파이썬 코드로 구현해보자. 양의 제곱근은 넘파이의 sqrt() 함수로 구할 수 있다.

In

```
import numpy as np
import matplotlib.pyplot as plt

def my_func(x):
    return np.sqrt(x)    # x의 양의 제곱근. x ** (1/2)도 같음

x = np.linspace(0, 16)
y = my_func(x)           # y = f(x)

plt.plot(x, y)
plt.xlabel("x", size=14)
plt.ylabel("y", size=14)
plt.grid()

plt.show()
```

Out

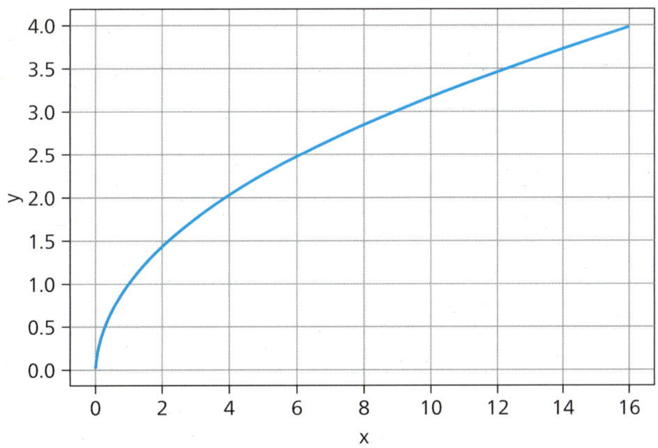

x값이 4일 때 y값은 2, x값이 9일 때 y값은 3, x값이 16일 때 y값은 4로 되어 있다. 각각 4의 양의 제곱근과 9의 양의 제곱근, 16의 양의 제곱근에 해당한다. 또한, x값이 정수가 아니어도 제곱근을 연속으로 계산할 수 있다는 것을 알 수 있다.

도전문제

문제 5.7

예제 5.13의 코드를 보완하여 다음 수식 $y = \sqrt{x} + 2$의 그래프를 그려보자.

In

```
import numpy as np
import matplotlib.pyplot as plt

def my_func (x):
    return np.sqrt(x) + 2  # x의 양의 제곱근. x ** (1/2)도 같음

x = np.linspace(0, 16)
y = my_func(x)             # y = f(x)

plt.plot(x, y)
plt.xlabel("x", size=14)
plt.ylabel("y", size=14)
plt.grid()

plt.show()
```

Out

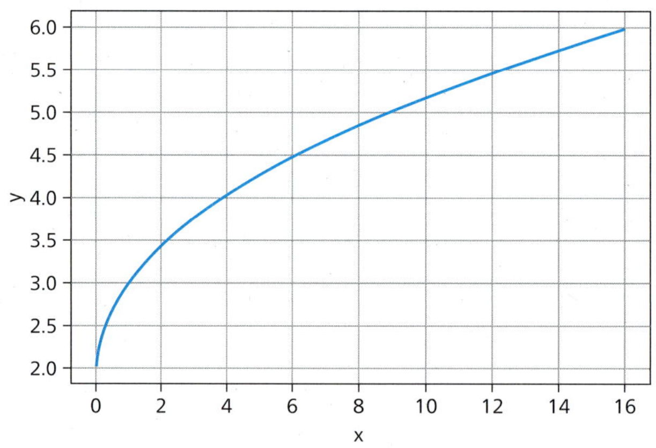

정리

함수란 두 개의 집합 사이의 관계이다. 이들 집합을 정의역과 공역이라고 하며 정의역의 원소에 공역의 원소를 한 개씩 대응시키는 규칙이 바로 함수이다. 다만 함수가 되기 위해서는 정의역의 모든 원소가 공역 내의 원소와 대응되어야 하며, 오직 한 원소와만 대응해야 한다는 조건을 만족해야 비로소 함수가 될 수 있다. 함수의 정의역에 속하는 원소를 독립변수라고 하고 이 독립변수에 대응되는 공역의 값을 종속변수라고 한다.

함수를 분류할 때 독립변수의 특성과 종속변수의 특성으로 구별한다. 함수의 종류 중 독립변수가 한 개인 일변수 함수와 여러 개의 변수로 이루어진 함수인 다변수 함수가 있다. 보통 실함수라고 하면 공역이 실수 집합인 함수를 말하는데, 중고등학교에서 학습했던 대부분 함수는 실함수로 구성되어 있다. 선형함수, 2차 함수, 다항함수, 지수함수, 로그함수, 삼각함수 등은 모두 정의역이 실수 집합의 부분 집합이고 공역이 실수 집합인 경우의 일변수 실함수들이다.

어떤 함수는 공역의 차원이 다차원인 경우가 있는데, 이러한 함수를 벡터함수라고 정의한다. 정의역이 실수 집합의 부분 집합일 경우는 일변수 벡터함수가 되고 정의역도 다차 공간의 부분 집합일 경우에는 다변수 다차원 벡터함수가 된다. 인공지능의 머신러닝 분야의 다층 인공신경망을 표현하는 데 필요한 함수가 바로 다변수 다차원 벡터함수이다. 따라서 이들 함수의 구조를 정확히 이해해야 인공지능을 학습하는 데 도움이 된다.

함수 중에서 중요한 의미를 가진 함수들이 있다. 그중에서 특정 집합의 곱집합을 정의역으로 하고 특정 집합 자체가 다시 공역이 되는 변수가 2개인 이변수 함수의 일종인 이항 연산이 있다. 초등학교에서 배운 실수의 사칙 연산(덧셈, 뺄셈, 곱셈, 나눗셈)은 모두 이항 연산으로 표현할 수 있다. 컴퓨터를 구성하는 회로에서 활용도가 높은 입출력 연산은 부울 대수(Boolean algebra)이다. 논리적 상관관계를 주로 다루며 거짓(0)과 참(1)의 2가지 값만을 입력으로 받아들이고 출력도 이 두 값으로 하는 방식의 컴퓨터 하드웨어의 기초가 되는 이론이다. 이항 연산 중에서 두 개의 입력 비트가 같으면 0을 출력하고 다르면 1을 출력하는 연산은 XOR 연산이다. 이항 연산은 AND 연산, OR 연산을 정의하는 데 매우 유용하다.

주어진 실수를 두 번 곱하는 것을 제곱이라 하고 여러 차례 곱하는 것을 거듭제곱이라 한다. 거듭제곱의 개념은 정수 번 곱하는 정도를 넘어 유리수 거듭제곱과 실수 거듭제곱까지 확장할 수 있다.

유리수 거듭제곱을 정의할 때 제곱근의 개념이 필요하다. 어떤 수를 제곱했을 때 그 값이 a라고 한다면 그 어떤 수를 [illegible]의 제곱근이라고 한다. 제곱과 제곱근은 함수 개념으로 보면 역함수의 의미가 있다. 거듭제곱에 대응하는 거듭제곱근도 상호 역함수의 의미가 있다.

연습문제 Mathematics for Artificial Intelligence

01 어느 4년제 대학 한 학과의 학생 전체 집합에서 한 학생을 선택하고 그 학생의 학년인 정수 1, 2, 3, 4 중 하나를 대응하는 경우를 생각해보자.

❶ 이 대응은 함수이다. 함수인 이유를 설명하시오.

❷ 이 함수의 정의역은 무엇인가?

❸ 이 함수의 공역은 무엇인가?

❹ 이 함수의 치역은 무엇인가? (주의: 학생이 없는 학년은 없다고 가정한다)

02 초등학교 때부터 사용해오던 사칙 연산은 이변수 실함수이다. 뺄셈을 이변수 실함수로 표현하면 주어진 두 실수 x, y에 대해 $f(x, y) = x - y$이다.

❶ 정의역은 무엇인가?

❷ 공역은 무엇인가?

❸ 뺄셈은 이항 연산인가?

❹ 치역은 무엇인가?

03 2차 벡터함수가 $t \in [0, 1]$에 대하여 $f(t) = (t, 1)$로 정의되어 있다. 이 함수를 그래프로 나타내시오.

04 3차 벡터함수 $f(t) = (2 - 4t, 1 + 5t, 2 + t)$이다. 이를 파이선 코드로 구현하고 그래프로 나타내시오.

05 이변수 2차 벡터함수가 다음과 같이 주어졌주어졌을 때 $u = f_1(x, y) = x + y$이고 $v = f_2(x, y) = x - y$라고 한다.

$$\begin{aligned} F&: R^2 \to R^2 \\ &(x_1, x_2) \mapsto (u = f_1(x_1, x_2), v = f_2(x_1, x_2)) \end{aligned}$$

❶ 정의역의 점 (0,0)의 함숫값 $F((0,0))$을 구하시오.

❷ 정의역의 점 (1,0)의 함숫값 $F((1,0))$을 구하시오.

❸ 정의역의 점 (1,1)의 함숫값 $F((1,1))$을 구하시오.

❹ 정의역의 점 (0,1)의 함숫값 $F((0,1))$을 구하시오.

❺ 정의역의 부분집합 $A = \{(x, y) | y = x\}$는 이 벡터함수에 의해 어느 집합으로 매칭되는가?

❻ 정의역 공간인 R^2 평면의 두 점인 $P = (0, 0)$과 $Q = (1, 0)$은 이 벡터함수에 의해 각각 공역의 어느 점에 매칭되는가?

❼ 두 점 $P = (0, 0)$과 $Q = (1, 0)$을 잇는 선분은 $B = \{(x, y)|x \in [0, 1], y = 0\}$라고 나타낼 수 있다. 이 선분의 벡터함숫값의 집합은 $F(B) = \{F((x, y)) : (x, y) \in B\}$이다. 집합 $F(B)$는 공역 공간인 R^2 평면에서 선분으로 나타나는가? 그 길이는 얼마인가?

06 다음 XOR 연산에 관한 문제를 푸시오.

❶ $a \oplus a =$

❷ $a \oplus 0 =$

❸ $a \oplus (b \oplus c) = (a \oplus b) \oplus c$가 성립하는가?

❹ $a \oplus b = b \oplus a$가 성립하는가?

❺ $(a \oplus b) \oplus b =$

07 다음 AND 연산 결과를 작성하시오.

x	y	$x \wedge y$
0	0	
0	1	
1	0	
1	1	

08 다음 AND 연산에 관한 문제를 푸시오.

❶ $a \wedge a =$

❷ $a \wedge 0 = a$가 성립하는가?

❸ $a \wedge (b \wedge c) = (a \wedge b) \wedge c$가 성립하는가?

❹ $a \wedge b = b \wedge a$가 성립하는가?

❺ $(a \wedge 0) \wedge b =$

09 다음 OR 연산 결과를 작성하시오.

x	y	$x \vee y$
0	0	
0	1	
1	0	
1	1	

10 다음 OR 연산에 관한 문제를 푸시오.

❶ $a \vee a =$

❷ $a \vee 0 =$

❸ $1 \vee b =$

❹ $a \vee (b \vee c) = (a \vee b) \vee c$가 성립하는가?

❺ $a \vee b = b \vee a$가 성립하는가?

❻ $(1 \vee b) \vee 0 =$

11 다음 NOT 연산 결과를 작성하시오.

x	$\sim x$
0	
1	

12 주어진 2개의 실수 x, y에 대하여 이항 연산을 $x \circ y \equiv x + y - 1$라고 정의한다. 이 이항 연산 '$\circ$'에 대하여 다음 문제를 푸시오.

❶ $(2 \circ 3) \circ 4$

❷ $2 \circ (3 \circ 4)$

❸ 임의의 3개의 실수 x, y, z에 대하여 $x \circ (y \circ z) = (x \circ y) \circ z$가 성립하는가? 성립하면 이를 보이시오.

❹ 임의의 $x \in R$에 대하여 $x \circ y = x$가 되는 y가 R에 존재하는가? 존재한다면 그 원소를 찾으시오.

❺ 임의의 2개의 실수 x, y에 대하여 $x \circ y = y \circ x$가 성립하는가? 성립하면 이를 보이시오.

13 주어진 실수 a에 대하여 $(-a)^2 = a^2$임을 보이시오.

14 $\left(\frac{2}{3}\right)^{3/2}$을 간략히 표현하시오.

15 27의 세제곱근을 구하시오.

16 −27의 세제곱근을 구하시오.

17 16의 네제곱근을 구하시오.

18 $(-243)^{2/5}$을 구하시오.

19 거듭제곱을 구할 때 실수 거듭제곱값에 대한 표를 완성하시오.

$x \in R$(실수 집합)	x의 짝수 제곱	x의 홀수 제곱
양수		양수
0	0	
음수		

20 거듭제곱근을 구할 때 실수 거듭제곱근의 개수에 대한 표를 완성하시오.

$x \in R$(실수 집합)	x의 짝수 제곱근	x의 홀수 제곱근
양수		
0		0
음수	없음	

06 기초 수학 2

학습목표

- 인공지능을 학습하는 데 기초가 되는 수학 지식을 앞 장에 이어서 학습한다.
- 다항함수의 개념을 알아본다.
- 삼각함수와 지수함수와 로그함수의 의미를 알아본다.
- 인공지능에서 필요한 수열과 급수를 이해한다.
- 인공지능의 시뮬레이션 등에 필요한 난수 생성을 위한 난수의 개념을 파악한다.
- 절댓값의 개념을 간단히 이해한다.

학습목차

6.1 다항함수

다항식은 단항식들을 여러 개 합한 식을 말한다. 그리고 다항함수란 다항식을 함수 형태로 표현한 것이다. 다항식은 그냥 나열된 수식 표현이고 다항함수는 'y = 다항식' 또는 '$f(x) = x$를 변수로 갖는 다항식' 형태로 이루어진 함수를 의미한다.

다항함수는 단항함수들의 덧셈과 뺄셈으로 이루어진 가장 기본적인 함수이다. 다항식의 근은 대수학에서 중요하게 다뤄지는 항목이다. 2차 방정식의 근을 구하는 공식은 익숙하게 알고 있는 지식이다. 3차 방정식이나 그 이상의 방정식에서도 근의 공식을 가지고 근을 구할 수 있는지에 대한 문제는 추상대수학 분야에서 매우 중요하게 취급되는 이론 중 하나이다. 실제로 5차 이상의 방정식은 근을 구하는 공식이 존재하지 않는다는 사실을 갈로아(Galois)라고 하는 수학자가 증명하였다. 다항식은 우리에게 가장 익숙하면서도 자연현상을 표현하는 데 가장 많이 활용되는 수식이다. 다항식과 다항함수에 대해 좀 더 자세히 알아보고 파이썬을 이용해서 코드로 구현해보자.

일변수 다항식

예를 들어 다음과 같이 여러 항으로 구성된 식을 다항식이라고 한다. 다만 변수는 x 한 개로만 구성되어 있다는 점에 유의하기를 바란다. 그래서 일변수라는 명칭을 사용하였다. 일변수 다항식의 예를 들어보자.

$$3x + 7$$

$$5x^2 + 6x - 2$$

$$4x^5 - 2x^3 + 3x + 2$$

위에 예로 들은 3개의 다항식 중 첫 번째 다항식은 2개의 항으로 구성되었고, 두 번째 다항식은 3개의 항으로 구성되었으며, 세 번째 다항식은 4개의 항으로 구성된 다항식이다. 일변수라는 표현을 사용한다는 말은 변수가 한 개가 아닌 여러 개인 다항식도 정의할 수 있다는 의미이다. 따라서 변수가 x, y 두 개로 이뤄진 다항식도 있고 더 많은 변수로 구성된 다항식도 있다. 예를 들면

$$3x + 7xy - 2y$$

$$5x^2 + 6xy - 2z^2 + 7xyz$$

에서 첫 번째 다항식은 이변수 다항식이고 두 번째 다항식은 삼변수 다항식이다.

여기서는 변수가 한 개인 다항식에 집중해서 알아보기로 한다. 여러 개의 단항식의 합이나 차 형태로 구성되는 식이 다항식이며 다항식을 일반화하면 다음과 같이 나타낼 수 있다.

$$y = a_n x^n + a_{n-1} x^{n-1} + \ldots + a_1 x + a_0 \tag{6.1}$$

수식 (6.1)은 합을 나타내는 기호 '$\sum$'를 사용해서 다음과 같이 표현할 수 있다. 식이 복잡할수록 이러한 기호를 사용하게 되면 간결하게 표현할 수 있다. 하지만 기호로 표현하다 보니 첨자가 많이 등장하기 때문에 복잡해 보인다. 자세히 살펴보면 중복되는 형태의 표현을 한 가지의 일반형으로 통일시킨 형태라고 보면 된다.

$$y = \sum_{i=0}^{n} a_i x^i$$

시그마 $\sum$ 기호의 유래

영어에서 합을 나타내는 표현은 summation이다. 이는 합계 또는 총계를 나타낸다. 앞의 3글자만 따서 Sum이라고 표현한다. 그런데 영어 알파벳 S에 해당하는 그리스 문자가 $\sum$이기 때문에 이를 사용해서 표현한다. 적분에서 사용하는 기호 $\int$도 합한다는 의미인 Sum의 앞 글자를 따와서 만든 기호이다. 이 기호는 1675년에 라이프니츠(Gottfried Wilhelm Leibniz)가 처음 S를 길게 늘린 $\int$(long S)로 라틴어 'summa'의 의미인 합계나 총계의 의미를 담았다.

위와 같이 표현된 다항식에서 x를 변수라고 한다. x를 변수로 하기 때문에 x에 대한 다항식이라고 한다. 항 안에서 변수의 거듭제곱에 곱해지는 수를 계수라고 한다. 곱하는 수가 없는 항의 계수는 1이고 빼는 항의 계수에 빼기 부호도 포함시켜야 한다는 것을 주의하길 바란다. a_n이 0이 아닐 때 x의 거듭제곱 정수(차수) 중 가장 큰 수가 n이므로 이 다항식을 n차 다항식이라고 한다.

주어진 다항식에 변수 및 각 변수의 차수가 같은 항이 복수 개 존재한다면 이들을 동류항이라고 한다. 동류항을 가지고 있는 다항식의 경우 동일 차수 변수의 계수들을 더하여 하나의 항으로 정리하여 동류항이 없도록 만들 수 있다. 상수항 하나로만 이루어진 다항식 $c = cx^0$을 상수 다항식이라고 한다.

다항식을 표현할 때 변수를 사용하였다. 따라서 이 변수를 함수의 변수로 보고 다항식의 값을 구할 수 있다. 이와 같이 변수와 출력되는 다항식의 값의 관계를 보면 하나의 함수로 볼 수 있다. 다항식의 변수와 해당 변수값으로 대체한 다항식의 값을 대응시키는 함수를 다항함수라고 한다. 다음은 다항함수의 예이다.

$$y = 3x + 7$$
$$p(x) = 5x^2 + 6x - 2$$
$$f(x) = 4x^5 - 2x^3 + 3x + 2$$

다항식의 항등

주어진 두 개의 다항식을 생각해보자. 수식 (6.1)의 형태로 나타낸 다항식으로서 동일한 변수로 구성된 다항식 $f(x)$와 $g(x)$가 다음과 같다고 해보자.

$$f(x) = a_n x^n + a_{n-1} x^{n-1} + \ldots + a_1 x + a_0$$
$$g(x) = b_m x^m + b_{m-1} x^{m-1} + \ldots + b_1 x + b_0$$

이때 $n = m$이고, $i = 1, 2, \ldots, n$에 대해 $a_i = b_i$를 만족하면 두 개의 다항식은 같다고 하고 다음과 같이 나타낸다.

$$f(x) = g(x)$$

예를 들어 두 개의 다항식이 다음과 같이 주어졌다고 하자.

$$p(x) = 3x^3 - 2x^2 + ax - b$$
$$q(x) = cx^4 - dx^3 + ex^2 - 3x - 7$$

두 개의 다항식이 같다고 하면 각 다항식의 계수는 어떻게 결정되는가? $p(x) = q(x)$가 되어야 한다는 의미이므로 우선 차수가 동일해야 한다. 하지만 $p(x)$의 차수는 3차이고 $q(x)$의 차수는 4차이므로 $q(x)$의 4차 변수의 계수인 c는 0이어야 한다. 그리고 나머지 차수별로 두 개의 다항식 계수는 같아야 하므로, 두 개의 다항식을 구성하는 계수들의 값은

$$a = -3,\ b = 7,\ c = 0,\ d = -3,\ e = -2$$

를 만족해야 하고 $p(x) = q(x) = 3x^3 - 2x^2 - 3x - 7$이다.

일변수 다항식 구현

예제 6.1

다음 2차 다항식 $y = 5x^2 - 3x + 7$의 그래프를 파이썬 코드로 구현해보자.

In
```
%matplotlib inline
import numpy as np
import matplotlib.pyplot as plt

def myfunc(x):
   return 5*x**2 - 3*x + 7

x = np.linspace(-2, 2)
y = myfunc(x)        # y = f(x)
```

```
plt.plot(x, y)
plt.xlabel("x", size = 14)
plt.ylabel("y", size = 14)
plt.grid()

plt.show()
```

Out

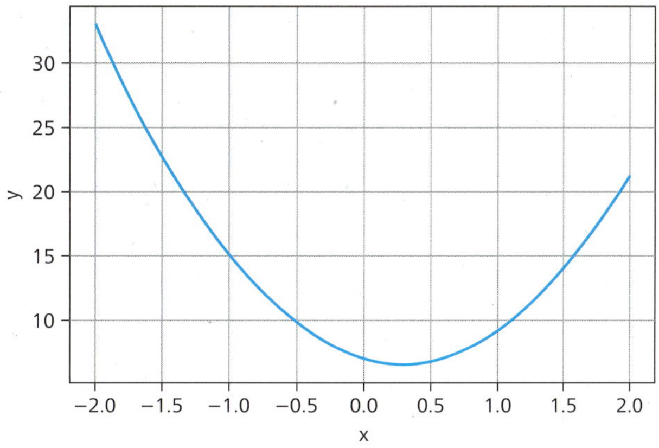

예제 6.2

다음 3차 다항식 $y = 4x^3 - 2x^2 + x - 4$의 그래프를 파이썬 코드로 구현해보자.

In

```
%matplotlib inline
import numpy as np
import matplotlib.pyplot as plt

def myfunc(x):
   return 4*x**3 - 2*x**2 + x - 4

x = np.linspace(-2, 2)
y = myfunc(x)        # y = f(x)

plt.plot(x, y)
plt.xlabel("x", size = 14)
plt.ylabel("y", size = 14)
plt.grid()

plt.show()
```

Out

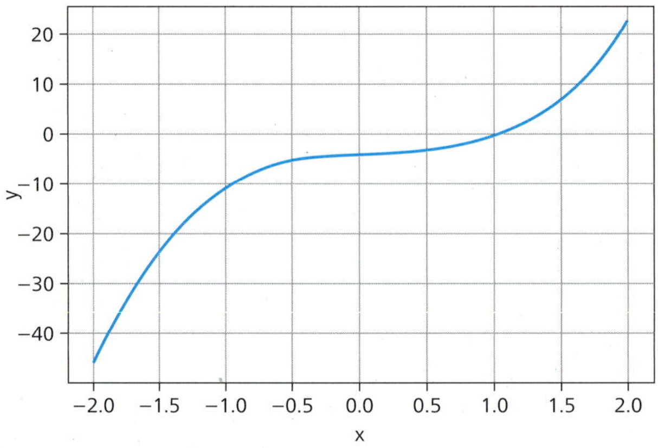

예제 6.3

다음 3차 다항식 $y = 2x^3 + 3x^2 - 4x - 1$의 그래프를 파이썬 코드로 구현해보자.

In

```
%matplotlib inline
import numpy as np
import matplotlib.pyplot as plt

def myfunc(x):
   return 2*x**3 + 3*x**2 - 4*x - 1

x = np.linspace(-2, 2)
y = myfunc(x)         # y = f(x)

plt.plot(x, y)
plt.xlabel("x", size = 14)
plt.ylabel("y", size = 14)
plt.grid()

plt.show()
```

Out

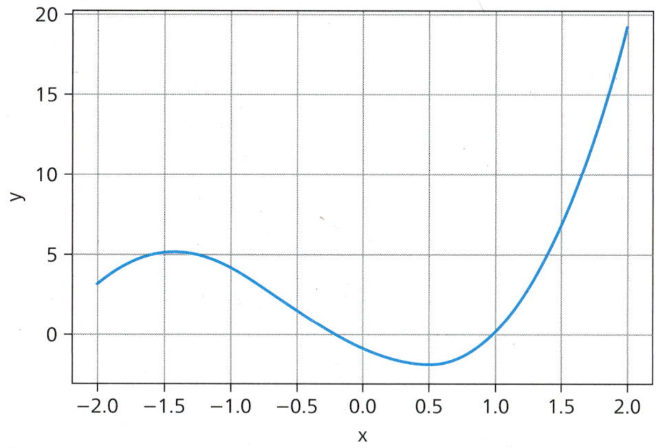

도전문제

문제 6.1

예제 6.3의 코드를 보완해서 다음 수식 $y = 2x^3 - 3x^2 + 7x - 5$의 그래프를 파이썬 코드로 구현해보시오.

In

```
%matplotlib inline
import numpy as np
import matplotlib.pyplot as plt

def myfunc(x):
   return 2*x**3 - 3*x**2 + 7*x - 5

x = np.linspace(-2, 2)
y = myfunc(x)          # y = f(x)

plt.plot(x, y)
plt.xlabel("x", size = 14)
plt.ylabel("y", size = 14)
plt.grid()

plt.show()
```

Out

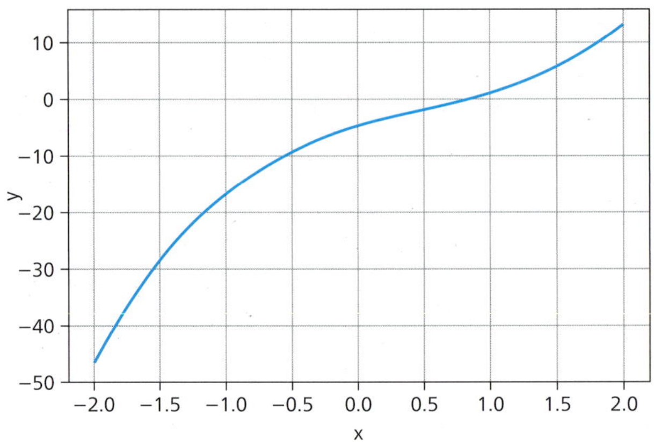

이변수 다항식

앞 절에서는 일변수 다항식에 대해 알아보았다. 즉 변수가 한 개인 다항식을 수식 (6.1)과 같이 표현할 수 있듯이 다항식은 변수의 개수가 2개이면 이변수 다항식이라고 한다. 물론 변수의 개수는 제한 없이 늘릴 수 있기 때문에 다변수 다항식도 정의할 수 있다.

여기서는 변수가 2개로 구성되는 이변수 다항식의 형식만 살펴보기로 하자. 몇 가지 이변수 다항식의 예를 들어보자. 이변수 다항식은 두 개의 변수의 차수를 더하여 가장 큰 값을 차수로 정한다. 예를 들어

$$2x^3y^2 + 2x^2y^2 + 7y^4 + 2xy + 7$$

이라면 이 다항식의 차수는 5이다.

최고차가 2차인 이변수 다항식의 예를 하나 들어보면

$$3xy + 2x^2 + 5y^2 + x - y - 1$$

이다. 최고차가 3차인 이변수 다항식의 예는

$$xy^2 + xy - 3x + 2y - 11$$
$$2yx^2 + (y - 1)x - 13$$

같은 다항식이며, 최고차가 4차인 이변수 다항식의 예는

$$2x^3y + 3x^2y^2 - 2xy^3 - 7x^2y + 3y^2x - 2xy + 6x - 3y$$

같은 다항식이다. 일변수 다항식의 일반표현과 마찬가지로 이변수 다항식도 수식 (6.1)과 유사하게 일반식으로 표현할 수 있다. 표현이 복잡하기는 하지만 머신러닝이나 딥러닝의 문제 표현에 복잡한 첨자들이 자주 등장하기 때문에 첨자에 익숙질 필요가 있다. 연습 삼아 변수의 개수가 n개인 다항식의 일반식을 나타내보자.

먼저 자연수 집합을 N이라고 했을 때 곱집합은 다음과 같이 정의한다.

$$N^n = \{(i_1, i_2, \ldots, i_n) | i_k \in N, k = 1, 2, \ldots, n\}$$

n변수 다항식의 변수를 $x_1, x_2, \ldots, x_n$이라고 하자. n변수 다항식은 아래 수식 (6.2)와 같이 표현한다.

$$P(x_1, x_2, \ldots, x_n) = \sum_{i_1, i_2, \ldots, i_n} a_{i_1, i_2 \ldots i_n} x_1^{i_1} \ldots x_n^{i_n} \tag{6.2}$$

n변수 다항식은 다중지표 표기법을 활용하여 수식 (6.2)를 다음과 같이 간략하게 표현하고 첨자를 별도로 표기하기도 한다. 즉,

$$P(x) = \sum_i a_i x^i$$

라고 표현한다. 여기서

$$i = (i_1, i_2, \ldots, i_n) \in N^n$$
$$x = (x_1, x_2, \ldots, x_n)$$
$$x^i = x_1^{i_1} x_2^{i_2} \ldots x_n^{i_n}$$

이다.

나중에 이변수나 다변수 다항식의 편미분이 머신러닝과 딥러닝에서의 문제를 해결하는 데 매우 중요한 역할을 하게 된다. 다변수 다항식의 기본유형과 첨자가 복잡하게 보이기는 하지만 첨자 표현방법도 익숙해지기를 바란다.

인공지능의 머신러닝과 딥러닝 분야에서 취급해야 하는 일변수 다항식 및 다변수 다항식 외에 삼각함수, 지수함수, 로그함수 및 수열과 급수 등이 있다. 하나씩 알아보자.

6.2 삼각함수

삼각함수를 이용하면 동일한 패턴이 반복되며 매끄럽게 변화하는 값을 그래프로 표현할 수 있다.

삼각함수의 정의

직각삼각형을 구성하는 세 변의 길이의 비는 각에 대한 일정한 규칙을 가지고 있다. 그림 6.1과 같은 직각삼각형을 생각해보자. 직각을 끼고 있는 변이 a, b이고 직각 맞은쪽 변(대변)이 c이다. 그리고 두 개의 변 a와 c에 끼인각이 θ이다.

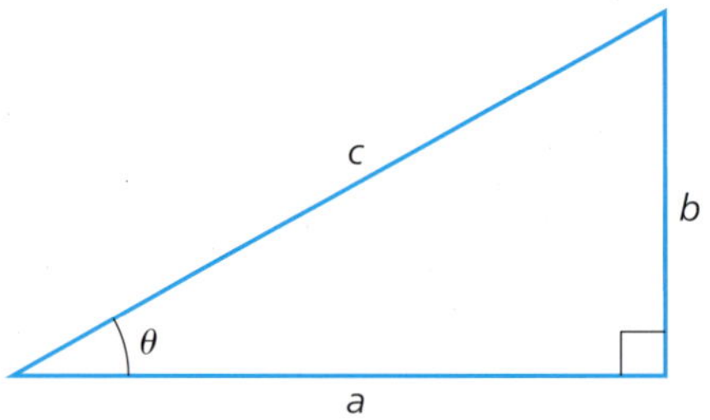

그림 6.1 직각삼각형의 끼인각

직각삼각형에서 각도 θ와 각 변의 관계를 다음과 같이 정의한다.

$$\sin\theta = \frac{b}{c},\ \csc\theta = \frac{c}{b}$$

$$\cos\theta = \frac{a}{c},\ \sec\theta = \frac{c}{a}$$

$$\tan\theta = \frac{b}{a},\ \cot\theta = \frac{a}{b}$$

예를 들어 함수를 통해 sin을 이해해보자. 함수 $y = f(x)$에서 f 대신에 sin이라고 표기한다. 그러면 $y = \sin(\theta)$라고 괄호를 사용해 표현해야 하지만 편의상 괄호 없이 표현하기로 한다. sin함수에서는 θ가 독립변수이고 이 값은 $-\infty < \theta < +\infty$ 범위의 값을 갖는다. 종속변수의 값 $y = \sin\theta$는 각 θ를 갖는 직각삼각형의 대각에 있는 변 b의 길이를 빗변 c의 길이로 나눈 값인 b/c이다.

사잇각인 θ는 일반적으로 표현하는 각도가 아니라 라디안으로 표현하는 것도 알아두기를 바란다. 라디안 표현이란 해당 각도 θ에 대응하는 반경이 1인 원의 호의 길이를 말한다. 예를 들어 $\pi(= 3.14159\ .\ .\ .)$ 라디안이 180°에 해당한다. 그리고 90°는 $\pi/2$ 라디안이다. 라디안 $\theta = \pi/3$

라는 말은 위의 직각삼각형의 사잇각이 60도라는 뜻이다. 왜냐하면 60도에 해당되는 반경 1인 원의 호의 길이가 $\pi/3$이기 때문이다.

라디안(radian)과 도(degree)

우리에게 익숙한 각의 단위는 도(degree)이다. 즉, 원 한 바퀴를 360도로 표현하고 90도는 직각을 나타내고 반원은 180도를 나타내는 각도의 단위이다. 각을 표현하는 다른 방법으로 라디안(radian)이 있다. 라디안 개념 때문에 힘들어하는 사람들이 많다. 라디안을 하나의 함수로 이해하면 쉽게 이해할 수 있다. [0도, 360도]를 정의역으로 보고 독립변수를 $0 \le x \le 360$에 대해 반지름이 1인 원의 사잇각이 x도인 호(부채꼴)의 길이를 대응시키는 함수를 정의하자. 즉,

$$f : [0, 360] \to [0, 2\pi]$$
$$x \mapsto \text{각도가 } x\text{(디그리)인 부채꼴의 호의 길이 } \theta$$

이렇게 정의하면 'x(디그리) $\mapsto$ θ(라디안)'으로 대응된다. 즉, '각도 $\mapsto$ 길이'를 대응시키고 각도를 길이로 해석하는 함수이다. 그림으로 보면 각도 x에 호의 길이인 θ를 대응시키는 함수이다.

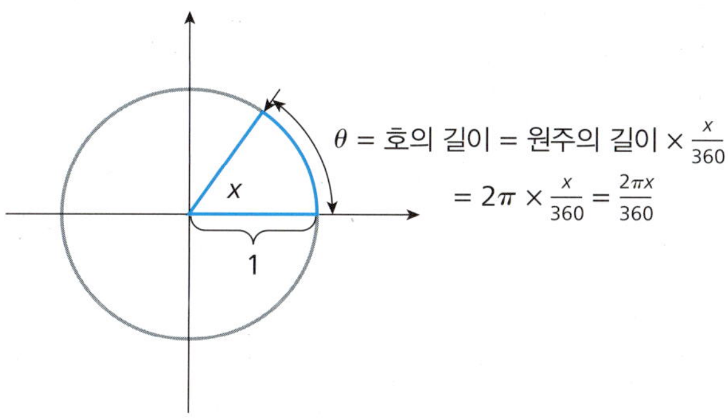

그림 6.2 라디안의 개념

예를 들어,

$$f(0) = \frac{2\pi \times 0}{360} = 0\text{이고}, \quad f(90) = \frac{2\pi \times 90}{360} = \frac{\pi}{2},$$

$$f(180) = \frac{2\pi \times 180}{360} = \pi, \quad f(270) = \frac{2\pi \times 270}{360} = \frac{3\pi}{2}, \quad f(360) = \frac{2\pi \times 360}{360} = 2\pi$$

라고 하자. 우리에게 익숙한 디그리로만 각을 표현하면 좋을 텐데 왜 이렇게 복잡하게 라디안을 도입해서 우리 머리를 복잡하게 하는 걸까? 그 이유는 삼각함수를 정의할 때 변수로 사용하는 θ가 실수의 길이 형태로 표현되기 때문이다. 디그리로 표현하면 실수의 길이와 일치하지 않기 때문에 이를 위해 라이안이라는 실수로 대치시켜 삼각함수의 값을 정의한다. 삼각함수인 sin함수를 예로 들면

$$\sin : R \to [0, 1]$$
$$\theta \mapsto \sin\theta$$

에서 정의역은 실수 전체 집합 R이고 θ는 정의역의 원소인 실수이다.

sin함수와 마찬가지로 cos함수와 tan함수를 정의할 수 있으며 각각 역의 값을 갖는 csc, sec, cot함수도 정의할 수 있다. 여기서 정의한 함수인 $\sin\theta$, $\cos\theta$, $\tan\theta$ 및 $\csc\theta$, $\sec\theta$, $\cot\theta$함수를 삼각함수라고 한다. sin은 사인, cos은 코사인, tan는 탄젠트라고 읽고, csc는 코시컨트, sec는 시컨트, cot는 코탄젠트라고 읽는다. 삼각함수는 다음의 관계를 만족한다.

$$(\sin\theta)^2 + (\cos\theta)^2 = 1$$

$$\tan\theta = \frac{\sin\theta}{\cos\theta}$$

$$1 + \tan^2\theta = \sec^2\theta$$

sin함수

구체적으로 sin함수가 어떻게 정의되는지 살펴보자. sin함수는 다음과 같이 설명하면 직관적으로 그 의미를 쉽게 이해할 수 있다. 길이가 1인 줄 끝에 추를 달아 시계 반대 방향으로 회전시킨다고 해보자. 이를 그림 6.3에 나타내었다.

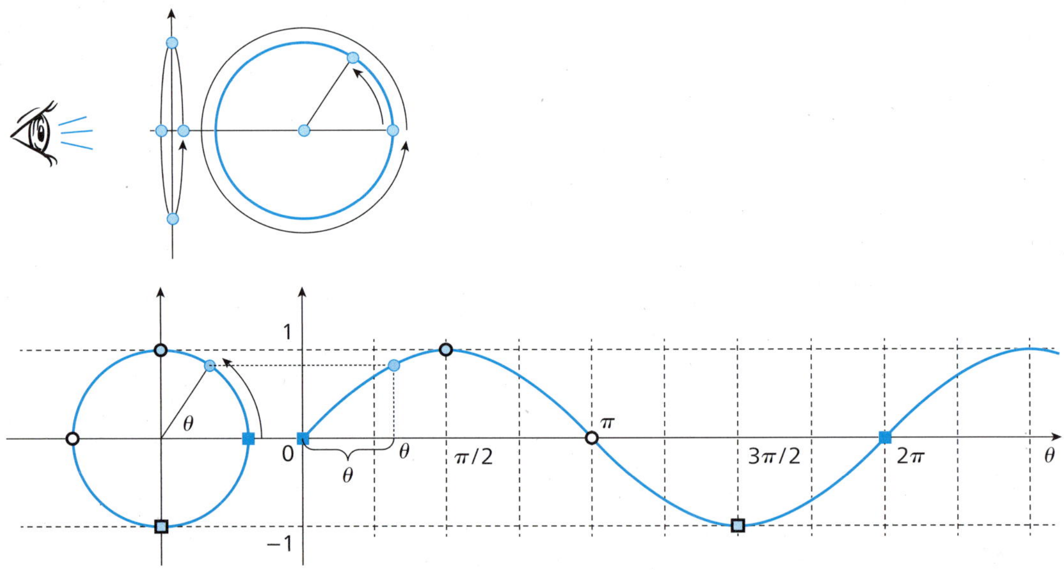

그림 6.3 sin함수 개념

추의 움직임을 왼쪽에서 지켜본다고 하면 추의 운동은 상하 운동처럼 보인다. 추의 운동은 마치 0에서 출발하여 1을 향해 위로 올라가고 최정상에 도착한 뒤에 다시 아래를 향해 내려가는데, −1까지 내려가서 최하점에 도착한다. 그다음 다시 상승하여 0의 위치에 도착하여 한 사이클을 완료하게 된다. 추가로 계속 회전운동을 하면 이 사이클이 반복된다. 바로 이 운동에 의한 추의 위치를 호의 길이와 대응시키는 함수를 정의할 수 있다.

추가 이동한 거리인 호의 길이는 추가 가로축과 이루는 각도를 라디안으로 표현한 값이고 이를 가로축에 θ로 나타내기로 한다. 그리고 세로축에는 눈에 보이는 추의 위치를 y로 나타낸다. 그래서 변수 θ에 대응하여 세로축에 나타나는 추의 위치인 $y = \sin\theta$를 대응시키는 함수가 바로 sin함수이다.

cos함수는 sin함수를 가로축 $\pi/2$만큼 좌측으로 이동한 함수이다. 즉,

$$\cos\theta = \sin\left(\theta + \frac{\pi}{2}\right), -\infty < \theta < \infty$$

이다. tan함수는 sin함수나 cos함수처럼 모든 실수에서 정의되지는 않는다. cos함수가 0이 되는 θ값에서는 정의되지 않는다. 즉,

$$\tan\theta = \frac{\sin\theta}{\cos\theta}, \theta \neq \frac{(2k+1)\pi}{2}, k \in Z$$

이다. 삼각함수 sin, cos, tan함수 그래프가 어떻게 그려지는지 알아보자.

삼각함수 구현

수식 $y = \sin x$, $y = \cos x$를 파이썬 코드로 구현해보고 각도 x에 의해 삼각함수 y가 어떻게 변하는지 확인해보자. 넘파이의 **sin() 함수**와 **cos() 함수**를 사용하지만, 인수의 단위는 라디안이다. 원주율은 np.pi에서 얻을 수 있다.

예제 6.4

sin() 함수와 cos() 함수의 그래프를 파이썬 코드로 구현해보자.

In

```
%matplotlib inline
import numpy as np
import matplotlib.pyplot as plt

def my_sin(x):     # sin(x)
    return np.sin(x)
def my_cos(x):     # cos(x)
    return np.cos(x)

x = np.linspace(-np.pi, np.pi)  # -π부터 π(라디안)까지
y_sin = my_sin(x)
y_cos = my_cos(x)
```

```
plt.plot(x, y_sin, label="sin")
plt.plot(x, y_cos, label="cos")
plt.legend()

plt.xlabel("x", size=20)
plt.ylabel("y", size=20)
plt.grid()

plt.show()
```

Out

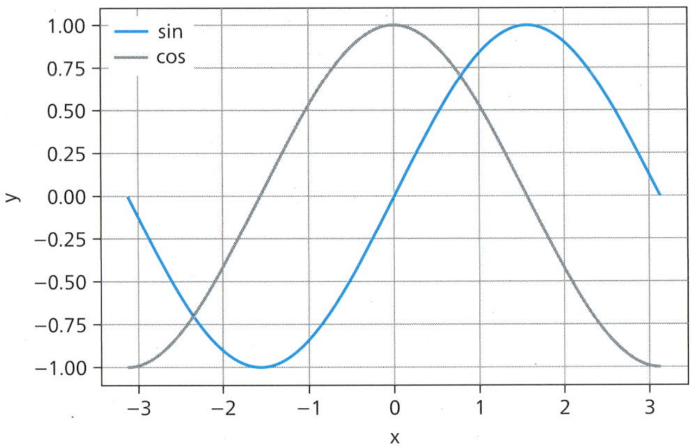

sin() 함수와 cos() 함수 모두 함수의 값이 1부터 1의 범위에서 완만한 곡선을 그린다. sin() 함수는 cos() 함수를 x방향으로 $\frac{\pi}{2}$ 만큼 늦춘 것이다.

예제 6.5

다음 수식 $y = \tan x$를 파이썬 코드로 구현해보고 각도 x에 의해 삼각함수 y가 어떻게 변하는지 확인해보자. 넘파이의 **tan() 함수**를 사용하지만, 인수의 단위는 똑같이 라디안이 된다.

In

```
import numpy as np
import matplotlib.pyplot as plt

def my_tan(x):
    return np.tan(x)              # tan(x)

x = np.linspace(-1.5, 1.5)        # -1.5부터 1.5(라디안)까지
y_tan = my_tan(x)
```

```
plt.plot(x, y_tan, label="tan")
plt.legend()

plt.xlabel("x", size=20)
plt.ylabel("y", size=20)
plt.grid()

plt.show()
```

Out

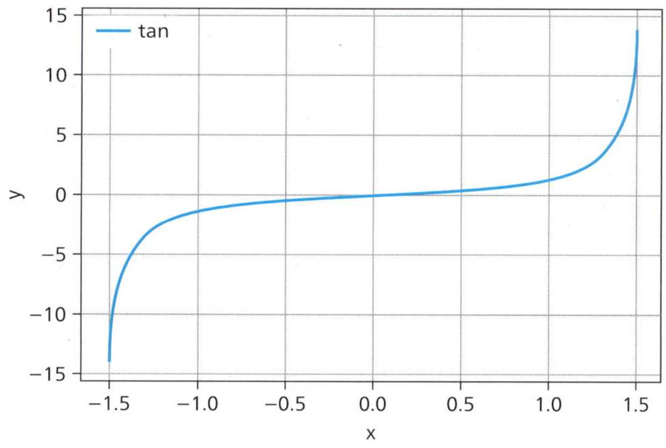

tan() 함수는 인수가 $-\pi/2$보다 크고 $\pi/2$보다 작은 범위에 있을 때 매끄럽게 변화하며 증가한다. 이 범위에서 $-\pi/2$에 가까우면 무한히 작아지고 $\pi/2$에 가까우면 무한히 커진다.

도전문제

문제 6.2

다음 수식 $y = \sin x$, $y = \cos x$의 그래프를 다양한 x의 범위에서 파이썬 코드로 구현해보자.

In

```
import numpy as np
import matplotlib.pyplot as plt

def my_sin(x):
    return np.sin(x) # sin(x)
def my_cos(x):
    return np.cos(x) # cos(x)
```

```
x = np.linspace(-2*np.pi, 2*np.pi) # x의 범위 지정
y_sin = my_sin(x)
y_cos = my_cos(x)

plt.plot(x, y_sin, label="sin")
plt.plot(x, y_cos, label="cos")
plt.legend()

plt.xlabel("x", size=20)
plt.ylabel("y", size=20)
plt.grid()

plt.show()
```

Out

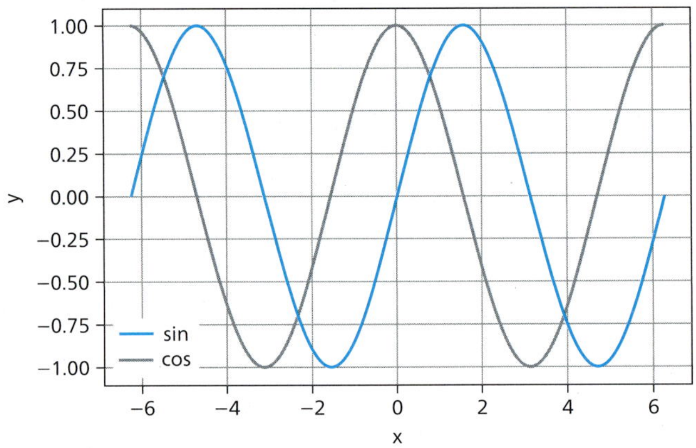

6.3 지수함수

앞에서 거듭제곱에 대해 학습하였다. 거듭제곱을 정의할 때 실수 a를 자연수, 유리수까지 거듭제곱했고, 실수 거듭제곱을 정의할 때는 그 실수에 수렴하는 유리수 열의 거듭제곱을 이용하여 정의했다. 실수 거듭제곱도 정의가 되므로 여기서는 모든 실수만큼 거듭제곱하는 것을 고려해 본다. 따라서 주어진 밑수 a를 독립변수만큼 거듭제곱한 값을 출력하는 함수가 있고 이 함수를 **지수함수**(exponential function)라고 한다.

지수함수의 정의

지수함수 $y = a^x (a > 0,\ a \neq 1)$은 $\boldsymbol{R} \to \boldsymbol{R}^+$인 함수이다. a는 1이 아닌 양의 실수로서 밑수라고 하고 이 밑수를 독립변수 x만큼 거듭제곱한 값을 대응시키는 함수이다. 밑수 a값이 음수인 경우에는 정의하지 않는데 그 이유를 한번 생각해보길 바란다. 밑수가 1이 아닌 양수 a인 지수함수의 그래프를 그려보면 아래 그림 6.4와 그림 6.5와 같이 두 경우로 나누어 그려볼 수 있다.

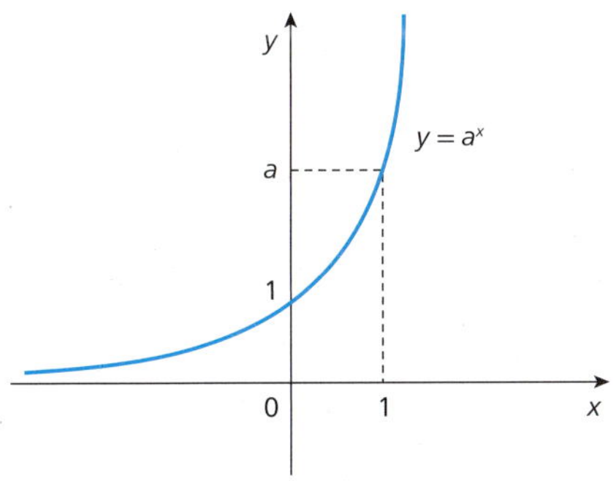

그림 6.4 지수함수(1 < 밑수)

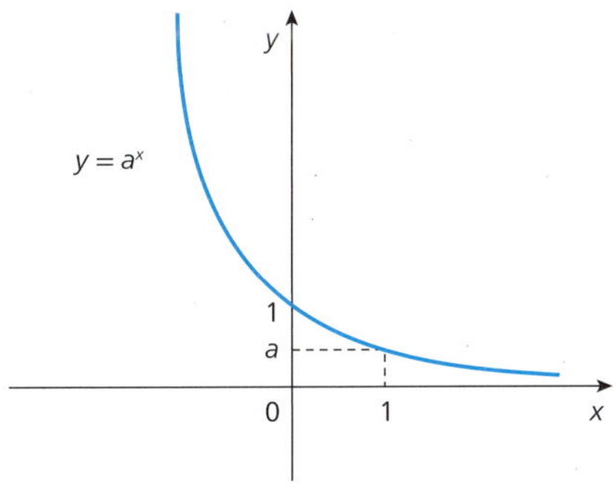

그림 6.5 지수함수(0 < 밑수 < 1)

그림 6.4와 그림 6.5에서 보이듯이 지수함수는 실수 전체에서 정의되고 항상 양의 정숫값을 갖는 증가함수이거나 감소함수이다. 따라서 지수함수는 역함수를 갖는다. 즉,

$$f(x) = a^x$$

에 대해 $f^{-1}(x)$가 존재한다. $f^{-1} : \boldsymbol{R}^+ \to \boldsymbol{R}$ 인 함수로서, 모든 $y > 0$에 대해

$$y = a^x \Leftrightarrow x = f^{-1}(y)$$

를 만족한다.

지수함수 구현

예제 6.6

다음 지수함수 $y = 2^x$의 그래프를 파이썬 코드로 구현해보자.

In

```
import numpy as np
import matplotlib.pyplot as plt

x = np.linspace(-2, 2, 100)
y = np.exp(2**x)

plt.title("exponential function")
plt.plot(x, y)
plt.xlabel("$x$")
plt.ylabel("$\exp(x)$")
plt.grid()

plt.show()
```

Out

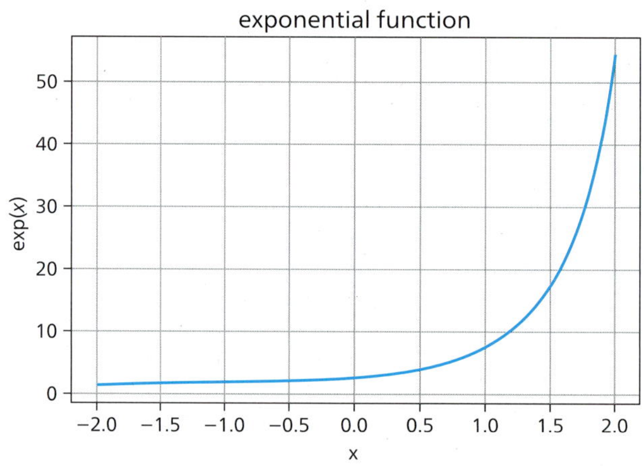

도전문제

문제 6.3

다음 지수함수 $y = 3^x$의 그래프를 파이썬 코드로 구현해보시오.

In

```
import numpy as np
import matplotlib.pyplot as plt

x = np.linspace(-2, 2, 100)
y = np.exp(3**x)

plt.title("exponential function")
plt.plot(x, y)
plt.xlabel("$x$")
plt.ylabel("$\exp(x)$")
plt.grid()

plt.show()
```

Out

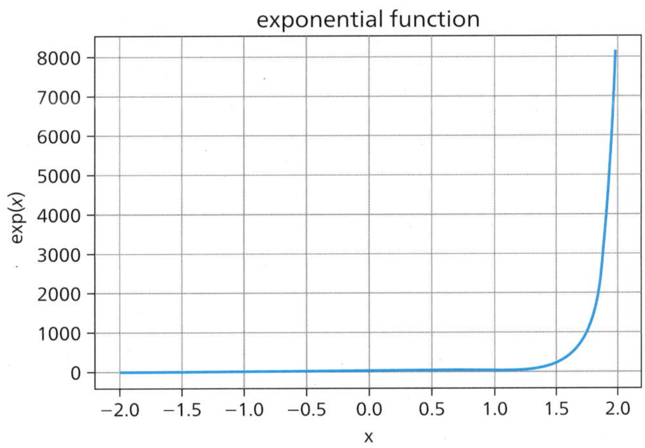

6.4 로그함수

로그함수는 지수함수의 역함수로 정의한다. 지수함수의 그래프를 보면 매우 가파르게 표현되는 영역들이 있다. 이런 영역의 기울기를 살펴보면 그 크기가 매우 크다. 머신러닝에서 학습시킨 프로그램이 얼마나 정확한지를 나타내는 지표로 코스트를 활용한다. 머신러닝에서 보통 미분을 이용해 기울기를 구한 뒤 기울기가 작아지는 방향으로 코스트함수의 변수값을 조절해주는 경우가 많다. 지수함수로 표현된 비선형함수의 특성상 기울기 변화가 심해져서 기울기의 최솟값을 찾는 일이 어렵다. 이때 사용할 수 있는 보정용함수가 바로 지수함수의 역함수인 로그함수이다. 또한 정보 수학의 경우 정보를 양적 수치로 나타내는 경우가 있는데 이때도 로그함수가 유용하게 사용된다.

단사함수와 전사함수

함수 $f: X \rightarrow Y$가 정의역 X에서 단조증가하는 함수라면 그 함수는 항상 역함수를 갖는다. 단조증가라는 의미는 정의역의 X에 속하는 임의의 두 원소 a와 b의 대소관계가 $a < b$일 때 항상 $f(a) < f(b)$가 성립할 때를 말한다. 앞 절에서 학습한 지수함수는 그림 6.4와 6.5에서 보았듯이 밑수 $0 < a < 1$과 $1 < a$에 대해 항상 단조증가 또는 단조감소하는 함수이므로 지수함수는 항상 역함수를 갖는다. 즉, 치역의 임의의 한 원소 $y \in f(\mathrm{X})$가 주어지면 집합 $\{y\} \subseteq Y$의 역상

$$f^{-1}(y) = \{x \in X \mid f(x) = y\}$$

는 오직 X에 속하는 단 한 개의 원소로 이루어진 집합이라는 뜻이다.

어떤 함수 f가 역함수를 가지려면 그 함수는 **단사함수**(injection function) 또는 **일대일함수**(one-to-one function)여야 한다. 그럼 단사함수란 무엇인가? 정의역의 두 원소 $x_1, x_2 \in X$에 대해 $f(x_1) = f(x_2)$이면, $x_1 = x_2$임을 만족하는 함수를 단사 혹은 일대일함수라고 한다. 단사의 개념은 정의역의 원소 하나는 공역에 존재하는 단 하나의 원소에만 대응해야 한다는 뜻이다. 다시 말해서 치역에 속하는 한 $y \in Y$에 대한 역상인 $f^{-1}(\{y\})$가 정의역 X의 오직 한 원소로만 이루어진 집합이라는 의미이다. 그림 6.6을 보면 단사함수의 개념을 쉽게 이해할 수 있다.

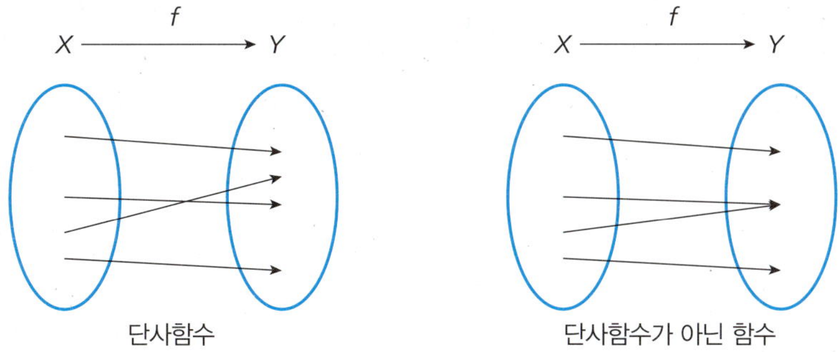

그림 6.6 단사함수와 단사함수가 아닌 함수

예를 들어, 함수 $y = 3x + 5$는 단사함수이지만 함수 $y = x^2$은 단사함수가 아니다.

단사함수를 정의할 때 전사함수도 정의한다. **전사함수**(surjection function)란 임의의 $y \in Y$에 대해 $f(x) = y$를 만족하는 $x \in X$가 적어도 하나 존재할 경우의 함수를 말한다. 이 의미는 함수의 공역과 치역이 같은 함수를 말한다. 그림 6.7을 보면 전사함수의 개념을 쉽게 이해할 수 있다.

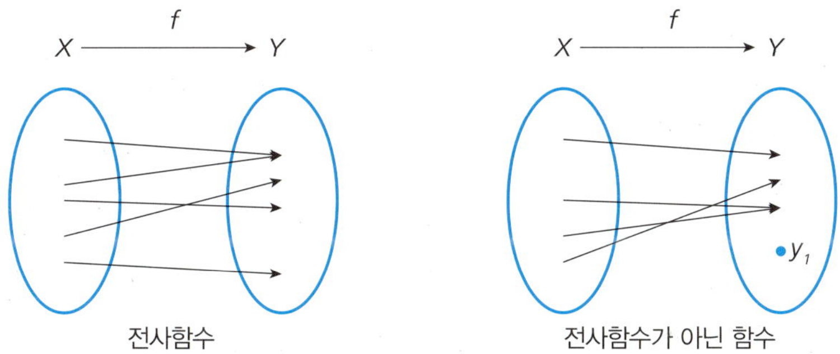

그림 6.7 전사함수와 전사함수가 아닌 함수

예를 들어, 함수 $f: R \to R$인 $f(x) = x^2$은 전사함수가 아니다. 왜냐하면 $y = -1 \in R$(공역은 실수 전체 집합)이라고 하면 $f(x) = x^2 = -1$이 되는 실수 $x \in R$(정의역)가 정의역 내에 존재하지 않기 때문이다. 즉, 어떤 실수를 제곱해서 음수 -1이 되는 실수는 존재하지 않기 때문이다. 그런데 여기에서 정의한 함수 f의 공역을 변경하면 전사함수로 만들 수 있다. 즉 $f_1 : R \to R^+ = \{x \in R \mid x \geq 0\}$을 $f_1(x) = x^2$로 정의하면 모든 실수 $x \in R$에 대해 $f(x) = f_1(x)$가 성립하고 두 함숫값은 동일하다. 다만 원래 함수 f는 전사함수가 아니지만 함수 f_1은 전사함수가 된다는 점만 다르다.

함수의 단사와 전사를 설명했기 때문에 어떤 함수가 전단사(bijective)라고 하면 어떤 의미인지 쉽게 알아챘을 것이다. 함수가 단사이면서 전사이면 이러한 함수를 전단사함수라고 한다. 전단사함수는 다른 이름으로 **일대일대응**(one-to-one correspondence)이라고도 표현한다. 앞에서 단사함수를 일대일함수라고 했는데 이와 혼동하지 않기를 바란다. 용어의 의미대로 전단사함수란 정의역의 원소와 공역의 원소가 일대일로 매칭이 되는 함수이다.

로그함수의 역사

유럽의 17세기 초는 대수적 방법의 경계를 넘어서는 분석 영역을 확장하기 위해 새로운 함수 만들기에 열을 올리고 있던 시기였다. 1614년에 존 네이피어(John Napier)는 곱하기 및 나누기 계산을 간편하게 해내기 위한 로그 계산 방법을 공개적으로 발표하고 다른 학자들의 의견을 들어보려고 했다. 로그(logarithm)라는 용어를 네이피어가 최초로 사용했는데, 그리스 어원을 가진 중세 라틴어 'logarithmus'에서 이름을 따왔다. 원어의 의미는 비율 수(ratio number)라는 뜻이다. 로그는 복잡한 단위의 계산을 간편하게 계산할 수 있다는 장점 때문에, 로그표 및 계산자 등의 발명품과 함께 세계적으로 여러 분야의 학자들에게 널리 퍼졌다.

지수에 대비된다는 의미에서 우리말로는 일본어에서 사용하는 대수(對數: logarithm)로 부르기도 하지만 대수(代數: algebra)와 헷갈리기 쉬우므로 로그(logarithm)라는 용어를 그대로 사용하는 것이 좋다.

로그함수의 정의

앞에서 a가 1이 아닌 양수일 때, 주어진 지수함수 $f(x) = a^x$가 항상 역함수 f^{-1}를 갖는다고 했다. 지수함수의 역함수의 이름을 무엇이라고 하면 좋을까? 즉, 주어진 방정식 $f(x) = a^x$을 x에 대해 풀었을 때 x를 표현하는 함수의 이름을 무엇이라고 할지 생각해보자. 지수함수의 역함수 f^{-1}을 $\log_a$라고 표기하며 이를 밑수가 a인 상용 로그함수라고 한다. 또한 밑수 $a = e$일 때 $\log_e$ 대신 ln이라고 표기하고 이를 자연 로그함수라고 한다. 그래서 밑수가 a인 상용로그함수 $\log_a : \boldsymbol{R}^+ \to \boldsymbol{R}$과 자연 로그함수 $\ln : \boldsymbol{R}^+ \to \boldsymbol{R}$을 각각

$$y = \log_a x$$
$$y = \ln x$$

와 같이 정의한다. 로그함수를 그래프로 그려보면 다음과 같다.

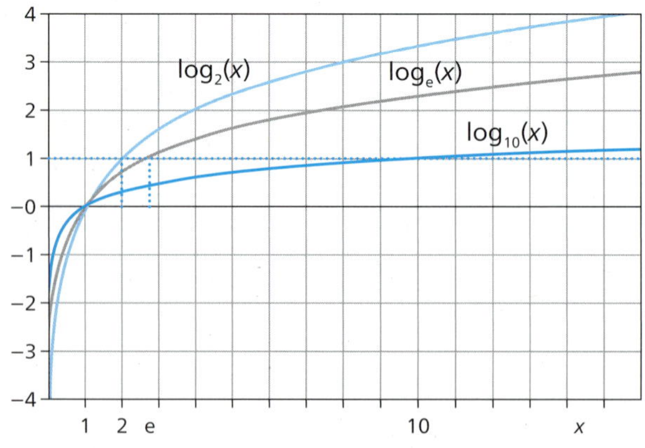

로그함수의 특성

로그함수는 몇 가지 특성은 다음과 같다. $a > 0$, $a \neq 1$이고 $x > 0$, $y > 0$이면

$$\begin{aligned} \log_a xy &= \log_a x + \log_a y \\ \log_a \frac{y}{x} &= \log_a y - \log_a x \\ \log_a x^n &= n\log_a x \end{aligned} \tag{6.3}$$

이다. 이는 지수함수를 이용하면 쉽게 설명할 수 있다. 예를 들어 수식 (6.3)의 첫 번째 등식을 증명해보자. $s = \log_a x$, $t = \log_a y$라고 하면 $x = a^s$, $y = a^t$가 된다. 따라서 $xy = a^s a^t = a^{s+t}$이다. 그러므로

$$\log_a xy = s + t = \log_a x + \log_a y$$

가 성립된다. 같은 방법으로 수식 (6.3)의 나머지 두 개의 식도 쉽게 증명할 수 있다. 수식 (6.3)의 첫 번째 등식은 일반화할 수 있는데, 곱을 유한번 해도 식이 성립한다. 즉,

$$\log_a(x_1\ x_2 \ldots x_n) = \log_a x_1 + \log_a x_2 + \ldots + \log_a x_n$$

또는

$$\log_a \prod_{i=1}^{n} x_i = \prod_{i=1}^{n} \log_a x_i$$

가 성립한다. 여기서 기호 $\prod_{i=1}^{n} x_i$는 $x_1, x_2, \ldots, x_n$의 곱인 $x_1 \cdot x_2 \cdot \ldots \cdot x_n$을 의미한다.

로그함수 구현

예제 6.7

다음 로그함수 $y = \log_{10} x$의 그래프를 파이썬 코드로 구현해보자.

In

```
import numpy as np
import matplotlib.pyplot as plt

x = np.linspace(0.01, 8, 100)
y = np.log10(x)

plt.title("Log Function")
```

```
plt.plot(x, y)
plt.axhline(0, c='r', ls=" ")
plt.axvline(0, c='r', ls=" ")
plt.axvline(1, c='r', ls=" ")
plt.xlabel("$x$")
plt.ylabel("$\log(x)$")
plt.grid()

plt.show()
```

Out

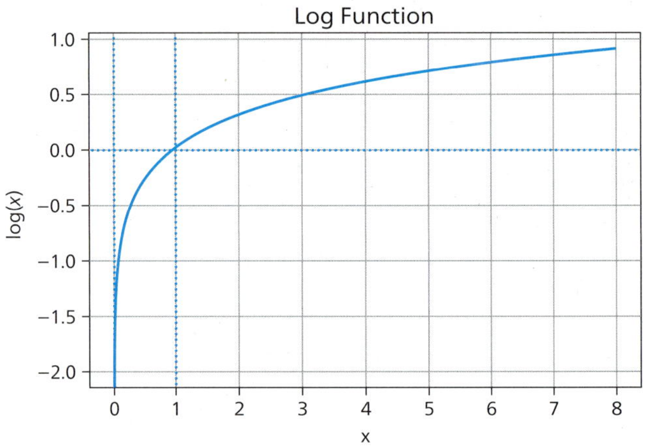

예제 6.8

다음 로그함수 $y = \ln x$의 그래프를 파이썬 코드로 구현해보자.

In

```
import numpy as np
import matplotlib.pyplot as plt

x = np.linspace(0.01, 8, 100)
y = np.log(x)

plt.title("Log Function")
plt.plot(x, y)
plt.axhline(0, c='r', ls=" ")
plt.axvline(0, c='r', ls=" ")
plt.axvline(1, c='r', ls=" ")
plt.xlabel("$x$")
plt.ylabel("$\log(x)$")
```

```
plt.grid()

plt.show()
```

Out

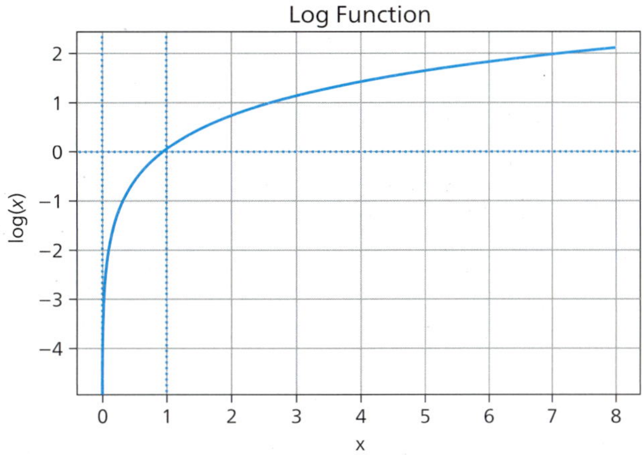

도전문제

문제 6.4

다음 로그함수 $y = \log_{10} x^2$의 그래프를 파이썬 코드로 구현해보시오.

In

```
import numpy as np
import matplotlib.pyplot as plt

x = np.linspace(0.01, 8, 100)
y = np.log10(x**2)

plt.title("Log Function")
plt.plot(x, y)
plt.axhline(0, c='r', ls=" ")
plt.axvline(0, c='r', ls=" ")
plt.axvline(1, c='r', ls=" ")
plt.xlabel("$x$")
plt.ylabel("$\log(x)$")
plt.grid()

plt.show()
```

Out

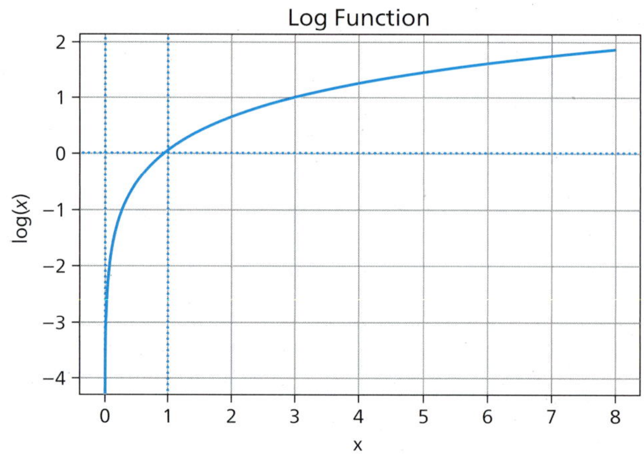

문제 6.5

다음 로그함수 $y = \ln 3x$의 의 그래프를 파이썬 코드로 구현해보시오.

In

```
import numpy as np
import matplotlib.pyplot as plt

x = np.linspace(0.01, 8, 100)
y = np.log(3*x)

plt.title("Log Function")
plt.plot(x, y)
plt.axhline(0, c='r', ls="--")
plt.axvline(0, c='r', ls="--")
plt.axvline(1, c='r', ls="--")
plt.xlabel("$x$")
plt.ylabel("$\log(x)$")
plt.grid()

plt.show()
```

Out

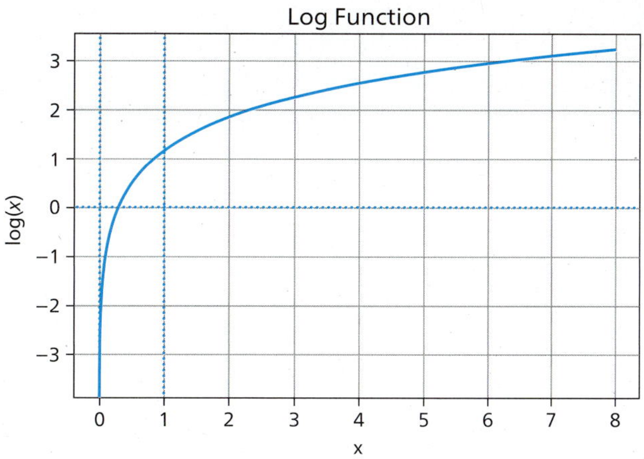

일반적으로 인공지능에서 사용되는 지수함수와 로그함수를 알아보았다. 이외에도 수학적으로 필요한 개념이면서 함수의 일종인 수열과 급수에 대해 알아보자.

6.5 수열과 급수

수열(sequence)에 대해 먼저 알아보고 급수와 수열의 곱을 간단한 기호로 설명하고 넘파이에서 구현하는 방법을 배운다.

수열

수를 배열해놓은 것을 수열이라고 한다. 1, 3, 5, 7, 9, . . . 와 같이 홀수를 배열하거나 2, 4, 6, 8, 10, . . .과 같이 짝수를 배열하는 것처럼 규칙성을 갖는 수열도 있지만, 1, 3, 4, 9, 11, 235, . . . 등과 같이 규칙을 찾기 어려운 배열도 수열이다. 집합도 수를 배열한 것이라고 볼 수 있지만 수열에서는 동일한 수가 반복될 수도 있으며 집합과는 다르게 순서가 매우 중요한 요소이다. 예를 들어 집합 {1, 4, 9, 16, 25}에서는 어떠한 수도 반복되어 나타나지 않는다. 하지만 수열 {1, 1, 2, 3, 3, 9, 11}에서는 1과 3이 반복해서 나타나며, 이 수열은 동일한 원소로 구성된 수열 {1, 2, 1, 3, 9, 3, 11}과는 다른 수열이다.

수열은 보통 집합 기호와 그 안의 원소 배열로 나타내어 다음과 같이 표현한다.

$$\{a_1, a_2, a_3, \ldots, a_n, \ldots\}$$

수열 내의 숫자들을 항이라고 하며, a_1을 제1항 또는 첫 번째 항, a_2를 제2항 또는 두 번째 항, a_n을 제n항 또는 n번째 항이라고 한다.

수열도 함수로 표현할 수 있다. 수열을 함수로 표현한다는 뜻은 정의역이 자연수이고 공역이 실수인 함수로 표현한다는 말인데, 이를 함수 표시로 나타내면 다음과 같다.

$$\begin{aligned} f: N &\to \mathrm{R} \\ n &\mapsto f(n) = a_n \end{aligned}$$

여기서 정의역은 자연수 전체 집합 N이고 자연수 n에 대한 함숫값 $f(n)$을 a_n이라고 나타낸다.

수열은 유한수열과 무한수열로 구분할 수 있다. 유한수열은 수열에 속한 항의 수가 유한개인 수열이고 무한수열은 항의 수가 무한개인 수열을 말한다. 예를 들어 다음과 같은 수열이 있다고 하자.

$$\{0, 1, 1, 2, 3, 5, 8, 13, 21, 34, 55, 89, \ldots\}$$

잘 살펴보면 이 수열의 특성을 쉽게 파악할 수 있다. 앞의 두 개 항의 합이 그다음 항이 된다는 걸 알 수 있다. 즉, 34 + 55 = 89이다. 이 수열에서는 89까지 나타내었는데, 그다음 항의 값이 55 + 89 = 144라는 걸 알 수 있다. 이러한 수열을 피보나치 수열(Fibonacci sequence)이라고 한다. 황금비율(golden ratio)이라는 말을 들어보았을 것이다. 피보나치 수열과 황금비율은 매우 밀접한 관계에 있으며 자연에서 황금비율을 자주 볼 수 있다. 다양한 분야에 활용되는 황금비율이 아주 단순한 규칙에 따라 만들어진 피보나치 수열에 의해 표현되는 걸 보면 매우 흥미롭다.

급수

급수(series)는 주어진 수열의 각 항을 더한 값이다. 주어진 수열이 1부터 11까지의 홀수로 이루어졌다면 이 수열의 급수는 {1, 3, 5, 7, 9, 11} 안의 모든 항을 더한 값이다.

$$1 + 3 + 5 + 7 + 9 + 11 = 36$$

주어진 유한수열을 일반형으로 표현하여 $\{a_1, a_2, \ldots, a_n\}$이라고 한다면 이 수열의 급수는

$$a_1 + a_2 + \ldots + a_n$$

이다. 이를 간단히 표현할 때 합(sum)의 의미를 갖는 기호 Σ(시그마)를 사용하여 다음과 같이 간략히 표현할 수 있다.

$$a_1 + a_2 + \ldots + a_n = \sum_{i=1}^{n} a_i$$

무한수열일 경우에는 항의 수가 무한이므로

$$a_1 + a_2 + \ldots + a_n + \ldots = \sum_{i=1}^{\infty} a_i$$

라고 표현할 수 있다. 앞에서 배운 다항식의 일반형도 Σ를 사용하여 간단하게

$$y = a_n x^n + a_{n-1}x^{n-1} + \ldots + a_1 x + a_0 = \sum_{i=0}^{n} a_i x^i$$

라고 표현할 수 있다.

주어진 무한수열 $\{a_1, a_2, \ldots, a_n, \ldots\}$에서 처음 n개까지의 항만 더한 값을 n항까지의 부분합이라고 하고 S_n으로 표현한다. 따라서

$$a_1 + a_2 + \ldots + a_n = \sum_{i=1}^{n} a_i = S_n$$

이라고 나타낼 수 있다.

급수 구하기

아래의 급수를 코드로 구현한다. 급수는 NumPy의 **sum() 함수**를 사용하여 쉽게 구할 수 있다.

$$a_1 = 1,\ a_2 = 3,\ a_3 = 2,\ a_4 = 5,\ a_5 = 4$$

$$y = \sum_{k=1}^{5} a_k$$

예제 6.9

위의 수식에서 나타낸 급수를 넘파이의 sum() 함수로 합계를 구해보자.

In
```
import numpy as np

a = np.array([1, 2, 3, 4, 5, 6, 7, 8, 9, 10])  # a1부터 a10까지
y = np.sum(a)  # 급수

print(y)
```

Out
```
55
```

출력 결과를 보면 sum() 함수에서 배열의 요소가 모두 더해진 것을 확인할 수 있다.

수열의 곱

수열의 곱은 주어진 수열의 모든 항을 곱한 값이다. 예를 들어 주어진 수열이 {1, 2, 2, 3, 5}라면 수열의 곱은

$$1 \times 2 \times 2 \times 3 \times 5 = 60$$

이다. 만약 항의 수가 n개인 일반수열 $\{a_1, a_2, \ldots, a_n\}$인 경우 수열의 곱은

$$a_1 \cdot a_2 \ldots \cdot a_{n-1} \cdot a_n$$

이다. 이것을 곱을 나타내는 기호 Π(파이)를 사용해서 간략히 나타내면

$$a_1 \cdot a_2 \ldots \cdot a_n = \prod_{i=1}^{n} a_i$$

이다.

수열의 곱 구현

예제 6.10

다음 수열의 곱을 파이썬 코드로 구현해보자. 수열의 곱은 넘파이의 prod() 함수를 사용하여 쉽게 구할 수 있다.

$$a_1 = 1,\ a_2 = 2,\ a_3 = 3,\ a_4 = 4,\ a_5 = 5,\ a_6 = 6,\ a_7 = 7,\ a_8 = 8,\ a_9 = 9,\ a_{10} = 10$$

$$y = \prod_{k=1}^{5} a_k$$

In
```
import numpy as np

a = np.array([1, 2, 3, 4, 5, 6, 7, 8, 9, 10])  # a1부터 a10까지
y = np.prod(a)    # 수열의 곱

print(y)
```

Out
```
3628800
```

출력 결과는 prod() 함수에서 배열의 요소가 모두 곱해진 값이다.

도전문제

문제 6.6

다음 배열 b의 급수와 수열의 곱을 계산해서 결과를 출력하는 파이썬 코드를 구현해보시오.

```
b = np.array([1, 2, 3, 4, 5])
```

In
```
import numpy as np

b = np.array([1, 2, 3, 4, 5])   # 배열 b
print(np.sum (b))    # 급수
print(np.prod (b))   # 수열의 곱
```

Out
```
15
120
```

6.6 난수

난수(random number)는 규칙성이 없고 예측할 수 없는 무한수열이다. 인공지능에서는 매개변수를 초기화할 때 난수를 활용한다. 난수의 특성을 통계적으로 보면 수열에 나타나는 항의 값은 균등 분포로 나타나며, 주기성을 갖지 않으며, 현재까지의 항을 모두 알고 있다고 해도 다음 항이 어떤 값을 갖는지 예측할 수 없는 수열이다.

실제 인공지능에서 활용하는 난수는 **의사 난수**(pseudo-random number)일 경우가 많다. 의사 난수란 난수가 가진 특성을 거의 다 갖추고 있지만 생성할 때 초깃값이 주어지면 항상 동일한 수열을 재생시킬 수 있는 수열을 말한다. 의사 난수는 소프트웨어적으로 생성하기 때문에 항상 주기성을 가지고 있어서 난수와는 다르다. 다만 이 주기가 충분히 길어서 의사 난수의 일부만 떼어다 사용하면 난수와 같은 성질을 갖기 때문에 인공지능에서는 난수가 필요할 경우 의사 난수 생성기를 이용하여 주기가 충분히 긴 의사 난수를 생성한 다음에 이를 난수로 간주하고 사용한다. 의사 난수는 난수의 특성을 완전히 갖추고 있지 못하므로 난수를 진성 난수라고도 한다.

예를 들어 하나의 동전을 던져서 앞면이 나오면 1, 뒷면이 나오면 0을 기록한다고 하자. 동전을 무한히 많이 던지면서 기록한다고 하면 0과 1로 구성된 하나의 수열을 얻게 된다. 이런 수열을 난수라고 한다. 다른 예로 하나의 주사위를 던진다고 하자. 던진 주사위의 표면에 나타나는 점의 수를 기록한다고 하면 1부터 6까지 숫자로 구성되는 하나의 수열을 만들 수 있다.

위에 언급한 동전 던지기 사례에서 이번에 던진 동전이 앞면이 나와서 결괏값으로 1을 얻었다고 가정할 때 다음번에 나올 수가 1일지 0일지 예측할 수가 없다. 또한 주사위를 던지는 경우에도 다음번에 나올 표면의 값이 1에서 6 사이의 어떤 값이 될지 확정적으로 말할 수 없다. 즉, 난수란 예측할 수 없는 수열이다.

컴퓨터와 같은 기계에서 활용하는 난수를 생성하는 방법으로 하드웨어 난수 생성기가 있다. 실제로 모델화가 불가능한 방식의 지속적으로 변화하는 물리환경적 속성값들을 변수로 사용하는 함수로 난수를 생성한다. 예를 들면 컴퓨터 특정 부품에서 발생하는 열의 온도, 전압, 또는 마우스의 움직임 등을 측정하고 이를 변수로 활용하는 함수로 난수를 생성한다.

난수 생성

주사위처럼 1부터 6까지 난수를 생성하는 프로그램을 구현해보자. 이를 위해 넘파이의 **random.randint() 함수**에 정수 a를 인수로 전달하면 0부터 a − 1까지 정수를 무작위로 돌려준다.

예제 6.11

1부터 100까지 정수 난수를 생성하는 프로그램을 파이썬 코드로 구현해보자.

In
```
import numpy as np

r_int = np.random.randint(100) + 1      # 0부터 100까지 난수에 1을 더한다
print(r_int)                            # 1부터 100 사이의 정수가 무작위로 출력된다
```

Out
```
15
```

위의 코드는 실행할 때마다 1부터 6까지 수가 무작위로 출력된다. 이러한 난수는 실행될 때까지 값을 알 수 없다. 소수로 된 난수를 얻을 수도 있다. 다음 예제 6.12는 넘파이의 **random.rand() 함수**를 사용하여 0에서 1 사이의 소수를 무작위로 출력하는 코드이다.

예제 6.12

0에서 1 사이의 범위에 있는 소수를 난수로 생성하는 프로그램을 파이썬 코드로 구현해보자.

In
```
import numpy as np

r_dec = np.random.rand()   # 0에서 1 사이의 소수를 무작위로 생성
print(r_dec)
```

Out
```
0.9547578588617874
```

위의 예는 코드를 실행할 때마다 0과 1 사이의 소수가 임의로 나타난다.

의사 난수

의사 난수 또는 유사 난수라고 하는데 이는 난수를 흉내 내기 위해 알고리즘으로 생성되는 수열을 의미한다. 의사 난수를 생성하는 데 사용하는 알고리즘을 **의사 난수 생성기**(Pseudo Random Number Generator, PRNG)라고 한다.

의사 난수는 알고리즘에 의해 생성되는 수열이므로 일정한 주기를 갖는다. 따라서 난수의 예측 불가능성을 만족시킬 수 없다. 의사 난수는 몬테카를로 방법과 같은 확률 계산에 활용되기도 하고 암호학에서 스트림 암호 및 블록 암호의 초기화 벡터 생성 등에 활용된다.

균일한 난수

random.rand() 함수는 0에서 1 사이의 범위에 들어가는 소수를 균등한 확률로 돌려준다. 이 함수에 정수 a를 인수로 전달하면 a개의 균등한 확률의 난수를 반환한다.

예제 6.13

다음 코드는 다수의 난수를 x좌표의 값과 y좌표의 값으로 나타낸다. 이렇게 하면 난수가 균일한 것을 확인할 수 있다.

In

```
%matplotlib inline
import numpy as np
import matplotlib.pyplot as plt

n = 500  # 샘플의 개수
x = np.random.rand(n)   # 0에서 1 사이의 균일한 난수
y = np.random.rand(n)   # 0에서 1 사이의 균일한 난수

plt.scatter(x, y)       # 산포도 그래프
plt.grid()

plt.show()
```

Out

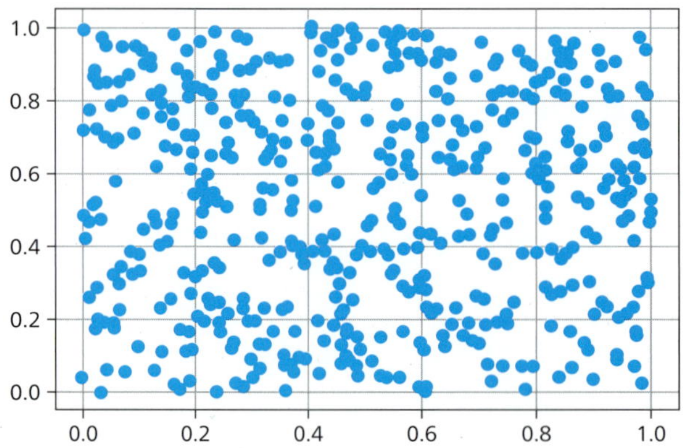

결과를 보면 x좌표, y좌표 모두 난수가 0에서 1 사이에 균일하게 분포되어있는 것을 확인할 수 있다.

편중된 난수

난수의 확률이 항상 균일할 필요는 없다. 넘파이의 **random.randn() 함수**는 정규 분포의 확률 분포에 따라 난수를 생성한다. 정규 분포는 중앙에서 확률이 가장 높고 양쪽으로 갈수록 확률이 낮아진다. 정규 분포에 관한 자세한 내용은 다음 장에서 설명한다.

예제 6.14

다음 코드는 정규 분포에 따라 다수의 난수를 x좌표의 값과 y좌표의 값으로 나타낸다.

In

```
import numpy as np
import matplotlib.pyplot as plt

n = 500                      # 샘플의 개수
x = np.random.randn(n)       # 정규 분포를 따르는 난수
y = np.random.randn(n)       # 정규 분포를 따르는 난수

plt.scatter(x, y)            # 산포도 그래프
plt.grid()

plt.show()
```

Out

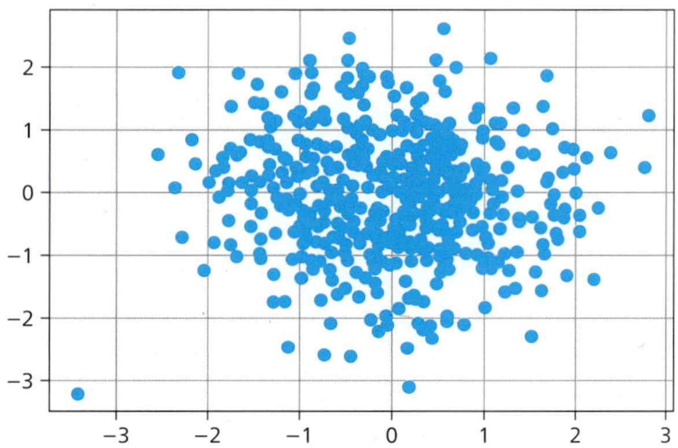

결과를 보면 난수의 편향을 확인할 수 있다. 난수가 중앙에 치우쳐 분포되어있다. 인공지능에서는 매개변수의 초깃값을 결정하기 위해 종종 난수를 사용한다. 난수가 어떻게 분포될지 적절히 예상해보자.

도전문제

문제 6.7

예제 6.14의 코드를 보완하여 실행할 때마다 1부터 100까지의 정수를 무작위로 나타내는 코드를 구현해보시오.

In

```
import numpy as np

r_int = np.random.randint(100) + 1        # 이 행에서 코드를 보완한다
print(r_int)                              # 1부터 100까지 수가 무작위로 나타난다
```

Out

```
53
```

6.7 절댓값

절댓값은 숫자 0에서의 거리를 나타낸다. 인공지능에서 0(제로)을 중심으로 한 값의 확산 정도를 파악하기 위해 사용될 수 있다.

절댓값은 양의 값과 음의 값을 무시하고 얻을 수 있는 음이 아닌 값이다. 음수의 절댓값은 그 값에서 음의 부호를 없앤 것이다. 양수의 절댓값은 그 값 자체이다. 실수 x의 절댓값은 $|x|$로 나타내며 그 값은 아래와 같이 나타낼 수 있다.

$$|x| = \begin{cases} -x, & (x < 0) \\ x, & (x \geq 0) \end{cases}$$

다음은 절댓값의 예이다.

$$|-3| = 3$$
$$|7| = 7$$
$$|-3.14| = 3.14$$
$$|\sqrt{7}| = \sqrt{7}$$
$$\left|-\frac{\pi}{2}\right| = \frac{\pi}{2}$$

절댓값은 항상 양수라는 의미로서 다음과 같이 표시할 수도 있다. 이는 위에서 나타낸 절댓값의 식과 동일한 의미를 갖는다.

$$|x| = \sqrt{x^2}$$

절댓값의 특성을 나타내는 식으로는 아래와 같은 것이 있다.

$$|a| \geq 0$$
$$|a| = 0 \Leftrightarrow a = 0$$
$$|ab| = |a||b|$$
$$|a + b| \leq |a| + |b|$$

절댓값 구현

절댓값은 넘파이의 **abs() 함수**를 사용하여 구할 수 있다.

예제 6.15

리스트에 저장된 다양한 값의 절댓값을 abs() 함수를 사용하여 한 번에 구해보자.

In
```
import numpy as np

x = [-3, 7, -3.14, np.sqrt(7), -np.pi/2]     # 다양한 값을 리스트에 저장
print(np.abs(x))                             # 절댓값을 구한다
```

Out
```
(3.  7.  3.14 2.64571311 1.57079633)
```

양수는 양수로 남아 있지만, 음수는 양수로 변환되는 것을 확인할 수 있다.

함수의 절댓값

절댓값의 이미지를 파악하기 위해 함수의 절댓값을 계산하여 그래프로 나타내보자.

예제 6.16

삼각함수의 sin() 함수와 cos() 함수의 절댓값을 구해서 그래프로 나타내는 코드를 구현해보자.

In
```
%matplotlib inline
import numpy as np
import matplotlib.pyplot as plt

x = np.linspace(-np.pi, np.pi)  # -π부터 π(라디안)까지
y_sin = np.abs(np.sin(x))       # sin() 함수의 절댓값을 구한다
y_cos = np.abs(np.cos(x))       # cos() 함수의 절댓값을 구한다

plt.scatter(x, y_sin, label = "sin")
plt.scatter(x, y_cos, label = "cos")
plt.legend()

plt.xlabel("x", size = 15)
plt.ylabel("y", size = 15)
plt.grid()

plt.show()
```

Out

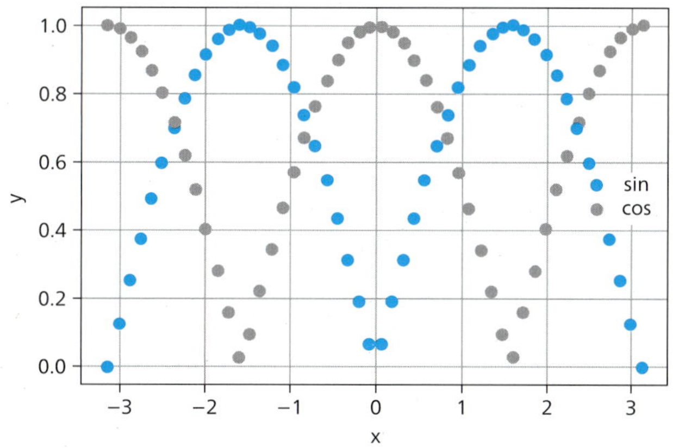

삼각함수의 음의 영역이 반전되었다. 이것은 삼각함수의 '0부터의 거리'라고 파악할 수 있다. 위의 결과 그래프에서도 알 수 있듯이 절댓값을 사용하여 값의 음양에 상관없이 0에서 얼마나 떨어져 있는지를 파악할 수 있다.

도전문제

문제 6.8

문제 6.7의 코드를 구현할 때 2차 함수의 절댓값에 따라 그래프가 어떻게 변하는지 확인해보시오.

In

```
import numpy as np
import matplotlib.pyplot as plt

x = np.linspace(-4, 4)
y = np.abs(x **2 -4)    # 2차 함수의 절댓값을 구한다

plt.scatter(x, y)

plt.xlabel("x", size = 14)
plt.ylabel("y", size = 14)
plt.grid()

plt.show()
```

Out

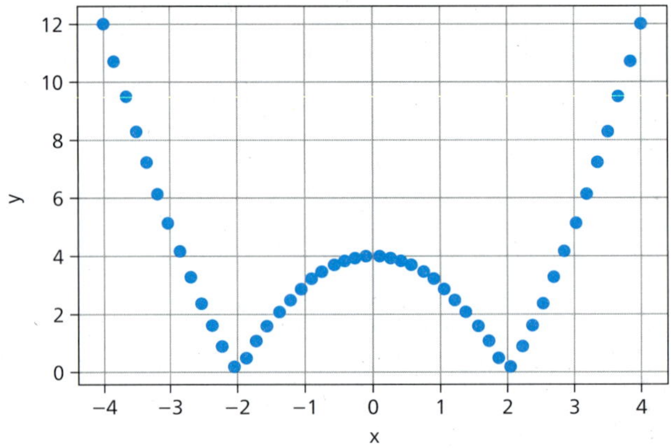

정리

이 장에서는 기초가 되는 함수 중 가장 사용 빈도가 높으며 인공지능과 머신러닝 및 딥러닝 분야의 문제를 기술하는 데 기본이 되는 다항함수를 학습하였다. 다항함수란 여러 개의 단항식을 합한 수식으로서 변수가 한 개인 다항함수에 대해 학습하였다. 물론 변수가 2개 또는 그 이상인 다항식도 정의할 수 있지만 자세한 설명은 생략하였다.

다항함수 외에 기초 수학에서 취급하는 함수로 삼각함수와 지수함수 및 로그함수가 있다. 삼각함수는 일반 직각삼각형의 변의 길이의 비율을 이용하여 정의한다. 또한 모든 실수에 대해 삼각함수를 정의하기 위해 반지름의 길이가 1인 추의 반시계 방향으로의 회전 개념을 이용한다. 이때 삼각함수의 각도(degree)를 사용하지 않고 라디안(radian)을 사용하는 이유는 각도 대신에 해당 각도에 해당하는 반지름이 1인 호의 길이로 대신하여 모든 실수에 대해 함숫값을 정의할 수 있기 때문이다. 또한 직교좌표계를 이용하면 가로축을 호의 길이로 하는 삼각함수를 정의할 수 있기 때문이다.

지수함수는 지수의 밑수가 되는 수가 1이 아닌 양수이어야 한다는 점에 주의해야 한다. 즉 음수를 밑수로 하는 지수함수는 정의하지 않는다는 뜻이다. 이렇게 정의한 지수함수는 단조증가 함수로서 두 독립변수가 다른 값을 갖게 되면 반드시 함숫값도 다르다는 일대일함수의 특성을 갖는다. 지수함수는 인공지능의 머신러닝 또는 딥러닝을 학습할 때 자주 등장하는 함수 중 하나이므로 매우 중요한 역할을 한다.

일대일함수는 항상 역함수를 갖는다는 사실을 이용하면 앞에서 정의한 지수함수는 항상 역함수를 갖는다. 역함수를 표현하는 것이 불편할 수 있는데, 이를 해결하기 위해 로그라는 함수 이름을 사용한다. 로그라는 이름은 1614년에 존 네이피어(John Napier)가 최초로 도입한 용어로 지수함수의 역함수로 사용된다. 로그함수는 정보 수학의 경우 정보를 수치로 나타낼 때 유용하게 사용된다.

수열은 수를 나열한 것이다. 수열도 자연수를 정의역으로 하는 함수로 볼 수 있다. 급수는 주어진 수열의 각 항을 더한 값이다. 난수는 규칙성이 없고 예측할 수 없는 무한수열이다. 머신러닝에서 시뮬레이션이 필요할 때 난수를 활용하는데 소프트웨어적으로 생성한 수열을 사용한다. 이렇게 소프트웨어적으로 생성하는 수열은 주기성을 갖는다. 이와 같이 난수와 유사한 성질을 가지고 있지만 주기성을 갖는 수열을 의사 난수라고 한다. 다양한 분포를 갖는 샘플 데이터가 필요할 때 인공지능에서는 의사 난수를 생성하여 활용한다. 절댓값은 숫자 0에서의 거리를 나타낸다.

연습문제

Mathematics for Artificial Intelligence

01 다항함수 $y = ax^3 + bx + c - 2$가 있다. 이 함수의 그래프를 그릴 때 그래프가 지나는 평면상의 한 점을 분명히 알 수 있는데, 그 점의 값은 무엇인가?

02 $x + y = 3$, $xy = 1$일 때 $x^3 + y^3$의 값은?

❶ 5　❷ 13　❸ 16　❹ 18　❺ 24

03 $(-2)^{-3}$ 은 얼마인가?

❶ −8　❷ 1/8　❸ −1/9　❹ −1/8　❺ −9

04 다음 중 $y = k(x-3)^m\,(x+2)^n$의 그래프는 무엇인가? k는 실수, m은 짝수 정수, n은 홀수 정수이다.

❶

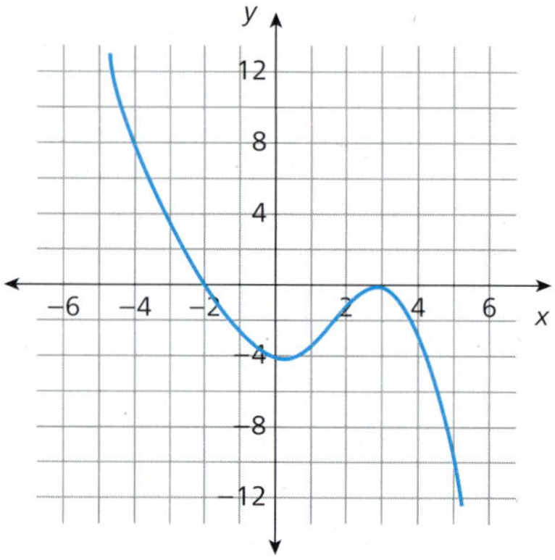

❷

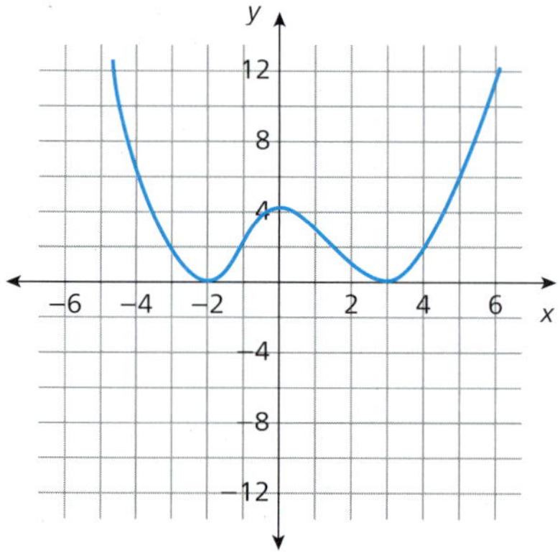

❸

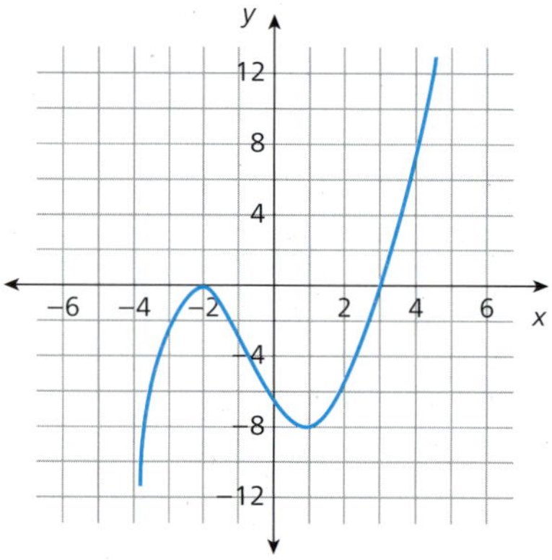

❹

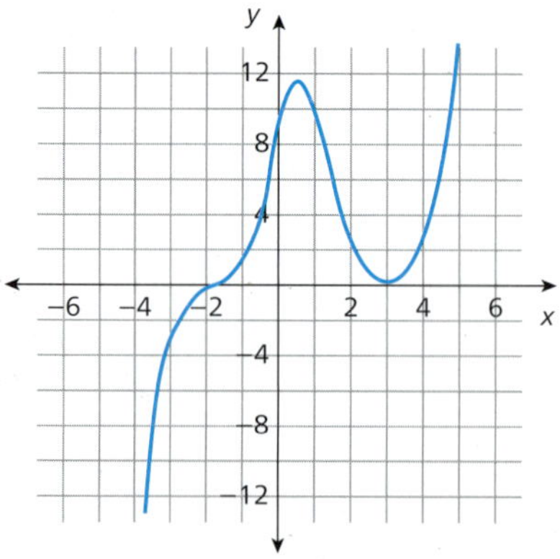

05 다음은 지수함수 $f(x) = ab^x$의 독립변수와 종속변수의 관계를 나타내고 있다. 지수함수의 a와 b값을 구하여 $f(x)$를 나타내시오.

x	$f(x)$
0	5
1	15

06 다음 수식 중에서 $a^{2 \cdot 3}$과 다른 식은 무엇인가?

❶ $(x^{1/2})^5$ ❷ $\sqrt{x^5}$ ❸ $(\sqrt{x})^5$ ❹ $x^{2/5}$ ❺ $(\sqrt[5]{x})^{1/2}$

07 지수의 특성을 이용하여 다음 지수방정식 $3^{2x+6} = 81^{x-2}$을 풀면 x의 값은 무엇인가?

❶ 6 ❷ 7 ❸ 8 ❹ −8 ❺ −6

08 함수 $f(x) = -\log_3(-x + 3) - 2$의 그래프가 점 $(216/81, a)$을 지난다고 한다. a값은 무엇인가?

❶ 2 ❷ −3 ❸ −2 ❹ 1/3 ❺ −1

09 함수 $\log_{4-3x}(-x^2 - x + 20)$가 정의되는 모든 정수 x의 합은?

❶ 12 ❷ 13 ❸ −15 ❹ −10 ❺ −11

10 3개의 실수 a, b, c가 다음 등식 $2a = 1/a$, $2^{1/b} = b$, $3^{1/c} = c$를 만족한다고 한다. 이때 3개의 실수의 크기를 비교한 것으로 옳은 것은?

❶ $a < b < c$ ❷ $a < c < b$ ❸ $b < a < c$ ❹ $b < c < a$ ❺ $c < b < a$

11 $1 < a < b$인 두 실수 a, b에 대하여 $\dfrac{3a}{\log_a b} = \dfrac{b}{2\log_b a} = \dfrac{3a + b}{3}$이 성립한다. $5\log_a b$의 값은?

❶ 10 ❷ 15 ❸ 20 ❹ 25 ❺ 30

12 로그방정식 $\log_3(x - 4) = \log_9(5x + 4)$의 근을 a라고 할 때, a의 값은?

❶ 4 ❷ 8 ❸ 12 ❹ 16 ❺ 18

13 함수 $y = \log_3 x$의 그래프를 x축 방향으로 a만큼, y축 방향으로 3만큼 평행이동한 그래프를 나타내는 함수를 $y = f(x)$라 한다. 함수 $f(x)$의 역함수가 $g(x) = 3^{x-3} + 2$일 때, 상수 a의 값은?

❶ 1 ❷ 2 ❸ 3 ❹ −1 ❺ −2

14 중심각의 크기가 4라디안이고 넓이는 72인 부채꼴의 호의 길이는?

❶ 36 ❷ 24 ❸ 32 ❹ 28 ❺ 22

15 $\sin\theta + \cos\theta = 2/3$일 때, $\sin^3\theta + \cos^3\theta$의 값은?

❶ 17/27 ❷ 19/27 ❸ 7/9 ❹ 23/27 ❺ 25/27

16 $0 \le \theta \le 2\pi$일 때, 방정식 $2\sin^2\theta + 3\cos\theta = 3$의 모든 해를 합한 값은?

❶ 4π ❷ 3π ❸ π ❹ $3\pi/2$ ❺ 2π

17 두 함수 $y = 4\sin 3x$, $y = 3\cos 2x$의 그래프가 x축과 만나는 점을 각각 $A(a, 0)$, $B(b, 0)$이라고 한다. 단, $0 < a < \pi/2 < b < \pi$이다. $y = 4\sin 3x$의 그래프 위의 임의의 점 P에 대하여 ΔABP의 넓이의 최댓값은?

❶ $\pi/3$ ❷ $\pi/2$ ❸ $2\pi/3$ ❹ $5\pi/6$ ❺ π

18 직각삼각형의 세 변의 길이가 a, b, c이고 공차가 α인 등차수열을 이룬다고 한다. 이때 직각삼각형의 넓이 A를 α의 식으로 나타낸 것은?

❶ $4\alpha^2$ ❷ $6\alpha^2$ ❸ $2\alpha^2$ ❹ $3\alpha^2$ ❺ $8\alpha^2$

19 첫 번째 항이 3인 등차수열 $\{a_n\}$에서 $\sum_{n=1}^{10} a_n = 255$일 때, a_{15}의 값은?

❶ 57 ❷ 63 ❸ 68 ❹ 73 ❺ 81

20 수열 $\{a_n\}$에 대해서 $\sum_{k=1}^{n} a_k = n^2 + 2n$일 때, $\sum_{k=1}^{20} a_{2k}$의 값은?

❶ 740 ❷ 782 ❸ 841 ❹ 860 ❺ 910

Mathematics for Artificial Intelligence

07 선형대수 1

학습목표

- 인공지능에서 필요한 선형대수학 지식을 알아본다.
- 대량의 데이터 처리에 필요한 스칼라와 벡터의 개념을 이해한다.
- 벡터의 내적과 외적을 학습한다.
- 딥러닝 학습에 필요한 행렬의 개념을 파악한다.
- 행렬의 특성 중 전치행렬과 역행렬 등에 대해 학습한다.
- 텐서의 기초 개념을 파악한다.
- 행렬을 어떻게 표현하고 응용하는지 예를 통해 알아본다.

학습목차

7.1 스칼라와 벡터

많은 데이터를 한곳에 모아 처리하는 방법을 배워보자. 인공지능의 머신러닝 분야에서 인간의 경험을 학습에 활용하여 판단력을 갖는 인간 두뇌의 프로세스에 대응되는 방식으로 작동한다. 머신러닝은 인간의 경험 대신 데이터를 학습 알고리즘에 입력하고 학습된 모델을 이용하여 미래를 예측한다. 따라서 머신러닝에서 데이터가 매우 중요하고 필요한 데이터의 양도 중요하다. 대량의 데이터를 처리하기 위해 스칼라, 벡터, 행렬, 텐서를 이용한다. 이는 인공지능에서 매우 중요한 개념이다. 하나씩 알아보자.

스칼라

스칼라(scalar)는 길이, 이동 거리, 속력, 부피, 질량 등과 같은 양을 표현하는 데 사용하는 숫자를 말한다. 예를 들어 '정삼각형 세 변의 길이가 5cm이다.', '등교 거리는 4km이다', '기차는 300km/hr까지 속력을 낼 수 있다.'라고 할 때 5, 4, 300 등이 스칼라이다. 물론 숫자로 표현할 수 없는 데이터들도 있다. 예를 들어, '수박의 색은 진녹색이다.' 같은 표현에서는 '진녹색'이 데이터이다. 이러한 데이터는 숫자로 대체시켜 데이터베이스에 입력하기도 한다. 이 책에서는 수식의 알파벳 또는 그리스 문자의 소문자를 이용하여 스칼라를 나타내기로 한다. 다음은 스칼라 표시의 예이다.

$$a, p, \alpha, \gamma$$

스칼라의 구현

파이썬에서 다루는 일반 숫자는 스칼라에 해당한다. 다음은 코드로 스칼라를 나타낸 예이다.

```
a = 5
b = 2.1
C = -0.15
d = 1.4e5          # 1.4 × 10의 5승은 140000
```

벡터

머신러닝에서 취급하는 데이터는 속성들로 구성된 순서쌍 형태로 표현될 경우가 많다. 순서쌍 형태로 표현되는 데이터를 모아 놓은 집합을 보통 샘플 공간(sample space)이라고 한다. 샘플 공간의 데이터는 머신러닝에서 보통 속성(attribute) 또는 특성(feature)이라고 하는 원소들의 순서쌍으로 표현한다. 이렇게 표현된 데이터를 다루기 위해서 선형대수학에서 이뤄놓은 이론들을 활용할 수 있다. 머신러닝에서 데이터를 표현한 순서쌍은 선형대수학의 벡터로 취급하면 기존에 벡터 공간이라는 공간 위에 전개해놓은 다양한 선형대수학의 지식을 그대로 가져다 활용할 수 있다.

선형대수학에서 말하는 벡터가 무엇인지 먼저 알아보자. **벡터**(vector)는 크기와 방향성을 갖는 물리량으로 변위, 속도, 가속도, 힘, 운동량, 충격량, 전기장, 자기장 등이 여기에 해당한다. 예를 들어 남쪽으로 4km를 걸어간 변화의 양을 물리량으로 표현한 것과 북쪽으로 4km를 걸어간 물리량은 다르게 표현되어야 한다. 이 두 개의 물리량을 표현하기 위해 스칼라만으로는 부족하므로 방향까지 고려해야 한다는 점이 벡터가 스칼라와 다른 정의를 갖는 이유이다. 벡터 표현을 보면 스칼라를 괄호 안의 원소로 직선상에 배열한 것이다. 예를 들어 위에 언급한 북쪽과 남쪽을 표현하기 위해 직교좌표계를 활용한다면 북쪽으로 이동한 것은 출발점에서 볼 때 (0, 4)로 표현할 수 있고, 남쪽으로 이동한 것은 (0, −4)로 표현할 수 있다(그림 7.1). 이 두 값이 바로 벡터 표현이다.

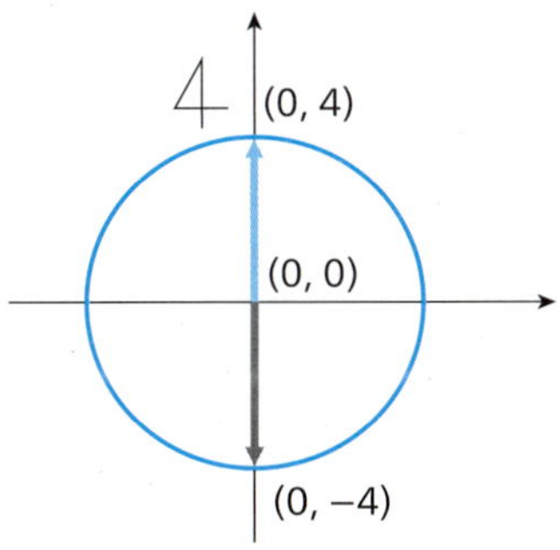

그림 7.1 벡터의 방향

이 책에 나오는 수식에서는 알파벳 소문자 위에 화살표를 함께 적어 벡터를 나타내기로 한다. 예를 들어 위의 북쪽 방향벡터는 $\vec{a} = (0, 4)$라고 나타내고 남쪽 방향벡터는 $\vec{b} = (0, -4)$라고 나타낸다(그림 7.2). 벡터를 다음 그림처럼 표현할 수도 있다.

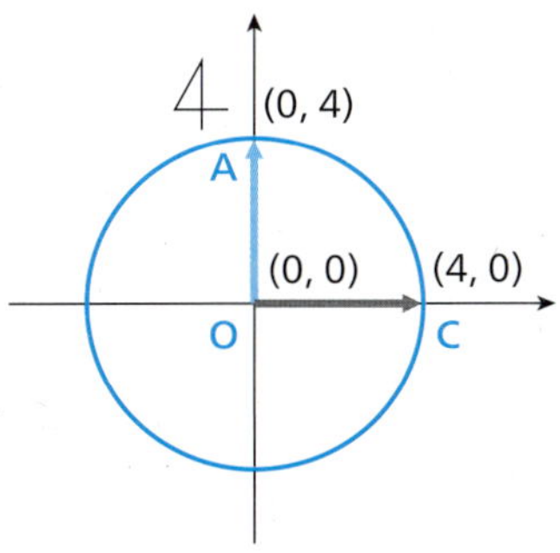

그림 7.2 선분을 활용한 벡터 표현

선분 $\overline{OC}$는 원점에서 (4, 0)으로의 이동을 나타내는 벡터로 볼 수 있다. 이를 $\overrightarrow{OC}$라고 표현할 수도 있고, $\vec{c} = (4, 0)$이라고 나타낼 수도 있다. 마찬가지로 선분 $\overline{OA}$의 벡터는 $\overrightarrow{OA}$라고 표현할 수 있다.

벡터는 평면뿐만 아니라 공간에도 표현할 수 있다. 예를 들면

$$\vec{v} = (2, 3, 4)$$

는 공간상의 직교좌표계의 원점 (0, 0, 0)에서 (2, 3, 4)로의 방향을 갖는 벡터이다. 벡터의 크기는 두 점을 잇는 선분의 길이로 나타낸다. 이런 개념을 확대하면 n차원 공간상의 벡터도 표시할 수 있다.

$$\vec{\alpha} = (1, 1, 1, \ldots, 1)$$

괄호 안의 스칼라 1의 개수는 n개다.

벡터를 표시할 때 반드시 원소로 사용하는 스칼라값을 가로로 표현해야 하는 것은 아니다. 세로로 표현할 수도 있다. 예를 들면 아래 수식 (7.1)처럼 나타낼 수 있다.

$$\vec{a} = \begin{pmatrix} 1 \\ 1 \\ 2 \end{pmatrix} \tag{7.1}$$

또한 벡터를 구성하는 스칼라가 항상 정수일 필요는 없다. 스칼라값은 앞으로 배우게 될 벡터 공간을 구성하는 **필드**(field)라고 하는 수학적인 집합체인 정수, 실수, 복소수 등으로 구성된다. 따라서 다음 수식 (7.2)와 같은 정수가 아닌 스칼라값으로 구성된 벡터도 있다.

$$\vec{\beta} = (-1.3, 2.5, \sqrt{3.2}, -\pi, \ldots, -123) \tag{7.2}$$

일반적으로 스칼라를 표현할 때 구체적인 값이 아닌 알파벳으로 표현하기도 한다. 이 경우 벡터는 다음과 같이 표현된다.

$$\vec{v} = \begin{pmatrix} v_1 \\ v_2 \\ \vdots \\ v_n \end{pmatrix}$$

$$\vec{w} = (w_1, w_2, \ldots, w_m)$$

이 책에서는 향후 가로 벡터를 사용하기 때문에 단순히 벡터를 작성할 때 옆으로 스칼라를 배열하는 방식으로 작성한다. 또한 벡터를 구성하는 스칼라 요소를 변수로 나타낼 때 첨자의 수는 1개다. 하지만 복수의 벡터를 표현할 경우에는 첨자의 수가 더 많아지기도 한다.

벡터의 구현

예제 7.1

벡터는 넘파이의 1차원 배열을 이용하여 나타낼 수 있다. 다음 코드를 실행해보자.

In

```
import numpy as np

a = np.array([1, 2, 3, 4, 5])    # 1차원 배열로 벡터를 나타낸다
print(a)
b = np.array([-1.4, 1.25, -1.2, 1.6, 0.45])
print(b)
```

Out

```
[1 2 3 4 5]
[-1.4 1.25 -1.2 1.6 0.45]
```

숫자가 직선상에 나란히 있는 것을 확인할 수 있다.

도전문제

문제 7.1

넘파이의 2차원 배열을 이용하여 벡터를 나타내보자.

In

```
import numpy as np

a = np.array([[3.1], [5.3], [2.3], [1.4]])  # 2차원 배열로 벡터를 나타낸다
print(a)
```

Out

```
[[3.1]
 [5.3]
 [2.3]
 [1.4]]
```

7.2 내적과 노름

앞에서 배운 벡터를 더하거나 뺄 수 있다. 또한 스칼라를 곱하여 벡터의 크기를 변경할 수 있다. 벡터들을 원소로 갖는 집합을 생각해보자. 이 집합에 대한 덧셈과 뺄셈 연산은 쉽게 정의할 수 있겠지만 벡터의 곱은 어떻게 정의해야 할까? 이러한 연산의 종류로 **내적**(inner product)과 **외적**(cross product)이 있다. 먼저 내적에 대해 알아보자.

내적

n차원 실수 공간 R^n의 두 벡터 $\vec{a} = (a_1, a_2, \ldots, a_n)$과 $\vec{b} = (b_1, b_2, \ldots, b_n)$의 내적은 두 벡터 사이에 점 '·'으로 표시하는 이항 연산의 결괏값으로 $\vec{a} \cdot \vec{b} = a_1b_1 + a_2b_2 + \ldots + a_nb_n$을 갖는다. 즉, 내적을 이항 연산 기호로 설명하자면 독립변수 $(\vec{a}, \vec{b})$가 입력이고 각각의 성분별 곱의 합인 실수(R) 값인 $a_1b_1 + a_2b_2 + \ldots + a_nb_n$을 출력하는 함수이다. 이를 이항 연산 기호 '·'으로 표현하면 아래 수식 (7.3)과 같다.

$$\begin{aligned} \cdot : R^n \times R^n \to R \\ (\vec{a}, \vec{b}) \mapsto \vec{a} \cdot \vec{b} \end{aligned} \tag{7.3}$$

내적은 뒤에서 설명하겠지만 행렬과 행렬 사이의 연산인 행렬의 곱 형태로도 나타낼 수 있다. 행벡터 $\vec{a}$와 열벡터 $\vec{b}$의 행렬 곱은 다음 수식 (7.4)와 같이 나타낼 수 있다.

$$\vec{a} \cdot \vec{b} = (a_1\ a_2 \ldots a_n)\begin{pmatrix} b_1 \\ b_2 \\ \vdots \\ b_n \end{pmatrix} = a_1b_1 + a_2b_2 + \ldots + a_nb_n \tag{7.4}$$

내적을 앞에서 배운 급수 표현 방법으로 나타낼 수도 있다.

$$\vec{a} \cdot \vec{b} = \sum_{i=1}^{n} a_ib_i \tag{7.5}$$

위의 내적 결괏값에서 각 성분 a_i와 b_i의 곱은 우리가 알고 있는 스칼라인 실수 집합 R상에 정의된 일반 곱셈이다. 내적을 표현하는 연산 '·'은 벡터와 벡터의 곱을 새로 정의한 곱셈 중 한 가지이다. 한 가지 차이점은 일반 실수에서의 곱 연산은 집합 R상에서 닫혀있는 연산이지만 내적 연산은 닫혀있는 연산이 아니다. 즉, 두 벡터를 R^n상에서 선택하여 내적을 계산하면 그 결과는 스칼라이기 때문에 R^n 안에 속하는 수가 아니므로 내적은 닫혀있는 연산이 아니다.

벡터의 내적이 갖는 특성은 다음과 같다.

- $\vec{a} \cdot \vec{b} = \vec{b} \cdot \vec{a}$로 교환 법칙이 성립된다.
- $(\delta\vec{a}) \cdot \vec{b} = \vec{a} \cdot (\delta\vec{b})$로 스칼라 δ는 어느 벡터에 곱해도 같은 내적값을 갖는다.
- $\vec{a} \cdot (\vec{b} + \vec{c}) = \vec{a} \cdot \vec{b} + \vec{a} \cdot \vec{c}$로 분배 법칙이 성립된다.

예를 들어 R^3 공간 안의 두 벡터 $\vec{a} = (2, 1, 3)$과 $\vec{b} = (4, -1, 2)$의 내적을 구하면 다음과 같다.

$$
\begin{aligned}
(2, 1, 3) \cdot (4, -1, 2) &= (2 \times 4) + (1 \times -1) + (3 \times 2) \\
&= 8 - 1 + 6 \\
&= 13
\end{aligned}
$$

내적의 구현

예제 7.2

다음 두 개의 벡터 $\vec{a} = (2, -1, 3)$과 $\vec{b} = (1, 2, -1)$의 내적을 구해보자. 내적은 넘파이의 dot() 함수로 쉽게 구할 수 있다. 또한 sum() 함수를 사용하여 각 요소의 곱의 총합을 구할 수 있다. 이 두 값을 서로 비교해 보자.

In

```
import numpy as np

a = np.array([2, -1, 3])
b = np.array([1, 2, -1])

print("--- dot() 함수 ---")
print(np.dot(a, b))     # dot() 함수에 의한 내적
print("--- 곱의 총합 ---")
print(np.sum(a * b))    # 곱의 총합에 의한 내적
```

Out

```
--- dot() 함수 ---
-3
--- 곱의 총합 ---
-3
```

도전문제

문제 7.2

R^3 공간 안의 두 벡터 $\vec{a} = (-1, 1, -1)$와 $\vec{b} = (1, -1, 1)$의 내적을 구하시오.

In

```
import numpy as np

a = np.array([-1, 1, -1])
b = np.array([1, -1, 1])

print("--- dot() 함수 ---")
print(np.dot(a, b))      # dot() 함수에 의한 내적
print("--- 곱의 총합 ---")
print(np.sum(a * b))     # 곱의 총합에 의한 내적
```

Out

```
--- dot() 함수 ---
-3
--- 곱의 총합 ---
-3
```

벡터의 노름

벡터의 크기를 어떻게 측정할지 생각해보자. 벡터의 **노름**(norm)은 벡터의 크기를 나타내는 방법의 하나로 주어진 벡터의 크기만을 알고 싶을 때 사용할 수 있다. 벡터의 크기라는 개념도 여러 가지로 생각할 수 있으므로 여기서는 보편적으로 알고 있는 유클리드 방식의 노름과 맨해튼 노름(또는 택시 노름)에 대해 알아보자. 먼저 아래 그림 7.3을 먼저 살펴보자.

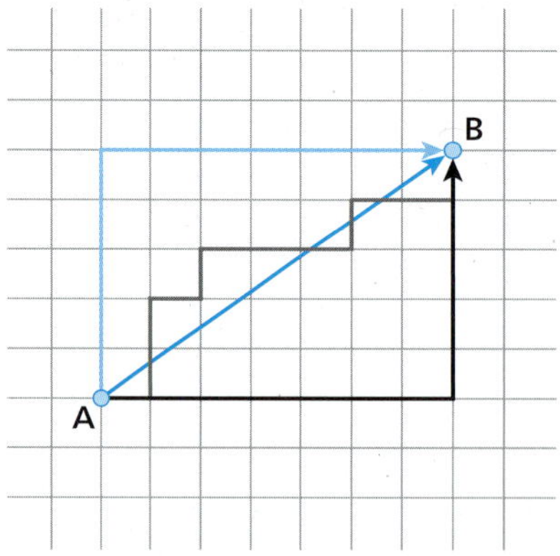

그림 7.3 벡터의 노름

한 지점 A에서 다른 한 지점 B로 이동한다고 가정해보자. 이 격자구조가 맨해튼의 길이라고 생각하고 걸어서 가거나 택시를 타고 간다고 할 때 가장 짧게 이동하는 동선의 길이를 한번 생각해보자. 그다음에는 2차원에서의 생각을 뛰어넘어 3차원 공간에서 이동할 수 있다고 가정할 때 가장 짧게 이동할 수 있는 동선의 길이를 생각해보자. 두 가지 방법이 바로 맨해튼 노름과 유클리드 노름을 정의하는 직관적인 개념이다.

먼저 위의 그림에서 3가지 색의 경로가 같은 길이의 값을 갖고 있으며 지점 A에서 지점 B까지 걸어갈 때(2차원 공간에서) 가장 짧게 이동하는 방법이다. 이 길이를 맨해튼 노름이라고 한다. 반면에 3차원 공간상에서 생각할 때 직선거리에 해당하는 거리가 가장 짧으므로 이를 유클리드 노름이라고 한다. 이들을 수식으로 표현해보자.

벡터 $\vec{x} = (x_1, x_2, \ldots, x_n)$가 주어졌을 때 원점 $(0, 0, \ldots, 0)$에서 $(x_1, x_2, \ldots, x_n)$까지의 맨해튼 노름은 다음 수식 (7.6)과 같이 정의할 수 있다.

$$\|\vec{x}\| = \sum_{i=1}^{n} |x_i| \tag{7.6}$$

유클리드 노름은 다음 수식 (7.7)과 같이 정의할 수 있다.

$$\|\vec{x}\| = \sqrt{\sum_{i=1}^{n} |x_i|^2} \tag{7.7}$$

벡터의 노름에서 맨해튼 노름은 우리가 일반적으로 알고 있던 길이의 개념인 유클리드 노름과는 조금 다른 벡터의 크기를 정의하는 방법이라는 점에 유의하길 바란다.

위의 두 개념은 조금 깊이 생각해보면 어떤 표현 방법의 특정한 값이라는 점을 알 수 있다. 임의의 양수 $p(0 < p < \infty)$를 생각해보자. p에 대해

$$\|\vec{x}\|_p = \sqrt[p]{\sum_{i=1}^{n} |x_i|^p} = \left(\sum_{i=1}^{n} |x_i|^p\right)^{1/p} \tag{7.8}$$

을 생각해보자. 위의 맨해튼 노름은 수식 (7.8)에서 $p = 1$인 경우이고, 유클리드 노름은 $p = 2$인 경우라는 것을 알 수 있다.

상한 노름

위의 수식 (7.8)에서 p값이 무한대로 증가할 때 노름을 정의할 수 있다. 이 노름이 바로 상한 노름이고 다음과 같이 나타낸다.

$$\|\vec{x}\|_\infty = \max(|x_1|, |x_2|, \ldots, |x_n|)$$

즉, 주어진 성분 중 최댓값을 노름으로 취하는 방식이다. 상한 거리 함수 또는 최대 거리 함숫값을 벡터의 상한 노름이라고 한다.

앞에서 정의한 내적을 이용해서 노름을 정의할 수 있다. 주어진 벡터 $\vec{x} = (x_1, x_2, \ldots, x_n)$과 자기 자신과의 내적을 계산하면

$$\vec{x} \cdot \vec{x} = x_1^2 + x_2^2 + \ldots + x_n^2 = \sum_{i=1}^{n} x_i^2 \tag{7.9}$$

이다. 수식 (7.9)에서 $x_i^2 = |x_i|^2$이므로 $\vec{x} \cdot \vec{x} = (\|\vec{x}\|_2)^2$ 또는 $\sqrt{\vec{x} \cdot \vec{x}} = \|\vec{x}\|_2$가 성립된다. 따라서 벡터의 내적을 이용하여 노름을 계산할 수 있다.

노름의 구현

예제 7.3

노름은 넘파이의 `linalg.norm()` 함수를 이용하여 구할 수 있다. 다음 코드를 실행해보자.

In

```
import numpy as np

a = np.array([2, 2, -2, -2])

print("--- L2 노름 ---")
print(np.linalg.norm(a))      # L2 노름(기본)
print("--- L1 노름 ---")
print(np.linalg.norm(a, 1))  # L1 노름
```

Out

```
--- L2 노름 ---
4.0
--- L1 노름 ---
8.0
```

위와 같이 노름의 종류에 따라 벡터의 '크기'는 다른 값을 갖는다. 노름은 인공지능의 머신러닝에서 데이터를 **정규화**(normalization)나 **표준화**(standardization)할 때 사용한다. 정규화란 머신러닝 알고리즘을 훈련시키는 데 사용하는 특성들이 모두 비슷한 영향력을 행사하도록 변환시켜주는 기술이다. 즉, 정규화란 필요 이상으로 네트워크의 학습이 진행되는 걸 사전에 방지하기 위해 매개변수를 조절하는 기법이다.

정규화와 표준화

부동산 가격에 대한 머신러닝 알고리즘 모델을 구축한다고 하자. 부동산 가격에 영향을 미치는 속성으로는 학교까지의 거리, 지하철역까지의 거리, 마트까지의 거리, 인접한 공원의 수 등 여러 요소가 있다. 부동산 가격을 결정하는 속성의 단위는 규모(평수), 건물의 나이(년), 대상물까지의 거리(km), 공원의 수(개) 등과 같이 다양하다. 이와 같이 단위가 다르면 직접적으로 비교하는 것이 불가능하다. 따라서 속성의 단위를 보편적으로 비슷하게 만들어 취급할 필요가 있다. 이러한 방법이 바로 정규화 또는 표준화 방법이다.

정규화나 표준화를 특성 스케일링(feature scaling) 또는 데이터 스케일링(data scaling)이라고 한다. 이들에 대해서 자세히 알고 싶다면 머신러닝에서 정규화와 표준화와 관련된 내용을 학습하길 바란다.

예제 7.4

다음 벡터의 내적 및 벡터의 L2 노름과 L1의 노름을 구해보자.

$$a = \text{np.array}([2, -1, 2])$$
$$b = \text{np.array}([1, -2, 1])$$

In

```
import numpy as np

a = np.array([2, -1, 2])
b = np.array([1, -2, 1])

print("--- 내적 ---")
print(np.dot(a, b))
print("--- L2 노름 ---")
print(np.linalg.norm(a))
print("--- L1 노름 ---")
print(np.linalg.norm(a, 1))
```

Out

```
--- 내적 ---
6
--- L2 노름 ---
3.0
--- L1 노름 ---
5.0
```

도전문제

문제 7.3

R^3 공간 안의 벡터 $\vec{\boldsymbol{a}} = (2, 1, 3)$의 노름을 구하시오.

In
```
import numpy as np

a = np.array([2, 1, 3])

print("--- L2 노름 ---")
print(np.linalg.norm(a))          # L2 노름(기본)
print("--- L1 노름 ---")
print(np.linalg.norm(a, 1))       # L1 노름
```

Out
```
--- L2 노름 ---
3.7416573867739413
--- L1 노름 ---
6.0
```

내적의 기하학적 정의

유클리드 공간에서 벡터는 방향과 크기를 갖는다고 했다. 주어진 벡터 $\vec{\boldsymbol{a}}$의 크기는 노름으로서 $\|\vec{a}\|$이다. 두 개의 벡터 $\vec{\boldsymbol{a}}$와 $\vec{\boldsymbol{b}}$가 주어졌을 때 두 벡터 사이의 각을 θ라고 하자. 두 벡터의 내적은 다음 수식 (7.10)과 같이 정의한다.

$$\vec{\boldsymbol{a}} \cdot \vec{\boldsymbol{b}} = \|\vec{a}\|\,\|\vec{b}\|\cos\theta \tag{7.10}$$

특히, 두 개의 벡터가 직각일 경우에는 $\cos\frac{\pi}{2} = 0$이므로

$$\vec{\boldsymbol{a}} \cdot \vec{\boldsymbol{b}} = 0$$

이다. 만약에 두 벡터가 동일한 방향이고 $\theta = 0$인 경우 $\cos 0 = 1$이므로

$$\vec{\boldsymbol{a}} \cdot \vec{\boldsymbol{b}} = \|\vec{a}\|\,\|\vec{b}\|$$

가 된다. 동일한 벡터 $\vec{\boldsymbol{a}}$의 내적은 $\vec{\boldsymbol{a}} \cdot \vec{\boldsymbol{a}} = \|\vec{\boldsymbol{a}}\|^2$이다. 따라서 벡터 $\vec{\boldsymbol{a}}$의 노름과 내적과의 관계는

$$\|\vec{a}\| = \sqrt{\vec{a} \cdot \vec{a}}$$

이다.

7.3 벡터의 외적

벡터의 내적은 두 벡터를 입력받아 스칼라를 출력하는 이항 연산이다. 벡터의 외적(cross product)은 내적과 다르게 두 개의 입력벡터로부터 하나의 벡터를 출력하는 이항 연산이다. 따라서 내적이 크기만 갖는 스칼라를 출력하는 데 반해 외적은 크기와 방향을 갖는 벡터를 출력한다.

외적

주어진 두 개의 벡터 $\vec{a} = (a_1, a_2, \ldots, a_n)$와 $\vec{b} = (b_1, b_2, \ldots, b_n)$의 외적은 $\vec{a} \times \vec{b}$로 나타내며 $\vec{a}$ 크로스 $\vec{b}$라고 읽는다. 3차원 공간에서 주어진 두 벡터 $\vec{a}$와 $\vec{b}$의 외적을 구하면 그 크기는 $\vec{a}$와 $\vec{b}$의 크기를 변으로 하는 평행사변형의 넓이이다. 방향은 두 벡터 $\vec{a}$와 $\vec{b}$에 동시에 수직인 방향으로, 벡터 $\vec{a}$에서 벡터 $\vec{b}$ 방향으로 오른손을 감아쥘 때 엄지손가락이 가리키는 방향이다. $\vec{a}$와 $\vec{b}$가 이루는 평면에 수직인 방향이다(그림 7.4).

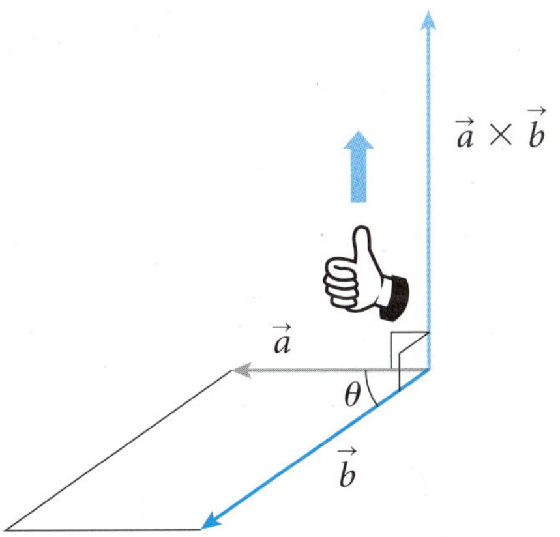

그림 7.4 벡터의 외적

외적의 크기에 해당하는 스칼라는 $\vec{a}$와 $\vec{b}$가 만드는 평행사변형의 넓이라고 했는데, 실제 이 평행사변형의 넓이는 $\|\vec{a}\|\ \|\vec{b}\|\ \sin\theta$이다. θ는 두 벡터가 이루는 각이다. 즉,

$$\|\vec{a} \times \vec{b}\| = \|\vec{a}\|\,\|\vec{b}\|\sin\theta \tag{7.11}$$

이다.

벡터 외적의 성분 표시

3차원 공간상의 두 벡터가 $\vec{a} = (a_1, a_2, a_3)$과 $\vec{b} = (b_1, b_2, b_3)$이라고 할 때, 외적은 아래 수식 (7.12)와 같이 정의한다.

$$\vec{a} \times \vec{b} = (a_2b_3 - a_3b_2, a_3b_1 - a_1b_3, a_1b_2 - a_2b_1) \tag{7.12}$$

외적을 이항 연산 기호로 설명하자면 독립변수 $(\vec{a}, \vec{b})$가 입력이고 출력도 하나의 벡터 $\vec{c} = (c_1, c_2, c_3)$이다. 여기서 $\vec{c}$의 성분은 위의 수식 (7.12)와 같다. 이를 이항 연산 기호로 표현하면 아래의 수식 (7.13)처럼 된다.

$$\begin{aligned} \cdot : R^3 \times R^3 \rightarrow R^3 \\ (\vec{a}, \vec{b}) \mapsto \vec{a} \times \vec{b} \end{aligned} \tag{7.13}$$

수식을 처음 접하면 복잡해 보인다. 하지만 외적벡터를 $\vec{a} \times \vec{b} = (c_1, c_2, c_3)$이라고 할 때 각 성분을 쉽게 계산하는 방법은 다음 그림 7.5에서 청록색으로 계산하는 부분은 +값으로, 회색으로 계산하는 부분은 −값으로 계산하여 두 값을 더하는 방식을 사용하면 된다.

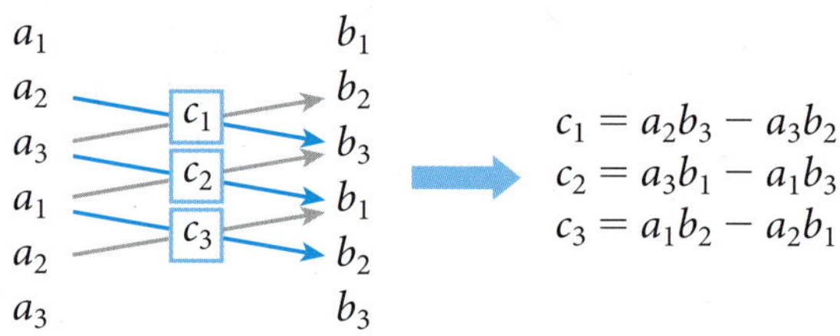

그림 7.5 벡터의 외적 계산 방법

벡터 외적의 특성

벡터의 외적은 교환 법칙, 결합 법칙이 성립하지 않는다.

- $\vec{a} \times \vec{b} = -\vec{b} \times \vec{a}$ ($\because$ $\sin(-\theta) = -\sin\theta$)
- $\vec{a} \times (\vec{b} \times \vec{c}) \neq (\vec{a} \times \vec{b}) \times \vec{c}$

하지만 분배 법칙은 성립한다.

- $\vec{a} \times (\vec{b} + \vec{c}) = \vec{a} \times \vec{b} + \vec{a} \times \vec{c}$
- $(\vec{a} + \vec{b}) \times \vec{c} = (\vec{a} \times \vec{c}) + (\vec{b} \times \vec{c})$

벡터 외적의 방향을 정의할 때 오른손으로 감아쥐는 방향이 중요하기 때문에 벡터의 외적은 교환 법칙이 성립하지 않는다. 또한 외적을 정의하는 이항 연산은 결합 법칙도 성립하지 않는다.

단위벡터 $\vec{i} = (1, 0, 0)$, $\vec{j} = (0, 1, 0)$, $\vec{k} = (0, 0, 1)$의 외적을 한번 생각해보자. 다음이 성립한다.

- $\vec{i} \times \vec{j} = \vec{k}$
- $\vec{j} \times \vec{k} = \vec{i}$
- $\vec{k} \times \vec{i} = \vec{j}$

첫 번째만 살펴보면

$$\|\vec{i} \times \vec{j}\| = \|\vec{i}\|\|\vec{j}\|\sin\frac{\pi}{2} = 1 \cdot 1 \cdot 1 = 1$$

이고, 방향은 $\vec{k}$와 같다. 따라서 $\vec{i} \times \vec{j} = \vec{k}$이다. 같은 방법으로 나머지 2개도 성립함을 쉽게 보일 수 있다. $\vec{i}, \vec{j}, \vec{k}, \vec{i}, \vec{j}$ 순서대로 두 개의 단위벡터를 선택해 외적을 구하면 그 뒤에 나오는 단위벡터가 된다는 점에 유의기를 바란다.

순서를 변경할 때는 방향이 180도 바뀐다. 예를 들어

$$\vec{j} \times \vec{i} = -\vec{k}$$
$$\vec{k} \times \vec{j} = -\vec{i}$$
$$\vec{i} \times \vec{k} = -\vec{j}$$

가 된다. 추가로 외적의 특성을 살펴보면 다음과 같다.

- $\vec{a} = \vec{0}$ 또는 $\vec{b} = \vec{0} \Rightarrow \vec{a} \times \vec{b} = \vec{0}$
- $\vec{a} \times (k\vec{b}) = (k\vec{a}) \times \vec{b} = k(\vec{a} \times \vec{b})$
- $\vec{a} \times \vec{a} = \vec{0}$
- $\vec{a} \cdot (\vec{a} \times \vec{b}) = 0$
- $\vec{b} \cdot (\vec{a} \times \vec{b}) = 0$

지금까지 벡터의 내적과 외적을 학습했다. 이를 게임과 연관지어 한번 생각해보자. 게임 개발자들은 벡터 연산을 자주 활용한다. 물리엔진을 만들 때 속도, 바람, 저항, 충돌, 위치 판단 등을 벡터로 구현한다. 게임 아이템이 다른 아이템과의 상대적 위치를 파악하는 데 있어서 내적을 활용한다. 내적은 두 아이템이 가진 방향성 사이의 각도 θ에 대한 $\cos\theta$의 값과 연관되기 때문에 이 값이 0보다 크면 상대가 앞쪽에 있다고 판단하고, 0보다 작으면 뒤쪽에 있다고 판단하는 방식이다. 외적 활용의 대표적인 사례로는 삼각형의 세 꼭짓점을 알고 있을 때 한 점으로부터 2개의 벡터를 구하고 이들의 외적을 구하면 해당 삼각형이 속한 평면의 법선벡터를 구할 수 있다. 보통 모델링 데이터의 폴리곤 노멀벡터를 구할 때 이 방법을 사용한다. 또는 게임 디스플레이 상에서 캐릭터가 정면을 바라보며 상대의 위치가 좌측인지 우측인지를 판별할 때도 외적을 계산하여 판단할 수 있다.

7.4 행렬

앞에서 배운 스칼라들을 가로 또는 세로로 배열한 것이 형식적으로 벡터라고 하였다면, 이들을 직사각형 모양으로 배열한 형식도 의미가 있다. 이를 우리는 행과 열이 있는 구조라고 해서 행렬이라고 한다. 인공지능의 이미지 분석에서 이미지를 픽셀로 나누고 각 픽셀을 읽어 들이는 방식 등에 행렬의 표현을 활용한다. 대량의 데이터를 처리하고 이들 사이의 관계식을 표현하거나 딥러닝에서 신경망을 구성하게 되면 신경망의 한 층에서 다른 층으로 데이터값이 변화해가는 표현을 해야 하는데 이러한 수식 표현에 행렬을 사용한다.

행렬의 정의

행렬(matrix)은 스칼라를 직사각형 모양으로 배열한 것으로, 예를 들어 다음 수식 (7.14)와 같은 배열을 의미한다.

$$\begin{pmatrix} 1 & 2 & 1 & 2 \\ 1 & 0 & 2 & 1 \\ 0 & 1 & 1 & 1 \end{pmatrix} \tag{7.14}$$

() 괄호를 사용하기도 하고 [] 괄호를 사용하기도 한다. 행렬을 구성하는 스칼라를 원소 또는 성분이라고 한다. 행렬의 가로줄을 **행**(row)이라고 하며, 행렬의 세로줄을 **열**(column)이라고 한다. 행렬의 **차원**(dimension)은 행렬의 크기를 나타내는 표현으로써 (행의 개수) × (열의 개수)로 나타낸다. 위에 예로 들은 행렬은 크기가 3 × 4차원인 행렬이다.

행렬의 역사

그림 7.6 오귀스탱 루이 코시

행렬(matrix)의 어원은 matrix(모체) = mater(어머니) + -ix(자궁)로 구성된다. 원래 라틴어에서 유래된 용어이다. 행렬은 기원전 4세기경 바빌로니아인들이 점토판에 연립 일차방정식과 연관된 문제를 연구한 흔적에서 등장했다.

동양에서는 3세기경 중국 한나라 시대에 구장산술이라는 문헌에서 선형방정식 풀이 형태로 처음 나타났다. 행렬을 표현하는 데 있어서 통일된 형태가 없었는데 19세기에 들어와 행렬의 크기를 현대에 사용하는 방식으로 정의하였다. 행렬의 크기는 $n \times m$('엔 바이 엠'이라고 읽음) 형태로 나타낸다. 이러한 표기를 최초로 사용한 사람은 프랑스의 수학자이자 공학자이며 물리학자인 오귀스탱 루이 코시(Augustin Louis Cauchy)이다. 1841년에 행렬식 이론에 관한 최초의 영문 논문에서 그가 행렬을 표기할 때 이 기호를 사용하였다.

행렬을 일반적으로 $n \times m$차원이라고 할 때, $n = m$일 경우 n차 정방행렬이라고 한다. 행렬 중에서 오직 한 개의 행만을 가지는 행렬을 행벡터라고 하고 한 개의 열만 갖는 행렬을 열벡터라고 한다. 즉, $1 \times n$차원 행렬이 n차 행벡터이고, $m \times 1$차원 행렬이 m차 열벡터이다. 다음은 행벡터와 열벡터의 예이다.

$$(2.32, \sqrt{5.2}, \ldots, -2.75)_{1\times n} \qquad \begin{pmatrix} 1.2 \\ 1.5 \\ 0.82 \\ -1.34 \\ -2.21 \end{pmatrix}$$

행벡터에서 벡터의 크기를 나타내기 위해 우측 첨자로 $1 \times n$을 나타내었다. 행렬은 하나의 문자로 나타내기도 하는데 이 경우에는 대문자 알파벳을 사용하여 표현한다. 예를 들어 $A_{n\times m}$이라고 하면 크기가 $n \times m$인 행렬을 나타낸다. 일반적으로 다음과 같이 표현한다.

$$A = \begin{pmatrix} a_{11} & a_{12} & \cdots & a_{1m} \\ a_{21} & a_{22} & \cdots & a_{2m} \\ \vdots & \vdots & \ddots & \vdots \\ a_{n1} & a_{n2} & \cdots & a_{nm} \end{pmatrix}$$

A를 구성하는 스칼라들을 행렬 A의 **성분**(entry) 또는 **원소**(element) 또는 **계수**(coefficient)라고 한다. 행렬 A의 i번째 행과 j번째 열의 성분을 일반적으로 a_{ij}라고 나타낸다. 행렬 A가 n차 정방행렬일 경우에 대각선상에 나타나는 성분들인 a_{ii}, $i = 1, \ldots, n$을 **대각성분**(diagonal entry)이라고 한다. 모든 성분이 0인 행렬을 **영행렬**(zero matrix)이라고 하고 0으로 나타낸다. 임의의 행렬 A와 영행렬 0에 대하여 다음이 성립한다.

- $A + 0 = 0 + A = A$
- $A - A = 0$
- $0 - A = -A$

다음은 3×4차원 행렬 B의 예이다.

$$B = \begin{pmatrix} b_{11} & b_{12} & b_{13} & b_{14} \\ b_{21} & b_{22} & b_{23} & b_{24} \\ b_{31} & b_{32} & b_{33} & b_{34} \end{pmatrix}$$

이 행렬에서 원소를 나타낼 때 첨자가 2개 사용되었음에 주의하길 바란다. 첫 번째 첨자는 행을 나타내며 두 번째 첨자는 열을 나타낸다.

차수가 $n \times m$이고 성분이 모두 실수(즉, 모든 i, j에 대하여 $a_{ij} \in R$)인 행렬 전체의 집합을 $M_{n\times m}(R)$로 나타낸다.

행렬의 덧셈

행렬 전체의 집합에는 차원이 다른 행렬들이 모두 들어있기 때문에 전체에 대한 연산을 정의할 수 없다. 하지만 동일한 차원을 갖는 행렬들로 이뤄진 집합에 대해서는 행렬의 항등 및 덧셈 연산, 스칼라 곱을 정의할 수 있다.

먼저 두 개의 행렬이 항등이라는 의미가 무엇인지 알아보자. A와 B가 $n \times m$차원 행렬, 즉 $A, B \in M_{n\times m}(R)$이라고 하자. 두 행렬 A와 B가 항등이라는 말은 두 행렬의 성분이 동일하다는 뜻이다. 즉, $a_{ij} = b_{ij},\ \ i = 1, \ldots, n,\ \ j = 1, \ldots, m$이면 두 행렬은 항등이다.

두 개의 행렬 $A, B \in M_{n\times m}(R)$의 합 $A + B$는 다음과 같은 이항 연산으로 정의한다. 편의상 $M_{n\times m}(R)$을 M이라고 표현하기로 한다. 그러면 행렬의 덧셈 연산은 다음 수식 (7.15)와 같이 나타낸다.

$$\begin{aligned} + : M \times M &\rightarrow M \\ (A, B) &\mapsto A + B \end{aligned} \tag{7.15}$$

$A + B = (c_{ij})_{n\times m}$이라고 하면, 모든 $i = 1, \ldots, n,\ \ j = 1, \ldots, m$에 대하여

$$c_{ij} = a_{ij} + b_{ij}$$

인 행렬을 말한다. 예를 들어

$$\begin{pmatrix} 1 & 2 & 0 \\ 1 & 3 & 2 \end{pmatrix} + \begin{pmatrix} 2 & 3 & 2 \\ 2 & 0 & 1 \end{pmatrix} = \begin{pmatrix} 1+2 & 2+3 & 0+2 \\ 1+2 & 3+0 & 2+1 \end{pmatrix} = \begin{pmatrix} 3 & 5 & 2 \\ 3 & 3 & 3 \end{pmatrix}$$

이다. 덧셈을 정의하면 뺄셈도 정의할 수 있다. 그리고 스칼라 곱도 정의할 수 있는데, 스칼라 $\alpha \in R$와 행렬 A를 곱하면 다음과 같은 연산이 된다.

$$\begin{aligned} \cdot : R \times M &\rightarrow M \\ (\alpha, A) &\mapsto \alpha A \end{aligned}$$

$\alpha A = (\alpha a_{ij})_{n\times m}$이다. 예를 들어

$$3\begin{pmatrix} 2 & 1 & 1 \\ 1 & 2 & 3 \end{pmatrix} = \begin{pmatrix} 3\cdot 2 & 3\cdot 1 & 3\cdot 1 \\ 3\cdot 1 & 3\cdot 2 & 3\cdot 3 \end{pmatrix} = \begin{pmatrix} 6 & 3 & 3 \\ 3 & 6 & 9 \end{pmatrix}$$

이다.

행렬 중에서 모든 성분이 0으로 구성되는 행렬을 영행렬이라고 한다.

행렬의 덧셈 구현

예제 7.5

행렬의 덧셈은 넘파이의 add() 함수를 사용하면 쉽게 계산할 수 있다.

In
```
import numpy as np

a = np.array([[0, 1, 2],
              [1, 2, 3]])

b = np.array([[2, 1, 3],
              [2, 1, 3]])

print(np.add(a, b))
```

Out
```
[[2 2 5]
 [3 3 6]]
```

도전문제

문제 7.4

행렬의 크기가 동일할 때 더하거나 뺄 수 있다. 행렬의 연산 기호 '+'와 '-'를 사용하면 직접 행렬의 덧셈과 뺄셈을 할 수 있다. 연산 기호를 사용하여 직접 행렬의 덧셈과 뺄셈을 해보자.

In
```
import numpy as np

a = np.array([10, 11, 12, 13, 14])
b = np.array([0, 1, 2, 3, 4])

print(a + b)
print(a - b)
```

Out
```
[10 12 14 16 18]
[10 10 10 10 10]
```

행렬의 곱셈

두 개의 실수를 곱하듯이 주어진 두 개의 행렬도 곱할 수 있다. 두 실수의 곱이 다시 하나의 실수인 이항 연산으로 정의되듯이 두 행렬의 곱도 하나의 행렬로 되는 이항 연산으로 정의할 수 있다. 행렬의 곱셈은 선형대수학의 기초개념이며 수학, 통계, 물리학 및 컴퓨터 프로그래밍 등의 과학 분야에서 다양하게 응용되고 있다.

행렬의 곱을 정의하기 위해서는 대상이 되는 두 개의 행렬의 크기가 맞아야 한다. 그래서 첫 번째 행렬의 열의 개수와 곱해지는 두 번째 행렬의 행 개수가 같아야만 행렬을 곱할 수 있다. 행렬의 곱셈으로 만들어진 행렬을 행렬 곱이라고 한다. 결과로 나타나는 행렬 곱의 행의 개수는 첫 번째 행렬의 행의 개수와 같고 열의 개수는 두 번째 행렬의 열의 개수와 같다.

행렬 A는 $m \times n$ 행렬이고 B는 $n \times p$ 행렬로 다음과 같다.

$$A = \begin{pmatrix} a_{11} & a_{12} & \cdots & a_{1n} \\ a_{21} & a_{22} & \cdots & a_{2n} \\ \vdots & \vdots & \ddots & \vdots \\ a_{m1} & a_{m2} & \cdots & a_{mn} \end{pmatrix} \qquad B = \begin{pmatrix} b_{11} & b_{12} & \cdots & b_{1p} \\ b_{21} & b_{22} & \cdots & b_{2p} \\ \vdots & \vdots & \ddots & \vdots \\ b_{n1} & b_{n2} & \cdots & b_{np} \end{pmatrix}$$

보통 두 행렬의 곱을 $A \cdot B$ 대신에 AB로 나타낸다. 행렬 곱 $C = AB$는 $m \times p$ 행렬로 다음 수식 (7.16)과 같다.

$$C = \begin{pmatrix} c_{11} & c_{12} & \cdots & c_{1p} \\ c_{21} & c_{22} & \cdots & c_{2p} \\ \vdots & \vdots & \ddots & \vdots \\ c_{m1} & c_{m2} & \cdots & c_{mp} \end{pmatrix} \tag{7.16}$$

C의 성분은 $i = 1, \ldots, m$, $j = 1, \ldots, p$에 대하여 다음 수식 (7.17)과 같은 값을 갖는다.

$$c_{ij} = a_{i1}b_{1j} + a_{i2}b_{2j} + \ldots + a_{in}b_{nj} = \sum_{k=1}^{n} a_{ik}b_{kj} \tag{7.17}$$

예를 들어

$$\begin{pmatrix} 1 & 2 & 0 \\ 2 & 0 & 1 \end{pmatrix} \begin{pmatrix} 1 & 3 \\ 2 & 0 \\ 4 & -1 \end{pmatrix} = \begin{pmatrix} 1 \cdot 1 + 2 \cdot 2 + 0 \cdot 4 & 1 \cdot 3 + 2 \cdot 0 + 1 \cdot (-1) \\ 2 \cdot 1 + 0 \cdot 2 + 1 \cdot 4 & 2 \cdot 3 + 0 \cdot 0 + 1 \cdot (-1) \end{pmatrix} = \begin{pmatrix} 5 & 2 \\ 6 & 5 \end{pmatrix}$$

이다. 행렬의 곱셈은 결합 법칙을 만족한다. 즉, 3개의 행렬 A, B, C가 행렬 곱의 정의에 적합한 행렬이라면

$$A(BC) = (AB)C$$

가 성립된다. 하지만 일반적으로 정방 행렬의 곱은 다음과 같이 교환 법칙을 만족하지 않는다.

$$\begin{pmatrix}1 & 0\\0 & 0\end{pmatrix}\begin{pmatrix}1 & 1\\1 & 0\end{pmatrix}=\begin{pmatrix}1 & 1\\0 & 0\end{pmatrix}\neq\begin{pmatrix}1 & 0\\1 & 0\end{pmatrix}=\begin{pmatrix}1 & 1\\1 & 0\end{pmatrix}\begin{pmatrix}1 & 0\\0 & 0\end{pmatrix} \tag{7.18}$$

행렬 곱의 정의를 살펴보면 수식 (7.17)과 같다. 행렬 곱의 성분을 구성하는 항들은 행렬 A의 i번째 행과 B의 j번째 열의 성분들을 각각 곱한 것이다.

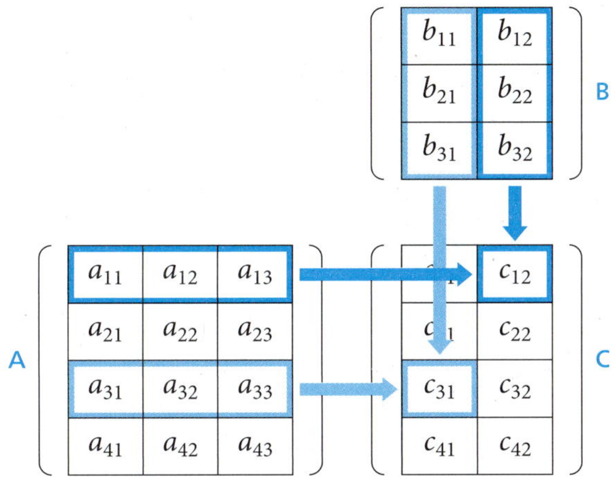

그림 7.7 행렬의 곱셈 계산 방법

행렬 곱을 이항 연산의 구조로 살펴보자. $M_{m\times n}$을 크기가 $m \times n$인 행렬들의 집합이라고 하자. 행렬 곱은 다음 수식 (7.18)과 같이 정의되는 이항 연산 '$\circ$'으로 볼 수 있다. 두 개의 행렬 A와 B의 행렬 곱을 $A \circ B$라고 써야 하지만 편의상 AB라고 쓴다. 행렬 A와 B 사이에 아무 기호를 사용하지 않았지만, 두 행렬 사이의 연산은 행렬 곱으로 정의되어 있으며 실수의 곱과는 다른 이항 연산임에 유의하기를 바란다.

$$\begin{aligned}\circ\ : M_{m\times n} \times M_{n\times p} &\rightarrow M_{m\times p}\\ (A_{m\times n}, B_{n\times p}) &\mapsto C_{m\times p}\end{aligned} \tag{7.18}$$

수식 (7.18)에서 $C_{m\times p}$는 수식 (7.15)이다. 행렬 곱에서 짚고 넘어가야 할 부분 중 한 가지는 우리가 행렬을 구성하는 성분을 그냥 실수라고 생각하고 행렬 곱을 정의한 것이다. 그래서 두 행렬의 곱인 행렬의 성분은 수식 (7.17)에서 c_{ij}의 표현에 나타난 두 개의 연산인 곱셈(a_{ik}와 b_{kj}의 곱 연산)과 덧셈($a_{ik}b_{kj}$와 $a_{i,\,k+1}b_{k+1,\,j}$의 합 연산)은 실수에서의 곱셈과 덧셈이다. 실수에서는 곱셈의 결합 법칙이 성립하고 덧셈에서는 교환 법칙이 성립하며 분배 법칙도 성립한다. 만약 실수에서 성립하는 연산 법칙을 만족하는 다른 수학적 집합체가 있다면 그 집합에 속하는 원소로 행렬의 성분을 정할 수 있다. 예를 들어 실수 대신 복소수 집합으로 대체하거나 정방행렬들의 집합 등으로 대체할 수 있다. 이 개념은 뒤에 벡터 공간을 정의할 때 매우 중요하게 다뤄질 내용이므로 여기서는 간단히 다루고 뒤에 자세히 배우기로 한다.

주대각선 성분이 모두 1인 n차 행렬을 n차 **단위행렬**(identiey matrix)이라 하고, I_n으로 나타낸다. 행렬 A가 $m \times n$ 행렬일 때, 단위행렬과의 관계식은 수식 (7.20)과 같다.

$$I_m A = A = AI_n \tag{7.20}$$

행렬의 곱셈 구현

행렬 A와 B는 다음과 같다.

$$A = \begin{pmatrix} 1 & 2 \\ 3 & 4 \\ 5 & 6 \end{pmatrix} \qquad B = \begin{pmatrix} 3 & 2 & 1 \\ 5 & 4 & 2 \end{pmatrix}$$

두 행렬의 곱 $C = AB$는 다음과 같이 계산된다.

$$AB = \begin{pmatrix} 1 & 2 \\ 3 & 4 \\ 5 & 6 \end{pmatrix}\begin{pmatrix} 3 & 2 & 1 \\ 5 & 4 & 2 \end{pmatrix} = \begin{pmatrix} 1 \times 3 + 2 \times 5 & 1 \times 2 + 2 \times 4 & 1 \times 1 + 2 \times 2 \\ 3 \times 3 + 4 \times 5 & 3 \times 2 + 4 \times 4 & 3 \times 1 + 4 \times 2 \\ 5 \times 3 + 6 \times 2 & 5 \times 2 + 6 \times 4 & 5 \times 1 + 6 \times 2 \end{pmatrix}$$
$$= \begin{pmatrix} 13 & 10 & 5 \\ 29 & 22 & 11 \\ 27 & 34 & 17 \end{pmatrix} = C$$

행렬 C의 $c_{22} = 22$를 살펴보면

$$22 = (3, 4)\begin{pmatrix} 2 \\ 4 \end{pmatrix} = 3 \times 2 + 4 \times 4$$

로 1×2 행렬과 2×1 행렬의 곱으로 볼 수 있다. 그 결과는 1×1 행렬인 $(22)_{1\times1}$이다. 이 1×1 행렬을 실수로 생각할 수 있으므로 22는 사실 두 개의 벡터 $\vec{\boldsymbol{v}} = (3, 4)$, $\vec{\boldsymbol{\omega}} = (2, 4)$가 내적으로 표현되는 스칼라이다. 즉,

$$\vec{\boldsymbol{v}} \cdot \vec{\boldsymbol{\omega}} = (3, 4) \cdot (2, 4) = 22$$

이다.

예제 7.6

행렬 곱을 모든 행과 열의 조합으로 계산하는 것은 힘들지만, 넘파이의 `dot()` 함수를 사용하면 쉽게 행렬 곱을 계산할 수 있다. 다음 코드를 실행해보자.

In

```
import numpy as np

a = np.array([[1, 2],
              [3, 4],
              [5, 6]])
b = np.array([[3, 2, 1],
              [5, 4, 1]])

print(np.dot(a, b))
```

Out

```
[[13 10 3]
 [29 22 7]
 [45 34 11]]
```

도전문제

문제 7.5

행렬 A와 B가 다음과 같을 때 두 행렬의 곱 $C = AB$를 구하여라.

$$A = \begin{pmatrix} -1 & 1 \\ -1 & 2 \\ 2 & 3 \end{pmatrix} \qquad B = \begin{pmatrix} -1 & 1 & -1 \\ 2 & -3 & 2 \end{pmatrix}$$

In

```
import numpy as np

a = np.array([[-1, 1],
              [-1, 2],
              [2, 3]])
b = np.array([[-1, 1, -1],
              [2, -3, 2]])

print(np.dot(a, b))
```

Out

```
[[ 3 -4 3]
 [ 5 -7 5]
 [ 4 -7 4]]
```

행렬 연산의 성질

앞에서 행렬의 곱셈은 교환 법칙이 성립하지 않는다는 걸 보였다(수식 (7.18) 참조). 행렬 A, B, C와 임의의 수 α, β에 대해 행렬 곱이 정의되면 다음이 성립된다.

- $A + B = B + A$
- $A + (B + C) = (A + B) + C$
- $A(B + C) = AB + AC$
- $(A + B)C = AC + BC$
- $A(BC) = (AB)C$ (7.21)
- $A(\alpha B) = \alpha(AB) = (\alpha A)B$
- $\alpha(A + B) = \alpha A + \alpha B$
- $(\alpha + \beta)A = \alpha A + \beta A$
- $(\alpha\beta)A = \alpha(\beta A)$
- $A0 = 0A = 0$ (0은 영행렬)

수식 (7.21)에 나열한 성질에 대한 증명은 생략하기로 한다. 행렬의 거듭제곱에 대해서도 알아보자. 주어진 행렬 A가 n차 정방행렬이라고 할 때

$$\begin{aligned} A^0 &= I_n \\ A &= A^1 \\ AA &= A^2 \\ AAA &= A^3 \\ &\cdots \\ AA\cdots A &= A^k \end{aligned}$$

라고 표현한다. $A^n A^m = A^{n+m}$이고 $(A^n)^m = A^{nm}$이 성립된다.

예를 들어

$$A = \begin{pmatrix} 1 & 0 \\ 2 & 1 \end{pmatrix}$$

이라면

$$A^2 = \begin{pmatrix} 1 & 0 \\ 4 & 1 \end{pmatrix}, A^3 = \begin{pmatrix} 1 & 0 \\ 8 & 1 \end{pmatrix}, \ldots, A^n = \begin{pmatrix} 1 & 0 \\ 2n & 1 \end{pmatrix}$$

이 된다.

행렬 표현의 응용

예를 들어 다음과 같은 연립방정식이 주어졌다고 하자.

$$\begin{cases} ax + by = \alpha \\ cx + dy = \beta \end{cases} \tag{7.22}$$

행렬의 곱셈을 이용해서 수식 (7.22)를 아래와 같이 간단히 표현할 수 있다.

$$\begin{pmatrix} a & b \\ c & d \end{pmatrix}\begin{pmatrix} x \\ y \end{pmatrix} = \begin{pmatrix} \alpha \\ \beta \end{pmatrix}$$

$A = \begin{pmatrix} a & b \\ c & d \end{pmatrix}$라고 하고 $X = \begin{pmatrix} x \\ y \end{pmatrix}$, $B = \begin{pmatrix} \alpha \\ \beta \end{pmatrix}$라고 하면 위의 식을 간단하게

$$AX = B \tag{7.23}$$

라고 표현할 수 있다. 사실 방정식의 해를 구할 때도 행렬을 이용하면 행렬의 곱이나 역행렬로 해를 구할 수 있다.

실수에서 곱셈에 대한 역원이 존재하듯이 어떤 정방행렬은 행렬 곱에 대한 역원이 존재한다. 즉, 수식 (7.23)을 형식적으로 볼 때 양변에 A의 역행렬을 곱하면 해를 쉽게 구할 수 있어 보인다. 수식 (7.22)에 적용한 개념을 확장할 수 있는데, 미지수의 개수가 n개인 n개의 방정식으로 이루어진 연립방정식이 주어지면 이것도 행렬을 이용하여 수식 (7.23)처럼 표현할 수 있다. 이에 대해서는 뒤에서 선형변환을 학습할 때 좀 더 자세히 알아보기로 한다.

7.5 전치행렬

전치행렬은 나중에 배우게 될 선형변환에서 매우 중요한 역할을 하는 행렬이다. 인공지능에서 데이터는 행렬을 이용하여 표현하는 경우가 많은데 행렬의 크기가 일정하지 않으면 데이터를 처리하기 어려울 수 있다. 규격이 다른 행렬의 경우에 행을 추가하거나 열을 추가해서 크기를 맞추기도 하지만 행과 열의 위치를 변경한 행렬이 필요한 경우도 생긴다. 행과 열의 위치를 변경하는 전치행렬에 대해 알아보자. 특히 열벡터를 행벡터로 변경하거나 행벡터를 열벡터로 변경하여 계산해야 하는 경우 등이 발생하는데 이 경우에 행과 열을 변경하는 방법은 매우 유용하게 사용된다.

전치행렬

하나의 행렬이 주어질 때 배열에서 행을 열로 대체시킨 행렬을 **전치행렬**(transposed matrix)이라고 한다. 즉, 주대각선을 축으로 반사, 대칭하여 얻는 행렬이다. 예를 들어, 행렬 A가 주어졌을 때 다음 수식 (7.24)와 같이 배열의 위치를 변경한 행렬 A^T를 A의 전치행렬이라고 한다.

$$A = \begin{pmatrix} 1 & 2 & 3 \\ 4 & 4 & 5 \end{pmatrix} \Rightarrow A^T = \begin{pmatrix} 1 & 4 \\ 2 & 4 \\ 3 & 5 \end{pmatrix} \tag{7.24}$$

일반행렬의 경우 주어진 행렬 A의 전치행렬은 다음 수식 (7.25)와 같이 정의한다.

$$A = \begin{pmatrix} a_{11} & a_{12} & \cdots & a_{1n} \\ a_{21} & a_{22} & \cdots & a_{2n} \\ \vdots & \vdots & \ddots & \vdots \\ a_{m1} & a_{m2} & \cdots & a_{mn} \end{pmatrix}_{m\times n} \quad A^T = \begin{pmatrix} a_{11} & a_{21} & \cdots & a_{m1} \\ a_{12} & a_{22} & \cdots & a_{m2} \\ \vdots & \vdots & \ddots & \vdots \\ a_{1n} & a_{2n} & \cdots & a_{mn} \end{pmatrix}_{n\times m} \tag{7.25}$$

즉, $i = 1, \ldots, m,\ j = 1, \ldots, n$에 대하여 행렬 A의 성분 $a_{ij}^T = a_{ji}$가 성립된다.

전치행렬의 특성은 다음과 같다.

- $(A^T)^T = A$
- $(A + B)^T = A^T + B^T$
- $(AB)^T = B^TA^T$
- $(kA)^T = kA^T$ (k는 행렬 A의 성분과 같은 성질을 갖는 스칼라)

전치행렬의 구현

예제 7.7

넘파이에서 행렬을 나타내는 배열 이름 뒤에 .T를 붙이면 전치행렬을 구할 수 있다. 다음 코드를 실행해보자.

In
```
import numpy as np
a = np.array([[1, 2],
              [3, 4],
              [5, 6]]) # 행렬

print(a.T)  # 전치행렬
```

Out
```
[[1 3 5]
 [2 4 6]]
```

도전문제

문제 7.6

행렬 A가 다음과 같을 때 전치행렬을 구하여라.

$$A = \begin{pmatrix} 2 & 1 \\ -3 & -1 \\ 5 & 4 \end{pmatrix}$$

In
```
import numpy as np
a = np.array([[2, 1],
              [-3, -1],
              [5, 4]]) # 행렬

print(a.T)  # 전치행렬
```

Out
```
[[ 2 -3 5]
 [ 1 -1 4]]
```

7.6 역행렬

행렬에서도 실수처럼 덧셈과 곱셈을 정의하였다. 특히 n차 정방행렬만 고려한다면 실수의 연산에서 성립되는 법칙들이 n차 행렬의 집합인 $\boldsymbol{M}_{n\times n}$에서도 성립된다. 먼저 두 개의 행렬이 같다는 말은 행렬의 모든 성분이 동일한 행렬을 말한다. 즉 두 개의 n차 정방행렬 $A = (a_{ij})_{n\times n}$과 $B = (b_{ij})_{n\times n}$이 같다는 말은 모든 $i, j = 1, 2, \ldots, n$에 대하여 $a_{ij} = b_{ij}$가 성립된다는 뜻이다.

단위행렬

정방행렬 중에서 대각선의 성분이 모두 1이고 나머지 성분은 0인 행렬을 **단위행렬**(unit matrix) 또는 **항등행렬**(identity matrix)이라고 하고 다음 수식 (7.26)과 같이 나타낸다.

$$I_{n\times n} = I_n = \begin{pmatrix} 1 & 0 & \cdots & 0 \\ 0 & 1 & \cdots & 0 \\ \vdots & \vdots & \ddots & \vdots \\ 0 & 0 & \cdots & 1 \end{pmatrix} \tag{7.26}$$

n차 정방행렬 대신 2차 정방행렬의 집합인 $M_{2\times 2}$를 대상으로 생각해보자. 주대각선의 원소가 모두 1이며 나머지 성분들은 모두 0인 2차 정방행렬이므로 I는 다음과 같다. 즉,

$$I = \begin{pmatrix} 1 & 0 \\ 0 & 1 \end{pmatrix}$$

가 2차 단위행렬이다. 행렬 곱을 복습해보면 주어진 행렬 $A = \begin{pmatrix} a & b \\ c & d \end{pmatrix}$에 단위행렬을 곱하면

$$AI = \begin{pmatrix} a & b \\ c & d \end{pmatrix}\begin{pmatrix} 1 & 0 \\ 0 & 1 \end{pmatrix} = \begin{pmatrix} a & b \\ c & d \end{pmatrix} \qquad IA = \begin{pmatrix} 1 & 0 \\ 0 & 1 \end{pmatrix}\begin{pmatrix} a & b \\ c & d \end{pmatrix} = \begin{pmatrix} a & b \\ c & d \end{pmatrix}$$

가 성립된다.

단위행렬의 구현

예제 7.8

넘파이의 eye() 함수로 단위행렬을 만들 수 있다. eye() 함수에 전달되는 인수는 단위행렬의 크기를 나타낸다. 다음 코드를 실행해보자.

In

```
import numpy as np

print(np.eye(3))     # 3 × 3 단위행렬
print()
print(np.eye(4))     # 4 × 4 단위행렬
print()
print(np.eye(5))     # 5 × 5 단위행렬
print()
```

Out

```
[[1. 0. 0.]
 [0. 1. 0.]
 [0. 0. 1.]]

[[1. 0. 0. 0.]
 [0. 1. 0. 0.]
 [0. 0. 1. 0.]
 [0. 0. 0. 1.]]

[[1. 0. 0. 0. 0.]
 [0. 1. 0. 0. 0.]
 [0. 0. 1. 0. 0.]
 [0. 0. 0. 1. 0.]
 [0. 0. 0. 0. 1.]]
```

왼쪽 위에서 오른쪽 아래로 대각선 방향의 요소는 1이고 나머지 요소는 모두 0으로 되어있는 것을 확인할 수 있다.

역행렬

주어진 행렬 $A = \begin{pmatrix} a & b \\ c & d \end{pmatrix}$에 어떤 행렬 $B = \begin{pmatrix} \alpha & \beta \\ \gamma & \delta \end{pmatrix}$를 곱했을 때 그 결과가 I가 된다면 행렬 B를 A의 역행렬이라고 한다. 즉,

$$AB = \begin{pmatrix} a & b \\ c & d \end{pmatrix}\begin{pmatrix} \alpha & \beta \\ \gamma & \delta \end{pmatrix} = \begin{pmatrix} 1 & 0 \\ 0 & 1 \end{pmatrix}, \qquad BA = \begin{pmatrix} \alpha & \beta \\ \gamma & \delta \end{pmatrix}\begin{pmatrix} a & b \\ c & d \end{pmatrix} = \begin{pmatrix} 1 & 0 \\ 0 & 1 \end{pmatrix} \tag{7.27}$$

이 성립될 때 A를 가역행렬이라고 하고 B를 A의 역행렬이라고 하며 $B = A^{-1}$로 나타낸다. 따라서

$$AA^{-1} = A^{-1}A = I$$

를 만족한다. 이 표현 형식만 살펴보면 0이 아닌 실수 x에 대해서 $\frac{1}{x}$은 실수이며

$$x \cdot \frac{1}{x} = \frac{1}{x} \cdot x = 1$$

이다.

$$x^{-1} = \frac{1}{x}$$

이며 이를 x의 곱셈에 대한 역원이라고 하듯이 역행렬의 형식적 측면에서 동일한 법칙을 따른다. 다만 실수에서는 1이 곱셈에 대한 항등원이지만 행렬 집합에서는 단위행렬(또는 항등행렬)이 행렬 곱에 대한 항등원이다.

행렬 A가 가역행렬이라면 위의 수식 (7.27)에 언급한 두 가지 중 어느 하나만 성립해도 나머지는 자동으로 성립되기 때문에 가역행렬의 조건은 한 가지만 써도 된다.

가역행렬을 정의한다는 의미는 비가역인 행렬도 있다는 의미이다. 어떤 행렬은 모든 행렬과 곱해도 절대로 I가 될 수 없다. 예를 들어

$$A = \begin{pmatrix} 1 & 2 \\ 2 & 4 \end{pmatrix}$$

는 가역행렬이 아니다. 왜냐하면 임의의 행렬

$$B = \begin{pmatrix} \alpha & \beta \\ \gamma & \delta \end{pmatrix}$$

를 행렬 A에 곱해서 $AB = I$가 되는 B가 없기 때문이다. AB가 단위행렬 I가 되려면

$$AB = \begin{pmatrix} 1 & 2 \\ 2 & 4 \end{pmatrix}\begin{pmatrix} \alpha & \beta \\ \gamma & \delta \end{pmatrix} = \begin{pmatrix} \alpha + 2\gamma & \beta + 2\delta \\ 2\alpha + 4\gamma & 2\beta + 4\delta \end{pmatrix} = \begin{pmatrix} 1 & 0 \\ 0 & 1 \end{pmatrix}$$

을 만족해야 한다. 이를 만족하려면

$$\begin{aligned} \alpha + 2\gamma &= 1 \\ \beta + 2\delta &= 0 \\ 2\alpha + 4\gamma &= 0 \\ 2\beta + 4\delta &= 1 \end{aligned}$$

을 만족해야 하는데, 첫 번째 식과 세 번째 식이 모순되며 두 번째 식과 네 번째 식도 모순이 되어 이를 만족하는 $\alpha, \beta, \gamma, \delta$는 존재하지 않는다.

가역행렬과 비가역행렬은 방정식의 해를 구할 수 있느냐 아니냐를 결정하는 중요한 지표가 되는 개념이다. 이에 대해서는 선형대수학에서 자세히 다루고 있으니 학습하기를 바란다.

역행렬의 예

역행렬의 예를 들어보자. 주어진 행렬

$$P = \begin{pmatrix} 1 & 2 \\ 1 & 3 \end{pmatrix} \text{과 } Q = \begin{pmatrix} 3 & -2 \\ -1 & 3 \end{pmatrix}$$

을 살펴보면

$$PQ = \begin{pmatrix} 1 & 2 \\ 1 & 3 \end{pmatrix}\begin{pmatrix} 3 & -2 \\ -1 & 1 \end{pmatrix} = \begin{pmatrix} 1 \times 3 + 2 \times (-1) 1 \times (-2) + 2 \times 1 \\ 1 \times 3 + 3 \times (-1) 1 \times (-2) + 3 \times 1 \end{pmatrix} = \begin{pmatrix} 1 & 0 \\ 0 & 1 \end{pmatrix} = I$$

가 성립된다. 즉, 행렬 P는 가역행렬이고 $P^{-1} = Q$라는 것을 알 수 있다. 역으로 Q도 가역행렬이라는 점에 주의하길 바란다. 그 이유는 $Q^{-1} = (P^{-1})^{-1} = P$가 되기 때문이다. 어떻게 주어진 행렬 P가 가역적인지 아닌지를 판단하는 문제와 가역이라면 어떻게 역행렬 P^{-1}을 구할 수 있는지를 설명하지 않고 예만 들었다. 자세한 설명은 뒤에서 다루기로 한다.

행렬식

앞에서 역행렬을 어떻게 구하는지 궁금했다. 역행렬을 구하는 데 필요한 개념으로 행렬식을 알아보자. **행렬식**(determinant)은 주어진 n차 정방행렬로부터 하나의 실숫값을 대응시키는 함수이다. 주어진 정방행렬 A에 대하여 다음과 같이 정의한다. 귀납적으로 정의할 수 있는데, 이를 위해 2차 정방행렬 A가 수식 (7.28)로 주어졌다고 하자.

$$A = \begin{pmatrix} a_{11} & a_{12} \\ a_{21} & a_{22} \end{pmatrix} \tag{7.28}$$

이때 행렬 A의 행렬식은 $\det A = a_{11}a_{22} - a_{12}a_{21}$이라고 정의한다. 주어진 행렬 A가 수식 (7.29)처럼 3차 정방행렬이라고 하자.

$$A = \begin{pmatrix} a_{11} & a_{12} & a_{13} \\ a_{21} & a_{22} & a_{23} \\ a_{31} & a_{32} & a_{33} \end{pmatrix} \tag{7.29}$$

소행렬 A_{ij}를 A에서 i번째 행과 j번째 열을 제거한 행렬이라고 하자. 예를 들어

$$A_{11} = \begin{pmatrix} a_{22} & a_{23} \\ a_{32} & a_{33} \end{pmatrix}, \quad A_{22} = \begin{pmatrix} a_{11} & a_{13} \\ a_{31} & a_{33} \end{pmatrix}, \quad A_{32} = \begin{pmatrix} a_{11} & a_{13} \\ a_{21} & a_{23} \end{pmatrix}$$

이다. 이미 2차 정방행렬에 대한 행렬식은 정의했으므로 이를 이용해서 귀납적으로 정의해보자. 위의 수식 (7.29)의 행렬 A의 행렬식은

$$\det A = a_{11}\det A_{11} - a_{12}\det A_{12} + a_{13}\det A_{13} \tag{7.30}$$

라고 정의한다. 4차 정방행렬에 대해서도 수식 (7.30)과 비슷하게 정의할 수 있다. 즉,

$$A = \begin{pmatrix} a_{11} & a_{12} & a_{13} & a_{14} \\ a_{21} & a_{22} & a_{23} & a_{24} \\ a_{31} & a_{32} & a_{33} & a_{34} \\ a_{41} & a_{42} & a_{43} & a_{44} \end{pmatrix}$$

일 때, 행렬 A의 행렬식은 수식 (7.31)과 같이 정의한다.

$$\det A = a_{11}\det A_{11} - a_{12}\det A_{12} + a_{13}\det A_{13} - a_{14}\det A_{14} \tag{7.31}$$

여기서 주의할 것은 소행렬 $A_{11}, A_{12}, \ldots, A_{14}$가 3×3 행렬이라는 점이다. 따라서 이들의 행렬식은 또다시 위에서 정의한 방식으로 계산된다는 점에 유의하기를 바란다. 이제 일반적인 n차 정방행렬에 대한 행렬식을 정의할 수 있다. 행렬 A가 다음과 같은 $n \times n$ 행렬이라고 하면

$$A = \begin{pmatrix} a_{11} & a_{12} & \cdots & a_{1n} \\ a_{21} & a_{22} & \cdots & a_{2n} \\ \vdots & \vdots & \ddots & \vdots \\ a_{n1} & a_{n2} & \cdots & a_{nn} \end{pmatrix}$$

행렬 A의 행렬식은 수식 (7.32)와 같이 정의한다.

$$\det A = a_{11}\det A_{11} - a_{12}\det A_{12} + a_{13}\det A_{13} + \ldots + (-1)^{1+n}a_{1n}\det A_{1n} \tag{7.32}$$

예를 들어 2차 행렬 $A = \begin{pmatrix} a & b \\ c & d \end{pmatrix}$의 행렬식은 $\det A = ad - bc$ 임을 바로 알 수 있다.

3차 행렬의 실제 예를 들어서 행렬식을 구해보자.

$$A = \begin{pmatrix} 1 & -2 & 2 \\ 2 & 3 & -1 \\ 0 & -1 & 0 \end{pmatrix}$$

일 때, $\det A$는 다음과 같이 구할 수 있다.

$$\det A = a_{11}\det A_{11} - a_{12}\det A_{12} + a_{13}\det A_{13}$$

$$= 1 \cdot \det\begin{pmatrix} 3 & -1 \\ -1 & 0 \end{pmatrix} - \left(-2\right) \cdot \det\begin{pmatrix} 2 & -1 \\ 0 & 0 \end{pmatrix} + 2 \cdot \det\begin{pmatrix} 2 & 3 \\ 0 & -1 \end{pmatrix}$$
$$= 1(0-1) + 2(0-0) + 2(-2-0) = -5$$

행렬식을 구할 때 첫 번째 행의 성분만 활용한다는 것을 알 수 있다. 하지만 실제로 어떤 행을 이용해서 구해도 행렬식은 같은 값을 갖는다. 심지어 열을 이용할 수도 있다. 예를 들어 위의 예제에서 두 번째 열을 이용해서 행렬식을 구해보자.

$$-a_{12}\det A_{12} + a_{22}\det A_{22} - a_{32}\det A_{32}$$
$$= -\left(-2\right) \cdot \det\begin{pmatrix} 2 & -1 \\ 0 & 0 \end{pmatrix} + 3 \cdot \det\begin{pmatrix} 1 & 2 \\ 0 & 0 \end{pmatrix} - \left(-1\right) \cdot \det\begin{pmatrix} 1 & 2 \\ 2 & -1 \end{pmatrix}$$
$$= 2(0-0) + 3(0-0) + 1(-1-4) = -5$$

행렬식의 값이 똑같이 −5라는 것을 알 수 있다. 이제 항을 언제 더하고 언제 빼는지를 명확히 이해했을 것이다. 좀 더 명확하게 하도록 행렬의 코팩터(cofactor)를 수식 (7.33)처럼 정의해보자. 주어진 일반 n차 정방행렬 A에서 모든 $i, j = 1, 2, \ldots, n$에 대해

$$C_{ij} = (-1)^{i+j}\det A_{ij} \tag{7.33}$$

를 코팩터라고 정의한다. 이를 이용하면 행렬 A의 행렬식은 임의의 $i, j = 1, 2, \ldots, n$에 대해 i번째 행을 이용해서 구할 수도 있고, j번째 열을 이용해서 구할 수도 있다.

$$\det A = a_{i1}C_{i1} + a_{i2}C_{i2} + \ldots + a_{in}C_{in}$$
$$\det A = a_{1j}C_{1j} + a_{2j}C_{2j} + \ldots + a_{nj}C_{nj}$$

벡터의 외적과 행렬식

행렬식을 이용하면 벡터의 외적을 구하는 공식을 구할 수 있다. 3차원 행렬식을 이용해서 두 개의 벡터 $\vec{\boldsymbol{a}} = (a_1, a_2, a_3)$과 $\vec{\boldsymbol{b}} = (b_1, b_2, b_3)$의 외적 $\vec{\boldsymbol{a}} \times \vec{\boldsymbol{b}} = (c_1, c_2, c_3)$을 구해보자. 원래 외적 $\vec{\boldsymbol{a}} \times \vec{\boldsymbol{b}}$는 수식 (7.11)과 같이 표현되는데, 다음 수식 (7.34)와 같이 3차 행렬식 형태로 표현할 수 있다.

$$\vec{\boldsymbol{a}} \times \vec{\boldsymbol{b}} = \begin{vmatrix} \vec{i} & \vec{j} & \vec{k} \\ a_1 & a_2 & a_3 \\ b_1 & b_2 & b_3 \end{vmatrix} = \begin{vmatrix} a_2 & a_3 \\ b_2 & b_3 \end{vmatrix}\vec{i} + \begin{vmatrix} a_3 & a_1 \\ b_3 & b_1 \end{vmatrix}\vec{j} + \begin{vmatrix} a_1 & a_2 \\ b_1 & b_2 \end{vmatrix}\vec{k} \tag{7.34}$$

$\vec{i} = (1, 0, 0)$, $\vec{j} = (0, 1, 0)$, $\vec{k} = (0, 0, 1)$는 단위벡터이고, 2차 행렬식 계산 방법은 위에서 학습한 것처럼 다음과 같은 스칼라값이다.

$$\begin{vmatrix} a & b \\ c & d \end{vmatrix} = ad - bc$$

행렬식 구현

예제 7.9

넘파이의 `linalg.det()` 함수로 행렬식을 구할 수 있다. 다음 코드를 실행해보자.

In
```
import numpy as np

a = np.array([[3, 4],
              [5, 6]])
print(np.linalg.det(a))    # 행렬식의 결과가 0이 되지 않는 경우

b = np.array([[3, 4],
              [0, 0]])
print(np.linalg.det(b))    # 행렬식의 결과가 0인 경우
```

Out
```
-2.0000000000000004
0.0
```

도전문제

문제 7.7

3차 행렬이 다음과 같이 주어졌을 때 행렬 A의 행렬식 $\det A$를 구하시오.

$$A = \begin{pmatrix} 1 & 1 & 2 \\ -1 & -2 & 3 \\ 0 & 2 & 0 \end{pmatrix}$$

In
```
import numpy as np

a = np.array([[1, 1, 2],
              [-1, -2, 3],
              [0, 2, 0]])
print(np.linalg.det(a))
```

Out

```
-9.999999999999998
```

역행렬 구하기

앞에서 주어진 행렬의 행렬식을 구하는 방법을 알아보았다. 행렬식을 이용하여 역행렬은 어떻게 구하는지 실제 2차와 3차 정방행렬의 예를 통해 알아보자. 행렬 $A = \begin{pmatrix} 1 & 4 \\ 3 & 2 \end{pmatrix}$가 주어졌다. 먼저 행렬식 det$A$를 구해보자. 행렬식은 $\det A = 1 \cdot 2 - 3 \cdot 4 = -10$이 된다. 역행렬을 구하려면

$$AB = \begin{pmatrix} 1 & 4 \\ 3 & 2 \end{pmatrix} \begin{pmatrix} \alpha & \beta \\ \gamma & \delta \end{pmatrix} = \begin{pmatrix} \alpha + 4\gamma & \beta + 4\delta \\ 3\alpha + 2\gamma & 3\beta + 2\delta \end{pmatrix} = \begin{pmatrix} 1 & 0 \\ 0 & 1 \end{pmatrix}$$

가 성립되는 행렬 $B = \begin{pmatrix} \alpha & \beta \\ \gamma & \delta \end{pmatrix}$를 구하거나 동일하게 아래의 연립방정식 (7.35)를 풀어서 α, β, γ, δ를 구하면 된다.

$$\begin{cases} \alpha + 4\gamma = 1 \\ \beta + 4\delta = 0 \\ 3\alpha + 2\gamma = 0 \\ 3\beta + 2\delta = 1 \end{cases} \tag{7.35}$$

연립방정식 (7.35)를 풀면

$$\alpha = \frac{2}{-10}, \quad \beta = \frac{-4}{-10}, \quad \gamma = \frac{-3}{-10}, \quad \delta = \frac{1}{-10}$$

가 된다. 따라서 구하고자 하는 행렬 A의 역행렬은

$$A^{-1} = \frac{1}{-10} \begin{pmatrix} 2 & -4 \\ -3 & 1 \end{pmatrix}$$

이다. 일반적으로 주어진 $A = \begin{pmatrix} a & b \\ c & d \end{pmatrix}$의 역행렬은 아래와 같이 나타낼 수 있다.

$$A^{-1} = \frac{1}{ad - bc} \begin{pmatrix} d & -b \\ -c & a \end{pmatrix} = \frac{1}{\det A} \begin{pmatrix} d & -b \\ -c & a \end{pmatrix}$$

여기서 $\det A = ad - bc$였다는 점에 유의하길 바란다.

3차 행렬의 역행렬을 실제 예를 통해 구해보자. 3차 행렬이

$$A = \begin{pmatrix} 1 & -2 & 2 \\ 2 & 3 & -1 \\ 0 & -1 & 0 \end{pmatrix}$$

라고 하면 $\det A = -5$를 구할 수 있다. 여기서 구체적으로 증명하지 않지만 행렬 A의 역행렬은

$$A^{-1} = \frac{1}{\det A}\begin{pmatrix} \det A_{11} & -\det A_{21} & \det A_{31} \\ -\det A_{12} & \det A_{22} & -\det A_{32} \\ \det A_{13} & -\det A_{23} & \det A_{33} \end{pmatrix} = \frac{1}{-5}\begin{pmatrix} -1 & -2 & -4 \\ 0 & 0 & 5 \\ -2 & 1 & 7 \end{pmatrix}$$

이다.

역행렬 구현

예제 7.10

역행렬이 존재하는 경우, 넘파이의 `linalg.inv()` 함수로 역행렬을 구할 수 있다. 다음 코드를 실행해보자.

In

```
import numpy as np

a = np.array([[3, 4],
              [5, 6]])
print(np.linalg.inv(a))    # 역행렬

b = np.array([[3, 4],
              [0, 0]])
# print(np.linalg.inv(b))    # 역행렬이 존재하지 않기 때문에 오류가 발생할 수 있다
```

Out

```
[[-3.  2. ]
 [ 2.5 -1.5]]
```

행과 열의 수가 많은 정방행렬에 대한 역행렬을 손으로 계산하려면 조금 복잡하지만 넘파이의 `linalg.inv()` 함수를 이용하면 간단하게 역행렬을 구할 수 있다. 역행렬은 인공지능에서 변수 간의 상관관계를 조사하기 위한 회귀 분석에 사용된다.

예제 7.11

다음 행렬 a의 행렬식을 구하고 역행렬이 존재하는 경우는 역행렬을 구해보자.

```
a = np.array([[2, 2],
              (1, 2]])
```

In

```python
import numpy as np

a = np.array([[2, 2],
              [1, 2]])

# 행렬식
print(np.linalg.det(a))

print()

# 역행렬
print(np.linalg.inv(a))
```

Out

```
2.0

[[ 1. -1. ]
 [-0.5 1. ]]
```

도전문제

문제 7.8

행렬 $A = \begin{pmatrix} 1 & 2 \\ 3 & 4 \end{pmatrix}$의 역행렬이 있는지 확인하고 역행렬이 있으면 역행렬을 구하시오.

In

```python
import numpy as np

a = np.array([[1, 2],
              [3, 4]])
```

```
# 행렬식
print(np.linalg.det(a))

print()

# 역행렬
print(np.linalg.inv(a))
```

Out

```
-2.0000000000000004

[[-2.  1. ]
 [ 1.5 -0.5]]
```

7.7 텐서

스칼라를 먼저 배웠고 그다음에 벡터를 배웠다. 벡터는 스칼라에 한 가지 요소인 방향을 추가한 개념이라고 했다. 주어진 하나의 벡터에 스칼라를 곱하면 그 벡터의 크기에 변화를 줄 수 있다. 다만 방향은 바꿀 수가 없어서 크기만 다르고 같은 방향성을 갖는 벡터를 만들 수 있을 뿐이다. 만약 우리가 주어진 벡터를 표현하는 데 사용한 스칼라의 위치에 스칼라를 대신하는 무언가를 적용하여 크기와 방향 두 가지 요소를 변경시킬 수 있는지 생각해보자.

행렬의 확장이라고 할 수 있는 간단한 **텐서**(tensor)의 개념을 파악하고 이를 행렬과 연관 지어 설명한다. 실제로 텐서의 개념은 더 확장할 수 있는데, 여기서는 행렬로부터 확장된 개념 정도에서 설명을 멈추고 더 자세한 내용은 머신러닝이나 딥러닝 학습에서 배우길 바란다.

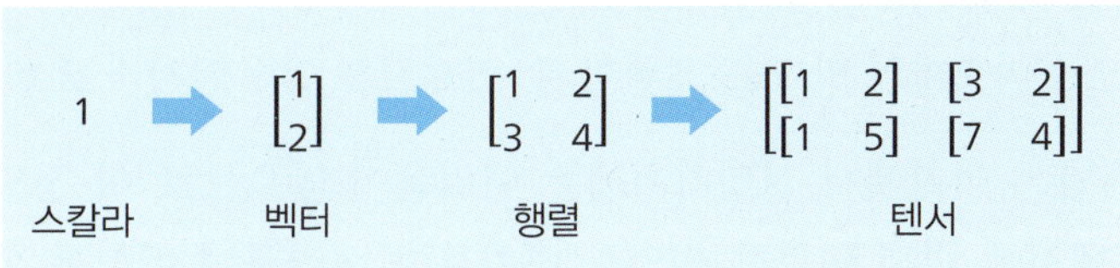

그림 7.8 스칼라, 벡터, 행렬, 텐서 개념 확장

텐서와 행렬

앞에서 언급한 스칼라를 대신하는 무엇으로 적합해 보이는 것은 행렬이다. 예를 들어 벡터 $\vec{v} = (1, 1, 0)$에 행렬

$$A = \begin{pmatrix} 1 & 0 & 1 \\ 1 & 1 & 0 \\ 1 & 0 & 1 \end{pmatrix}$$

를 스칼라라고 생각하고 주어진 벡터 $\vec{v}$에 행렬 A를 곱하면 그 결과로 생성되는 벡터 $\vec{w} = A\vec{v}$는 다음과 같이 벡터 $\vec{w} = (1, 2, 1)$이 된다. 행렬 A와 벡터 $\vec{v}$를 곱한다고 했는데 그 곱에 대한 정의가 행렬의 곱이다. 이는 뒤에서 자세히 설명하기로 한다. 이렇게 생성된 벡터 $\vec{w}$를 보면 원래 벡터 $\vec{v}$와 크기도 다르고 방향도 다르다.

3차원 공간으로 국한하여 설명할 때, 주어진 벡터 $\vec{v} = (v_1, v_2, v_3)$는 다음과 같이 표현할 수 있다.

$$\vec{v} = v_1(1, 0, 0) + v_2(0, 1, 0) + v_3(0, 0, 1)$$

여기서 $\mathbf{i} = (1, 0, 1)$, $\mathbf{j} = (1, 0, 1)$, $\mathbf{k} = (1, 0, 1)$이라고 하면 $\vec{v} = v_1\mathbf{i} + v_2\mathbf{j} + v_3\mathbf{k}$로 표현할 수 있다. 각 요소에 붙이는 첨자 **i, j, k**처럼 첨자 개수가 한 개씩인 경우에 1차 텐서라고 한다. 이런 의미에서 스칼라는 0차 텐서라고 할 수 있고, 벡터가 1차 텐서이다. 그러면 2차, 3차, . . . , n차 텐서는 어떻게 정의되는가? 예를 들어 2차 텐서의 경우에는 크기와 방향 1, 방향 2처럼 2개의 방향을 갖는 물리량을 말한다. 그 표현을 할 때 3차원 공간의 두 벡터

$$\vec{a} = a_1\mathbf{i} + a_2\mathbf{j} + a_3\mathbf{k}$$
$$\vec{b} = b_1\mathbf{i} + b_2\mathbf{j} + b_3\mathbf{k}$$

의 텐서 곱을 아래와 같이 형식적으로 표현해보면

$$\begin{aligned}\vec{a}\,\vec{b} = a_1b_1\mathbf{ii} + a_1b_2\mathbf{ij} + a_1b_3\mathbf{ik} \\ + a_2b_1\mathbf{ji} + a_2b_2\mathbf{jj} + a_2b_3\mathbf{jk} \\ + a_3b_1\mathbf{ki} + a_3b_2\mathbf{kj} + a_3b_3\mathbf{kk}\end{aligned}$$

가 된다. 이 경우에 **ii, ij, ik, ji, jj, jk, ki, kj, kk**는 다이어드(dyad)라고 부른다. 각각 첨자 개수가 2개씩으로 되어있으며 2개의 방향을 표현할 수 있으므로 2차 텐서라고 한다.

2차 텐서 이상의 개념은 여기에서 설명하기에는 어려움이 많으므로 이 정도로 설명을 마치도록 한다. 여기서는 텐서에 대해 명확한 정의를 하기보다 어렴풋이 벡터를 확장하는 개념 정도로 이해하기로 한다.

텐서의 구현

예제 7.12

넘파이의 다차원 배열을 사용하면 3층 텐서를 표현할 수 있다. 다음 코드를 실행해보자.

In
```
import numpy as np

a = np.array ([[[0, 1, 2],
               [2, 3, 4],
               [4, 5, 6]],
               [[1, 2, 3],
               [3, 4, 5],
               [5, 6, 7]]])

print(a) # (2, 3, 3)의 3층 텐서
```

Out

```
[[[0 1 2]
  [2 3 4]
  [4 5 6]]

 [[1 2 3]
  [3 4 5]
  [5 6 7]]]
```

도전문제

문제 7.9

주피터 노트북 셀에 넘파이에서 스칼라, 벡터, 행렬, 3층 텐서를 나타내는 배열을 하나씩 기술하여 나타내보시오.

In

```
import numpy as np

# 스칼라
a = 2.5
print(a)

print()

# 벡터
b = np.array([0, 1, 2, 3, 4, 5])
print(b)

print()

# 행렬
c = np.array([[0, 1, 2],
              [3, 4, 5]])
print(c)

print()

# 3층 텐서
d = np.array([[[1, 2, 3],
               [4, 5, 6],
               [7, 8, 9]],
```

```
                [[9, 8, 7],
                 [6, 5, 4],
                 [3, 2, 1]]])
print(d)
```

Out

```
2.5

[0 1 2 3 4 5]

[[0 1 2]
 [3 4 5]]

[[[1 2 3]
  [4 5 6]
  [7 8 9]]

 [[9 8 7]
  [6 5 4]
  [3 2 1]]]
```

정리

인공지능에서 대량의 데이터를 처리하기 위해 선형대수학이 필요하다. 인공지능의 머신러닝 분야에서는 인간의 경험을 학습에 활용하여 판단력을 갖는 인간 두뇌의 프로세스에 대응되는 방식으로 작동한다. 머신러닝은 인간의 경험 대신 데이터를 학습 알고리즘에 입력하고 학습된 모델을 이용하여 미래를 예측한다. 따라서 머신러닝에서 데이터가 매우 중요하고 필요한 데이터의 양도 중요하다. 대량의 데이터를 처리하기 위해 스칼라, 벡터, 행렬, 텐서를 이용한다. 이는 인공지능에서 매우 중요한 개념이다.

제일 먼저 데이터의 형태로서 스칼라와 벡터의 개념을 정리하였다. 머신러닝에서 취급하는 데이터는 속성들로 구성된 순서쌍 형태로 표현되는 경우가 많다. 순서쌍 형태로 표현되는 데이터를 모아 놓은 집합을 샘플 공간(sample space)이라고 한다. 샘플 공간 데이터는 머신러닝에서 보통 속성(attribute) 또는 특성(feature)이라고 하는 원소들의 순서쌍으로 표현한다. 벡터들로 구성된 집합을 대상으로 하는 수학적 연산을 정의하였다. 벡터와 벡터의 곱을 대응하는 이항 연산의 종류로 2가지가 있다. 하나는 내적이고 다른 하나는 외적이다. 또한 벡터는 크기와 방향성을 갖는데 벡터의 크기를 측정하는 방법으로 노름이 있다. 포괄적으로 벡터의 내적과 노름 및 벡터의 내적의 관계를 기하학적인 의미를 포함하여 이해하였다.

딥러닝 학습에서 인공신경망을 표현하는 데 가장 많이 사용되는 행렬의 개념을 이해하였다. 행렬 중에서 모든 성분이 0인 행렬을 영행렬이라고 하며 이는 행렬의 덧셈에 대한 항등원의 역할을 한다. 행의 크기와 열의 크기가 같은 정방행렬 중에서 주대각 성분이 모두 1이고 나머지는 모두 0인 행렬은 단위행렬이다. 단위행렬은 행렬의 곱셈에서 항등원의 역할을 한다. 행렬의 덧셈과 곱셈은 이항 연산으로 정의할 수 있다. 행렬을 응용하면 여러 개의 방정식으로 이루어진 연립방정식을 간단히 표현하기 매우 쉽다.

정방행렬의 곱을 이용해서 어떤 행렬은 역행렬을 갖고 어떤 행렬은 역행렬을 갖지 못한다고 했다. 이를 판정하는 데 행렬식을 활용한다. 행렬이 스칼라를 직사각형 형태로 배열한 상태를 말한다면 행렬식은 행렬에 대해 실숫값을 대응시키는 함수로 볼 수 있다. 따라서 행렬식이 0이 아닌 정방행렬은 역행렬을 갖는 특성이 있다. 실제로 역행렬을 구하는 방법에 대해 알아보았으며, 예를 들어서 주어진 행렬의 역행렬을 구하였다.

행렬의 확장이라고 할 수 있는 간단한 텐서의 개념을 파악하고 이를 행렬과 연관 지어 설명하였다. 실제로 텐서의 개념은 더 확장할 수 있는데, 여기서는 행렬로부터 확장된 개념 정도에서 설명을 멈추기로 한다. 텐서에 대해 더 알고 싶은 독자는 머신러닝이나 딥러닝에 대한 전문 서적을 찾아서 읽어보길 바란다.

연습문제

01 두 벡터 $\vec{a}$와 $\vec{b}$가 이루는 각의 크기는 $\pi/3$이다. $\vec{b}$의 크기는 2이고, $2\vec{a} - \vec{b}$의 크기가 2일 때, $\vec{a}$의 크기는 얼마인가?

❶ $\sqrt{3}$ ❷ $\sqrt{3}/2$ ❸ 1 ❹ $1/2$ ❺ 2

02 벡터 $\vec{i} - 2\vec{j} + 2\vec{k}$와 같은 방향을 가지는 단위벡터는 무엇인가?

❶ $\frac{1}{2}\vec{i} - \vec{j} + \vec{k}$

❷ $-\frac{1}{2}\vec{i} + \vec{j} - \vec{k}$

❸ $-\frac{1}{3}\vec{i} + \frac{2}{3} - \frac{2}{3}\vec{k}$

❹ $\frac{1}{3}\vec{i} - \frac{2}{3}\vec{j} + \frac{2}{3}\vec{k}$

❺ $\frac{1}{3}\vec{i} + \frac{2}{3}\vec{j} + \frac{2}{3}\vec{k}$

03 다음 두 개의 벡터 $2\vec{i} + 2\vec{j} - \vec{k}$와 $5\vec{i} - 4\vec{j} + 2\vec{k}$가 수직임을 보이시오.

04 임의의 두 벡터 $\vec{a}$, $\vec{b}$에 대하여 다음 부등식

$$\|\vec{a} + \vec{b}\| \leq \|\vec{a}\| + \|\vec{b}\|$$

이 성립함을 보이시오.

05 두 개의 벡터 $\vec{a} = (1, 0, 0)$, $\vec{b} = (1, \sqrt{3}, 0)$이라고 한다. 두 벡터의 외적 $\vec{a} \times \vec{b}$와 $\vec{a} \times \vec{b}$를 구하시오. 그리고 각각 $\|\vec{a} + \vec{b}\|$와 $\|\vec{b} + \vec{a}\|$를 구하시오.

06 두 개의 벡터 $\vec{a} = (1, 2, -1)$과 $\vec{b} = (2, 1, 1)$의 끝점을 이어서 만들어지는 공간상의 삼각형 면적을 구하시오.

07 다음 행렬에 대해 곱에 관한 결합 법칙 $(AB)C = A(BC)$가 성립함을 보이시오.

$$A = \begin{pmatrix} 2 & 1 \\ 1 & 3 \\ 1 & -1 \end{pmatrix}, B = \begin{pmatrix} 1 & 2 \\ -1 & 1 \end{pmatrix}, C = \begin{pmatrix} 1 & -1 & 2 \\ 2 & 1 & -1 \end{pmatrix}$$

08 주어진 행렬 $A = \begin{pmatrix} 1 & -1 \\ -1 & 2 \end{pmatrix}$와 $B = \begin{pmatrix} -1 & 1 & 2 \\ 2 & 1 & 3 \end{pmatrix}$에 대하여 $(AB)^T = B^T A^T$가 성립함을 보이시오.

09 행렬 A, B가 2차 정방행렬이며, $A \neq 0$, $B \neq 0$이지만 $AB = 0$이 되는 행렬 A와 B의 예를 하나 들어보시오.

10 행렬 $A = \begin{pmatrix} a_{11} & a_{12} \\ a_{21} & a_{22} \end{pmatrix}$에서 $a_{ij} = i^2 - j^2$로 정의할 때, 행렬 A는?

11 행렬 A, B가 $A + 2B = \begin{pmatrix} 0 & 1 \\ 2 & 0 \end{pmatrix}$, $2A + B = \begin{pmatrix} 2 & 1 \\ -1 & 3 \end{pmatrix}$을 만족할 때, 행렬 $A + B$를 구하면?

❶ $\begin{pmatrix} 1 & \frac{1}{3} \\ \frac{1}{3} & 1 \end{pmatrix}$ ❷ $\begin{pmatrix} \frac{2}{3} & \frac{2}{3} \\ \frac{1}{3} & 1 \end{pmatrix}$ ❸ $\begin{pmatrix} \frac{2}{3} & \frac{2}{3} \\ 1 & 3 \end{pmatrix}$ ❹ $\begin{pmatrix} 2 & 2 \\ 1 & 3 \end{pmatrix}$ ❺ $\begin{pmatrix} \frac{2}{3} & \frac{1}{3} \\ \frac{1}{3} & 1 \end{pmatrix}$

12 다음 등식이 성립하도록 a, b, x의 값을 구하시오.

$$\begin{pmatrix} ax - 3b & -1 \\ 2ax + 9b & 1 \end{pmatrix} = \begin{pmatrix} -7 & 2a - 5b \\ 1 & -a + 3b \end{pmatrix}$$

13 행렬 $A = \begin{pmatrix} 1 & 2 \\ 0 & 1 \end{pmatrix}$ 일 때 A^{100}의 모든 성분들의 합은?

❶ 202 ❷ 302

❸ $2^{100} + 2$ ❹ $2^{99} + 2$

❺ $2^{101} + 2$

14 역행렬을 갖는 행렬 $A = \begin{pmatrix} a & b \\ c & d \end{pmatrix}$에 대해 x, y 연립방정식 $\begin{cases} ax + by = 1 \\ cx + dy = 2 \end{cases}$의 해가 $x = 5$, $y = 4$일 때, $A^{-1}\begin{pmatrix} 1 \\ 2 \end{pmatrix} = \begin{pmatrix} \alpha \\ \beta \end{pmatrix}$이다. $\alpha + \beta$의 값은 무엇인가?

❶ 5 ❷ 4 ❸ 6 ❹ 8 ❺ 9

15 두 개의 2×2 행렬 A와 B가 다음 조건을 만족한다. I는 단위행렬이다.

$$\text{조건 1.}\quad A(I+B)=I$$
$$\text{조건 2.}\quad AB-BA=A+B$$

다음 중 행렬 $(AB)^{20}$과 항상 같은 것은?

① $-I$ ② $20I$ ③ $-A$ ④ A ⑤ $20A$

16 두 개의 2×2 행렬 A와 $B=\begin{pmatrix}1&0\\1&1\end{pmatrix}$에 대해 $(BA)^2=\begin{pmatrix}1&1\\1&2\end{pmatrix}$일 때, 행렬 $(AB)^2$은 무엇인가?

① $\begin{pmatrix}1&1\\2&1\end{pmatrix}$ ② $\begin{pmatrix}1&2\\2&1\end{pmatrix}$ ③ $\begin{pmatrix}2&1\\1&1\end{pmatrix}$ ④ $\begin{pmatrix}2&1\\1&2\end{pmatrix}$ ⑤ $\begin{pmatrix}1&1\\1&2\end{pmatrix}$

17 정수 a, b, c에 대하여 행렬 $A=\begin{pmatrix}a&b\\1&c\end{pmatrix}$라고 한다. $|b| \le 100$일 때, $A=A^{-1}$을 만족하는 행렬 A의 개수는 몇 개인가?

① 1개 ② 11개 ③ 21개 ④ 19개 ⑤ 12개

18 어느 학원의 수강생은 수학과 영어 중 한 가지만 수강한다. 지난달의 전체 회원 수는 140명이었다. 이번 달에는 지난달에 비해 수학 수강생 수가 10% 증가하였고, 영어 수강생 수는 20% 감소하였는데 총 수강생은 4명이 감소했다. 지난달 수학과 영어 수강생 수를 각각 x와 y라고 하고, x와 y의 관계를 다음과 같이 나타내었다.

$$\begin{pmatrix}a&1\\1&b\end{pmatrix}\begin{pmatrix}x\\y\end{pmatrix}=\begin{pmatrix}380\\20\end{pmatrix}$$

두 상수 a, b에 대하여 a + b의 값은 무엇인가?

① 3 ② 4 ③ 5 ④ −2 ⑤ −4

19 행렬 $\begin{pmatrix}x-7&5\\5&x-8\end{pmatrix}\begin{pmatrix}2&x\\1&2\end{pmatrix}$가 역행렬을 갖지 않도록 하는 모든 실수 x값의 합을 구하면 얼마인가?

① 4 ② 15 ③ 10 ④ 19 ⑤ 16

20 행렬 $A = \begin{pmatrix} a & b \\ c & d \end{pmatrix}$가 다음 두 조건을 만족한다. $a^2 + d^2$의 값을 구하면 얼마인가?

조건 1. $A + I$의 역행렬은 $A + 2I$이다.

조건 2. $(A + 3I)\begin{pmatrix} 1 \\ -3 \end{pmatrix} = \begin{pmatrix} -1 \\ 2 \end{pmatrix}$이다.

Mathematics for Artificial Intelligence

Mathematics for Artificial Intelligence

08 선형대수 2

학습목표

- 벡터 공간의 개념을 알아본다.
- 벡터 공간에 필요한 스칼라 공간에 대한 의미도 이해한다.
- 두 개의 벡터 공간상에 정의되는 함수인 선형변환의 개념을 알아본다.
- 정의역에서의 직선이 공역에서도 직선에 대응되는 선형변환의 특성을 알아본다.
- 벡터 공간을 생성하는 최소의 벡터 집단인 기저를 정의한다.
- 기저가 되기 위한 조건에 대해 알아본다.
- 고윳값과 고유벡터의 개념을 알아본다.

학습목차

8.1 벡터 공간

앞 장에서 스칼라와 벡터를 학습하였다. 8장에서는 벡터를 모아놓은 집합에 대해 적절한 연산을 정의하고 그 연산들이 특정한 조건을 만족하게 되는데 이러한 공간을 벡터 공간이라고 정의한다. 벡터 공간은 인공지능의 딥러닝 분야에서 취급하는 벡터 들에 대한 수학적 배경을 제공해 주기 때문에 매우 중요하다. 하지만 수학적 내용에 치우치다 보면 어렵게 느껴질 수도 있어서 벡터 공간의 형식적 정의를 한 뒤에 여러 벡터 공간 사례를 통해 그 개념을 이해하도록 한다.

벡터 공간

벡터 공간을 학습하는 데 가장 중요한 예는 실수 집합이다. 실수 집합 R에는 이미 우리가 잘 알고 있는 덧셈 연산 '+'와 곱셈 연산 '·'이 잘 정의되어 있다. 여기서 실수 집합 R 내의 원소를 벡터라고 부르려 한다. 즉 덧셈은 벡터와 벡터의 합을 말한다. 그래서 R 대신 벡터(vector)의 앞 글자를 이용해 V라고 쓰기로 한다. 실수상 곱셈을 스칼라와 벡터의 곱으로 볼 수 있다. 따라서 스칼라 집합을 R이라고 하면 실수 a와 실수 b의 곱셈을 스칼라 a와 벡터 b의 스칼라 곱으로 간주할 수 있다. 벡터들의 집합인 실수 집합 $V = R$과 스칼라 공간 R 그리고 이들 사이에 정의되는 두 개의 연산들이 만족하는 규칙들을 복습 삼아 한번 나열해보자.

먼저 V는 실수 집합이다. 두 개의 연산을 아래와 같이 정의한다.

$$\begin{aligned} +: V \times V &\to V \\ (x, y) &\mapsto x + y \end{aligned} \tag{8.1}$$

$$\begin{aligned} \cdot: R \times V &\to V \\ (a, x) &\mapsto a \cdot x \end{aligned} \tag{8.2}$$

I. $(V, +)$에서는 다음 규칙이 성립한다. (8.3)

- $(x + y) + z = x + (y + z)$ (+에 대한 결합 법칙)
- $x + y = y + x$ (+에 대한 교환 법칙)
- 임의의 $x \in V$에 대하여 $x + 0 = x$인 원소 0이 V에 존재한다. (+에 대한 항등원)
- 임의의 $x \in V$에 대하여 $-x + x = 0$인 원소 $-x$가 V에 존재한다. (+에 대한 역원)

II. $(V, +, \cdot)$에서는 다음 규칙이 성립한다. (8.4)

- 임의의 $a, b \in R$과 $x \in V$에 대하여 $a \cdot (b \cdot x) = ab \cdot x$ (ab는 두 스칼라 사이의 곱이고 실제로는 실수 R에서의 곱이다.)

- 임의의 $x \in V$에 대해 $1 \cdot x = x$, 여기서 1은 스칼라 집합 R의 곱셈에 대한 항등원이다.
- 임의의 $a, b \in R$과 $x, y \in V$에 대해 다음이 성립한다. (분배 법칙)
  - $(a + b) \cdot x = (a \cdot x) + (b \cdot x)$ (여기서 좌변의 +는 R의 스칼라와 스칼라 덧셈 연산이고, 우변의 +는 V에서의 벡터와 벡터의 덧셈 연산이다.)
  - $a \cdot (x + y) = a \cdot x + a \cdot y$ (여기서 좌우변의 +는 모두 V에서의 벡터와 벡터의 덧셈 연산이다.)

위와 같이 열거한 규칙을 만족하는 수학적 구조인 $(V, +, \cdot)$를 실수벡터 공간이라고 한다. 편의상 $V = (V, +, \cdot)$로 나타낸다.

벡터 공간에 대한 정의만 보면 쉽게 이해하기 어렵다. 벡터 공간에 대한 이해를 돕기 위해 벡터 공간의 예를 들어보자. 즉, 공간을 구성하는 집합을 하나 제공하고 그 공간상에 두 개의 연산을 정의한 뒤에 두 연산이 수식 (8.3)과 (8.4)에 언급한 규칙을 만족하는지 살펴보자.

예를 들어 유클리드 평면 위에 점들의 집합을 V라고 하자, 즉,

$$V = \{(x, y) \mid x, y \in R\}$$

이다. 그리고 이 집합 V를 공간으로 사용하려고 한다. 다음으로 첫 번째 연산을 정의해보자. 주어진 두 원소 $(x, y) \in V$와 $(x', y') \in V$의 합(+) 연산을 아래의 수식 (8.5)와 같이 정의한다.

$$(x, y) + (x', y') \equiv (x + x', y + y') \tag{8.5}$$

위의 수식 (8.5)에서 좌변의 덧셈 기호(+)와 우변의 덧셈 기호(+)는 외형적으로 동일하다. 하지만 좌변의 덧셈 기호(+)는 공간 V에 새로 정의하는 덧셈이고 우변의 덧셈 기호(+)는 실수 공간 R에서의 일반적인 덧셈이라는 점에 유의하기를 바란다. 좌변의 덧셈은 새로 정의하는 덧셈이고 우변의 덧셈을 우리가 이미 알고 있는 덧셈이므로 새 연산을 이미 알고 있는 연산의 결과를 이용해서 정의한다고 볼 수 있다.

스칼라 곱(·)은 스칼라 $a \in R$과 V의 한 원소인 (x, y)의 유클리드 곱셈으로 다음과 같이 정의한다.

$$a \cdot (x, y) \equiv (ax, ay) \tag{8.6}$$

수식 (8.6)에서도 덧셈 연산에서 언급했던 것처럼 좌변의 곱셈 기호(·)와 우변의 내부 a와 x 사이의 곱(물론 이 곱셈 기호는 생략되었지만)은 외형적으로 동일하다. 하지만 수식 (8.6)의 좌변에 사용한 곱셈 기호는 여기에서 새롭게 정의되는 연산이다. 스칼라와 벡터를 곱하는 연산을 어떻게 정의하느냐 하는 문제인데 이를 이미 알고 있는 우변의 곱셈 방식으로 정의하여 순서쌍을 대응시키면 된다.

이제 공간 V에 두 개의 연산인 덧셈과 스칼라 곱이 정의되었다. 두 연산이 위에 언급한 조건 I과 조건 II를 모두 만족하는지 확인해볼 필요가 있다. 먼저 조건 I의 첫 번째 규칙인 결합 법칙이 성립하는지 알아보자. 주어진 공간 V의 3개의 원소 $(x, y) \in V$와 $(x', y') \in V$와 $(x'', y'') \in V$를 생각해보자.

$$
\begin{aligned}
&((x, y) + (x', y')) + (x'', y'') \\
&= (x + x', y + y') + (x'', y'') \ (\because \text{벡터의 첫번째 연산 +의 정의}) \\
&= ((x + x') + x'', (y + y') + y'') \ (\because \text{벡터의 첫번째 연산 +의 정의}) \\
&= (x + (x' + x''), y + (y' + y'')) \ (\because \text{실수(스칼라)의 결합법칙}) \\
&= (x, y) + (x' + x'', y' + y'') \ (\because \text{벡터의 첫번째 연산 +의 정의}) \\
&= (x, y) + ((x', y') + (x'', y'')) \ (\because \text{벡터의 첫번째 연산 +의 정의})
\end{aligned} \tag{8.7}
$$

수식 (8.7)에 등장하는 덧셈 기호 '+'가 모두 동일해 보이지만 실제로는 정의되는 공간이 다르므로 이들을 구별하기 위해 연산기호를 다르게 해서 나타내보면 위의 식을 다음과 같이 표현할 수 있다. 벡터 공간상의 덧셈 기호를 '$\dot{+}$'라고 하고 스칼라 곱 기호를 '$\dot{\cdot}$'이라고 표현해보자. 수식 (8.7)을 다음 수식 (8.8)과 같이 다시 표현할 수 있다.

$$
\begin{aligned}
((x, y) \dot{+} (x', y')) \dot{+} (x'', y'') &= (x + x', y + y') \dot{+} (x'', y'') \\
&= ((x + x') + x'', (y + y') + y'') \\
&= (x + (x' + x''), y + (y' + y'')) \\
&= (x, y) \dot{+} (x' + x'', y' + y'') \\
&= (x, y) \dot{+} ((x', y') \dot{+} (x'', y''))
\end{aligned} \tag{8.8}
$$

또한 조건 II의 첫 번째 분배 법칙은 $a, b \in R$과 $(x, y) \in V$에 대해

$$(a + b) \cdot (x, y) = (a \cdot (x, y)) + (b \cdot (x, y)) \tag{8.9}$$

로 표현된다. 수식 (8.8)처럼 스칼라 곱을 다른 연산 기호 '$\dot{\cdot}$'를 이용해 표현해보면 수식 (8.9)는 다음 식 (8.10)과 같이 나타낼 수 있다.

$$(a + b) \dot{\cdot} (x, y) = (a \dot{\cdot} (x, y)) \dot{+} (b \dot{\cdot} (x, y)) \tag{8.10}$$

수식 (8.10)에 나오는 좌변의 첫 번째 기호 '+'는 스칼라인 실수 $a \in R$와 스칼라인 실수 $b \in R$의 덧셈이다. 즉, 그냥 실수의 덧셈이다. 다음에 나오는 기호 '$\dot{\cdot}$'은 스칼라 곱이다. 우변의 스칼라 $a \in R$와 벡터 $(x, y) \in V$ 사이에 정의되는 스칼라 곱도 '$\dot{\cdot}$'이다. 또한 스칼라 곱으로 표현되는 $(a \dot{\cdot} (x, y))$와 $(b \dot{\cdot} (x, y))$는 모두 V 공간의 원소이므로 이들 사이의 덧셈은 연산 '$\dot{+}$'에 의

해 표현되었다.

이렇게 자세하게 설명하는 이유는 벡터 공간을 정의하는 사용하는 연산 기호가 혼동스러울 때가 많은데 이들 잘 구별하기 위해 연산 기호가 어떠한 연산을 나타내는지를 아는 것이 매우 중요하기 때문이다. 이를 잘 구별할 수 있다면 여러분은 벡터 공간을 이해하는 첫걸음을 잘 들여놓았다고 볼 수 있다. 그러면 수식 (8.10)이 성립하는지 확인해보자.

$$\begin{aligned}(a+b)\dot{\cdot}(x, y) &= ((a+b)\cdot x, (a+b)\cdot y) \ (\because \text{스칼라 곱의 정의})\\ &= (a\cdot x + b\cdot x, a\cdot y + b\cdot y) \ (\because \text{실수의 배분법칙})\\ &= (a\cdot x, a\cdot y) \dot{+} (b\cdot x, b\cdot y) \ (\because \text{벡터의 합의 정의})\\ &= (a\dot{\cdot}(x, y)) \dot{+} (b\dot{\cdot}(x, y)) \ (\because \text{스칼라 곱의 정의})\end{aligned} \tag{8.11}$$

수식 (8.11)이 성립하므로, 조건 II의 첫 번째 분배 법칙이 성립한다는 것을 알 수 있다. 나머지 조건들도 유사하게 증명할 수 있는데, 이들은 연습문제로 남기겠다.

조건 I과 조건 II를 모두 만족하기 때문에 $V = (R^2, +, \cdot)$은 실수벡터 공간이다. 여기서 스칼라 집합은 R이라는 점에 유의하기를 바란다.

일반적으로 하나의 집합 V에 정의되는 연산 ⊕이 위에 열거한 조건 I을 만족하고, 다른 연산 ⊙와 연산 ⊕는 조건 II를 만족할 때 $\boldsymbol{V} = (V, \oplus, \odot)$를 벡터 공간이라고 한다. 예를 들어 조건 II의 첫 번째 성질은 아래와 같이 서술할 수 있다.

- 임의의 $a, b \in R$과 $x \in V$에 대해 $a \otimes (b \otimes x) = ab \otimes x$

또한 조건 II의 세 번째 성질인 분배 법칙은 아래와 같이 표현된다.

- 임의의 $a, b \in R$과 $x, y \in V$에 대하여 다음이 성립한다. (분배 법칙)
  - $(a + b) \otimes x = (a \otimes x) \oplus (b \otimes x)$
  - $a \otimes (x \oplus y) = (a \otimes x) \oplus (a \otimes y)$

지금까지 벡터 공간을 정의하는 데 사용한 두 개의 연산이 어떻게 상호 표현되는지 자세히 알아보았다. 이를 통해 벡터 공간의 연산에 대한 이해가 충분히 되었기를 바란다.

벡터 공간의 예

앞 절에서는 실수나 평면 또는 3차원 공간 같은 집합 위에 정의되는 일반적인 유클리드 공간의 덧셈과 스칼라 곱 연산으로 벡터 공간을 정의하였다. 이러한 연산은 비교적 실수 연산에 익숙한 우리에게는 매우 친숙하기 때문에 쉽게 벡터 공간을 이해하기 위한 예로 적합하다. 또한 이들 집합에 정의되는 연산이 어떻게 정의되며 실제 벡터에 어떻게 작용하는지를 살펴보았다. 정의된 연산을 기호로 표현해야 하는데 실제 연산을 나타낼 때 동일한 기호를 사용하더라도 실제로는 정의되는 함수가 다를 수 있다는 점을 강조하였다.

이번에는 우리가 알고 있는 실수 공간이나 평면이나 3차원 유클리드 공간 같은 집합이 아닌 다른 벡터 공간의 예를 들어보자. 예를 들어 2차 정방행렬의 집합을 생각해보자. 행렬이란 특정 개체를 직사각형 형태로 배열한 것이며 정방행렬이란 직사각형 대신 정사각형 형태로 가로와 세로의 길이가 동일한 행렬을 말한다. 2차 정방행렬이란 가로와 세로 모두 길이가 2인 행렬을 말한다. 이를 수식형태로 나타내면 다음 식 (8.12)와 같다.

$$V = M_{2\times 2} = \left\{ \begin{pmatrix} x_{11} & x_{12} \\ x_{21} & x_{22} \end{pmatrix} | x_{ij} \in R \right\} \tag{8.12}$$

여기서 2차 정방행렬 집합 $V = M_{2\times 2}$ 위에 두 개의 연산을 정의하고 그 연산이 앞에서 언급했던 조건 (8.3)과 (8.4)를 만족하도록 하여 하나의 벡터 공간을 만들어보려 한다. $M_{2\times 2}$ 위에 행렬의 덧셈 +과 실수에 의한 스칼라 곱 ·을 정의하자. 즉, 덧셈 연산은

$$\begin{aligned} &+: V \times V \to V \\ &\left\{ \begin{pmatrix} x_{11} & x_{12} \\ x_{21} & x_{22} \end{pmatrix}, \begin{pmatrix} y_{11} & y_{12} \\ y_{21} & y_{22} \end{pmatrix} \right\} \mapsto \begin{pmatrix} x_{11} & x_{12} \\ x_{21} & x_{22} \end{pmatrix} + \begin{pmatrix} y_{11} & y_{12} \\ y_{21} & y_{22} \end{pmatrix} \equiv \begin{pmatrix} x_{11}+y_{11} & x_{12}+y_{12} \\ x_{21}+y_{21} & x_{22}+y_{22} \end{pmatrix} \end{aligned} \tag{8.13}$$

로 정의하고, 스칼라 곱은

$$\begin{aligned} &\cdot: R \times V \to V \\ &\left\{ a, \begin{pmatrix} x_{11} & x_{12} \\ x_{21} & x_{22} \end{pmatrix} \right\} \mapsto a \cdot \begin{pmatrix} x_{11} & x_{12} \\ x_{21} & x_{22} \end{pmatrix} \equiv \begin{pmatrix} ax_{11} & ax_{12} \\ ax_{21} & ax_{22} \end{pmatrix} \end{aligned} \tag{8.14}$$

와 같이 정의한다. 그러면 $V = (M_{2\times 2}, +, \cdot)$는 하나의 벡터 공간이 된다. 조건 **I**과 조건 **II**를 모두 만족하는 것을 볼 수 있다. 여기서는 조건 **I**의 항등원과 역원에 대한 내용만 정리해보기로 하고 나머지는 연습문제로 남기겠다.

- 임의의 2차 정방행렬 $\begin{pmatrix} x_{11} & x_{12} \\ x_{21} & x_{22} \end{pmatrix} \in M_{2\times 2}$에 대하여 $\begin{pmatrix} x_{11} & x_{12} \\ x_{21} & x_{22} \end{pmatrix} + \begin{pmatrix} 0 & 0 \\ 0 & 0 \end{pmatrix} = \begin{pmatrix} x_{11} & x_{12} \\ x_{21} & x_{22} \end{pmatrix}$인 원소 $\begin{pmatrix} 0 & 0 \\ 0 & 0 \end{pmatrix}$이 $M_{2\times 2}$에 존재한다. (+에 대한 항등원)
- 임의의 $\begin{pmatrix} x_{11} & x_{12} \\ x_{21} & x_{22} \end{pmatrix} \in M_{2\times 2}$에 대하여 $-\begin{pmatrix} x_{11} & x_{12} \\ x_{21} & x_{22} \end{pmatrix} + \begin{pmatrix} x_{11} & x_{12} \\ x_{21} & x_{22} \end{pmatrix} = \begin{pmatrix} 0 & 0 \\ 0 & 0 \end{pmatrix}$인 원소 $\begin{pmatrix} -x_{11} & -x_{12} \\ -x_{21} & -x_{22} \end{pmatrix}$가 $M_{2\times 2}$에 존재한다. (+에 대한 역원의 존재)

따라서 $V = (M_{2\times 2}, +, \cdot)$는 위의 수식 (8.13)과 (8.14)와 같이 덧셈과 스칼라 곱을 정의하면 하나의 벡터 공간이 된다.

유클리드 벡터 공간

실수의 순서쌍 전체 집합인 $R^2 = \{(x, y)|x, y \in R\}$을 생각해보자. 그리고 집합 안의 두 원소인 (x_1, y_1)과 (x_2, y_2)의 덧셈 '$\oplus$'을

$$(x_1, y_1) \oplus (x_2, y_2) \equiv (x_1 + x_2, y_1 + y_2) \tag{8.15}$$

라고 정의하자. 수식 (8.15)의 좌변에 사용한 연산 기호 '$\oplus$'는 벡터 공간에 새롭게 정의하는 벡터와 벡터의 덧셈을 나타낸다. 수식 (8.15)의 우변에 사용한 연산 기호 '+'는 실수와 실수의 덧셈을 나타낸다. 두 개의 기호 표현뿐만 아니라 정의되는 정의역도 다르다는 점에 유의하기를 바란다.

스칼라 연산을 정의해보자. 하나의 실수 $a \in R$에 대하여 스칼라 곱 '$\circ$'을

$$a \circ (x_1, y_1) \equiv (a \cdot x_1, a \cdot y_1) \tag{8.16}$$

이라고 정의하자. 수식 (8.16)의 좌변에 사용한 연산 기호 '$\circ$'는 벡터 공간에 새롭게 정의하는 스칼라와 벡터의 곱에 대한 연산 기호이고, 우변에 사용한 연산 기호 '$\cdot$'는 실수와 실수의 곱셈을 나타낸다.

보통 벡터 공간에서 새롭게 정의하는 연산을 나타낼 때 그 개념만 확실히 알고 있다면 기호를 동일하게 사용하는 경우가 많다. 즉, 수식 (8.15)의 표현을

$$(x_1, y_1) + (x_2, y_2) \equiv (x_1 + x_2, y_1 + y_2) \tag{8.17}$$

라고 표현하고, 수식 (8.16)의 표현을

$$a \cdot (x_1, y_1) \equiv (a \cdot x_1, a \cdot y_1) \tag{8.18}$$

라고 나타낸다. 수식 (8.17)과 (8.18)을 보면 좌변에 사용된 연산과 우변에 사용된 연산의 표현이 동일하지만 좌측 연산(+)은 새롭게 정의한 연산 기호이고 우측 연산(+)은 우리가 이미 알고 있는 실수의 덧셈과 곱셈이라는 사실에 주의하기 바란다. 왜 혼란스럽게 동일한 표현을 사용하는가 하고 질문할 수도 있지만 벡터 공간에 대한 개념을 확실하게 파악한 뒤에는 연산의 표현이 복잡하면 번거로워서 간편한 표현을 사용한다. 이렇게 정의된 두 개의 새로운 연산 '$\oplus$'와 '$\circ$'를 주어진 집합 R^2와 합쳐놓은 $(R^2, \oplus, \circ)$을 또는 간편하게 표현한 $(R^2, +, \cdot)$을 유클리드 벡터 공간(Euclidean vector space)이라고 한다. 좀 더 간편하게 연산을 생략하고 R^2라고 표현하기도 한다. 여기서는 2차원으로 유클리드 벡터 공간을 정의하였는데, 차원을 높여서도 유클리드 벡터 공간을 정의할 수 있다. 덧셈과 스칼라 곱은 동일한 방식으로 정의하면 되고 그 표현은 $(R^n, +, \cdot)$이다.

R^2 유클리드 벡터 공간에서의 덧셈과 스칼라 곱의 예를 파이썬으로 구현해보자.

예제 8.1

다음 벡터의 덧셈 코드를 실행해보자.

In
```
import numpy as np

a = np.array([1, 2])
b = np.array([1, 2])

print (a + b) # 결과: array([2, 4])
```

Out
```
[2 4]
```

예제 8.2

다음 스칼라와 벡터 곱 코드를 실행해 보자.

In
```
import numpy as np

lista = np.array([1, 2, 3, 4, 5])

print(list a * 2)
```

Out
```
[ 2 4 6 8 10]
```

8.2 선형변환

선형대수학에서 선형변환(linear transformation) 또는 선형사상(linear map)을 이용해 주어진 벡터들의 선형결합을 유지하며 변경할 수 있다. 인공지능에서는 신경망(neural network)에서 정보를 전파하는 데 선형변환을 사용한다. 특히 이미지를 처리할 때 이미지가 정면 이미지일 경우와 측면 이미지일 경우 시각의 각도가 달라서 이미지 모양이 변화한다. 변화 상태를 선형변환을 활용하여 하나의 함수로 처리할 수 있다.

선형변환은 하나의 함수로 한 개의 벡터를 입력받아 다른 차원의 벡터로 변환할 수 있다. 예를 들어 2차원의 한 벡터를 3차원의 다른 벡터로 변환시키는 함수가 선형변환이다.

선형변환의 정의

편의상 2차 유클리드 공간 $\boldsymbol{R}^2$에서 $\boldsymbol{R}^2$로의 함수 T를 정의해보자. $\boldsymbol{R}^2$에 속하는 임의의 벡터 $\vec{\boldsymbol{v}}, \vec{\boldsymbol{w}}$와 스칼라 a에 대하여 T가 다음 두 조건 수식 (8.19)와 (8.20)을 만족하면 T를 선형변환이라고 한다.

$$T(\vec{\boldsymbol{v}} + \vec{\boldsymbol{w}}) = T(\vec{\boldsymbol{v}}) + T(\vec{\boldsymbol{w}}) \tag{8.19}$$

$$T(a \cdot \vec{\boldsymbol{v}}) = a \cdot T(\vec{\boldsymbol{v}}) \tag{8.20}$$

실제로 $T: \boldsymbol{R}^2 \rightarrow \boldsymbol{R}^2$인 함수로 정의했기 때문에 수식 (8.19)의 좌변에 사용한 '+'와 우변에 사용한 '+'가 동일한 평면상 두 벡터의 합이다. 수식 (8.20)의 좌변에 사용한 스칼라 곱 '·'과 우변에 사용한 스칼라 곱 '·'도 동일하게 점으로 나타냈는데, 이들도 궁극적으로 스칼라와 평면의 벡터의 스칼라곱으로 정의된 연산이라는 점에 유의하기를 바란다. 실제 선형변환을 정의할 때는 $\boldsymbol{R}^2$ 대신에 하나의 벡터 공간(vector space)에서 다른 벡터 공간으로의 함수로 정의한다. 이 벡터 공간은 집합 하나와 그 집합에 정의되는 2개의 이항 연산으로 구성된다. 그래서 앞에서 배운 것처럼 벡터 공간을 나타낼 때는 집합과 두 개의 연산을 같이 표시한다. 예를 들어 $\boldsymbol{V} = (V, \oplus, \odot)$와 같이 표기한다. 선형변환이 $\boldsymbol{V}_1 = (V_1, \oplus, \odot)$에서 $\boldsymbol{V}_2 = (V_2, \otimes, \oslash)$로 정의된다면

$$T(\vec{\boldsymbol{v}} \oplus \vec{\boldsymbol{w}}) = T(\vec{\boldsymbol{v}}) \otimes T(\vec{\boldsymbol{w}})$$
$$T(a \odot \vec{\boldsymbol{v}}) = a \oslash T(\vec{\boldsymbol{v}})$$

로 표현한다. 우리가 선택한 $\boldsymbol{R}^2 = (R^2, +, \ \cdot)$에서 이항 연산 '+'는 2차 유클리드 공간에서의 합

으로 $(a, b) + (c, d) = (a + c, b + d)$를 의미하며, 이항 연산 '·'는 $\alpha \cdot (a, b) = (\alpha a, \alpha b)$를 의미한다.

선형변환이란 정의역 안의 모든 직선은 공역 안의 직선으로 대응시킨다는 의미이다. 즉, 선형변환에 의해 선형성이 보존된다는 의미이다. 따라서 정의역에 속하는 사각형의 변에 해당하는 선분은 공역에서도 선분에 대응된다. 다만 그 사각형의 모양은 층밀림(shearing)되거나, 회전(rotation)되거나, 치환(permutation)되거나, 하나의 축 또는 특정 벡터에 투사(projection)되거나 한다. 이들에 대해서 선형변환이 행렬로 표현이 된다는 사실을 이해한 뒤에 자세히 살펴보고 각각의 선형변환 사례를 예로 들어보기로 한다.

선형변환의 예

일반적 선형변환의 예를 한번 살펴보자. 평면에서 평면으로의 함수를 예로 들어보자. 정의역의 한 벡터를 $\vec{\boldsymbol{v}} = \begin{pmatrix} x \\ y \end{pmatrix}$라고 할 때, 함수 $T: \boldsymbol{R}^2 \to \boldsymbol{R}^2$를 다음과 같이 정의해보자.

$$T(\vec{v}) = T\begin{pmatrix} x \\ y \end{pmatrix} = \begin{pmatrix} y \\ 2x \end{pmatrix}$$

그리고 이 함수가 선형변환인지 아닌지 알아보자. 선형변환 조건인 수식 (8.15)와 (8.16)을 만족하는지 확인해보자. 먼저, 주어진 2개의 벡터

$$\vec{\boldsymbol{v}} = \begin{pmatrix} x_1 \\ y_1 \end{pmatrix}, \qquad \vec{\boldsymbol{\omega}} = \begin{pmatrix} x_2 \\ y_2 \end{pmatrix}$$

에 대하여 조건 (8.15)를 만족하는지 알아보자.

$$\begin{aligned} T(\vec{\boldsymbol{v}} + \vec{\boldsymbol{\omega}}) &= T\left(\begin{pmatrix} x_1 \\ y_1 \end{pmatrix} + \begin{pmatrix} x_2 \\ y_2 \end{pmatrix}\right) = T\begin{pmatrix} x_1 + x_2 \\ y_1 + y_2 \end{pmatrix} = \begin{pmatrix} y_1 + y_2 \\ 2(x_1 + x_2) \end{pmatrix} \\ &= \begin{pmatrix} y_1 + y_2 \\ 2x_1 + 2x_2 \end{pmatrix} = \begin{pmatrix} y_1 \\ 2x_1 \end{pmatrix} + \begin{pmatrix} y_2 \\ 2x_2 \end{pmatrix} = T\left(\begin{pmatrix} x_1 \\ y_1 \end{pmatrix}\right) + T\left(\begin{pmatrix} x_2 \\ y_2 \end{pmatrix}\right) = T(\vec{\boldsymbol{v}}) + T(\vec{\boldsymbol{\omega}}) \end{aligned}$$

가 성립하므로 (8.15)를 만족한다. 그리고 스칼라 $\alpha \in R$에 대하여

$$T(\alpha\vec{\boldsymbol{v}}) = T\left(\alpha\begin{pmatrix} x \\ y \end{pmatrix}\right) = T\left(\begin{pmatrix} \alpha x \\ \alpha y \end{pmatrix}\right) = \begin{pmatrix} \alpha y \\ 2\alpha x \end{pmatrix} = \alpha\begin{pmatrix} y \\ 2x \end{pmatrix} = \alpha T(\vec{\boldsymbol{v}})$$

가 성립하므로 수식 (8.16)도 만족한다. 따라서 이 함수는 선형변환이다.

그러면 선형변환의 기하학적 의미를 알아보자. 선형변환에서는 직선이 직선에 대응된다. 정말

로 직선이 직선으로 대응되는지를 그림으로 알아보자. 정의역에 속하는 직선 $y=\frac{1}{2}x+1$이 선형변환 T에 의해 공역의 어떤 집합으로 어떻게 매핑되는지 살펴보자. 즉, 직선 $y=\frac{1}{2}x+1$의 그래프

$$G_1=\left\{(x, y) \mid y=\frac{1}{2}x+1\right\}$$

로 나타낼 수 있고 이는 선형변환 T의 정의역의 부분집합으로 하나의 직선을 나타낸다. 이 집합 G_1에 속하는 점들이 선형변환 T에 의해서 매핑되는지 살펴보면 된다. 그래프 G_1상의 점은 $\begin{pmatrix} x \\ \frac{1}{2}x+1 \end{pmatrix}$이므로 선형변환 T로 보내면

$$T\left(\begin{pmatrix} x \\ \frac{1}{2}x+1 \end{pmatrix}\right)=\begin{pmatrix} \frac{1}{2}x+1 \\ 2x \end{pmatrix}$$

이다. 이들을 그래프 G_2로 나타내면

$$G_2=\left\{(u, v) \mid u=\frac{1}{2}x+1,\ v=2x\right\}=\{(u, v) \mid v=4u-4\}$$

이다. 따라서 그래프 G_2는 직선 $v=4u-4$로 표현된다. 즉, 아래 그림 8.1처럼 선형변환 T는 정의역 내의 직선 $y=\frac{1}{2}x+1$을 공역 내의 직선 $v=4u-4$로 매핑시키는 것을 알 수 있다.

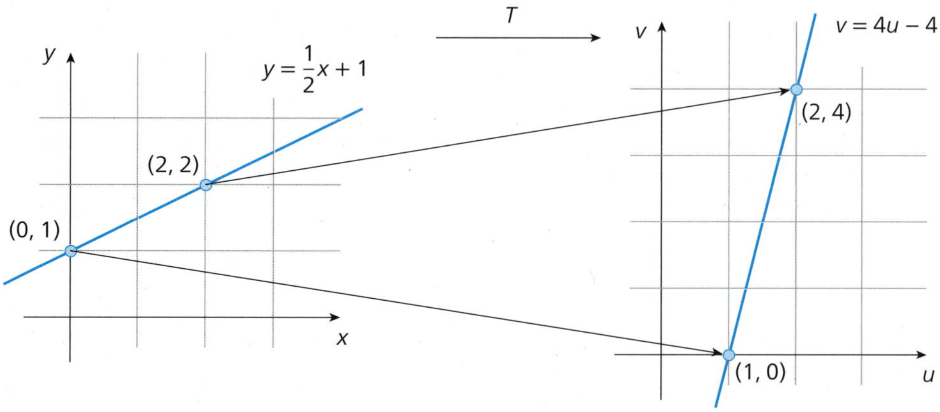

그림 8.1 직선이 직선으로 대응되는 선형변환의 예

위의 예를 통해 실제로 선형변환 T에 의해서 정의역의 직선이 공역 내의 직선으로 매핑되는 것을 확인할 수 있다.

이번에는 하나의 선형변환 $T: R^2 \rightarrow R^2$가 다음과 같은 2개의 벡터에 대해 아래와 같이 변환된다고 해보자.

$$T\left(\begin{pmatrix}1\\0\end{pmatrix}\right)=\begin{pmatrix}0\\1\end{pmatrix},\quad T\left(\begin{pmatrix}0\\1\end{pmatrix}\right)=\begin{pmatrix}-1\\0\end{pmatrix}$$

이 선형변환을 그림으로 나타내보면 아래 그림 8.2와 같이 변환되는 것을 알 수 있다.

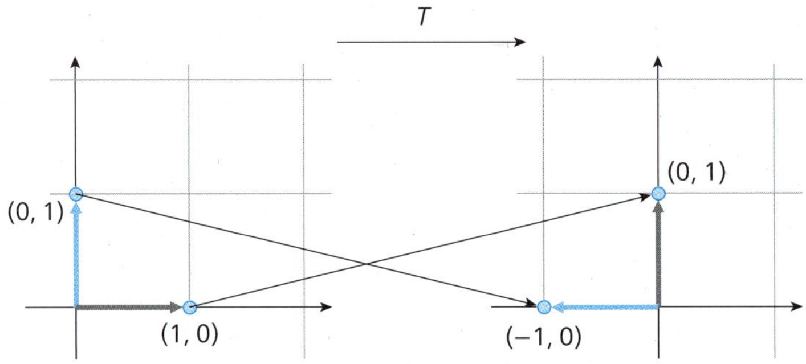

그림 8.2 직선이 직선으로 대응됨을 보여주는 선형변환의 예

$\boldsymbol{R}^2$ 공간상의 임의의 벡터 $\vec{\boldsymbol{v}}=\begin{pmatrix}x\\y\end{pmatrix}$에 대한 선형변환의 값인 $T(\vec{\boldsymbol{v}})$는 어떻게 되는지 알아보자. $\vec{\boldsymbol{v}}=\begin{pmatrix}x\\y\end{pmatrix}=x\begin{pmatrix}1\\0\end{pmatrix}+y\begin{pmatrix}0\\1\end{pmatrix}$로 나타낼 수 있으므로, 선형변환 $T(\vec{\boldsymbol{v}})$를 계산하면 다음 수식 (8.21)과 같이 된다.

$$T\left(\begin{pmatrix}x\\y\end{pmatrix}\right)=T(\vec{\boldsymbol{v}})=T\left(x\begin{pmatrix}1\\0\end{pmatrix}+y\begin{pmatrix}0\\1\end{pmatrix}\right)=xT\left(\begin{pmatrix}1\\0\end{pmatrix}\right)+yT\left(\begin{pmatrix}0\\1\end{pmatrix}\right)=x\begin{pmatrix}0\\1\end{pmatrix}+y\begin{pmatrix}-1\\0\end{pmatrix}=\begin{pmatrix}-y\\x\end{pmatrix} \quad (8.21)$$

즉, 임의의 벡터 $\vec{\boldsymbol{v}}=\begin{pmatrix}x\\y\end{pmatrix}$를 $\vec{\boldsymbol{\omega}}=\begin{pmatrix}-y\\x\end{pmatrix}$로 변환하는 선형변환이다. 선형변환은 행렬로 표현이 가능한데 선형변환을 행렬의 곱으로 표현해보면 다음 수식 (8.22)와 같다.

$$T=\begin{pmatrix}0&-1\\1&0\end{pmatrix} \quad (8.22)$$

즉, 주어진 벡터 $\vec{\boldsymbol{v}}=\begin{pmatrix}x\\y\end{pmatrix}$에 대한 $T(\vec{\boldsymbol{v}})$를 2×2 행렬 $\begin{pmatrix}0&-1\\1&0\end{pmatrix}\vec{\boldsymbol{v}}$인

$$T\left(\begin{pmatrix}x\\y\end{pmatrix}\right)=\begin{pmatrix}0&-1\\1&0\end{pmatrix}\begin{pmatrix}x\\y\end{pmatrix}=\begin{pmatrix}-y\\x\end{pmatrix}$$

로 나타낼 수 있다.

선형변환과 행렬 간에는 매우 밀접한 관계가 존재한다. 이는 행렬을 좀 더 자세히 배우게 되면 알 수 있는 내용이다. 여기서는 선형변환 하나에 행렬이 하나씩 대응될 수 있다는 점만 직관적으로 이해하고 넘어가도록 하겠다.

위에서 예를 들은 선형변환에서 눈여겨봐야 할 것은 수식 (8.21)에서 두 개의 벡터 $\begin{pmatrix}1\\0\end{pmatrix}$과 $\begin{pmatrix}0\\1\end{pmatrix}$이 어떻게 변환되는지만 알면 정의역 R^2에 속하는 모든 벡터들이 어떻게 변환되는지를 쉽게 알 수 있다는 점이다. 즉, 두 개의 벡터가 어떻게 변환되는지만 알면 정의역에 있는 다른 모든 벡터는 이 두 개의 벡터에 의해 표현이 가능해진다. 주어진 두 개의 벡터로 표현된 형태를선형결합(linear combination)이라고 하는데 이는 뒤에 배우기로 한다. 이를 선형변환으로 매핑하면 선형변환의 특성인 선형성을 그대로 유지하므로 원래 주어진 두 개의 벡터가 어떻게 변환하는지에 의해 완벽하게 결정된다는 사실을 알 수 있다. 이는 나중에 배우게 될 기저(basis)와 밀접한 연관이 있는 내용이다. 여기서는 이 정도로 이해하고 넘어가기로 하고 선형변환의 기하학적 의미를 살펴보자.

수식 (8.21)과 같이 정의되는 선형변환이 기하학적으로 직사각형을 어떻게 변환시키는지 살펴보면 아래 그림 8.3과 같다는 것을 알 수 있다.

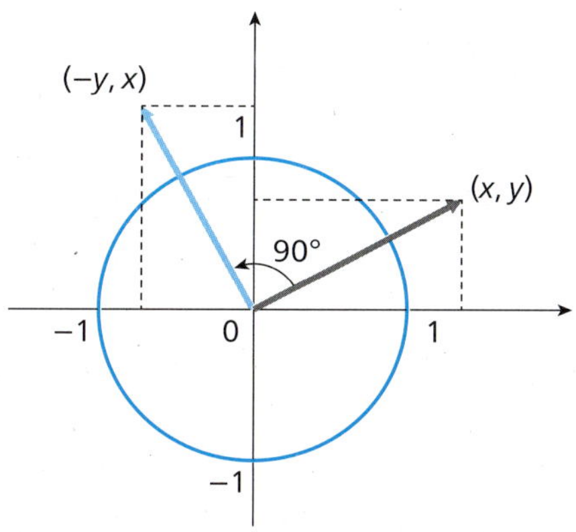

그림 8.3 시계침 회전 반대 방향으로 90도 회전하는 선형변환의 예

선형변환은 주어진 벡터를 시계침 회전의 반대 방향으로 90도 회전시키는 변환이다. 예로 들은 선형변환에서는 벡터의 방향만 바뀌었고 크기에는 변화가 없다는 점에 유의하기를 바란다. 물론 선형변환을 적당히 조절하면 벡터의 크기를 늘리기도 하고 축소하기도 한다. 또한 방향도 변환시킬 수 있고 뒤집기와 회전도 할 수 있다. 이에 대해서는 아래에서 동작을 구분하여 자세히 설명하기로 한다. 실제 어떠한 선형변환도 몇 가지 기본이 되는 선형변환을 유한번 사용해서 표현할 수 있다.

머신러닝이나 딥러닝에서는 선형변환이 매우 중요한 역할을 하는데 실제로 변환과정에서 벡터가 기하학적으로 어떻게 변환되는지를 선형변환만 보고도 짐작할 수 있기 때문에 각각의 기하학적 변환과정을 분리해서 확인해보는 것이 의미가 있다.

다시 위의 선형변환 (8.21) 또는 (8.22)을 기하학적으로 좀 더 잘 이해하기 위해 특정 영역이 어떻게 변환되는지 그림으로 살펴보자. 이 선형변환이 아래 그림 8.4와 같이 모양과 크기를 그대로 유지한 채로 90도 회전하는 선형변환이라는 사실을 알 수 있다.

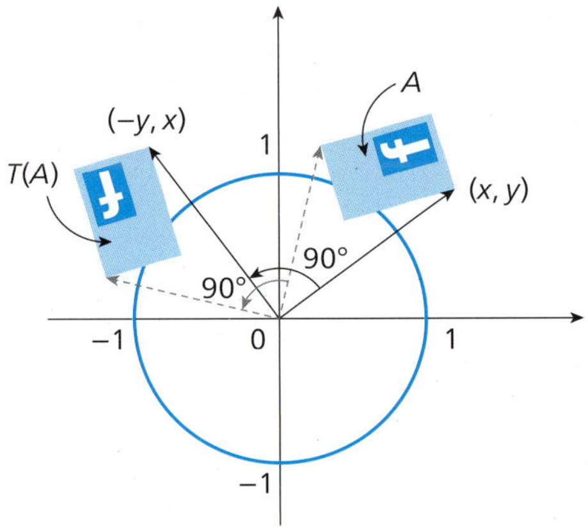

그림 8.4 특정 사각형의 선형변환에 의한 변환

즉, 선형변환 (8.21)에 의해 'f' 문자가 표시된 직사각형으로 표현한 영역 A가 좌측으로 90도 회전하여 영역 $T(A)$로 변환되는 것을 알 수 있다. 따라서 선형변환에 의해서 직선은 그대로 직선으로 변환되는 것을 알 수 있다.

만약 선형변환 T_1이 다음과 같은 변환을 한다면

$$T_1\left(\begin{pmatrix}1\\0\end{pmatrix}\right)=\begin{pmatrix}0\\2\end{pmatrix},\quad T_1\left(\begin{pmatrix}0\\1\end{pmatrix}\right)=\begin{pmatrix}-1\\0\end{pmatrix} \tag{8.23}$$

일반 벡터 $\vec{\boldsymbol{v}}=\begin{pmatrix}x\\y\end{pmatrix}$에 대한 선형변환 값은

$$T_1\left(\begin{pmatrix}x\\y\end{pmatrix}\right)=T_1(\vec{\boldsymbol{v}})=T_1\left(x\begin{pmatrix}1\\0\end{pmatrix}+y\begin{pmatrix}0\\1\end{pmatrix}\right)=xT_1\left(\begin{pmatrix}1\\0\end{pmatrix}\right)+yT_1\left(\begin{pmatrix}0\\1\end{pmatrix}\right)=x\begin{pmatrix}0\\2\end{pmatrix}+y\begin{pmatrix}-1\\0\end{pmatrix}=\begin{pmatrix}-y\\2x\end{pmatrix} \tag{8.24}$$

로 되어 좌측으로 회전은 하지만 90도에 못 미치는 정도의 회전이 발생하며 길이는 늘어나는 선형변환이라는 것을 알 수 있다. 실제로 늘어나는 길이는 $\sqrt{x^2+y^2}$에서 $\sqrt{4x^2+y^2}$으로 늘어난다.

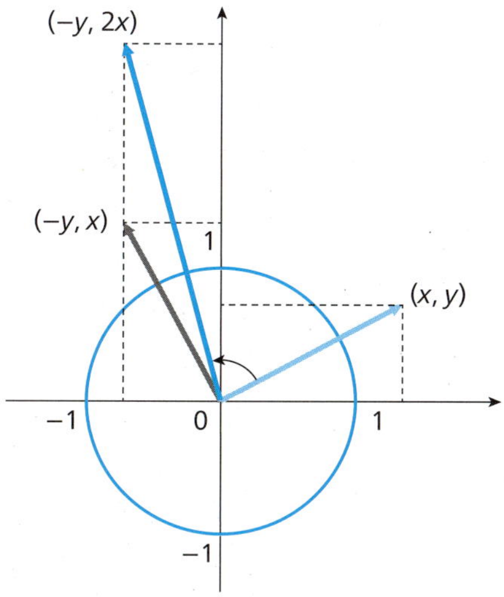

그림 8.5 선의 길이 확장과 회전이 되는 선형변환의 예

위에서 영역을 선형변환 T로 변환했을 때와 마찬가지로 새 선형변환 T_1에 의해서 영역이 어떻게 변화할지 한번 생각해보길 바란다.

선형변환의 예

예제 8.3

함수 $T: \boldsymbol{R}^2 \to \boldsymbol{R}^2$가 다음과 같이 정의된다.

$$T(\vec{v}) = T\left(\begin{pmatrix} x \\ y \end{pmatrix}\right) = \begin{pmatrix} x - y \\ 2x + 3y \end{pmatrix}$$

이 함수가 선형변환임을 보여라.

풀이

주어진 두 개의 벡터 $\vec{v} = \begin{pmatrix} x \\ y \end{pmatrix}$와 $\vec{\omega} = \begin{pmatrix} x' \\ y' \end{pmatrix}$와 스칼라 a, b를 고려해보자. 그러면

$$\begin{aligned} T(a\vec{v} + b\vec{\omega}) &= T\left(a\begin{pmatrix} x \\ y \end{pmatrix} + b\begin{pmatrix} x' \\ y' \end{pmatrix}\right) = T\begin{pmatrix} ax + bx' \\ ay + by' \end{pmatrix} = \begin{pmatrix} (ax + bx') - (ay + by') \\ 2(ax + bx') + 3(ay + by') \end{pmatrix} \\ &= \begin{pmatrix} a(x - y) + b(x' - y') \\ a(2x + 3y) + b(2x' + 3y') \end{pmatrix} = a\begin{pmatrix} x - y \\ 2x + 3y \end{pmatrix} + b\begin{pmatrix} x' - y' \\ 2x' + 3y' \end{pmatrix} \\ &= aT\begin{pmatrix} x \\ y \end{pmatrix} + bT\begin{pmatrix} x' \\ y' \end{pmatrix} = aT(\vec{v}) + bT(\vec{\omega}) \end{aligned}$$

이다. 따라서 수식 (8.19)와 (8.20)을 만족하므로 이 함수 T는 선형변환이라는 것을 알 수 있다.

예제 8.4

함수 $T: \boldsymbol{R}^2 \to \boldsymbol{R}^2$가 다음과 같이 정의된다.

$$T(\vec{v}) = T\left(\begin{pmatrix} x \\ y \end{pmatrix}\right) = \begin{pmatrix} -3y \\ 2x + y \end{pmatrix}$$

이 선형변환임을 보여라.

풀이

주어진 두 개의 벡터 $\vec{v} = \begin{pmatrix} x \\ y \end{pmatrix}$와 $\vec{\omega} = \begin{pmatrix} x' \\ y' \end{pmatrix}$와 스칼라 a, b를 고려해보자. 그러면

$$\begin{aligned} T(a\vec{v} + b\vec{\omega}) &= T\left(a\begin{pmatrix} x \\ y \end{pmatrix} + b\begin{pmatrix} x' \\ y' \end{pmatrix}\right) = T\begin{pmatrix} ax + bx' \\ ay + by' \end{pmatrix} = \begin{pmatrix} -3(ay + by') \\ 2(ax + bx') + (ay + by') \end{pmatrix} \\ &= \begin{pmatrix} a(-3y) + b(-3y') \\ a(2x + y) + b(2x' + y') \end{pmatrix} = a\begin{pmatrix} -3y \\ 2x + y \end{pmatrix} + b\begin{pmatrix} -3y' \\ 2x' + y' \end{pmatrix} \\ &= aT\begin{pmatrix} x \\ y \end{pmatrix} + bT\begin{pmatrix} x' \\ y' \end{pmatrix} = aT(\vec{v}) + bT(\vec{\omega}) \end{aligned}$$

이다. 따라서 수식 (8.19)와 (8.20)을 만족하므로 이 함수 T는 선형변환이라는 것을 알 수 있다.

선형변환과 행렬

위에서 예제로 들었던 (8.21)과 (8.23)의 예로 들었던 두 개의 선형변환 T와 T_1을 다시 한번 생각해보자. 이 두 개의 선형변환은 행렬을 이용하면 아래와 같이 표현할 수 있다.

$$T\left(\begin{pmatrix} x \\ y \end{pmatrix}\right) = \begin{pmatrix} -y \\ x \end{pmatrix} = \begin{pmatrix} 0 & -1 \\ 1 & 0 \end{pmatrix}\begin{pmatrix} x \\ y \end{pmatrix}$$

$$T_1\left(\begin{pmatrix} x \\ y \end{pmatrix}\right) = \begin{pmatrix} -y \\ 2x \end{pmatrix} = \begin{pmatrix} 0 & -1 \\ 2 & 0 \end{pmatrix}\begin{pmatrix} x \\ y \end{pmatrix}$$

따라서 선형변환 T와 T_1에 대응되는 행렬은 각각

$$M_T = \begin{pmatrix} 0 & -1 \\ 1 & 0 \end{pmatrix} = \begin{pmatrix} 0 & -1 \\ 2 & 0 \end{pmatrix}$$

이다. 잘 생각해보면 $T: \boldsymbol{R}^2 \to \boldsymbol{R}^2$로 정의되는 선형변환 전체 집합과 $\boldsymbol{R}^2$ 성분을 갖는 2×2 행렬 전체 집합 $\boldsymbol{M}_{2\times2}$간의 일대일 대응이 있지 않을까 하는 생각이 든다.

이 문제는 앞에서도 언급했던 내용으로서 연립방정식의 해를 구할 때 해의 존재 여부가 연립방정식을 표현하는 행렬의 행렬식(determinant)이 0이 아니어야 한다는 사실과 밀접한 연관관계가 있다. 행렬식에 대해서는 선형대수학을 더 공부하여 알아보기를 바란다. 이제 벡터 공간을 구성하는 특별한 벡터들의 집합에 대해 알아보자.

선형변환의 다양한 예

하나의 선형변환 $T: \boldsymbol{R}^2 \rightarrow \boldsymbol{R}^2$이 주어지면 기하학적으로 정의역의 직선이 공역의 다른 한 직선으로 대응된다고 했다. 직선으로 대응되는 여러 가지 선형변환의 예를 살펴보자. 제일 먼저 층밀림(shearing) 선형변환을 알아보고, 회전(rotation) 선형변환, 치환(permutation) 선형변환, 투사(projection) 선형변환에 대해 차례대로 알아보자.

층밀림 선형변환

층밀림 선형변환은 시어링(shearing) 또는 트랜스벡션(trasnvection)이라고 한다. 정의역을 격자구조로 나타내었을 때 원래의 격자구조가 정방형이면 층밀림 선형변환에 의해 공역에서의 격자구조는 정방형이 찌그러져서 마름모꼴로 변화하는 선형변환이다. 예를 들어 선형변환을 행렬로 표시했을 때 $T = \begin{pmatrix} 2 & 1 \\ 1 & 2 \end{pmatrix}$라고 해보자. 즉,

$$T\begin{pmatrix} 1 \\ 0 \end{pmatrix} = \begin{pmatrix} 2 & 1 \\ 1 & 2 \end{pmatrix}\begin{pmatrix} 1 \\ 0 \end{pmatrix} = \begin{pmatrix} 2 \\ 1 \end{pmatrix}, \quad T\begin{pmatrix} 0 \\ 1 \end{pmatrix} = \begin{pmatrix} 2 & 1 \\ 1 & 2 \end{pmatrix}\begin{pmatrix} 0 \\ 1 \end{pmatrix} = \begin{pmatrix} 1 \\ 2 \end{pmatrix}, \quad T\begin{pmatrix} 1 \\ 1 \end{pmatrix} = \begin{pmatrix} 2 & 1 \\ 1 & 2 \end{pmatrix}\begin{pmatrix} 1 \\ 1 \end{pmatrix} = \begin{pmatrix} 3 \\ 3 \end{pmatrix} \tag{8.25}$$

이다. 이를 그림으로 나타내면 그림 8.6과 같다.

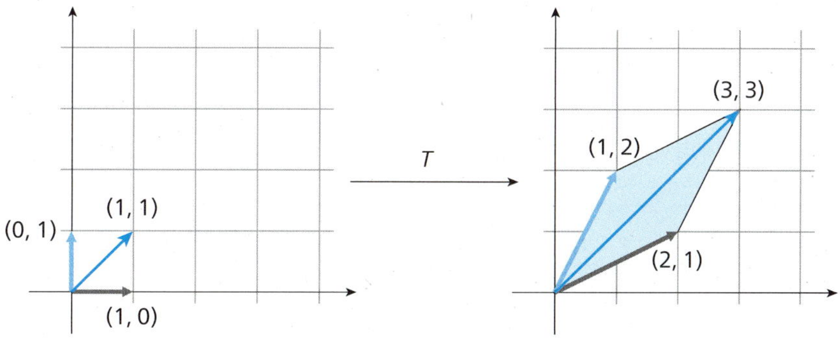

그림 8.6 층밀림 선형변환의 예

일반적으로 수평(horizontal)으로 층밀림이 생기는 선형변환은 다음과 같은 형태이다.

$$T\begin{pmatrix} x \\ y \end{pmatrix} = \begin{pmatrix} x + ky \\ y \end{pmatrix}$$

여기서 k는 실수이다. 수직(vertical) 층밀림 선형변환은 다음과 같은 형태이다.

$$T\begin{pmatrix} x \\ y \end{pmatrix} = \begin{pmatrix} x \\ y + kx \end{pmatrix}$$

회전 선형변환

회전 선형변환은 말뜻 그대로 정의역에 정의된 사각형 모양이 회전 선형변환에 의해 공역에 회전된 형태로 나타나는 선형변환이다. 회전을 나타내기 위해 삼각함수를 사용하여 선형변환을 나타낸다. 예를 들어 선형변환을 행렬로 표시했을 때 선형변환

$$T = \begin{pmatrix} \cos\dfrac{\pi}{2} & -\sin\dfrac{\pi}{2} \\ \sin\dfrac{\pi}{2} & \cos\dfrac{\pi}{2} \end{pmatrix} \tag{8.26}$$

라고 하자.

$$T\begin{pmatrix} 1 \\ 0 \end{pmatrix} = \begin{pmatrix} \cos\dfrac{\pi}{2} & -\sin\dfrac{\pi}{2} \\ \sin\dfrac{\pi}{2} & \cos\dfrac{\pi}{2} \end{pmatrix}\begin{pmatrix} 1 \\ 0 \end{pmatrix} = \begin{pmatrix} 0 & -1 \\ 1 & 0 \end{pmatrix}\begin{pmatrix} 1 \\ 0 \end{pmatrix} = \begin{pmatrix} 0 \\ 1 \end{pmatrix},$$

$$T\begin{pmatrix} 1 \\ 1 \end{pmatrix} = \begin{pmatrix} \cos\dfrac{\pi}{2} & -\sin\dfrac{\pi}{2} \\ \sin\dfrac{\pi}{2} & \cos\dfrac{\pi}{2} \end{pmatrix}\begin{pmatrix} 1 \\ 1 \end{pmatrix} = \begin{pmatrix} 0 & -1 \\ 1 & 0 \end{pmatrix}\begin{pmatrix} 1 \\ 1 \end{pmatrix} = \begin{pmatrix} -1 \\ 1 \end{pmatrix},$$

$$T\begin{pmatrix} 0 \\ 1 \end{pmatrix} = \begin{pmatrix} \cos\dfrac{\pi}{2} & -\sin\dfrac{\pi}{2} \\ \sin\dfrac{\pi}{2} & \cos\dfrac{\pi}{2} \end{pmatrix}\begin{pmatrix} 0 \\ 1 \end{pmatrix} = \begin{pmatrix} 0 & -1 \\ 1 & 0 \end{pmatrix}\begin{pmatrix} 0 \\ 1 \end{pmatrix} = \begin{pmatrix} -1 \\ 0 \end{pmatrix}$$

이다. 이를 그림으로 나타내면 그림 8.7과 같다.

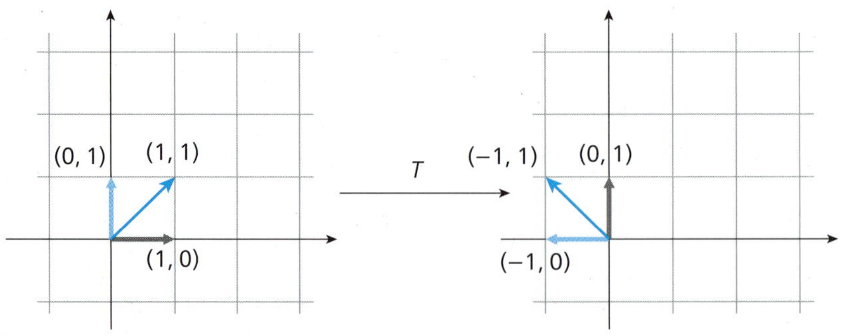

그림 8.7 회전 선형변환의 예

위에 정의한 행렬로 나타낸 회전 선형변환은 반시계 방향으로 $\pi/2$만큼 회전하는 선형변환을 나타낸다. 회전 선형변환을 정의한 행렬의 성분인 sin함수와 cos함수의 변수를 $\pi/2$가 아닌 일반 라디안 θ로 나타내면 반시계 방향으로 θ만큼 회전한 선형변환을 나타낼 수 있다. 즉, 원하는 만큼의 회전을 주는 선형변환을 구현할 수 있다는 뜻이다. 부호를 적절히 변경하면 회전 방향을 시계 방향으로 줄 수도 있다.

치환 선형변환

치환 선형변환은 축을 변경하는 선형변환이라고 생각하면 된다. 예를 들어 선형변환을 행렬로 표시했을 때

$$T = \begin{pmatrix} 0 & 1 \\ 1 & 0 \end{pmatrix} \tag{8.27}$$

라고 하자.

$$T\begin{pmatrix} 1 \\ 0 \end{pmatrix} = \begin{pmatrix} 0 & 1 \\ 1 & 0 \end{pmatrix}\begin{pmatrix} 1 \\ 0 \end{pmatrix} = \begin{pmatrix} 0 \\ 1 \end{pmatrix}, \quad T\begin{pmatrix} 0 \\ 1 \end{pmatrix} = \begin{pmatrix} 0 & 1 \\ 1 & 0 \end{pmatrix}\begin{pmatrix} 0 \\ 1 \end{pmatrix} = \begin{pmatrix} 1 \\ 0 \end{pmatrix}, \quad T\begin{pmatrix} 1 \\ 1 \end{pmatrix} = \begin{pmatrix} 0 & 1 \\ 1 & 0 \end{pmatrix}\begin{pmatrix} 1 \\ 1 \end{pmatrix} = \begin{pmatrix} 1 \\ 1 \end{pmatrix}$$

이다. 이를 그림으로 나타내면 그림 8.8과 같다.

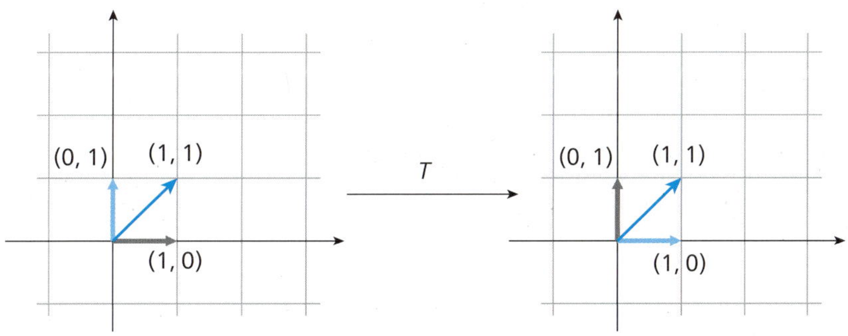

그림 8.8 치환 선형변환의 예

치환 선형변환을 보면 $y = x$축을 중심으로 대칭이동 되었다는 것을 알 수 있다. 이와 같이 x축과 y축의 값이 대칭으로 교환되기 때문에 치환 선형변환이라고 한다.

투사 선형변환

투사 선형변환은 평면상의 한 축 또는 특정 벡터 위로 사상시키는 선형변환이다. 예를 들어 x축에 투사시키는 선형변환으로

$$T = \begin{pmatrix} 1 & 0 \\ 0 & 0 \end{pmatrix} \tag{8.28}$$

을 생각해볼 수 있다. 이 경우에

$$T\begin{pmatrix}1\\0\end{pmatrix}=\begin{pmatrix}1&0\\0&0\end{pmatrix}\begin{pmatrix}1\\0\end{pmatrix}=\begin{pmatrix}1\\0\end{pmatrix},\quad T\begin{pmatrix}0\\1\end{pmatrix}=\begin{pmatrix}1&0\\0&0\end{pmatrix}\begin{pmatrix}0\\1\end{pmatrix}=\begin{pmatrix}0\\0\end{pmatrix},\quad T\begin{pmatrix}1\\1\end{pmatrix}=\begin{pmatrix}1&0\\0&0\end{pmatrix}\begin{pmatrix}1\\1\end{pmatrix}=\begin{pmatrix}1\\0\end{pmatrix}$$

이다. 이를 그림으로 나타내면 그림 8.9와 같다.

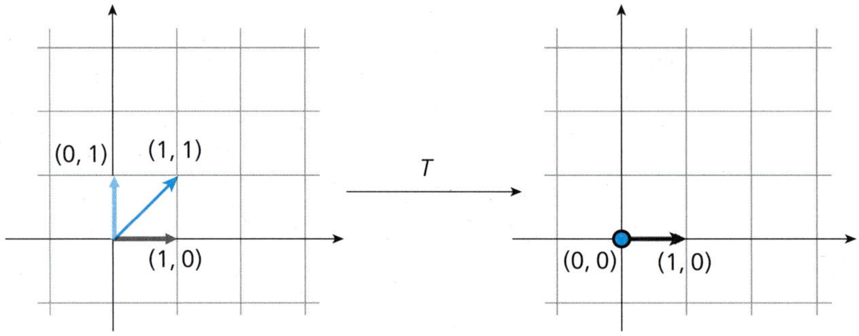

그림 8.9 *x*축 투사 선형변환의 예

*y*축 위로 투사되는 선형변환에 대해 알아보자. 예를 들어

$$T=\begin{pmatrix}0&0\\0&1\end{pmatrix} \tag{8.29}$$

을 생각해볼 수 있다. 이 경우에

$$T\begin{pmatrix}1\\0\end{pmatrix}=\begin{pmatrix}0&0\\0&1\end{pmatrix}\begin{pmatrix}1\\0\end{pmatrix}=\begin{pmatrix}0\\0\end{pmatrix},\quad T\begin{pmatrix}0\\1\end{pmatrix}=\begin{pmatrix}0&0\\0&1\end{pmatrix}\begin{pmatrix}0\\1\end{pmatrix}=\begin{pmatrix}0\\1\end{pmatrix},\quad T\begin{pmatrix}1\\1\end{pmatrix}=\begin{pmatrix}0&0\\0&1\end{pmatrix}\begin{pmatrix}1\\1\end{pmatrix}=\begin{pmatrix}0\\1\end{pmatrix}$$

이다. 이를 그림으로 나타내면 그림 8.10과 같다.

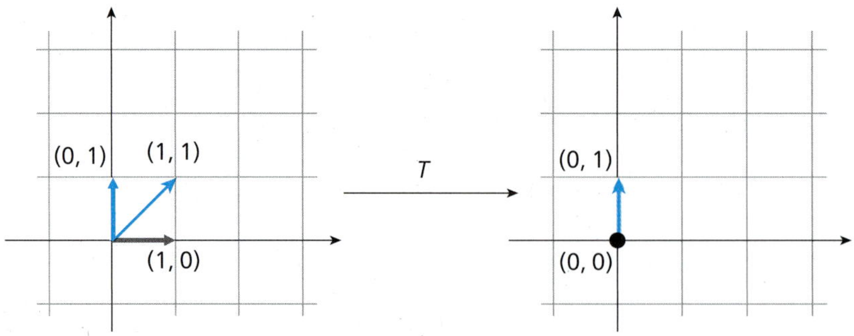

그림 8.10 *y*축 투사 선형변환의 예

투사 선형변환의 경우에는 정의역에서 직사각형으로 표현되는 영역이 하나의 축 위에 투사되

기 때문에 하나의 벡터로 나타나는 것처럼 보인다. 사실은 직사각형을 한쪽 축의 방향에서 바라보는 것처럼 선형변환이 이뤄진다는 것을 알 수 있다.

특정 축이 아닌 특정 벡터 위에 투사시키는 선형변환을 생각해보자. 다음과 같은 선형변환을 예로 들어보자.

$$T = \begin{pmatrix} 1 & 2 \\ 2 & 4 \end{pmatrix} \tag{8.30}$$

이 경우에

$$T\begin{pmatrix} 1 \\ 0 \end{pmatrix} = \begin{pmatrix} 1 & 2 \\ 2 & 4 \end{pmatrix}\begin{pmatrix} 1 \\ 0 \end{pmatrix} = \begin{pmatrix} 1 \\ 2 \end{pmatrix}, \quad T\begin{pmatrix} 0 \\ 1 \end{pmatrix} = \begin{pmatrix} 1 & 2 \\ 2 & 4 \end{pmatrix}\begin{pmatrix} 0 \\ 1 \end{pmatrix} = \begin{pmatrix} 2 \\ 4 \end{pmatrix}, \quad T\begin{pmatrix} 1 \\ 1 \end{pmatrix} = \begin{pmatrix} 1 & 2 \\ 2 & 4 \end{pmatrix}\begin{pmatrix} 1 \\ 1 \end{pmatrix} = \begin{pmatrix} 3 \\ 6 \end{pmatrix}$$

이다. 이를 그림으로 나타내면 그림 8.11과 같다.

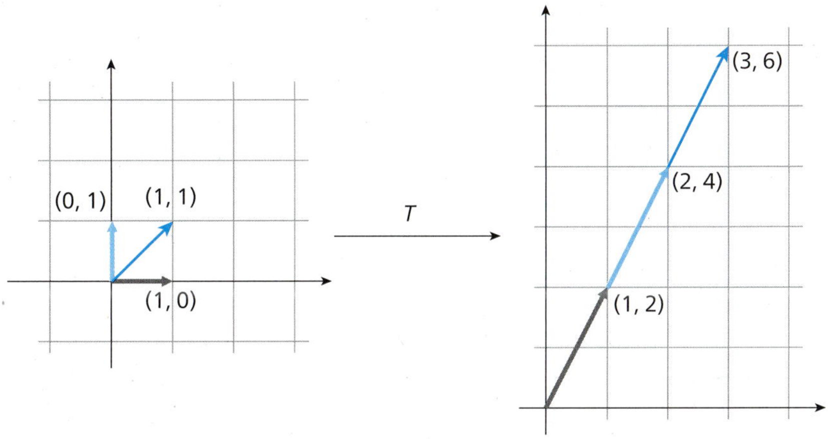

그림 8.11 벡터 (1, 2) 위로 투사 선형변환

지금까지 여러 가지 선형변환 예를 살펴보고 이들의 기하학적 변환의 의미를 살펴보았다. 사실 두 개의 선형변환을 연속해서 실시해도 이는 하나의 선형변환이다. 그 이유는 두 개의 행렬을 곱하면 또 다른 행렬을 얻는 것과 마찬가지이다. 예를 들어 위에 예로 들었던 선형변환 (8.25)와 (8.26)을 연속해서 적용한다고 하자. 즉,

$$T_1 = \begin{pmatrix} 2 & 1 \\ 1 & 2 \end{pmatrix}, \quad T_2 = \begin{pmatrix} \cos\frac{\pi}{2} & -\sin\frac{\pi}{2} \\ \sin\frac{\pi}{2} & \cos\frac{\pi}{2} \end{pmatrix} \tag{8.31}$$

에 대해서

$$T_2\left[T_1\begin{pmatrix}1\\0\end{pmatrix}\right]=T_2\left(\begin{pmatrix}2&1\\1&2\end{pmatrix}\begin{pmatrix}1\\0\end{pmatrix}\right)=T_2\left(\begin{pmatrix}2\\1\end{pmatrix}\right)=\begin{pmatrix}\cos\frac{\pi}{2}&-\sin\frac{\pi}{2}\\ \sin\frac{\pi}{2}&\cos\frac{\pi}{2}\end{pmatrix}\begin{pmatrix}2\\1\end{pmatrix}=\begin{pmatrix}0&-1\\1&0\end{pmatrix}\begin{pmatrix}2\\1\end{pmatrix}=\begin{pmatrix}-1\\2\end{pmatrix},$$

$$T_2\left[T_1\begin{pmatrix}0\\1\end{pmatrix}\right]=T_2\left(\begin{pmatrix}2&1\\1&2\end{pmatrix}\begin{pmatrix}0\\1\end{pmatrix}\right)=T_2\left(\begin{pmatrix}1\\2\end{pmatrix}\right)=\begin{pmatrix}\cos\frac{\pi}{2}&-\sin\frac{\pi}{2}\\ \sin\frac{\pi}{2}&\cos\frac{\pi}{2}\end{pmatrix}\begin{pmatrix}1\\2\end{pmatrix}=\begin{pmatrix}0&-1\\1&0\end{pmatrix}\begin{pmatrix}1\\2\end{pmatrix}=\begin{pmatrix}-2\\1\end{pmatrix},$$

$$T_2\left[T_1\begin{pmatrix}1\\1\end{pmatrix}\right]=T_2\left(\begin{pmatrix}2&1\\1&2\end{pmatrix}\begin{pmatrix}1\\1\end{pmatrix}\right)=T_2\left(\begin{pmatrix}3\\3\end{pmatrix}\right)=\begin{pmatrix}\cos\frac{\pi}{2}&-\sin\frac{\pi}{2}\\ \sin\frac{\pi}{2}&\cos\frac{\pi}{2}\end{pmatrix}\begin{pmatrix}3\\3\end{pmatrix}=\begin{pmatrix}0&-1\\1&0\end{pmatrix}\begin{pmatrix}3\\3\end{pmatrix}=\begin{pmatrix}-3\\3\end{pmatrix}$$

이 된다. 사실 선형변환 T_1을 먼저 적용하고 그 결과에 선형변환 T_2를 적용한 결과는 다음 선형변환 T와 동일한 선형변환임을 알 수 있다.

$$T=\begin{pmatrix}-1&-2\\2&1\end{pmatrix} \tag{8.32}$$

왜냐하면

$$T\begin{pmatrix}1\\0\end{pmatrix}=\begin{pmatrix}-1&-2\\2&1\end{pmatrix}\begin{pmatrix}1\\0\end{pmatrix}=\begin{pmatrix}-1\\2\end{pmatrix},\quad T\begin{pmatrix}0\\1\end{pmatrix}=\begin{pmatrix}-1&-2\\2&1\end{pmatrix}\begin{pmatrix}0\\1\end{pmatrix}=\begin{pmatrix}-2\\1\end{pmatrix},\quad T\begin{pmatrix}1\\1\end{pmatrix}=\begin{pmatrix}-1&-2\\2&1\end{pmatrix}\begin{pmatrix}1\\1\end{pmatrix}=\begin{pmatrix}-3\\3\end{pmatrix}$$

이기 때문이다. 선형변환 T는 어떻게 구할 것인가? 이는 선형변환 T_1과 선형변환 T_2를 나타내는 행렬의 곱으로부터 구할 수 있다. 즉,

$$\begin{pmatrix}\cos\frac{\pi}{2}&-\sin\frac{\pi}{2}\\ \sin\frac{\pi}{2}&\cos\frac{\pi}{2}\end{pmatrix}\begin{pmatrix}2&1\\1&2\end{pmatrix}=\begin{pmatrix}0&-1\\1&0\end{pmatrix}\begin{pmatrix}2&1\\1&2\end{pmatrix}=\begin{pmatrix}-1&-2\\2&1\end{pmatrix}=T \tag{8.33}$$

이다. 따라서 두 개의 선형변환의 합성함수인 $T_2\circ T_1=T$임을 알 수 있다. 수식 (8.32)에서 두 개의 선형변환에 해당하는 행렬을 곱하는 것이 합성함수 $T_2\circ T_1$에 대응되는 선형변환 T를 구하는 방식이라는 의미이다.

수식 (8.33)에서 얻어진 식이 두 개의 선형변환에 의한 것임을 그림 8.12로 확인해보자.

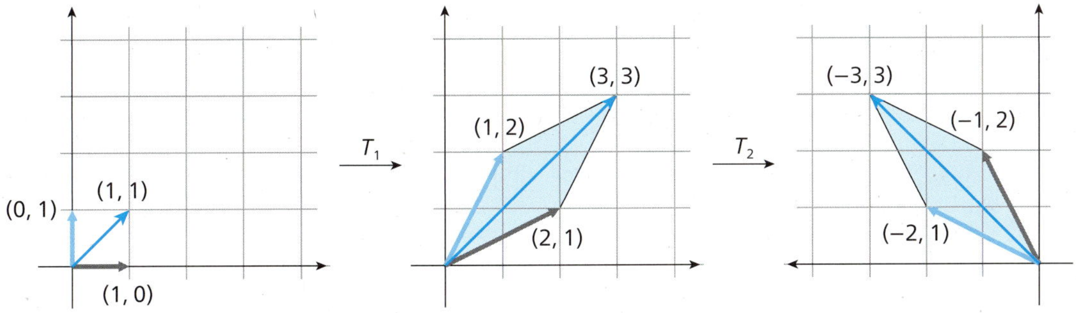

그림 8.12 선형변환의 합성함수

그림 8.12를 보면 $T_2 \circ T_1$에 의해 맨 좌측의 도형이 맨 우측의 도형으로 선형변환 되는 것을 알 수 있다. 이는 수식 (8.32)에 나타낸 한 개의 선형변환 T와 일치한다. 이를 그림으로 나타내면 아래의 그림 8.13과 같다.

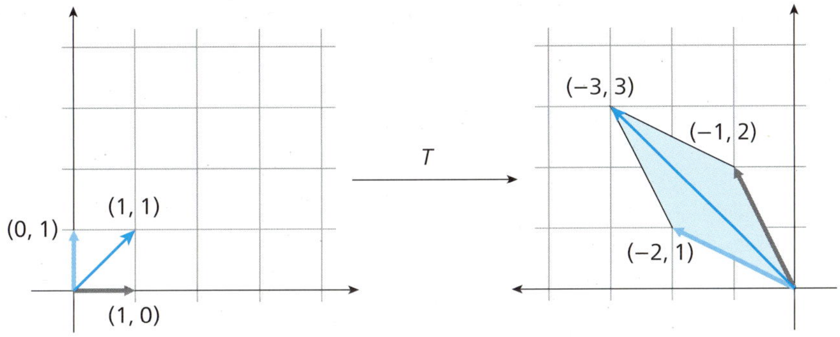

그림 8.13 선형변환의 합성도 선형변환 $T_2 \circ T_1 = T$

이와 같이 선형변환을 유한번 실시해도 그것은 하나의 선형변환일 뿐이다. 그러므로 주어진 어떤 선형변환도 앞에서 배운 기본적인 선형변환들을 유한번 적용하면 만들어낼 수 있다.

예제 8.5

선형변환 T: $\boldsymbol{R}^2 \rightarrow \boldsymbol{R}^2$를 다음과 같이 정의하였다.

$$T(\vec{v}) = T\left(\begin{pmatrix} x \\ y \end{pmatrix}\right) = \begin{pmatrix} x + 2y \\ -\frac{5}{2}x - 3y \end{pmatrix} \tag{8.34}$$

이를 행렬을 이용하여 표현해보자. 먼저 수식 (8.34)에 나타난 선형변환 T가 두 개의 벡터 $\begin{pmatrix} 1 \\ 0 \end{pmatrix}$과 $\begin{pmatrix} 0 \\ 1 \end{pmatrix}$을 어느 곳으로 변환시키는지 확인해보자.

$$T\begin{pmatrix}1\\0\end{pmatrix}=\begin{pmatrix}1\\-\frac{5}{2}\end{pmatrix},\quad T\begin{pmatrix}0\\1\end{pmatrix}=\begin{pmatrix}2\\-3\end{pmatrix} \tag{8.35}$$

이라는 것을 알 수 있다. 따라서 선형변환 T에 해당하는 행렬은 수식 (8.35)에 나타난 벡터 두 개를 이어붙여서 만든 행렬인

$$A=\begin{pmatrix}1 & 2\\ -\frac{5}{2} & -3\end{pmatrix}$$

가 된다는 것을 알 수 있다. 이를 확인해보자.

$$A\begin{pmatrix}x\\y\end{pmatrix}=\begin{pmatrix}1 & 2\\ -\frac{5}{2} & -3\end{pmatrix}\begin{pmatrix}x\\y\end{pmatrix}=\begin{pmatrix}x+2y\\ -\frac{5}{2}x-3y\end{pmatrix}$$

이므로 행렬 A가 선형변환 T에 대응하는 행렬이 맞다.

예제 8.6

선형변환 $T: \boldsymbol{R}^2 \rightarrow \boldsymbol{R}^2$를 다음과 같이 정의하였다.

$$T(\vec{v})=T\left(\begin{pmatrix}x\\y\end{pmatrix}\right)=\begin{pmatrix}-y\\x-3y\end{pmatrix} \tag{8.36}$$

이를 행렬을 이용해서 표현해보자. 이 예제를 살펴보면 수식 (8.35)에서와 마찬가지로

$$\begin{pmatrix}-y\\x-3y\end{pmatrix}=\begin{pmatrix}0x-y\\x-3\end{pmatrix}$$

으로 볼 수 있다. 따라서 수식 (8.36)에 표현된 선형변환 T에 해당하는 행렬 A는

$$A=\begin{pmatrix}0 & -1\\ 1 & -3\end{pmatrix} \tag{8.37}$$

가 된다.

8.3 기저

하나의 선형변환 $T: \boldsymbol{R}^2 \rightarrow \boldsymbol{R}^2$를 나타낼 때, 두 개의 벡터

$$\vec{\boldsymbol{v}} = \begin{pmatrix} 1 \\ 0 \end{pmatrix}\text{과} \quad \vec{\boldsymbol{\omega}} = \begin{pmatrix} 1 \\ 0 \end{pmatrix}$$

이 어떻게 변환되는지만 알면 $\boldsymbol{R}^2$ 공간상의 모든 벡터가 어떻게 변환되는지를 알 수 있다. 이와 같은 두 벡터로 이뤄진 집합 $\{\vec{\boldsymbol{v}}, \vec{\boldsymbol{\omega}}\}$는 해당 선형변환의 본질을 나타낼 수 있는 특성을 가진 벡터의 집합이다.

R^2 공간의 기저

벡터 공간의 **기저**(basis)는 해당 벡터 공간을 선형적으로 생성할 수 있는 선형독립인 벡터들의 집합이다. 벡터 공간의 임의의 벡터는 이들 기저로 유일한 선형결합 형태로 표현할 수 있다는 의미이다. 기저의 정의만 보면 쉽게 이해하기 어려울 수 있다. 예를 들어 기저를 설명해보자.

$\boldsymbol{R}^2$ 공간의 두 벡터

$$\vec{\boldsymbol{e}_1} = \begin{pmatrix} 1 \\ 0 \end{pmatrix}, \quad \vec{\boldsymbol{e}_2} = \begin{pmatrix} 0 \\ 1 \end{pmatrix}$$

로 이루어진 집합을 생각해보자. 이 두 개의 벡터 중 어느 하나로 다른 하나를 생성할 수 없다. 어느 한 개의 벡 에 스칼라를 곱해서 나머지 한 벡터를 만들어낼 수 없다는 뜻이다. 즉, 어떤 스칼라 α에 대해서도 아래의 수식 (8.38)

$$\alpha \vec{\boldsymbol{e}_1} = \vec{\boldsymbol{e}_2} \tag{8.38}$$

를 만족시킬 수 없다. 그 이유는 $\alpha \vec{\boldsymbol{e}_1} = \begin{pmatrix} \alpha \\ 0 \end{pmatrix}$으로 두 번째 원소가 0이다. 하지만 $\vec{\boldsymbol{e}_2} = \begin{pmatrix} 0 \\ 1 \end{pmatrix}$의 두 번째 원소는 1이다. 그러므로 이 두 값은 어떠한 α에 대해서도 절대로 같아질 수 없다. 반면에 어떤 스칼라 β를 이용해도 $\beta \vec{\boldsymbol{e}_2} = \vec{\boldsymbol{e}_1}$가 성립되지 않는다. 이런 경우에 두 개의 벡터 $\{\vec{\boldsymbol{e}_1}, \vec{\boldsymbol{e}_2}\}$는 **선형독립**(linearly independent)이라고 한다. 선형독립을 정의하는 다른 방법도 있지만 여기서는 이렇게 정의하도록 한다.

이 집합 $\{\vec{e_1}, \vec{e_2}\}$의 또 다른 특징 중 하나는 $\boldsymbol{R}^2$ 공간상의 임의의 벡터를 생성할 수 있다는 것이다. 즉, 임의의 벡터 $\vec{\boldsymbol{v}} = \begin{pmatrix} x \\ y \end{pmatrix} \in \boldsymbol{R}^2$에 대하여

$$\vec{\boldsymbol{v}} = \begin{pmatrix} x \\ y \end{pmatrix} = x\begin{pmatrix} 1 \\ 0 \end{pmatrix} + y\begin{pmatrix} 0 \\ 1 \end{pmatrix} = x\vec{e_1} + y\vec{e_2} \tag{8.39}$$

로 표현할 수 있다. 즉, $\{\vec{e_1}, \vec{e_2}\}$는 $\boldsymbol{R}^2$ 공간을 생성할 수 있다는 의미이다. 위의 수식 (8.39)과 같은 표현을 두 벡터 $\{\vec{e_1}, \vec{e_2}\}$의 **선형결합**(linear combination)이라고 말한다. 이런 의미에서 집합 $\{\vec{e_1}, \vec{e_2}\} \subset \boldsymbol{R}^2$는 $\boldsymbol{R}^2$ 공간상의 어떠한 벡터도 선형결합 형태로 표현할 수 있다는 뜻이다.

궁극적으로 $\{\vec{e_1}, \vec{e_2}\} \subset \boldsymbol{R}^2$는 선형독립이며 $\boldsymbol{R}^2$ 공간을 생성한다. 그러므로 $\{\vec{e_1}, \vec{e_2}\}$는 $\boldsymbol{R}^2$의 한 기저이다. $\{\vec{e_1}, \vec{e_2}\} \subset \boldsymbol{R}^2$가 하나의 기저라고 말하는 이유는 다른 기저도 존재할 수 있다는 뜻이다. 즉, 기저는 하나만 존재하는 것이 아니다. 사실 기저는 무한히 많다.

선형독립

앞에서 간단하게 선형독립을 정의하였는데 일반적인 벡터 공간에서 선형독립을 정의해보자. 선형독립 개념은 **기저**(basis)와 벡터 공간의 **차원**(dimension), 행렬의 **계수**(rank)와 선형연립 방정식의 근의 **존재성**(existence)과 **근의 유일성**(uniqueness) 및 **가우스 소거법**(Gauss Jordan Elimination) 등과 매우 밀접한 관계를 맺고 있다. 따라서 선형독립의 개념을 정확히 이해하는 것이 매우 중요하다. 선형독립에 대한 이해가 부족하면 뒤에 나오는 여러 가지 개념을 파악하는 데 어려움이 있다. 인공지능의 머신러닝이나 딥러닝에서 데이터를 처리하고 모델을 구축할 때 선형독립의 개념을 분명히 알고 있어야 문제의 핵심을 짚어나갈 수 있으므로 시간을 갖고 차근히 학습하길 바란다. 여러 가지 예를 들어서 설명할 것이기 때문에 이해하는데 큰 어려움은 없을 것이라고 여겨진다.

벡터 공간 V의 벡터들의 집합 $\{\vec{\boldsymbol{v}_1}, \vec{\boldsymbol{v}_2}, \ldots, \vec{\boldsymbol{v}_k}\}$가 **선형독립**(linearly independent)이라는 말은 다음과 같이 정의할 수 있다. 만약에

$$a_1\vec{\boldsymbol{v}_1} + a_2\vec{\boldsymbol{v}_2} + \ldots + a_k\vec{\boldsymbol{v}_k} = \vec{0} \tag{8.40}$$

이라면 반드시

$$a_1 = a_2 = \ldots = a_k = 0 \tag{8.41}$$

인 경우 $\{\vec{\boldsymbol{v}_1}, \vec{\boldsymbol{v}_2}, \ldots, \vec{\boldsymbol{v}_k}\}$가 선형독립이라고 정의한다.

만약에 이 조건을 만족하지 못한다면 $\{\vec{\boldsymbol{v}_1}, \vec{\boldsymbol{v}_2}, \ldots, \vec{\boldsymbol{v}_k}\}$는 **선형종속**(linearly dependent)이라고

한다. 즉, $\{\vec{v_1}, \vec{v_2}, \ldots, \vec{v_k}\}$가 선형종속이라는 말은 $(a_1, a_2, \ldots, a_k) \neq (0, 0, \ldots, 0)$인 스칼라 집합이 적어도 하나 존재하여

$$a_1\vec{v_1} + a_2\vec{v_2} + \ldots + a_k\vec{v_k} = \vec{0}$$

를 만족시킬 수 있다는 뜻이다. 예를 들어서 벡터 공간 $V = (R^2, +, \cdot)$의 집합 $\left\{\begin{pmatrix}1\\1\end{pmatrix}, \begin{pmatrix}2\\2\end{pmatrix}\right\}$는 선형종속이다. 왜냐하면

$$2\begin{pmatrix}1\\1\end{pmatrix} + (-1)\begin{pmatrix}2\\2\end{pmatrix} = \begin{pmatrix}0\\0\end{pmatrix}$$

이고, $(a_1, a_2) = (2, -1) \neq (0, 0)$이기 때문이다.

다른 예를 하나 들어보자. 벡터 공간 $V = (R^3, +, \cdot)$의 집합

$$\left\{\begin{pmatrix}1\\1\\-2\end{pmatrix}, \begin{pmatrix}1\\-1\\2\end{pmatrix}, \begin{pmatrix}3\\1\\4\end{pmatrix}\right\}$$

는 선형독립인지 선형종속인지 알아보자. 이를 확인하기 위해 선형결합

$$a\begin{pmatrix}1\\1\\-2\end{pmatrix} + b\begin{pmatrix}1\\-1\\2\end{pmatrix} + c\begin{pmatrix}3\\1\\4\end{pmatrix} = \begin{pmatrix}0\\0\\0\end{pmatrix}$$

으로 이뤄진 방정식이 자명해가 아닌 $(a, b, c) \neq (0, 0, 0)$을 갖는지 갖지 못하는지 확인해보면 된다. 위의 식을 풀어 나타내면

$$\begin{cases} a + b + 3c = 0 \\ a - b + c = 0 \\ -2a + 2b + 4c = 0 \end{cases} \tag{8.42}$$

이 되고 이 연립방정식 (8.42)가 자명해가 아닌 해를 갖는지 확인해보면 된다. 일반적으로 해를 구하는 방식으로 해를 구해보자. 연립방정식 (8.42)의 첫 번째 식과 두 번째 식을 더하면

$$2a + 4c = 0$$

이 된다. 두 번째 식에 2를 곱하고 세 번째 식과 더하면

$$6c = 0$$

이 된다. 따라서 $c = 0$이고 이 식을 바로 위의 식에 대입하면 $a = 0$을 얻는다. 그리고 $a = c = 0$을 위의 연립방정식 (8.41)의 첫 번째 식에 대입하면 $b = 0$을 얻는다. 따라서 연립방정식 (8.41)의 해는 $(a, b, c) = (0, 0, 0)$뿐이다. 그러므로

$$\left\{\begin{pmatrix} 1 \\ 1 \\ -2 \end{pmatrix}, \begin{pmatrix} 1 \\ -1 \\ 2 \end{pmatrix}, \begin{pmatrix} 3 \\ 1 \\ 4 \end{pmatrix}\right\}$$

는 선형독립이다.

선형독립의 예

예제 8.7

벡터 공간 $V = (R^3, +, \cdot)$의 집합

$$\left\{\begin{pmatrix} 1 \\ 1 \\ 1 \end{pmatrix}, \begin{pmatrix} 1 \\ -1 \\ 2 \end{pmatrix}, \begin{pmatrix} 3 \\ 1 \\ 4 \end{pmatrix}\right\}$$

는 선형독립인지 선형종속인지 알아보자.

풀이

세 개의 벡터를 각각 $\{\vec{v_1}, \vec{v_2}, \vec{v_3}\}$라고 놓자. 그리고 $a_1\vec{v_1} + a_2\vec{v_2} + a_3\vec{v_3} = \vec{0}$라고 한다면

$$a_1\begin{pmatrix} 1 \\ 1 \\ 1 \end{pmatrix} + a_2\begin{pmatrix} 1 \\ -1 \\ 2 \end{pmatrix} + a_3\begin{pmatrix} 3 \\ 1 \\ 4 \end{pmatrix} = \begin{pmatrix} 0 \\ 0 \\ 0 \end{pmatrix}$$

이고

$$\begin{cases} a + \ \ a_2 + 3a_3 = 0 \\ a - \ \ a_2 + \ \ a_3 = 0 \\ a + 2a_2 + 4a_3 = 0 \end{cases}$$

이므로 이를 풀면 $(a_1, a_2, a_3) = (-2, -1, 1)$이 하나의 근이다. 따라서 $\{\vec{v_1}, \vec{v_2}, \vec{v_3}\}$는 선형독립이 아니고 선형종속이다.

예제 8.8

벡터 공간 $V = (R^4, +, \cdot)$의 집합

$$\left\{\begin{pmatrix}1\\1\\1\\0\end{pmatrix}, \begin{pmatrix}1\\1\\0\\1\end{pmatrix}, \begin{pmatrix}1\\0\\1\\1\end{pmatrix}, \begin{pmatrix}0\\1\\1\\1\end{pmatrix}\right\}$$

가 선형독립임을 증명해보자.

풀이

네 개의 벡터를 각각 $\{\vec{v_1}, \vec{v_2}, \vec{v_3}, \vec{v_4}\}$라고 놓자. 그리고 $a_1\vec{v_1} + a_2\vec{v_2} + a_3\vec{v_3} + a_4\vec{v_4} = \vec{0}$라고 한다면

$$a_1\begin{pmatrix}1\\1\\1\\0\end{pmatrix} + a_2\begin{pmatrix}1\\1\\0\\1\end{pmatrix} + a_3\begin{pmatrix}1\\0\\1\\1\end{pmatrix} + a_4\begin{pmatrix}0\\1\\1\\1\end{pmatrix} = \begin{pmatrix}0\\0\\0\\0\end{pmatrix}$$

이고

$$\begin{cases} a_1 + a_2 + a_3 = 0 \\ a_1 + a_2 + a_4 = 0 \\ a_1 + a_3 + a_4 = 0 \\ a_2 + a_3 + a_4 = 0 \end{cases}$$

이므로 이를 풀면 $(a_1, a_2, a_3, a_4) = (0, 0, 0, 0)$이다. 따라서 $\{\vec{v_1}, \vec{v_2}, \vec{v_3}, \vec{v_4}\}$는 선형독립이다.

R^2 공간의 다른 기저의 예

$\boldsymbol{R}^2$ 공간상에 하나의 기저로 $\{\vec{e_1}, \vec{e_2}\}$이 존재한다는 것을 알았다. 그러면 기저는 하나밖에 없는 것일까? 아니다. 기저는 무수히 많이 존재한다. 예를 들어 $\boldsymbol{R}^2$ 공간상의 부분 집합으로

$$\left\{\vec{v_1} = \begin{pmatrix}1\\2\end{pmatrix}, \vec{v_2} = \begin{pmatrix}-1\\1\end{pmatrix}\right\} \subset \boldsymbol{R}^2$$

를 생각해보자. 결론부터 말하자면 이 집합도 $\boldsymbol{R}^2$의 기저이다. 왜 그런지 알아보자.

먼저 집합

$$\left\{\vec{\boldsymbol{v}}_1 = \begin{pmatrix} 1 \\ 2 \end{pmatrix}, \vec{\boldsymbol{v}}_2 = \begin{pmatrix} -1 \\ 1 \end{pmatrix}\right\}$$

은 선형독립이다. $\vec{\boldsymbol{v}}_1$에 어떠한 스칼라를 곱해도 $\vec{\boldsymbol{v}}_2$를 생성할 수 없고, $\vec{\boldsymbol{v}}_2$에 어떠한 스칼라를 곱해도 $\vec{\boldsymbol{v}}_1$을 생성할 수 없기 때문이다. 다른 방법으로

$$a_1\vec{\boldsymbol{v}}_1 + a_2\vec{\boldsymbol{v}}_2 = \vec{0}$$

라고 한다면

$$a_1\begin{pmatrix} 1 \\ 2 \end{pmatrix} + a_2\begin{pmatrix} -1 \\ 1 \end{pmatrix} = \begin{pmatrix} 0 \\ 0 \end{pmatrix}$$

이고

$$\begin{cases} a_1 - a_2 = 0 \\ 2a_1 + a_2 = 0 \end{cases}$$

이므로 이를 풀면 $a_1 = a_2 = 0$이다. 따라서 $\{\vec{\boldsymbol{v}}_1, \vec{\boldsymbol{v}}_2\}$는 선형독립이다. 그러면 $\{\vec{\boldsymbol{v}}_1, \vec{\boldsymbol{v}}_2\}$가 벡터 공간 $\boldsymbol{R}^2$를 생성하는지 확인해보자. 임의의 벡터

$$\vec{\boldsymbol{v}} = \begin{pmatrix} x \\ y \end{pmatrix} \in \boldsymbol{R}^2$$

에 대하여

$$\vec{\boldsymbol{v}} = \begin{pmatrix} x \\ y \end{pmatrix} = \alpha\begin{pmatrix} 1 \\ 2 \end{pmatrix} + \beta\begin{pmatrix} -1 \\ 1 \end{pmatrix} = \alpha\vec{\boldsymbol{v}}_1 + \beta\vec{\boldsymbol{v}}_2$$

또는

$$\begin{cases} x = \alpha - \beta \\ y = 2\alpha + \beta \end{cases} \tag{8.43}$$

를 만족하는 α와 β를 구할 수 있다면 $\{\vec{\boldsymbol{v}}_1, \vec{\boldsymbol{v}}_2\}$가 벡터 공간 $\boldsymbol{R}^2$를 생성하는 것이다. 연립방정식 (8.43)을 α와 β에 대하여 풀면

$$\alpha = \frac{x+y}{3}, \quad \beta = \frac{y-2x}{3}$$

이므로

$$\vec{v} = \begin{pmatrix} x \\ y \end{pmatrix} = \frac{x+y}{3}\begin{pmatrix} 1 \\ 2 \end{pmatrix} + \frac{y-2x}{3}\begin{pmatrix} -1 \\ 1 \end{pmatrix} = \frac{x+y}{3}\vec{v_1} + \frac{y-2x}{3}\vec{v_2}$$

처럼 $\{\vec{v_1}, \vec{v_2}\}$의 선형결합 형태로 나타낼 수 있다. 즉, $\{\vec{v_1}, \vec{v_2}\}$는 $\boldsymbol{R}^2$ 공간을 생성할 수 있다. 이런 의미에서 집합 $\{\vec{v_1}, \vec{v_2}\} \subset \boldsymbol{R}^2$는 선형독립이며 $\boldsymbol{R}^2$ 공간을 생성한다. 그래서 $\{\vec{v_1}, \vec{v_2}\}$도 $\boldsymbol{R}^2$의 한 기저이다.

표준기저

앞 절에서 보았듯이 주어진 벡터 공간에 대해 기저는 한 개만 있지 않다. 기저는 무수히 많이 있을 수 있다. 사실 $\boldsymbol{R}^2$ 공간상에 두 개의 벡터가 동일한 직선상에만 있지 않으면 이들은 언제나 기저가 된다. 많은 기저 중에서 특히 가장 간단하며 서로 직각이며 크기가 1인 두 벡터 였던 $\{\vec{e_1}, \vec{e_2}\}$를 **표준기저**(standard basis)라고 한다.

이제 우리는 기저가 많이 존재한다는 걸 알았다. 하지만 벡터 2개로 이루어진 집합이 모두 기저가 되는 것은 아니다. 기저가 아닌 집합을 예로 들어보자. 집합

$$\left\{\vec{\omega_1} = \begin{pmatrix} 1 \\ -1 \end{pmatrix}, \vec{\omega_2} = \begin{pmatrix} 2 \\ -4 \end{pmatrix}\right\} \subset \boldsymbol{R}^2$$

는 기저가 되지 못한다. 그 이유는 $\{\vec{\omega_1}, \vec{\omega_2}\}$는 선형독립이 아니다. $\vec{\omega_2} = 2\vec{\omega_1}$이기 때문이다. 또한 $\boldsymbol{R}^2$ 공간을 생성하지도 못한다. 왜냐하면 $\vec{\omega_2} = 2\vec{\omega_1}$인 관계인 $\{\vec{\omega_1}, \vec{\omega_2}\}$로 만들 수 있는 선형조합인 $\alpha\vec{\omega_1} + \beta\vec{\omega_2}$는

$$\alpha\vec{\omega_1} + \beta\vec{\omega_2} = \alpha\vec{\omega_1} + \beta(2\vec{\omega_1}) = (\alpha + 2\beta)\vec{\omega_1}$$

이 되어 원점에서 시작하는 벡터 $\vec{\omega_1}$을 품는 직선 하나만 생성할 뿐이다. 그래서 $\{\vec{\omega_1}, \vec{\omega_2}\}$는 $\boldsymbol{R}^2$의 기저가 아니다. 사실 두 개의 벡터가 동일 직선상에 존재하면 크기와 상관없이 두 개의 벡터로 이루어진 집합은 절대로 $\boldsymbol{R}^2$의 기저가 될 수 없다.

R^2 공간의 기저

예제 8.9

벡터 공간 $V = (R^2, +, \cdot)$의 집합

$$\left\{\begin{pmatrix} 1 \\ 0 \end{pmatrix}, \begin{pmatrix} 0 \\ 2 \end{pmatrix}\right\}$$

가 기저가 됨을 증명해보자.

풀이

$a_1\vec{v_1} + a_2\vec{v_2} = \vec{0}$라고 하면

$$a_1\begin{pmatrix}1\\0\end{pmatrix} + a_2\begin{pmatrix}0\\2\end{pmatrix} = \begin{pmatrix}0\\0\end{pmatrix}$$

이고

$$\begin{cases} a_1 = 0 \\ 2a_2 = 0 \end{cases}$$

이므로 이를 풀면 $a_1 = a_2 = 0$이다. 따라서 $\{\vec{v_1}, \vec{v_2}\}$는 선형독립이다. 한편 임의의 벡터

$$\vec{v} = \begin{pmatrix}x\\y\end{pmatrix} \in \boldsymbol{R}^2$$

를 $\{\vec{v_1}, \vec{v_2}\}$의 선형결합으로 표현할 수 있다. 이는 연습문제로 남긴다.

예제 8.10

벡터 공간 $V = (\boldsymbol{R}^2, +, \cdot)$의 집합

$$\left\{\begin{pmatrix}1\\-1\end{pmatrix}, \begin{pmatrix}2\\-2\end{pmatrix}\right\}$$

는 기저가 되지 않음을 증명해보자.

풀이

$$\begin{pmatrix}1\\-1\end{pmatrix} = \frac{1}{2}\begin{pmatrix}2\\-2\end{pmatrix}$$

이므로 이 두 벡터는 선형독립이 아니다. 그러므로 기저가 될 수 없다. 물론 이 두 벡터가 $\boldsymbol{R}^2$ 공간을 생성하지도 못한다.

$\boldsymbol{R}^2$ 공간의 기저 개념은 $\boldsymbol{R}^n$ 공간으로 일반화할 수 있다.

$$\vec{e_1} = \begin{pmatrix}1\\0\\\vdots\\\vdots\\\vdots\\0\end{pmatrix}, \vec{e_2} = \begin{pmatrix}0\\1\\0\\\vdots\\\vdots\\0\end{pmatrix}, \ldots, \vec{e_j} = \begin{pmatrix}0\\0\\\vdots\\1\\\vdots\\0\end{pmatrix}, \ldots, \vec{e_n} = \begin{pmatrix}0\\0\\\vdots\\\vdots\\\vdots\\1\end{pmatrix} \tag{8.44}$$

이라고 하면 $\{\vec{e_1}, \vec{e_2}, \ldots, \vec{e_n}\}$은 $\boldsymbol{R}^n$ 공간에서 선형독립이다. 또한 임의의 벡터는

$$\vec{v} = \begin{pmatrix} v_1 \\ v_2 \\ \vdots \\ v_n \end{pmatrix} = v_1\vec{e_1} + v_2\vec{e_2} + \ldots + v_n\vec{e_n} = \sum_{j=1}^{n} v_j\vec{e_j}$$

와 같이 표현할 수 있다. $\{\vec{e_1}, \vec{e_2}, \ldots, \vec{e_n}\}$은 $\boldsymbol{R}^n$ 공간의 표준기저이다.

선형결합

임의의 벡터 공간 V의 원소로 구성된 집합 $A = \{\vec{v_1}, \vec{v_2}, \ldots, \vec{v_n}\}$이 주어졌을 때, 이 집합 A에 속하는 벡터들에 스칼라 곱을 한 것들의 합을 **선형결합**(linear combination)이라고 한다. 즉, 임의의 스칼라 $\{a_1, a_2, \ldots, a_n\}$에 대하여

$$a_1\vec{v_1} + a_2\vec{v_2} + \ldots + a_n\vec{v_n}$$

은 벡터 $\{\vec{v_1}, \vec{v_2}, \ldots, \vec{v_n}\}$의 한 선형결합이다. 그리고 모든 가능한 선형결합 형태의 벡터 전체의 집합을 $SpanA$라고 한다. 즉,

$$SpanA = \left\{ \sum_{i=1}^{n} a_i\vec{v_i} \,|\, a_i \in \boldsymbol{R}, \vec{v_i} \in A \right\}$$

를 말한다. 여기서 Span이라는 의미는 주어진 벡터들로부터 최대로 확장할 수 있는 공간을 의미한다. 예를 들어서 벡터 공간 $V = (\boldsymbol{R}^2, +, \cdot)$이 실수 스칼라 R 위에 정의된다고 하자. 그리고

$$A = \left\{ \begin{pmatrix} 1 \\ 2 \end{pmatrix} \right\}$$

라고 하자. 그러면 $SpanA$는

$$SpanA = \left\{ a\begin{pmatrix} 1 \\ 2 \end{pmatrix} \,|\, a \in R \right\}$$

로서 벡터 $\begin{pmatrix} 1 \\ 2 \end{pmatrix}$의 선형결합 전체의 집합으로 구성된다. 따라서 벡터 $\begin{pmatrix} 1 \\ 2 \end{pmatrix}$가 가리키는 방향과 동일한 직선상의 모든 벡터가 $SpanA$에 속하게 된다. 이를 그림으로 그려보면 주어진 벡터 공간 $\boldsymbol{R}^2$ 평면상 하나의 직선 공간을 의미한다. 사실 $SpanA$에 원래 벡터 공간의 연산을 그대로 적용하면 $(SpanA, +, \cdot)$도 하나의 벡터 공간이 된다는 사실을 알 수 있다. 이와 같이 원래 주어진 벡터 공간보다는 작으면서 해당 벡터 공간의 부분 집합으로서 벡터 공간이 되는 것을 **부분벡터 공간**(sub vector space)이라고 한다.

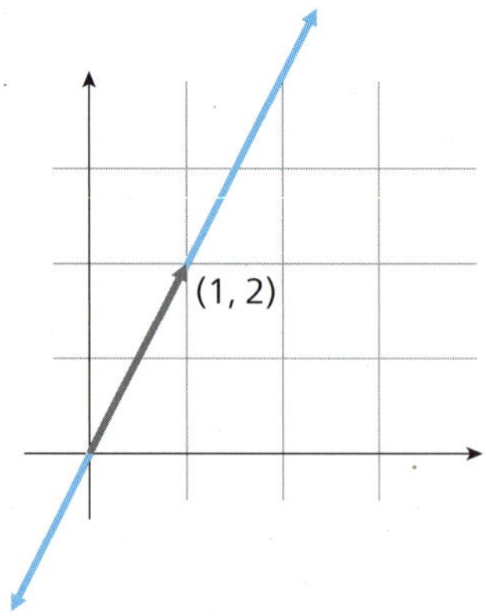

그림 8.14 *Span*{(1, 2)}

임의의 벡터 공간 $V = (V, \oplus, \otimes)$의 기저

임의의 벡터 공간 V의 부분 집합 $B = \{\vec{v}_1, \vec{v}_2, \ldots, \vec{v}_m\}$이 다음 두 조건을 만족하면 B를 벡터 공간 V의 기저라고 한다.

조건 1. $V = SpanB$이다. (8.45)

조건 2. $B = \{\vec{v}_1, \vec{v}_2, \ldots, \vec{v}_m\}$은 선형독립이다. (8.46)

예를 들어 (8.12)에서 정의하였던 벡터 공간

$$V = M_{2\times 2} = \left\{\begin{pmatrix} x_{11} & x_{12} \\ x_{21} & x_{22} \end{pmatrix} \middle| x_{ij} \in R\right\} \tag{8.47}$$

를 생각해보자. 이때 V의 부분 집합

$$B = \left\{\begin{pmatrix} 1 & 0 \\ 0 & 0 \end{pmatrix}, \begin{pmatrix} 0 & 1 \\ 0 & 0 \end{pmatrix}, \begin{pmatrix} 0 & 0 \\ 1 & 0 \end{pmatrix}, \begin{pmatrix} 0 & 0 \\ 0 & 1 \end{pmatrix}\right\}$$

이 조건 (8.45)와 (8.46)을 만족하는지 알아보자. 먼저 V의 임의의 벡터

$$\begin{pmatrix} a & b \\ c & d \end{pmatrix}$$

가 주어졌다면, 이 벡터는 다음 수식 (8.48)과 같이 B에 속하는 벡터들의 선형결합으로 표현할 수 있다.

$$\begin{pmatrix} a & b \\ c & d \end{pmatrix} = a\begin{pmatrix} 1 & 0 \\ 0 & 0 \end{pmatrix} + b\begin{pmatrix} 0 & 1 \\ 0 & 0 \end{pmatrix} + c\begin{pmatrix} 0 & 0 \\ 1 & 0 \end{pmatrix} + d\begin{pmatrix} 0 & 0 \\ 0 & 1 \end{pmatrix} \tag{8.48}$$

그러므로 $V = SpanB$이다. 그다음 B에 속하는 벡터들이 선형독립인지 알아보자.

$$a\begin{pmatrix}1 & 0\\0 & 0\end{pmatrix} + b\begin{pmatrix}0 & 1\\0 & 0\end{pmatrix} + c\begin{pmatrix}0 & 0\\1 & 0\end{pmatrix} + d\begin{pmatrix}0 & 0\\0 & 1\end{pmatrix} = \begin{pmatrix}0 & 0\\0 & 0\end{pmatrix}$$

이라면

$$\begin{pmatrix}a & b\\c & d\end{pmatrix} = \begin{pmatrix}0 & 0\\0 & 0\end{pmatrix}$$

이므로 $a = b = c = d = 0$이다. 따라서 B에 속하는 4개의 벡터는 선형독립이다. B는

$$V = M_{2\times 2} = \left\{\begin{pmatrix}x_{11} & x_{12}\\x_{21} & x_{22}\end{pmatrix} | x_{ij} \in R\right\}$$

의 한 기저이다.

기저와 선형변환

다음과 같은 $n \times m$ 행렬 A를 이용하여 벡터

$$\vec{\boldsymbol{v}} = \begin{pmatrix}v_1\\v_2\\\vdots\\v_n\end{pmatrix}$$

에 선형변환을 적용해보자.

$$A = \begin{pmatrix}a_{11} & a_{12} & \cdots & a_{1n}\\a_{21} & a_{22} & \cdots & a_{2n}\\\vdots & \vdots & \ddots & \vdots\\a_{m1} & a_{m2} & \cdots & a_{mn}\end{pmatrix}$$

$\vec{\boldsymbol{\omega}} = A\vec{\boldsymbol{v}}$라고 하자. 이렇게 얻어진 벡터 $\vec{\boldsymbol{\omega}}$를 표준기저로 나타냈을 때 다음과 같다고 하자.

$$\vec{\boldsymbol{\omega}} = \sum_{i=1}^{n} c_i\vec{\boldsymbol{e}}_i$$

그러면

$$c_i = \sum_{i=1}^{n} v_j a_{ij}$$

로서 c_i가 벡터 $\vec{\boldsymbol{v}}$와 행렬 A의 곱으로 생성되는 벡터의 i번째 성분이 된다는 것을 알 수 있다.

연립방정식의 행렬 구현

예제 8.11

다음 연립방정식을 행렬로 나타내보자.

$$\begin{cases} x + 2y + 3z = 6 \\ 2x - 3y + 2z = 14 \\ 3x + y - z = -2 \end{cases}$$

넘파이의 `np.linalg.solve()` 함수를 활용하면 구할 수 있다.

In

```
import numpy as np

A = np.array([[1, 2, 3], [2, -3, 2], [3, 1, -1]])
B = np.array([6, 14, -2])
C = np.linalg.solve(A, B)

print(C)
```

Out

```
[ 1. -2. 3.]
```

따라서 $x = 1, y = -2, z = 3$이 된다.

도전문제

문제 8.1

다음 연립방정식을 행렬로 나타내시오.

$$\begin{cases} x + 3z = 6 \\ 3y + 2z = 14 \\ 3x + y = -2 \end{cases}$$

In

```
import numpy as np

A = np.array([[1, 0, 3], [0, 3, 2], [3, 1, 0]])
B = np.array([6, 14, -2])
C = np.linalg.solve(A, B)

print(C)
```

Out

```
[-1.65517241  2.96551724  2.55172414]
```

선형변환과 인공신경망

이런 선형변환의 성질을 이용하여 신경망을 표현할 수 있다. 신경망에서 각각의 출력값은 입력값과 가중치값의 선형결합으로 볼 수 있다. 즉, 위의 식에 c_j가 입력값 a_{ij}와 가중치 d_j의 곱의 합으로 표현되었다. 선형변환에 대응되는 행렬 A의 차수에 따라 입력되는 벡터 의 성분 개수와 출력되는 성분의 개수가 달라지기도 한다. 예를 들어 아래의 예를 보면 성분의 수가 2에서 3으로 변경된다.

$$\begin{pmatrix} 0.1 & 0.5 \\ 0 & 0.1 \\ 0.5 & 0.2 \end{pmatrix} \begin{pmatrix} 1 \\ 10 \end{pmatrix} = \begin{pmatrix} 5.1 \\ 1 \\ 2.5 \end{pmatrix}$$

이를 신경망을 이용해서 표현하면 그림 8.15와 같다.

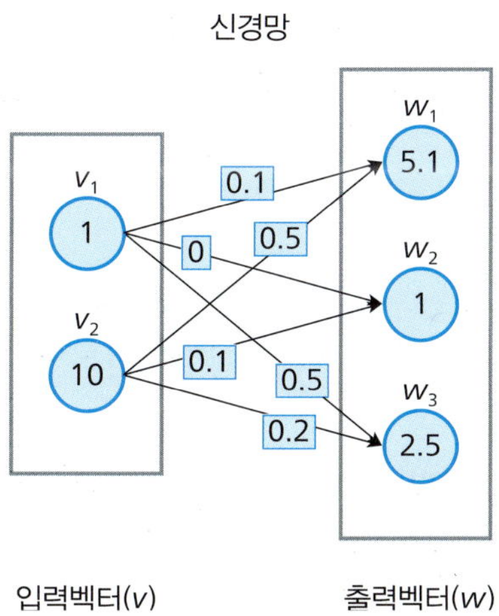

그림 8.15 신경망 모델

8.4 고윳값과 고유벡터

고윳값과 고유벡터는 선형변환에서 행렬을 다룰 때 자주 등장하는 개념이다. 인공지능에서는 데이터를 요약하는 주성분을 분석할 때 활용한다.

주어진 하나의 벡터 $\vec{x}$를 선형변환 T로 변환시키면 결과로 다른 벡터 $\vec{y}$가 된다. 즉, $T\vec{x}=\vec{y}$이다. 이 경우 $\vec{x}$와 $\vec{y}$는 다른 벡터이지만 방향성만 살펴본다면 두 벡터가 방향이 동일 직선상에 있을 수도 있다.

어떤 벡터에 선형변환을 취했을 때 크기만 바뀌고 방향은 바뀌지 않을까? 예를 들어

$$\vec{x}=\begin{pmatrix}1\\1\end{pmatrix}$$

이고 T에 대응되는 행렬은

$$\begin{pmatrix}2 & 1\\1 & 2\end{pmatrix}$$

라고 하자.

$$T\vec{x}=\begin{pmatrix}2 & 1\\1 & 2\end{pmatrix}\begin{pmatrix}1\\1\end{pmatrix}=\begin{pmatrix}3\\3\end{pmatrix}=\vec{y}$$

이므로 $T\vec{x}=3\vec{x}$라는 것을 알 수 있다. 즉, 아래 그림 8.16과 같이 두 벡터 $\vec{x}$와 $\vec{y}$는 크기는 다르지만 방향이 동일하다는 것을 알 수 있다.

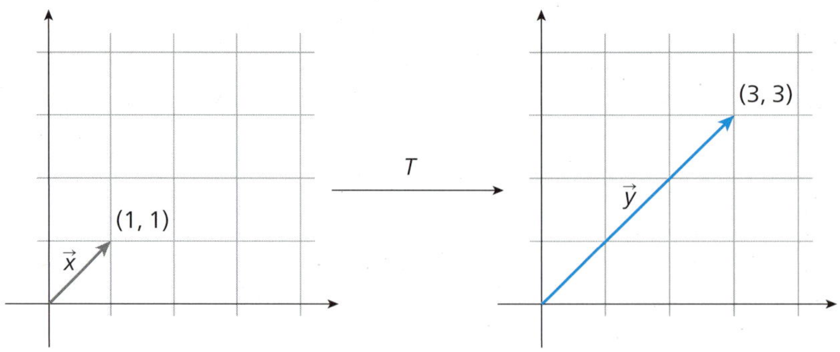

그림 8.16 고유벡터

임의의 $n \times n$ 정방행렬 A에 대해 $A\vec{x} = \lambda\vec{x}$를 만족하는 0이 아닌 솔루션벡터 $\vec{x}$가 존재한다면 숫자 λ를 행렬 A의 고윳값이라고 한다. 이때 솔루션벡터 $\vec{x}$는 고윳값 λ에 대응하는 고유벡터라고 한다. 예를 들어

$$A = \begin{pmatrix} 2 & 1 \\ 1 & 2 \end{pmatrix}$$

일 때 이 행렬의 고윳값과 고유벡터를 구해보자. 고윳값 λ와 고유벡터 $\vec{x}$는

$$A\vec{x} = \lambda\vec{x} \tag{8.49}$$

를 만족한다. 따라서 행렬의 성질을 이용하면 $(A - \lambda I)\vec{x} = \vec{0}$이고 이를 풀기 위해서 행렬 $A - \lambda I$의 역행렬을 구할 수 있으면 된다. 즉,

$$\vec{x} = (A - \lambda I)^{-1}\vec{0} = \vec{0}$$

가 된다. 물론 $\vec{x} = \vec{0}$이면 수식 (8.49)를 만족한다. 이 해를 자명해라고 한다. 고유벡터의 정의에서 영벡터가 아닌 벡터여야 하므로 자명해는 고유벡터가 될 수 없다. 자명해가 아닌 해를 구해보자. 즉, $\vec{0}$가 아닌 해를 찾아보자. $\vec{0}$가 아닌 해를 갖기 위해 다음을 만족해야 한다.

$$\det(A - \lambda I) = 0 \tag{8.50}$$

위의 수식 (8.50)을 행렬 A의 특성방정식(characteristic equation)이라고 한다.

$$\begin{aligned} \det(A - \lambda I) &= \det\begin{pmatrix} 2-\lambda & 1 \\ 2 & 2-\lambda \end{pmatrix} = 0 \\ &\Rightarrow (2-\lambda)^2 - 1 = 0 \\ &\Rightarrow (4 - 4\,\lambda + \lambda^2) - 1 = 0 \\ &\Rightarrow \lambda^2 - 4\,\lambda + 3 = 0 \end{aligned}$$

이므로 $\lambda_1 = 1$, $\lambda_2 = 3$이다. 즉, 선형변환 A의 고윳값은 1과 3이 된다. 앞에서 언급했듯이 선형변환을 했을 때 크기는 변하지만 방향은 변하지 않는 벡터가 있다고 할 때, 그 벡터의 크기는 각각 그대로 또는 3배가 된다는 의미이다. 그런 벡터가 고윳값에 대응하는 고유벡터이다. 고윳값 λ_1에 대응하는 고유벡터를 먼저 구해보자.

$$A\vec{x} = \lambda_1\vec{x}$$

를 만족하므로

$$\begin{pmatrix} 2 & 1 \\ 1 & 2 \end{pmatrix}\begin{pmatrix} x_1 \\ x_2 \end{pmatrix} = 1\begin{pmatrix} x_1 \\ x_2 \end{pmatrix}$$

이다. 위의 식이 성립되어야 하므로 이를 연립방정식 형태로 나타내면

$$\begin{cases} 2x_1 + x_2 = x_1 \\ x_1 + 2x_2 = x_2 \end{cases} \tag{8.51}$$

이다. 연립방정식 (8.51)을 풀면

$$\begin{pmatrix} x_1 \\ x_2 \end{pmatrix} = \begin{pmatrix} 1 \\ -1 \end{pmatrix}$$

이므로 이 벡터가 바로 고윳값 λ_1에 대응하는 고유벡터이다. 동일한 방식으로 고윳값 $\lambda_2 = 3$에 대한 고유벡터를 구해보면

$$\begin{pmatrix} x_1 \\ x_2 \end{pmatrix} = \begin{pmatrix} 1 \\ 1 \end{pmatrix}$$

이라는 것을 알 수 있다.

고윳값과 고유벡터 구하기

예제 8.12

다음과 같은 행렬 A에 대한 고윳값과 고유벡터를 계산해보자.

$$A = \begin{pmatrix} 2 & 0 & -1 \\ 1 & 1 & -2 \\ 0 & 0 & 1 \end{pmatrix}$$

풀이

주어진 행렬 A의 고윳값을 구하기 위해 특성방정식을 구해보면

$$\begin{aligned} \det(A - \lambda I) &= \det\left(\begin{pmatrix} 2 & 0 & -1 \\ 1 & 1 & -2 \\ 0 & 0 & 1 \end{pmatrix} - \lambda\begin{pmatrix} 1 & 0 & 0 \\ 0 & 1 & 0 \\ 0 & 0 & 1 \end{pmatrix}\right) = \det\begin{pmatrix} 2-\lambda & 0 & -1 \\ 1 & 1-\lambda & -2 \\ 0 & 0 & 1-\lambda \end{pmatrix} \\ &= (2-\lambda)((1-\lambda)(1-\lambda) - 0) \\ &= (2-\lambda)(1-\lambda)^2 \end{aligned} \tag{8.52}$$

이다. 특성방정식 (8.52)를 풀면 두 개의 근 $\lambda_1 = 2$, $\lambda_2 = 1$을 구할 수 있다. 두 근이 A의 고윳값이다. 각각의 고윳값에 대하여 고유벡터를 구해보자. 먼저 $\lambda_1 = 2$에 대응하는 고유벡터를 구해보자.

$$\begin{pmatrix} 2-\lambda_1 & 0 & -1 \\ 1 & 1-\lambda_1 & -2 \\ 0 & 0 & 1-\lambda_1 \end{pmatrix}\begin{pmatrix} x_1 \\ x_2 \\ x_3 \end{pmatrix} = \begin{pmatrix} 0 \\ 0 \\ 0 \end{pmatrix}$$

으로부터

$$\Rightarrow \begin{pmatrix} 0 & 0 & -1 \\ 1 & -1 & -2 \\ 0 & 0 & -1 \end{pmatrix}\begin{pmatrix} x_1 \\ x_2 \\ x_3 \end{pmatrix} = \begin{pmatrix} 0 \\ 0 \\ 0 \end{pmatrix}$$

$$\Rightarrow -x_3 = 0,\ x_1 - x_2 - 2x_3 = 0,\ -x_3 = 0$$

$$\Rightarrow x_1 = x_2,\ x_3 = 0$$

이다. 따라서 $\lambda_1 = 2$에 대응하는 고유벡터는

$$\vec{\boldsymbol{x}} = \begin{pmatrix} 1 \\ 1 \\ 0 \end{pmatrix}$$

이다. 같은 방법으로 $\lambda_2 = 1$에 대응하는 고유벡터를 구해보면

$$\begin{pmatrix} 2-\lambda_2 & 0 & -1 \\ 1 & 1-\lambda_2 & -2 \\ 0 & 0 & 1-\lambda_2 \end{pmatrix}\begin{pmatrix} x_1 \\ x_2 \\ x_3 \end{pmatrix} = \begin{pmatrix} 0 \\ 0 \\ 0 \end{pmatrix}$$

$$\Rightarrow \begin{pmatrix} 1 & 0 & -1 \\ 1 & -0 & -2 \\ 0 & 0 & -0 \end{pmatrix}\begin{pmatrix} x_1 \\ x_2 \\ x_3 \end{pmatrix} = \begin{pmatrix} 0 \\ 0 \\ 0 \end{pmatrix}$$

$$\Rightarrow x_1 - x_3 = 0,\ x_1 - 2x_3 = 0$$

$$\Rightarrow x_1 = x_3 = 0$$

x_2는 어떤 값이어도 무방하다는 의미이므로 $\lambda_2 = 1$에 대응하는 고유벡터는 무수히 많이 존재한다. 즉, 모든 a에 대해

$$\vec{\boldsymbol{x}} = \begin{pmatrix} 0 \\ a \\ 0 \end{pmatrix}$$

이 고유벡터가 된다. 기하학적으로 보면 유클리드 3차원 공간 위 y축상의 모든 벡터가 $\lambda_2 = 1$에 대응하는 고유벡터이다.

도전문제

문제 8.2

다음 행렬 A에 대한 고윳값과 고유벡터를 구하시오.

$$A = \begin{pmatrix} 7 & 1 & 3 \\ -3 & 2 & -3 \\ -3 & -2 & -1 \end{pmatrix}$$

In

```
import numpy as np

# 3차원 행렬 A
# np.linalg.eig(a)는 고윳값과 고유벡터 도출을 위한 함수
a = np.array([[7, 1, 3], [-3, 2, -3], [-3, -2, 1]])
w, v = np.linalg.eig(a)

print(w)    # 고윳값
print(v)    # 고유벡터
```

Out

```
[5. 1. 4.]      # 고윳값
[[ 8.16496581e-01  4.26401433e-01 -7.07106781e-01]      #고유벡터
 [-4.08248290e-01 -6.39602149e-01  4.44089210e-16]
 [-4.08248290e-01 -6.39602149e-01  7.07106781e-01]
```

문제 8.3

다음 행렬 A에 대한 고윳값과 고유벡터를 구하시오.

$$A = \begin{pmatrix} 1 & 3 \\ 2 & 6 \end{pmatrix}$$

In

```
import numpy as np

# 2차원 행렬 A
# np.linalg.eig(a)는 고윳값과 고유벡터 도출을 위한 함수
a = np.array([[1, 3], [2, 6]])
w, v = np.linalg.eig(a)

print(w)
print(v)
```

Out

```
[0. 7.]     # 고윳값
[[-0.9486833  -0.4472136 ]     #고유벡터
 [ 0.31622777 -0.89442719]]
```

정리

이 장에서는 벡터 공간의 정의에 대해 알아보았고 여러 가지 벡터 공간의 사례를 들어보았다. 유클리드 공간인 R^n에 보통 우리가 알고 있는 덧셈과 실수의 곱셈을 정의한 공간인 $(R^n, +, -)$는 하나의 벡터 공간이 된다는 사실을 알고 있다. 하지만 이러한 유클리드 공간뿐만 아니라 2×2 정방행렬의 집합에 행렬의 덧셈과 행렬에 스칼라 곱을 하는 연산을 정의한 $(M_{2\times2}, +, \cdot)$도 벡터 공간이 된다는 것을 알았다. 임의의 집합 V에 두 개의 연산을 정의하는데, 하나는 $V \times V$ 상에 정의되는 연산 $\oplus$이고 다른 하나는 스칼라 곱인 $R \times V$에 정의되는 연산 $\odot$이다. 두 연산이 수식 (8.3)과 (8.4)에 언급한 조건을 만족할 때 $(V, \oplus, \odot)$을 하나의 벡터 공간이라고 정의한다.

두 개의 벡터 공간 V와 W가 주어졌을 때 하나의 벡터 공간 V에서 다른 벡터 공간 W로 가는 함수 T를 정의할 수 있는데, 함수 T가 정의역 V에서의 선형성을 보전한다면 함수 T는 선형변환이라고 정의하였다. 기하학적 의미로 보면 벡터 공간 V에 정의되는 직선은 함수 T에 의해 공간 W에서 직선으로 표현된다는 의미이다. 이러한 선형변환은 앞에서 학습했던 행렬과 밀접한 연관관계가 있는데, 한 개의 선형변환 T에 한 개의 행렬을 대응시킬 수 있다는 것이다. 따라서 선형변환의 복잡한 함수관계를 행렬의 표현을 통해 쉽게 이해하거나 선형변환과 연관된 여러 가지 문제를 행렬을 이용하여 표현하고 해결할 수 있게 된다는 의미이다.

벡터 공간은 기저라고 하는 벡터 공간의 부분 집합에 의해 생성될 수 있다. 기저는 최소의 원소 수로 구성된 벡터 공간의 부분 집합으로서 선형적으로 독립이며, 벡터 공간의 임의의 벡터가 주어지면 이를 기저에 속한 원소들의 선형결합으로 표현할 수 있다는 의미이다. 따라서 벡터 공간에 정의되는 선형변환의 성질이나 연관된 지식을 학습하는 대신에 기저가 선형변환에 의해 어떻게 변환되는지만 알면 공역인 벡터 공간에서의 변화 상태를 기저의 이미지들에 의해 확인할 수 있다. 기저란 벡터 공간을 집에 비유했을 때 주춧돌에 해당하는 개념이다. 우리는 이 장에서 주어진 벡터 공간에 대한 여러 개의 기저를 사례로 살펴보았다.

벡터 공간에서 중요한 개념 중 하나는 선형변환에서 행렬을 다룰 때 자주 등장하는 개념인 고윳값과 고유벡터이다. 인공지능에서 데이터를 요약하는 주성분을 분석할 때 고윳값과 고유벡터가 중요한 역할을 한다. 선형변환으로 한 벡터를 변환시키면 또 다른 벡터로 매칭된다. 매칭되는 벡터가 방향이 변하지 않고 크기에만 영향을 받을 경우가 있는데, 이러한 벡터를 고유벡터라고 하고 크기의 변화를 나타내는 값을 고윳값이라고 한다. 이 장에서는 고윳값과 고유벡터를 구하기 위해 해당 행렬 A의 $\det(A - \lambda I)$라고 표현되는 특성방정식을 사용하였다.

연습문제

01 공간을 $V = \{(x, y) | x, y \in R\}$로 정의하고 이 공간 위에 두 개의 연산을 수식 (8.5)와 (8.6)처럼 정의했을 때, 벡터 공간의 조건 I의 두 번째 규칙인 '$\dot{+}$'에 대한 교환 법칙이 성립함을 증명하시오(덧셈은 그냥 '+'라고 쓰지만 실제로는 '$\dot{+}$'이고 스칼라 곱은 '·'이라고 썼지만 '$\dot{\cdot}$'을 의미한다는 데 주의하라).

02 문제 1과 동일한 $V = (R^2, \dot{+}, \dot{\cdot})$에 대하여 $\dot{+}$에 대한 항등원은 무엇인가?

03 문제 1과 동일한 $V = (R^2, \dot{+}, \dot{\cdot})$에서 주어진 $(x, y) \in V$에 대하여 $\dot{+}$에 대한 역원을 구하시오.

04 벡터 공간의 예로 2차 정방행렬의 집합을 생각해보자.

$$V = M_{2\times2} = \left\{ \begin{pmatrix} x_{11} & x_{12} \\ x_{21} & x_{22} \end{pmatrix} | x_{ij} \in R \right\}$$

$M_{2\times2}$ 위에 행렬의 덧셈 +과 실수에 의한 스칼라 곱셈 ·을 수식 (8.13)과 (8.14)와 같이 정의하자. 벡터 공간이 되기 위한 조건 I의 첫 번째 규칙인 '+'에 대한 결합 법칙이 성립함을 보이시오.

05 벡터 공간의 예로 2차 정방행렬의 집합을 생각해보자.

$$V = M_{2\times2} = \left\{ \begin{pmatrix} x_{11} & x_{12} \\ x_{21} & x_{22} \end{pmatrix} | x_{ij} \in R \right\}$$

$M_{2\times2}$ 위에 행렬의 덧셈 +과 실수에 의한 스칼라 곱셈 ·을 수식 (8.13)과 (8.14)와 같이 정의하자. 벡터 공간이 되기 위한 조건 **II**의 분배 법칙 중 첫 번째 규칙인 임의의 $a, b \in R$과

$$X = \begin{pmatrix} x_{11} & x_{12} \\ x_{21} & x_{22} \end{pmatrix} \in V = M_{2\times2}$$

에 대해

$$(a + b) \cdot \begin{pmatrix} x_{11} & x_{12} \\ x_{21} & x_{22} \end{pmatrix} = a \cdot \begin{pmatrix} x_{11} & x_{12} \\ x_{21} & x_{22} \end{pmatrix} + b \cdot \begin{pmatrix} x_{11} & x_{12} \\ x_{21} & x_{22} \end{pmatrix}$$

이 성립함을 증명하시오.

06 수식 (8.30)에 나타낸 선형변환

$$T\left(\begin{pmatrix} x \\ y \end{pmatrix}\right) = \begin{pmatrix} -y \\ x-3y \end{pmatrix}$$

에 해당하는 행렬이 수식 (8.31)에 나타난

$$A = \begin{pmatrix} 0 & -1 \\ 1 & 3 \end{pmatrix}$$

임을 보이시오.

07 다음과 같은 선형변환이 주어졌을 때 이 선형변환은 정의역 평면에 있는 꼭짓점 $A(0, 0)$, $B(2, 0)$, $C(1, 2)$로 이루어진 삼각형 ΔABC를 어떤 형태로 선형변환시키는지 설명하시오.

$$T\left(\begin{pmatrix} x \\ y \end{pmatrix}\right) = \begin{pmatrix} 1 & 3 \\ 0 & 1 \end{pmatrix}\begin{pmatrix} x \\ y \end{pmatrix} = \begin{pmatrix} x+3y \\ y \end{pmatrix}$$

08 다음과 같은 선형변환이 주어졌을 때 이 선형변환은 정의역 평면에 있는 꼭짓점 $A(0, 0)$, $B(2, 0)$, $C(2, 2)$. $D(0, 2)$로 이루어진 사각형 $ABCD$를 어떤 형태로 선형변환시키는지 설명하시오.

$$T\left(\begin{pmatrix} x \\ y \end{pmatrix}\right) = \begin{pmatrix} 1 & 0 \\ 2 & 1 \end{pmatrix}\begin{pmatrix} x \\ y \end{pmatrix} = \begin{pmatrix} x \\ 2x+y \end{pmatrix}$$

09 두 개의 벡터

$$\left\{\vec{v}_1 = \begin{pmatrix} -1 \\ 2 \end{pmatrix}, \vec{v}_2 = \begin{pmatrix} 1 \\ -1 \end{pmatrix}\right\} \subset \boldsymbol{R}^2$$

가 주어졌을 때 두 벡터가 선형독립임을 보이시오.

10 $\boldsymbol{R}^2$ 공간상에 두 개의 벡터 가 동일 직선상에만 있지 않으면 두 벡터는 언제나 기저가 된다는 사실을 보이시오.

11 벡터 공간 $V = (R^2, +, \cdot)$의 집합

$$\left\{\begin{pmatrix} 1 \\ 0 \end{pmatrix}, \begin{pmatrix} 0 \\ 2 \end{pmatrix}\right\}$$

가 $\boldsymbol{R}^2$ 공간을 생성함을 보이시오.

12 벡터 공간 $V = (R^n, +, \cdot)$의 집합

$$\left\{ \vec{v_1} = \begin{pmatrix} 1 \\ 1 \\ \vdots \\ 1 \\ 1 \end{pmatrix}, \vec{v_2} = \begin{pmatrix} 1 \\ \vdots \\ 1 \\ 1 \\ 0 \end{pmatrix}, \vec{v_3} = \begin{pmatrix} 1 \\ \vdots \\ 1 \\ 0 \\ 0 \end{pmatrix} \ldots, \vec{v_n} = \begin{pmatrix} 1 \\ 0 \\ \vdots \\ 0 \\ 0 \end{pmatrix} \right\}$$

가 $\boldsymbol{R}^n$ 벡터 공간의 기저가 됨을 보이시오.

13 벡터 공간

$$V = M_{2\times 2} = \left\{ \begin{pmatrix} x_{11} & x_{12} \\ x_{21} & x_{22} \end{pmatrix} \middle| x_{ij} \in R \right\}$$

일때 V의 부분 집합

$$B = \left\{ \begin{pmatrix} 1 & 0 \\ 0 & 0 \end{pmatrix}, \begin{pmatrix} 1 & 1 \\ 0 & 0 \end{pmatrix}, \begin{pmatrix} 1 & 1 \\ 1 & 0 \end{pmatrix}, \begin{pmatrix} 1 & 1 \\ 1 & 1 \end{pmatrix} \right\}$$

이 V의 한 기저가 됨을 보이시오.

14 다음 행렬 A에 대한 고윳값과 고유벡터를 구하시오.

$$A = \begin{pmatrix} 0 & 1 \\ -2 & -3 \end{pmatrix}$$

15 다음 행렬 A에 대한 고윳값과 고유벡터를 구하시오.

$$A = \begin{pmatrix} 1 & -1 & 0 \\ -1 & 2 & -1 \\ 0 & -1 & 1 \end{pmatrix}$$

Mathematics for Artificial Intelligence

09 미분 1

학습목표

- 극한의 개념을 이해하고 미분과의 관계를 알아본다.
- 수열의 극한과 함수의 극한을 이해한다.
- 미분의 개념을 이해한다.
- 미분 가능 함수와 도함수의 개념을 이해한다.
- 선형근사법과 접선의 방정식을 구하는 방법을 학습한다.
- 함수의 극댓값과 극솟값을 구하는 방법을 학습한다.
- 변곡점의 의미를 이해하고 구하는 방법을 학습한다.
- 합성함수의 미분에 대해 학습한다.
- 합성함수에서 연쇄법칙을 이해한다.

학습목차

9.1 극한과 미분

극한의 개념과 이를 기반으로 한 미분의 개념을 이해한다. 함수의 각 점에서 변화 비율을 인공지능에서 자주 사용하게 된다. 특히 딥러닝으로 학습한 결과와 원래 값과의 차이인 오차를 손실함수라고 하는데, 손실함수가 최소가 되도록 하는 최적의 해를 찾으려면 미분의 도함수를 활용해야 한다.

극한

수학의 한 분야인 해석학에서 **함수의 극한**(limit of a function)은 독립변수가 일정한 값에 한없이 가깝게 접근할 때, 함수의 값이 한없이 가까워지는 값을 말한다. 함수의 극한은 존재할 수도 있고, 존재하지 않을 수도 있다. 실수를 비롯한 거리 공간의 경우 함수의 극한 개념은 엄밀하게 정의할 때 엡실론-델타($\varepsilon - \delta$) 논법을 사용해서 정의한다. 하지만 엡실론-델타 정의를 이해하는 데 어려움이 있기 때문에 여기서는 직관적인 개념을 통해 함수의 극한을 이해하도록 한다. 함수의 극한을 이해하기 위해 우선 수열의 극한을 알아보자.

수열의 극한

수열이란 수를 늘어놓은 것을 말한다. 실수열이라고 하면 실수들을 순서대로 늘어놓은 것이다. 주어진 실수열의 모든 항이 1이라고 가정해보자. 즉, $a_1 = 1, a_2 = 1, \ldots, a_n = 1, \ldots$이다. 이 수열에서 양의 정수 n이 한없이 커지면 a_n은 무슨 값으로 접근해갈까? 오래 생각할 필요도 없이 바로 1이 된다는 것을 알 수 있다. 바로 이 1이 이 수열의 극한값이다. 하지만 수열이 모두 같은 수로만 된 것은 아니다.

다른 수열을 예로 들어보자.

$$a_1 = 0, a_2 = 1 - \frac{1}{2}, a_3 = 1 - \frac{1}{3}, \ldots, a_n = 1 - \frac{1}{n}, \ldots$$

이 수열에서 n이 무한히 커진다면 a_n은 어떤 값으로 접근해갈까? 그림 9.1을 보면 쉽게 알 수 있다.

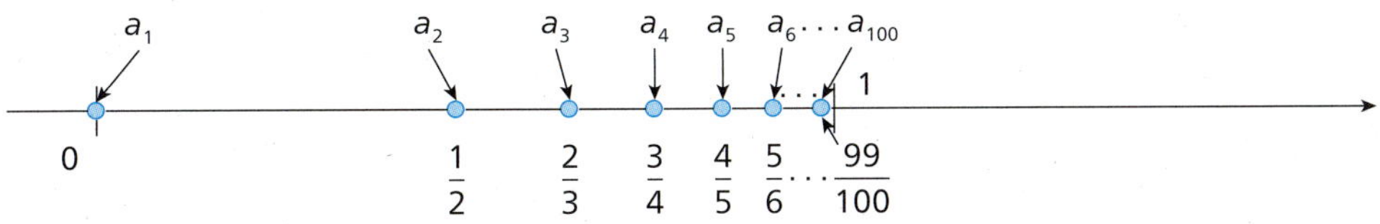

그림 9.1 수열의 극한

a_n이 1에 한없이 가까워진다는 사실을 직관적으로 알 수 있다. 이처럼 어떤 수열에서 n이 한없이 커질 때, a_n이 어떤 일정한 값 L에 한없이 가깝게 접근하면, 그 수열은 L로 수렴한다고 한다. 수식으로 나타내면 다음과 같다.

$$\lim_{n\to\infty} a_n = L \tag{9.1}$$

수식 (9.1) 표현에서 lim은 영어 극한(limit)을 줄여 쓴 말이다. 그럼 수렴하지 않는 수열도 있지 않을까 하는 생각이 든다. 예를 들어보자.

$$a_1 = 1,\ a_2 = 3,\ a_3 = 5,\ \ldots,\ a_n = 2n - 1,\ \ldots$$

이 수열은 n이 한없이 커질 때 a_n은 어느 한 값으로 모이지 않으며 한없이 커지기만 한다. 이처럼 한없이 커지거나 한없이 작아지는 수열을 발산하는 수열이라고 한다. 어떤 수열은 수렴하지도 않고 발산하지도 않는다. 예를 들어보자.

$$a_1 = 1,\ a_2 = -2,\ a_3 = 3,\ a_4 = -4,\ \ldots,\ a_n = (-1)^{n-1}n,\ \ldots$$

이 수열은 음의 값과 양의 값을 교대로 가지며 특정 값으로 모여들지 않고 흩어진다. 이러한 수열을 진동한다고 한다. 진동도 발산의 일종으로 수렴하지 않는 수열을 일반적으로 발산한다고 한다.

수열의 극한의 기본 성질을 살펴보자. $\lim_{n\to\infty} a_n = \alpha$, $\lim_{n\to\infty} b_n = \beta$일 때, 즉, 수열 $\{a_n\}$과 수열 $\{b_n\}$이 수렴한다고 해보자. 그러면 다음과 같은 식이 성립한다.

- $\lim_{n\to\infty} ka_n = k\alpha$($k$는 상수)
- $\lim_{n\to\infty} (a_n \pm b_n) = \alpha \pm \beta$
- $\lim_{n\to\infty} a_n b_n = \alpha\beta$
- $\lim_{n\to\infty} \frac{a_n}{b_n} = \frac{\alpha}{\beta}$ (단, $\beta \neq 0$일 때)

지금까지 수열의 극한을 엄밀한 수학적 정의가 아닌 직관적 이해를 통해 알아보았다. 좀 더 엄밀한 수학적 수열의 극한을 이해하려면 엡실론-델타($\varepsilon - \delta$) 정의를 참조하길 바란다.

수열의 극한 구현

예제 9.1

수열 $a_n = \frac{n^2}{2^n}$의 극한 $\lim_{n\to\infty} a_n$을 구해보자.

풀이

처음 몇 개의 항을 풀어 써보면 다음과 같다.

$$a_1 = \frac{1^2}{2^1} = \frac{1}{2},\ a_2 = \frac{2^2}{2^2} = 1,\ a_3 = \frac{3^2}{2^3} = \frac{9}{8},\ a_4 = \frac{4^2}{2^4} = \frac{8}{16} = \frac{1}{2},\ a_5 = \frac{5^2}{2^5} = \frac{25}{32},\ a_6 = \frac{6^2}{2^6} = \frac{36}{64}, \ldots$$

n이 점점 커지면서 항의 분모값이 분자값보다 빨리 증가함을 알 수 있다. 따라서 직관적으로 이 값은 0으로 수렴한다는 것을 알 수 있다. 또한 구하고자 하는 수열의 극한값은 x가 무한대로 갈 때, 함수 $f(x) = \frac{x^2}{2^x}$의 극한값인 $\lim_{x\to\infty} \frac{x^2}{2^x}$의 값과 동일하므로 $\lim_{x\to\infty} \frac{x^2}{2^x}$을 구해보자. 로피탈의 정리를 활용하면 답을 구할 수 있다. 로피탈의 정리를 적용하려면 미분을 알아야 하는데, 여기서는 9.2절에서 배우게 될 미분을 적용했다. 잘 이해가 되지 않으면 9.2절을 학습한 뒤에 다시 복습해보기 바란다. 로피탈의 정리를 여기서 증명하지는 않지만 적용하는 방법은 분자의 함수 x^2과 분모의 함수 $2x$이 모두 무한대로 접근하므로 로피탈의 정리를 적용할 수 있다. 즉,

$$\lim_{x\to\infty} \frac{x^2}{2^x} = \lim_{x\to\infty} \frac{\frac{d}{dx}[x^2]}{\frac{d}{dx}[2^x]}$$

가 성립한다는 뜻이다. 그러므로

$$\lim_{x\to\infty} \frac{x^2}{2^x} = \lim_{x\to\infty} \frac{2x}{2^x \ln(2)}$$

이다. 우변은 $\frac{2}{\ln(2)} \lim_{x\to\infty} \frac{x}{2^x}$이므로 $\lim_{x\to\infty} \frac{x}{2^x}$만 구하면 된다. 로피탈의 정리를 한 번 더 적용해보자. 그러면

$$\frac{2}{\ln(2)} \lim_{x\to\infty} \frac{x}{2^x} = \frac{2}{\ln(2)} \lim_{x\to\infty} \frac{1}{2^x \ln(2)} = \frac{2}{\ln(2)} \cdot \frac{1}{\ln(2)} \lim_{x\to\infty} \frac{1}{2^x} = \frac{2}{\ln(2)} \cdot \frac{1}{\ln(2)} \cdot 0 = 0$$

이므로 구하는 극한값은 0이다.

도전문제

문제 9.1

수열 $a_n = \dfrac{(n+8)(n+1)}{n(n-7)}$의 극한 $\lim_{n\to\infty} a_n$을 구하시오.

풀이

수열을 정리해보면 $a_n = \dfrac{n^2+9n+8}{n^2-7n}$이다. 분모와 분자를 각각 최고차항인 n^2으로 나누면,

$$a_n = \frac{1+9\frac{1}{n}+\frac{8}{n^2}}{1-7\frac{1}{n}}$$ 이므로 $\lim_{n\to\infty} a_n = 1$이다.

위의 풀이를 파이썬 코드로 구현해보자.

In
```
import sympy as sym

x = sym.Symbol('n')
a = sym.limit(((n+8)*(n+1))/(n*(n+1)), n, sym.oo)
# sym.limit에 들어가는 인수는 (계산식, 변수, 변수의 극한값)이며 sym.oo는 x값으로 무한대를 적용하겠다는 의미이다

print(a)
```

Out
```
1.00160000000000
```

함수의 극한

함수의 극한에 대해 알아보자. 함수 $f(x) = x + 1$을 생각해보자. 여기서 x를 2에 한없이 가깝게 보내면 $f(x)$는 무슨 값에 가까워질까? 이를 함수의 그래프를 통해 살펴보면 $f(x)$가 어디로 접근해가는지를 쉽게 알 수 있다. x가 2에 한없이 가깝게 다가가면 $f(x)$는 3에 한없이 다가가고 있다는 점을 알 수 있다. 이를 수식으로 다음과 같이 나타낸다.

$$\lim_{x\to 2} f(x) = 3$$

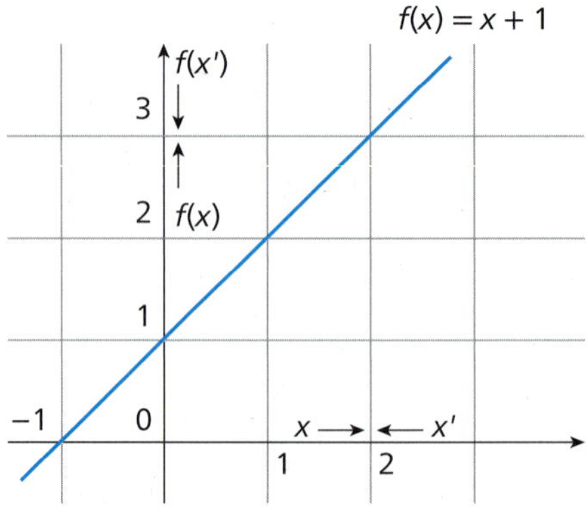

그림 9.2 함수의 극한 표현

일반적으로 x가 a에 다가갈 때 $f(x)$가 L에 가까워지면 이를 다음 수식 (9.2)와 같이 나타내며, L을 함수의 극한값이라고 한다.

$$\lim_{x \to a} f(x) = L \tag{9.2}$$

수열의 극한에서는 극한이 존재하지 않고 발산하는 때도 있는데, 함수의 극한에서도 마찬가지로 극한값이 존재하지 않을 수 있다. 예를 들어 $f(x) = \frac{1}{x^2}$일 때 x를 0으로 보내면 $f(x)$값은 무한대로 커진다. 그래서

$$\lim_{x \to 0} \frac{1}{x^2} = \infty$$

가 된다. 함수의 극한값을 구하는 예제를 몇 개 살펴보자.

함수의 극한값 구하기

예제 9.2

함수 $f(x) = 3x + 2$에 대해 다음의 극한값을 구해보자.

$$\lim_{x \to 3} 3x + 2$$

풀이

다음과 같이 극한값을 구할 수 있다.

$$\lim_{x \to 3} 3x + 2 = 3(3) + 2 = 11$$

위의 풀이를 파이썬 코드로 구현해보자.

In

```python
import sympy as sym

x = sym.Symbol('x')
a = sym.limit(3*x + 2, x, 3)
# sym.limit에 들어가는 인수는 (계산식, 변수, 변수의 극한값)이다

print(a)
```

Out

```
11
```

예제 9.3

함수 $f(x) = \frac{x^2 - 1}{x - 1}$에 대하여 다음의 극한값을 구해보자.

$$\lim_{x \to 1} \frac{x^2 - 1}{x - 1}$$

풀이

다음과 같이 극한값을 구할 수 있다.

$$\lim_{x \to 1} \frac{x^2 - 1}{x - 1} = \lim_{x \to 1} \frac{(x + 1)(x - 1)}{x - 1} = \lim_{x \to 1} (x + 1) = 1 + 1 = 2$$

위의 풀이를 파이썬 코드로 구현해보자.

In

```python
import sympy as sym

x = sym.Symbol('x')
a = sym.limit((x**2 - 1)/(x - 1), x, 1)

print(a)
```

Out

```
2
```

앞에서는 함수의 극한값이 존재하는 경우에 극한값을 구해보는 예를 들었다. 하지만 항상 함수의 극한값이 존재하는 것은 아니다. 함수의 극한값이 존재하지 않는 경우가 있는데 좌극한과 우극한의 값이 같지 않을 때이다. 좌극한값과 우극한값에 대해 알아보자.

좌극한값과 우극한값

함수를 다음과 같이 정의해보자.

$$f(x) = \begin{cases} 1, x > 0 \\ 0, x = 0 \\ -1, x < 0 \end{cases}$$

x가 0에 접근하는 경우를 생각해보자. 0에 접근하는 방법이 두 가지가 있을 수 있다. 우선 그림 9.3에서 x가 0보다 큰 쪽에서 0으로 접근해올 경우를 살펴보면 $x > 0$이므로 항상 $f(x) = 1$이 된다.

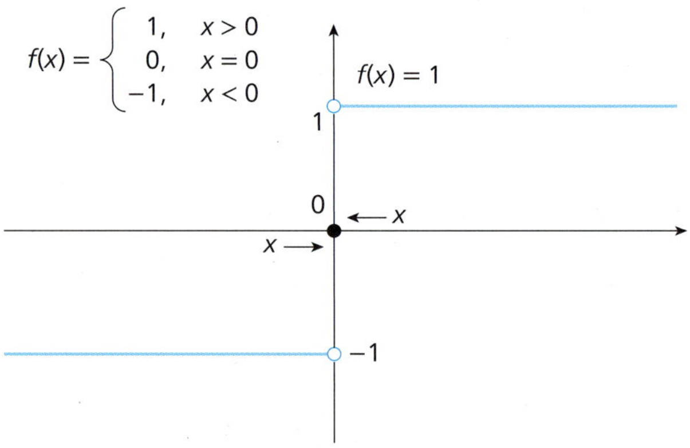

그림 9.3 좌극한값과 우극한값

따라서 이 경우에 함수의 극한값은 1이다. 오른쪽에서 0으로 접근한 것만 계산하여 이를 우극한값이라고 하고 아래의 수식 (9.3)과 같이 나타낸다.

$$\lim_{x \to 0^+} f(x) = 1 \tag{9.3}$$

x가 0에 좌측으로부터 접근할 때 좌극한값도 유사하게 계산할 수 있으며 그 값은 −1이라는 것을 알 수 있다. 이를 좌극한값이라고 정의하고 아래의 수식 (9.4)와 같이 나타낸다.

$$\lim_{x \to 0^-} f(x) = -1 \tag{9.4}$$

일반적으로 함수 $f(x)$의 좌극한과 우극한이 존재할 경우 두 값이 일치할 때도 있고 불일치할 때도 있다. 위의 예제에서는 좌극한과 우극한이 존재하지만 두 값이 다르다. 이 경우 실제 함수 f는 x가 0에 접근할 때 극한값이 존재하지 않는다고 말한다.

함수 f가 $x = a$에서 극한값을 갖는다고 가정해보자. 즉, $\lim_{x \to a} f(x) = L$이라고 하자. 그러면 $\lim_{x \to a^+} f(x) = L$이고 $\lim_{n \to a^-} f(x) = L$이다. 또한 함수 f가 $x = a$에서 좌극한과 우극한이 존재하고 두 값이 동일하며 그 값이 L이라면 함수 f는 $x = a$에서 극한값을 갖고 그 값은 L이 된다. 즉, $\lim_{x \to a} f(x) = L$이 성립한다.

한편 수열의 극한과 마찬가지로 함수의 극한에 대해서도 $\lim_{x \to a} f(x) = \lim_{x \to a} g(x) = M$일 때, 다시 말해 함수 f와 g가 $x = a$에서 극한값을 가질 때 다음이 성립한다.

- $\lim_{x \to a} kf(x) = kL$($k$는 상수)
- $\lim_{x \to a} f(x) \pm g(x) = L \pm M$
- $\lim_{x \to a} f(x)g(x) = LM$
- $\lim_{x \to a} \dfrac{f(x)}{g(x)} = \dfrac{L}{M}$ (단, $M \neq 0$일 때)

함수의 좌우극한값 구하기

예제 9.4

함수 f가 다음과 같이 주어졌다고 하자.

$$f(x) = \begin{cases} 5, & x > 1 \\ 0, & x \leq 1 \end{cases}$$

이때 $x = 1$에서 함수 f의 좌극한값과 우극한값을 구해보자.

풀이

우극한값은 $\lim_{x \to 1^+} f(x) = 5$이고, 좌극한값은 $\lim_{x \to 1^-} f(x) = 1$이다.

예제 9.5

함수 f가 다음과 같이 주어졌다고 하자.

$$f(x) = \begin{cases} 0, & x < 2 \\ 3, & x = 2 \\ 4, & x > 2 \end{cases}$$

이때 $x = 2$에서 함수 f의 좌극한값과 우극한값을 구해보자.

풀이

우극한값은 $\lim_{x \to 2^+} f(x) = 4$이고, 좌극한값은 $\lim_{x \to 2^-} f(x) = 0$이다.

9.2 미분

함수의 미분이란 평균변화율의 극한값이다. 그럼 평균변화율이란 무엇인가? 함수 $y = f(x)$가 주어졌을 때, 두 점 $(a, f(a))$와 $(b, f(b))$ 사이에서 평균적으로 얼마만큼 함숫값에 변화가 일어났는지를 측정하는 양으로 평균변화율을 사용한다.

미분이란 이 평균변화율의 구간을 최대한 잘게 쪼개서 변화율을 살펴보는 극한의 개념이다. 앞에서 함수의 극한을 배웠기 때문에 함수 f의 미분이란 어떠한 함수의 극한인지 알아보자.

평균변화율

함수 $y = f(x)$가 구간 $[a, b]$를 포함하는 영역에서 정의되어 있다고 할 때, 구간 [a, b]에서의 평균변화율은

$$\frac{\Delta y}{\Delta x} = \frac{f(b) - f(a)}{b - a} \tag{9.5}$$

로 정의할 수 있다. 그림으로 나타내면 다음과 같다.

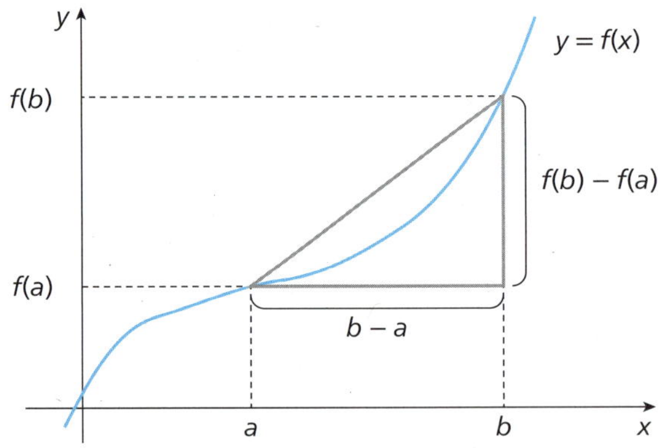

그림 9.4 평균변화율

수식 (9.5)에서 사용한 그리스 대문자 Δ(델타)는 변화량을 나타내고 주로 매우 적은 양을 나타낼 때 사용한다. x축상에서 x의 변화가 a부터 b까지이므로 정의역에서의 변화량은 $b - a$이고 이를 Δx라고 표현한다. 또한 y축상에서의 변화가 $f(a)$부터 $f(b)$까지이므로 치역에서의 변화량은 $f(b) - f(a)$이고 이를 Δy라고 나타낸다. 두 값의 비율을 평균변화율이라고 정의한다.

위의 식에서 $b = a + \Delta x$로 표현한다면 수식 (9.5)는

$$\frac{\Delta y}{\Delta x} = \frac{f(b) - f(a)}{b - a} = \frac{f(a + \Delta x) - f(a)}{\Delta x} \tag{9.6}$$

로 표현할 수 있다. 그림으로 나타내면 다음과 같다.

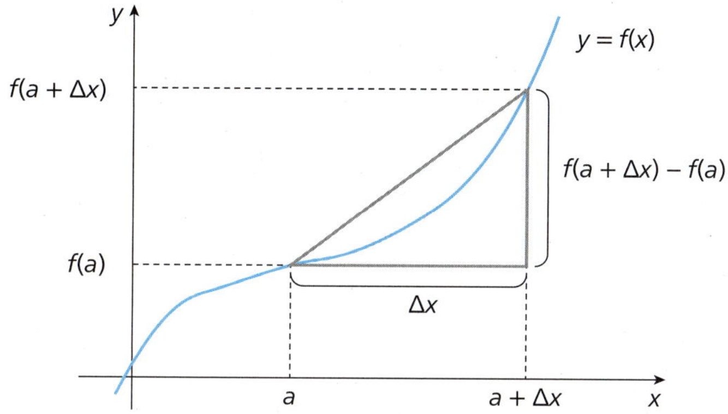

그림 9.5 Δ*x*를 활용한 평균변화율

미분계수

위의 그림 9.5에서 $x = a$가 b에 한없이 가까이 접근할 때 평균변화율의 극한값은 어떻게 될까? 평균변화율의 극한값이 존재하는 경우 함수 f가 $x = a$에서 **미분가능**(differentiable)이라고 말한다. 극한값을 $x = a$에서의 미분계수라고 하며 $f'(a)$라고 나타낸다. 즉,

$$f'(a) = \lim_{b \to a} \frac{\Delta y}{\Delta x} = \lim_{b \to a} \frac{f(b) - f(a)}{b - a} \tag{9.7}$$

또는

$$f'(a) = \lim_{\Delta x \to 0} \frac{\Delta y}{\Delta x} = \lim_{b \to a} \frac{f(a + \Delta x) - f(a)}{\Delta x}$$

이며 수식 (9.7)에서 $b \to a$ 대신 $x \to a$라고 표현해도 무방하므로 이를

$$f'(a) = \lim_{x \to a} \frac{\Delta y}{\Delta x} = \lim_{x \to a} \frac{f(x) - f(a)}{x - a}$$

라고 나타낸다.

$f'(a)$값의 기하학적 의미를 살펴보자. $a \to b$로 접근할 때 그래프상의 점 $(a, f(a))$와 $(b, f(b))$를 잇는 직선의 기울기가 조금씩 변화하다가 그 직선은 결국 점 $(a, f(a))$에서 그래프의 접선과

일치된다는 것을 알 수 있다. 따라서 $f'(a)$는 궁극적으로 점 $(a, f(a))$에서의 그래프에 접하는 접선의 기울기라는 것을 알 수 있다. 그러면 점 $(a, f(a))$에서의 접선의 방정식은 어떻게 구할 수 있을까? 한 점과 그 점에서의 기울기를 알기 때문에 접선의 방정식은 다음 수식 (9.8)과 같이 쉽게 구할 수 있다.

$$y = f'(a)(x - a) + f(a) \tag{9.8}$$

미분계수와 접선의 방정식을 실제 어떻게 구하는지 예를 들어보자. $x = 1$에서 함수 $f(x) = x^2$의 미분계수와 점 (1, 1)에서 접선의 방정식을 구해보자. 먼저 미분계수를 구해보면

$$f'(1) = \lim_{\Delta x \to 0} \frac{f(1 + \Delta x) - f(1)}{\Delta x} = \lim_{\Delta x \to 0} \frac{(1 + \Delta x)^2 - 1^2}{\Delta x}$$

$$= \lim_{\Delta x \to 0} \frac{2\Delta x + (\Delta x)^2}{\Delta x} = \lim_{\Delta x \to 0} (2 + \Delta x) = 2$$

가 된다. 이는 점 (1, 1)에서의 접선의 기울기이므로 접선의 방정식은

$$y = 2(x - 1) + 1 = 2x - 1$$

이라는 것을 알 수 있다.

미분계수 구하기

예제 9.6

함수 $f(x) = 5x^3 + 2x^2 - 3x + 1$의 $x = 1$에서 미분계수를 구해보자.

풀이

다음과 같이 미분계수를 구할 수 있다.

$$f'(1) = \lim_{\Delta x \to 0} \frac{\Delta f(1 + \Delta x) - f(1)}{\Delta x}$$

$$= \lim_{\Delta x \to 0} \frac{\{5(1 + \Delta x)^3 + 2(1 + \Delta x)^2 - 3(1 + \Delta x) + 1\} - \{5 \cdot 1^3 + 2 \cdot 1^2 - 3 \cdot 1 + 1\}}{\Delta x}$$

$$= \lim_{\Delta x \to 0} \frac{16\Delta x + 17(\Delta x)^2 + 5(\Delta x)^3}{\Delta x} = \lim_{\Delta x \to 0} (16 + 17\Delta x + 5(\Delta x)^2) = 16$$

위의 풀이를 파이썬 코드로 구현해보자.

In

```
from sympy import Derivative, symbols

x = symbols('x')   # x를 기호 변수화
fx = 5*x**3 +  2 * x ** 2 - 3 * x + 1

fprime = Derivative(fx, x)   # x에 대해서 미분
print("fx 의 도함수는 : ", fprime, "입니다")

n = fprime.doit().subs({x: 1})
print("fx에서 x = 1부터 미분계수는 ", n , "입니다")
```

Out

```
fx의 도함수는 : Derivative(5*x**3 + 2*x**2 - 3*x + 1, x)입니다.
fx에서 x = 1에서 미분계수는 16입니다.
```

도전문제

문제 9.2

함수 $f(x) = -3x^2 + x - 1$의 $x = 0$에서 미분계수를 구하시오.

풀이

다음과 같이 미분계수를 구할 수 있다.

$$f'(0) = \lim_{\Delta x \to 0} \frac{f(1+\Delta x) - f(1)}{\Delta x} = \lim_{\Delta x \to 0} \frac{\{-3(1+\Delta x)^2 + (1+\Delta x) - 1\} - \{-3 + 1 - 1\}}{\Delta x}$$

$$= \lim_{\Delta x \to 0} \frac{-5\Delta x - 3(\Delta x)^2}{\Delta x} = \lim_{\Delta x \to 0} (-5 - 3\Delta x) = -5$$

위의 풀이를 파이썬 코드로 구현해보자.

In

```
from sympy import Derivative, symbols
x = symbols('x')   # x를 기호 변수화
fx = -3*x ** 2 + x - 1

fprime = Derivative(fx, x)   # x에 대해서 미분
print("fx의 도함수는 : ", fprime, "입니다")

n = fprime.doit().subs({x: 0})
print("fx에서 x = 0에서 미분계수는 ", n , "입니다")
```

```
Out
fx의 도함수는 : Derivative(-3*x**2 + x - 1, x)입니다.
fx에서 x = 0에서 미분계수는 1입니다.
```

미분불가능 함수의 예

미분이 가능한 함수에 대해서 미분계수와 접선의 방정식을 구해보았다. 반대로 미분이 불가능한 함수도 있지 않을까 생각할 수 있다. 다음 예를 살펴보자. 함수 $y=f(x)$가 $x=a$에서 미분 가능한지 알아보려면 함수의 그래프가 $x=a$에서 연속되어 있는지, 그래프가 부드럽지 않고 뾰족하게 돌출되어 있는지를 살펴보면 된다. 함수

$$f(x) = |x| \tag{9.9}$$

의 그래프는 그림 9.6과 같다.

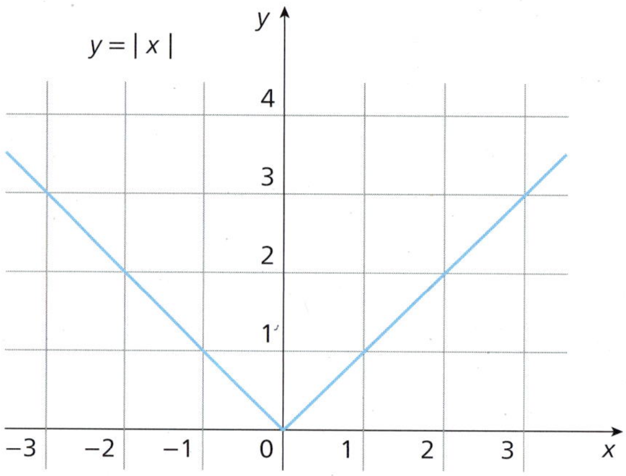

그림 9.6 $f(x) = |x|$의 그래프

이 그래프는 $x=0$에서 연결은 되어 있지만 뾰족하므로 $x=0$에서 미분이 불가능하다. 실제로

$$\lim_{h\to 0^+}\frac{f(0+h)-f(0)}{h} = \lim_{h\to 0^+}\frac{|0+h|-|0|}{h} = \lim_{h\to 0^+}\frac{h}{h} = 1$$

$$\lim_{h\to 0^-}\frac{f(0+h)-f(0)}{h} = \lim_{h\to 0^-}\frac{|0+h|-|0|}{h} = \lim_{h\to 0^-}\frac{-h}{h} = -1$$

이므로 $x=0$에서 극한값이 존재하지 않아서 미분계수가 존재하지 않는다. 따라서 $x=0$에서 미분 불가능하다.

미분계수의 구현

예제 9.7

함수 f가 다음과 같이 주어졌다고 하자.

$$f(x) = \begin{cases} -x, x < 0 \\ x^2, x \geq 0 \end{cases}$$

이때 $x = 0$에서 함수 f가 미분 불가능함을 증명해보자.

풀이

함수를 그래프로 그려보면 다음과 같다.

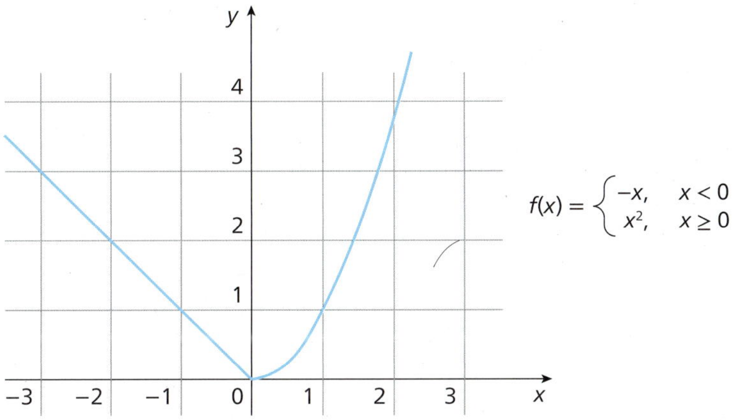

그림 9.7 $x = 0$에서 미분 불가능한 함수

$x = 0$에서의 우극한과 좌극한을 구해보면

$$\lim_{h \to 0^+} \frac{f(0+h) - f(0)}{h} = \lim_{h \to 0^+} \frac{(0+h)^2 - 0^2}{h} = \lim_{h \to 0^+} h = 0$$

$$\lim_{h \to 0^-} \frac{f(0+h) - f(0)}{h} = \lim_{h \to 0^-} \frac{-h - 0}{h} = \lim_{h \to 0^-} \frac{-h}{h} = -1$$

와 같이 값이 다르므로 $x = 0$에서 미분이 불가능하다.

도전문제

문제 9.3

함수 $f(x) = |x - 1|$이 $x = 1$에서 미분 가능한가?

풀이

함수의 그래프는 $f(x)=|x|$의 그래프를 x축을 따라 우측으로 1만큼 이동한 그래프이다. 따라서 위의 수식 (9.9)와 마찬가지로 $x=1$에서 우극한값과 좌극한값이 각각 1과 −1로서 다르므로 $x=1$에서 미분이 불가능하다.

도함수

미분 가능한 함수 f에 대하여 $x=a$에서의 미분계수를 $f'(a)$라고 했다. 따라서 이러한 대응을 특정 한 점 $x=a$에 대해 $f'(a)$를 매핑하는 함수로 볼 수 있다. 함수 f가 정의된 정의역의 모든 점 x에서 미분이 가능하다고 가정하면 x에 대해 $f'(x)$를 대응시키는 함수를 생각해볼 수 있다. 즉, 미분 가능한 점 x에 대해

$$f'(x)=\lim_{\Delta x\to 0}\frac{f(x+\Delta x)-f(x)}{\Delta x} \tag{9.10}$$

를 대응시키는 함수이다. 이 함수를 도함수라고 한다. 여기서 Δx란 매우 작은 수를 의미하는데 기호로 표현하는 대신에 h로 나타내거나 $t\to x$로 나타내도 문제가 없다. 이를 간단히 수식 (9.11)과 같이 나타내기도 한다.

$$f'(x)=\lim_{h\to 0}\frac{f(x+h)-f(x)}{h}=\lim_{t\to x}\frac{f(t)-f(x)}{t-x} \tag{9.11}$$

도함수를 다른 방법으로 이해해보자. 등산을 간다고 했을 때 그림 9.8에서와 같이 산의 특정 위치에서 두 가지 정보를 얻을 수 있는데, 하나는 고도이고 다른 하나는 현재 위치에서의 경사도인 기울기이다.

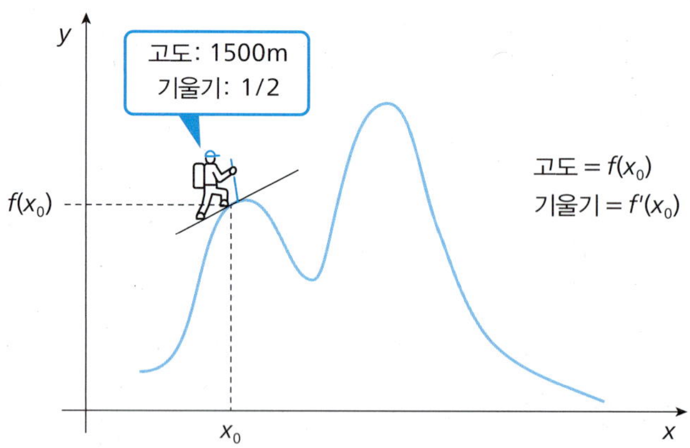

그림 9.8 고도와 기울기

이들 정보를 지상의 x축상의 위치 x_0에서의 (고도, 기울기) = $(f(x_0), f'(x_0))$로 나타낼 수 있다. 따라서 첫 번째 정보인 고도를 나타내는 것이 원래 함수 f이고, 두 번째 정보를 나타내는 것이 도함수 f'인 것이다. 이를 대응 규칙으로 나타내면

$$f: x \mapsto \text{위치 } x\text{에서의 고도} = f(x)$$
$$f': x \mapsto \text{위치 } x\text{에서의 기울기} = f'(x)$$

이다.

도함수란 x에 x의 미분계수를 대응시키는 함수로 $f'(x)$라고 나타낸다. 도함수를 나타내는 다른 방법도 있는데

$$f'(x) = \frac{df(x)}{dx} = \frac{d}{dx}f(x)$$

라고 나타내기도 한다. 함수를 $y = f(x)$라고 할 때 도함수 기호를 y' 또는 $\frac{dy}{dx}$로 나타낸다.

도함수를 어떻게 구하는지 예를 들어 실제로 구해보자. 함수 $f(x) = x^2 + 1$이 주어졌을 때 도함수 $f'(x)$를 구해보자.

$$f'(x) = \lim_{h \to 0} \frac{f(x+h) - f(x)}{h} = \lim_{h \to 0} \frac{((x+h)^2 + 1) - (x^2 + 1)}{h}$$
$$= \lim_{h \to 0} \frac{2xh + h^2}{h} = \lim_{h \to 0} 2x + h = 2x$$

이다. 이제 도함수의 정의를 이용하여 다항함수

$$f(x) = x^n \qquad (n\text{은 자연수})$$

의 도함수를 구해보자. 다항함수 $f(x) = x^n$의 도함수는

$$f'(x) = \lim_{t \to x} \frac{f(t) - f(x)}{t - x} = \lim_{t \to x} \frac{t^n - x^n}{t - x}$$

이다. 분자를 인수분해하면

$$t^n - x^n = (t - x)(t^{n-1} + t^{n-2}x + t^{n-2}x^2 + \dots + tx^{n-2} + x^{n-1})$$

이므로

$$f'(x) = \lim_{t \to x} \frac{t^n - x^n}{t - x} = \lim_{t \to x} (t^{n-1} + t^{n-2}x + t^{n-2}x^2 + \ldots + tx^{n-2} + x^{n-1})$$
$$= x^{n-1} + x^{n-2}x + x^{n-2}x^2 + \ldots + xs^{n-2} + x^{n-1}$$
$$= nx^{n-1}$$

이 된다. 도함수를 다른 방식으로 표현하면

$$\frac{d}{dx}f(x) = \frac{d}{dx}x^n = nx^{n-1}$$

이다. 한편 상수함수 $f(x) = c$(c는 상수)의 도함수를 구해보면

$$f'(x) = \lim_{h \to 0} \frac{f(x+h) - f(x)}{h} = \lim_{h \to 0} \frac{c - c}{h} = 0$$

이므로 상수함수의 도함수는 0이 된다는 것을 알 수 있다. 기하학적으로도 상수함수의 그래프는 x축과 평행하므로 기울기가 항상 0이다. 따라서 도함수가 0이 됨을 알 수 있다.

두 개의 함수 $f(x)$와 $g(x)$에 대해 함수 합과 곱의 도함수는 어떻게 구하는지 알아보자. 함수 합의 도함수는 함수의 합의 정의를 이용하면 다음과 같이 쉽게 알 수 있다.

$$\frac{d}{dx}(f(x) + g(x)) = \lim_{h \to 0} \frac{(f(x+h) + g(x+h)) - (f(x) + g(x))}{h}$$
$$= \lim_{h \to 0} \frac{(f(x+h) - f(x)) + (g(x+h)) - g(x))}{h}$$
$$= \lim_{h \to 0} \frac{f(x+h) - f(x)}{h} = \lim_{h \to 0} \frac{g(x+h) - g(x)}{h} = \frac{d}{dx}f(x) + \frac{d}{dx}g(x)$$

이다. 그러므로

$$\frac{d}{dx}(f(x) + g(x)) = \frac{d}{dx}f(x) + \frac{d}{dx}g(x)$$

이다. 곱에 대한 도함수도 비슷한 방법으로 증명할 수 있으므로 여기서는 생략하고 연습문제로 남기도록 하겠다.

$$\frac{d}{dx}(f(x)g(x)) = f(x)\frac{d}{dx}g(x) + g(x)\frac{d}{dx}f(x) \tag{9.12}$$

위의 수식 (9.12)에서 하나의 함수를 상수함수라고 가정해보자. 예를 들어 $g(x) = c$라고 하면

아래의 수식 (9.13)을 쉽게 구할 수 있다.

$$\frac{d}{dx}cf(x) = c\frac{d}{dx}f(x) \tag{9.13}$$

예를 들어보자. 함수 $f(x) = 3x^5 + 2x^2 - 4x + 7$의 도함수를 구해보자. 위의 다항식의 합과 곱에 대한 도함수 공식을 이용하면 쉽게 도함수를 구할 수 있다.

$$\begin{aligned} f'(x) &= \frac{d}{dx}(3x^5) + \frac{d}{dx}(2x^2) - \frac{d}{dx}(4x) + \frac{d}{dx}7 \\ &= 3\frac{d}{dx}x^5 + 2\frac{d}{dx}x^2 - 4\frac{d}{dx}x + 0 \\ &= 15x^4 + 4x - 4 \end{aligned}$$

가 된다. 이번에는 곱의 도함수를 구하는 방식으로 다음 함수의 도함수를 구해보자. 예를 들어 $f(x) = \dfrac{x^2+1}{x^2}$의 도함수를 구해보자. 이 함수는 다음 수식 (9.14)와 같이 두 개의 함수의 곱으로 표현할 수 있다.

$$f(x) = (x^2 + 1) \cdot x^{-2} \tag{9.14}$$

따라서

$$\begin{aligned} f'(x) &= (x^2 + 1)'x^{-2} + (x^2 + 1)(x^{-2})' \\ &= 2xx^{-2} + (x^2 + 1)(-2x^{-3}) \\ &= 2x^{-1} - 2x^{-1} - 2x^{-3} = -2x^{-3} \end{aligned}$$

이 되는 것을 알 수 있다.

도함수 구하기

예제 9.8

함수 $f(x) = x^7 + 6x^5 - 7x^2$의 도함수를 구해보자.

풀이

함수의 합에 대한 도함수를 적용하면 $f'(x) = 7x^6 + 30x^4 - 14x$이다.

위의 풀이를 파이썬 코드로 구현해보자.

In
```
import sympy as sym

x = sym.Symbol('x')
a = sym.diff((x**7 + 6*x**5 - 7*x**2), x)

print(a)
```

Out
```
7*x**6 + 30*x**4 - 14*x
```

예제 9.9

함수 $f(x) = (x - 3)^4$의 도함수를 구해보자.

풀이

합성함수의 도함수를 적용하면 $f'(x) = 4(x - 3)^3 \cdot (x - 3)' = 4(x - 3)^3$이다.

위의 풀이를 파이썬 코드로 구현해보자.

In
```
import sympy as sym

x = sym.Symbol('x')
a = sym.diff(((x - 3) ** 4), x)

print(a)
```

Out
```
4*(x - 3)**3
```

2차 도함수와 *n*차 도함수

함수 f의 2차 도함수란 f의 도함수인 f'를 한 번 더 미분한 함수이다. 그리고 2차 도함수를 f''로 나타낸다. 3차 도함수 2차 도함수 f''를 한 번 더 미분한 함로서 $f^{(3)}$으로 나타내며, n차 도함수를 $f^{(n)}$으로 나타낸다. 예를 들어서 함수 $f(x) = x^3 + 3x^2 + 2$가 주어졌을 때, f의 도함수는 $f'(x) = 3x^2 + 6x$이다. 이를 한 번 더 미분한 2차 도함수 $f''(x) = 6x + 6$이다. 그리고 3차 도함수는 $f^{(3)}(x) = 6$이다. n차 도함수를 나타내는 다른 방법으로는

$$\frac{d^n f}{dx^n}$$

가 있다.

9.3 선형근사법

인공지능에서는 모델을 수식화한다. 수식화된 모델이 우리가 알고 있는 함수 형태가 아닌 경우가 많이 발생한다. 그래서 함수의 근삿값을 구하여 실제값을 유추한다. 하지만 우리가 알고 있는 근삿값을 구하는 기존의 방법을 적용하기에 어려울 때가 많다. 그래서 다양한 근사법을 사용하는데, 그중에서 가장 간단한 기법이 **선형근사법**(linear approximation)이다. 선형근사법을 사용하려면 접선의 방정식을 구해야 하므로 먼저 접선의 방정식을 구하는 방법에 대해 알아보자.

접선의 방정식

주어진 함수의 그래프를 그리고 그래프상의 특정 점에서 그래프에 대한 접선의 방정식을 구해보자. 미분계수란 해당 점에서 접선의 기울기라는 것을 알고 있으므로 해당 점에서 접선의 방정식을 쉽게 구할 수 있다. 주어진 함수 f의 점 $x = a$에서 미분의 정의를 이용하여 점 $(a, f(a))$에서 그래프에 접하는 접선의 방정식을 구할 수 있다.

예를 들어 설명해보자. 함수 $f(x) = x^2$이라고 하고 $x = 2$에서 그래프에 접하는 접선의 방정식을 구해보자. 먼저 함수의 그래프상의 점 (2, 4)에서 접선의 방정식의 기울기를 구해보자. 함수 f의 미분을 구해보면

$$f'(x) = 2x$$

이므로 $x = 2$에서의 접선의 기울기는 4이다. 따라서 점 (2, 4)를 지나면서 기울기가 4인 직선의 방정식이 바로 구하고자 하는 접선이므로

$$y = 4(x - 2) + 4$$

가 접선의 방정식이 된다. 이를 정리하면

$$y = 4x - 4$$

가 접선의 방정식이다. 그래프로 나타내면 다음과 같다.

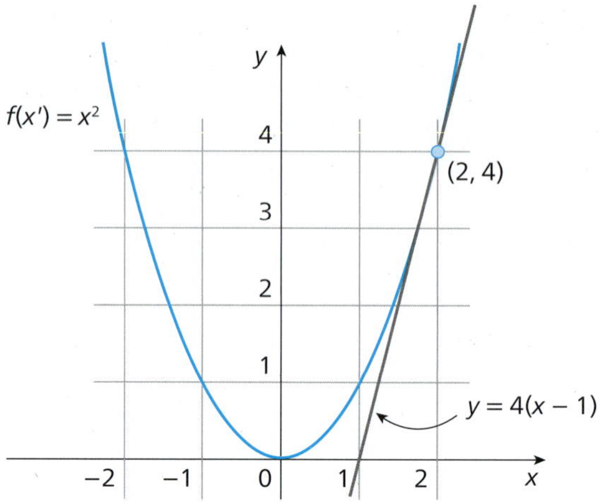

그림 9.9 $f(x) = x^2$의 점 (2, 4)에서 접선의 방정식

접선의 방정식 구하기

예제 9.10

함수 $f(x) = x^3 - 1$이라고 하고 $x = 1$에서 그래프에 접하는 접선의 방정식을 구해보자.

풀이

접점은 $x = 1$일 때 $f(1) = 1^3 - 1 = 0$이므로 (1, 0)이다. 한편 $f'(x) = 3x^2$이므로 $x = 1$에서의 기울기는 $f'(1) = 3$이다. 따라서 구하고자 하는 접선의 방정식은

$$y - 0 = 3(x - 1) \qquad \text{또는} \qquad y = 3x - 3$$

이 된다.

위의 풀이를 파이썬 코드로 구현해보자.

In

```
%matplotlib inline
import numpy as np
import matplotlib.pyplot as plt

def my_func(x):
    return x ** 3 - 1
def my_func_dif(x):    # 도함수
    return 3 * x

x = np.linspace(-3, 3)
y = my_func(x)
```

```
a = 1
y_t = my_func_dif(a) * x + my_func(a) - my_func_dif(a) * a
# x = 1일 때의 접선. 접선의 방정식을 사용

plt.plot(x, y, label = "y")
plt.plot(x, y_t, label = "y_t")
plt.legend()

plt.xlabel("x", size = 14)
plt.ylabel("y", size = 14)
plt.grid()

plt.show()
```

Out

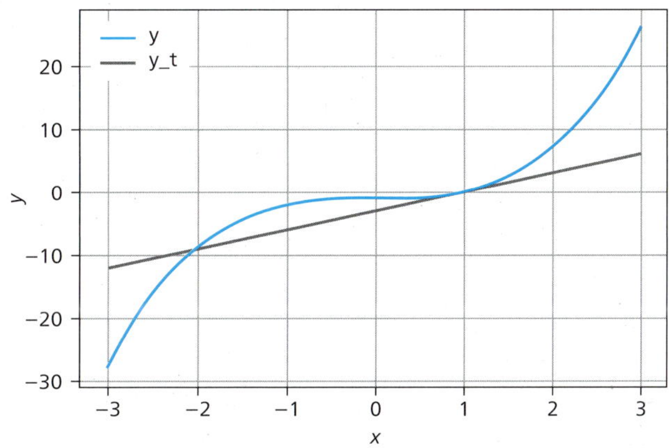

예제 9.11

함수 $f(x) = x^3 - 2x + 1$이라고 하고 $x = 0$에서 그래프에 접하는 접선의 방정식을 구해보자.

풀이

$x = 0$일 때 $f(0) = 1$이므로 접점은 $(0, 1)$이다. 한편 $f'(x) = 3x^2 - 2$이므로 $x = 0$에서의 기울기는 $f'(0) = -2$이다. 따라서 구하고자 하는 접선의 방정식은

$$y - 1 = -2(x - 0) \qquad \text{또는} \qquad y = -2x + 1$$

이다.

위의 풀이를 파이썬 코드로 구현해보자.

In

```
%matplotlib inline
import numpy as np
import matplotlib.pyplot as plt

def my_func(x):
    return x ** 3 - 2 * x + 1
def my_func_dif(x):    # 도함수
    return 3 * x - 2

x = np.linspace(-3, 3)
y = my_func(x)
a = 0
y_t = my_func_dif(a) * x + my_func(a) - my_func_dif(a) * a
# x = 1일 때의 접선. 접선의 방정식을 사용

plt.plot(x, y, label = "y")
plt.plot(x, y_t, label = "y_t")
plt.legend()

plt.xlabel("x", size = 14)
plt.ylabel("y", size = 14)
plt.grid()

plt.show()
```

Out

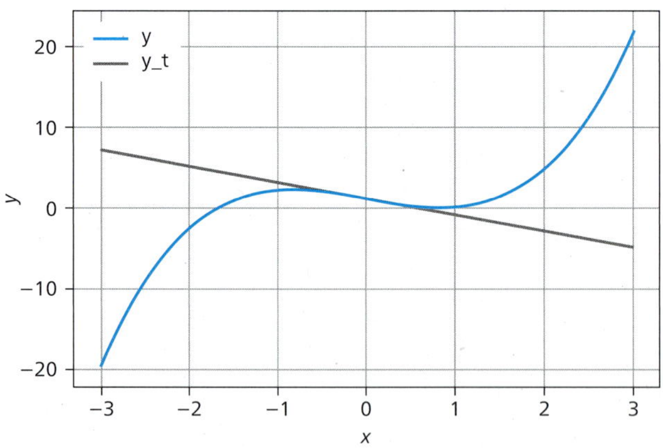

선형근사법

인공지능에서 여러 가지 요소를 고려하여 가장 최선인 결과를 도출하는 과정인 최적화는 매우 중요한 방법 중 하나다. 여러 요소를 변수로 하는 함수를 구성하고 함수를 미분한 도함수를 이용해 최적의 해를 찾아 나간다. 이러한 최적화에 근삿값을 활용한다. 앞에서 접선의 방정식을 구하는 방법에 대해 알아보았다. 이제 근삿값을 구하는 한 가지 방법 중의 하나인 선형근사법에 대해 알아보자.

선형근사법이란 일차 함수를 이용하여 특정 함숫값의 근삿값을 구하는 방법이다. 함수의 그래프상에 한 점에서 접선의 방정식을 구하고 그 직선이 그래프의 접점에 아주 가깝게 있을 때 원래 곡선의 값과 매우 근사한 함숫값을 갖는다는 사실을 이용하여 근삿값을 구하는 방법이다. 이를 근거로 복잡한 함숫값을 직접 계산하지 않고 근삿값을 구하여 함숫값 대신에 사용하는 방법이다. 이 경우에 접선의 방정식을 구해야 한다.

선형근사법은 복잡한 함수를 조작할 필요 없이 일차 함수만 이용하여 필요한 근삿값을 구할 수 있는 장점이 있다. 머신러닝과 딥러닝에서 아주 중요한 개념인 테일러 전개와 경사하강법에서도 선형근사법의 개념을 그대로 이용하기 때문에 이러한 아이디어는 인공지능을 공부하는 데 아주 기본적이면서도 중요한 개념이다.

그럼 선형근사법이 어떻게 적용되는지 알아보자. 먼저 함수 $f(x)$가 주어졌다고 하자. f가 미분 가능하다고 할 때 그래프상의 한 점 $(a, f(a))$에서의 접선의 방정식은

$$y = f'(a)(x - a) + f(a)$$

이다. 이 식을 $x = a$에서 함수 $y = f(x)$의 선형근사식이라고 한다. 점 a에서의 함숫값 $f(a)$는 쉽게 구할 수 있는 값이지만 점 a의 근방에 있는 점 $a + \varepsilon$에서의 함숫값 $f(a + \varepsilon)$을 구하기는 쉽지 않은 함수 f에 선형근사식을 이용한 근삿값을 구할 수 있다. 위에서 구한 선형근사식에 $a + \varepsilon$을 대입한 값인 $f'(a)(a + \varepsilon - \mathrm{a}) + f(a) = f'(a)\varepsilon + f(a)$를 $f(a + \varepsilon)$의 근삿값으로 활용하는 방법이다. 즉, ε이 매우 작은 수라고 한다면 수식 (9.15)에 나타낸 것처럼 두 값은 거의 같다고 볼 수 있다는 뜻이다.

$$f(a + \varepsilon) \approx f'(a)\varepsilon + f(a) \tag{9.15}$$

선형근사법을 기하학적으로 한 번 살펴보면 아래의 그림 9.10와 같다.

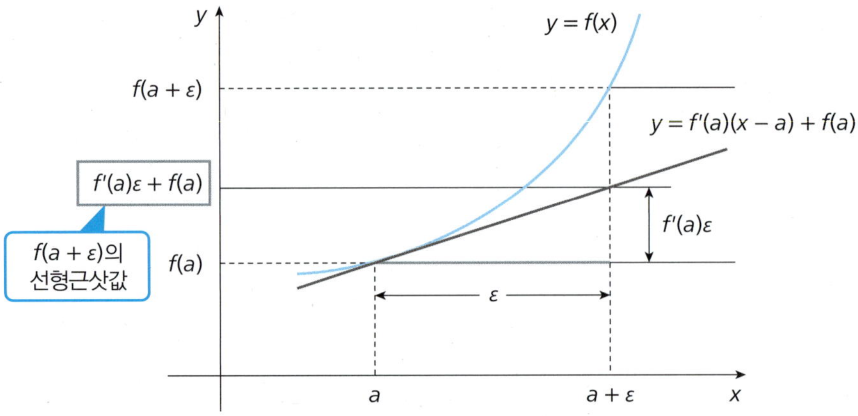

그림 9.10 선형근사법의 근삿값

위의 그림 9.10에서 a와 $a + \varepsilon$의 거리가 멀어 보이지만 실제로 매우 가까운 값이므로 함수 f의 그래프는 접선의 그래프와 거의 동일선상에 있다고 볼 수 있다. 따라서 $f(a + \varepsilon)$과 $f'(a)\varepsilon + f(a)$의 값은 거의 같다고 볼 수 있다.

선형근사법으로 근삿값 구현하기

예제 9.12

함수 $f(x) = x^2 + \sqrt{x}$의 그래프상의 한 점 (1, 2)에서 접하는 접선의 방정식을 구하고 선형근사법을 이용하여 $x = 1.01$에서 함수 f의 근삿값을 구해보자.

풀이

먼저 (1, 2)를 지나면서 함수 $f(x)$의 그래프에 접하는 접선의 방정식을 구해보자.

$$f'(x) = 2x + \frac{1}{2\sqrt{x}}$$

이고 $x = 1$에서

$$f'(1) = 2 + \frac{1}{2\sqrt{1}} = \frac{5}{2}$$

이므로 (1, 2)에서의 접선의 기울기는

$$m = \frac{5}{2}$$

이다. 그러므로 구하고자 하는 접선의 방정식은

$$y-2=\frac{5}{2}(x-1) \qquad \text{이므로} \qquad y=\frac{5}{2}x-\frac{1}{2}$$

이다. 접선의 방정식에서 x를 1.01로 대체하여 y값을 구해보면

$$y=\frac{5}{2}(1.01)-\frac{1}{2}=2.025$$

이다. 실제로 이 값은 수식 (9.15)에서 구한 값인

$$f(1+0.01)\approx f'(1)(0.01)+f(1)=\frac{5}{2}(0.01)+2=2.025$$

와 일치한다.

이 예제에서 살펴본 것처럼 실제 함수 f의 $x=1.01$에서의 함숫값을 구하려면 다음과 같은 값 $f(1.01)=(1.01)^2+\sqrt{1.01}$을 구해야 한다. 그런데 첫 번째 항의 값은 쉽게 구할 수 있지만 두 번째 항인 $\sqrt{1.01}$을 구하기는 애매하다. 따라서 실제값을 구하는 대신에 선형근사법을 이용하여 근삿값을 구하면 위에서 보인 것처럼 비교적 계산이 간단하다.

예제 9.13

함수 $f(x)=\sqrt{x-1}$의 그래프상의 한 점 (2, 1)에서 접하는 접선의 방정식을 구하고 선형근사법을 이용하여 $x=1.09$에서 함수 f의 근삿값을 구해보자.

풀이

먼저 (2, 1)를 지나면서 함수 $f(x)$의 그래프에 접하는 접선의 방정식을 구해보자.

$$f'(x)=\frac{1}{2\sqrt{x-1}}$$

이고 $x=2$에서의

$$f'(2)=\frac{1}{2\sqrt{2-1}}=\frac{1}{2}$$

이므로 (2, 1)에서의 접선의 기울기

$$m=\frac{1}{2}$$

이다. 그러므로 구하고자 하는 접선의 방정식은

$$y - 1 = \frac{1}{2}(x - 2) \qquad \text{이므로} \qquad y = \frac{1}{2}x$$

이다. 접선의 방정식에서 x를 1.09로 대체하여 y값을 구해보면

$$y = \frac{1}{2}(1.09) = 0.545$$

이다.

9.4 극댓값과 극솟값

함수의 그래프를 그려보면 함수가 정의된 영역에서 함숫값이 가장 작은 값을 최솟값이라고 하고 가장 큰 값을 최댓값이라고 한다. 하지만 지엽적인 영역에서 상대적으로 가장 작은 값을 갖는 경우가 있다. 이러한 점을 **극소점**(relative minimum point)이라고 하고 해당 지역에서 상대적으로 가장 큰 값을 갖는 점을 **극대점**(relative maximum point)이라고 한다. 극대점이나 극소점에서는 미분값이 0이 된다. 하지만 미분값이 0이라고 해서 그 점이 반드시 극대점이나 극소점이라고 말할 수는 없다. 미분값이 0이 되는 점으로서 극대점도 아니고 극소점도 아닌 점이 있다. 아래 그림 9.11에 나타낸 것과 같이 이러한 점을 **변곡점**(point of inflection)이라고 한다. 일반적으로 미분값이 0이 되는 점들을 **임계점**(critical point)이라고 한다. 미분이 0이 되는 점에서 그래프에 일종의 변화가 일어나기 때문에 임계점이라는 이름을 붙였다.

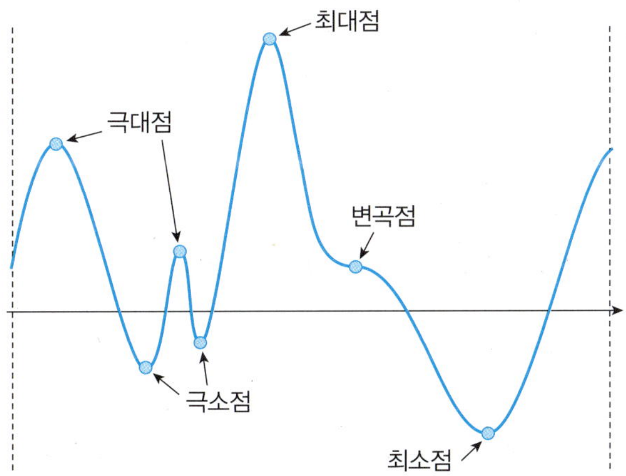

그림 9.11 함수의 임계점

최대점은 극대점 중 하나라고 볼 수 있고, 최소점도 극소점 중 하나라고 볼 수 있다. 즉, 극소점 중에서 가장 작은 값이 최소점이고, 극대점 중에서 가장 큰 값이 최대점이다.

극소점과 극대점 찾기

먼저 위에서 언급한 극소점을 살펴보면 함수가 감소하다가 증가하는 점이라는 것을 알 수 있다. 그리고 극대점은 함수가 증가하다가 감소하는 점이다. 극대점은 작은 봉우리의 꼭대기라고 볼 수 있고, 극소점은 계곡의 가장 낮은 점이라고 볼 수 있다. 또한 이를 기울기 측면에서 살펴보면 극소점은 기울기가 음의 값에서 점점 0에 접근하고 0을 넘어서 양의 값을 갖게 되는 점이다. 반대로 극대점은 기울기가 양의 값에서 음의 값으로 변하는 점이다. 따라서 임계점들을 찾은 다음에 이들 중에서 극소점과 극대점을 찾으면 된다. 임계점을 찾으려면 함수를 먼저 미분하고 도함수가 0이 되는 점들을 찾으면 된다.

예를 들어 함수 $f(x) = x^3 + 2x^2 - 7x + 3$의 극소점과 극대점을 찾아보자. 먼저 임계점들을 구하자. 함수 f를 미분하고 도함수를 0으로 놓고 해를 구하면 된다.

$$f'(x) = 3x^2 + 4x - 7 = (3x + 7)(x - 1)$$

미분값이 0이 되는 점에서 그래프가 변화하므로

$$x = -\frac{7}{3}$$

과 $x = 1$에서 극대점 또는 극소점이 될 가능성이 있다. 따라서 함수 f를 이 두 개의 점을 기점으로 해서 나누어지는 실수의 3개 구간에서 함숫값이 어떻게 되는지 살펴보자.

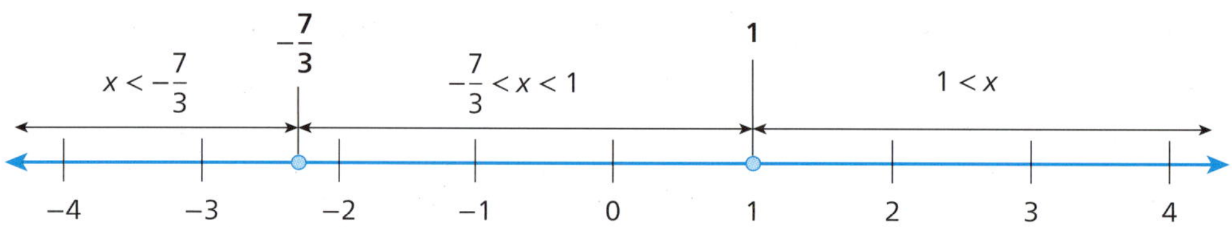

그림 9.12 극대점과 극소점 찾기

각 구간에서 함수 f의 미분값이 양인지 음인지 알아보자.

표 9.1 $f(x) = x^3 + 2x^2 - 7x + 3$의 임계점 구하기

구간	x값	$f'(x)$	판정
$x < -\frac{7}{3}$	$x = -3$	$f'(-3) = 8 > 0$	f는 증가 ↗
$-\frac{7}{3} < x < 1$	$x = 0$	$f'(0) = -7 < 0$	f는 감소 ↘
$1 < x$	$x = 2$	$f'(2) = 13 > 0$	f는 증가 ↗

이제 임계점에서 그래프가 어떻게 변화하는지 알아보자.

표 9.2 $f(x) = x^3 + 2x^2 - 7x + 3$의 극댓값과 극솟값 구하기

x	이전	이후	판정
$-\frac{7}{3}$	↗	↘	극대
1	↘	↗	극소

결론적으로 함수 f는

$$x = -\frac{7}{3}$$

에서 극댓값을 갖고, $x = 1$에서 극솟값을 갖는다.

극소점과 극대점 찾기

예제 9.14

함수 $f(x) = -x^3 + 3x^2 - 4$의 극소점과 극대점을 찾아보자.

풀이

$f'(x) = -3x^2 + 6x$이므로 이를 0으로 놓고 방정식을 풀면 임계점을 구할 수 있다. $f'(x) = 0$인 $-3x^2 + 6x = 0$을 풀면, $x = 0$, $x = 2$가 근이다. 따라서 이들이 임계점이다. 이 점들 주변에서 함수의 변화를 살펴보면

표 9.3 $f(x) = -x^3 + 3x^2 - 4$의 임계점 구하기

구간	x값	$f'(x)$	판정
$x < 0$	$x = -1$	$f'(-1) = -9 < 0$	f는 감소 ↘
$0 < x < 2$	$x = 1$	$f'(1) = 3 > 0$	f는 증가 ↗
$2 < x$	$x = 3$	$f'(3) = -9 < 0$	f는 감소 ↘

이제 임계점에서 그래프가 어떻게 변화하는지 알아보자.

표 9.4 $f(x) = -x^3 + 3x^2 - 4$의 극댓값과 극솟값 구하기

x	이전	이후	판정
0	↘	↗	극소
2	↗	↘	극대

결론적으로 함수 f는 $x = 0$에서 극솟값을 갖고, $x = 2$에서 극댓값을 갖는다.

예제 9.15

함수 $f(x) = x^5 - 3x^4$의 극소점과 극대점을 찾아보자.

풀이

$f'(x) = 5x^4 - 12x^3$이므로 이를 0으로 놓고 방정식을 풀면 임계점을 구할 수 있다. $f'(x) = 0$인 $5x^4 - 12x^3 = 0$을 풀면,

$$x = 0, x = \frac{12}{5}$$

가 근이다. 따라서 이들이 임계점이다. 이 점들 주변에서 함수의 변화를 살펴보면

표 9.5 $f(x) = x^5 - 3x^4$의 임계점 구하기

구간	x값	$f'(x)$	판정
$x < 0$	$x = -1$	$f'(-1) = 17 < 0$	f는 증가 ↗
$0 < x < \frac{12}{5}$	$x = 1$	$f'(1) = -7 > 0$	f는 감소 ↘
$\frac{12}{5} < x$	$x = 3$	$f'(3) = 81 < 0$	f는 증가 ↗

이제 임계점에서 그래프가 어떻게 변화하는지 알아보자.

표 9.6 $f(x) = x^5 - 3x^4$의 극댓값과 극솟값 구하기

x	이전	이후	판정
0	↗	↘	극소
$\frac{12}{5}$	↘	↗	극대

결론적으로 함수 f는 $x = 0$에서 극댓값을 갖고,

$$x = \frac{12}{5}$$

에서 극솟값을 갖는다. 함수 $f(x) = x^5 - 3x^4$의 그래프를 개략적으로 그려보면 그림 9.13과 같다.

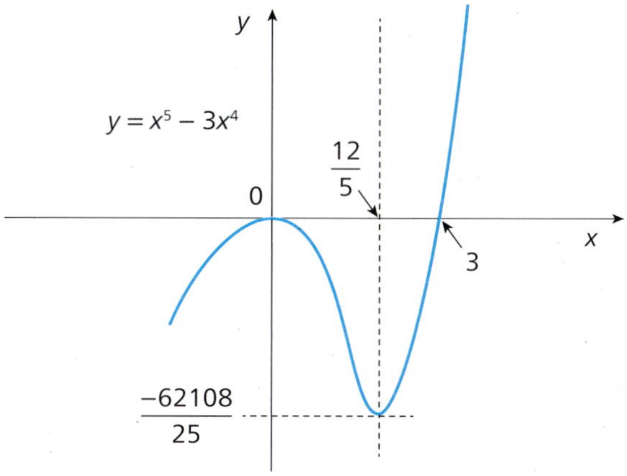

그림 9.13 $f(x) = x^5 - 3x^4$의 극댓값과 극솟값

1차 미분과 2차 미분을 이용한 극대점, 극소점, 변곡점 찾기

주어진 함수 f에 대해서 1차 미분과 2차 미분을 활용하면 극대점과 극소점을 쉽게 찾을 수 있다. 2차 도함수는 1차 도함수의 기울기를 말하는데 이는 그래프를 중심으로 볼 때 그래프의 증감을 1차 도함수를 통해 알 수 있다면, 2차 도함수를 통해 알 수 있는 것은 그래프가 위로 볼록한지 아래로 볼록한지를 판단하는 근거를 제시해준다. 예를 들어 그래프가 증가한다는 사실을 1차 도함수로 알았다면 그 그래프가 증가할 때 기울기가 증가하면서 위로 올라가는지(아래로 볼록) 기울기가 감소하면서 위로 올라가는지(위로 볼록)를 판단하는 근거가 된다. 또는 그래프가 감소한다면 기울기가 증가하면서 아래로 향하는지(아래로 볼록) 기울기가 감소하면서 아래로 향하는지(위로 볼록)를 판정할 수 있다. 따라서 특정 구간에서 2차 미분값이 양의 값을 갖는다는 의미는 그래프 모양이 아래로 볼록하다는 의미이고, 2차 미분값이 음의 값을 갖는다는 의미는 그래프 모양이 위로 볼록하다는 뜻이다.

예를 들어 함수 $f(x) = x^3 - 3x$의 극댓값과 극솟값을 1차 미분과 2차 미분을 이용해서 구해보자. 먼저 함수 f의 일차 도함수와 2차 도함수를 구해보면

$$f'(x) = 3x^2 - 3$$

이고

$$f''(x) = 6x$$

이다. 따라서 임계점은 $x = -1$과 $x = 1$이다. 변곡점이 될 수 있는 점은 $x = 0$이다. 이들 3개의 점을 경계로 하여 함수 f와 1차 도함수 f'와 2차 도함수 f''의 값이 어떻게 변하는지를 살펴보면 표 9.7과 같다.

표 9.7 $f(x) = x^3 - 3x$의 임계점

구간	x값	$f'(x)$	판정	$f''(x)$	판정
$x < -1$	$x = -2$	$f'(-2) = 9 > 0$	f는 증가 ↗	$f''(-2) = -12 < 0$	f는 위로 볼록 ∩
$-1 < x < 1$	$x = 0$	$f'(0) = -3 < 0$	f는 감소 ↘	$f''(0) = 0$	판정 불가
$1 < x$	$x = 2$	$f'(2) = 9 > 0$	f는 증가 ↗	$f''(2) = 12 > 0$	f는 아래로 볼록 ∪

이를 토대로 함수 f의 그래프의 개형을 보면 아래의 표 9.8과 같다.

표 9.8 $f(x) = x^3 - 3x$의 개형

x	$x < -1$	-1	$-1 < x < 0$	0	$0 < x < 1$	1	$1 < x$
$f(x) = x^3 - 3x$	↗	2	↘	0	↘	−2	↗
$f'(x) = 3x^2 - 3$	+	0	−	−3	−	0	+
$f''(x) = 6x$	∩		∩	0	∪		∪

따라서 $x = -1$에서 극댓값을 갖고 $x = 1$에서 극솟값을 갖는다는 것을 알 수 있다. 극댓값은 $f(-1) = 2$이고, 극솟값은 $f(1) = -2$이다. 또한 $x = 0$에서 변곡이 된다는 것도 알 수 있다.

실제 함수 $f(x) = x^3 - 3x$의 그래프를 그려보면 아래 그림 9.14와 같다. 이를 보면 변곡점과 극대점 및 극소점을 분명히 알 수 있다.

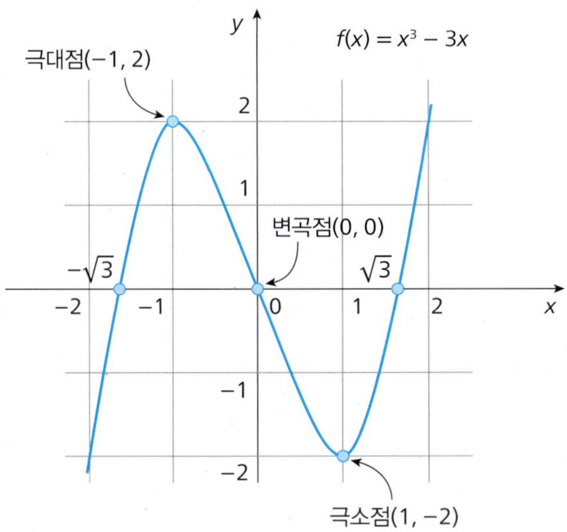

그림 9.14 $f(x) = x^3 - 3x$의 그래프

2차 미분을 이용한 변곡점 찾기

주어진 함수의 변곡점을 구할 때 함수의 2차 미분을 활용할 수 있다. 예를 들어 설명해보자.

함수

$$f(x) = x^5 - \frac{5}{3}x^4$$

이 주어졌다. 먼저 일차 미분 f'를 먼저 구해보면

$$f'(x) = 5x^4 - \frac{20}{3}x^3 = 5x^3\left(x - \frac{4}{3}\right)$$

이고

$$f''(x) = 20x^3 - 20x^2 = 20x^2(x - 1) \tag{9.16}$$

이다. 따라서 모든 임계점을 구하면 $x = 0$과

$$x = \frac{4}{3}$$

이다. 임계점과 마찬가지로 $f''(x) = 0$이거나 f''가 정의되지 않는 점을 찾아보자. 위의 수식 (9.16)에서 $x = 0$이거나 $x = 1$일 때 $f''(x) = 0$을 만족한다. 이들이 변곡점이 될 가능성을 가진 점들이다. 이 점들을 중심으로 어떻게 변화하는지 확인해보자.

표 9.9 $f(x) = x^5 - 5/3x^4$의 임계점

구간	x값	$f''(x)$	판정
$x < 0$	$x = -1$	$f''(-1) = -40 < 0$	f는 위로 볼록 ∩
$0 < x < 1$	$x = \frac{1}{2}$	$f''(\frac{1}{2}) = -\frac{5}{2} < 0$	f는 위로 볼록 ∩
$1 < x$	$x = 2$	$f''(2) = 80 > 0$	f는 아래로 볼록 ∪

이제 함수 f가 위로 볼록인 구간과 아래로 볼록인 구간을 알았다. 그래서 변곡점을 알 수 있다. 볼록의 방향이 바뀌는 곳이 바로 변곡점이다. $x = 1$에서 위로 볼록이었던 그래프가 아래로 볼록인 형태로 바뀌었다. 따라서 함수 f는 $x = 1$에서 변곡된다. 반면에 $x = 0$에서는 그래프가 위로 볼록인 상태를 그대로 유지하기 때문에 변곡점이 아니다.

함수 f의 그래프를 직접 그려보면 그림 9.15와 같다. 변곡점을 확인해보기 바란다.

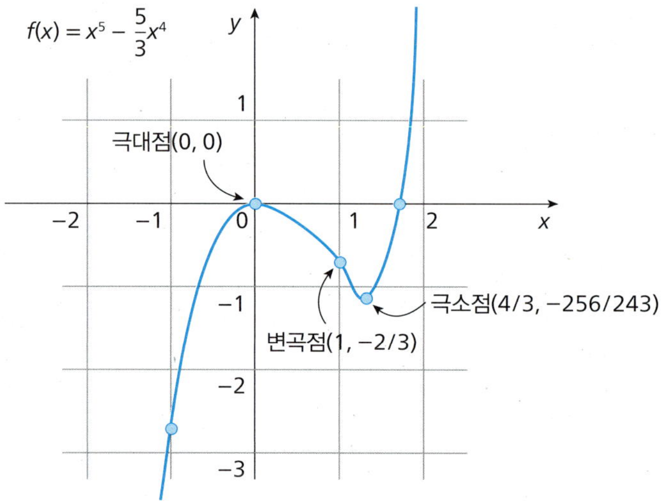

그림 9.15 $f(x) = x^5 - 5/3x^4$의 그래프

f의 극대점은 (0, 0)이고, 극소점은

$$\left(\frac{4}{3}, -\frac{256}{243}\right)\text{이며, 변곡점은}\left(1, -\frac{2}{3}\right)$$

이다.

변곡점 찾기

예제 9.16

함수 $f(x) = (x-2)^4$의 변곡점을 찾아보자.

풀이

먼저 일차 미분 f'를 구해보면 $f'(x) = 4(x-2)^3$이고

$$f''(x) = 12(x-2)^2 \tag{9.17}$$

이다. 따라서 모든 임계점을 구하면 $x = 2$뿐이다. 즉, 위의 수식 (9.17)에서 $x = 2$일 때 $f''(x) = 0$을 만족한다. 이 점만이 변곡점이 될 가능성을 가진 점이다. 이 점을 중심으로 어떻게 변화하는지 확인해보자.

표 9.10 $f(x) = (x-2)^4$의 임계점

구간	x값	$f''(x)$	판정
$x < 2$	$x = 1$	$f''(1) = 12 > 0$	f는 아래로 볼록 ∪
$2 < x$	$x = 3$	$f''(3) = 12 > 0$	f는 아래로 볼록 ∪

이제 함수 f의 그래프가 $x = 2$의 양측에서 모두 아래로 볼록한 형태임을 알았다. 따라서 변곡점은 $x = 2$라는 것을 확인할 수 있다. 또한 이 점은 $f'(2) = 0$도 만족하므로 극솟값이기도 하다.

도전문제

문제 9.4

함수 $f(x) = \sqrt[3]{x}$의 변곡점을 찾으시오.

풀이

먼저 일차 미분 f'를 구해보면

$$f'(x) = \frac{1}{2}x^{-2/3}$$

이고

$$f''(x) = -\frac{2}{9}x^{-5/3} \tag{9.18}$$

이다. 따라서 모든 임계점을 구하면 $x = 0$뿐이다. 즉, 위의 수식 (9.18)에서 $x = 0$일 때 $f''(x) = 0$을 만족한다. 이 점만이 변곡점이 될 가능성을 가진 점이다. 이 점을 중심으로 어떻게 변화하는지 확인해보자.

표 9.11 $f(x) = \sqrt[3]{x}$의 임계점

구간	x값	$f''(x)$	판정
$x < 0$	$x = -1$	$f''(-1) = \frac{2}{9} > 0$	f는 아래로 볼록 ∪
$0 < x$	$x = 1$	$f''(1) = -\frac{2}{9} < 0$	f는 위로 볼록 ∩

이제 함수의 그래프가 $x = 0$의 좌측에서 아래로 볼록한 형태이고 우측에서는 위로 볼록한 형태임을 알았다. 따라서 변곡점은 $x = 0$라는 것을 확인할 수 있다. 하지만 이 점은 $f'(0) = 0$도 만족하지만 극솟값도 아니고 극댓값도 아니다.

9.5 연쇄법칙

도함수의 특징 중 하나가 합성함수의 도함수에 관한 것이다. 합성함수의 미분과 관련된 **연쇄법칙**(chain rule)을 알아보자. 연쇄법칙은 인공지능의 일종인 신경망 학습에 중요한 역할을 한다. 인공지능의 딥러닝에서 다층신경망의 각 노드 내부에서는 입력값을 이용해 가중합을 만드는 단계와 그 가중합에 활성화함수를 적용하여 출력하는 단계로 분리할 수 있다. 이 두 단계를 각 노드 내부에 표시하고 각 가중치값과 은닉층의 출력값을 포함하여 표현한다. 이때 출력층에 표현된 값으로부터 거꾸로 거슬러 올라가며 가중치값이 더는 업데이트되지 않을 때까지 반복하여 계산하는 방식이 바로 **오차역전파법**(backpropagation)이다. 오차는 합성함수 형태로 표현되며 이를 업데이트하기 위해 합성함수의 미분을 구해야 하는데 이때 연쇄법칙을 사용한다.

먼저 일변수 함수에 대한 합성함수를 생각해보고 그 합성함수에 연쇄법칙을 적용해보기로 한다. 연쇄법칙은 다변수 함수에도 적용되는데 다변수 함수를 미분할 때 각각의 변수별로 미분을 하는데 이러한 미분법을 **편미분**(partial differentiation)이라고 한다. 다음 장에서 다변수 함수의 합성함수와 다변수 함수에서의 연쇄법칙에 대해 알아보기로 한다.

합성함수

변수가 한 개인 함수 $y = f(x) = 2x + 3$이 주어졌다고 하자. 여기서 독립변수 x는 입력되면 먼저 2가 곱해지고 그 결과에 3을 더한 뒤 값을 출력하는 2단계로 구성된다. 이 함수를 2개의 함수로 분해해보자. 먼저 $g(x) = 2x$라고 하고 $h(x) = x + 3$이라고 하자.

$$y = h(u)$$
$$u = g(x)$$

로 분해할 수 있다. 즉 $y = f(x) = h(g(x))$이고 $x \to 2x \to 2x + 3$의 2단계로 함수가 매핑된다. 이를 $f = h \circ g$라고 나타내고 f는 h와 g의 합성함수라고 한다. 즉,

$$f(x) = h \circ g(x) = h(g(x))$$

이다. 합성함수에서 함수의 매핑을 그림으로 나타내면 그림 9.16과 같다.

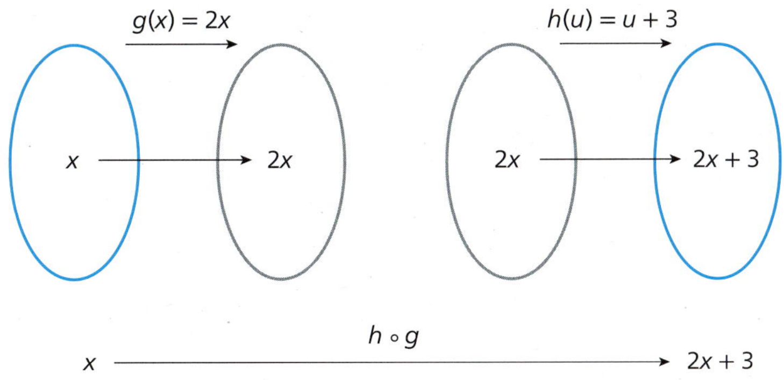

그림 9.16 합성함수의 개념

함수들을 잘 살펴보면 많은 함수가 또 다른 함수와 함수의 합성함수로 표현된다는 걸 알 수 있다. 사실 합성함수에서 합성의 순서가 매우 중요하다. 순서가 달라지면 완전히 다른 함수가 된다는 점에 유의하기를 바란다. 예를 들어 $h(x) = x^2$이고 $g(x) = \sin x$라고 하자. 이 경우

$$h \circ \mathrm{g}(x) = h(g(x)) = \sin^2 x$$

이다. 반면에

$$g \circ h(x) = g(h(x)) = \sin x^2$$

이다. 이 두 개의 함수는 완전히 다른 함수임에 유의하기를 바란다.

연쇄법칙

미분 가능한 두 개의 함수 $y = h(u)$와 $u = g(x)$에 대해 합성함수 $y = h(g(x))$의 도함수는 어떻게 될까? 결론부터 말해보면

$$\frac{d}{dx}\Big[f(g(x))\Big] = f'(g(x))g'(x) \tag{9.19}$$

또는

$$\{f(g(x))\}' = f'(g(x))g'(x) \tag{9.20}$$

또는

$$\frac{dy}{dx} = \frac{dy}{du}\frac{du}{dx} \tag{9.21}$$

가 성립된다. 합성함수의 미분을 위의 수식 (9.19), (9.20), (9.21)로 나타냈는데, 이들은 표현만 다를 뿐 합성함수의 미분을 나타내고 있다. 합성함수의 미분을 어떻게 구하는지 예를 들어보자. 함수

$$y = (x^2 + 5)^4$$

이 주어졌다고 하자. 여기서 $h(u) = u^4$, $u = g(x) = x^2 + 5$라고 하자. 그러면 $y = h(g(x))$이다. 따라서

$$\frac{dy}{du} = 4u^3\text{이고, } \frac{du}{dx} = 2x$$

이므로

$$\frac{dy}{dx} = \frac{dy}{du}\frac{du}{dx} = 4u^3 2x = 4(x^2 + 5)^3 2x$$

이다.

예를 하나 더 들어보자. 함수 $h(x) = (4 - 7x)^7$이 주어졌다고 하자. 함수 h를 분해해보자.

$$g(x) = 4 - 7x$$

라고 하고

$$f(x) = x^7$$

이라고 하자. 그러면 함수 h는 위의 두 함수 f와 g의 합성함수이기 때문에 연쇄법칙을 이용해서 도함수를 구할 수 있다.

$$\frac{d}{dx}h(x) = \frac{d}{dx}\Big[f(\mathrm{g}(x))\Big] = f'((g(x))g'(x) = 7(4 - 7x)^6 \cdot (-7) = -49(4 - 7x)^6$$

이 함수 h의 도함수이다.

연쇄법칙의 증명

연쇄법칙을 좀 더 자세히 들여다보기 위해 연쇄법칙을 증명해보자. 함수 $y = f(u)$와 $u = g(x)$에 대해 합성함수 $y = h(x) = f(g(x))$의 도함수를 도함수의 정의를 이용하여 구해보자.

$$\frac{d}{dx}h(x) = \{f(g(x))\}' = \lim_{h\to 0}\frac{f(g(x+h)) - f(g(x))}{h}$$

$$= \lim_{h\to 0}\frac{f(g(x+h)) - f(g(x))}{g(x+h) - g(x)} \cdot \frac{g(x+h) - g(x)}{h}$$

$$= \lim_{h\to 0}\frac{f(g(x+h)) - f(g(x))}{g(x+h) - g(x)} \cdot \lim_{h\to 0}\frac{g(x+h) - g(x)}{h}$$

$$= f'((g(x))g'(x)$$

연쇄법칙을 이용한 도함수

예제 9.17

연쇄법칙을 이용하여 다음 함수의 도함수를 구해보자.

$$y = \sin(3x^2 + x)$$

풀이

$y = f(u) = \sin u$이고, $u = g(x) = 3x^2 + x$라고 하면 $h(x) = f(g(x)) = \sin(3x^2 + x)$가 성립된다. 따라서 연쇄법칙을 적용하면

$$h'(x) = f'(g(x))g'(x) = \cos(g(x))(6x + 1) = \cos(3x^2 + x) \cdot (6x + 1)$$

이다.

도전문제

문제 9.5

연쇄법칙을 이용하여 다음 함수의 도함수를 구하시오.

$$y = x^3(x^2 - 4)^2(x - 1)$$

풀이

이 함수의 도함수를 구하려면 함수 곱의 도함수를 먼저 적용한다. 이때 가운데 항인 $(x^2 - 4)^2$을 미분할 때 연쇄법칙을 적용한다. 그러면 다음과 같은 도함수를 얻게 된다.

$$y' = 3x^2(x^2 - 4)^2(x - 1) + x^3 2(x^2 - 4)2x(x - 1) + x^3(x^2 - 4)^2$$

이를 정리하면

$$y' = x^2(8x^5 - 7x^4 - 48x^3 + 40x^2 + 64x - 36)$$

이다.

정리

이 장에서는 인공지능 수학에 중요한 역할을 하고 있는 함수의 미분에 대해 학습하였다. 미분이란 넓게 말해서 하나의 극한이므로 극한의 개념을 먼저 이해하고 넘어가야 한다. 극한의 개념을 엄밀히 수학적으로 정의하려면 여러 개의 기호로 표시되는 극한의 정의를 소개해야 하지만 이 책에서는 극한의 개념을 직관적으로 이해하기 위해 수열의 극한을 설명하였다. 간단히 말해서 극한이란 어떤 값들로 이루어진 수열이 특정 한 점을 향해 근방에 모이거나 그 근방에 무한히 모이는 현상을 말한다. 그리고 이렇게 위치한 점들의 가장 가운데 있는 값을 극한이라고 이해할 수 있다.

미분이란 하나의 함수가 주어졌을 때 정의역의 한 점의 근방에서의 함숫값이 어떻게 변화하는지를 나타내는 값이다. 좌측으로 이동했을 때 또는 우측으로 이동했을 때 함숫값이 증가하는지 감소하는지를 미분값으로 나타낸다. 앞에서도 언급했듯이 미분은 극한으로 나타낼 수 있어서 하나의 함수가 주어지고 그 함수의 특정 점에서 함숫값의 증분과 치역에서의 증분 간의 비율을 평균변화율로 나타내고 이 평균변화율의 극한값을 그 점에서의 함수의 미분이라고 하였다. 여기서는 한 점에서만 미분을 정의하였는데 실제로 어떤 함수는 특정 점에서 평균변화율의 극한이 존재하지 않는 때도 있다. 이런 경우에 이 함수는 그 점에서 미분 불가라고 한다. 어느 함수가 정의역에 속하는 모든 점에서 함수의 미분값이 존재한다면 이 함수는 해당 정의역에서 미분 가능하다고 한다. 그리고 정의역의 모든 값에 대해 미분값을 대응시키는 관계를 하나의 함수로 볼 수 있는데 이 함수를 원래 함수의 도함수라고 한다. 도함수도 하나의 함수라는 점에 유의하기를 바란다.

미분 가능한 함수가 주어지고 이 함수를 그래프로 그려보면 부드러운 곡선 형태를 취하는데 그래프상의 한 점에 접하는 접선의 방정식은 해당 함수에 대한 여러 가지 특성을 파악하는 좋은 도구가 된다. 함수가 증가하는지 감소하는지 극댓값을 갖는지 극솟값을 갖는지 아니면 머물러 있는지 등에 대한 특성을 파악할 수 있으므로 접선의 방정식을 구해보았다. 함수의 근삿값을 구하는 방법 중 한 가지로 선형근사법을 소개하였다. 이 방법에서는 그래프상의 두 점을 이은 선분이 궁극적으로 해당 그래프에 접하게 될 때까지 한 점을 이동하여 값을 알고 있는 점에 접근시켜가면서 근삿값을 구한다.

인공지능의 머신러닝과 딥러닝에서는 입력값으로부터 정확한 출력값을 얻기 위해 표현된 함수의 특성을 파악하기 위해 다양한 기법을 활용한다. 그중에서 가장 유용한 방법 중 하나로 경사하강법이라는 방식으로 극솟값을 구한다. 도함수도 하나의 함수이므로 증가하거나 감소하게 되는데 도함수의 증가율 변화를 변곡점이라는 개념으로 설명하였다. 도함수가 감소하다가 증가하는 점이나 증가하다가 감소하는 점이 변곡점이며 이 점에서는 원래 함수 그래프의 곡선의 위아래 볼록한 특성이 바뀌게 된다.

두 개의 함수를 합성했을 때 또 다른 하나의 함수가 되는데 이 함수의 미분은 두 개의 함수를 각각 미분한 함수와 특별한 관계를 갖는다. 이러한 관계를 연쇄법칙으로 설명하였다. 연쇄법칙은 오차역전파 방식으로 계산할 때 필요한 미분법이다. 여기에서는 변수가 한 개인 함수의 합성함수에 대한 연쇄법칙을 소개했지만 실제 오차역전파를 계산할 때는 다변수 함수의 합성함수 형태로 나타나기 때문에 연쇄법칙을 계산할 때 편미분을 활용한다는 점에 유의해야 한다. 이에 대해서는 다음 장에서 좀 더 자세히 설명하기로 한다.

연습문제

01 다음 수열의 극한 $\lim_{n\to\infty}\left\{5+\left(\frac{5}{9}\right)^n\right\}$은 무엇인가?

❶ 5 ❷ 6 ❸ 7 ❹ 8 ❺ 9

02 두 수열 $\{a_n\}$, $\{b_n\}$이 다음 조건을 만족한다.

조건 1. $\lim_{n\to\infty} a_n = \infty$
조건 2. $\lim_{n\to\infty} (2a_n - 7b_n) = 5$

$$\lim_{n\to\infty}\frac{2a_n+5b_n}{a_n+b_n}=\frac{\beta}{\alpha}$$

일 때, $\alpha+\beta$의 값을 구하시오(α, β는 서로소인 자연수이다).

❶ 33 ❷ 24 ❸ 11 ❹ 5 ❺ 10

03 함수 $y=f(x)$의 그래프가 다음과 같다.

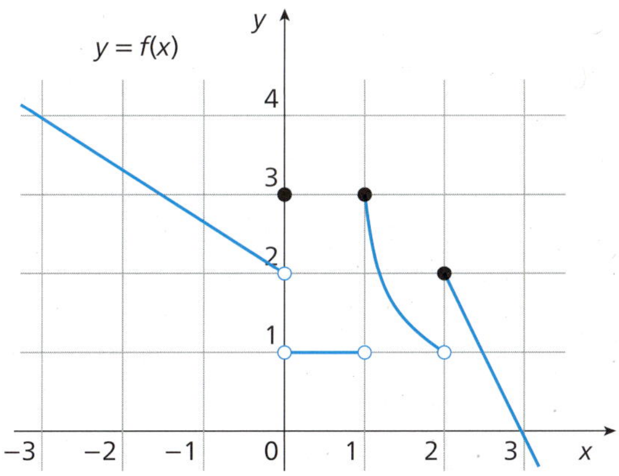

$\lim_{x\to 0^-} f(x) + \lim_{x\to 1^+} f(x) + \lim_{x\to 2^-} f(x)$의 값은?

❶ 3 ❷ 5 ❸ 2 ❹ 6 ❺ 4

04 $\lim_{n\to 0}\frac{an^2+bn+7}{7n+7}=5$가 성립하도록 하는 상수 a, b에 대하여 a + b를 구하시오.

① 14 ② 25 ③ 49 ④ 35 ⑤ 21

05 수열 $\left\{\left(\frac{3k-1}{7}\right)^n\right\}$이 수렴하도록 하는 모든 정수 k의 합은?

① −2 ② 0 ③ 2 ④ 4 ⑤ 7

06 극한 $\lim_{s\to 0}\frac{\{f(x)\}^2}{f(x^2)}=3$을 만족시키는 함수 $f(x)$를 다음 보기에서 모두 고른 것은?

(1) $f(x)=3|x|$

(2) $f(x)=2x^2+x$

(3) $f(x)=x+\frac{3}{x}$

① (1), (3) ② (1), (2), (3) ③ (2), (3) ④ (1), (2) ⑤ (2)

07 다항함수 $f(x)$가

$$\lim_{x\to\infty}\frac{f(x)-x^2}{x}=5,\ \lim_{x\to 1}\frac{x^2-4}{(x-2)f(x)=1}$$

을 만족시킬 때, $f(-1)$의 값은?

① −4 ② −5 ③ −6 ④ −7 ⑤ −8

08 두 개의 함수 f와 g가 미분이 가능할 때,

$$\frac{d}{dx}(f(x)g(x))$$

를 구하시오.

09 다항함수 $f(x)$에 대하여 $f'(x)=4$일 때,

$$\lim_{h \to 0} \frac{f(a+2h)-f(a)}{h}$$

의 값은?

❶ 5 ❷ 6 ❸ 7 ❹ 8 ❺ 9

10 삼차항의 계수가 양수인 삼차 함수 $f(x)$가 있다. 세 실수 $a, b, c(a < b < c)$에 대하여 $f(a) = f(b) = f(c)$가 성립할 때, 올바른 것을 보기에서 모두 고른 것은?

(1) $f'(a) > 0$

(2) $f'(a) + f'(b) > 0$

(3) $f'(a) = f'(c)$이면 $b = \frac{a-c}{2}$이다.

❶ (1) ❷ (1), (2) ❸ (1), (3) ❹ (2), (3) ❺ (1), (2), (3)

11 최고차항의 계수가 1인 다항함수 $f(x)$가

$$f(x)f'(x) = 2x^3 - 9x^2 + 5x + 6$$

을 만족할 때, $f(-1)$의 값을 구하시오.

❶ 0 ❷ 1 ❸ 2 ❹ 3 ❺ −1

12 실수 전체 집합에서 함수 $f(x) = (x^2 + 2ax + 3)e^x$가 증가하도록 하는 모든 자연수 a의 합은?

❶ 0 ❷ 1 ❸ 2 ❹ −2 ❺ −1

13 실수함수 $f(x) = \sqrt{x}$의 그래프상의 한 점 (49, 7)에서 접하는 접선의 방정식을 구하고 선형근사법을 이용하여 $x = 50$에서 함수 f의 근삿값을 구하시오.

14 실수함수 $f(x) = e^x$의 그래프상의 한 점 (0, 1)에서 접하는 접선의 방정식을 구하고 선형근사법을 이용하여 $x = 0.012$에서 함수 f의 근삿값을 구하시오.

15 실수함수 $f(x) = 2x^3 - 9x^2 + 12x - 1$의 극솟값과 극댓값을 구하시오.

16 함수 $f(x) = e^x - 3$이고 $g(x) = 2x^2 + 3x - 5$일 때, 두 함수의 합성함수 $h(x) = f(g(x))$의 도함수 $h'(1)$을 구하시오.

① 5 ② 6 ③ 7 ④ 8 ⑤ 9

17 함수 $f(x) = \ln(1 + e^x)$일 때, $f'(0)$을 구하시오.

① $\frac{5}{2}$ ② $\frac{3}{2}$ ③ $\frac{1}{2}$ ④ 1 ⑤ 2

10 미분 2

학습목표

- 다변수 함수의 미분인 편미분의 개념을 학습한다.
- 전미분의 개념을 이해한다.
- 다변수 합성함수의 연쇄법칙 개념과 미분을 이해한다.
- 네이피어의 수와 자연대수의 의미를 이해한다.
- 로그함수와 지수함수의 도함수를 구하는 방법을 학습한다.
- 시그모이드함수의 개념을 이해하고 활성함수의 의미를 파악한다.
- 경사하강법의 개념을 이해하고 학습한다.
- 그래디언트의 개념을 이해한다.
- 경사하강법 알고리즘을 활용한 극솟값과 최솟값 구하는 방법을 학습한다.

학습목차

10.1 편미분

가장 간단한 형태의 신경망은 뉴런이 2개인 신경망이다. 편미분은 다변수 함수에서 특정한 변수에 대해서만 미분을 하는 것이다. 인공지능에서 하나의 매개변수의 변화가 전체에 미치는 영향을 알아보는 데 편미분이 필요하다. 따라서 2개의 변수에 의해 결정되는 함수에 대해 알아볼 필요가 있다. 이번 기회에 함수의 정의역과 치역에 사용되는 공간의 차원에 따라 어떠한 형태의 함수가 되는지 알아보자. 아래 그림 10.1은 3개의 입력(x_1, x_2, x_3)과 한 개의 출력 y로 구성된 뉴런 모델이다. 입력변수에 가중치 w_i, $i = 1, 2, 3$을 곱해서 합한 뒤에 이를 활성화함수 σ로 처리한 값이 출력 y이다.

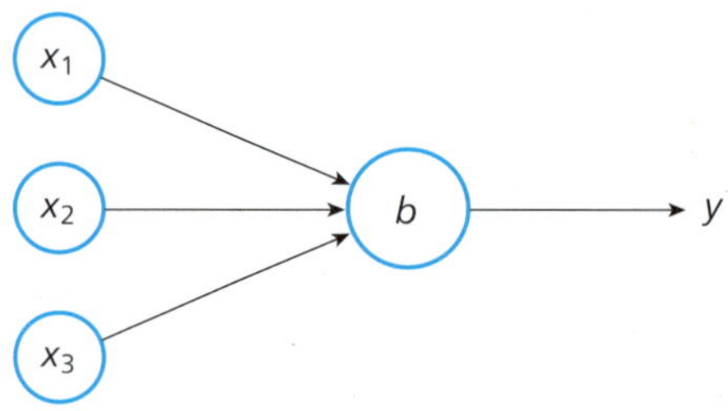

그림 10.1 인공신경망의 예

이를 수식으로 표현하면

$$z = b + w_1x_1 + w_2x_2 + w_3x_3 \tag{10.1}$$

$$y = \sigma(z) \tag{10.2}$$

가 된다. 수식 (10.1)에 나타난 b는 **바이어스**(bias)라고 하는데 그림 10.1에는 나타내지 않았다. 이는 학습자가 현재까지 접해보지 않았던 상황에서 정확한 예측을 하기 위해 사용하는 추가적인 가정(additional assumptions)이기 때문이다. 수식 (10.2)에 나타난 함수 σ는 활성화함수(activation function)라고 하는데 출력값을 인공신경망에 적합하게 변경시켜주는 역할을 한다. 딥러닝에서는 가중치와 바이어스의 값을 적절히 조절하여 원하는 학습된 결과인 y값을 얻는 게 목적이다.

여기서 우리는 인공신경망의 자세한 내용을 설명하려고 하는 것이 아니라 수식 (10.1)과 (10.2)로 표현되는 인공신경망의 함수적인 구조에 대해 알아보려고 한다. 수식 (10.1)은 변수가 3개인 삼변수 함수이다. 또한 y는 활성화함수 σ와 함수 z의 합성함수로 표현되어 있다는 점에 유의하자. 즉, $y = \sigma \circ z(x_1, x_2, x_3)$이다. 인공신경망에서 주어진 데이터를 입력하면서 오른쪽으로 전달하면 데이터 최적화가 잘 이뤄지지 않는다. 따라서 결괏값에 오차가 발생하게 되는데 이러한 오차를 최소화하는 작업이 필요하다. 이때 사용하는 기법 중 하나가 경사하강법이다. 경사하강법을 적용하려면 반드시 그래디언트(gradiant)를 계산해야 하는데 이 계산에 필요한 개념이 바로 편미분이다. 따라서 편미분 개념을 이해하기 위해 먼저 일변수 함수의 미분 개념을 복습하고 다변수이면서 실숫값을 갖는 함수에 대한 편미분과 다변수이면서 벡터값을 갖는 함수에 대한 편미분으로 확장하면서 이해의 폭을 넓혀가기로 한다.

일변수와 다변수 함수

함수는 하나의 집합에서 다른 집합으로의 매핑 규칙이다. 그래서 독립변수들의 공간을 정의역이라 하고, 독립변수의 함숫값들이 들어가게 되는 공간을 공역이라고 한다. 편의상 함수 f가 실수 전체의 집합 $\boldsymbol{R}$에서 $\boldsymbol{R}$으로의 함수라고 할 때 정의역과 공역 모두 $\boldsymbol{R}$이다. 치역은 함수가 주어졌을 때 함수의 정의역에 대한 이미지인 $\{f(x) | x \in \boldsymbol{R}\}$을 말한다. 예를 들어 함수 $f(x) = x^2 + 3$이라고 한다면 f는 모든 실수에 대해 정의되므로 정의역은 $\boldsymbol{R}$이라고 할 수 있다. 여기서 공역은 $\boldsymbol{R}$이라고 해도 무방하고, $\boldsymbol{R}^+ = [0, \infty)$라고 해도 무방하다. 여기서 f의 치역은 $\{y | y \geq 3\} = [3, \infty)$이다. 공역과 치역의 차이점을 정확히 알아두기를 바란다.

하나의 함수 f를 정의하기 위해 먼저 함수 f의 공역은 실수 공간 $\boldsymbol{R}$이라고 하자. 이때 함수 f의 정의역 공간의 차원이 $\boldsymbol{R}$처럼 1차원일 때 해당 함수를 일변수 함수라고 한다. 반면에 정의역 공간이 $\boldsymbol{R}^2 = \boldsymbol{R} \times \boldsymbol{R}$같은 2차원 공간이면 해당 함수를 이변수 함수라고 한다. 그리고 정의역 공간이 $\boldsymbol{R}^n = \boldsymbol{R} \times \ldots \times \boldsymbol{R}$같은 다차원 공간일 때 해당 함수를 n-변수 함수라고 한다. 일반적으로 변수가 여러 개인 함수를 다변수 함수라고 한다. 예를 들어

$$f(x) = x^2 + \sqrt{x}$$

는 일변수 함수이다. 다음과 같이 정의역이 2차원 공간인 함수

$$f(x_1, x_2) = x_1^2 + x_2^2$$

은 이변수 함수이다. 그리고 정의역이 다차원 공간인 함수

$$f(x_1, x_2, \ldots, x_n) = x_1x_2 + x_2x_3 + \ldots + x_{n-1}x_n$$

는 독립변수가 n개인 n-변수 함수이다.

여기서 정의한 다변수 함수의 결과는 모두 실숫값이므로 이러한 함수는 실함수(real-valued function) 또는 실수함수라고 한다.

실함수는 다음과 같이 명칭을 붙이며 기호로 나타낸다.

- 일변수 실함수

$$\begin{aligned} f: \boldsymbol{R} &\to \boldsymbol{R} \\ x &\mapsto f(x) \end{aligned}$$

- 이변수 실함수

$$\begin{aligned} f: \boldsymbol{R}^2 &\to \boldsymbol{R} \\ (x, y) &\mapsto f(x, y) \end{aligned}$$

- 다변수 실함수

$$\begin{aligned} f: \boldsymbol{R}^n &\to \boldsymbol{R} \\ (x_1, x_2, \ldots, x_n) &\mapsto f(x_1, x_2, \ldots, x_n) \end{aligned}$$

삼변수 실함수의 예로

$$z = f(x, y, z) = xy + yz + zx \tag{10.3}$$

를 보자. 수식 (10.3)에 나타낸 함수의 함숫값 몇 개를 살펴보자. 우선 $f(0, 0, 0) = 0$이고, $f(1, 0, 0) = 0$, $f(0, 1, 0) = 0$ $f(0, 0, 1) = 0$이며, $f(1, 1, 0) = f(1, 0, 1) = f(0, 1, 1) = 1$이며, $f(1, 1, 1) = 3$, $f(1, 1, -1) = -1$, $f(1, -1, 1) = -1$, $f(-1, 1, 1) = -1$이다. 삼변수 실함수를 3차원에 하나의 그래프로 표현하기 어렵지만 다음 그림 10.2와 같이 공역을 분리해서 나타낼 수는 있다.

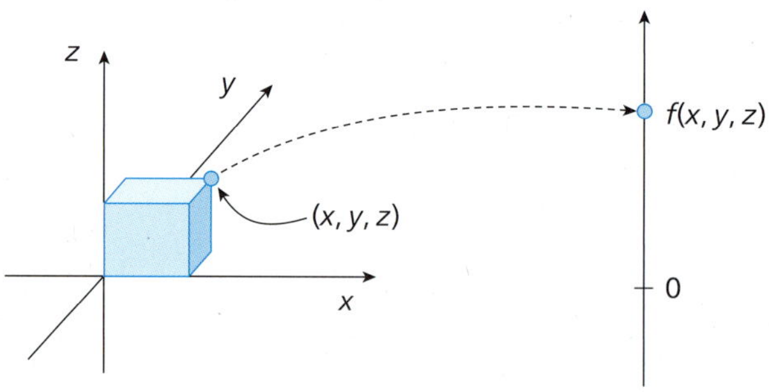

그림 10.2 삼변수 실함수

일변수 함수의 예

일반적으로 고등학교와 대학교 저학년까지 배우는 대부분의 함수는 다항함수, 무리함수(root

function), 유리함수(rational function), 삼각함수, 지수함수, 로그함수로서 모두 일변수 실함수로 구성된다. 이러한 함수들을 보통 닫힌 유형(closed form)의 함수라고 한다. 이 함수들에 대해서는 많은 연구가 이뤄져서 이를 이용하면 기존에 연구된 여러 가지 기법들을 인용할 수 있는 장점이 있다. 하지만 인공지능에서 모델로 제시되는 함수는 비선형함수로서 이러한 닫힌 유형이 아닌 경우가 대부분이다.

다변수 함수의 예

이변수 실함수를 3차원 공간상에 그래프로 표현해보면 xy-평면 위쪽에 펼쳐진 곡면으로 나타난다. 하지만 삼변수 실함수의 경우에는 현실적으로 3차원 공간에 표현할 수 없다. 이변수 함수의 예로 $z = f(x, y) = x^2 + y^2$을 살펴보면 이는 다음과 같이 그래프로 나타낼 수 있다.

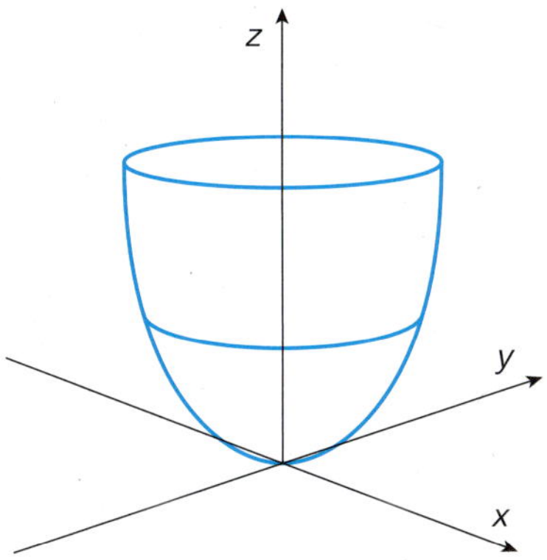

그림 10.3 $z = x^2 + y^2$의 그래프

벡터함수

이번에는 공역에 해당하는 공간에 변화를 주어보자. 함수 f의 정의역은 $\boldsymbol{R}$이지만 다음과 같이 정의된다고 하자.

$$f(x) = (f_1(x), f_2(x))$$

즉 정의역의 변수는 한 개이지만 이 한 개의 변수에 종속변수로 나타나는 값이 2차원 벡터 형태이다. 예를 들어

$$f(x) = (\sin x, \cos x)$$

라고 한다면 $f(0) = (0, 1), f(\pi/2) = (1, 0), f(\pi) = (0, -1), \ldots$인 2차 벡터함수이다. 이러한 함수를 일변수 2차 벡터함수라고 한다. 일반적으로 독립변수의 수가 복수개인 다차 벡터함수도

다음과 같이 정의할 수 있다.

$$f(x_1, x_2, \ldots, x_n) = (f_1(x_1, x_2, \ldots, x_n), f_2(x_1, x_2, \ldots, x_n), \ldots, f_m(x_1, x_2, \ldots, x_n))$$

이 함수는 $\boldsymbol{R}^n$에서 $\boldsymbol{R}^m$ 공간으로의 다변수 다차원 벡터함수이다. 예를 들어

$$f(x_1, x_2) = (f_1(x_1, x_2), f_2(x_1, x_2), f_3(x_1, x_2)) = (x_1^2 + x_2, x_1 + x_2^2, x_1^2 + x_2^2)$$

은 이변수 3차원 벡터함수이다. 이러한 벡터함수를 다음과 같은 방식으로 나타낸다.

- 일변수 m차 벡터함수

$$\begin{aligned} f = (f_1, f_2, \ldots, f_m)&: \boldsymbol{R} \to \boldsymbol{R}^m \\ x &\mapsto f(x) = (f_1(x), f_2(x), \ldots, f_m(x)) \end{aligned}$$

- n변수 m차 벡터함수

$$\begin{aligned} f = (f_1, f_2, \ldots, f_m)&: \boldsymbol{R}^n \to \boldsymbol{R}^m \\ (x_1, x_2, \ldots, x_n) &\mapsto f(x_1, x_2, \ldots, x_n) = (f_1(x_1, \ldots, x_n), \ldots, f_m(x_1, \ldots, x_n)) \end{aligned}$$

다음 그림 10.4와 같은 2계층 인공신경망을 생각해보자.

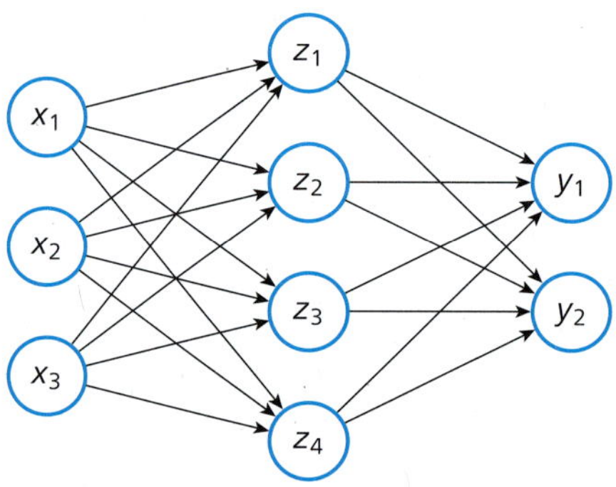

그림 10.4 2계층 인공신경망

입력값 x_1, x_2, x_3으로부터 2층 신경망의 값은 다음과 같은 수식 (10.4)와 (10.5)로 표현할 수 있다.

$$\begin{aligned} u_1 &= b_{11} + w_{11}x_1 + w_{12}x_2 + w_{13}x_3 \\ u_2 &= b_{12} + w_{21}x_1 + w_{22}x_2 + w_{23}x_3 \\ u_3 &= b_{13} + w_{31}x_1 + w_{32}x_2 + w_{33}x_3 \\ u_4 &= b_{14} + w_{41}x_1 + w_{42}x_2 + w_{43}x_3 \end{aligned} \tag{10.4}$$

$$
\begin{aligned}
z_1 &= \sigma(u_1) \\
z_2 &= \sigma(u_2) \\
z_3 &= \sigma(u_3) \\
z_4 &= \sigma(u_4)
\end{aligned} \tag{10.5}
$$

수식 (10.4)와 (10.5)를 살펴보면 다음 수식 (10.6)과 같이 벡터함수로 나타낼 수 있다.

$$
\begin{aligned}
\boldsymbol{u} &= \boldsymbol{W}\boldsymbol{x} + \boldsymbol{b} \\
\boldsymbol{z} &= \sigma(\boldsymbol{u})
\end{aligned} \tag{10.6}
$$

여기서

$$
\boldsymbol{u} = \begin{pmatrix} u_1 \\ u_2 \\ u_3 \\ u_4 \end{pmatrix}, \boldsymbol{x} = \begin{pmatrix} x_1 \\ x_2 \\ x_3 \end{pmatrix}, \boldsymbol{b} = \begin{pmatrix} b_1 \\ b_2 \\ b_3 \\ b_4 \end{pmatrix}, \boldsymbol{z} = \begin{pmatrix} z_1 \\ z_2 \\ z_3 \\ z_4 \end{pmatrix}
$$

이고

$$
\boldsymbol{W} = \begin{pmatrix} w_{11} & w_{12} & w_{13} \\ w_{21} & w_{22} & w_{23} \\ w_{31} & w_{32} & w_{33} \\ w_{41} & w_{42} & w_{43} \end{pmatrix}, \sigma(\boldsymbol{u}) = \begin{pmatrix} \varphi(u_1) \\ \varphi(u_2) \\ \varphi(u_3) \\ \varphi(u_4) \end{pmatrix}
$$

이다. 여기서 φ는 활성화함수이다. 함수적인 측면에서 수식 (10.6)을 살펴보면, 함수 $\boldsymbol{u} : \boldsymbol{R}^3 \to \boldsymbol{R}^4$는 삼변수 4차 벡터함수이다. 또한 $\boldsymbol{z} = \boldsymbol{\sigma} \circ \boldsymbol{u}$는 삼변수 4차 벡터함수 $\boldsymbol{u}$와 4변수 4차 벡터함수 $\boldsymbol{\sigma}$의 합성함수이다.

수식 (10.6)은 위의 그림 10.4에서 첫 번째 열을 입력값으로 나타낸 뒤 두 번째 열을 출력하는 과정을 표현한 것이다. 그러면 이와 동일한 방법으로 두 번째 열을 입력값으로 하고 세 번째 열을 출력하는 과정을 수식 (10.6)처럼 나타내보기로 하자. 이 경우에 수식 (10.6)에서 사용했던 행렬 $\boldsymbol{W}$는 다른 가중치가 되어야 하므로 이를 $\boldsymbol{W}^*$로 변경하고 바이어스도 다른 값이어야 하므로 $\boldsymbol{b}$를 $\boldsymbol{b}^*$로 변경해보자. 그러면 출력이

$$
\boldsymbol{y} = \begin{pmatrix} y_1 \\ y_2 \end{pmatrix}
$$

이므로 수식 (10.6)에 대응되는 수식은 아래 수식 (10.7)과 같다.

$$\boldsymbol{u}^* = \boldsymbol{W}^*\boldsymbol{z} + \boldsymbol{b}^*$$
$$\boldsymbol{y} = \sigma(\boldsymbol{u}^*) \tag{10.7}$$

수식 (10.7)을 풀어 써보면 출력 y_1, y_2는 다음과 같은 수식 (10.8)과 (10.9)로 나타낼 수 있다.

$$\begin{aligned} u_1^* &= b_1^* + w_{11}^* z_1 + w_{12}^* z_2 + w_{13}^* z_3 + w_{14}^* z_4 \\ u_2^* &= b_2^* + w_{21}^* z_1 + w_{22}^* z_2 + w_{23}^* z_3 + w_{24}^* z_4 \end{aligned} \tag{10.8}$$

$$\begin{aligned} y_1 &= \sigma(u_1^*) \\ y_2 &= \sigma(u_2^*) \end{aligned} \tag{10.9}$$

그림 10.4에서 $\boldsymbol{z}$로 표현되는 두 번째 열인 층을 은닉층이라고 하는데 입력과 이 은닉층에 속한 유닛 간의 결합은 모두 $4 \times 2 = 8$개이며, 하나하나의 결합마다 각각 다른 가중치

$$w^* = \left\{ w_{ij}^* \middle| j = 1, 2,\ i = 1, 2, 3, 4 \right\}$$

가 주어진다. 그래서

$$y_j = \sigma\left(\sum_{i=1}^{4} w_{ij}^* z_i^* + b_j^* \right),\ j = 1, 2 \tag{10.10}$$

가 된다. 수식 (10.10)에 나타난 b_j^*는 두 번째 은닉층에 적용되는 바이어스 $\boldsymbol{b}^*$의 j번째 성분이다.

수식 (10.7)을 좀 더 자세히 나타내면

$$\boldsymbol{u}^* = \begin{pmatrix} u_1^* \\ u_2^* \end{pmatrix},\ \boldsymbol{z} = \begin{pmatrix} z_1 \\ z_2 \\ z_3 \\ z_3 \end{pmatrix},\ \boldsymbol{b}^* = \begin{pmatrix} b_1^* \\ b_2^* \end{pmatrix},\ \boldsymbol{y} = \begin{pmatrix} y_1 \\ y_2 \end{pmatrix}$$

이고

$$\boldsymbol{W}^* = \begin{pmatrix} w_{11}^* & w_{12}^* & w_{13}^* & w_{14}^* \\ w_{21}^* & w_{22}^* & w_{23}^* & w_{24}^* \end{pmatrix},\ \sigma(\boldsymbol{u}^*) = \begin{pmatrix} \sigma(u_1^*) \\ \sigma(u_2^*) \end{pmatrix}$$

이다. 첨자 '*'를 붙인 이유는 가중치나 바이어스 값이 층별로 달라지기 때문에 구별하기 위해 사용하였다. 그림 10.4의 2계층 신경망에서는 이처럼 구분만 할 수 있으면 되었다. 하지만 은닉층이 점점 많아져서 층을 구분하고자 할 때는 '*' 대신에 층수를 나타내는 첨자 '(n)'을 사용해야 한다. 예를 들어 $\boldsymbol{u}^*$ 대신에 $\boldsymbol{u}^{(2)}$, $\boldsymbol{u}^{(3)}$ 등으로 층수를 나타내어 구별해야 해당 수식이 어느 계

층에서의 입출력 값을 나타내고 있는지 명확히 표현할 수 있다.

이처럼 인공신경망을 구성하는 데에는 다변수 벡터함수가 필요하다. 따라서 다변수 벡터함수에 대한 기초적인 수학 지식을 알아야 이들 함수를 자유자재로 다룰 수 있다. 제일 먼저 일변수 실함수의 미분에 대응되는 개념을 확장해보자.

편미분

편미분이란 위에서 정의한 일변수 실함수만 제외하고, 다변수 실함수, 다변수 벡터함수 모두에 해당하는 미분 방법이다. 변수가 복수개이지만 이 중 하나의 변수만 변수로 보고 나머지는 상수로 취급하여 미분하는 방법이 **편미분**(partial derivative)이다. 다음 절에서 배우게 될 **전미분**(total derivative)과는 다른 개념이다. 편미분은 벡터 계산이나 미분기하학 등에 사용되며, 인공지능의 딥러닝에서 복수개의 뉴런을 가진 다층 신경망 분석에 활용된다.

편미분의 개념을 이해하기 위해 가장 간단한 변수가 2개인 함수를 생각해보자. 함수 $z = f(x, y)$로 편의상 두 개의 변수를 x와 y라고 하자. 먼저 변수 y를 상수로 간주하고 변수 x에 대하여 미분을 해보자. 보통 도함수를 구할 때 d/dx라고 표기하였는데, 여기서는 한 개의 변수에 대해서만 미분을 하는 것이므로 이를 구별하기 위해 $\partial/\partial x$라고 표기한다. 즉 x를 제외한 다른 변수인 y는 상수로 간주하고 미분계수를 구한다는 의미이다.

$$\frac{\partial}{\partial x} f(x, y) = \lim_{h \to 0} \frac{f(x + h, y) - f(x, y)}{h} \tag{10.11}$$

를 x에 대한 함수 f의 편미분이라고 한다. 극한값이 존재할 때 이를 다음 수식 (10.12)와 같이 다양하게 표현한다.

$$\frac{\partial}{\partial x} f \text{ 또는 } \frac{\partial f}{\partial x} \tag{10.12}$$

하지만 많은 책이나 문서에서 f', f_x, $\partial_x f$, $D_x f$, $D_1 f$ 등으로 표기하기 때문에 혼동하지 말기를 바란다.

예를 통해 편미분 개념을 좀 더 확실히 파악해보자. 함수 $z = f(x, y) = -x^2 + xy - y^2$이라고 하자. 여기서 x에 대한 편미분을 구해보자. 편미분의 정의에서 y를 상수로 간주하고 x에 대해서만 미분을 하면 된다. 따라서

$$\frac{\partial f}{\partial x}(x, y) = -2x + y$$

이다. 또한 y에 대하여 편미분을 해보면

$$\frac{\partial f}{\partial y}(x, y) = x - 2y$$

이다.

편미분의 기하학적 의미에 대해 알아보기 위해 다음 그림 10.5를 살펴보자.

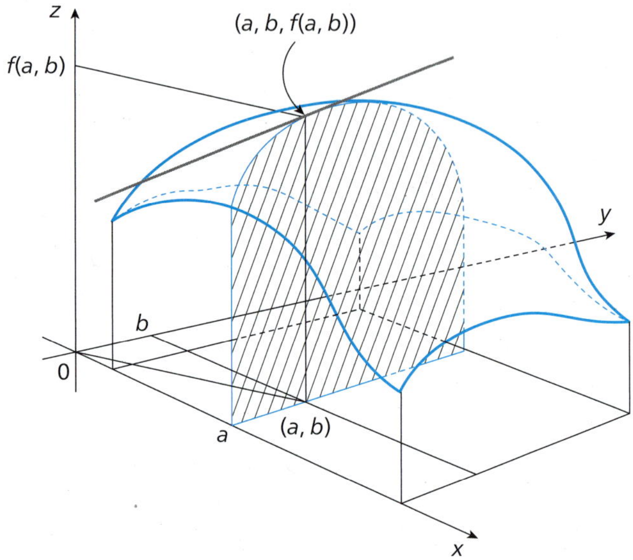

그림 10.5 편미분의 개념

그림 10.5에서 함수 $z = f(x, y)$는 xy-평면상에 정의된 표면함수이다. 점 (a, b)에서 $x = a$를 상수로 놓고 $y = b$에서 미분계수를 구하면 편미분값

$$\frac{\partial f}{\partial y}(a, b) = \lim_{h \to 0} \frac{f(a, b+h) - f(a, b)}{h} \tag{10.13}$$

를 구할 수 있다. 수식 (10.13)의 값은 그림에서 함수 표면상 점 $(a, b, f(a, b))$에서 y축과 평행한 방향으로의 접선의 기울기이다.

여기서 $x = a$로 고정되어 있으므로 함수 $f(x, y)$를 일변수 함수로 간주할 수 있다. 두 개의 변수 중에서 한 변수 $x = a$가 상수인 함수를 $f_a(y)$라고 놓을 수 있다. 즉, 함수

$$f_a(y) = f(a, y)$$

는 y를 변수로 갖는 일변수 함수이다. 동일한 방법으로 $y = b$가 상수로 고정된 경우에는

$$f_a(x) = f(x, b)$$

라고 정의할 수 있다.

변수가 n개인 다변수 함수 $z = f(x_1, x_2, \ldots, x_n)$일 경우에도 마찬가지로 $x_1 = a$인 상수인 경우에

$$f_a(x_2, \ldots, x_n) = f(a, x_2, \ldots, x_n)$$

라고 정의하면 f_a는 원래 함수보다 차원이 1이 낮은 $n - 1$변수 함수가 된다. 하지만 그냥 f_a라고 표현하면 몇 번째 변수가 상수로 지정되었는지 명확히 알 수 없기 때문에 i번째 변수 x_i를 상수로 간주한 표현을 다음과 같이 나타내기도 한다.

$$f_{x_i}(x_1, x_2, \ldots, x_{i-1}, x_{i+1}, \ldots, x_n)$$

사실 그림 10.5에서 $x = a$인 평면으로 y-축과 평행하고 xy-평면에 수직인 면에 그래프를 그려보면 다음 그림 10.6과 같고 점 (a, b)에서 함수 $f_a(x)$의 미분값이다.

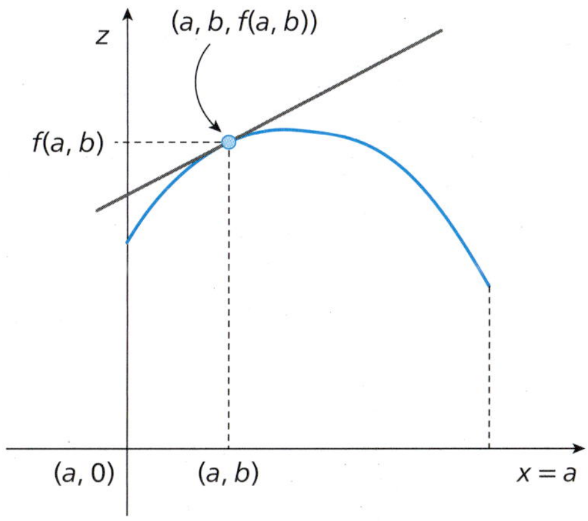

그림 10.6 평면 $x = a$상의 편미분

변수의 개수가 3개 이상인 다변수 함수일 경우에는 그림으로 나타낼 수 없으므로 편미분을 추상적으로 상상해볼 수 있다.

편미분 구하기

예제 10.1

다음 함수의 x에 대한 편미분과 y에 대한 편미분을 각각 구해보자.

$$f(x, y) = 2x^3 + 4x^2y - 3xy^2 + 7y^3$$

풀이

x에 대한 편미분은

$$\frac{\partial}{\partial x}f(x, y) = 6x^2 + 8xy - 3y^2$$

이다. 편미분에 의해 구해진 함수를 편도함수라고 한다.

y에 대한 편미분은

$$\frac{\partial}{\partial y}f(x, y) = 4x^2 - 6xy + 21y^2$$

이다. x값을 고정했을 때, y의 변화에 대한 $f(x, y)$의 변화의 비율이다. 편미분을 이용하여 특정 매개변수의 미세한 변화가 결과에 미치는 영향을 예측할 수 있다.

예제 10.2

다음 함수의 x에 대한 편미분과 y에 대한 편미분을 구해보자.

$$f(x, y) = x^2(y - 2)^3$$

풀이

$$\frac{\partial}{\partial x}f(x, y) = 2x(y - 2)^3, \frac{\partial}{\partial y}f(x, y) = 3x^2(y - 2)^2$$

위의 풀이를 파이썬 코드로 구현해보자.

In

```
from sympy import symbols, diff

x, y = symbols('x y', imaginary = True)
f = (x**2)*(y-2)**3      # 함수
dfdx = diff(f, x)        # x에 대한 편미분
dfdy = diff(f, y)        # y에 대한 편미분

print(dfdx)
print(dfdy)
```

Out

```
2*x*(y-2)**3
3*x**2*(y-2)**2
```

도전문제

문제 10.1

다음 함수의 x에 대한 편미분과 y에 대한 편미분을 구하시오.

$$f(x, y) = \frac{1}{5}(x^2 - 2xy) + 7$$

풀이

x에 대한 편미분은

$$\frac{\partial}{\partial x} f(x, y) = \frac{2}{5}x - \frac{2y}{5} = \frac{2}{5}(x - y)$$

이고 y에 대한 편미분은

$$\frac{\partial}{\partial y} f(x, y) = \frac{2}{5}x$$

이다.

위의 풀이를 파이썬 코드로 구현해보자.

In

```
from sympy import symbols, diff

x, y = symbols('x y', imaginary = True)
f = (1y5)*(x**2 - 2*x*y) + 7      # 함수
dfdx = diff(f, x)                 # x에 대한 편미분
dfdy = diff(f, y)                 # y에 대한 편미분

print(dfdx)
print(dfdy)
```

Out

```
0.4*x - 0.4*y
-0.4*x
```

10.2 전미분

전미분(total derivative)은 다변수 함수에서 독립변수에 대한 작은 변화의 양이 전체의 변화에 얼마만큼 변화를 주는지 측정할 수 있는 값이다. 전미분은 다변수 함수의 증분의 주요한 선형적인 부분이다. 변수 하나의 변화만 생각하는 편미분과는 다르게 모든 변수의 변화를 반영한 변화의 양이다.

전미분의 정의는 다변수 함수 $f: \boldsymbol{R}^n \rightarrow \boldsymbol{R}$의 한 점 $\boldsymbol{x} = (x_1, x_2, \ldots, x_n)$에서 정의된다. 전미분은 df로 나타내며

$$df = \frac{\partial f}{\partial x_1}dx_1 + \frac{\partial f}{\partial x_2}dx_2 + \ldots + \frac{\partial f}{\partial x_n}dx_n = \sum_{i=1}^{n} \frac{\partial f}{\partial x_i}dx_i \tag{10.14}$$

라고 정의된다. dx_i는 변수 x_i의 증가치이고, $\partial f/\partial x_i$는 f의 x_i에 대한 편미분이다.

다만 이 값은 다음 조건을 만족해야만 한다.

$$\lim_{\Delta x \to 0} \frac{\Delta f - df}{\Delta x} = 0$$

전미분 df는 $\boldsymbol{dx} = (dx_1, \ldots, dx_n)$에 종속되어 결정된다. 반면에 편미분 $\partial f/\partial x_i$는 dx_i에만 종속된 값을 갖는다. 만약 함수 f가 정의되는 정의역 모든 점에서 f의 전미분이 존재한다면 f가 전미분 가능하다고 한다.

전미분을 이용하면 다변수 함수의 미세한 변화량을 각 변수에 의한 편미분과 각 변수별 미세한 변화의 양을 통해 구할 수 있다. 인공지능에서는 많은 매개변수를 갖는 다변수 함수를 처리해야 할 때가 많은데 이 경우에 미세한 변화량을 측정하기 위해 전미분을 사용한다.

전미분 구하기

예제 10.3

다음 함수의 $(x, y) = (1, 1)$에서 전미분을 구해보자.

$$f(x, y) = x^2(y-2)^3$$

풀이

먼저 편미분을 구하면

$$\frac{\partial f}{\partial x} = 2x(y-2)^3 \text{이고} \quad \frac{\partial f}{\partial y} = 3x^2(y-2)^2$$

이므로 $(x, y) = (1, 1)$에서의 편미분은 각각

$$\frac{\partial f}{\partial x} = -2, \frac{\partial f}{\partial y} = 3$$

이다.

따라서 전미분은

$$df = \frac{\partial f}{\partial x}dx + \frac{\partial f}{\partial y}dy = -2dx + 3dy$$

이다.

도전문제

문제 10.2

다음 함수의 $(x, y) = (1, 2)$에서

$$dx = \frac{1}{100} \text{이고} \quad dy = \frac{1}{100}$$

일 때 전미분을 구하시오.

$$f(x, y) = \frac{1}{5}(x^2 - 2xy) + 7$$

풀이

먼저 편미분을 구하면

$$\frac{\partial f}{\partial x} = \frac{1}{5}(2x - 2y) \text{이고} \quad \frac{\partial f}{\partial y} = -\frac{2}{5}x$$

이므로 $(x, y) = (1, 2)$에서의 편미분은 각각

$$\frac{\partial f}{\partial x} = -\frac{2}{5}, \frac{\partial f}{\partial y} = -\frac{2}{5}$$

이다. 따라서 전미분은

$$df = -\frac{2}{5} \cdot \frac{1}{100} + \left(-\frac{2}{5}\right) \cdot \frac{1}{100} = -\frac{-4}{100} = -\frac{1}{125}$$

이다.

전미분의 기하학적 의미

전미분의 개념을 기하학적으로 이해하면 추상적으로 정의된 개념이 좀 더 명확해질 수 있다. 우선 일변수 함수의 경우에 한 점에서의 **미분**(differential)의 의미를 먼저 알아보자. 함수 $y = f(x)$가 정의되었다고 하자. 미분을 학습할 때 그림을 상기해보자.

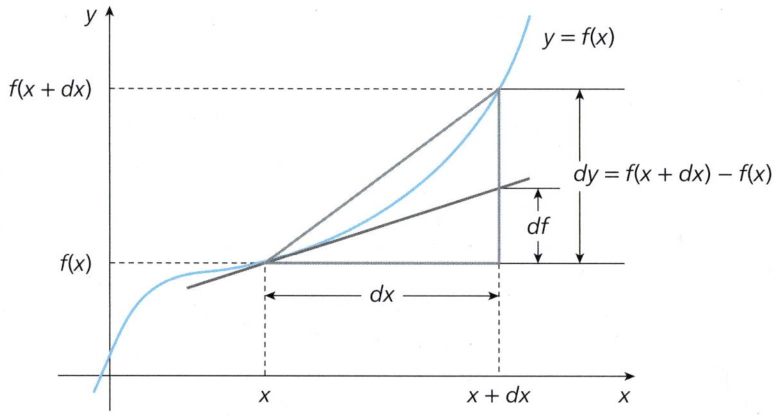

그림 10.7 미분의 개념

위의 그림 10.7에서

$$\frac{df}{dx} = f'(x)$$

이고 이것은 $(x, f(x))$에서의 접선의 기울기이다. 실제로 df/dx를 분수로 보면 안 되지만

$$df = f'(x)dx \tag{10.15}$$

라고 정의하고 이를 $(x, f(x))$에서의 미분이라고 정의한다. 이 값은 위의 그림에 나타낸 길이로 정의된다. 만약에 $dx \to 0$으로 접근한다면, $dy \to df$가 된다. 따라서 이 개념을 다른 시각에서

보면, x가 dx만큼 변화하여 $x + dx$가 되었을 때 실제 함숫값의 변화는 $f(x)$부터 $f(x + dx)$까지 변화하므로 변화한 값은 dy이다. dx가 충분히 작은 미세한 값이라고 할 때 이 값의 근삿값으로 df를 택해도 무방해 보인다. 이처럼 인공지능에서 변수의 변화에 따른 실제값의 변화에 대한 근삿값을 미분으로 정의할 수 있다.

이 개념을 이제 이변수 함수로 일반화해보자. 주어진 이변수 함수 $z = f(x, y)$에 대해 전미분을 기하학적으로 표현해보자.

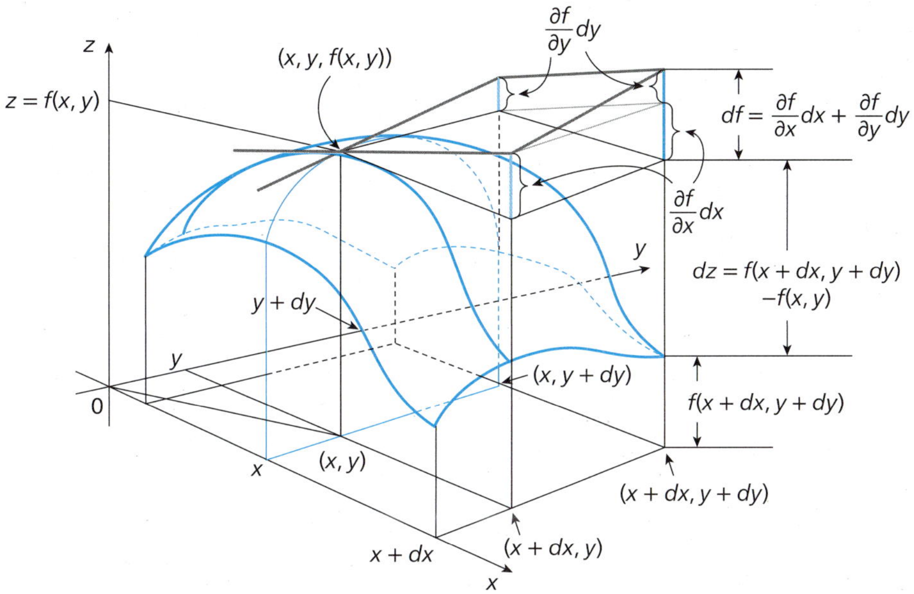

그림 10.8 전미분의 개념

실제로 점 $(x, y, f(x, y))$에서의 그래프와 접하는 접평면은 해당 점 $(x, y, f(x, y))$와 아래의 두점

$$\left(x + dx, y, f(x, y) + \frac{\partial f}{\partial x}dx\right), \quad \left(x, y + dy, f(x, y) + \frac{\partial f}{\partial y}dy\right)$$

를 지나는 평면이다. 점 $(x + dx, y + dy)$를 지나며 z축과 평행한 직선이 이 접평면을 관통하게 되는데, xy-평면에서관통점까지의 거리에서 $f(x, y)$까지의 거리를 뺀 값이 바로 전미분인데 그 값은

$$df = \frac{\partial f}{\partial x}dx + \frac{\partial f}{\partial y}dy$$

이다. 첫 번째 항인

$$\frac{\partial f}{\partial x}dx$$

가 y를 상수로 보았을 때 함수 $z = f(x, y)$는 x만을 변수로 갖는 일변수 함수이고 이 함수에 대한 미분이고, 두 번째 항인

$$\frac{\partial f}{\partial y}dy$$

는 x를 상수로 보았을 때 함수 $z = f(x, y)$는 y만을 변수로 갖는 일변수 함수이고 이에 대한 미분이다. 함수 $z = f(x, y)$의 점 (x, y)에서의 전미분이란 이 두 미분을 합한 값이고 이를 df로 나타냈다.

인공지능의 신경망에서 한 표현이 두 개의 매개변수를 갖는 함수로 구현된다면 매개변수 (x, y)가 미세하게 $(x + dx, y + dy)$로 변화하였을 때 함숫값의 변환은 얼마나 이루어지는지에 대한 dz의 근삿값으로 전미분 df를 취할 수 있다. 즉,

$$dz \simeq df = f_x dx + f_y dy$$

는 일변수 함수의 경우에 근삿값을 구하는 방법인 수식 (10.15)에 대응되는 이변수 함수의 근삿값을 구하는 방식으로 이해할 수 있다.

전미분식 구하기

다항함수에 대한 전미분식 (10.14)를 증명해보는 대신에 이변수 함수 $z = f(x, y)$에 대해 증명해보자. x의 미세한 변화를 Δx라고 하고 y의 미세한 변화를 Δy라고 하자. 그러면 z의 미세한 변화는 다음과 같이 표현할 수 있다.

$$\begin{aligned}\Delta z &= f(x + \Delta x, y + \Delta y) - f(x, y) \\ &= f(x + \Delta x, y + \Delta y) - f(x, y + \Delta y) + f(x, y + \Delta y) - f(x, y)\end{aligned} \tag{10.16}$$

수식 (10.16)의 양변에서 Δx와 Δy가 매우 작은 수라고 하자. 우선 $y + \Delta y$를 상수라고 간주하면 수식 (10.15)에 의해

$$f(x + \Delta x, y + \Delta y) - f(x, y + \Delta y) = \frac{\partial f}{\partial x}(x, y + \Delta y)dx$$

로 나타낼 수 있다. 또한 x를 상수로 간주하면 수식 (10.15)에 의해

$$f(x, y+\Delta y) - f(x, y) = \frac{\partial f}{\partial y}(x, y)dy$$

로 나타낼 수 있다. 따라서 수식 (10.16)을

$$\begin{aligned}\Delta z &= f(x+\Delta x, y+\Delta y) - f(x, y)\\ &= f(x+\Delta x, y+\Delta y) - f(x, y+\Delta y) + f(x, y+\Delta y) - f(x, y)\\ &= \frac{\partial f}{\partial x}(x, y+\Delta y)dx + \frac{\partial f}{\partial y}(x, y)dy\end{aligned}$$

로 나타낼 수 있다. Δx와 Δy를 한없이 0에 접근시켜보면

$$\begin{aligned}\lim_{\Delta x,\, \Delta y \to 0} \Delta z &= \lim_{\Delta x,\, \Delta y \to 0} \frac{\partial f}{\partial x}(x, y+\Delta y)dx + \lim_{\Delta x,\, \Delta y \to 0} \frac{\partial f}{\partial y}(x, y)dy\\ &= \frac{\partial f}{\partial x}(x, y)dx + \frac{\partial f}{\partial y}(x, y)dy\end{aligned}$$

가 된다. 좌변의 값은 dz이므로 전미분식

$$dz = \frac{\partial f}{\partial x}dx + \frac{\partial f}{\partial y}dy$$

를 구했다. 이 수식을 그림 10.8과 비교해보기를 바란다.

예제 10.4

다음과 같이 주어진 삼변수 함수

$$f(x, y, z) = 2x^3y + 3x^2yz - 4xy^2z^2 + 5yz^3$$

의 전미분식을 구해보자.

풀이

$f_x = 6x^2y + 6xyz - 4y^2z^2, f_y = 2x^3 + 3x^2z - 8xyz^25z^3, f_z = 3x^2y - 8xy^2z + 15yz^2$이므로 전미분식은

$$\begin{aligned}&f_x dx + f_y dy + f_z dz\\ &= (6x^2y + 6xyz - 4y^2z^2)dx + (2x^3 + 3x^2z - 8xyz^2 + 5z^3)dy + (3x^2y - 8xy^2z + 15yz^2)dz\end{aligned}$$

이다.

도전문제

문제 10.3

다음과 같이 주어진 삼변수 함수

$$f(x, y, z) = 2(x-1)^3y + 3y^2(z+2)^2$$

의 전미분식을 구하시오.

풀이

$f_x = 6(x-1)^2y$, $f_y = 2(x-1)^3 + 6y(z+2)^2$, $f_z = 6y^2(z+2)$이므로 전미분식은

$$f_x dx + f_y dy + f_z dz = 6(x-1)^2y dx + (2(x-1)^3 + 6y(z+2)^2)dy + 6y^2(z+2)dz$$

이다.

10.3 다변수 합성함수의 연쇄법칙

앞에서 일변수 함수와 일변수 함수를 합성했을 때 합성함수의 연쇄법칙에 대해 학습하였다. 합성함수는 다변수 함수와 벡터함수에도 적용되는 개념이다. 따라서 이 절에서는 다양한 차원의 다변수 함수와 다차원 벡터함수 간에 적용되는 합성함수에 대한 연쇄법칙에 대해 알아보자. 먼저 변수가 한 개인 벡터함수 F와 다변수 실함수 g를 합성한 일변수 실함수 $g \circ F$에 대한 연쇄법칙을 확인해보자.

- $R \xrightarrow{F} R^2 \xrightarrow{g} R$
- $R \xrightarrow{F} R^m \xrightarrow{g} R$

그다음 변수가 두 개인 벡터함수 F와 다변수 실함수 g를 합성한 일변수 실함수 $g \circ F$에 대한 연쇄법칙을 확인해보자.

- $R^2 \xrightarrow{F} R^2 \xrightarrow{g} R$
- $R^2 \xrightarrow{F} R^m \xrightarrow{g} R$

마지막으로 다변수 다차원 벡터함수 F와 다변수 다차원 벡터함수 G를 합성한 다변수 다차원 벡터함수 $G \circ F$에 대한 연쇄법칙을 확인해보자.

- $R^n \xrightarrow{F} R^m \xrightarrow{G} R^k$

다변수 합성함수의 미분

다변수로 이루어진 합성함수에 연쇄법칙을 적용하여 미분을 구해보자.

일변수 2차원 벡터함수 F와 이변수 실함수 g의 합성함수

먼저 다음의 두 함수를 생각해보자.

- 함수 $F = (f_1, f_2): \mathbf{R} \to \mathbf{R}^2$는 $x \mapsto (f_1(x), f_2(x))$인 일변수 2차 벡터함수이다.
- 함수 $g: \mathbf{R}^2 \to \mathbf{R}$은 $(u, v) \mapsto g(u, v)$인 이변수 실함수이다.

두 함수를 합성해보자. 즉, $z = g \circ F: \mathbf{R} \to \mathbf{R}$인 함수로서 $x \mapsto g(f_1(x), f_2(x))$인 일변수 실함수의 미분을 구해보자. 함수 $z = g(u, v) = g(f_1(x), f_2(x))$이므로 dz/dx를 구해보자. 전미분에 의해

$$dz = \frac{\partial z}{\partial u}du + \frac{\partial z}{\partial v}dv$$

가 성립된다. 양변을 x에 대한 미분을 한다고 하면

$$\frac{dz}{dx} = \frac{\partial z}{\partial u}\frac{du}{dx} + \frac{\partial z}{\partial v}\frac{dv}{dx} = \frac{\partial z}{\partial f_1}\frac{df_1}{dx} + \frac{\partial z}{\partial f_2}\frac{df_2}{dx} \tag{10.17}$$

가 성립된다. 수식 (10.17)을 일반화해보자.

다음의 두 함수를 생각해보자.

- 함수 $F = (f_1, f_2, \ldots, f_m): \mathbf{R} \to \mathbf{R}^m$는 $x \mapsto (f_1(x), f_2(x), \ldots, f_m(x))$인 일변수 m차 벡터함수이다.
- 함수 $g: \mathbf{R}^m \to \mathbf{R}$은 $(u_1, u_2, \ldots, u_m) \mapsto g(u_1, u_2, \ldots, u_m)$인 m변수 실함수이다.

두 함수를 합성해보자. 즉, $z = g \circ F: \mathbf{R} \to \mathbf{R}$인 함수로서 $x \mapsto g(f_1(x), \ldots, f_m(x))$인 일변수 실함수의 미분을 구해보자.

$$\frac{dz}{dx} = \frac{\partial z}{\partial u_1}\frac{du_1}{dx} + \ldots + \frac{\partial z}{\partial u_m}\frac{du_m}{dx} = \sum_{i=1}^{m}\frac{\partial z}{\partial u_i}\frac{du_i}{dx} \tag{10.18}$$

또는

$$\frac{dz}{dx} = \frac{\partial z}{\partial f_1}\frac{df_1}{dx} + \ldots + \frac{\partial z}{\partial f_m}\frac{df_m}{dx} = \sum_{i=1}^{m}\frac{\partial z}{\partial f_i}\frac{df_i}{dx}$$

가 성립된다.

변수가 2개인 2차원 벡터함수 *F*와 이변수 실함수 *g*의 합성함수

이번에는 변수가 복수개인 경우로 확장해보자. 다음의 두 함수를 생각해보자.

- 함수 $F = (f_1, f_2): \mathbf{R}^2 \to \mathbf{R}^2$는 $x \mapsto (f_1(x, y), f_2(x, y))$인 이변수 2차 벡터함수이다.
- 함수 $g: \mathbf{R}^2 \to \mathbf{R}$은 $(u, v) \mapsto g(u, v)$인 이변수 실함수이다.

이 두 함수를 합성해보자. 즉, $z = g \circ F: \mathbf{R}^2 \to \mathbf{R}$인 함수로서 $(x, y) \mapsto g(f_1(x, y), f_2(x, y))$인 이변수 실함수의 미분을 구해보자. 이 경우에는 함수가 이변수 함수이므로 편미분을 구해보자. 우선 x에 대한 편미분 dz/dx를 구해보면

$$\frac{\partial z}{\partial x} = \frac{\partial z}{\partial u}\frac{\partial u}{\partial x} + \frac{\partial z}{\partial v}\frac{\partial v}{\partial x} = \frac{\partial z}{\partial f_1}\frac{\partial f_1}{\partial x} + \frac{\partial z}{\partial f_2}\frac{\partial f_2}{\partial x} \tag{10.19}$$

이다. 또한 y에 대한 편미분 $\partial z/\partial y$를 구해보면

$$\frac{\partial z}{\partial y}=\frac{\partial z}{\partial u}\frac{\partial u}{\partial y}+\frac{\partial z}{\partial v}\frac{\partial v}{\partial y}=\frac{\partial z}{\partial f_1}\frac{\partial f_1}{\partial y}+\frac{\partial z}{\partial f_2}\frac{\partial f_2}{\partial y} \tag{10.20}$$

가 된다.

변수가 n개인 m차원 벡터함수 F와 m변수 실함수 g의 합성함수

다음의 두 함수를 생각해보자.

- 함수 $F=(f_1, f_2, \ldots, f_m)$: $\mathbf{R}^n \to \mathbf{R}^m$은 $(x_1, \ldots, x_n) \mapsto (f_1(x_1, \ldots, x_n), \ldots, f_m(x_1, \ldots, x_n))$인 n변수 m차 벡터함수이다.
- 함수 g: $\mathbf{R}^m \to \mathbf{R}$은 $(u_1, u_2, \ldots, u_m) \mapsto g(u_1, u_2, \ldots, u_m)$인 m변수 실함수이다.

두 함수를 합성해보자. 그러면 $z=g\circ F$: $\mathbf{R}^n \to \mathbf{R}$인 함수로서 $(x_1, \ldots, x_n) \mapsto g(f_1(x_1, \ldots, x_n), \ldots, f_m(x_1, \ldots, x_n))$인 n변수 실함수가 된다. 이제 이 합성함수의 미분을 구해보자. 이 경우에는 함수가 n변수 함수이므로 각각의 n개 변수에 대하여 편미분을 구해보자.

모든 $k=1, 2, \ldots, n$에 대하여

$$\frac{dz}{dx_k}=\frac{\partial z}{\partial u_1}\frac{\partial u_1}{\partial x}+\frac{\partial z}{\partial u_2}\frac{\partial u_2}{\partial x_k}+\ldots+\frac{\partial z}{\partial u_m}\frac{\partial u_m}{\partial x_k}=\sum_{i=1}^{m}\frac{\partial z}{\partial u_i}\frac{\partial u_i}{\partial x_k}$$

가 된다. 즉,

$$\left(\frac{\partial z}{\partial x_1}, \frac{\partial z}{\partial x_2}, \ldots, \frac{\partial z}{\partial x_n}\right)=\left(\sum_{i=1}^{m}\frac{\partial z}{\partial u_i}\frac{\partial u_i}{\partial x_1}, \sum_{i=1}^{m}\frac{\partial z}{\partial u_i}\frac{\partial u_i}{\partial x_2}, \ldots, \sum_{i=1}^{m}\frac{\partial z}{\partial u_i}\frac{\partial u_i}{\partial x_n}\right) \tag{10.21}$$

또는

$$\left(\frac{\partial z}{\partial x_1}, \frac{\partial z}{\partial x_2}, \ldots, \frac{\partial z}{\partial x_n}\right)=\left(\sum_{i=1}^{m}\frac{\partial z}{\partial f_i}\frac{\partial f_i}{\partial x_1}, \sum_{i=1}^{m}\frac{\partial z}{\partial f_i}\frac{\partial f_i}{\partial x_2}, \ldots, \sum_{i=1}^{m}\frac{\partial z}{\partial f_i}\frac{\partial f_i}{\partial x_n}\right)$$

이다.

변수가 n개인 m차원 벡터함수 F와 m변수 k차원 벡터함수 G의 합성함수

다음의 두 함수를 생각해보자.

- 함수 $F=(f_1, f_2, \ldots, f_m)$: $\mathbf{R}^n \to \mathbf{R}^m$은 $(x_1, \ldots, x_n) \mapsto (f_1\ (x_1, \ldots, x_n), \ldots, f_m(x_1, \ldots, x_n))$인 n변수 m차 벡터함수이다.

- 함수 $G = (g_1, g_2, \ldots, g_k)\colon \boldsymbol{R}^m \to \boldsymbol{R}^k$는 $(u_1, \ldots, u_m) \mapsto (g_1(u_1, \ldots, u_m), \ldots, g_k(u_1, \ldots, u_m))$인 m변수 k차원 벡터함수이다.

$z = G \circ F = (g_1(f_1, \ldots, f_m), \ldots, g_k(f_1, \ldots, f_m))$이므로 각각 $j = 1, \ldots, k$에 대하여 함수 g_j와 F의 합성함수는 바로 위에서 정의했던 변수가 n개인 m차원 벡터함수와 m변수 실함수의 합성함수로서

$$\begin{aligned} &g_j \circ F\colon \boldsymbol{R}^n \to \boldsymbol{R} \\ &(x_1, \ldots, x_n) \mapsto g_j(f_1(x_1, \ldots, x_n), \ldots, f_m(x_1, \ldots, x_n)) \end{aligned}$$

이다. 따라서

$$\begin{aligned} \frac{\partial z}{\partial x_1} &= \left(\frac{\partial g_1}{\partial x_1}, \frac{\partial g_2}{\partial x_1}, \ldots, \frac{\partial g_k}{\partial x_1}\right) = \left(\sum_{i=1}^{m} \frac{\partial g_1}{\partial f_i}\frac{\partial f_i}{\partial x_1}, \sum_{i=1}^{m} \frac{\partial g_2}{\partial f_i}\frac{\partial f_i}{\partial x_1}, \ldots, \sum_{i=1}^{m} \frac{\partial g_k}{\partial f_i}\frac{\partial f_i}{\partial x_1}\right) \\ &\cdots \\ \frac{\partial z}{\partial x_j} &= \left(\frac{\partial g_1}{\partial x_j}, \frac{\partial g_2}{\partial x_j}, \ldots, \frac{\partial g_k}{\partial x_j}\right) = \left(\sum_{i=1}^{m} \frac{\partial g_1}{\partial f_i}\frac{\partial f_i}{\partial x_j}, \sum_{i=1}^{m} \frac{\partial g_2}{\partial f_i}\frac{\partial f_i}{\partial x_j}, \ldots, \sum_{i=1}^{m} \frac{\partial g_k}{\partial f_i}\frac{\partial f_i}{\partial x_j}\right) \qquad (10.22) \\ &\cdots \\ \frac{\partial z}{\partial x_n} &= \left(\frac{\partial g_1}{\partial x_n}, \frac{\partial g_2}{\partial x_n}, \ldots, \frac{\partial g_k}{\partial x_n}\right) = \left(\sum_{i=1}^{m} \frac{\partial g_1}{\partial f_i}\frac{\partial f_i}{\partial x_n}, \sum_{i=1}^{m} \frac{\partial g_2}{\partial f_i}\frac{\partial f_i}{\partial x_n}, \ldots, \sum_{i=1}^{m} \frac{\partial g_k}{\partial f_i}\frac{\partial f_i}{\partial x_n}\right) \end{aligned}$$

이다. 이처럼 다변수 합성함수에 대한 편도함수를 연쇄법칙과 전미분을 통해 위와 같이 나타낼 수 있음을 보였다. 인공지능에서는 다변수 합성함수를 처리할 경우에 연쇄법칙을 활용하여 각 변수가 함수에 미치는 영향이 얼마나 되는지 알고 싶을 때가 있다. 이때 수식 (10.22)를 활용할 수 있다.

일변수 2차원 벡터함수와 이변수 실함수의 합성함수의 미분 예

예제 10.5

변수가 1개인 2차원 벡터함수 (u, v)와 이변수 실함수 f의 합성함수 $z = f \circ (u, v)$를 생각해보자.

$$\begin{aligned} z &= 3u^2 + v^2 + uv \\ u &= 5x^2 + 2x - 3 \\ v &= 2x^2 - 2 \end{aligned}$$

합성함수 $z = f(u, v)$의 dz/dx를 구해보자.

풀이

$$\begin{aligned}\frac{dz}{dx} &= \frac{\partial z}{\partial u}\frac{\partial u}{\partial x} + \frac{\partial z}{\partial v}\frac{\partial v}{\partial x} \\ &= (6u+v)(10x+2) + (2v+u)(4x) \\ &= (6(5x^2+2x-3)+(2x^2-2))(10x+2) + (2(2x^2-2)+(5x^2+2x-3))4x \\ &= 356x^3 + 192x^2 - 204x - 40\end{aligned}$$

도전문제

문제 10.4

변수가 2개인 2차원 벡터함수 (u, v)와 이변수 실함수 f의 합성함수 $z = f \circ (u, v)$를 생각해보자.

$$\begin{aligned}z &= f(u, v) = 3u^2 - 4v^2 \\ u &= r^2 + s^2 \\ v &= 3rs\end{aligned}$$

합성함수 $z = f(u, v)$의

$$\frac{\partial z}{\partial r}\text{과 } \frac{\partial z}{\partial s}$$

를 구하시오.

풀이

$$\begin{aligned}\frac{\partial z}{\partial r} &= \frac{\partial z}{\partial u}\frac{\partial u}{\partial r} + \frac{\partial z}{\partial v}\frac{\partial v}{\partial r} = 6u2r + (-8v)3s \\ &= 12(r^2+s^2)r - 24(3rs)s \\ &= 12r^3 - 60rs^2\end{aligned}$$

이고

$$\begin{aligned}\frac{\partial z}{\partial s} &= \frac{\partial z}{\partial u}\frac{\partial u}{\partial s} + \frac{\partial z}{\partial v}\frac{\partial v}{\partial s} = 6u2s + (-8v)3r \\ &= 12(r^2+s^2)\mathrm{s} - 24(3rs)r \\ &= -60r^2s + 12s^3\end{aligned}$$

이다.

문제 10.5

변수가 3개인 4차원 벡터함수 $F = (u_1, u_2, u_3, u_4)$와 사변수 실함수 g의 합성함수 $z = g \circ F(r, s, t)$를 생각해보자.

$$z = g(u_1, u_2, u_3, u_4) = 3u_1^2u_2 - 4u_1u_3 + u_3^2u_4$$

$$\begin{aligned} u_1 &= r^2 + s^2 + t^2 \\ u_2 &= rst \\ u_3 &= r + 2s + 3t \\ u_4 &= 3rs^2t^3 \end{aligned}$$

합성함수 $z = g(u_1, u_2, u_3, u_4) = g \circ F(r, s, t)$의

$$\frac{dz}{dr}\text{과 } \frac{\partial z}{\partial s}, \frac{\partial z}{\partial t}$$

를 구하시오.

풀이

$$\begin{aligned} \frac{\partial z}{\partial r} &= \frac{\partial z}{\partial u_1}\frac{\partial u_1}{\partial r} + \frac{\partial z}{\partial u_2}\frac{\partial u_2}{\partial r} + \frac{\partial z}{\partial u_3}\frac{\partial u_3}{\partial r} + \frac{\partial z}{\partial u_4}\frac{\partial u_4}{\partial r} \\ &= (6u_1u_2 - 4u_3)2r + (3u_1^2)st + (4u_1 + 2u_3u_4) + u_3^2(3s^2t^3) \end{aligned}$$

이고

$$\begin{aligned} \frac{\partial z}{\partial s} &= \frac{\partial z}{\partial u_1}\frac{\partial u_1}{\partial s} + \frac{\partial z}{\partial u_2}\frac{\partial u_2}{\partial s} + \frac{\partial z}{\partial u_3}\frac{\partial u_3}{\partial s} + \frac{\partial z}{\partial u_4}\frac{\partial u_4}{\partial s} \\ &= (6u_1u_2 - 4u_3)2s + (3u_1^2)rt + (4u_1 + 2u_3u_4)2 + u_3^2(6rst^3) \end{aligned}$$

이고

$$\begin{aligned} \frac{\partial z}{\partial t} &= \frac{\partial z}{\partial u_1}\frac{\partial u_1}{\partial t} + \frac{\partial z}{\partial u_2}\frac{\partial u_2}{\partial t} + \frac{\partial z}{\partial u_3}\frac{\partial u_3}{\partial t} + \frac{\partial z}{\partial u_4}\frac{\partial u_4}{\partial t} \\ &= (6u_1u_2 - 4u_3)2t + (3u_1^2)rs + (4u_1 + 2u_3u_4)3 + u_3^2((9rs^2t^2) \end{aligned}$$

이다. 위에서 구한 3개의 식에서 u_1, u_2, u_3, u_4를 주어진 식으로 대체하면 식을 더 간편하게 표현할 수 있다.

이변수 2차원 벡터함수와 이변수 3차원 벡터함수의 합성함수 편미분 예

마지막으로 변수가 n개인 m차원 벡터함수 F와 m변수 k차원 벡터함수 G의 합성함수의 편미분에 대해 알아보자. 여기서는 변수의 개수가 2개인 2차원 벡터함수와 이변수 3차원 벡터함수를 합성한 사례를 들어서 위에 정리했던 편미분을 구해보자.

다음과 같은 이변수 함수와 벡터함수의 합성함수를 생각해보자.

$$z = G(u, v) = (g_1(u, v) = u^3v + 2uv^2,\ g_2(u, v) = uv - v^3,\ g_3(u, v) = 2u^2)$$
$$u = 2rs + s^2$$
$$v = r^2s - rs^2$$

두 함수의 합성함수는 다음과 같이 분해하여 설명할 수 있다.

- 함수 $F = (f_1, f_2): \boldsymbol{R}^2 \to \boldsymbol{R}^2$는 $(r, s) \mapsto (f_1(r, s) = 2rs + s^2), f_2(r, s) = r^2s - rs^2)$인 이변수 2차 벡터함수이다.
- 함수 $G = (g_1, g_2): \boldsymbol{R}^2 \to \boldsymbol{R}^3$은 $(u, v) \mapsto (g_1(u, v) = u^3v + 2uv^2, g_2(u, v) = uv - v^3, g_3(u, v) = 2u^2)$인 이변수 3차원 벡터함수이다.

합성함수 $z = G \circ F(r, s) = (g_1 \circ F(r, s), g_2 \circ F(r, s), g_3 \circ F(r, s))$는 $\boldsymbol{R}^2 \to \boldsymbol{R}^3$으로의 함수로서 먼저

$$\frac{\partial z}{\partial r}\text{과 } \frac{\partial z}{\partial s}$$

를 구해보자. 연쇄법칙을 적용하면

$$\frac{\partial z}{\partial r} = \left(\frac{\partial g_1}{\partial r}, \frac{\partial g_2}{\partial r}, \frac{\partial g_3}{\partial r}\right),$$
$$\frac{\partial z}{\partial s} = \left(\frac{\partial g_1}{\partial s}, \frac{\partial g_2}{\partial s}, \frac{\partial g_3}{\partial s}\right)$$

이고 각 성분은 다음과 같다.

$$\frac{\partial g_1}{\partial r} = \frac{\partial g_1}{\partial u}\frac{\partial u}{\partial r} + \frac{\partial g_1}{\partial v}\frac{\partial v}{\partial r},$$
$$\frac{\partial g_2}{\partial r} = \frac{\partial g_2}{\partial u}\frac{\partial u}{\partial r} + \frac{\partial g_2}{\partial v}\frac{\partial v}{\partial r},$$
$$\frac{\partial g_3}{\partial r} = \frac{\partial g_3}{\partial u}\frac{\partial u}{\partial r} + \frac{\partial g_3}{\partial v}\frac{\partial v}{\partial r}$$

$$\frac{\partial g_1}{\partial s}=\frac{\partial g_1}{\partial u}\frac{\partial u}{\partial s}+\frac{\partial g_1}{\partial v}\frac{\partial v}{\partial s},$$

$$\frac{\partial g_2}{\partial s}=\frac{\partial g_2}{\partial u}\frac{\partial u}{\partial s}+\frac{\partial g_2}{\partial v}\frac{\partial v}{\partial s},$$

$$\frac{\partial g_3}{\partial s}=\frac{\partial g_3}{\partial u}\frac{\partial u}{\partial s}+\frac{\partial g_3}{\partial v}\frac{\partial v}{\partial s}$$

이들을 계산해보면 다음과 같다.

$$\frac{\partial g_1}{\partial r}=\frac{\partial g_1}{\partial u}\frac{\partial u}{\partial r}+\frac{\partial g_1}{\partial v}\frac{\partial v}{\partial r}=(3u^2v+2v^2)(2s)+(u^3+4uv)(2rs-s^2),$$

$$\frac{\partial g_2}{\partial r}=\frac{\partial g_2}{\partial u}\frac{\partial u}{\partial r}+\frac{\partial g_2}{\partial v}\frac{\partial v}{\partial r}=v(2s)+(u-3v^2)(2rs-s^2),$$

$$\frac{\partial g_3}{\partial r}=\frac{\partial g_3}{\partial u}\frac{\partial u}{\partial r}+\frac{\partial g_3}{\partial v}\frac{\partial v}{\partial r}=4u(2s)+0$$

이고

$$\frac{\partial g_1}{\partial s}=\frac{\partial g_1}{\partial u}\frac{\partial u}{\partial s}+\frac{\partial g_1}{\partial v}\frac{\partial v}{\partial s}=(3u^2v+2v^2)(2r+2s)+(u^3+4uv)(r^2-2rs),$$

$$\frac{\partial g_2}{\partial s}=\frac{\partial g_2}{\partial u}\frac{\partial u}{\partial s}+\frac{\partial g_2}{\partial v}\frac{\partial v}{\partial s}=v(2r+2s)+(u-3v^2)(r^2-2rs),$$

$$\frac{\partial g_3}{\partial s}=\frac{\partial g_3}{\partial u}\frac{\partial u}{\partial s}+\frac{\partial g_3}{\partial v}\frac{\partial v}{\partial s}=4u(2r+2s)+0$$

이다. 따라서

$$\begin{aligned}\frac{\partial z}{\partial r}&=\left(\frac{\partial g_1}{\partial r},\frac{\partial g_2}{\partial r},\frac{\partial g_3}{\partial r}\right)\\&=((3u^2v+2v^2)2s+(u^3+4uv)(2rs-s^2),\ 2vs+(u-3v^2)(2rs-s^2),\ 8us)\end{aligned}$$

이고

$$\begin{aligned}\frac{\partial z}{\partial s}&=\left(\frac{\partial g_1}{\partial s},\frac{\partial g_2}{\partial s},\frac{\partial g_3}{\partial s}\right)\\&=((3u^2v+2v^2)(2r+2s)+(u^3+4uv)(r^2-2rs),\ 2v(r+s)+(u-3v^2)(r^2-2rs),\ 8u(r+s))\end{aligned}$$

이다. 마지막 2개의 식에서 u와 v를 $u=2rs+s^2$과 $v=r^2s-rs^2$으로 대체하면 식을 더 간편하게 표현할 수 있다.

10.4 네이피어의 수와 자연대수

로그를 발견한 수학자 네이피어(Napier)의 이름을 딴 네이피어의 수는 **자연로그**(또는 **자연대수**: natural logarithm)의 밑으로 사용되는 무리수인 e이다. e를 네이피어의 수 또는 자연상수라고 하는데 자연상수와 자연대수는 인공지능의 다양한 분야에 응용된다.

네이피어의 수

네이피어의 수보다는 오일러(Euler)의 수로 잘 알려진 수학적 상수 e는 대략 2.7182818284. . . 쯤 되는 수이다. 실제로 이 수는 무리수로서 숫자열을 일일이 나열하는 대신에 원주율을 π라고 표기하듯이 상수 e라고 표기한다. 이 표기를 처음으로 사용한 사람은 오일러이다.

e를 표현하는 방법은 여러 가지가 있다. 먼저 e를 다음과 같이 정의한다.

$$e = \lim_{n \to \infty}\left(1 + \frac{1}{n}\right)^n \tag{10.23}$$

수식 (10.23)의 정의는 원금에 대해 복리 이자를 계산 시 연리 1로 일 년에 이자를 계산하는 횟수를 n번으로 할 경우 총금액이 얼마나 되는지를 계산할 때 등장한다. n을 무한히 늘려서 복리 이자 계산을 무한번 할 경우 총금액은 원금이 1일 경우의 약 2.7배 정도 된다는 결과를 얻을 수 있다.

e를 계산하는 다른 방법으로 무한급수의 합을 사용할 수 있다.

$$e = \sum_{n=0}^{\infty}\frac{1}{n!} = 1 + \frac{1}{1} + \frac{1}{1 \cdot 2} + \frac{1}{1 \cdot 2 \cdot 3} + \ldots$$

또 다른 방법으로 함수 $y = a^x$의 그래프가 $x = 0$에서 기울기가 1이 되는 수 a를 e라고 정의한다. 또는 x에 관한 방정식

$$\int_1^x \frac{1}{t}dt = 1$$

의 해로 정의한다. 즉, 그림 10.9에서 빗금 친 면적이 1이 되도록 하는 x값을 e라고 정의한다.

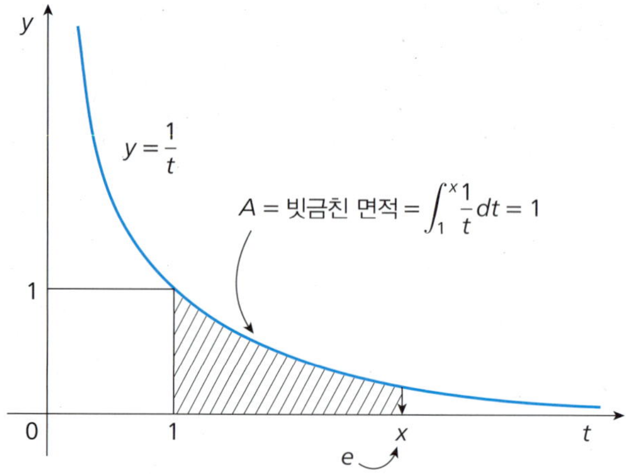

그림 10.9 e의 정의

네이피어의 수 구현

네이피어의 수는 넘파이에서 e로 얻을 수 있다. 또한 네이피어의 수의 제곱은 넘파이의 `exp()` 함수로 구현할 수 있다. 다음 파이썬 코드를 실행해보자.

In
```
import numpy as np

print(np.e)              # 네이피어의 수
print(np. exp(2))        # e의 2승
```

Out
```
2.718281828459045
7.38905609893065
```

다음 식으로 나타낸 네이피어의 수의 제곱을 그래프로 나타내보자.

$$y = \exp(x)$$

In
```
%matplotlib inline
import numpy as np
import matplotlib.pyplot as plt

x = np.linspace(-2.5, 2.5)
y = np.exp(x)          # 네이피어의 수의 제곱
```

```
plt.plot(x, y)

plt.xlabel("x", size = 15)
plt.ylabel("y", size = 15)
plt.grid()

plt.show()
```

Out

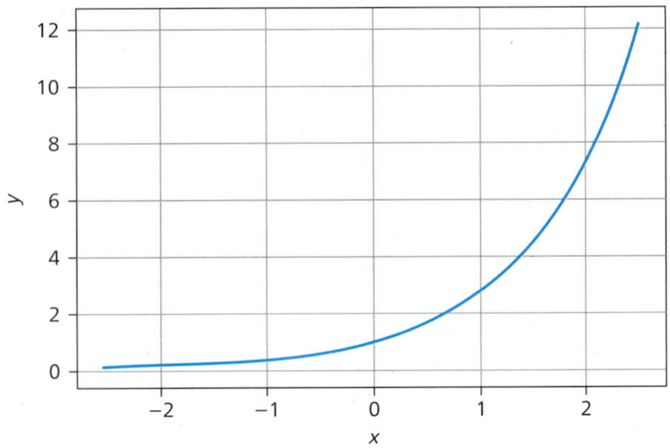

로그함수

지수함수 $y = a^x (a > 0, a \neq 1)$은 $\boldsymbol{R} \rightarrow \boldsymbol{R}^+$로의 함수로서 그래프를 그려보면 다음과 같다.

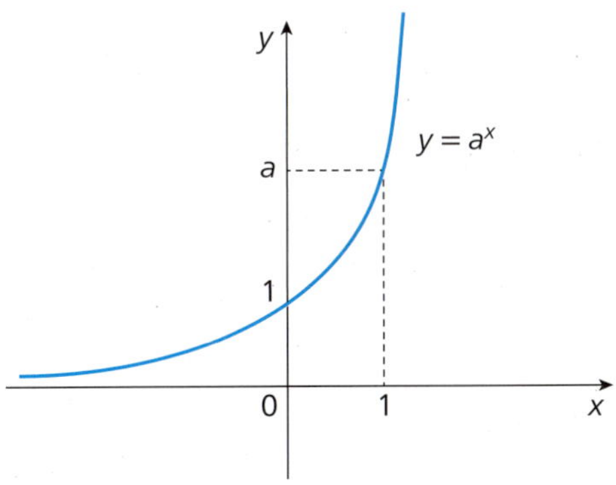

그림 10.10 지수함수($a > 1$)

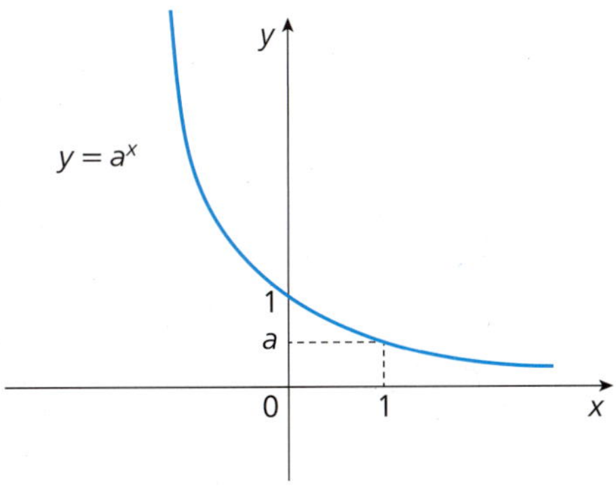

그림 10.11 지수함수($0 < a < 1$)

그림 10.10과 10.11을 살펴보면 지수함수는 실수 전체에서 정의되고 항상 양의 값을 갖는 증가

함수이거나 감소함수이다. 따라서 지수함수는 단사함수이므로 정의역을 양의 실수로 제한하면 역함수를 갖는다. 즉,

$$f(x) = a^x$$

에 대해 $f^{-1}(x)$가 존재한다. f^{-1}: $\boldsymbol{R}^+ \to \boldsymbol{R}$인 함수로서 모든 $y > 0$에 대하여

$$y = a^x \Leftrightarrow x = f^{-1}(y)$$

를 만족한다. 역함수 f^{-1}를 $\log_a$라고 표기하며 이를 밑수가 a인 상용로그함수라고 한다. 또한 밑수 $a = e$일 때 $\log_e$ 대신 ln이라고 표기하고 이를 자연로그함수라고 한다. 그래서 밑수가 a인 상용로그함수 $\log_a$: $\boldsymbol{R}^+ \to \boldsymbol{R}$과 자연로그함수 ln: $\boldsymbol{R}^+ \to \boldsymbol{R}$을 각각

$$y = \log_a x$$
$$y = \ln x$$

와 같이 정의한다. 자연로그함수의 그래프를 다른 밑수를 갖는 로그함수의 그래프와 비교해보면 다음 그림 10.12와 같다.

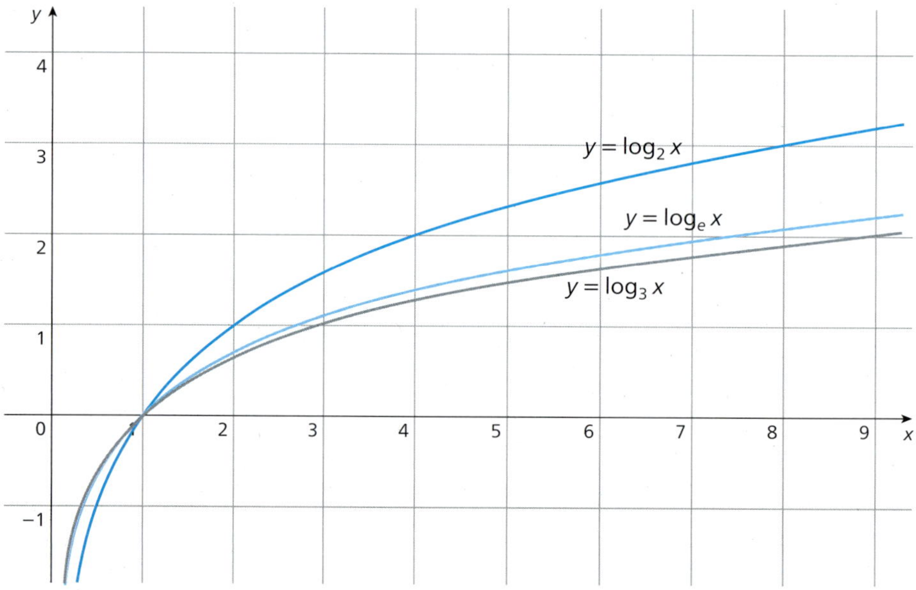

그림 10.12 로그함수의 그래프 비교

로그함수는 다음과 같은 특성이 있다($a > 0$, $a \neq 1$이고 $x > 0$, $y > 0$).

$$\log_a xy = \log_a x + \log_a y$$

$$\log_a \frac{y}{x} = \log_a y - \log_a x \qquad (10.24)$$

$$\log_a x^n = n log_a x$$

이는 지수함수를 이용하면 쉽게 설명할 수 있다. 예를 들어 수식 (10.24)의 첫 번째 등식을 증명해보자. $s = \log_a x$, $t = \log_a y$라고 하면 $x = a^s$, $y = a^t$가 된다. 따라서 $xy = a^s a^t = a^{s+t}$이다. 그러므로

$$\log_a xy = s + t = \log_a x + \log_a y$$

가 성립한다. 같은 방법으로 수식 (10.24)의 나머지 두 개의 식도 쉽게 증명할 수 있다. 이는 연습문제로 남기겠다. 수식 (10.24)의 첫 번째 등식은 일반화할 수 있는데, 곱을 유한번 적용해도 식이 성립한다. 즉,

$$\log_a(x_1\ x_2 \ldots x_n) = \log_a x_1 + \log_a x_2 + \ldots + \log_a x_n$$

또는

$$\log_a \prod_{i=1}^{n} x_i = \sum_{i=1}^{n} \log_a x_i$$

가 성립한다.

지수함수의 도함수

지수함수 $y = a^x$의 도함수를 구해보자. 우선 지수함수의 도함수를 구하기 전에 다음과 같은 함수의 극한에 대해 알아보자.

$$\lim_{n \to 0} = \frac{a^x - 1}{x} \qquad (10.25)$$

값이 얼마인지 알아보자. 이를 구하기 위해 치환부터 해보자. $t = a^x - 1$이라고 하면 $a^x = t + 1$이 되므로 로그함수를 이용하여 x를 구하면 $x = \log_a(t+1)$이다. 위의 수식 (10.25)를 치환값으로 대체하면 다음과 같다.

$$\lim_{x \to 0} \frac{a^x - 1}{x} = \lim_{t \to 0} \frac{t}{\log_a(t+1)} = \lim_{t \to 0} \frac{1}{\frac{1}{t}\log_a(t+1)} = \lim_{t \to 0} \frac{1}{\log_a(t+1)^{\frac{1}{t}}}$$

$$= \frac{1}{\lim_{t\to 0} \log_a(t+1)^{\frac{1}{t}}} = \frac{1}{\log_a \lim_{t\to\infty} (t+1)^{\frac{1}{t}}} = \frac{1}{\log_a e} = \log_e a = \ln a$$

이 사실을 이용하면 지수함수의 미분을 쉽게 계산할 수 있다. 먼저 함수 $y = ax$의 도함수를 구해보자.

$$\frac{dy}{dx} = \lim_{h\to 0} \frac{a^{x+h} - a^x}{h} = \lim_{h\to 0} \frac{a^x a^h - a^x}{h} = \lim_{h\to 0} \frac{a^x(a^h - 1)}{h} = a^x \lim_{h\to 0} \frac{a^h - 1}{h} = a^x \ln a \quad (10.26)$$

이다. 예를 들어 $y = 3^x$라고 한다면, $y' = 3^x \ln 3$이라는 의미이다. 수식 (10.26)에서 $a = e$인 경우가 자연지수함수이다. 즉, $y = e^x$의 도함수

$$y' = \mathrm{e}^x \ln \mathrm{e} = e^x$$

가 된다. 자연지수함수 $f(x) = e^x$는 자신의 도함수와 자신이 동일하게 되는 유일한 함수이다. 그래서 밑이 e인 자연지수함수 $y = e^x$의 미분이 자기 자신이 되는 함수이므로 수학적으로 다루기가 쉬우며 인공지능의 다양한 수식에 사용된다.

자연지수함수를 나타낼 때 $y = e^x$ 대신 $y = \exp(x)$라고 쓰기도 한다. 그 이유는 지수의 값으로 위첨자에 복잡한 표현을 해야 할 때도 있는데, 이 경우 e의 위첨자에 표기하면 보기에도 좋지 않을뿐더러 수식을 첨자로 표현하기도 어렵기 때문이다.

자연로그함수의 도함수

우선 상용로그함수의 도함수를 구해보자. $y = \log_a x$의 도함수

$$y' = \frac{dy}{dx}$$

를 미분의 정의로 구해보자.

$$\frac{dy}{dx} = \lim_{h\to 0} \frac{\log_a(x+h) - \log_a x}{h} = \lim_{h\to 0} \frac{\log_a \frac{x+h}{x}}{h} = \lim_{h\to 0} \frac{1}{h} \log_a \frac{x+h}{x}$$

$$= \lim_{h\to 0} \log_a \left(\frac{x+h}{x}\right)^{\frac{1}{h}} = \lim_{h\to 0} \log_a \left(\frac{x+h}{x}\right)^{\frac{1}{h}\cdot\frac{x}{x}} = \lim_{h\to 0} \log_a \left(\frac{x+h}{x}\right)^{\frac{x}{h}\cdot\frac{1}{x}}$$

$$= \lim_{h \to 0} \frac{1}{x} \log_a \left(1 + \frac{h}{x}\right)^{\frac{1}{\frac{h}{x}}} = \frac{1}{x} \log_a \left[\lim_{h \to 0} \left(1 + \frac{h}{x}\right)^{\frac{1}{\frac{h}{x}}}\right] = \frac{1}{x} \log_a \left[\lim_{t \to \infty} \left(1 + \frac{1}{t}\right)^{t}\right] = \frac{1}{x} \log_a e$$

이므로

$$\frac{d}{dx} \log_a x = \frac{1}{x} \log_a e \tag{10.27}$$

이다. 이제 자연로그함수의 도함수를 구해보자. 함수 $y = \ln x$의 도함수

$$y' = \frac{dy}{dx}$$

는 수식 (10.27)에 의해

$$\frac{d}{dx} \ln x = \frac{1}{x}$$

이다.

자연로그함수 구현

자연로그함수는 넘파이의 `log()` 함수를 사용하여 구현할 수 있다. 다음 파이썬 코드를 실행해 보자.

In

```
import numpy as np

print(np.log(np.e))         # 네티피어의 수의 자연로그
print(np.log(np.exp(2)))   # 네이피어의 수의 2승 자연로그
print(np.log(np.exp(10)))  # 네이피어의 수의 10승 자연로그
```

Out

```
1.0
2.0
10.0
```

네이피어의 수의 자연로그 수는 정의의 거리가 1임을 확인할 수 있다. 또한 네이피어의 수의 제곱의 자연로그 수는 오른쪽 어깨 지수가 되는 것도 확인할 수 있다.

다음 식으로 나타낸 자연로그 수를 그래프로 나타내보자.

$$y = \log x$$

In

```
import numpy as np
import matplotlib.pyplot as plt

x = np.linspace(0.01, 2)        # x를 0으로 할 수 없다
y = np.log(x)                   # 자연로그

plt.plot(x, y)
plt.xlabel("x", size = 15)
plt.ylabel("y", size = 15)
plt.grid()

plt.show()
```

Out

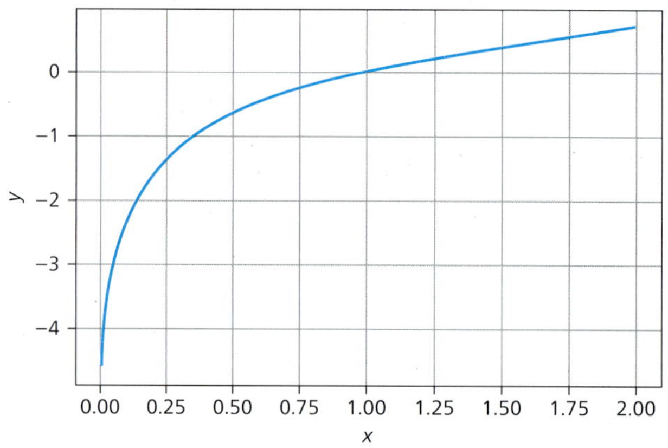

활성화함수

인공지능의 딥러닝 네트워크에서는 노드에 들어오는 값들을 입력한 뒤 곧바로 다음 레이어로 전달하지 않고 비선형함수를 적용한 후에 전달한다. 이때 사용하는 함수를 **활성화함수**(activation function)라고 한다. 여기서 선형함수가 아닌 비선형함수를 사용하는 이유는 선형함수를 사용할 때 층을 여러 층으로 만들 수 있기 때문이다. 활성화함수로 초기에 사용하던 함수 계열로는 시그모이드함수들이 있다. 신경망 초기에 자주 사용했지만 최근에는 몇 가지 단점들로 인해 사용 빈도가 줄어들고 있다. 다양한 활성화함수들이 소개되고 있으며 그중에서 가장 활발

하게 사용되는 활성화함수는 ReLU(Rectified Linear Unit)[1]함수로서 아래 수식 (10.24)와 같이 정의한다. 실제로 ReLU함수의 다양한 변이함수들이 활성화함수로 활용된다. 그중 하나는 GELU(Gaussian Error Linear Unit)함수로서 수식 (10.29)와 같이 정의한다. 이 외의 다양한 ReLU함수의 변이함수에 대해서는 다른 문헌[2]을 참조하길 바란다.

$$f(x) = x^{+} = \max(0, x) \tag{10.28}$$

$$f(x) = x \cdot \Phi(x) \tag{10.29}$$

$\Phi(x)$는 표준정규분포를 갖는 확률변수의 누적확률분포함수이다. 즉,

$$\Phi(x) = \int_{-\infty}^{x} \frac{1}{\sqrt{2\pi}} e^{-\frac{1}{2}x^2} dx$$

이다. 이를 그래프로 나타내면 그림 10.13과 같다.

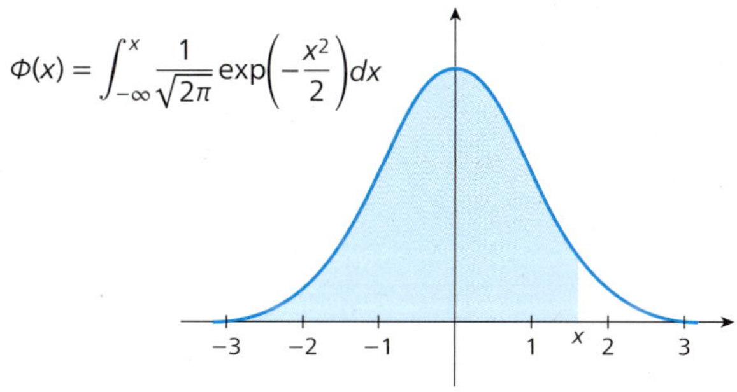

그림 10.13 정규분포의 누적확률분포함수

이다. 수식 (10.28)과 (10.29)의 그래프는 다음 그림 10.14와 같다.

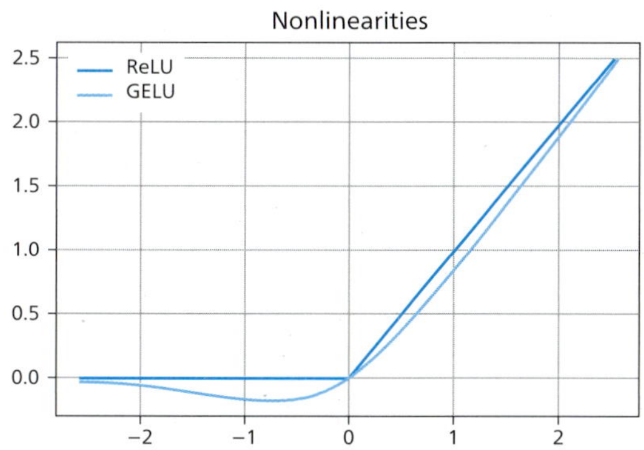

그림 10.14 활성화함수 *ReLU*함수와 *GELU*함수의 $x = 0$ 근방에서의 변화

[1] 자료출처:By Ringdongdang - Own work, CC BY-SA 4.0 https://commons.wikimedia.org/w/index.php?curid = 95947821
[2] Rectifier(neural networks): https://en.wikipedia.org/wiki/Rectifier_(neuralnetworks)

시그모이드함수

시그모이드함수가 활성화함수로 점점 덜 사용되고 있지만 원래 이 함수를 신경망 초기부터 사용해왔기 때문에 간단히 알아보자. **시그모이드함수**(sigmoid function)는 S자형 커브 또는 시그모이드 커브라고 하는 형태를 특징으로 갖는 수학적 함수이다. 시그모이드함수의 전형적인 예는 **로지스틱함수**(logistic function)이고 다음과 같이 정의한다.

$$S(x) = \frac{1}{1 + e^{-x}} = \frac{e^x}{e^x + 1} \tag{10.30}$$

로지스틱함수 (10.30)을 그래프로 그려보면 다음 그림 10.15와 같다.[3]

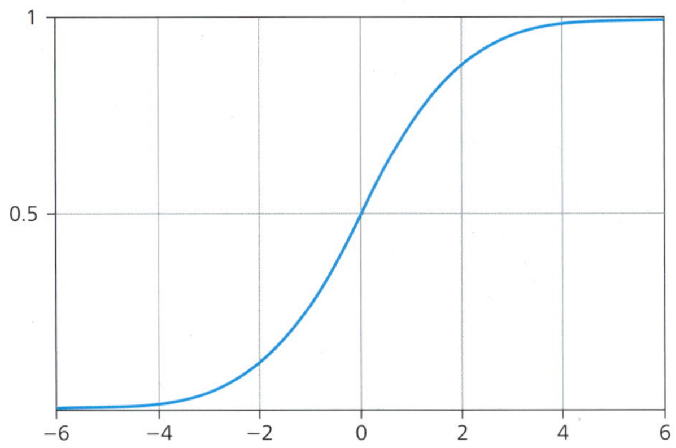

그림 10.15 로지스틱 커브

이외에도 Gompertz curve와 Ogee curve 등과 같은 다양한 형태의 시그모이드함수가 존재한다. 시그모이드함수의 정의역은 실수 전체 집합이고 치역은 0과 1 사이의 값이거나 −1에서 1 사이의 값을 갖는다.

로지스틱 커브와 하이퍼볼릭 탄젠트함수 같은 시그모이드함수도 인공신경망의 활성함수로 사용한다. 여기서는 로지스틱함수

$$y = \frac{1}{1 + \exp(-1)}$$

의 도함수를 구해보자. 여기서 $u = 1 + \exp(-x)$로 치환해보자.

[3] 로지스틱 커브 그림은 위키피디아 참조: By Inductiveload - self-made, Inkscape, Public Domain, https://commons.wikimedia.org/w/index.php?curid = 3578280

$$\begin{aligned}\frac{dy}{dx} &= \frac{dy}{du}\frac{du}{dx} = \frac{d}{du}\left(\mathrm{u}^{-1}\right)\frac{d}{dx}\left(1+\exp\left(-x\right)\right)\\ &= (-u^{-2})(-\exp(-x))\\ &= \frac{\exp(-x)}{(1+\exp(-x))^2}\\ &= \left(\frac{\exp(-x)}{1+\exp(-x)}\right)\left(\frac{1}{1+\exp(-x)}\right)\\ &= \left(\frac{1+\exp(-x)}{1+\exp(-x)} - \frac{1}{1+\exp(-x)}\right)\left(\frac{1}{1+\exp(-x)}\right)\\ &= (1-y)y\end{aligned}$$

시그모이드함수의 예

로지스틱함수 외에 몇 가지 시그모이드함수를 소개고 이들의 그래프를 비교해보자.

- 하이퍼볼릭(Hyperbolic) 탄젠트함수

$$f(x) = \tanh x = \frac{e^x - e^{-x}}{e^x + e^{-x}}$$

- 아크탄젠트(Arctangent)함수

$$f(x) = \arctan x$$

- 구델마니안(Gudermannian)함수

$$f(x) = \mathrm{gd}(x) = \int_0^x \frac{1}{\cosh t}dt = 2\arctan\left(\tanh\left(\frac{x}{2}\right)\right)$$

- 오차(Error)함수

$$f(x) = \mathrm{erf}(x) = \frac{2}{\sqrt{\pi}}\int_0^x e^{-t^2}dt$$

- 일반화 로지스틱함수

$$f(x) = (1+e^{-x})^{-\alpha},\ \alpha > 0$$

이들을 그래프로 그리면 아래 그림 10.16과 같다.[4]

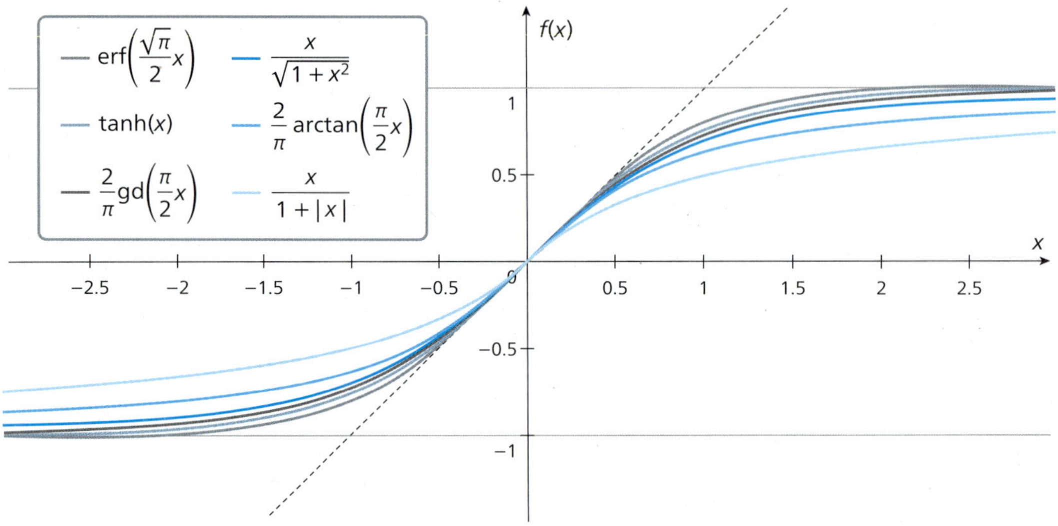

그림 10.16 시그모이드함수의 그래프

시그모이드함수 구현

곰퍼츠(Gompertz) 커브의 그래프를 그려보자. 곰퍼츠함수는 다음과 같다.

$$f(t) = ae^{-e^{b-ct}}$$

상수 a, b, c를 변화시켜가면서 그래프를 나타내어보면 그림 10.17, 10.18, 10.19과 같다.[5]

*a*값을 변화시킨 그래프

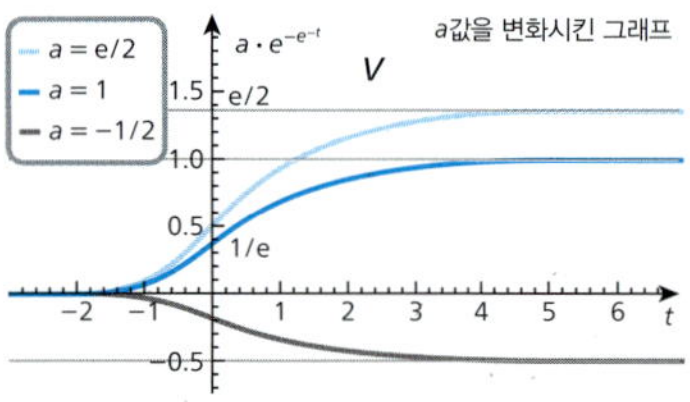

그림 10.17 곰퍼츠 커브 1

*b*값을 변화시킨 그래프

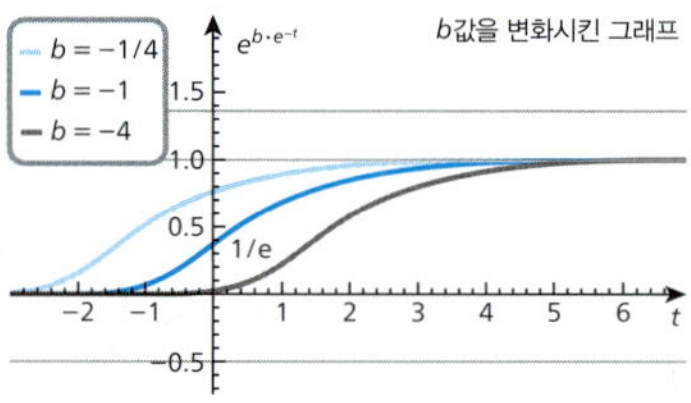

그림 10.18 곰퍼츠 커브 2

*c*값을 변화시킨 그래프

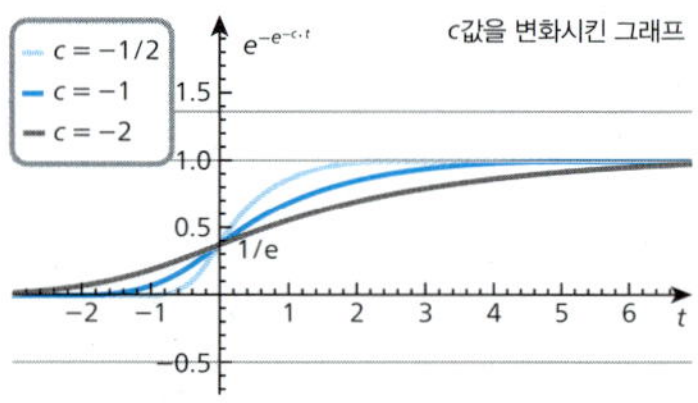

그림 10.19 곰퍼츠 커브 3

활성화함수의 한 종류로 PReLU(Parameteric Rectified Linear Unit)함수가 있다. 이 함수는 매

[4] 시그모이드함수 예의 그림은 위키피디아 참조: By Georg-Johann - Own work This vector image includes elements that have been taken or adapted from this file: Error function.svg (by Geek3). , CC BY-SA 3.0, https://commons.wikimedia.org/w/index.php?curid = 11498624
[5] 자료출처: By Georg-Johann - Own work, CC BY-SA 3.0, https://commons.wikimedia.org/w/index.php?curid = 17123585

개변수 α에 대하여 다음과 같이 정의한다.

$$f(x) = \begin{cases} \alpha\ x \text{ if } x < 0 \\ x \quad \text{ if } x \geq 0 \end{cases}$$

이 함수의 그래프를 그려보자. PReLU함수의 그래프를 그려보면 다음 그림 10.20과 같다. α는 $x < 0$ 영역에서의 직선의 기울기를 나타낸다.

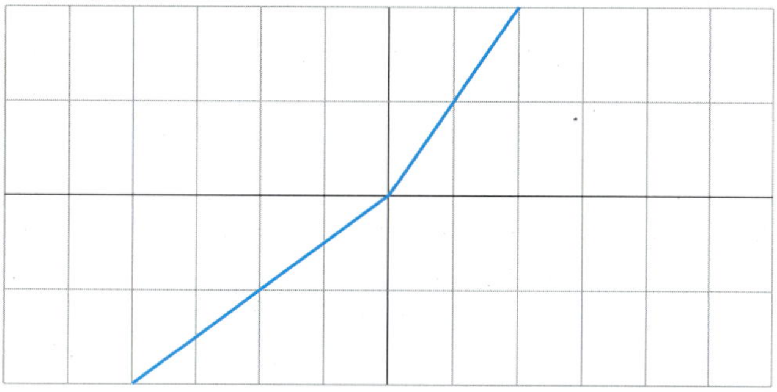

그림 10.20 PReLU함수의 그래프

넘파이의 exp() 함수를 사용하여 시그모이드함수 및 그 도함수의 그래프를 나타낼 수 있다. 다음 파이썬 코드를 실행해보자.

In

```
import numpy as np
import matplotlib.pylab as plt

def sigmoidfunction (x):       # 시그모이드함수
    return 1 y(1 + np.exp(-x))

def gradsigmoid (x):           # 시그모이드함수의 도함수
    y = sigmoidfunction(x)
    return (1-y) * y

x = np.linspace(-5, 5)
y = sigmoidfunction(x)
ygrad = gradsigmoid(x)

plt.plot(x, y, label = "y")
plt.plot(x, ygrad, label = "ygrad")
plt.legend()

plt.xlabel("x", size = 15)
```

```
plt.ylabel("y", size = 15)
plt.grid()

plt.show()
```

Out

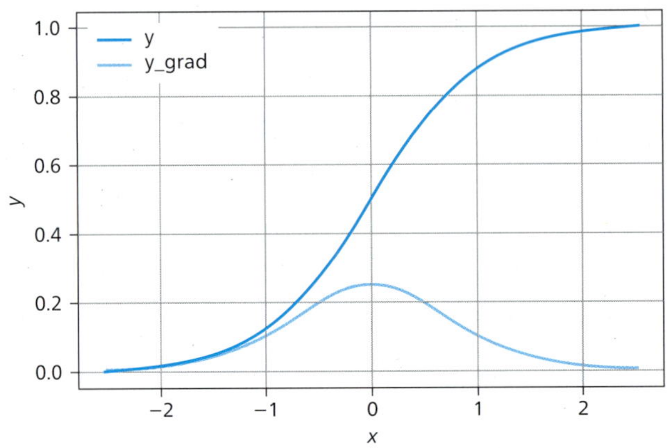

시그모이드함수는 x값이 작을수록 0에 가까워지고 x값이 커질수록 1에 가까워진다. 또한 도함수 쪽은 x가 0일 때 최댓값 0.25를 가지며 0에서 멀어질수록 0에 가까워진다. 시그모이드함수에 따라 입력을 0과 1 사이의 연속적인 출력으로 변환할 수 있다. 이 특성을 살려 인공지능은 인공적인 신경 세포의 흥분 정도를 나타내는 활성화함수로 시그모이드함수를 사용한다. 또한 시그모이드함수의 도함수는 신경망을 최적화하는 오차역전파법이라는 알고리즘에 사용될 수 있다.

10.5 경사하강법

경사하강법(gradiant descent), **최급강하법**(method of steepest sescent) 또는 **안장점 근사**(saddle point approximation), **라플라스 방법**(Laplace's method), **스테이셔너리-단계**(stationary-phase) 방법 등은 모두 동일한 의미를 갖는 용어이다. 이들은 모두 라플라스 방법의 확장이다.

인공지능의 신경망에서 학습 문제는 주어진 평가함수를 최적으로 하는 매개변수를 구하는 문제로 귀결된다. 최적화 방법에는 간단하게 구하는 방법부터 고속으로 안정적으로 매개변수를 구하는 복잡한 기법까지 다양하다. 여기서는 가장 간단한 최적화 방법인 경사하강법에 대해 알아보기로 한다.

경사하강법

경사하강법이란 어느 적당한 초깃값에서 시작하여 그 값을 반복적으로 갱신하며 최적의 매개변수를 구하는 방법이다. 그중 그래디언트 방법은 함수의 미분값(그래디언트)을 통해 함수의 최소치를 효율적으로 찾는 알고리즘이다. 경사하강법은 일종의 그래디언트 강하 방법으로 가장 경사가 급한 방향으로 감소하는 방식으로 극소치를 찾아가는 방법이다.

지금부터 경사하강법의 알고리즘에 대해 알아보자. 경사하강법은 1차 근사치를 찾는 최적화 알고리즘으로 기본 개념은 함수의 기울기를 구하고 경사의 절댓값이 낮은 쪽으로 계속 이동시켜서 극값에 이를 때까지 반복적으로 수행하여 목적한 값에 충분히 근사하게 접근하는 점을 찾는 방법이다.[6]

[6] 위키피디아 참조: By Gradientdescent.png: The original uploader was Olegalexandrov at English Wikipedia.derivative work: Zerodamage - This file was derived from: Gradient descent.png:, Public Domain, https://commons.wikimedia.org/w/index.php?curid = 205610355 이를 등고선으로 표현된 계곡에서 최저점을 찾아 내려가는 경로의 형태로 그림 10.21에 나타냈다.

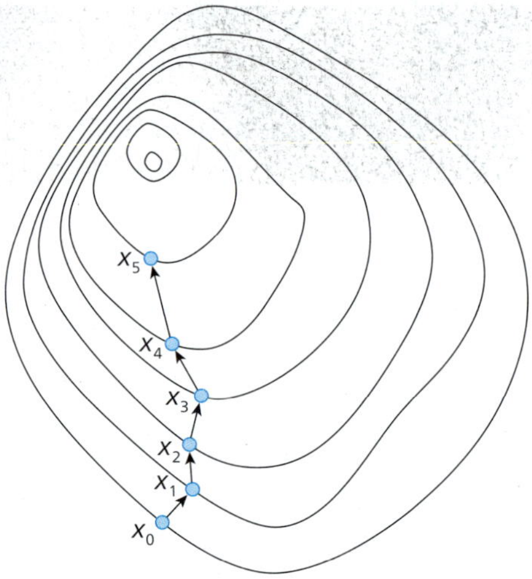

그림 10.21 경사하강법

그래디언트

경사하강법에서 하나의 다변수 함수 $f(\vec{x})$의 최솟값을 어떻게 검색하는지 알아보자. 이를 위해 그래디언트 개념을 알아야 한다. 먼저 그래디언트가 무엇인지 알아보자. **그래디언트**(gradiant)란 다변수 함수의 모든 입력값에서 모든 방향에 대한 순간변화율을 말한다.

모두 알고 있듯이 일변수 함수의 도함수는 해당 점에서의 기울기를 나타낸다. 이변수 함수 $f = f(x, y)$의 기울기는 어떻게 나타낼까? 앞에서 이변수 함수의 편미분을 학습했다. 따라서 2개의 성분을 갖는 벡터로 기울기를 나타낼 수 있다. 즉, 다음과 같은 수식으로 쓰면 이해하기 쉽다. (x, y)에서 그래디언트를 나타낼 때 기호 ∇(델(del)이라고 읽는다)을 사용하여 다음 수식 (10.31)과 같이 하나의 2차원 벡터로 나타낸다.

$$\nabla f(x, y) = f_x(x, y)\vec{i} + f_y(x, y)\vec{j} = \frac{\partial}{\partial x}f(x, y)\vec{i} + \frac{\partial}{\partial y}f(x, y)\vec{j} \tag{10.31}$$

실제로 주어진 이변수 함수 $f: \mathbf{R}^2 \to \mathbf{R}$의 그래디언트함수는 $\nabla f: \mathbf{R}^2 \to \mathbf{R}^2$로 정의되는 함수이다. 즉,

$$\nabla f: \mathbf{R}^2 \to \mathbf{R}^2$$
$$(x, y) \mapsto \left(\frac{\partial}{\partial x}f(x, y), \frac{\partial}{\partial y}f(x, y)\right)$$

이다. 기하학적으로 이 벡터가 갖는 의미는 무엇일까? 이 벡터를 f의 그래프 위의 점 $(x, y, f(x, y))$를 출발점으로 하는 벡터 형태로 배치하면 이 벡터가 나타내는 크기와 방향에서 방향은 해

당 그래프의 기울기가 가장 가파른 곳을 나타내며, 크기는 기울기의 정도를 나타낸다. 등산할 때 특정 지점에서 사방을 둘러본다고 하자. 그 지점에서 가장 경사가 급한 방향을 알 수 있을 것이다. 또한 경사도의 크기도 알 수 있을 것이다. 이 방향과 크기를 벡터로 나타낸 것이 그래디언트 벡터이다.

일변수 함수의 미분값도 그래디언트라는 생각을 가지고 살펴볼 수 있다. $f(x)$의 그래프를 그렸을 때 그래프상의 점 $(x, f(x))$에

$$\frac{d}{dx}f(x)$$

를 대응시키면 이 값은 방향이 없이 크기만 갖는 스칼라값으로서 그래프가 그 점 $(x, f(x))$에서 기울기가

$$\frac{d}{dx}f(x)$$

라는 것을 나타낸다.

그래디언트의 개념은 다변수 함수로 확장할 수 있다. 즉, 함수

$$f(\vec{x}) = f(x_1, x_2, \ldots, x_i, \ldots, x_n)$$

이 주어지면

$$\nabla f(\vec{x}) = \left(\frac{\partial f}{\partial x_1}(\vec{x}), \ldots, \frac{\partial f}{\partial x_n}(\vec{x})\right)$$

라고 정의한다.

그래디언트의 예

먼저 이변수 함수 중에서 평면의 그래프를 가지고 그래디언트를 구해보자.

예 1.

함수 $f(x, y) = 2x + 3y + 1$

이 함수의 그래프 위 임의의 점 $(x, y, f(x, y))$에서 $\nabla f(x, y)$를 구하면

$$\frac{\partial f}{\partial x} = 2 \qquad \frac{\partial f}{\partial y} = 3$$

이므로 모든 $(x, y) \in R^2$에 대하여

$$\nabla f(x, y) = \left(\frac{\partial f}{\partial x}, \frac{\partial f}{\partial y}\right) = (2, 3)$$

이다. 기하학적으로 볼 때 평면 $f(x, y) = 2x + 3y + 1$의 그래프상의 모든 점 $(x, y, f(x, y))$에서 $(2, 3)$ 방향으로 올라갈 때 가장 경사가 가파른 경로라는 의미이다.

다음으로 이변수 함수 중에서 곡면의 그래프를 나타내는 함수를 생각해보자. 가장 간단해 보이는 함수로 $f(x, y) = x^2 + y^2$의 그래디언트를 구해보자.

예 2.

함수 $f(x, y) = x^2 + y^2$이 함수의 그래프는 그림 10.3처럼 원점을 가장 낮은 점으로 하는 포물곡면이다. 그래프상의 임의의 점 $(x, y, f(x, y))$에서 $\nabla f(x, y)$를 구하면

$$\frac{\partial f}{\partial x} = 2x \qquad \frac{\partial f}{\partial y} = 2y$$

이므로 모든 $(x, y) \in R^2$에 대하여

$$\nabla f(x, y) = \left(\frac{\partial f}{\partial x}, \frac{\partial f}{\partial y}\right) = (2x, 2y)$$

이다. 기하학적으로 볼 때 곡면 $f(x, y) = x^2 + y^2$의 그래프상의 모든 점$(x, y, f(x, y))$에서 (x, y) 방향으로 올라갈 때 가장 경사가 가파른 경로라는 의미이다. 해당 경로의 경사도는 벡터 $(2x, 2y)$의 크기로 나타낼 수 있다. 원점 $(0, 0)$에 가까울수록 벡터 $(2x, 2y)$의 크기도 작아지고 원점에서 멀어질수록 벡터 $(2x, 2y)$의 크기가 커지므로 원점에서 멀어질수록 포물곡선의 경사가 점점 더 가팔라진다는 것을 알 수 있다.

이 곡면상의 특정 집합 하나를 고려해보자. 상수 c에 대하여 $T_c = \{(x, y) | f(x, y)\} = c$라고 하면 이는 평면상의 원을 나타낸다. 따라서 $(x, y) \in T_c$에서의 $\nabla f(x, y)$의 크기는 $\|(2x, 2y)\| = \sqrt{4x^2 + 4y^2} = 2\sqrt{c}$로서 상숫값을 갖는다. 즉 T_c위의 모든 점에서 그래디언트의 방향은 (x, y)이지만 크기는 모두 동일하다. 따라서 T_c의 모든 점에서 경사도는 동일하다는 의미이다.

예 3.

함수 $f(x, y) = xe^{-(x^2+y^2)}$이 함수의 그래프를 3차원 공간에 그려보면 그림 10.22와 같이 나타낼 수 있다.

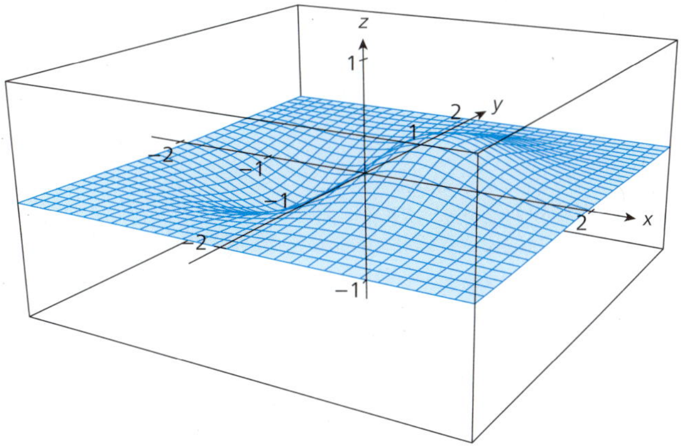

그림 10.22 $f(x, y) = xe^{-(x^2+y^2)}$의 3D 그래프

그래디언트를 구해보면

$$\nabla f(x, y) = \left(\frac{\partial f}{\partial x}, \frac{\partial f}{\partial y}\right) = (e^{-(x^2+y^2)}(1 - 2x^2),\ e^{-(x^2+y^2)}(1 - 2y^2))$$

이다. 그래디언트를 xy평면에 투영하고 벡터로 표시하여 2차원 평면상에 나타내었다(그림 10.23[7] 참조). 그림을 보면 그래디언트 벡터들이 낮은 계곡으로부터 높은 봉우리 쪽을 향하고 있다는 것을 알 수 있다. 또한 그래디언트의 크기가 계곡의 낮은 쪽에서는 작고 봉우리 쪽을 향하면서 점점 커지다가 다시 높은 봉우리에 가까워지면서 작아지는 것을 확인할 수 있다. 계곡에서 봉우리 쪽으로 가면서 경사도가 0에서 조금씩 점 (0, 0)까지 증가하다가 (0, 0)을 지나면서 다시 감소하기 시작하여 봉우리에 가까워지면 경사도가 다시 0이 된다는 것을 의미한다.

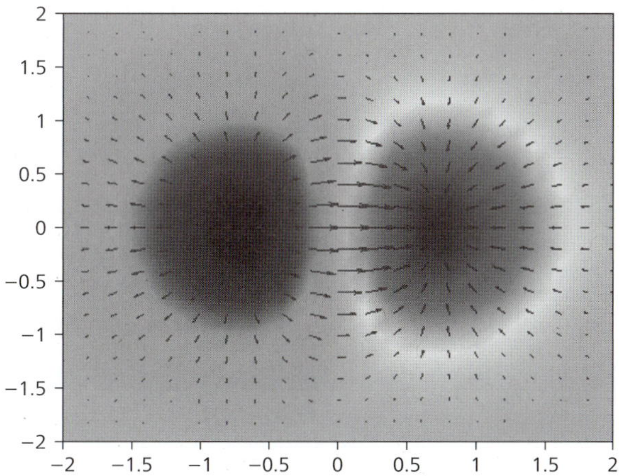

그림 10.23 $f(x, y) = xe^{-(x^2+y^2)}$의 그래디언트를 xy평면에 투영

[7] 자료출처: By Vivekj78 - Own work, CC BY-SA 3.0, https://commons.wikimedia.org/w/index.php?curid = 15346899

그림 10.23의 그래프를 평면 $y = 0$으로 절단하면 일변수 실함수 $f_{y=0}(x) = f(x, 0) = xe^{-x^2}$을 얻는다. 이 그래프의 개형을 살펴보면 그림 10.24와 같고 0점에서 경사가 가장 크다는 것을 알 수 있다.

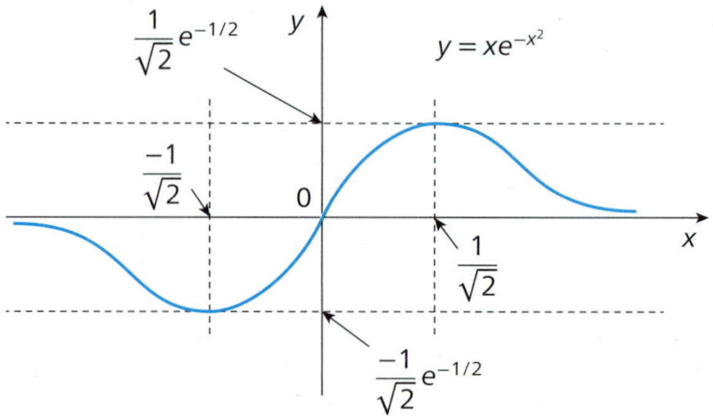

그림 10.24 $f_y = 0(x) = f(x, 0) = xe^{-x^2}$의 그래프

예 4.

함수 $f(x, y, z) = x^2y + 2yz - z^3$

이 함수의 $\nabla f(1, 0, -1)$을 구하면

$$\frac{\partial f}{\partial x} = 2xy \qquad \frac{\partial f}{\partial y} = x^2 + 2z \qquad \frac{\partial f}{\partial z} = -3z^2$$

이므로

$$\nabla f(1, 0, -1) = \left(\frac{\partial f}{\partial x}, \frac{\partial f}{\partial y}, \frac{\partial f}{\partial z}\right) = \left(0, -1, -3\right)$$

이다.

경사하강법 알고리즘

경사하강법을 보다 쉽게 이해해보자. 앞이 보이지 않을 만큼 안개가 낀 산에서 내려올 때 가장 빨리 내려올 수 있는 방법은 경사가 가장 급한 방향으로 내려오는 것이다. 물론 여기서 길이 있고 없음을 상관하지 않고 안전도 문제 삼지 않는다는 조건으로 지형만 보고 가장 빨리 내려올 수 있는 최단 거리를 구한다.

먼저 경사하강법의 목적이 최소치를 갖는 점을 찾는 거라고 했다. 최소치도 극소치 중 하나이며 보통 극소치를 구할 때 미분값이 0이 되는 점을 찾으면 된다고 생각할 수 있다. 그런데도 경사하강법을 사용하는 이유는 무엇일까? 그 이유는 실제 분석에 사용하는 함수들이 복잡하여 미분계수나 그 근을 구하는 게 매우 어려운 경우가 많이 있으며, 실제 미분계수를 수치해석적으로 컴퓨터로 계산하는 것보다 경사하강법이 간단하고 효율적이기 때문이다. 또한 계산해야 할 양이 많은 경우에 경사하강법 같은 반복적 계산으로 해를 구하면 계산량이 많이 줄어든다.

경사하강법이란 함수의 기울기 또는 그래디언트를 이용하여 x값을 어디로 옮길 때 함수가 극솟값에 가깝게 다가가는지를 알아보는 방법이다. 일변수 함수를 예로 들어 경사하강법의 개념을 이해해보고 다변수 함수로 개념을 확장해보자.

일변수 함수일 경우 특정 점에서 기울기가 양의 값을 가지면 x가 증가할수록 함숫값이 커지고 기울기가 음의 값을 가지면 x가 증가할수록 함숫값이 작아진다. 따라서 기울기가 양일 때에는 음의 방향으로 x를 이동시켜야 극솟값에 가까워질 수 있고, 기울기가 음일 때에는 양의 방향으로 x를 이동시켜야 극솟값에 가까워질 수 있다.

이를 논리적으로 구현해보자. 현재의 위치를 x_i라고 하고 다음번에 선택해야 할 점 x_{i+1}의 위치라고 하자. 극소점에 가깝게 가기 위해서는

$$x_{i+1} = x_i - (\text{이동거리} \times \text{기울기의 부호}) \tag{10.32}$$

이어야 한다. 수식 (10.32)에서 이동거리를 얼마로 해야 하는지가 궁금한데, 이에 대한 답이 바로 그래디언트의 크기이다. 경사가 크면 이동해야 하는 거리가 커지고, 경사가 크지 않으면 이동거리를 작게 하여 이동한다. 그래디언트를 이동거리로 택하는 이유는 기울기값의 크고 작음도 경사하강법의 중요한 역할을 하기 때문이다. 극솟값에서는 기울기가 0이므로 현재의 점 x_i에서 기울기가 크다는 것은 현재의 x_i 위치가 극솟값의 위치에서 아직 멀리 떨어져 있다는 뜻이고 기울기가 작다는 것은 현재의 x_i 위치가 극솟값에 가깝다는 의미이다. 따라서 이동거리에 사용할 값을 그래디언트의 크기에 비례하는 값으로 사용하면 이동속도를 조절할 수 있다.

물론 그래디언트의 값을 그대로 사용할 수 있지만, 이동거리를 사용자가 조절할 수 있도록 수식을 조정해주어 상황에 맞게 이동거리를 조정할 수 있게 하면 좋다. 이때 이동거리의 조정값을 보통 스텝 사이즈(step size)라고 하는데 이를 γ로 쓰기로 한다. 다시 나타내면 수식 (10.33)과 같다.

$$x_{i+1} = x_i - \gamma \frac{df}{dx}(x_i) \tag{10.33}$$

이제 n차 다변수 함수에서 경사하강법을 어떻게 적용하는지 알아보자. 함수 f를 다음과 같이 정의한다.

$$f(\vec{x}) = f(x_1, x_2, \ldots, x_i, \ldots, x_n)$$

이 함수가 정의되는 영역 안의 시작점 $\vec{x_0}$를 정한다. 현재 $\vec{x_i}$가 주어졌을 때, 그다음 이동할 점인 $\overrightarrow{x_{i+1}}$은 다음과 같이 계산된다.

$$\overrightarrow{x_{i+1}} = \vec{x_i} - \gamma_i \nabla f(\vec{x_i})$$

여기서 γ_i는 이동할 거리를 조절하는 매개변수이다.

극솟값과 최솟값

일변수 함수에서 주어진 함수의 그래프를 그려보면 함수의 극솟값과 극댓값, 최솟값과 최댓값을 구별할 수 있다. 극솟값은 그 값이 아주 작은 근방에서 최저점이라는 의미이고 최솟값이란 함수가 정의되는 정의역 전역에서 최저점이라는 의미이다. 다음 그림 10.25의 그래프에서 경사하강법을 사용할 때 선택되는 최초의 점이 특정 극솟값 근처였다면 궁극적으로 극솟값을 찾아가게 될 것이다. 그 경우에는 원래 목적했던 최솟값을 찾는 데 실패한다. 운이 좋게 선택한 최초의 점이 최솟값 근처에서 선택되었다면 최솟값을 찾을 수 있을 것이다.

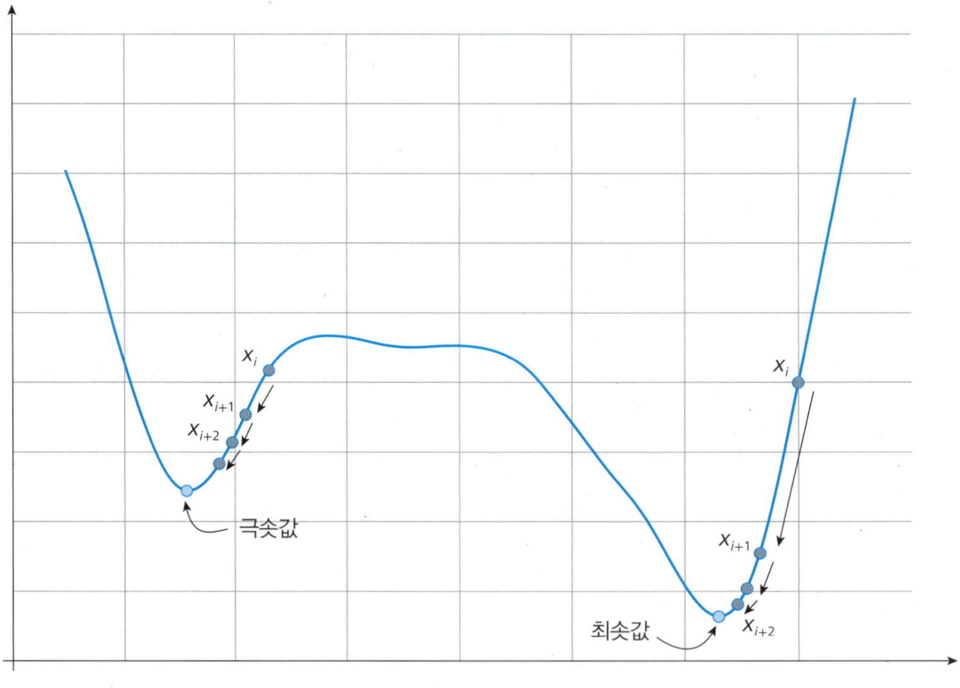

그림 10.25 극솟값과 최솟값

극솟값과 최솟값의 문제뿐만 아니라 다른 문제도 있을 수 있다. 경사하강법을 이용했을 때 알고리즘의 수렴 여부는 f의 성질과 γ_i의 선택에 따라 달라진다. 선택에 따라 이 알고리즘은 극소치로 수렴하기도 하지만 선택을 잘못하면 발산하기도 한다. 설사 수렴한다고 해도 그 수렴값이 함수의 특정 극소치일 수 있기 때문에 최솟값이라고 보장할 수 없다. 또한 발산으로 인해 문제를 해결할 수 없게 된다.

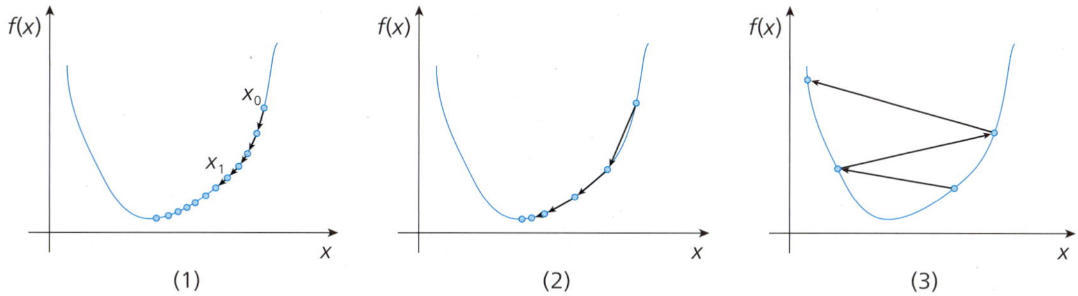

그림 10.26 경사하강법의 여러 가지 경우

그림 10.26의 (1)의 경우에는 학습 속도가 느려서 최소치에 도달할 때까지 많은 업데이트 계산이 필요하다. 그림 (2)의 경우에는 학습 속도가 빨라서 적절하게 최소치에 도달할 수 있다. 마지막으로 그림 (3)의 경우에는 γ의 선택이 너무 커서 최소치를 건너뛰어 발산하게 된다.

이러한 상황은 이동속도를 조절하는 γ의 선택에도 좌우되지만 시작점 $\vec{x}_0$의 선택에 따라서도 달라진다. 그러므로 다양한 시작점에 대해 하강법을 적용하여 그중 가장 작은 값을 갖는 점을 최솟값이라고 판정할 수도 있다.

경사하강법과 인공지능

경사하강법은 인공지능에서 머신러닝 및 딥러닝 알고리즘을 학습시킬 때 사용하는 방법 중 하나로 1차 근삿값을 찾기 위한 최적화 알고리즘이다. 주어진 함수의 최솟값 위치를 찾기 위해 **비용함수**(cost function)를 가지고 경사 반대 방향으로 정의하는 스텝 사이즈를 이용하여 조금씩 이동하면서 최적의 매개변수를 찾는 방법이다.

경사하강법은 전체 데이터를 모두 이용하여 기울기를 계산하기 때문에 학습에 장시간이 필요하다. 만약 100만 개의 데이터가 있다고 하면 데이터를 업데이트할 때마다 100만 번의 계산이 필요하다. 그래서 학습 데이터가 방대할 때 계산량이 늘어나는 부담이 생긴다. 이러한 곳에서 경사하강법을 사용하면 많은 계산을 건너뛸 수 있기 때문에 장점으로 부각된다. 궁극적으로 처리해야 하는 데이터의 수가 줄어들기 때문에 학습 속도가 증가하며 한 개의 샘플만 메모리에 저장되어 있으면 큰 데이터 집합도 학습할 수 있다.

경사하강법을 효율화하기 위해서는 최솟값을 구하는 과정에서 극솟값을 건너뛰도록 하는 방법을 찾아야 하는데, 이러한 노력으로 배치 경사하강법 또는 스토캐스틱 경사하강법 등에 대한 연구가 이루어지고 있다.

경사하강법 구현

예제 10.6

다음 일변수 함수의 점 $x = 1$에서 경사하강법을 이용하여 최소점을 찾으시오.

$$f(x) = x^3 - 5x^2 + 3x + 1$$

In

```
f(x) = x^3-5*x^2 + 3*x +1       # 함수
df(x) = diff(f(x), x)           # 도함수
x0 = 1.0                        # 초기 근사해
tol = 1e-6                      # 허용 오차
eta = 0.1                       # 학습률

for k in range(300):
    g0 = df(x0)
    if abs(g0) <= tol:
        print("알고리즘 성공!")
    break
    x0 = x0 - eta*g0

print("x* = ", x0)
print("|g*| = ", abs(g0))
print("f(x*) = ", f(x0))
print("반복 횟수 = ", k + 1)
```

Out

```
알고리즘 성공!
x* = 2.99999996808539
|g*| = 2.55316898289948e-7
f(x*) = -8.00000000000000
반복 횟수 = 15
```

예제 10.7

다음 일변수 함수의 최솟값을 경사하강법을 이용하여 구하시오.

$$f(x) = x^2 - 3x$$

풀이

이 함수는 x값이 1일 때 최솟값 $f(1) = -2$가 된다. 또한 이 함수를 x로 미분하면 다음과 같다.

$$\frac{df(x)}{dx} = 2x - 3$$

일변수이므로 편미분이 아니라 미분을 사용한다. 다음 코드는 위의 함수의 최솟값을 경사하강법으로 구한다. (식 1)을 사용하여 x를 20회 업데이트하고 그 과정을 마지막으로 그래프로 나타낸다.

In

```
%matplotlib inline
import numpy as np
import matplotlib.pyplot as plt

def my_func(x):              # 최솟값을 구하는 함수
    return x**2 - 3*x

def grad_func(x) :           # 도함수
    return 2*x - 3

eta = 0.1                    # 학습 계수
x = 4.0                      # x의 초깃값을 설정
record_x = []                # x 기록
record_y = []                # y의 기록

for i in range(20):          # x를 20회 업데이트
    y = my_func(x)
    record_x.append(x)
    record_y.append(y)
    x -= eta * grad_func(x)    # (식 1)

x_f = np.linspace(-2, 4)     # 표시 범위
y_f = my_func(x_f)

plt.plot(x_f, y_f, linestyle = "dashed")    # 함수를 점선으로 표시
plt.scatter(record_x, record_y)             # x와 y의 기록 보기
plt.xlabel("x", size = 14)
plt.ylabel("y", size = 14)
plt.grid()

plt.show()
```

Out

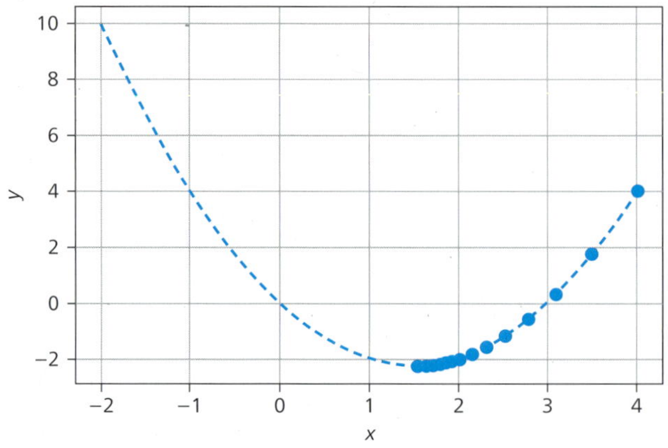

경사하강법에서 주의해야 할 점으로 구하는 값이 극솟값인지 최솟값인지를 파악할 수 있어야 한다. 최솟값이란 그래프 전체에서 가장 작은 값이고 극솟값이란 일정 지역에 국한됐을 때 그 영역에서 가장 작은 값을 의미한다.

인공지능에서 다루는 문제는 함수가 복잡하여 복수의 극솟값과 극댓값을 갖는 경우가 많다. 그래서 경사하강법을 사용한다고 하더라도 특정 극솟값에 갇혀 전체 최솟값에 도달하지 못하는 경우가 있다.

예제 10.8

다음 주어진 함수에서 경사하강법을 이용하여 최솟값에 이르지 못하는 경우와 최솟값에 이르는 경우를 살펴보자.

$$f(x) = x^4 + 3x^3 - 2x^2 - 3x$$

풀이

이해를 돕기 위해 먼저 함수 $f(x)$의 그래프를 그려보자.

여기서 우리가 찾고 싶은 값은 그래프상에 나타나는 가장 낮은 점인 A이다. 하지만 경사하강법을 적용할 때 초깃값을 $x = 1.6$으로 선택하고, 경사도를 결정하는 수식 (10.33)의 매개변수를 $\gamma = 0.01$로 선택함에 따라 찾게 되는 점이 B가 될 수 있다는 사례를 보려고 한다. 업그레이드는 20회를 실시하기로 한다.

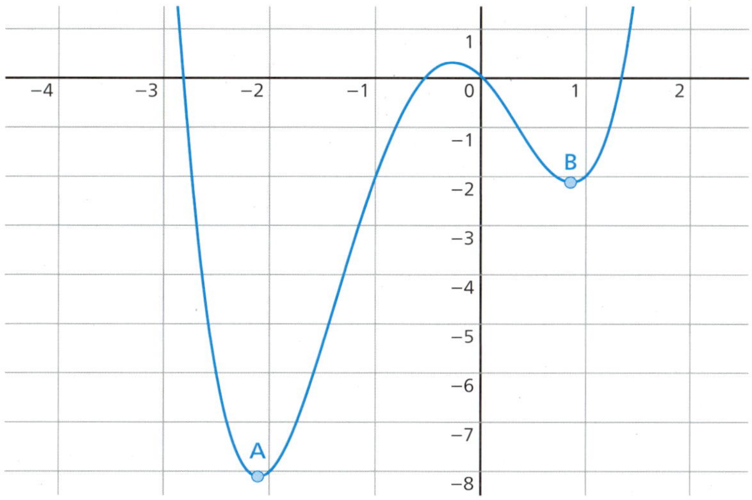

그림 10.27 $f(x) = x^4 + 3x^3 - 2x^2 - 3x$의 그래프

이 함수를 x로 미분하면 다음과 같다.

$$\frac{df(x)}{dx} = 4x^3 + 9x^2 - 4x - 3$$

다음 코드는 위의 함수에 경사하강법을 적용한 것이다.

In

```
%matplotlib inline
import numpy as np
import matplotlib.pyplot as plt

def my_func(x):             # 최솟값을 구하는 함수
    return x**4 - 3*x**3 + 2*x**2 - 3*x

def grad_func(x):           # 도함수
    return 4*x**3 - 9*x**2 + 4*x - 3

eta = 0.01                  # 학습 계수
x = 1.6                     # x의 초깃값을 설정

record_x = []               # x 기록
record_y = []               # y 기록
for i in range(20):         # x를 20회 업데이트
    y = my_func(x)
    record_x.append(x)
    record_y.append(y)
```

```
    x -= eta * grad_func(x)      # (식 1)
x_f = np.linspace(-2.8, 1.6)     # 표시 범위
y_f = my_func(x_f)

plt.plot(x_f, y_f, linestyle = "dashed")     # 함수를 점선으로 표시
plt.scatter(record_x, record_y)              # x와 y의 기록 보기
plt.xlabel("x", size = 14)
plt.ylabel("y", size = 14)
plt.grid()

plt.show()
```

Out

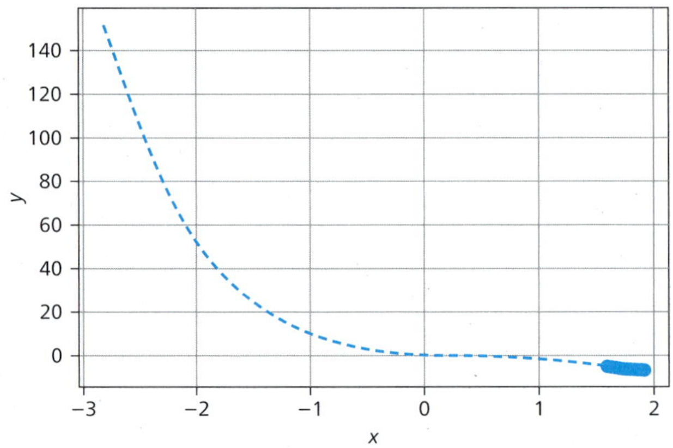

따라서 x의 초깃값 설정이 잘못되어 경사하강법으로 찾게 되는 점이 극솟값을 나타내는 점 B가 된다. 결국 최솟값인 점 A에 이르지 못한다. 경사하강법이 제대로 동작하려면 x의 초깃값 위치를 조정해서 $x = -1$이라고 하고 **매개변수** $\gamma = 0.01$로 **선택**하자.

In

```
%matplotlib inline
import numpy as np
import matplotlib.pyplot as plt

def my_func(x):                 # 최솟값을 구하는 함수
    return x**4 - 3*x**3 + 2*x**2 - 3*x

def grad_func(x):               # 도함수
    return 4*x**3 - 9*x**2 + 4*x - 3

eta = 0.01                      # 학습 계수
```

```
x = -1                          # x의 초깃값을 설정

record_x = []                   # x 기록
record_y = []                   # y 기록
for i in range(20):             # x를 20회 업데이트
    y = my_func(x)
    record_x.append(x)
    record_y.append(y)
    x -= eta * grad_func(x)     # (식 1)

x_f = np.linspace(-1.6, 2.8) # 표시 범위
y_f = my_func(x_f)

plt.plot(x_f, y_f, linestyle = "dashed")        # 함수를 점선으로 표시
plt.scatter(record_x, record_y)                  # x와 y의 기록 보기
plt.xlabel("x", size = 14)
plt.ylabel("y", size = 14)
plt.grid()

plt.show()
```

Out

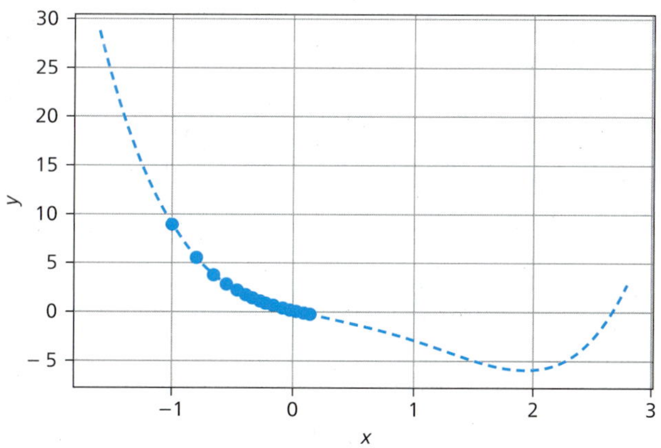

이 예제를 통해 경사하강법을 이용했을 때 최솟값인 점 A를 제대로 찾아낸다는 사실을 확인할 수 있다.

정리

Mathematics for Artificial Intelligence

이 장에서는 일변수가 아닌 다변수 함수에 대한 미분 개념을 학습하였다. 변수별로 미분을 정의한 것이 편미분이다. 해당 변수 이외의 다른 변수들을 모두 상수로 간주하고 미분을 구한 값이 편미분이었다면 모든 변수를 고려하였을 때 변화의 정도를 측정하는 개념이 전미분이다. 또한 전미분의 기하학적 의미는 일변수 함수에 대한 근삿값을 구하는 방식을 확장한 개념이다.

일변수 합성함수의 연쇄법칙을 확장한 다변수 벡터함수까지로의 연쇄법칙에 대해 학습하였다. 다변수 벡터함수의 연쇄법칙은 인공지능의 딥러닝 분야에서 경사하강법을 활용하여 최솟값을 찾아가는 데 매우 중요한 역할을 한다.

네이피어의 수인 자연대수의 밑수 e에 대한 개념과 이를 어떻게 정의하는지에 대해 학습하였다. 지수함수와 로그함수의 미분을 구하는 방법, 시그모이드함수의 개념을 설명하였고 다양한 시그모이드함수의 예제를 풀어봤다. 딥러닝 네트워크에서 노드에 입력된 값들을 비선형함수로 처리하여 다음 레이어로 전달하는데, 이때 사용하는 비선형함수를 활성화함수라고 한다. 선형함수가 아니라 비선형함수를 사용하는 이유는 실제 딥러닝 모델의 레이어를 여러 층으로 구현할 수 있기 때문이다. 실제 시그모이드함수가 어떻게 활성화함수로 활용되는지는 인공지능의 딥러닝을 본격적으로 학습하게 되면 알 수 있기 때문에 이 장에서는 간단하게 활성화함수가 어떤 특징을 가졌는지만 설명하였고 여러 사례를 통해 그 개형을 알아보았다.

인공지능에서 다루는 함수는 다변수 함수로서 벡터함수인 경우인데 이러한 함수가 최솟값을 어디에서 갖게 되는지 알아야 한다. 이때 사용하는 방법이 경사하강법인데 이 방법에서는 함숫값이 낮아지는 방향으로 독립변수의 값을 변형시켜가면서 최종적으로 어떤 점에서 최솟값을 갖는지를 알아낸다. 일반적으로 일변수의 경우 최솟값을 찾을 때 도함수를 구하고 도함수가 0이 되는 점을 임계점이라고 하며 이들 중에서 최솟값이 존재하기 때문에 이들에 조사하면 최솟값을 쉽게 찾을 수 있었다. 이와 비슷한 방법으로 다변수 벡터함수에서도 미분계수가 0이 되는 지점을 찾을 수 있다. 다만 이 방법을 적용하려면 사용하는 다변수 벡터함수가 이미 잘 알려진 소위 닫힌 형태의 함수여야 한다. 하지만 인공지능의 딥러닝에서 취급하는 대부분의 다변수 벡터함수는 비선형함수로서 미분계수와 편미분이 0이 되는 점을 찾는 게 쉽지 않기 때문이다. 또한 수치해석학적으로 미분계수를 구할 수도 있지만 컴퓨터를 이용하여 경사하강법을 적용해보면 빠르고 효율적으로 최솟값을 찾아낼 수 있기 때문에 이를 선호한다.

실제로 경사하강법을 적용해보지는 않았지만 그 개념을 이해하기 위해 경사하강법 알고리즘이 어떻게 작동하는지 설명하였다. 인공지능에서는 데이터의 양이 매우 많은 것이 일반적인데 경사하강법을 이용하여 반복적으로 계산을 하면 궁극적으로 계산량이 줄어드는 장점이 있다.

연습문제

01 함수 $w(x, y, z) = \cos(x^2 + 2z + 3y^2) - e^{3x - z^4 y} + y^3$의 편미분을 모두 구하시오.

02 함수 $f(x, y, z) = 3\dfrac{xyz}{x^2 + y^2 + z^2}$의 점 $(x, y, z) = (1, -1, 2)$에서 $\dfrac{\partial f}{\partial z}(x, y, z)$를 구하시오.

03 함수 $z = f(x, y) = x^4 e^{3y}$일 때, 전미분을 구하시오.

04 함수 $z = f(x, y) = \sqrt{x}\sin y$일 때, 전미분을 이용하여 $f(4.1, 0.8)$의 근삿값을 구하시오.

05 $v = \ln(2x + y)$이고 $x = 7u$, $y = 3u$일 때, 다음 중 무엇이 $\dfrac{dv}{du}$인가?

❶ $\dfrac{17}{2x + y}$　❷ $\dfrac{14}{x^2 + y}$　❸ $\dfrac{3}{2x + y}$　❹ $\dfrac{34}{2x^2 + y^2}$

06 $z = x^{-2}y^6 - 4x$, $x = u^2 v$, $y = v - 3u$일 때, $\dfrac{\partial z}{\partial u}$와 $\dfrac{\partial z}{\partial v}$를 구하시오.

07 $z = u^2 v^3 \omega^4$이고 $u = t^2$, $v = 5t - 8$, $\omega = t^2 - 2t$일 때, $\dfrac{dz}{dt}$를 구하시오.

08 $a > 0$, $a \neq 1$이고 $x > 0$, $y > 0$일 때, 다음을 증명하시오.

(1) $\log_a \dfrac{y}{x} = \log_a y - \log_a x$

(2) $\log_a x^n = n\log_a x$

09 경사하강법을 이용하여 함수 $f(x) = 2x^2 - 3x + 2$의 최솟값을 구하시오. 단, 초기 근사해의 값으로 $x_1 = 0$이고, 학습률에 해당하는 $\gamma = 0.1$이라고 하고, 허용오차 한계를 $\varepsilon = 10^{-6}$이라고 하자. 즉,

$$\left|\frac{df}{dx}(x_k)\right| \leq 10^{-6}$$

이면 x_k를 최솟값을 갖는 점이라고 간주한다. 이를 프로그램으로 구현해보시오.[8]

10 다변수 함수 $z = f(x, y) = -xye^{-x^2-y^2}$일 때, 이 함수의 그래프를 나타내고 그래디언트를 구하시오.

[8] 문제 출처: 일반인을 위한 K-MOOC 인공지능을 위한 기초수학 입문(이상구 외) http://matrix.skku.ac.kr/math4ai-intro/W9/.

11 확률과 통계 1

학습목표

- 인공지능에 필요한 확률과 통계의 개념을 알아본다.
- 확률의 정의와 확률의 공리에 대해 알아본다.
- 확률의 덧셈 정리와 여사건의 확률을 이해한다.
- 확률이 수렴한다는 의미를 이해한다.
- 확률변수의 평균과 기댓값의 개념을 알아본다.
- 분산의 개념과 표준편차의 개념을 이해한다.

학습목차

11.1 인공지능과 확률 통계

확률의 개념은 현실 세계의 현상을 표현하는 데 매우 유용하다. 인공지능에서 결과를 확률로 출력할 수 있다. 머신러닝이란 어떤 방식이든 결국 예측 문제라고 판단한다. 의료 분야에서 특정 유전자를 가진 사람에게 특정한 질병이 발병할 확률을 예측하는 문제(그림 11.1 참조) 또는 정유공장의 장비 센서들이 정상적으로 동작할 때 최대 생산량을 예측하는 일과 같은 문제, 내일의 날씨 예측, 식습관과 특정 질병 발생 가능성 등을 예측하는 데 확률이 사용된다. 이와 같이 확률이란 현재 가지고 있는 정보로부터 가장 그럴싸한 예측을 하는 기법이다.

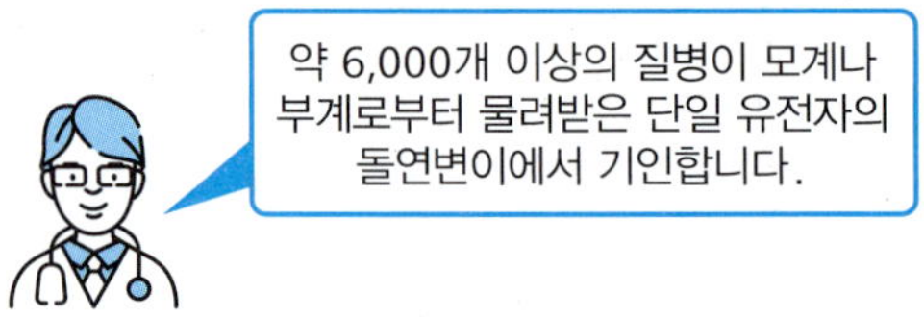

그림 11.1 질병 발생의 유전적 확률

초창기 인공지능 분야에서는 규칙을 모아 컴퓨터에 입력하여 문제를 해결하는 방식으로 해결책을 찾았다. 이런 시도를 **규칙 기반 시스템**(rule based system) 또는 **전문가 시스템**(expert system)이라고 한다(그림 11.2 참조). 하지만 이 방식은 확장성을 갖지 못해서 인공지능의 발전에 어려움을 초래하였다. 새로운 돌파구를 제시하게 된 학문 분야가 확률과 통계이다. 완벽한 정확성을 제시하지는 못하지만, 통계 모델은 여러 후보 중 상대적으로 확률이 높은 게 무엇인지 알려준다. 따라서 좀 더 복잡한 문제를 다룰 수 있게 해준다.

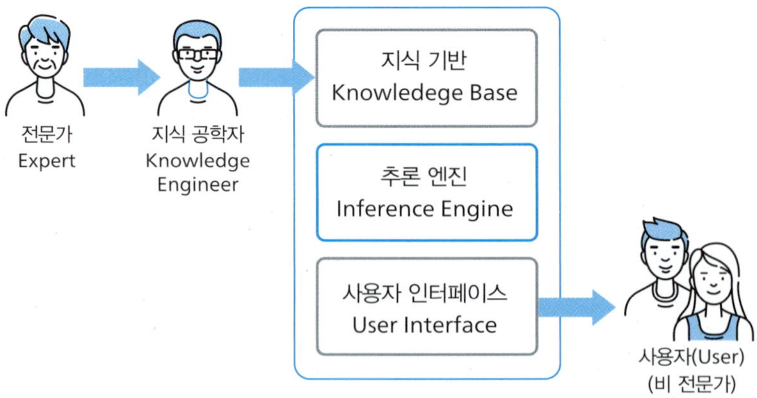

그림 11.2 전문가 시스템 모델

구글의 자동번역 시스템이나 AI 스피커 같은 시스템에서는 사람의 언어를 다룬다. 초기 인공지능에서 자연어를 처리할 때 규칙 기반으로 처리해보려 했지만 궁극적으로 실패하였다. 하지만 최근 인공지능으로 자연어를 처리할 때 통계에 기반한 새로운 시스템을 활용하여 자연어에 근사하게 접근해가고 있다. 또한 인공지능을 이용한 이미지 인식 시스템에서도 확률을 활용하여 해당 이미지가 담고 있는 내용을 파악한다. 이미지 인식 방법으로 이미지 내 특정 사물을 분류(classification)하는 방법, 여러 사물을 동시에 검출(detection)하는 방법, 사물을 픽셀 단위로 식별하여 분할(segmentation)하는 방법 등을 활용한다. 이때 이러한 능력을 갖추기 위해 데이터를 학습해야 하는데 제공되는 데이터의 양과 관련하여 아무리 많은 데이터를 만들어서 제공하더라도 현실에서 생산되는 방대한 데이터의 양을 따라갈 수는 없다. 따라서 적은 데이터에 기반하여 내리게 되는 결정은 불확실성을 갖게 된다. 모든 경우를 커버하지 못하는 데이터와 수학자들이 만든 인공지능 학습 알고리즘도 불확실성을 가질 수밖에 없다. 궁극적으로 데이터와 모델이 가진 불확실성 때문에 인공지능의 머신러닝이나 딥러닝 모델의 예측 역시 완전한 해답이 될 수 없다. 그래서 인공지능에서는 확률이 매우 중요한 역할을 한다.

확률이란 불확실성을 원하는 만큼 줄이는 방법을 제공한다. 여기에 사용되는 개념이 확률변수이다. 확률변수란 특정 현상을 관측하거나 인위적인 실험을 했을 경우 결과로 나오게 되는 값들을 대응시키는 함수이다. 즉, 표본 공간의 원소에 대해 실숫값을 대응시키는 함수이다. 예를 들어 내일 날씨를 예측한다고 해보자. 먼저 내일의 날씨에 영향을 주는 요소들을 조합하여 모든 경우를 만들고 이를 표본이라고 하자. 그다음 날씨의 유형을 몇 가지로 분류한 다음 표본 하나에 대해 분류된 값 중 하나를 대응시키는 확률변수를 생각해볼 수 있다.

그림 11.3 인공지능 모델에서 확률과 통계의 역할

인공지능 알고리즘이 외부에서 들어온 데이터를 인식하고 문제를 탐색하고 이를 통하여 최적의 해답을 추론해내는 전 과정에서 여러 가지 확률의 개념이 활용된다(그림 11.3 참조). 이 장에서는 확률이 무엇인지, 추론에 필요한 통계적 개념으로 평균과 기댓값 그리고 분산과 표준편차 등에 대해 알아본다.

표본 공간

확률 통계 분야에서 의도를 가지고 하는 실험의 결과로 나타나는 현상이나 의도하지는 않았지만 일어나는 현상을 모두 **사건**(event)이라고 말한다. 예를 들어 한 개의 동전을 던지는 의도성 실험이 있는 반면에 자연현상으로 내일 비가 내리는지 아닌지를 예측하는 실험도 있으며, 특정 도로 지점에서 발생하는 사고 건수를 예측하는 의도가 개입되지 않는 실험도 있다. 확률 통계에서는 의도성이 있거나 없거나 모두 이를 실험이라고 한다. 그러면 해당 실험의 결과로 나올 수 있는 현상을 모두 모은 집합을 생각할 수 있고 이 집합을 **표본 공간**(sample space)이라고 한다. 이 표본 공간의 부분 집합 하나하나는 사건이 되며 이들 전체 집합을 **사건 공간**(event space)이라고 한다.

예를 들어 동전 1개 던지기 실험(그림 11.4 참조)이라면 실험의 결과로 나올 수 있는 현상은 동전의 앞면이 나오거나 뒷면이 나오는 2가지 결과가 있을 수 있으므로 표본 공간 $S = \{Head, Tail\}$이고, 내일 비가 오는지에 대한 실험은 '그렇다'와 '그렇지 않다'라는 2가지 결과만 나오므로 $S = \{Yes, No\}$이다. 또한 교통사고 발생 건수에 관심을 두는 실험이라면 $S = \{1, 2, \ldots\}$로서 사고 건수가 1건부터 2건, 3건, . . . 등 모든 가능성을 나타낸다.

이처럼 특정 실험에서 발생할 수 있는 결과의 전체 집합을 표본 공간 S라고 하고 표본 공간의 부분 집합들의 전체 집합을 $\wp(S)$라고 하자. 그리고 $\wp(S)$의 원소를 A라고 쓰고 이를 사건이라고 부르자.

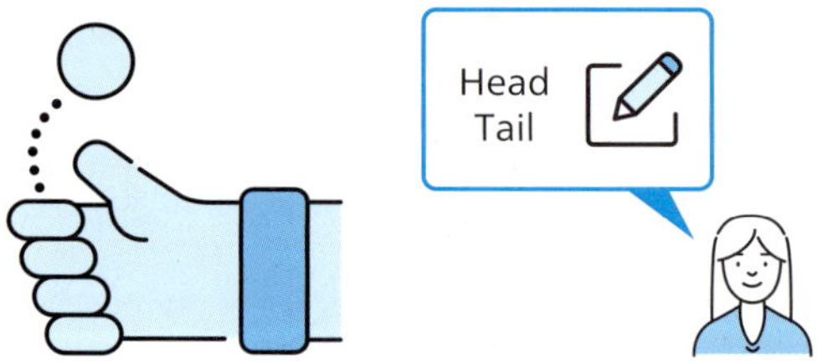

그림 11.4 동전 1개 던지기

예를 들어 동전 1개 던지기 실험이라면 표본 공간 $S = \{Head, Tail\}$이고 편의상 앞면을 H, 뒷면을 T라고 하여 표본 공간을 $S = \{H, T\}$라고 나타내기로 하자. 그러면 표본 공간 S의 부분 집합들의 전체 집합인 $\wp(S)$는 다음 수식 (11.1)로 나타낼 수 있다.

$$\wp(S) = \{\emptyset, \{H\}, \{T\}, \{H, T\}\} \tag{11.1}$$

즉, 동전을 1개 던졌을 때 나오는 사건은 다음 4가지 중 하나로 그 의미는 각각 다음과 같다.

- $\emptyset$: 어떠한 현상도 일어나지 않음
- $\{H\}$: 앞면이 나타남
- $\{T\}$: 뒷면이 나타남
- $\{T, H\}$: 앞면이거나 뒷면이 나타남

만약 던지는 동전이 정상적(fair)으로 주조된 경우라면 네 가지 현상이 일어날 가능성을 우리는 직관적으로 알 수 있다. 즉, 어떠한 현상도 일어나지 않는 가능성은 없으며, 앞면이 나타날 가능성이 반이고, 뒷면이 나타날 가능성도 반이다. 마지막으로 앞면이 나타나거나 뒷면 둘 중 하나는 반드시 나타난다. 이러한 가능성을 각각의 사건에 대응시켜보는 것은 의미가 있다. 이렇게 대응되는 가능성을 0과 1 사이의 값으로 대응시켜보자. 절대로 발생하지 않는 사건인 $\varnothing$의 가능성은 없기 때문에 0을 대응시키고, 항상 발생하는 사건인 $\{T, H\}$의 가능성은 100%이기 때문에 1을 대응시킨다. 나머지 사건인 $\{H\}$와 $\{T\}$는 반씩 발생하는 가능성을 가지므로 각각 1/2을 대응시키는 함수를 생각해볼 수 있다. 즉, 이 함수는 정의역이 $\wp(S)$이고 공역이 [0, 1]인 함수로서 다음 그림 11.5와 같이 대응되는 함수이다.

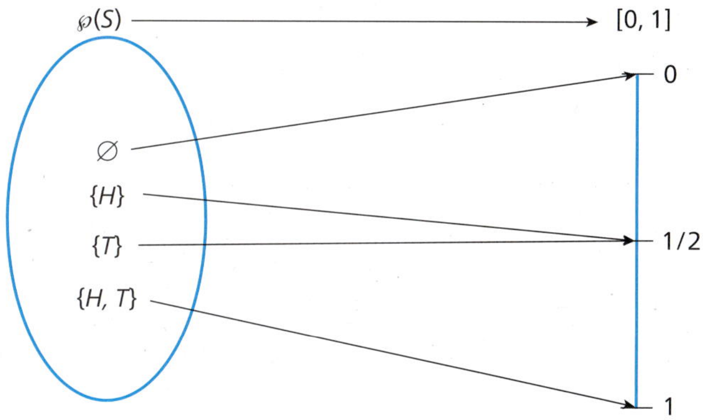

그림 11.5 확률함수의 예

이 함수를 **확률함수**(probability function) 또는 간략히 확률이라고 한다.

다른 예를 들어보자. 내일 비가 '온다(Yes)'와 '안 온다(No)'만 판단하는 실험이라고 하면 S = {Yes, No}이다. 표본 공간 S의 부분 집합들의 전체 집합인 $\wp(S)$는 다음 수식 (11.2)로 나타낼 수 있다.

$$\wp(S) = \{\varnothing, \{Yes\}, \{No\}, \{Yes, No\}\} \tag{11.2}$$

즉, 내일 비가 오는지 안 오는지에 대한 사건은 다음 네 가지 중 하나로 그 의미는 각각 다음과 같다.

- $\varnothing$: 어떠한 현상도 일어나지 않음
- $\{Yes\}$: 비가 옴
- $\{No\}$: 비가 안 옴
- $\{Yes, No\}$: 비가 오거나 비가 안 오거나 둘 중 하나

여기서 우리가 확실히 알 수 있는 것은 어떤 현상도 일어나지 않을 경우는 없다는 것이고, 비가 오거나 안 오거나 둘 중 하나는 항상 100% 맞는 예측이라는 것이다. 하지만 나머지 2개의 사건인 {*Yes*}와 {*No*}에 대한 가능성은 여러 가지 날씨를 예측하기 위한 변수들에 의해 결정되는 값이다. 따라서 이 값은 불확실하다. 다만 이 값도 [0, 1] 구간의 값으로 제한하여 확률함수를 정의할 수 있다.

확률

앞에서 설명한 내용을 일반적인 임의의 실험에서 나오는 표본 공간과 사건 공간에 적용해보자. 모든 가능한 사건들의 집합에 대해 우리가 직관적으로 0과 1 사이의 값을 부여할 수 있는데 이를 확률함수 또는 확률이라고 하고 보통 P라고 나타낸다. 확률함수 P는 다음 수식 (11.3)과 같이 표현한다.

$$\begin{aligned} P&: \wp(S) \to [0, 1] \\ A &\mapsto P(A) \end{aligned} \tag{11.3}$$

사실 엄밀한 확률변수의 정의에서는 $\wp(S)$가 아니고 적절한 조건을 만족하는 $\wp(S)$의 부분 집합에 대해 확률을 정의하지만 우리는 $\wp(S)$ 전체만 고려하기로 한다.

일반적으로 함수를 정의할 때 정의역에 속하는 원소는 주로 실수나 행렬 등이었다. 하지만 확률로 정의되는 함수 P의 정의역의 원소 자체를 살펴보면 이들이 집합 형태라는 점에 유의하기를 바란다. 이처럼 원소가 집합으로 구성되는 정의역을 갖는 함수를 **집합함수**(set function)라고 한다. 확률함수는 사건 전체의 집합을 정의역으로 하고 각 사건을 독립변수로 해서 실수 [0, 1] 사이의 값을 대응시키는 하나의 집합함수라고 할 수 있다.

$\wp(S)$를 정의역으로 하고 [0, 1]을 치역으로 하는 함수 P를 정의한다. 이 함수 P가 몇 가지 공리를 만족하면 확률함수라고 한다. 필요한 공리 세 가지는 다음 수식 (11.4)와 같다.

$$\begin{aligned} &(1)\ 0 \le P(A) \le 1 \\ &(2)\ P(S) = 1 \\ &(3)\ A_i \cap A_j = \varnothing (i \ne j) \Rightarrow P\left(\bigcup_{i=1}^{\infty} A_i\right) = \sum_{i=1}^{\infty} P(A_i) \end{aligned} \tag{11.4}$$

첫 번째 공리는 확률값이 0과 1을 포함한 그 사이의 값으로 정의된다는 뜻이고, 두 번째 공리는 전체 집합에 대한 확률은 1이 된다는 뜻이다. 예를 들어 동전을 던지면 동전은 분명히 앞이거나 뒤가 되므로 이 사건의 확률은 1이라는 의미이고, 내일 비가 오거나 안 오게 될 확률도 1이라는 뜻이다. 세 번째 공리는 확률의 **가법성**(additivity)이라고 하는데 두 사건이 전혀 다른 사건이라면 두 사건의 합집합에 대한 확률은 두 사건의 확률의 합과 같아진다는 의미이며, 가법성 개념을 모든 사건으로 확장했을 때에도 만족한다는 것을 의미한다.

다른 예를 들어서 확률을 좀 더 확실하게 이해해보자. 주사위 1개를 던져서 나오는 눈금의 수를 확인하는 실험을 한다고 가정해보자. 이 경우에 가능한 실험 결과의 집합인 표본 공간은 $S = \{1, 2, 3, 4, 5, 6\}$이다. 표본 공간 $\wp(S)$는 실제로 $\varnothing$, $\{1\}, \ldots, \{6\}, \{1, 2\}, \ldots, \{5, 6\}, \{1, 2, 3\}, \ldots, \{2, 3, 4, 5, 6\}$, S로 이루어진 집합으로서 $2^6 = 64$개의 원소로 이루어진 집합이다. 던지는 주사위가 1부터 6까지 골고루 평균적으로 나오게 만들어졌다면 확률함수 P를 결정하기가 쉽다. 각 $i = 1, \ldots, 6$에 대하여

$$P(\{i\}) = \frac{1}{6}$$

이라고 할 수 있다. 이렇게 결정된 함수 P가 위의 수식 (11.4)에 제시한 공리 세 가지를 모두 만족시킨다는 걸 보일 수 있다.

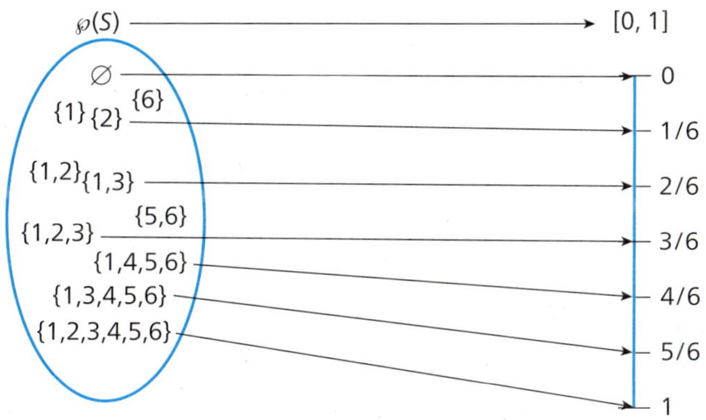

그림 11.6 라플라스의 확률 개념

또 다른 조금 추상화된 확률함수의 예를 하나 들어보자. 이는 **라플라스**(Laplas)**의 확률**이다. 표본 공간 $S = \{s_1, s_2, \ldots, s_n\}$은 하나의 유한 집합이고 각 표본점 s_i가 같은 정도로 발생된다고 가정해보자. 즉,

$$P(\{s_i\}) = \frac{1}{n}, \ (i = 1, \ldots, n)$$

이다. k개의 표본점으로 구성된 사상$A = \{s_1', \ldots, s_k'\}$의 확률은

$$P(A) = \frac{k}{n}$$

가 된다. 따라서 앞에서 예로 들었던 주사위 던지기 실험에 정의한 확률함수에서 하나의 예로 주사위 눈금이 짝수인 사건은

$$A = \{2, 4, 6\}$$

이고 이 사건이 일어날 확률은 (A의 원소의 수)/(총 표본 공간 원소의 수)인 3/6이 된다. 따라서 주사위를 1개 던지는 경우에 확률은 라플라스 확률이 된다(그림 11.6 참조).

또 다른 확률의 예를 들어보자. 이번에는 빨간색 주사위와 파란색 주사위 2개를 동시에 던지는 실험을 하고 나타나는 눈금을 관찰해보자(그림 11.7 참조). 관찰되는 값의 순서쌍인 (빨간색 주사위의 눈금, 파란색 주사위의 눈금)을 표본이라고 하자.

그림 11.7 주사위 2개 던지기 실험

표본 공간은

$$S = \{(i, j) | i, j = 1, 2, 3, 4, 5, 6\} = \{(1, 1), (1, 2), \ldots, (1, 6), (2, 1), \ldots, (2, 6), \ldots, (6, 6)\}$$

이고 36개의 표본으로 구성된다. 여기서 사건 A = 두 주사위 눈금의 합이 7이 되는 사건이라고 해보자. $A = \{(1, 6), (2, 5), (3, 4), (4, 3), (5, 2), (6, 1)\}$이 된다. 이때

$$P(A) = \frac{6}{36} = \frac{1}{6}$$

이 된다는 것을 라플라스의 확률을 통해 알 수 있다.

만약 던지는 주사위 2개의 색이 동일하다면 두 개를 구별할 수 없기 때문에 표본 공간은

$$S = \left\{ \begin{array}{r} (1, 1), (1, 2), (1, 3), (1, 4), (1, 5), (1, 6) \\ (2, 2), (2, 3), (2, 4), (2, 5), (2, 6) \\ (3, 3), (3, 4), (3, 5), (3, 6) \\ (4, 4), (4, 5), (4, 6) \\ (5, 5), (5, 6) \\ (6, 6) \end{array} \right\}$$

이 된다. 이 경우에는 라플라스의 확률이 적용되지 않는다. 왜냐하면 두 눈금이 동일한 경우인 $\{(i, i) \mid i = 1, \ldots, 6\}$에 대해

$$P(\{(1, 1)\}) = \ldots = P(\{(6, 6)\}) = \frac{1}{36}$$

이지만 두 개의 주사위가 색이 다르면 사건 $\{(1, 2)\}$와 $\{(2, 1)\}$이 구별되지만 여기서는 구별할 수 없으므로 하나의 사건으로 간주한다. 따라서 그 확률은 달라진다. 즉,

$$P(\{(1, 2)\}) = P(\{(1, 3)\}) = P(\{(2, 3)\}) \ldots = P(\{(5, 6)\}) = \frac{2}{36} = \frac{1}{18}$$

이다. 비록 라플라스의 확률은 아니지만 이렇게 정의한 집합함수 P도 위의 공리를 모두 만족하기 때문에 확률함수이다.

확률의 덧셈 정리

앞에서 확률함수가 가져야 하는 공리(수식 (11.4) 참조)에 대해 알아보았다. 사건이 일어나는 경우 두 가지 사건 또는 복수의 사건 중 어느 한 사건이라도 일어나게 될 확률에 관심이 있을 수 있다. 예를 들어 주사위 1개를 던지는 실험에서 주사위의 눈금이 2의 배수이거나 3의 배수가 되면 상금을 받을 수 있다고 해보자. 2의 배수이거나 3의 배수가 되는 사건이 분명 2의 배수가 되는 사건과 3의 배수가 되는 두 개의 사건에 대한 각각의 확률과 연관된다는 것을 알 수 있다. 이들의 관계는 어떻게 되는지 알아보자.

주사위를 1개 던졌을 때 표면에 나타나는 눈금의 수가 2의 배수가 되는 사건을 A라고 하고, 3의 배수가 되는 사건을 B라고 하자. 즉,

$$A = \{2, 4, 6\}$$
$$B = \{3, 6\}$$

이다. 그리고 우리가 관심을 가진 2의 배수 또는 3의 배수인 사건(즉, $A \cup B = C$)

$$C = \{2, 3, 4, 6\}$$

이고 C의 확률은 어떻게 되는지 알아보자. 주사위 1개 던지기 실험에서 확률은 라플라스의 확률이기 때문에 쉽게 C의 확률값이 4/6라는 것을 알 수 있다.

A의 확률인 3/6과 B의 확률인 2/6와 C의 확률은 어떤 관계가 있는가? 이것이 바로 확률의 덧셈 정리이다.

위에서 예로 들었던 주사위 1개 던지기 실험은 사건의 원소 수에 의해 확률값이 결정되는 라플라스의 확률이다. 따라서 $C = A \cup B$이고 $A \cup B = \{6\}$이므로

$$P(C) = P(A \cup B) = 4/6$$
$$P(A) = 3/6$$
$$P(B) = 2/6$$
$$P(A \cap B) = 1/6$$

가 되고

$$P(A \cup B) = 4/6 = 3/6 + 2/6 - 1/6 = P(A) + P(B) - P(A \cap B)$$

가 성립된다.

확률의 덧셈 정리를 알아보기 위해 두 개의 사상 A와 B가 주어졌을 때, 두 사상의 합집합에 대한 확률은 어떻게 되는지 알아보자.

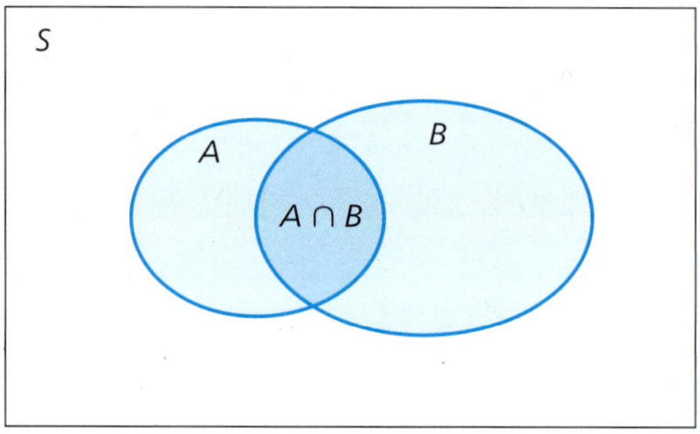

그림 11.8 확률의 덧셈 정리

S를 표본 공간 전체 집합이라고 하면 다음과 같은 수식 (11.5)가 성립된다.

$$P(A \cup B) = P(A) + P(B) - P(A \cap B) \tag{11.5}$$

수식 (11.5)는 주어진 임의의 두 개의 사상에 대해 항상 성립하고 이를 확률의 덧셈 정리라고 한다. 수식 (11.5)는 확률의 공리를 이용하면 쉽게 증명할 수 있다. 여기서는 증명을 생략하고 연습문제로 남긴다.

확률의 덧셈에 대한 예를 더 들어보자. 1부터 100까지의 자연수 번호가 붙은 구슬이 주머니에 들어 있는데 이 구슬은 손으로 만져서는 구별할 수 없는 상태라고 한다. 그중에서 하나를 꺼내 번호를 확인하는 실험을 한다고 하자. 그러면 $S = \{n \mid n = 1, \ldots, 100\}$이 된다. $\wp(S)$는 S의 부분 집합에 대한 전체 집합이 된다. 라플라스의 확률에 의해 각 사상 $\{n\}$에 대한 확률은

$$P(\{n\}) = \frac{1}{100}$$

이다. 이때

$$A = \text{선택된 수가 3의 배수인 사건}$$
$$B = \text{선택된 수가 4의 배수인 사건}$$

이라고 하자. 선택한 수가 3의 배수이거나 4의 배수가 될 확률은 무엇인가? 즉, $P(A \cup B)$는 무엇인가? 위의 덧셈 정리를 적용하면 원하는 확률을 구할 수 있다. $A \cap B$는 선택한 수가 3의 배수이면서 4의 배수인 수이다. 즉, 12의 배수가 되는 수인 사상이다. 그러므로

$$A = \{3, 6, 9, \ldots, 99\}$$
$$B = \{4, 8, 12, \ldots, 100\}$$
$$A \cap B = \{12, 24, 36, 48, 60, 72, 84, 96\}$$

이다. 따라서 라플라스의 확률 성질에 의해

$$P(A) = \frac{33}{100}, P(B) = \frac{23}{100}, P(A \cap B) = \frac{8}{100}$$

이다. 그러므로

$$P(A \cup B) = P(A) + P(B) - P(A \cap B) = \frac{33}{100} + \frac{25}{100} - \frac{8}{100} = \frac{50}{100} = \frac{1}{2}$$

이다. 즉, 1번부터 100번까지의 번호가 붙어있는 100개의 구슬이 들어 있는 주머니에서 한 개의 구슬을 꺼냈을 때, 꺼낸 구슬이 3의 배수이거나 4의 배수일 확률은 1/2이라는 뜻이다.

여사건 확률

사건 A가 주어졌을 때 사건 A가 발생하지 않을 사건은 전체 집합에서 A를 배제시킨 사건이므로 여집합 A^c이다. 즉, 여사건은 $A^c = S - A$를 말한다.

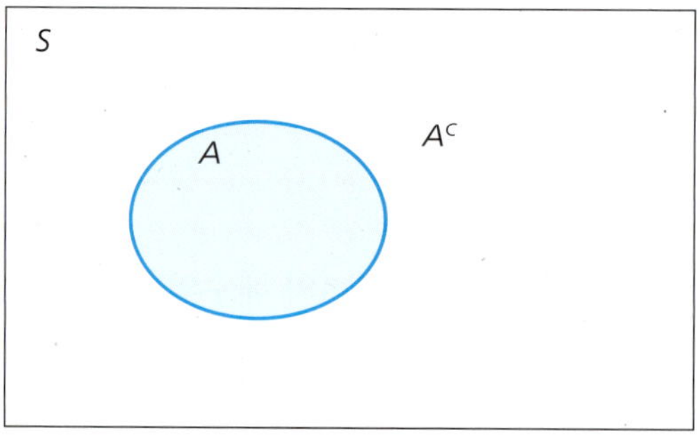

그림 11.9 여사건 확률

이때 여사건 A^c의 확률값은

$$P(A^c) = 1 - P(A) \tag{11.6}$$

이다. 여사건에 대한 확률값인 수식 (11.6)은 확률의 공리를 이용하면 쉽게 증명할 수 있다. 이 증명은 연습문제로 남기기로 한다. 라플라스의 확률이 적용되는 경우 살펴보면

$$P(A) = \frac{n(A)}{n(S)}$$

이므로

$$P(A^c) = \frac{n(A^c)}{n(S)} = \frac{n(S) - n(A)}{n(S)} = \frac{n(S)}{n(S)} - \frac{n(A)}{n(S)} = 1 - P(A)$$

가 되어 여사건 확률이 잘 성립된다. 라플라스의 확률이 적용되지 않는 경우에도 수식 (11.6)은 항상 성립한다.

여사건 확률에 대한 예를 들어보자. 주사위를 3회 던져서 적어도 한 번 3의 눈금이 나올 확률을 구해보자. 우선 어떤 실험인지 말해보자. 실험은 주사위를 3회 연속해서 던지면서 눈금을 확인하는 과정이다. 표본 공간은 $6^3 = 216$개의 원소로 이루어진

$$S = \{(i, j, k) \mid i, j, k = 1, 2, 3, 4, 5, 6\}$$

이다. 사건 B를 3회 모두 주사위 눈금이 3이 아닌 사상을 생각해보자. 즉,

$$B = \{(i, j, k) \mid i, j, k = 1, 2, 4, 5, 6\}$$

이다. 그리고

$$P(B) = \frac{125}{216}$$

라는 것을 알 수 있다. 그러면 주사위를 3회 던져서 적어도 한 번 3의 눈금이 나오는 사건은 B^c 라는 것을 알 수 있다. 따라서

$$P(B^c) = 1 - P(B) = 1 - \frac{125}{216} = \frac{91}{216}$$

이다.

확률의 수렴

시도를 거듭해서 수행하면 사건의 발생 횟수가 총 시도 횟수의 일정 부분을 차지하게 되는데 그 비율이 특정값으로 수렴하는 경우가 있다. 예를 들어 동전을 1개 던지는 실험을 계속해서 수행한다고 해보자.

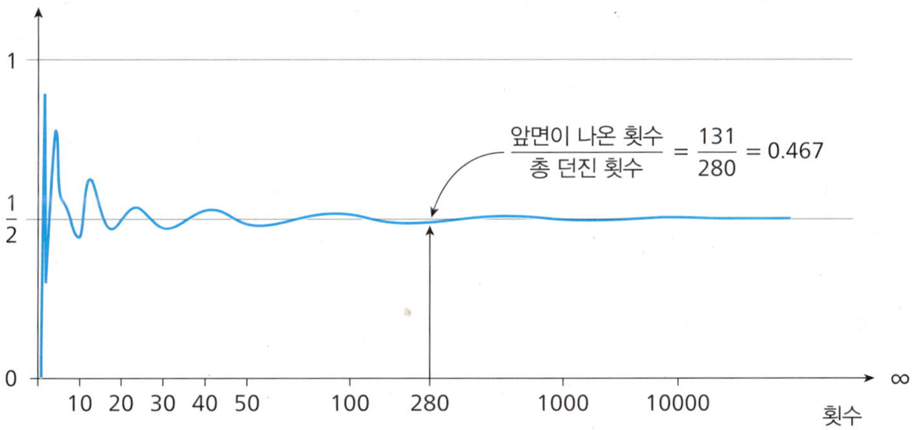

그림 11.10 총 던진 횟수와 동전의 앞면이 나오는 횟수의 비율

처음 몇 번 던졌을 때 모두 앞면만 나올 수 있다. 또는 뒷면만 나올 수도 있다. 10번쯤 던졌을 때 앞면이 9번 나오고 뒷면이 1번 나오는 경우가 없다고 할 수 없다. 그렇다고 몇 번 되지 않는 실험의 결과를 근거로 앞면이 나올 확률이 9/10라고 판단하지는 않는다. 10번은 충분한 근거로 부족하기 때문이다. 이제 동전 던지기 횟수를 100회로 증가시켜보자. 그리고 앞면이 나오는 수가 100번 중 몇 번이 되는지 점검해보자. 실제로 실험해보면 50회 전후로 앞면이 나오게 된다. 그림 11.10은 실제로 280번 던졌을 때 131번 앞면이 나타난 경우로서 (앞면이 나온 횟수)/(총 던진 횟수)가 1/2이 안 되는 0.467을 갖는다. 던지는 횟수를 더 증가시켜서 1,000회로 늘려보고 그 비율을 관찰해보자. 아니면 10,000번, 100,000번으로 계속해서 증가시켜보자. 그러

면 총 던진 횟수 중에서 동전의 앞면이 나타나는 횟수는 대략 총횟수의 반 정도가 된다는 것을 알 수 있다. 따라서 총횟수를 점점 더 증가시키면 그 비율은 1/2로 점점 접근해간다는 것을 알 수 있다. 이러한 규칙을 **큰 수의 법칙**(law of large numbers)이라고 한다.

실제로 큰 수의 법칙을 확률변수로 나타내면 다음과 같다. 어떤 시행에서 사건 A가 일어날 수학적 확률이 p이고 이 시행을 독립적으로 n회 반복할 때, A가 일어나는 횟수를 x라고 하면 아주 작은 양의 수 $\varepsilon > 0$에 대해서 다음이 성립된다.

$$\lim_{n\to\infty} P\left(\left|\frac{X}{n} - p\right| < \varepsilon\right) = 1 \tag{11.7}$$

수식 (11.7)이 의미하는 바는 시행 횟수를 무한정 늘리면 통계적 확률과 수학적 확률의 차이가 점점 줄어든다는 뜻이다. 즉, 주어진 임의의 작은 양의 수 $\varepsilon > 0$보다도 통계적 확률과 수학적 확률의 차이가 작게 되는 시행 횟수가 존재하고 그 이상의 시행 횟수에 대해서는 항상 수식 (11.7)이 만족한다는 뜻이다. 다시 말해서 시행 횟수를 늘려가면 언젠가는 이 양의 수 $\varepsilon > 0$보다 두 값의 차이가 작아진다는 뜻이다.

앞에서 설명한 동전 던지기(동전이 위가 나온 횟수/ 동전을 던진 횟수)가 확률 1/2에 수렴하는 것을 파이썬으로 구현해서 확인해보자.

In
```
import numpy as np
import matplotlib.pyplot as plt

x = []
y = []
total = 0           # 시도 횟수
num_front = 0       # 동전 앞면이 나온 횟수
n = 3000            # 동전을 던진 횟수

for i in range(n):
   if np.random.randint(2) == 0:    # 동전이 앞면인가?
      num_front += 1                # 동전 앞면이 나온 횟수 합산
   total += 1
   x.append(i)
   y.append(num_front/total)

plt.plot(x, y)
plt.plot(x, [1/2]*n, linestyle = "dashed")
plt.xlabel("x", size = 14)
plt.ylabel("y", size = 14)
```

```
plt.grid()

plt.show()
```

Out

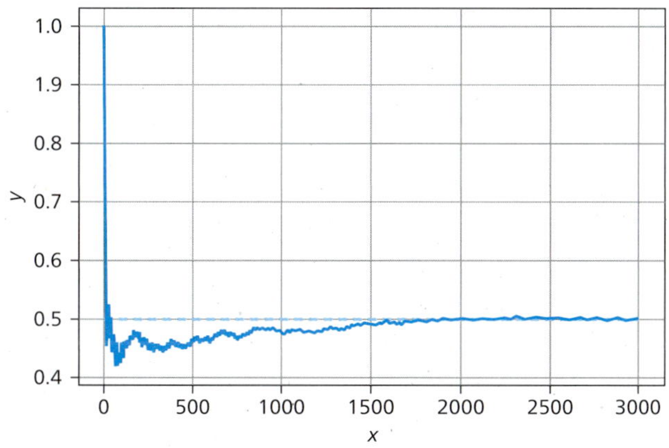

위의 그래프를 보면 동전을 던진 횟수가 많아질수록 그 비율이 1/2(0.5)에 가까워짐을 알 수 있다.

예를 더 들어보자. 동전 던지기를 보면 많은 시도를 거듭하면 (사건의 발생 횟수/시도 횟수)가 확률에 수렴한다. 이번 예는 주사위를 여러 번 던져서 3이 나온 횟수를 세고 (3이 나온 횟수/던진 횟수)의 변화를 나타내는 코드를 파이썬을 이용하여 구현해보자. `np.random.randint(6)`으로 0부터 5까지 정수를 무작위로 얻을 수 있다.

In

```
%matplotlib inline
import numpy as np
import matplotlib.pyplot as plt

x = []
y = []
total = 0       # 시도 횟수
num_3 = 0       # 3이 나온 횟수
n = 3000        # 던진 횟수

for i in range(n):
   if np.random.randint(6) + 1 == 3:
# 0-5까지 임의의 수에 1을 더하면 1-6이 된다
      num_3 += 1
```

```
        total += 1
        x.append(i)
        y.append(num_3/total)

plt.plot(x, y)
plt.plot(x, [1/6] * n, linestyle = "dashed")   # y는 1/6이 n개 들어간 리스트
plt.xlabel("x", size = 14)
plt.ylabel("y", size = 14)
plt.grid()

plt.show()
```

Out

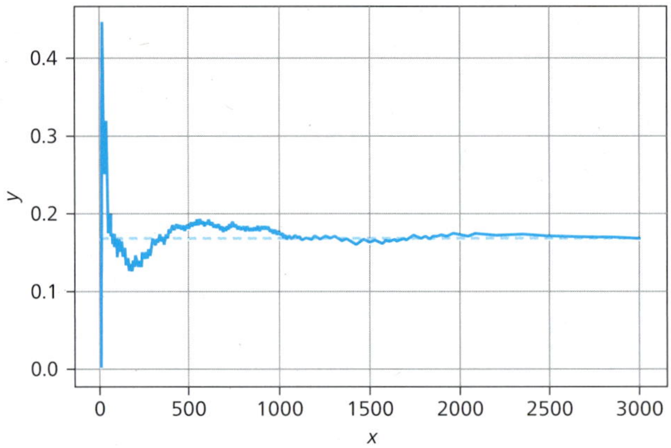

시도 횟수가 커지면 (3이 나온 횟수/시도 횟수)는 확률(약 16.7%)에 수렴한다. 따라서 확률은 사건이 일어날 것으로 예상되는 정도를 의미한다.

겜블링에 룰렛 게임이 있다. 커다란 바퀴에 번호를 붙인 회전판에 한 개의 구슬을 넣고 빠른 속도로 돌리다가 정지했을 때 그 구슬이 정지한 곳의 번호에 따라 베팅 방법과 베팅 금액별로 상금을 받거나 베팅을 잃는 게임이다. 룰렛의 형태는 미국식과 유럽식이 다른데, 여기서는 유럽식 룰렛으로 한다. 미국식 룰렛의 회전판에서는 유럽식에 00을 한 칸 더 넣어서 설계하였다. 유럽식이건 미국식이건 지금부터 설명하는 내용에는 근본적으로 차이가 없다. 유럽식 룰렛을 예로 들면 둥근 회전판에 번호가 기입되어 있는 칸은 0번부터 36번까지 총 37개의 수를 랜덤하게 넣었다. 이 칸들은 청록색 18개와 흰색 18개로 구분된다. 그리고 0은 회색으로 칠해져 있다.

그림 11.11 룰렛

게임을 하는 사람은 청록색이나 흰색에 베팅할 수도 있고 특정 번호를 지정하여 베팅할 수도 있다. 딜러는 베팅이 끝나면 구슬을 룰렛에 넣고 돌린다. 청록색에 구슬이 멈추게 될 확률이나 흰색에 멈추게 될 확률은 1/2에 조금 못 미치는 값이다. 왜냐하면 0을 포함해서 총 개수는 37개이기 때문에 청록색이나 흰색이 될 확률은 18/37이고 흰색이 될 확률도 18/37이다. 즉, 고객이 이길 확률이 18/37이라는 뜻이고 겜블링장 딜러가 이길 확률은 19/37이라는 뜻이다. 이 게임을 3, 4회 정도 실시할 경우에 매번 승리할 행운이 있을 수 있다. 하지만 고객이 이 게임을 아주 많이 또는 영원히 한다고 가정해보면 이 행운이 오래가지 못한다. 큰 수의 법칙에 의하면 이론적 승률은 $p = 18/37(< 1/2)$로서 겜블링장 딜러의 승률인 $19/37(> 1/2)$보다 낮게 되어 전체적으로 겜블링장 딜러가 승리하게 될 확률이 높아진다. 겜블링장에서는 수많은 고객을 대상으로 오랫동안 운영한다는 면에서 큰 수의 법칙에 의해 겜블링장 딜러의 승률이 근소하기는 하지만 겜블러보다 높다. 결국 겜블링장은 확률의 극한을 이용해서 돈을 버는 것이다. 고객 개개인은 처음 몇 번 정도 이길 수 있는 행운이 있겠지만 모든 고객이 그런 행운을 갖지는 못한다. 겜블링장의 입장에서 보면 이 게임을 수백 번, 수천 번, 수만 번, 수십억 번 행한다는 점에서 고객 몇 명에게는 돈을 조금 잃기는 하지만 고객 전체를 대상으로 보면 이기는 게임이라는 것을 알 수 있다.

위에서 설명한 룰렛 게임의 확률이 수렴하는 것을 파이썬으로 구현해보자.

In
```
import numpy as np
import matplotlib.pyplot as plt

x = []
y = []
total = 0          # 시도 횟수
num_green = 0      # 청록색 숫자가 나온 횟수
```

```
num_gray = 0       # 회색(0)이 나온 횟수
num_white = 0      # 흰색 숫자가 나온 횟수
n = 5000           # 룰렛을 굴린 횟수

for i in range(n):
    num = np.random.randint(37) # 0부터 36까지 정수 임의 생성
    if num == 0: # 숫자가 0인 경우
        num_gray += 1 # 필요한 경우 0이 나온 횟수를 출력해도 좋다
    else:
        if num % 2 == 0: # 숫자가 흰색(짝수)인가?
            num_white += 1

    total += 1
    x.append(i)
    y.append(num_white/total) # 흰색 숫자가 나온 경우만 나타냄

plt.plot(x, y)
plt.plot(x, [1/37]*n, linestyle = "dashed")
plt.xlabel("x", size = 14)
plt.ylabel("y", size = 14)
plt.grid()

plt.show()
```

Out

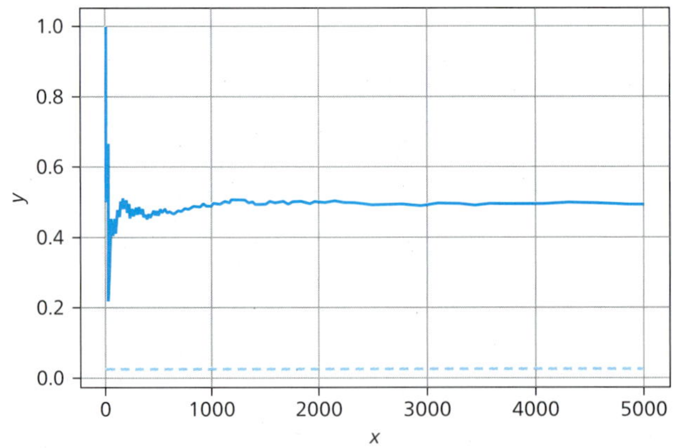

결과를 보면 이론적인 승률이 $p = 18/37(< 1/2)$로서 겜블링장의 딜러의 승률인 $19/37(> 1/2)$보다 낮게 되어 전체적으로 겜블링장의 딜러가 승리하게 될 확률이 높아진다는 것을 알 수 있다.

도박게임에서는 초보자의 행운(begineer's luck)이라는 말도 있고, 도박꾼의 파산(gambler's ruin)이라는 표현도 있다. 이 두 가지가 바로 확률의 극한과 연관된 내용이다. 사실 확률적으로 보면 초보자의 행운이란 존재하지 않는다. 경험적으로 초보자가 승리했을 때 감정적으로 더 오래 기억하고 주변에서도 이를 자주 축하하기 때문에 그렇다. 초보자에게도 확률은 엄격하게 적용된다. 하지만 도박꾼의 파산 문제는 확률적으로 볼 때 당연한 이론이다. 즉, 큰 수의 법칙에 의하면 쉽게 설명할 수 있다.

두 사람 앨리스와 밥이 동전 던지기 게임을 한다고 하자. 동전 한 개를 던져서 앞면이 나오면 밥이 앨리스에게 \$1를 주고, 뒷면이 나오면 앨리스가 밥에게 \$1를 주는 게임이라고 하자. 앨리스는 자본금 \$5를 가지고 게임에 참여하고 밥은 수만 달러를 가지고 게임에 참여하고 게임은 자본금이 떨어지면 종료된다고 하자. 게임을 연속해서 할 때 어떤 결과를 기대할 수 있을까? 앨리스는 운이 없어서 총 게임 횟수 n번을 실시했을 때 앨리스의 자본금을 X_n이라고 하자. 게임은 $X_n = 0$이 될 때 종료된다. $X_0 = 5$이고 $X_1 = 6$ 또는 4이다. 그리고

$$P(X_1 = 6) = P(X_1 = 4) = 1/2$$

이다. $X_2 = 3, 5, 7$이 될 수 있고

$$P(X_2 = 7) = 1/4,\ P(X_2 = 3) = 1/4,\ P(X_2 = 5) = 1/2$$

이다. $X_3 = 2, 4, 6, 8$이 될 수 있고

$$P(X_3 = 8) = P(X_3 = 2) = 1/8,\ P(X_3 = 4) = P(X_3 = 6) = 3/8$$

이다. $X_4 = 1, 3, 5, 7, 9$가 될 수 있고

$$P(X_4 = 9) = P(X_4 = 1) = 1/16,\ P(X_4 = 7) = P(X_4 = 3) = 1/4,\ P(X_4 = 5) = 3/8$$

이다. 마지막으로 $X_5 = 0, 2, 4, 6, 8, 10$이 될 수 있으며

$$P(X_5 = 10) = P(X_5 = 0) = 1/32$$
$$P(X_5 = 8) = P(X_5 = 2) = 5/32$$
$$P(X_5 = 6) = P(X_5 = 4) = 5/16$$

이다. 여기서 주의해서 볼 것은 $P(X_5 = 0) = 1/32$이다. 5번의 게임 뒤에 게임이 끝나게 될 확률이 1/32이라는 의미이다.

이와 같은 모델을 **랜덤워크**(random walk)라고 한다. 5에서 출발하여 1/2의 확률로 좌우로 한 칸씩 이동하다가 0에 도달하게 되면 게임이 종료된다. 원래 랜덤워크란 술주정뱅이가 한 사거

리에서 다른 사거리로 랜덤하게 걸으면서 이동하는 것을 모델로 한 확률프로세스이다. 주식시장의 주가 변동이 이러한 랜덤워크 모델로 시뮬레이션 될 수 있을 거라는 가정하에 연구된 분야이다.

다시 앨리스와 밥의 게임으로 돌아가자. 궁극적으로 이 게임에서는 총 게임 횟수에서 밥이 승리하는 횟수보다 5번 이상 지게 되면 게임이 끝난다. 궁극적으로 총 게임 횟수 n이 커지면 앨리스의 승리 횟수와 밥의 승리 횟수 차이가 5 이상이 될 가능성이 점점 높아진다. 따라서 게임 횟수가 늘어나면 늘어날수록 앨리스의 자본금은 0이 될 가능성이 높아지고 결국 게임이 끝나게 된다는 뜻이다. 동전 던지기 게임에서는 밥과 앨리스의 승률이 1/2로 같은데도 결국에는 앨리스의 자본이 0이 되어 게임이 끝난다고 했다. 하지만 실제로 룰렛 게임에서는 앨리스가 승리할 확률이 1/2보다 더 작다. 따라서 앨리스의 자본금은 더 빨리 0에 도달하게 된다. 이와 같이 자본이 부족한 도박꾼의 파산은 자명해진다.

큰 수의 법칙 예

사람들의 IQ(지능지수)를 측정한다고 해보자. 100명의 참여자를 무작위로 선택해서 IQ를 측정한다고 하자. 측정한 대상자를 한 명부터 시작하여 수를 증가시키며 IQ의 평균을 계산하여 그 값을 그림으로 나타내보자. 즉, X_i를 i번째 사람의 IQ라고 하면

$$\overline{X_k} = \frac{X_1 + . . . + X_k}{k}, k = 1, 2, . . . , 100 \tag{11.8}$$

이다. 수식 (11.8)의 값을 그래프로 나타내었을 때 아래 그림 11.12와 같다.

그림 11.12 샘플 크기별 샘플 평균 IQ

큰 수의 법칙에 따르면 샘플 평균 IQ는 샘플의 크기가 커지면 커질수록 모집단의 평균 IQ로 수렴해간다. 예를 들어 모집단의 IQ가 평균 100이고 표준편차 20인 정규 분포를 따른다고 하면 수식 (11.7)은 k가 100에 가까워질수록 $\overline{X_k}$의 값은 100으로 수렴해간다. $\overline{X_k}$의 처음 몇 개의 항에서는 그 값들이 안정적이지 않고 변화가 심하지만 샘플의 수가 점점 커지면서 그 값이 안정적으로 변하고 그 값도 100에 접근해가는 것을 알 수 있다. 실제로 샘플의 크기를 100 이상으로 더 크게 하면 값이 100에 더 가까워지는 것을 알 수 있다.

11.2 평균과 기댓값

데이터를 모아놓은 집합의 특성을 표현하는 방법으로 데이터값 중 대표로 내세울 만한 데이터로 나타낸다. 이런 대푯값을 표현하는 방법으로 여러 가지 개념이 사용된다. 먼저 데이터를 크기순으로 늘어놓고 그중 가운데에 있는 수를 **중앙값**(median)이라고 하고, 데이터를 모두 더한 후 총 데이터 수로 나눈 값을 **평균**(mean)이라고 한다. 이외에도 **최빈값**(mode), 분산, 표준편차 등을 이용하여 데이터의 특성을 파악한다.

여기서는 평균과 기댓값이라는 개념을 이용하여 데이터의 특성을 알아보기로 한다. 평균도 산술평균, 기하평균, 조화평균 등으로 분류되는데 우리는 산술평균만 알아보기로 한다.

평균

평균은 단순히 관측된 모든 관측값을 더한 다음에 관측값의 개수로 나눈 값이다. 총 n개의 관측값으로 구성된 데이터 $\{x_1, x_2, \ldots, x_n\}$이 있다고 하자. 이때 평균을 보통 $\bar{x}$로 나타내며 그 값은

$$\bar{x} = \frac{x_1 + x_2 + \ldots + x_n}{n} = \frac{1}{n}\sum_{i=1}^{n} x_i \tag{11.9}$$

라고 정의한다. 예를 들어 학급 10명 학생의 체중을 측정하였더니 다음 표 11.1과 같았다고 해 보자.

표 11.1 학생 10명의 체중 샘플

학생	김철수	남태현	도원준	라도공	민경후	박수영	신개호	이부성	조상훈	천상근
체중	67	59	72	78	67	64	79	59	63	71

이때 평균 체중은 수식 (11.9)에 의해

$$\bar{x} = \frac{67 + 59 + 72 + 78 + 67 + 64 + 79 + 59 + 63 + 71}{10} = \frac{679}{10} = 67.9$$

이 된다. 여기서 우리가 알 수 있는 것은

$$(x_1 - \bar{x}) + \ldots + (x_n - \bar{x}) = \sum_{i=1}^{n}(x_i - \bar{x}) = 0 \tag{11.10}$$

이다. $x_i - \bar{x}$는 평균 $\bar{x}$와 샘플 x_i와의 거리를 의미한다. 따라서 수식 (11.10)이 의미하는 바는 평균을 중심으로 평균보다 작은 샘플들과 평균보다 큰 샘플들이 평균의 양측에 위치하면서 균형을 이룬다는 뜻이다. 평균이 바로 평균과 샘플간의 거리의 합을 0으로 만들 수 있는 유일한 값이라는 의미이다. 사실 표본 평균 $\bar{x}$는

$$\sum_{i=1}^{n} (x_i - \bar{x})^2 \tag{11.11}$$

의 값을 최소화하는 추정치라고 말할 수 있다. 이에 대해서는 뒤에서 언급하기로 한다. 샘플의 평균인 $\bar{x}$는 모집단의 평균을 추정하는 하나의 추정치라고 간주할 수 있다. 일반적으로 다양한 값으로 추정치를 사용하는데, 여기서 일반적인 추정치를 $\hat{x}$라고 나타내기로 한다.

오차의 종류

인공지능에서 사용하는 몇 가지 오차에 대해 언급하고 넘어가자. 제일 먼저 **평균절대오차**(MAE: Mean Absolute Error)란 다음과 같은 값으로 정의한다.

$$\frac{1}{n}\sum_{i=1}^{n} |x_i - \hat{x}| \tag{11.12}$$

그다음 **제곱오차**(SE: Square Error)란 주어진 추정치 $\hat{x}$에 대하여 각항에 해당하는 $(x_i - \hat{x})^2$을 말한다. 실제값인 x_i와 예측값인 $\hat{x}$의 차를 제곱한 값이다. 제곱을 하는 이유는 오차값이 음수가 되는 것을 없애기 위해서이다. 이 제곱오차는 인공지능의 딥러닝에서 최적화 기법 중 하나인 경사하강법에서 중요한 역할을 하기 때문에 잘 이해하기를 바란다.

그다음으로 위의 수식 (11.11)에서 *barx* 대신에 $\hat{x}$로 대체한 표현을 **오차제곱합**(SSE: Sum of Squares for Error)이라고 한다. 하지만 일반적으로 딥러닝에서 사용하는 오차제곱합은 보통

$$\frac{1}{2}\sum_{i=1}^{n} (x_i - \hat{x})^2 \tag{11.13}$$

을 사용한다. 1/2을 사용하는 이유는 최적의 가중치를 찾는 최적화 방법인 경사하강법이 기울기를 기반으로 진행되는데, 이 과정에서 발생할 수 있는 오류를 최소화하기 위해 1/2을 곱한다.

다음으로 오차제곱합을 기반으로 한 **평균제곱오차**(MSE: Mean Square Error)에 대해 알아보자. 실제 데이터와 예측 데이터 편차의 제곱합이었던 오차제곱합(SSE)을 데이터의 크기로 나눈 평균을 평균제곱오차라고 한다. 즉,

$$\frac{1}{n}\sum_{i=1}^{n}(x_i - \hat{x})^2 \tag{11.14}$$

을 평균제곱오차라고 한다.

평균제곱합은 단순히 오차제곱합을 평균한 값이므로 이 둘은 큰 차이가 없어 보인다. 그런데도 딥러닝의 최적화 방법인 경사하강법에서 평균제곱오차를 더 선호한다. 왜냐하면 오차의 제곱값은 항상 양수이며 데이터의 양이 많으면 많을수록 오차제곱합은 급속하게 커진다. 따라서 오차제곱합으로는 실제 오차가 크기 때문에 값이 커지는 것인지 단지 데이터의 양이 많아져서 값이 커지는 것인지를 판단하기가 어렵다. 따라서 빅데이터를 대상으로 손실함수를 구한다면 오차제곱합보다는 평균제곱오차를 사용하는 게 효율적이다. 딥러닝에서 평균제곱오차는 통계의 회귀분석에서 평균제곱오차를 모델의 적합도 판단에 사용하듯이 딥러닝에서도 모델의 적합도 판단에 사용한다. 평균제곱오차는 연속형 데이터를 처리할 때 활용한다.

마지막으로 **평균제곱근오차**(RMSE: Root Mean Square Error)에 대해 알아보자. 평균제곱근오차는 다음 수식 (11.15)와 같이 정의한다.

$$\sqrt{\frac{1}{n}\sum_{i=1}^{n}(x_i - \hat{x})^2} \tag{11.15}$$

사실부터 말해보면 수식 (11.9)에서 구한 표본평균 $\bar{x}$는 평균제곱근오차를 최소화하는 가장 좋은 추정값이라고 알려졌다. 평균제곱근오차는 추정값 또는 모델이 예측한 값과 실제 환경에서 관찰되는 값의 차이를 다룰 때 가장 많이 사용하는 측도 중 하나이다. 이를 이용하면 정밀도를 표현할 수 있고 각각의 개별 데이터와의 차이는 잔차(residual)라고 한다. 평균제곱근오차는 이들 개별 잔차를 통합하여 하나의 측도로 통합할 때 사용하는 값이다. 평균제곱근오차는 뒤에 언급하게 될 분산과 매우 유사한 개념이다.

인공지능의 딥러닝에서 오차제곱을 변형한 여러 가지 손실함수는 연속형 데이터를 대상으로 사용하는데, **평균절대오차**(MAE: Mean Absolute Error)에 비해 미분값을 구하기가 쉽고 학습률에 따른 이동거리가 달라 학습에 유리한 점이 있다. 평균절대오차는 0에서 미분을 할 수 없기 때문에 경사하강법을 이용하여 최적값에 근사해가더라도 이동거리가 일정하여 최적값에 수렴하지 못한다. 따라서 평균제곱근오차는 제곱근을 사용하기 때문에 **평균제곱오차**(MSE: Mean Square Error)의 왜곡을 줄여준다. 그래서 오차를 보다 실제 편차에 근사하다고 볼 수 있다.

평균 구현

통계에서는 통계처리의 대상으로 표본집단과 모집단으로 나누는데 평균을 표현할 때도 다음과 같이 달리 표현한다. 앞에서 표본집단인 표본의 평균은 $\bar{x}$로 나타내었는데, 일반적으로 **표본평균**(sample mean)은 다음 수식 (11.16)과 같이 나타낸다.

$$\overline{X} = \frac{\sum_{i=1}^{n} x_i}{n} \tag{11.16}$$

n은 샘플 공간의 크기이다. 한편 모집단의 평균은 다음 수식 (11.17)과 같이 나타낸다.

$$\mu = \frac{\sum_{i=1}^{N} x_i}{N} \tag{11.17}$$

N은 모집단의 크기를 나타낸다. 일반적으로 통계학에서는 모집단의 평균을 추정할 때 샘플 공간의 표준을 이용한다. 즉, 샘플의 평균 $\overline{X}$를 구한 뒤에 이 값을 모집단의 평균 μ라고 추정한다. 샘플 공간의 크기가 크면 클수록 $\overline{X}$의 값이 μ에 근사해진다.

넘파이의 average() 함수를 이용하여 평균을 구할 수 있다. 다음 파이썬 코드를 실행해보자.

In

```
import numpy as np

x = np.array([66, 72, 80, 75, 94, 89, 96, 68, 79, 91])  # 평균을 구할 데이터

print(np.average(x))
```

Out

```
81.0
```

중앙값

주어진 **데이터의 값들을 크기 순서대로 정렬했을 때 가장 중앙에 위치하는 값**을 중앙값(median)이라고 한다. 예를 들어 1, 2, 35, 72, 94 다섯 개의 값이 있을 때 35가 가장 중앙에 있기 때문에 35가 중앙값이다.

값이 짝수개일 때에는 중앙값이 유일하지 않고 두 개가 될 수도 있다. 이 경우 두 값의 평균을 취한다. 예를 들어 1, 20, 30, 100의 중앙값은 20과 30의 평균인 25이다. 중앙값은 중심 경향치(center tendency)를 나타내는 값 중 하나로 전체 데이터의 가운데에 있는 수치이다. 한 마을의 주택 수는 100가구이고 이들 주택 중 90개의 평균가격이 5억 원이다. 하지만 나머지 10개의 주택의 평균가격이 100억 원이라고 한다. 이 경우 이 마을의 평균 주택가격은 14억 5천만 원이

다. 이처럼 극단적으로 주택가격이 높은 소수의 주택 때문에 이 마을의 주택 평균이 주택 대부분의 평균인 5억을 훨씬 넘는 가격으로 나타났다. 따라서 이 마을의 주택을 표현하는 데 평균은 대표성을 갖고 있지 못하다고 할 수 있다. 하지만 중앙값은 5억에서 크게 차이가 나지 않을 가능성이 있으므로 중앙값이 평균보다 더 대표성을 가지고 있다고 말할 수 있다. 이처럼 극단적인 값이 있다면 중앙값이 평균보다 유용하다.

최빈값

최빈값(mode)은 통계학 용어로, 가장 많이 관측되는 수, 즉 주어진 값 중에서 가장 자주 나오는 값을 말한다. 예를 들어 5, 6, 6, 7, 7, 7, 9, 9, 12, 15}의 최빈값은 7이다. 최빈값은 산술평균과 달리 유일한 값이 아닐 수도 있다. 또한 주어진 자료나 관측치의 값이 모두 다른 경우에는 존재하지 않는다. 주어진 자료에서 평균이나 중앙값을 구하기 어려운 경우에 최빈값은 구하기 쉽고 해당 집단의 특성을 나타내는 데 유용하다.

다음 그림 11.13은 평균, 중앙값, 최빈값을 비교하여 그래프로 나타낸 것이다[1].

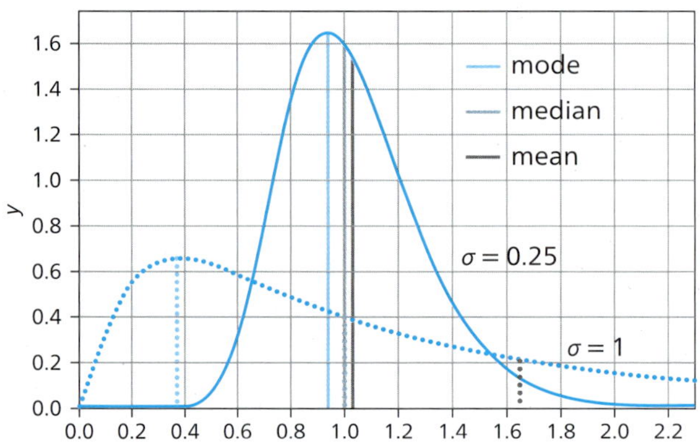

그림 11.13 평균, 중앙값, 최빈값

기댓값

기댓값(expected value)은 각 사건이 발생했을 때 해당 데이터의 값과 그 데이터가 발생할 확률을 곱한 값들을 모두 더한 값이다. 이는 어떤 확률적 사건에 대한 평균이라고 생각할 수 있다. 주사위 1개를 던지는 실험을 한다고 해보자. 그리고 나오는 눈금에 따라 상금으로 각각의 눈금에 10, 000을 곱한 현금을 준다고 하자. 이 실험에서 표본 공간은

$$S = \{1, 2, 3, 4, 5, 6\}$$

[1]자료출처: By Cmglee - Own work, CC BY-SA 3.0, https://commons.wikimedia.org/w/index.php?curid = 15147460

이다. 그리고 이들이 일어날 가능성은 동일하게 1/6이다. 그럼 이 실험에서 주사위를 한 번 던지고 나서 상금으로 받을 수 있는 기대상금은 얼마나 될까? 실험 결과에 따라 상금은 가장 적게 받는 경우에 만 원을 받을 수 있고, 가장 많이 받을 경우에는 6만 원을 상금으로 받을 수 있다. 그러면 한 번 시도에서 받게 되는 상금의 기댓값은 다음과 같다고 할 수 있다.

$$\frac{10000 + 20000 + 30000 + 40000 + 50000 + 60000}{6} = 35000$$

즉, 한 번 시도하면 상금으로 35,000원을 기대할 수 있다는 뜻이다.

기댓값 구현

예를 들어 공정하게 만들어진 주사위를 한 번 던졌을 때, 각 눈의 값이 나올 확률은 1/6이고 기댓값은 각 눈의 값에 그 확률을 곱한 값의 합인

$$1 \cdot \frac{1}{6} + 2 \cdot \frac{1}{6} + 3 \cdot \frac{1}{6} + 4 \cdot \frac{1}{6} + 5 \cdot \frac{1}{6} + 6 \cdot \frac{1}{6} = 3.5$$

이다.

기댓값을 확률변수를 이용하여 표현할 수도 있는데 뒤에서 정의하기로 한다. 확률변수와 확률밀도함수를 이용하여 기댓값을 표현할 수 있다.

평균과 기댓값의 관계

앞에서 학습했던 평균과 기댓값을 살펴보면 이들은 동일한 개념이란 것을 알 수 있다. 예를 들어 한 학급 학생들의 키를 측정하여cm 단위로 기록한다고 해보자. 그러면 많은 학생의 키가 동일하게 나타나게 된다. 이를 일일이 나열하면 혼돈된다. 따라서 빈도를 나타내는 방식으로 데이터를 정리할 수 있다. 예를 들어 총 n명의 학생의 키를 측정한다고 했을 때 키가 $x_1$cm인 학생 수가 n_1명이고, $x_2$cm인 학생 수가 n_2명, . . . , $x_m$cm인 학생 수는 n_m명이라고 해보자. 여기서 $n = n_1 + n_2 + . . . + n_m$이다. 이 반 학생들의 평균 키는 얼마인가? 평균 키는

$$\frac{1}{n}\sum_{i=1}^{m} n_i x_i \tag{11.18}$$

이다.

이 문제를 기댓값과 연관 지어 설명해보자. 여기서 표본 공간 S는 학생들의 집합이다. 학생들의 집합에서 임의의 한 학생을 선택했을 때 해당 학생의 키를 몇으로 기대할 수 있는가? 학생들의

키를 모두 측정했을 때 $x_1, \ldots, x_m$을 얻었다고 하자. 그리고 키가 x_i인 학생들의 집합을 S_i라고 하자. $S_i \cap S_j = \varnothing(i \neq j)$이므로 S_i들은 서로소이다. 그리고

$$S = S_1 \cup S_2 \cup \ldots \cup S_m$$

이 된다. 어느 학생이 S의 부분 집합인 S_i에 속한다는 뜻은 키가 x_i라는 뜻이다. 그리고 총 학생 수를 $|S| = n$이라고 하고, $|S_i| = n_i$를 S_i에 속하는 학생 수라고 하자. 그러면 어느 학생의 키가 x_i일 확률은

$$\frac{|S_i|}{|S|} = \frac{n_i}{n}$$

이다. 그러므로 이 집단 S에 속하는 학생 키의 기댓값은

$$\sum_{i=1}^{m} x_i \frac{n_i}{n} = \frac{1}{n} \sum_{i=1}^{m} x_i n_i \tag{11.19}$$

가 된다. 수식 (11.18)에서 구한 평균키와 수식 (11.19)로 구한 기댓값이 동일하다는 것을 알 수 있다.

다음 장에서는 확률변수에 대해 학습하게 되는데 우리가 나타낸 학생들의 키를 하나의 함수 X로 나타내고 이 함수에 대한 기댓값을 정의하고 실제 수식 (11.18)과 (11.19)와 어떤 관계에 있는지 알아본다.

도전문제

문제 11.1

다음과 같이 주어진 복권에 대한 상금의 기댓값을 구하시오.

확률	1/1000	4/1000	30/1000	50/1000	915/1000
상금	1000	500	300	200	0

풀이

기댓값의 정의로 구해보자.

$$\begin{aligned}&\frac{1}{1000}1000 + \frac{4}{1000}500 + \frac{30}{1000}300 + \frac{50}{1000}200 + \frac{915}{1000}0 \\ &= \frac{1000 + 2000 + 9000 + 10000}{1000} = \frac{22000}{1000} = 22\end{aligned}$$

이다.

기댓값은 넘파이의 sum() 함수를 사용하여 확률과 값을 곱한 총합으로 계산할 수 있다. 배열 p는 확률, 배열 x는 확률 p로 얻어지는 값이다. 다음 파이썬 코드를 실행해보자.

In

```
import numpy as np

p = np.array([0.2, 0.35, 0.15, 0.20, 0.10])    # 확률
x = np.array([60, 50, 100, 80, 70])            # 값

print(np.sum(p * x))                           # 기댓값
```

Out

```
67.5
```

11.3 분산과 표준편차

앞 절에서 데이터의 특성을 나타내는 방법으로 사용되는 평균 또는 기댓값에 대해 알아보았다. 이번에는 데이터 집단의 특성을 나타내는 다른 두 가지 방법을 알아본다. 먼저 2개의 데이터 집단이 있다고 해보자.

$$S_1 = \{-7, -5, -4, -3, -1, 0\ , 1, 3, 4, 5, 7\}$$
$$S_2 = \{-3, -2, -1, 0, 1, 2, 3\} \tag{11.20}$$

두 개의 집합 (11.20)에서 S_1의 평균을 μ_1이라고 하고 S_2의 평균을 μ_2라고 하자.

$$\mu_1 = \mu_2 = 0$$

이라는 것을 쉽게 알 수 있다. 만약 평균만 가지고 데이터의 특성을 말한다고 하면 두 개의 데이터 집단은 같은 평균을 갖기 때문에 비슷한 데이터라고 판단할 수밖에 없다. 하지만 두 데이터를 자세히 살펴보면 분명 두 데이터 집단은 차이점이 있다. 그 차이점은 S_1의 데이터들이 S_2의 데이터들보다 더 흩어져 있다는 점이다. 이 차이점을 어떻게 설명할지 생각해보자. 평균에서부터 데이터들이 얼마나 흩어져 있는지를 비교할 수 있는 기준이 필요하다. 흩어짐의 정도를 산포도라고 하고 보편적으로 분산 또는 표준편차로 나타낸다. 이들은 데이터가 평균에 가까우면 편차가 작아지는 값으로 나타내고 평균과 멀리 있으면 편차는 커지는 값으로 나타내는 방식이다. 데이터를 그림으로 나타내어분포를 살펴보면 다음 그림 11.14와 같다.

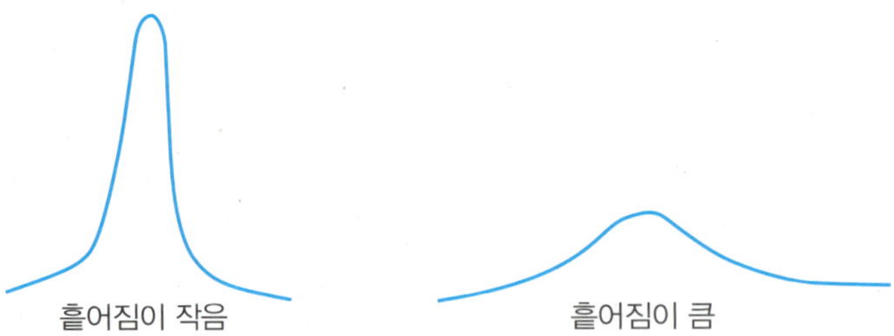

그림 11.14 분산의 크기에 의한 데이터의 흩어짐 정도

첫 번째 데이터는 평균 주변으로 데이터가 몰려있는 형태이므로 흩어짐이 작아서 분산이 작은 데이터이다. 반면에 두 번째 데이터는 평균에서 비교적 멀리분포되는 데이터가 많으므로 흩어짐이 커서 분산이 큰 데이터이다.

분산

데이터 집합 $S = \{x_1, x_2, \ldots, x_n\}$이 주어졌다고 하고 이 데이터의 평균이 μ라고 하자. 데이터가 평균에서 흩어진 정도를 나타내는 값으로 사람들이 처음에는 평균절대편차를 이용하였다. 평균절대편차는 다음 수식 (11.21)로 정의한다.

$$\frac{1}{n}\sum_{i=1}^{n}|x_i - \mu| \tag{11.21}$$

평균에서 떨어진 데이터까지의 거리를 전부 더한 다음에 총 데이터 수로 나눈 값이다. 흩어짐의 정도를 설명하기에 타당해 보이는 값이다. 하지만 이 값은 수학적으로 처리할 때 문제가 발생한다는 것을 나중에 알게 되었다. 이 값보다 수학적 모델링과 통계 수식에 적합한 값을 사용하게 되었는데 그것이 바로 분산이다.

분산(variance)을 어떻게 정의하는지 알아보자. 데이터 집합 $S = \{x_1, x_2, \ldots, x_n\}$이 주어졌다고 하고 이 데이터의 평균을 μ라고 해보자. 분산은 보통 s^2로 나타내고

$$s^2 = \frac{1}{n}\sum_{i=1}^{n}(x_i - \mu)^2 \tag{11.22}$$

으로 정의한다. 수식 (11.20)에서 예로 들은 두 개의 데이터 집단 S_1과 S_2의 분산 s_1^2과 s_2^2을 각각 구해보자. S_1과 S_2의 평균 μ_1과 μ_2는 모두 0이다.

$$\begin{aligned} s_1^2 &= \frac{1}{11}[(-7-0)^2 + (-5-0)^2 + (-4-0)^2 + (-3-0)^2 + (-1-0)^2 \\ &\qquad + (0-0)^2 + (1-0)^2 + (3-0)^2 + (4-0)^2 + (5-0)^2 + (7-0)^2] \\ &= \frac{1}{11}\{49 + 25 + 16 + 9 + 1 + 0 + 1 + 9 + 16 + 25 + 49\} \\ &= \frac{200}{11} \end{aligned}$$

$$\begin{aligned} s_2^2 &= \frac{1}{7}[(-3-0)^2 + (-2-0)^2 + (-1-0)^2 + (0-0)^2 + (1-0)^2 + (2-0)^2 + (3-0)^2] \\ &= \frac{1}{7}[9 + 4 + 1 + 0 + 1 + 4 + 9] \\ &= \frac{28}{7} = 4 \end{aligned}$$

따라서 $s_1^2 > s_2^2$임을 알 수 있다. 즉, S_1의 데이터가 S_2의 데이터보다 흩어짐이 더 심하다는 의미

이다. 다시 말해서 전체적으로 S_1의 데이터가 S_2의 데이터보다 자신들의 평균(여기서는 둘 다 0)에서 데이터들까지의 거리가 더 멀다는 의미이다. 여기서 한 가지 언급하고 넘어가야 할 것은 두 개의 데이터 집합 간의 흩어짐 정도를 비교하는 데에는 이 분산이 충분히 그 역할을 하고 있다는 것이다. 하지만 수식 (11.22)에 정의한 분산을 살펴보면 편차를 제곱한 뒤에 그 값들을 더하고 데이터 수로 나누었다. 따라서 분산 정의의 특성상 실제로 분산을 구해보면 값이 많이 증가하는 경향이 있어서 값 자체의 의미를 파악하기가 어려운 경향이 있다.

예를 들어 어느 데이터의 분산이 4라고 했을 때 도대체 흩어짐의 정도가 어느 정도 인지를 파악하기 어렵다는 것이다. 이들 문제를 어떻게 해결하면 분산값만 가지고도 흩어짐의 정도가 어느 정도인지 파악할 수 있을지 고민해 보기를 바란다.

데이터 집합 $S = \{x_1, x_2, \ldots, x_n\}$이 주어졌고 이 데이터의 평균이 μ일 때 분산 s^2을 수식 (11.22)로 표현했다. 이를 좀 더 풀어서 나타내보자.

$$\begin{aligned} s^2 &= \frac{1}{n}\sum_{i=1}^{n}(x_i-\mu)^2 = \frac{1}{n}\sum_{i=1}^{n}(x_i^2 - 2x_i\mu + \mu^2) = \frac{1}{n}\sum_{i=1}^{n}x_i^2 - 2\mu\frac{1}{n}\sum_{i=1}^{n}x_i + \frac{1}{n}\sum_{i=1}^{n}\mu^2 \\ &= \frac{1}{n}\sum_{i=1}^{n}x_i^2 - 2\mu^2 + \mu^2 = \frac{1}{n}\sum_{i=1}^{n}x_i^2 - \mu^2 \end{aligned} \tag{11.23}$$

이 된다. 즉, 분산은 데이터를 제곱한 값의 평균에서 평균의 제곱을 뺀 값이다.

통계학에서는 어떤 모수를 추정하기 위해 추정량을 사용하는데, 모집단의 평균, 분산, 비율 등을 추정하기 위해 추정량을 제시하고 이 추정량의 값이 표본 수가 증가할수록 모수와 동일해지기를 희망한다. 따라서 어떠한 추정량을 제시하느냐에 따라 모집단의 특성을 제대로 반영하기도 하고 못 하기도 한다. 특히 모분산을 추정할 때 사용하는 이상적인 추정량은 수식 (11.22)와는 조금 다르다. 실제로 통계학에서 모분산을 추정할 때 사용하는 추정량은

$$s^2 = \frac{1}{n-1}\sum_{i=1}^{n}(x_i-\mu)^2 \tag{11.24}$$

이다. 수식 (11.22)에서 사용한 n 대신에 $n-1$을 사용한 **표본분산**(sample variance) (11.24)를 추정량으로 사용하는 이유는 모분산을 정의했을 때 비로소 표본분산의 기댓값이 모분산과 같아지기 때문이다. 다음 장에서 확률변수의 분산을 어떻게 정의하는지 알아보고 표본 공간의 분산과 확률변수의 분산이 어떠한 관계에 있는지 알아보기로 한다.

분산 구현

예제 11.1

주어진 표본 데이터 $S = \{-3, -3, -2, -2, -2, 0, 1, 1, 3, 4\}$일 때, 분산을 구해보자.

풀이

먼저 표본 평균인 μ를 구해보자.

$$\mu = \frac{1}{10}((-3) + (-3) + (-2) + (-2) + (-2) + 0 + 1 + 1 + 3 + 4) = \frac{-3}{10}$$

이다. 그리고 분산은

$$s^2 = \frac{1}{n}\sum_{i=1}^{n}(x_i - \mu)^2 = \frac{1}{10}\{2((-3) - (-0.3))^2 + 3((-2) - (-0.3))^2 + (0 - (-0.3))^2$$
$$+ 2(1 - (-0.3))^2 + (3 - (-0.3))^2 + (4 - (-0.3))^2\} = \frac{56.1}{9} = 5.61$$

이다.

예제 11.2

넘파이의 var() 함수를 사용하여 분산을 구해보자.

In

```
import numpy as np

# 분산을 구하고자 하는 데이터
x_1 = np.array([35, 55, 70, 50, 72, 40, 60, 75, 48, 65])
x_2 = np.array([62, 59, 62, 58, 57, 55, 60, 61, 59, 63])

print(np.var(x_1))      # x_1의 분산 계산
print(np.var(x_2))      # x_2의 분산 계산
```

Out

```
169.8
5.64
```

도전문제

문제 11.2

주어진 표본 데이터 $S = \{-3, -3, -2, -2, -2, 0, 1, 1, 3, 4\}$일 때, 표본분산을 구하시오.

풀이

먼저 표본평균인 μ를 구해보자.

$$\mu = \frac{1}{10}((-3) + (-3) + (-2) + (-2) + (-2) + 0 + 1 + 1 + 3 + 4) = \frac{-3}{10}$$

이다. 그리고 표본분산은

$$s^2 = \frac{1}{n-1}\sum_{i=1}^{n}(x_i - \mu)^2 = \frac{1}{9}\{2((-3) - (-0.3))^2 + 3((-2) - (-0.3))^2 + (0 - (-0.3))^2$$
$$+ 2(1 - (-0.3))^2 + (3 - (-0.3))^2 + (4 - (-0.3))^2\} = \frac{56.1}{9} \approx 6.233$$

이다.

표준편차

분산은 개별적인 데이터의 흩어짐을 나타내는 값으로는 기준이 모호하다고 하였다. 실제로 데이터의 분산 자체로서의 값이 갖는 의미를 정확히 이해할 수 없다. 그래서 분산을 정의할 때 편차를 제곱해서 생기는 증가 부분을 상쇄시키기 위해 분산의 제곱근을 취하면 편차의 제곱으로 인한 증가 부분이 다시 원래 상태로 줄어든다.

이렇게 정의한 값을 **표준편차**(standard deviation)라고 하고 보통 s로 표기하며 표본 데이터로부터 구한 값이므로 표본 표준편차라고 한다. 좀 더 명확히 표현해보자. 표본 데이터 집합 $S = \{x_1, x_2, \ldots, x_n\}$이 주어졌다고 하고 이 데이터의 평균이 μ이고 분산은 s^2라고 할 때, 표준편차는

$$s = \sqrt{s^2} = \sqrt{\frac{1}{n}\sum_{i=1}^{n}(x_i - \mu)^2} \tag{11.25}$$

으로 정의한다. 예를 들어 수식 (11.20)에서 정의했던 데이터 집합 S_1과 S_2의 표준편차를 구해보자. S_1의 표준편차를 s_1이라고 하고 S_2의 표준편차를 s_2라고 한다면 수식 (11.25)를 이용하여 다음과 같이 구할 수 있다.

$$s_1 = \sqrt{\frac{200}{11}} \cong 4.26$$

$$s_2 = \sqrt{4} = 2$$

표준편차 구현

예제 11.3

다음 표는 A 고등학교의 각반별 수학 성적 평균을 조사하여 정리한 내용이다. A 중학교의 반별 수학 성적의 표준편차는 얼마인가?

반	1반	2반	3반	4반	5반	6반	7반	8반
평균점수	80	70	60	60	70	80	70	60

풀이

먼저 표본평균인 μ를 구해보자.

$$\mu = \frac{1}{8}(80 + 70 + 60 + 60 + 70 + 80 + 70 + 60) = \frac{550}{8} = 68.75$$

이다. 표준편차는

$$s = \sqrt{s^2} = \sqrt{\frac{1}{n}\sum_{i=1}^{n}(x_i - \mu)^2} = \sqrt{\frac{1}{8}(2(80 - 68.75)^2 + 3(70 - 68.75)^2 + 3(60 - 68.75)^2)}$$

$$= \sqrt{\frac{1}{8}(487.5)} = \sqrt{60.9375} \approx 7.806$$

이다.

예제 11.4

넘파이의 std() 함수를 사용하여 표준편차를 구해보자.

In

```
import numpy as np

# 표준편차를 구하고자 하는 데이터
x_1 = np.array([35, 55, 70, 50, 72, 40, 60, 75, 48, 65])
x_2 = np.array([62, 59, 62, 58, 57, 55, 60, 61, 59, 63])
```

```
# 표준편차 계산
print(np.std(x_1))
print(np.std(x_2))
```

Out

```
13.03073290340954
2.3748684174075834
```

도전문제

문제 11.3

5명의 학생 A, B, C, D, E의 핵심역량평가 점수가 다음 표와 같다. 평균은 μ이고 표준편차는 s이다. 5명 모두의 점수를 3점씩 상향시켰을 때, 평균과 표준편차는 각각 얼마가 되는가?

학생	A	B	C	D	E
평가점수	7	6	6	5	4

풀이

3점씩 상향시켰을 때의 평균을 μ'라고 하고 이를 먼저 구해보자.

$$\mu' = \frac{1}{5}\{(7+3)+(6+3)+(6+3)+(5+3)+(4+3)\}$$

$$= \frac{1}{5}\{5+6+6+5+4\}+\frac{1}{5}\{3+3+3+3+3\} = \mu + 3$$

3점씩 상향시켰을 때의 표준편차를 s'라고 하면

$$s' = \sqrt{\frac{1}{5}\sum_{i=1}^{5}(x_i - \mu')^2}$$

$$= \sqrt{\frac{1}{5}\{((7+3)-(\mu+3))^2 + 2((6+3)-(\mu+3))^2 + ((5+3)-(\mu+3))^2 + ((4+3)-(\mu+3))^2\}}$$

$$= \sqrt{\frac{1}{5}\{(7-\mu)^2 + 2(6-\mu)^2 + (5-\mu)^2 + (4-\mu)^2\}} = s$$

이다. 따라서 평균은 3만큼 증가하였고 표준편차에는 변화가 없다는 것을 알았다.

11.4 표준오차

통계학에서 항상 샘플 공간을 대상으로 평균, 분산, 표준편차 등을 계산하였다. 왜 표본을 추출하는가? 그 이유는 비용문제이다. 실제로 모집단 전체를 검사하기에는 비용이 너무 많이 들기 때문이다. 따라서 표본은 모수 추정을 위해 구한다. 표본은 무작위로 선택한다는 가정하에 추출하는데 동일한 크기의 표본을 추출하더라도 추출된 표본마다 매번 다른 값들로 구성된다. 따라서 표본통계량인 표본평균, 표본분산, 표본표준편차의 값은 매 표본집단마다 달라진다. 이들은 모두 모평균, 모분산, 모표준편차의 추정량이고 추정량은 항상 오차가 발생한다.

먼저 **평균의 표준오차**(SEM: Standard Error of Mean)란 표본평균의 표준편차이다. 표본은 추출할 때마다 값이 달라지므로 표본평균도 매번 달라진다. 예를 들어 평균이 μ이고 분산이 σ^2인 모집단에서 표본크기가 n인 표본

$$S = \{x_1, x_2, \ldots, x_n\}$$

를 생성한다고 하자. 그리고 이런 추출을 k번 했다고 하면 다음과 같은 표본들이 생성된다.

$$S_i = \{x_{ij} | j = 1, 2, \ldots, n\},\ i = 1, 2, \ldots, k$$

모든 $i = 1, 2, 3, \ldots, k$에 대하여 표본평균 $\overline{x_1}, \overline{x_2}, \ldots, \overline{x_k}$를 구할 수 있다. 즉,

$$\overline{x_i} = \frac{1}{n}\sum_{j=1}^{n} x_{ij},\ i = 1, 2, \ldots, k$$

이다. 이렇게 구한 표본평균들의 집합인 $\{\overline{x_1}, \overline{x_2}, \ldots, \overline{x_k}\}$를 하나의 샘플 데이터로 보고 이들의 표준편차를 구해보자. 다음 그림 11.15에 표본평균의 표준오차를 어떻게 구하는지 절차를 나타냈다.

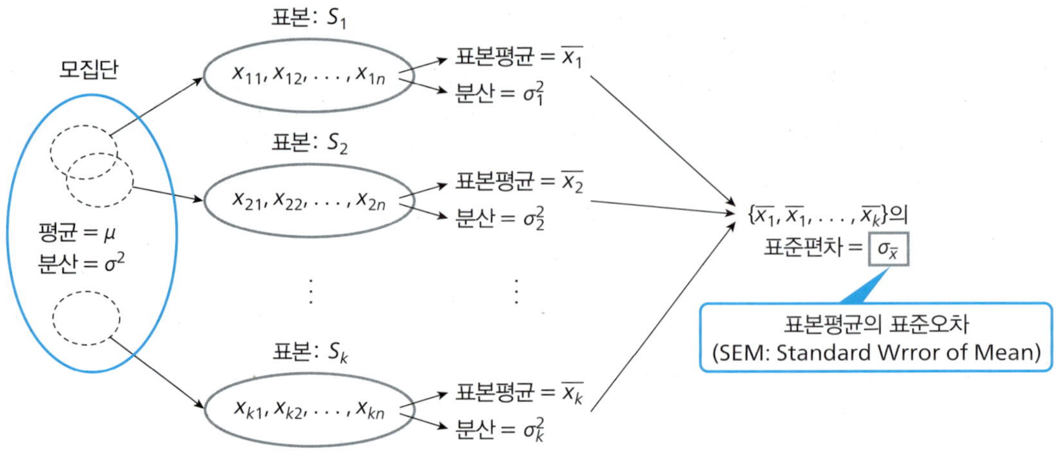

그림 11.15 표본평균의 표준오차

먼저 표본평균들을 표본 데이터로 간주하여 평균을 $\mu_{\overline{x}}$라고 하고 이를 구해보면

$$\mu_{\overline{x}} = \frac{1}{k}\sum_{i=1}^{k}\overline{x_i}$$

이다. $\sigma_{\overline{x}}$를 표본평균의 표준편차라고 하자. 이것이 우리가 정의한 평균의 표준오차이다.

$$\sigma_{\overline{x}} = \sqrt{\frac{1}{k}\sum_{i=1}^{k}(\overline{x_i} - \mu_{\overline{x}})^2} = \sqrt{\frac{1}{k}\sum_{i=1}^{k}\{(\overline{x_i})^2 - 2\overline{x_i}\mu_{\overline{x}} + (\mu_{\overline{x}})^2\}}$$
$$= \sqrt{\frac{1}{k}\sum_{i=1}^{k}(\overline{x_i})^2 - (\mu_{\overline{x}})^2} \tag{11.26}$$

를 얻게 된다. 수식 (11.26)이 매우 복잡해 보이지만 이 값은 다음과 같이 비교적 간단한 방법으로 구할 수 있다. 만약 $x_1, x_2, \ldots, x_n$을 평균이 μ이고 분산이 σ^2인 모집단에서 추출한 독립적인 샘플이라고 하면

$$T = (x_1 + x_2 + \ldots + x_n) \tag{11.27}$$

이다. 수식 (11.27)에 표시한 T의 분산 σ_T^2은 다음 수식 (11.28)처럼 나타낼 수 있다. 왜냐하면 한 개의 데이터에 대한 분산은 모집단의 분산과 같기 때문이다.

$$\sigma_T^2 = \sigma_{x_1}^2 + \sigma_{x_1}^2 + \ldots + \sigma_{x_1}^2 = n\sigma^2 \tag{11.28}$$

T의 평균인 $\overline{x}$는 간단히 표현해서

$$\overline{x} = \frac{T}{n}$$

이다. 평균 $\bar{x}$의 분산은

$$\frac{1}{n^2}\sigma_T^2 = \frac{1}{n^2}n\sigma^2 = \frac{\sigma^2}{n} \tag{11.29}$$

이다. 따라서 평균 $\bar{x}$의 표준편차라고 정의한 평균의 표준오차는 수식 (11.29)의 제곱근이므로

$$\sigma_{\bar{x}} = \sqrt{\frac{\sigma^2}{k}} = \frac{\sigma}{\sqrt{n}} \tag{11.30}$$

이다. 실제로 이 값은 수식 (11.26)에 표현한 값과 동일하다. 두 값이 동일함을 보이려면 많은 계산이 필요하므로 여기서는 생략하기로 한다.

마지막으로 표본평균의 표준오차와 표준편차는 의미가 완전히 다르므로 혼동하지 말기를 바란다. 표준편차는 모집단의분포가 얼마나 흩어져 있는지를 나타내는 지표이고, 표본평균 표준오차는 모집단의 평균을 추정하기 위해 사용한 추정량으로서 표본평균이 가진 오차를 나타내는 지표이다.

정리

이번 장에서는 인공지능의 머신러닝, 딥러닝에서 자주 발생하는 확률 통계의 기초적인 개념을 이해하는 데 집중하였다. 통계학에서 기본적으로 다루는 데이터를 설명할 때 대푯값으로 설명하는 경우가 있다. 예를 들면 어느 학급의 학생 키를 대푯값으로 나타낼 수 있다. 대푯값으로 평균, 중앙값, 최빈값 등을 사용한다. 평균이란 데이터를 모두 더한 값을 데이터 수로 나눈 값이고, 중앙값이란 순서대로 데이터를 정렬했을 때 가장 중앙에 위치하는 값을 말한다. 또한 최빈값은 빈도가 가장 높은 데이터를 말한다.

통계학에서는 한 모집단의 평균과 분산 및 표준편차를 알 수 없기 때문에 표본 공간을 채취한 뒤에 이를 분석하는 방식으로 모집단의분포나 평균 및 분산, 표준편차 등을 추정한다. 따라서 표본 공간의 자료를 표본이라고 하며 이들의 평균인 표본평균과 분산을 나타내는 표본분산을 구해야만 모집단의 통계적 특성을 파악할 수 있다.

인위적 실험 또는 자연적인 관찰 등에 의해 나타나는 현상을 사건이라고 하고 이들 사건에 대한 확률을 어떻게 정의하는지 설명하였다. 확률을 직관적 또는 통계학적인 방식으로 정의하였으며 수학적 확률 공간 개념을 정의한 뒤에 확률을 표본 공간의 부분 집합의 집합 위에 정의되는 실변수(실제로는 [0, 1] 공간으로의) 집합함수라고 하였다. 이 함수가 3가지 조건을 만족할 때 확률이라고 했다. 두 개의 사건이 발생할 확률을 계산하는 데 확률의 덧셈법칙이 필요했고 이를 어떻게 기술하였는지 알아보았다. 서로소가 되는 사건들의 합집합에 대한 확률은 각각의 확률을 모두 합한 값과 같게 된다는 확률의 3번째 공리는 확률함수에서 매우 중요한 역할을 한다. 여사상의 확률은 전체 집합의 확률이 1이라는 첫 번째 공리를 이용하여 서로 배반인 사건의 합집합에 대한 확률을 이용하여 계산하였다.

통계학에서 큰 수의 법칙이라고 하는 기본적인 원리를 설명하였다. 이를 확률과 연관 지어 확률이 수렴한다는 개념을 통해 이해하였다. 예를 들어 공정한 주사위를 한 번 던졌을 때 눈금 4가 나오게 되는 확률을 1/6이라고 해도 괜찮은지를 확률적으로 안심시켜주는 것이 확률의 수렴이다. 무한히 실험을 반복했을 때 총횟수보다 4가 나오는 횟수의 비율이 1/6로 수렴해갈 것이라는 사실이 바로 큰 수의 법칙이기 때문이다.

확률변수의 개념을 아직 도입하지 않았기 때문에 확률변수의 기댓값과 분산과 표준편차를 표본 데이터로부터 어떻게 구하는지를 알아보았다. 또한 표본 데이터에 대하여 통계학적으로 접근했을 때 발생할 수 있는 다양한 오차에 대해 정의하였다. 여기서 정의한 오차로는 평균절대오차, 오차제곱합, 평균제곱오차, 평균제곱근오차 등이 있다. 인공지능에서 평균제곱오차는 오차제곱합보다 더 많은 활용도를 갖는다. 딥러닝의 최적화 방법인 경사하강법에서 오차제곱합 대신에 평균제곱오차를 사용한다. 그 이유는 데이터의 양이 많으면 많을수록 오차제곱합은 급속하게 증가하는데 실제 오차가 크기 때문에 값이 커지는 것인지 단지 데이터의 양이 많아져서 값이 커지는 것인지를 판단하기가 어렵기 때문이다. 그래서 빅데이터를 대상으로 손실함수를 구한다면 오차제곱합보다는 평균제곱오차를 사용하는 게 효율적이다. 평균제곱오차는 통계의 회귀분석에서 평균제곱오차를 모델의 적합도 판단에 사용하듯이 딥러닝에서도 모델의 적합도 판단에 사용한다.

인공지능에서는 최적의 값을 찾기 위해 일반적으로 근삿값을 구한다. 확률 통계를 활용하여 확률적으로 오차가 가장 작은 값을 찾는다. 이때 우리가 사용할 수 있는 표본으로부터 구하는 표본평균의 표준오차가 중요한 역할을 한다.

연습문제

Mathematics for Artificial Intelligence

01 사건 A의 여사상에 대한 확률이 다음과 같음을 증명하시오.

$$P(A^c) = 1 - P(A)$$

02 수식 (11.5)에 언급한 확률의 덧셈 정리가 다음과 같음을 증명하시오.

$$P(A \cup B) = P(A) + P(B) - P(A \cap B)$$

[문제 3~9번] 샘플 데이터 S를 이용하여 다음의 오차를 계산하시오. 단, 추정치는 표본평균인 $\bar{x}$라고 한다.

$$S = \{1, 2, 4, 7, 7, 7, 11, 11, 13, 15\}$$

03 표본평균 $\bar{x}$를 구하시오.

04 중앙값을 구하시오.

05 최빈값을 구하시오.

06 평균절대오차를 구하시오.

07 딥러닝에서 사용하는 오차제곱합을 구하시오.

08 평균제곱오차를 구하시오.

09 평균제곱근오차를 구하시오.

10 3개의 데이터로 구성된 표본 $S = \{x, y, z\}$가 주어졌다. 이 표본의 평균 $\mu = 6$이고, 분산 $s^2 = 4$라고 한다. 새로운 표본 $S' = \{x + 4, y + 4, z + 4, 12\}$의 분산을 구하시오.

11 5명의 체중을 측정하였더니 65kg을 기준으로 초과하거나 모자라는 값들이 다음과 같다고 한다. 이 표본의 분산을 구하시오.

$$-6, 4, -3, 0, 5$$

12 확률과 통계 2

학습목표

- 확률변수의 개념을 이해한다.
- 이산확률변수와 연속확률변수의 개념을 이해한다.
- 다양한 이산확률변수의 특성에 대해 학습한다.
- 연속확률변수의 특성에 대해 학습한다.
- 두 개의 확률변수의 관계를 나타내는 공분산에 대해 알아본다.
- 두 개의 확률변수의 연관성을 나타내는 지표로 상관계수에 대해 알아본다.

학습목차

12.1 확률변수

앞장에서 특정한 실험을 하였을 때 그 실험 후 나올 수 있는 모든 결과를 모아놓은 것을 표본공간이라고 했다. 표본공간의 부분 집합을 사건이라고 했다. 사건 중에는 우리가 관심을 두는 사건도 있지만 그렇지 않은 사건들이 더 많이 존재한다. 이 절에서는 실험 결과 중에서 관심이 높은 사건에 대해 알아보고 이런 사건이 일어날 확률이 왜 관심의 대상이 되는지 알아보자.

인공지능을 공부하려면 확률에 대한 이해가 필요하다. 크게 두 가지 방법으로 확률을 활용한다. 첫 번째로 인공지능 시스템이 확률 법칙을 이용하여 무엇을 추론한다. 이때 확률을 이용하여 식을 구성하고 변수를 계산하며 오차를 줄여나가면서 알고리즘을 만든다. 두 번째로 인공지능 시스템의 행동을 분석하는 도구가 바로 확률과 통계이다. 따라서 확률과 통계 개념의 이해가 중요하므로 이들을 학습할 필요가 있다.

특히 표본공간의 표본에 대해 우리의 관심을 반영한 특정한 실숫값을 대응시키는 함수가 필요하다. 이러한 함수를 확률변수라고 한다. 확률변수는 관심 대상이 되는 사건의 확률을 좀 더 명확히 이해할 수 있도록 수학적 도구 역할을 한다. 머신러닝의 딥러닝에서 확률변수의 개념은 필수적인 요소이다. 딥러닝의 다양한 분야에서 확률변수를 대상으로 연산을 한다. 확률변수의 개념을 정확히 이해하고 알고리즘을 학습시켜야 올바른 결과를 찾을 수 있다.

확률변수의 예

예를 들어 겜블링장에서 주사위 2개를 동시에 던져서 눈금의 합이 7이 나오면 상금을 받을 수 있는 게임을 한다고 해보자. 게임을 하는 사람의 가장 큰 관심은 눈금의 합이 7이 될 가능성일 것이다. 이를 위해 주사위 2개를 동시에 던지는 실험의 표본공간을 생각해봐야 하고, 표본 중 합이 7이 되는 특정 사건을 어떻게 나타낼 수 있는지 알아야 하고, 그 사건이 일어날 확률은 얼마나 되는지 알아보아야 한다. 우선 표본공간은

$$S = \{(i, j) \mid i, j = 1, 2, 3, 4, 5, 6\}$$

이고 우리가 관심을 두는 사건은 $A = \{(i, j) \mid i, j = 1, 2, 3, 4, 5, 6,\ i + j = 7\}$이다. 또한 사건 A가 발생할 확률도 매우 중요한 관심사이다. 여기서 우리는 하나의 함수를 정의하고자 한다. 그 함수를 X라고 할 때 표본공간을 정의역으로 하며, 치역은 실수 집합인 함수로 다음과 같이 정의한다. 두 개 주사위 눈금의 합을 X라고 하자. X는 두 개의 주사위 눈금을 합한 값이므로 X가

가질 수 있는 값은 2부터 12까지의 수이다. 즉, X는 다음과 같이 정의되는 함수이다.

$$X: S \to \mathbf{R}$$
$$(i, j) \mapsto i + j$$

X는 각 표본 데이터에 대해 표본 데이터의 두 눈금의 합을 함숫값으로 정의한 것이다. 이를 함수로 나타내면 그림 12.1과 같다.

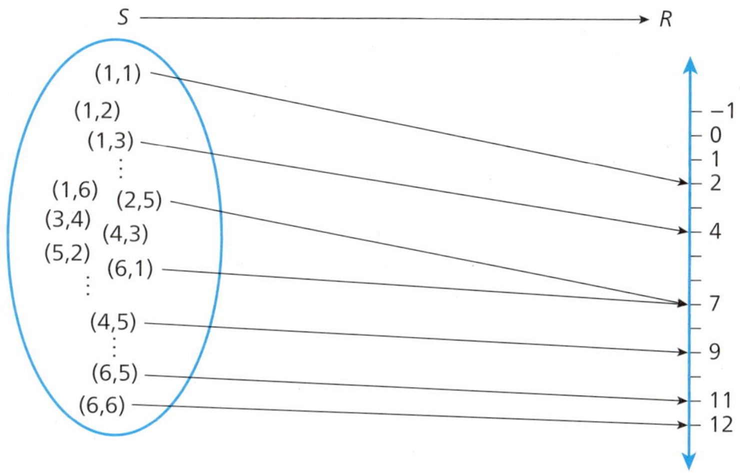

그림 12.1 주사위 2개의 눈금 합

우리가 관심을 두고 있는 두 눈금의 합이 7이 되는 사상은 수학적으로 어떻게 표현하는지 알아보자. 이 함수에서 두 눈금의 합이 7인 집합은 S의 부분 집합으로서

$$\{(i, j) \mid X(i, j) = 7\} \tag{12.1}$$

이다. 수식 (12.1)로 나타낸 집합이 어떤 집합인지 알아보자. 이 집합은 실수의 부분 집합인 $\{7\} \subseteq R$의 함수 X에 의한 **역상**(inverse image)이다. 즉, $X^{-1}(\{7\})$이며 실제로 이 집합이 우리가 관심을 가졌던 A이다. 따라서

$$A = X^{-1}(\{7\}) = \{(i, j) \mid i + j = 7,\ i, j = 1, 2, 3, 4, 5, 6\} \tag{12.2}$$

라고 표현할 수 있다. 함수 X를 정의함으로써 우리가 관심을 두는 사건을 수식 (12.2)처럼 수학적인 표현 $X^{-1}(\{7\})$로 나타낼 수 있다. 따라서 확률변수 X를 이용하면 우리가 '두 개의 주사위 눈금의 합이 7인 사건'이라는 말로 표현하는 대신에 $X^{-1}(\{7\})$라고 나타낼 수 있어서 매우 간편해지며 연관되는 개념까지 수학적으로 표현할 수 있다. 이러한 개념이 통계학을 수리 통계학이라고 하는 분야로 진입하게 해준다.

확률변수의 정의

앞에서 우리는 주어진 표본 공간 S로부터 S의 부분 집합의 집합 $\wp(S)$를 구하였고 이 공간 위에 확률함수 P를 정의했다. 실제로 우리가 관심 있는 사건 A를 $X^{-1}(\{7\})$로 표현하였다. 이 집합은 실제로 함수 X가 정의된 정의역 S의 부분 집합이므로 $X^{-1}(\{7\})$은 $\wp(S)$의 원소이다. 그러므로 우리는 이제 $P(X^{-1}(\{7\}))$을 계산할 수 있으며, 이 확률이 바로 겜블러가 가장 많은 관심을 가졌던 두 주사위 눈금의 합이 7이 되는 확률이다. 두 개의 주사위 눈금의 합을 하나의 함수로 간주해서 시각화하면 그림 12.2와 같다.

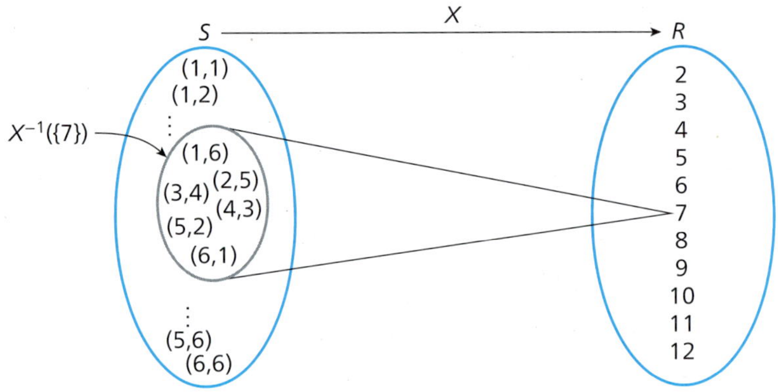

그림 12.2 두 개의 주사위 눈금의 합을 나타내는 확률변수

위의 예제에서 두 주사위의 눈금의 합으로 나타나는 함수인 X를 **확률변수**(random variable)라고 한다. 확률변수는 아직 실제로 나타나지는 않았지만 나타날 가능성이 있는 모든 경우의 수에 해당하는 값을 가질 수 있다. 여기서 확률변수는 하나의 함수임에도 이름에 '변수'라는 용어가 들어가 있다는 점에 유의하기 바란다.

다른 예를 들어보자. 주사위 한 개를 던져서 나오는 눈금을 확인하는 실험을 한다고 해보자. 그러면 표본 공간은 $S = \{1, 2, 3, 4, 5, 6\}$이다. 주사위 눈금 수에 따라 상금을 주는데 눈금이 1이면 만 원, 2이면 2만 원, 3이면 3만 원 등으로 상금을 받을 수 있다고 하자. 우리가 관심 있는 것은 상금이고, 이 예제의 경우에 확률변수 X를 상금이라고 하자. 확률변수 X는 다음과 같이 정의한다.

$$\begin{aligned} X&: S \to \mathbf{R} \\ i &\mapsto 10000 \times i \end{aligned} \tag{12.3}$$

즉, 눈금이 i라고 한다면 받게 되는 상금 X는 $10000i$가 된다는 뜻이다. 따라서 수식 (12.3)으로 표현되는 함수 X가 갖게 되는 값은 10000, 20000, . . . , 60000이 된다. 또한 각각의 눈금이 나오게 되는 확률이 1/6이므로 모든 $i = 1, 2, 3, 4, 5, 6$에 대하여

$$P(X = 10000i) = P(\{k \mid X(k) = 10000i\}) = P(\{i\}) = \frac{1}{6}$$

이다.

앞장에서 표본을 대상으로 기댓값과 평균 및 분산 등에 대해 학습하였는데, 이러한 개념은 확률변수로 확대하여 정의할 수 있고, 이들 개념이 동일하다는 것을 알 수 있다.

확률변수의 기댓값

앞절에서 하나의 주사위를 던져 눈금을 확인하고 눈금에 따라 상금을 받는 경우를 다시 생각해보자. 확률변수 X의 값은 눈금이 i라고 할 때 받게 되는 상금을 나타내며 그 값은 $10000i$이다. 한 겜블러가 주사위 한 개를 던졌을 때 받을 수 있는 상금의 기댓값을 확률변수를 이용하여 구해보면

$$\begin{aligned}\sum_{i=1}^{6} 10000i \times P(X = 10000i) &= \sum_{i=1}^{6} 10000i \times \frac{1}{6} = \frac{10000}{6}\sum_{i=1}^{6} i \\ &= \frac{10000}{6}\frac{6 \times 7}{2} = \frac{10000}{6}21 = 35000\end{aligned} \tag{12.4}$$

이 된다. 단, 여기서 $P(X = 10000i)$는 $P(\{k \in S \mid X(k) = 10000i\})$를 간단히 표현한 식이다. 수식 (12.4)를 확률변수 X의 **기댓값**(expectation)이라고 하고 기호로는 영어단어 앞글자인 E를 활용하여

$$E(X) = \sum_{i=1}^{6} 10000i \times P(X = 10000i)$$

라고 나타낸다.

일반적으로 자연수와 일대일 대응을 할 수 있는 집합을 보통 가산집합(countable set)이라고 한다. 즉, 셀 수 있는 정도의 값을 갖는 가산집합을 공역으로 갖는 확률변수의 기댓값을 정의해보자. 보통 가산집합을 공역으로 갖는 확률변수를 이산확률변수라고 하는데 먼저 이에 대한 기댓값을 설명하고 셀 수 없이 많은 값을 갖는 비가산집합(uncountable set)을 공역으로 갖는 확률변수인 연속확률변수의 기댓값은 이산확률변수와 연속확률변수를 설명한 뒤에 알아보기로 한다.

주어진 확률변수 X가 표본 공간 S에 정의되며 X가 가질 수 있는 값이

$$x_1, x_2, \ldots, x_n$$

와 같이 유한개라고 하자. 그러면 X는 유한개의 값을 갖는 확률변수이다. 확률함수 P도 $\wp(S)$ 위에 잘 정의되어 있다고 하자. 그래서 모든 $x_i(i = 1, \ldots, n)$에 대해

$$P(X = x_i) = P(\{s \in S \mid X(s) = x_i\})$$

를 알고 있다고 하자. 그러면 X의 기댓값 $E(X)$는 다음과 같이 정의할 수 있다.

$$E(X) = \sum_{i=1}^{n} x_i \times P(X = x_i) \tag{12.5}$$

보다 일반적으로 셀 수 있는 값을 갖는 확률변수 $X: S \to \mathbf{R}$이 정의되었을 때, S나 X가 가질 수 있는 값들을 특별히 언급하지 않았을 경우에는 X의 기댓값을

$$E(X) = \sum_{x \in X(S)} x \times P(X = x) \tag{12.6}$$

라고 표현할 수 있다. 예를 들어 확률변수 X가 동전 한 개를 무한히 많이 던졌을 때 앞면이 나온 횟수를 나타낸다고 하면 X가 가질 수 있는 값은

$$1, 2, 3, \ldots$$

로서 모든 자연수의 값을 가질 수 있다. 이 경우에 X의 기댓값은

$$E(X) = \sum_{n=1}^{\infty} n \times P(X = n)$$

이다. 다른 예를 들어 기댓값에 좀 더 익숙해져 보자. 다음 그림 12.3과 같은 주머니에 청록색 공 2개와 회색 공 1개가 들어있다고 하자. 주머니에서 하나의 공을 꺼내는 실험을 한다고 할 때 꺼낸 공이 회색이면 5점을 받고 청록색이면 3점을 받는다고 해보자. 공을 한 번 꺼내는 실험을 했을 때 기대할 수 있는 점수는 몇 점이 되는가?

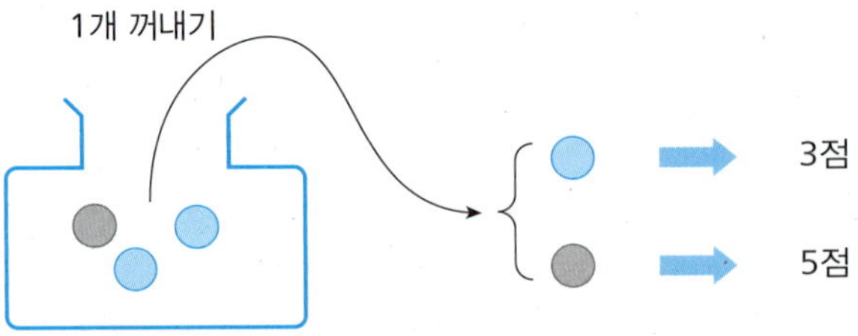

그림 12.3 주머니에서 공을 꺼내는 실험

이 문제에서 표본 공간 $S = \{R, B\}$이다. R은 청록색 공이고, B는 회색 공이다. 그래서 $\wp(S) =$

$\{\emptyset, \{R\}, \{B\}, S\}$이고, 확률함수 P는 다음과 같이 정의한다.

$$P: \wp(S) \rightarrow [0, 1]$$
$$P(\{R\}) = \frac{2}{3},$$
$$P(\{B\}) = \frac{1}{3},$$
$$P(\emptyset) = 0,$$
$$P(S) = 1$$

주머니에서 꺼낸 공을 확인하고 받게 되는 점수를 확률변수 X라고 하자. 그러면 3 또는 5가 된다. 그래서 확률변수 X는

$$X: S \rightarrow \{3, 5\}$$

인 함수이다. 즉,

$$P(X = 3) = P(\{s \in S | X(s) = 3\}) = P(\{R\}) = \frac{2}{3}$$
$$P(X = 5) = P(\{s \in S | X(s) = 5\}) = P(\{B\}) = \frac{1}{3}$$

이다. $E(X)$를 구해보면

$$E(X) = 3 \times P(X = 3) + 5 \times P(X = 5) = 3 \times \frac{2}{3} + 5 \times \frac{1}{3} = 2 + \frac{5}{3} = \frac{11}{3}$$

이다. 이제 확률변수의 기댓값에 아주 익숙해졌을 거라고 생각한다.

확률변수의 기댓값에 대한 특성 몇 가지를 살펴보자. 확률변수 X와 Y가 같은 표본 공간에 정의된다고 하자. 그러면

$$E(X + Y) = E(X) + E(Y) \tag{12.7}$$

가 성립된다. 예를 들어 학급의 학생을 대상으로 키와 체중을 측정한다고 해보자. 이 경우 키를 X라고 하고 체중을 Y라고 한다면 두 개의 확률변수는 같은 표본 공간인 학급 학생들의 집합 S 위에 잘 정의된다. 그래서 학생의 키와 체중의 합을 나타내는 새로운 확률변수 $Z = X + Y$의 기댓값인 $E(Z) = E(X + Y)$는 키의 기댓값인 $E(X)$와 체중의 기댓값인 $E(Y)$를 더한 값과 같다는 의미이다(수식 12.7 참조).

또한 상수 c가 주어졌을 때 새로운 확률변수인 $Z = cX$의 기댓값은 다음 수식 (12.8)과 같다.

$$E(cX) = cE(X) \tag{12.8}$$

즉, $Z = cX$의 기댓값 $E(Z) = E(cX)$는 X의 기댓값 $E(X)$에 상수 c를 곱한 값과 같다.

확률변수의 분산과 표준편차

앞장에서 표본 공간이 주어졌을 때 이들 표본 데이터의 기댓값과 분산과 표준편차에 대해 학습하였다. 앞절에서는 확률변수의 기댓값을 정의하고 예들을 들었다. 여기서는 주어진 확률변수의 분산과 표준편차를 어떻게 나타내는지 알아보자.

먼저 확률변수의 분산을 알아보자. 주어진 확률변수 X에 대하여 **분산**(variance)은 V로 나타내거나 확률변수의 분산임을 나타내고자 할 때 V_X라고 나타내며 다음 수식 (12.9)와 같이 정의한다.

$$V(X) = E[(X\text{-}E(X))^2] \tag{12.9}$$

확률변수 X의 분산은 X의 기댓값 $\mu = E(X)$로부터 확률변수가 얼마나 떨어져 있는지의 정도를 제곱한 것의 기댓값으로 나타낸다. 주어진 확률변수의 분산을 나타낼 때 V_X라고 나타내기도 한다. 일반적으로 분산을 정의한 수식 (12.9)는 좀 더 간편하게 정리하여 수식 (12.10)과 같이 표현할 수 있다.

$$\begin{aligned} V(X) &= E[(X - E(X))^2] \\ &= E[X^2 - 2XE(X) + [E(X)]^2] \\ &= E(X^2) - 2E(X)E(X) + [E(X)]^2 \\ &= E(X^2) - [E(X)]^2 \end{aligned} \tag{12.10}$$

따라서 확률변수 X의 분산은 X^2의 기댓값 $E(X^2)$에서 X의 기댓값의 제곱인 $[E(X)]^2$을 뺀 값이다.

확률변수의 **표준편차**(standard variation)에 대해 알아보자. 확률변수에서 표준편차는 보통 σ 또는 해당 확률변수의 표준편차라는 의미에서 σ_X로 표기한다. 어떻게 정의되는지 알아보자. 확률변수 X의 분산에 대한 간편식 (12.10)을 이용하여 확률변수 X의 표준편차 σ를 다음과 같이 정의한다.

$$\sigma = \sqrt{V} = \sqrt{E(X^2) - [E(X)]^2} \tag{12.11}$$

앞장에서 표본 공간의 표본을 이용하여 기댓값, 분산, 표준편차를 정의하였다. 여기서는 확률변수의 기댓값, 분산, 표준편차를 정의하였는데, 차이점이 무엇인지 생각해보기를 바란다. 차이점은 연습문제로 남기겠다.

12.2 확률변수의 종류

통계학에서 데이터를 가지고 가장 쉽게 접근하는 방법은 데이터를 기술하는 방식으로 이해하는 것이다. 따라서 그림 12.4처럼 데이터를 이용하여 막대그래프를 그리거나 원형 그래프 등으로 표현하여 시각적인 이해를 돕는다. 수집한 데이터가 어떻게 분포되어 있는지 어느 특정 위치에 몰려있는지 흩어져 있는지 등을 시각적으로 볼 수 있다. 그림으로 통계적인 내용을 표현하는 방법을 **기술 통계**(descriptive statistics)라고 한다.

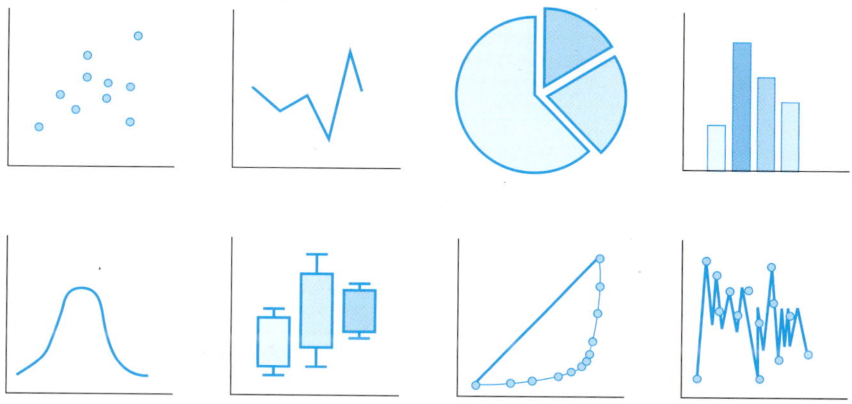

그림 12.4 기술 통계

확률분포(probability distribution)란 확률변수의 함숫값이 실수 위에 어떻게 분포되는지를 나타내는 수학적 표현으로 데이터의 분포 형태를 말해준다. 예를 들어 주사위 한 개를 던지는 실험에서 주사위 눈금에 따라 만 원을 곱하여 상금을 준다고 했을 때 확률변수 X를 상금이라고 하면 X가 갖는 값은

$$10000,\ 20000,\ 30000,\ 40000,\ 50000,\ 60000$$

이다. 실제로 주사위 던지기를 무한히 많이 실시할 때 상금으로 받게 되는 금액은 어떻게 분포될까? 6000명이 주사위를 한 번씩 던지는 시행을 하고 상금을 타간다면 만 원을 상금으로 받는 사람은 몇 퍼센트 정도일까? 2만 원을 상금으로 받는 사람은 몇 퍼센트일까? 등 이러한 내용을 설명해줄 수 있는 개념이 확률분포이다. 물론 이 예제에서는 주사위 눈금의 확률이 모두 1/6이기 때문에 상금을 타가는 사람들도 균등하게 천명 정도 되리라 추측할 수 있다. 이 시행에 참여하는 사람의 수를 6000명이 아니라 계속해서 늘려간다면 이 분포는 점점 더 1/6의 확률로 균

등하게 분포될 거라는 사실을 앞에서 배운 확률의 수렴 이론에 따라 이해할 수 있다. 궁극적으로 예로 들은 확률변수 *X*는 균등분포(uniform distribution)의 특성이 있다는 것을 알 수 있다. 분포가 이처럼 균등한 경우도 있지만 특정 영역에 데이터가 집중되는 분포도 있다. 잘 알려진 정규분포는 가운데로 데이터가 분포하고 가장자리에는 분포가 성긴 형태의 분포이다. 정규분포에 대해서는 연속확률변수에서 자세히 공부하기로 하고 여기서는 균등하지 않은 분포의 사례로 정규분포가 있다고 이해하자(그림 12.5 참조).

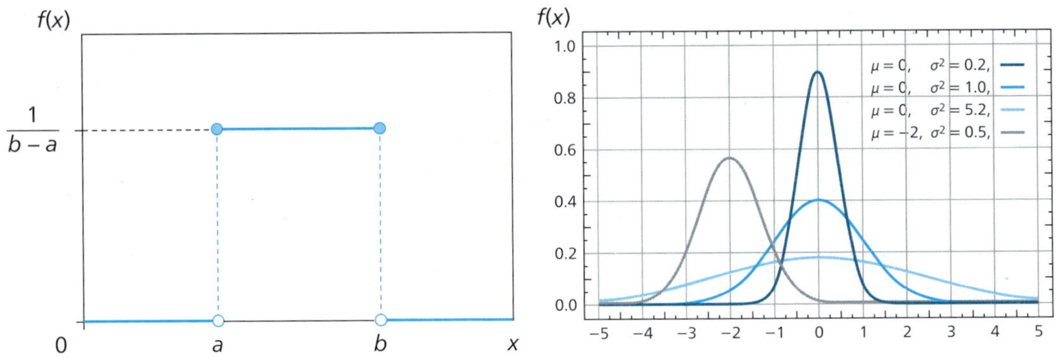

$$f(x) = \begin{cases} \dfrac{1}{b-a}, & a \le x \le b \\ 0, & \text{다른 곳} \end{cases}$$

$$f(x) = \frac{1}{\sigma\sqrt{2\pi}} e^{-\frac{1}{2}\left(\frac{x-\mu}{\sigma}\right)^2}$$

그림 12.5 균등분포와 정규분포

확률변수의 값이 항상 균등하게 분포를 이루고 있지는 않다. 어떤 확률변수의 분포는 다른 형태의 분포 특성을 나타낼 수도 있다. 분포가 어떤 모양을 가졌는지는 데이터의 확률분포에 따라 달라진다. 세상의 모든 데이터 유형을 분포 종류로 분류한다면 수도 없이 많은 분포의 종류가 존재한다. 하지만 모든 분포를 다 다룰 수는 없고 가장 많이 나타나는 분포를 분류하고 학습하고 이들에 대한 수학적 지식을 축적해 놓으면 새로운 데이터를 통계적으로 다룰 때 축적된 지식으로 쉽게 분석하고 설명할 수 있다. 그래서 대표적인 확률변수의 분포유형을 간단히 설명하려고 한다.

먼저 확률분포를 크게 두 가지 유형으로 분류한다. 확률변수의 함숫값이 구현되는 공역이 어떤 공간형태인지에 따라 분류한다. 공역이 대략 자연수 집합 *N*의 부분 집합인 경우와 실수 집합 *R*의 부분 집합인 경우로 분류한다. 그래서 확률변수의 공역이 자연수 집합이면 이런 확률변수를 이산형 확률변수라고 하고 이들이 갖는 분포도 이산형 확률분포라고 한다. 또한 확률변수의 공역이 실수 집합인 확률변수를 연속형 확률변수라고 하고 이들이 갖는 분포도 연속형 확률분포라고 한다. 그림 12.6에서 다양한 분포 형태를 개략적으로 나타냈다. 막대그래프 형태로 나타낸 그림은 이산확률분포를 나타내고 음영으로 나타낸 그래프는 연속확률분포를 나타낸다.

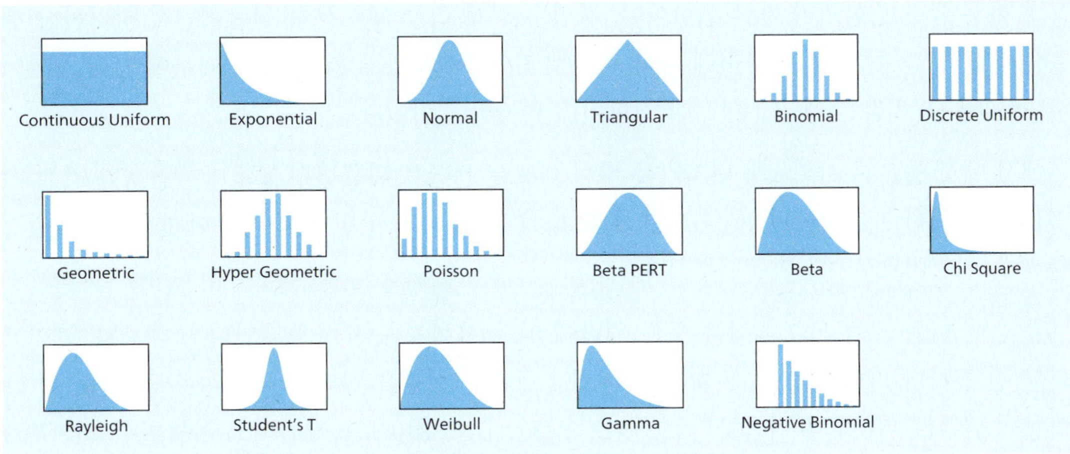

그림 12.6 다양한 분포 형태

데이터가 어떤 모양으로 나타나는지를 보여주기 위해서는 분포 개념을 이용한다고 했고 분포의 종류는 이산확률분포와 연속확률분포로 구분한다고 했다. 뒤에 배우게 되는 베르누이 분포나 이항분포 등은 이산확률분포의 대표적인 예로서 간단하지만 응용 범위가 넓은 분포이다. 정규분포(normal distribution)는 연속확률분포 중에서 가장 많이 사용되는 분포 형태이다. 인공지능에서도 여러 분야에서 정규분포를 활용한다. 지수 법칙을 따르는 분포도 정규분포만큼 많은 응용성을 가지고 있다. 정규분포를 **가우스분포**(Gaussian distribution)라고도 한다. 우선 이산확률변수와 연속확률변수에 대해 알아보자.

이산확률변수와 연속확률변수

분포는 확률변수가 갖게 되는 값이 어떤 범위의 수인지에 따라 이산확률분포와 연속확률분포로 나누어진다. 확률변수 X가 표본 공간 S에서 정의되는데, $X(S) = \{X(s) \mid s \in S\}$는 실수의 부분 집합이다. 이 집합이 수학적으로 **가산 집합**(countable set)이면 X를 **이산확률변수**(discrete random variable)라고 하고, 이 집합이 **비가산 집합**(uncountable set)인 경우에는 X를 **연속확률변수**(continuous random variable)라고 한다.

가산 집합이란 유한 집합이거나 자연수처럼 집합의 원소를 하나하나 순서대로 셀 수 있는 집합을 말한다. 예를 들면 유한개의 원소로 구성된 집합은 가산 집합이다. 또한 홀수 전체 집합이나 4의 배수 집합 등도 가산 집합이며 자연수 전체 집합 N도 가산 집합이다. 유리수 전체 집합이 가산 집합인지 아닌지 하는 의구심이 들지만 실제로 유리수 전체 집합 Q도 가산 집합이다. 하지만 개구간 (0, 1)이나 폐구간 [1, 100] 또는 실수 전체 집합 R은 원소를 하나하나 셀 방법이 없기 때문에 비가산 집합이다.

가산 집합과 무한 집합은 개념이 다른 집합이다. 이 개념을 혼동하지 말기를 바란다. 집합 {1,

2, 3, 4}는 유한 집합이며 가산 집합이다. 자연수 전체 집합 N은 무한 집합이면서 하나하나 세는 규칙을 만들 수 있고 그 규칙에 따라 원하는 자연수까지 도달할 수 있기 때문에 가산 집합이다. 하지만 [1, 2]같은 폐구간은 무한 집합이며 비가산 집합이다.

위에서 예로 들은 주사위 1개 던지기를 하여 나오는 눈금을 확률변수 X하고 하면 X가 가질 수 있는 값은 집합으로 나타낼 때 {1, 2, 3, 4, 5, 6}이 된다. 따라서 이 집합은 유한개인 6개의 원소를 갖는 집합이므로 이산확률변수이다.

예를 들어 다음 그림 12.7과 같은 둥근 원반에 0부터 1까지 숫자를 표기한다고 해보자. 그리고 화살 침을 하나 만들어 놓고 그 화살을 손으로 돌리는 실험을 한다고 하자. 손으로 돌린 뒤 그 화살이 멈추는 위칫값을 기록하기로 한다. 즉, $S = \{s \in R \mid 0 \le s < 1\}$이고 확률변수 X를 $X(s) = s$라고 하자.

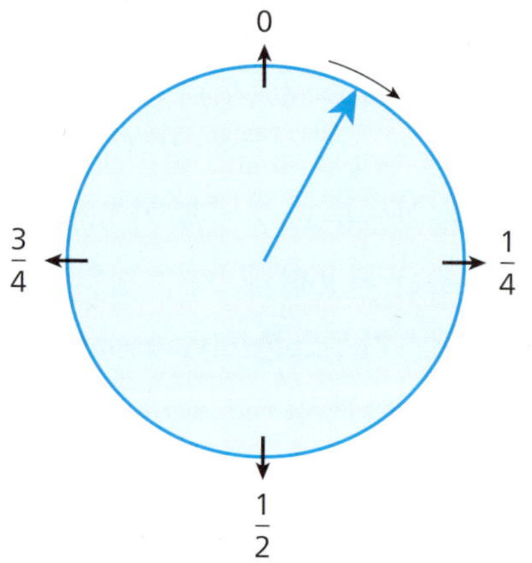

그림 12.7 화살이 멈추는 위치에 해당하는 연속확률변수

X가 가질 수 있는 값은 [0, 1)이 된다. 즉, $X(S) = \{X(s) \mid s \in S\} = [0, 1)$이고 이 집합은 자연수처럼 셀 수 있는 집합이 아니므로 비가산 집합이다. 따라서 확률변수 X는 연속확률변수이다.

연속확률변수 X의 특징 중 하나는 한 점에 대한 확률값이 0이 된다. 화살의 눈금이 멈추는 자리를 s라고 할 때 $P(X = s) = P(s) = 0$이다. 그 이유는 모든 점 $s \in S$에 화살이 멈추게 될 가능성은 같다고 보기 때문에 확률값이 같다. 그런데 이 값이 조금이라도 양의 값 $\varepsilon > 0$을 가지게 된다면 모든 $s \in S = [0, 1)$에 대하여 $P(X = s) = \varepsilon$이어야 한다. 그런데 [0, 1) 사이에는 무한히 많은 점이 존재하므로 그 많은 점에 대해 확률값을 더하게 되면 1을 훨씬 넘어서게 된다. 따라서 $P(X = s) = P(s) = 0$일 수밖에 없다. 이 사실이 연속확률변수의 특징이다.

반면에 이산확률변수 X에서 한 점에 대한 확률값은 0일 때도 있지만 양의 값을 가질 수도 있다. 즉, $P(X = s)$는 $0 \le P(X = s) \le 1$의 값을 갖는다.

확률분포

우선 정규분포나 다른 분포에 대해 학습하기 전에 확률분포가 무엇인지부터 알아야 한다. 분포 또는 **확률분포**(probability distribution)는 쉽게 말해서 특정 표본이 나타날 확률을 나타내는 함수이다.

예를 들어 주사위를 던져서 나오는 눈금을 확률변수 X라고 하면 X는 1부터 6까지의 값을 가지게 된다. 주사위를 던지는 횟수를 늘려나갈 때 1이 나오는 확률이나 2가 나오는 확률, . . . , 6이 나오는 확률이 모두 1/6이 된다. 따라서 이러한 분포는 균등하게 나타나기 때문에 균등분포라고 한다. 이 분포가 이산확률분포이므로 이산균등분포라고 해야 더 적합한 표현이다.

이산확률변수 X가 갖는 값이 가산 집합이므로 무한개일 수도 있다고 했다. 예를 들어 이산확률변수 X가 갖는 값이 $\{x_i | i = 1, 2, 3, . . .\}$이라고 하자. 그러면 이 확률변수 X는 절대로 균등분포가 될 수 없다. 왜냐하면 모든 x_i에 대하여

$$P(X = x_i)$$

값이 동일한 양의 값 $\varepsilon > 0$을 가져야 하는데, x_i의 수가 무한개이므로 총합은 ∞가 된다. 따라서 확률함수 P가 만족해야 하는

$$\sum_{i=1}^{\infty} P(X = x_i) = 1$$

이라는 공리에 모순된다. 이산확률변수 X가 균등분포를 갖기 위해서 X는 반드시 유한개의 값을 가져야만 한다.

이산확률변수가 이산균등분포만 있는 것은 아니다. 대표적인 이산확률변수는 다음과 같다.

- 균등분포(uniform distribution)
- 베르누이분포(Bernoulli distribution)
- 이항분포(binomial distribution)
- 푸아송분포(Poisson distribution)
- 기하분포(geometric distribution)
- 초기하분포(hypergeometric distribution)
- 음이항분포(negative binomial distribution)
- 다항분포(multinomial distribution)

앞에서 언급했던 원반의 화살표 돌리기 실험을 다시 생각해보자. 이 분포는 연속확률변수라고 했다. 이 분포도 **균등분포**(uniform distribution)이다. 그 이유는 모든 점 $s \in [0, 1)$이 나오게

되는 확률이 같을 거라는 생각이 들기 때문이다. 물론 연속확률변수의 균등분포를 정의하는 방법은 다르지만 여기서는 이에 대해 더이상 언급하지 않기로 한다.

연속확률변수가 연속균등분포만 있는 것은 아니다. 대표적인 연속확률변수는 다음과 같다.

- 정규분포(normal distribution)
- 균등분포(uniform distribution)
- t-분포(t-distribution)
- 베타분포(β distribution)
- χ^2-분포(chi-squared distribution)
- 지수분포(exponential distribution)
- F-분포(F-distribution)
- 감마분포(γ distribution)

확률질량함수와 확률밀도함수

주어진 확률변수 X가 이산확률변수일 경우에 X가 갖는 값을 $\{x_1, x_2, \ldots, x_n, \ldots\}$이라고 하자. 이때 X가 x가 될 확률을 수식 (12.12)와 같이 나타낼 수 있다.

$$f_X(x) = P(X = x) \tag{12.12}$$

수식 (12.12)를 확률변수 X의 **확률질량함수**(probability mass function)라고 한다. 이 함수를 실제로 살펴보면

$$f_X(x) = \begin{cases} P(X = x), & x = x_i,\ i = 1, 2, \ldots \\ 0 & x \neq x_i,\ i = 1, 2, \ldots \end{cases} \tag{12.13}$$

이다. 일반적으로

$$P(X = x_i) = p_i,\ i = 1, 2, \ldots$$

라고 할 때

$$\sum_{i=1}^{\infty} p_i = 1 \tag{12.14}$$

이다.

연속확률변수 X가 주어졌다고 하자. 음이 아닌 값을 갖는 실수함수 f_X가 존재해서

$$P(a \leq X \leq b) = \int_a^b f_X(x)dx \tag{12.15}$$

가 된다. 수식 (12.15)에서 적분하는 함수인 f_X를 연속확률변수 X의 **확률밀도함수**(probability density function)라고 한다. 이 함수 f_X는 X의 확률분포를 나타내는 함수로 다음의 두 조건을 만족해야 한다.

(1) 모든 실숫값 x에 대하여 $f_X(x) \geq 0$

(2) $\int_{-\infty}^{\infty} f_X(x)dx = 1$

조건 (1)은 이산확률변수에서 모든 확률값이 0보다 크거나 같다는 의미로서 수식 (12.12)에 대응하는 개념이다. 조건 (2)는 이산확률변수에서 모든 확률값의 합이 1이 된다는 수식 (12.14)에 대응하는 개념이다. 그리고 연속확률변수에서 한 점에 대한 확률 $P(X = x) = 0$이기 때문에 임의의 a, $b(a < b)$에 대하여

$$P(a \leq X \leq b) = P(a < X \leq b) = P(a \leq X < b) = P(a < X < b)$$

가 성립한다.

이제 연속확률변수 중 하나인 정규분포를 갖는 확률변수에 대해 알아보자.

베르누이분포

운전면허 시험을 보는데 60점 이상이면 합격이고 아니면 불합격인 기준을 적용하는 경우, 화살을 쏘아 과녁을 맞히거나 빗나가는 경우, 동전을 던져서 앞면이 나오면 성공이고 뒷면이 나오면 실패라고 하는 실험 등은 오직 두 가지 결과만 나온다. 이러한 실험을 **베르누이 시도**(Bernoulli trial)라고 한다.

베르누이분포(Bernoulli distribution)는 확률론과 통계학에서 매 시행마다 오직 두 가지의 가능한 결과만 일어난다고 할 때, 이러한 실험을 1회 시행하여 일어난 두 가지 결과의 발생 가능성을 나타내는 분포이다. 보통 성공과 실패의 실험이라고 한다. 두 개 중 어느 한 사건이 발생하는 사건을 성공이라고 하고 다른 한 사건이 발생하는 걸 실패라고 할 수 있는 실험에서 분포의 이름이 출발했기 때문이다.

어느 실험을 했을 때 성공 확률이 p이고 실패 확률이 $1 - p$라고 하자. 확률변수 X를 베르누이 실험을 시행해서 성공이면 $X = 1$이라고 하고, 실패하면 $X = 0$이라고 하자. 그러면 확률변수 X의 확률질량함수는

$$p(x) = P(X = x) = \begin{cases} p, & x = 1 \\ 1 - p, & x = 0 \end{cases} \tag{12.16}$$

이다. 수식 (12.16)과 같은 분포를 갖는 확률변수 X를 베르누이분포라고 하고 $X \sim Bern(p)$로 나타낸다. 베르누이분포 X의 기댓값과 분산 V를 구하면 다음과 같다.

$$E(X) = \sum_x xp(x) = (1)p + (0)(1 - p) = p$$
$$V(X) = E(X^2) - (E(X))^2 = p - p^2 = p(1 - p)$$

베르누이분포를 갖는 확률변수 X의 예를 하나 들어보자. 주사위를 두 개 던져서 두 눈금의 합이 7이면 성공, 그렇지 않으면 실패라고 한다. 즉, 성공하면 $X = 1$, 실패하면 $X = 0$이다. 그러면 합이 7이 되는 경우가 총 36가지의 현상 중에서 6가지이므로

$$p(x) = P(X = x) = \begin{cases} \frac{1}{6}, & x = 1 \\ \frac{5}{6}, & x = 0 \end{cases}$$

이다. X의 기댓값과 분산을 구해보면

$$E(X) = \frac{1}{6}$$
$$V(X) = \frac{1}{6} \cdot \frac{5}{6} = \frac{5}{36}$$

이다.

이항분포

이산확률분포 중 하나인 **이항분포**(binomial distribution)는 베르누이 시도와 밀접한 관계가 있다. 베르누이 시도를 독립적으로 n회 반복해서 실시하고 n회 중 성공한 횟수를 X라고 할 때 X가 갖는 분포를 이항분포라고 한다. 실제로 X가 가질 수 있는 값인 성공 횟수는 $0, 1, \ldots, n$이다. n회 모두 실패할 경우부터 n회 모두 성공할 경우까지 총 $n + 1$개의 값을 갖는다. X의 분포는

$$p(x) = P(X = x) = \binom{n}{x} p^x (1 - p)^{n-x}, \ x = 0, 1, 2, \ldots, n \tag{12.17}$$

이다. 수식 (12.17)에서

$$\binom{n}{x}$$

는 n개 중에서 x개를 선택하는 방법의 수를 말하며

$$\binom{n}{x} = \frac{n!}{x!(n-x)!}$$

이다. 이항 정리를 이용하면

$$\sum_{n=0}^{n} \binom{n}{x} p^x (1-p)^{n-x} = ((1-p)+p)^n = 1^n = 1 \tag{12.18}$$

이되므로 확률분포함수 조건을 만족한다. 수식 (12.18)이 성립함을 보이기 위해 우리가 알고 있는 이항 정리를 이용하자. 이항 정리란 두 개의 항을 가진 수의 멱 제곱을 계산하는 식을 정리해놓은 것이다. 예를 들어 두 개의 항 a와 b의 합에 대하여 n제곱까지 생각해보자.

$$\begin{gathered}
(a+b)^0 = 1 \\
(a+b)^1 = a+b \\
(a+b)^2 = a^2 + 2ab + b^2 = \binom{2}{0}a^2b^0 + \binom{2}{1}a^1b^1 + \binom{2}{2}a^0b^2 \\
(a+b)^3 = a^3 + 3a^2b + 3ab^2 + b^3 = \binom{3}{0}a^3b^0 + \binom{3}{1}a^2b^1 + \binom{3}{2}a^1b^2 + \binom{3}{3}a^0b^3 \\
\vdots
\end{gathered}$$

$$(a+b)^n = \binom{n}{0}a^nb^0 + \binom{n}{1}a^{n-1}b^1 + \ldots + \binom{n}{i}a^{n-i}b^i + \ldots + \binom{n}{n}a^0b^n = \sum_{i=0}^{n}\binom{n}{i}a^{n-i}b^i \tag{12.19}$$

가 된다. 우리는 수식 (12.19)를 수학적 귀납법으로 증명할 수 있는데 연습문제로 남긴다. 마지막 수식 (12.19)를 이항 정리라고 한다. 수식 (12.19)에서

$$i = x,\ b = p,\ a = 1 - p$$

로 대체하면

$$((1-p)+p)^n = \sum_{x=1}^{n} \binom{n}{x} p^x (1-p)^{n-x} \tag{12.20}$$

을 얻는다. 수식 (12.20)의 좌변은 1이므로 수식 (12.18)이 증명되었다.

파스칼의 삼각형 원리

파스칼의 삼각형이란 이항계수를 삼각형 모양으로 나열한 것이다. 이 삼각형은 블레즈 파스칼이 13살 때 발견하여 이항계수를 구할 때 사용했다고 해서 파스칼의 삼각형이라고 한다. 삼각형을 그리는 규칙은 다음과 같다.

1. 숫자가 들어갈 칸의 수는 첫 번째 줄에는 1개, 두 번째 줄에는 2개, 세 번째 줄에는 3개 이런 식으로 한 줄씩 내려가면서 칸의 수를 한 개씩 늘려나가면서 정삼각형 모양을 만든다.
2. 첫 번째 줄의 한 칸은 1로, 두 번째 줄의 두 칸 모두는 1로 채워 넣는다.
3. 세 번째 줄부터는 줄의 양쪽 끝 칸에는 1을 넣고 나머지 칸에는 바로 윗줄에 위치한 칸 중 해당 칸과 인접해 있는 두 칸의 숫자를 더해서 그 값을 넣는다.

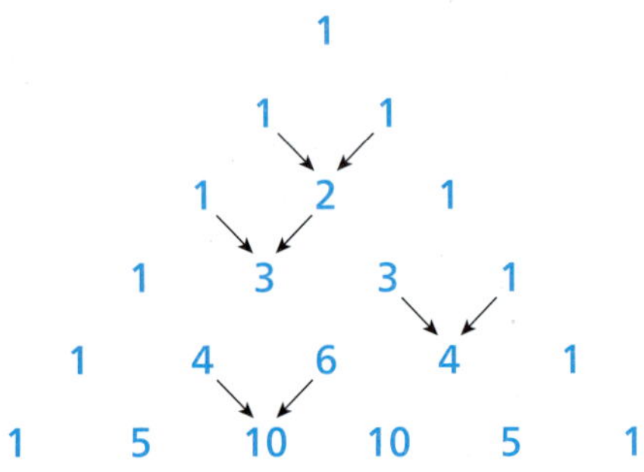

그림 12.8 파스칼의 삼각형

이 규칙에 따라 삼각형을 그려보면 그림 12.8과 같다. 파스칼의 삼각형을 수학 공식으로 나타내면 아래와 같으며, 이를 파스칼 항등식이라고 한다. n, i가 음이 아닌 정수이고 $1 \le i \le n-1$일 때,

$$\binom{n}{i} = \binom{n-1}{i-1} + \binom{n-1}{i}$$

이다.

따라서 이와 같은 분포를 갖는 확률변수를 이항분포라고 하고 $X \sim B(n, p)$로 나타낸다. 이항분포 $X \sim B(n, p)$의 기댓값과 분산을 구해보자. 먼저 기댓값은 다음 수식 (12.21)이므로 실제 어떤 값을 갖는지 이를 구해보자.

$$E(X) = \sum_{x=0}^{n} xp(x) = \sum_{k=0}^{n} x\binom{n}{x}p^x(1-p)^{n-x} \tag{12.21}$$

을 계산해야 한다. 복잡해 보이지만 수식 (12.21)의 우변을 계산해보자.

$$\begin{aligned}\sum_{x=0}^{n} x\binom{n}{x}p^x(1-p)^{n-x} &= \sum_{x=1}^{n} x\frac{n!}{(n-x)!x!}p^x(1-p)^{n-x} && \left(\because x=0 \Rightarrow 0\binom{n}{0}p^0(1-p)^n = 0\right)\\ &= \sum_{x=1}^{n} x\left\{\frac{n(n-1)!}{(n-x)!x!}\right\}pp^{x-1}(1-p)^{n-x}\\ &= np\sum_{x=1}^{n} x\frac{(n-1)!}{(n-x)!x(x-1)!}p^{x-1}(1-p)^{n-x} && (\because n\text{과 } p\text{는 상수})\end{aligned}$$

$$= np\sum_{x=1}^{n}\frac{(n-1)!}{((n-1)-(x-1))!(x-1)!}p^{x-1}(1-p)^{(n-1)-(x-1)}$$

$$(\because n-x=(n-1)-(x-1))$$

$$= np\sum_{k=0}^{n-1}\frac{(n-1)!}{((n-1)-k)!k!}p^{k}(1-p)^{(n-1)-k} \qquad (\because k=x-1)$$

$$= np\,\{p+(1-p)\}^{n-1} = np1^{n-1} = np$$

($\because$ $(n-1)$ 거듭제곱에 대한 이항 정리)

따라서 우리가 구하고자 하는 기댓값 (12.21)은

$$E(X) = E(B(n, p)) = np$$

이다. 이제 분산을 구해보자. 분산의 간편식을 이용하면

$$V(X) = E(X^2) - (E(X))^2 \tag{12.22}$$

이고, $E(X) = np$라는 사실을 알기 때문에 $E(X^2)$만 구하면 분산값을 구할 수 있다.

$$E(X^2) = \sum_{x=0}^{n} x^2 p(x) = \sum_{x=0}^{n} x^2\binom{n}{x}p^x(1-p)^{n-x} \tag{12.23}$$

이므로 수식 (12.23)의 우변을 계산해보자.

$$\sum_{x=0}^{n} x^2\binom{n}{x}p^x(1-p)^{n-x} = \sum_{x=1}^{n} x^2\frac{n!}{(n-x)!x!}p^x(1-p)^{n-x} \qquad \left(\because x=0 \Rightarrow 0\binom{n}{0}p^0(1-p)^n=0\right)$$

$$= \sum_{x=1}^{n} x\left\{\frac{n(n-1)!}{(n-x)!(x-1)!}\right\}pp^{x-1}(1-p)^{n-x}$$

$$= np\sum_{x=1}^{n} x\frac{(n-1)!}{(n-x)!(x-1)!}p^{x-1}(1-p)^{n-(x-1)} \qquad (\because n\text{과 } p\text{는 상수})$$

$$= np\left\{\sum_{k=0}^{n-1}(k+1)\frac{(n-1)!}{((n-1)-k)!k!}p^k(1-\mathrm{p})^{n-k}\right\}$$

$$(\because x-1=k \Rightarrow n-x=(n-1)-k)$$

$$= np\left\{\sum_{k=0}^{n-1}k\frac{(n-1)!}{((n-1)-k)!k!}p^k(1-p)^{n-k} + \sum_{k=0}^{n-1}\frac{(n-1)!}{((n-1)-k)!k!}p^k(1-p)^{n-k}\right\}$$

$$(\because k=x-2)$$

$$= np\left\{\sum_{k=1}^{n-1}k\frac{(n-1)!}{((n-1)-k)!k!}p^k(1-p)^{n-k} + 1\right\}$$

($\because$ 중괄호 안의 두 번째 항이 $B(n-1, p)$의 모든 확률의 합)

$$= np\{(n-1)p+1\} \quad (\because \text{중괄호 안의 첫번째 항이 } B(n-1, p)\text{의 기댓값})$$
$$= np^2(n-1)+np$$

그러므로 우리가 구하고자 하는 분산인 수식 (12.22)의 $V(X) = V(B(n, p))$는

$$\begin{aligned} V(X) &= E(X^2) - (E(X))^2 \\ &= \{np^2(n-1) + np\} - (np)^2 \\ &= n^2p^2 - np^2 + np - n^2p^2 \\ &= np(1-p) \end{aligned}$$

이다.

이항분포를 갖는 확률변수 X의 예를 하나 들어보자. 위의 베르누이분포에서 들었던 실험을 5회 반복하여 5회 중 성공의 횟수를 X라고 하자. 그러면 $X \sim B(5, 1/6)$이다. 따라서

$$p(x) = P(X = x) = \binom{5}{x}\left(\frac{1}{6}\right)^x\left(1-\frac{1}{6}\right)^{5-x}$$

이고 X의 기댓값과 분산을 구해보면, $X \sim B(n, p)$일 때 $E(X) = np$이고 $V(X) = np(1-p)$ 이므로

$$E(X) = 5\frac{1}{6} = \frac{5}{6}$$

$$V(X) = 5\frac{1}{6}\frac{5}{6} = \frac{25}{36}$$

이다.

정규분포

연속확률분포 중 하나이며 수집된 자료에 대한 분포의 근삿값을 구할 때 자주 사용한다. 그 이유는 확률론에서 매우 중요하게 다루는 **중심극한 정리**(central limit theorem)에 의해 임의의 독립적인 확률변수들의 평균이 정규분포에 가까워지기 때문이다. 정규분포는 2개의 매개변수인 평균 μ와 표준편차 σ에 의해 그 분포의 모양이 결정되기 때문에 이 분포를 $N(\mu, \sigma)$라고 나타낸다. 특히 $\mu = 0$이고 $\sigma = 1$인 정규분포 $N(0, 1)$을 **표준정규분포**(standard normal distribution)라고 한다. 이들 분포의 모양을 그림으로 알아보자.[1]

[1] 위키피디아 참조: By Inductiveload - self-made, Mathematica, Inkscape, 퍼블릭 도메인, https://commons.wikimedia.org/w/index.php?curid = 3817954

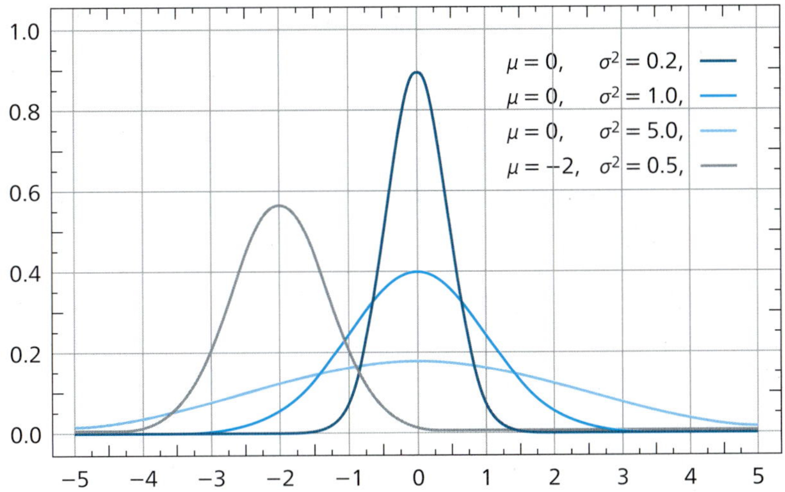

그림 12.9 여러 가지 정규분포

그림 12.9에서 청록색으로 표시한 분포도가 표준정규분포도이다. 이와 같이 정규분포의 분포도는 서양의 종 모양으로 분산이 작아질수록 폭이 좁아지고 분산이 클수록 폭이 넓어진다. 정규분포의 기댓값은 μ로서 그림 12.9에 나타난 확률밀도함수에 대응하는 확률변수의 기댓값은 모두 $\mu = 0$이다. 그래프는 다음 수식 (12.24)와 같은 함수의 그래프이다.

$$f(x) = \frac{1}{\sigma\sqrt{2\pi}} exp\left[-\frac{(x-\mu)^2}{2\sigma^2}\right] \tag{12.24}$$

실제로 매개변수 μ와 σ에 종속되는 수식 (12.24)에 나타낸 함수들이 정규분포 $N(\mu, \sigma)$를 갖는 확률변수의 확률밀도함수이다. σ값에 따라 그래프의 폭이 달라지며 μ에 따라 대칭 중심이 μ로 이동한다. 표준정규분포를 보통 $Z = N(0, 1)$이라고 나타내는데 여기에 대응하는 확률밀도함수는

$$f(x) = \frac{1}{\sqrt{2\pi}} exp\left[-\frac{x^2}{2}\right] \tag{12.25}$$

이다. 수식 (12.25)로 표현된 함수 그래프가 그림 12.9에서 청록색으로 나타낸 그래프이다.

정규분포 곡선 그리기

정규분포의 분포함수를 온라인에서 그래프로 그려보고 확률값도 알아보자. 정규분포 $N(\mu, \sigma)$는 μ값과 σ값에 따라 모양이 달라진다. μ는 그래프를 x축을 따라 이동시키는 역할을 하고, σ는 그래프가 넓게 퍼지는지 중심에 모이는지를 나타낸다. 따라서 μ와 σ를 조정하면 무한히 많은 정규분포의 분포함수를 나타낼 수 있다. 기본이 되는 것은 표준정규분포인 $Z = N(0, 1)$이다.

예를 들어 $\mu = 3$이고 $\sigma = 2$인 정규분포 $N(3, 2)$의 그래프를 그려보자. 다음 파이썬 코드를 실행해보자.

In

```
import numpy as np
import matplotlib.pyplot as plt
from scipy.special import erf

np.random.seed(0)

plt.style.use('default')
plt.rcParams['figure.figsize'] = (6, 3)
plt.rcParams['font.size'] = 12
plt.rcParams['lines.linewidth'] = 5

mu = 3.0
sigma = 2.0

x = np.linspace(-8, 8, 1000)
y = (1 / np.sqrt(2 * np.pi * sigma**2)) * np.exp(-(x-mu)**2 /
                                                   (2 * sigma**2))

plt.plot(x, y, alpha=0.7, label='PDF of N(3, 2)')
plt.xlabel('x')
plt.ylabel('f(x)')
plt.legend(loc='upper left')

plt.show()
```

Out

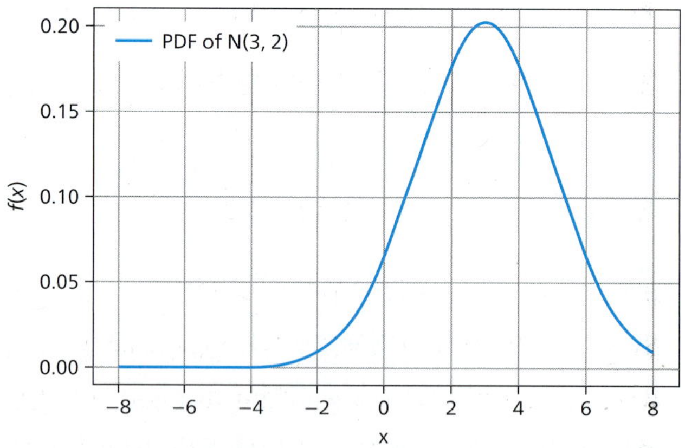

정규분포를 이용한 난수 생성

컴퓨터 시뮬레이션을 하려면 데이터가 있어야 한다. 하지만 어떠한 분포를 갖는 데이터인지가 매우 중요하다. 따라서 시뮬레이션을 위해 특정 분포를 갖는 데이터를 생성할 필요가 있다. 예를 들어 몬테-카를로 방법(Monte-Carlo method)이라고 하는 시뮬레이션에서 정규분포를 따르는 값들을 생성해야 한다. 이때 정규분포를 갖는 랜덤 데이터를 만들기 위해 정규분포 데이터 생성기를 활용하면 된다. 정규분포를 따르는 랜덤 넘버를 생성할 수 있다. 예를 들어 정규분포를 갖는 랜덤 데이터를 만들기 위해 인터넷에서 제공하는 온라인 사이트를 이용할 수 있다. 이때 생성된 데이터는 정규분포를 갖는다. 즉, 인공으로 정규분포를 가지는 데이터를 생성하여 이를 실제로 응용하는 모델에 적용하고 결과를 유추해볼 수 있다.

예를 들어 정규분포를 이용하여 난수를 생성해보자. 다음 파이썬 코드를 실행해보자.

In

```
import numpy as np

a = np.random.rand(5)

print(a)
```

Out

```
[0.5488135 0.71518937 0.60276338 0.54488318 0.4236548 ]
```

지금까지 정규분포에 대해 알아보았다. 이번에는 인공지능의 딥러닝에서 많이 사용되는 또 다른 분포인 지수분포에 대해 알아보자. 지수 법칙을 따르는 분포는 정규분포와 마찬가지로 자연이나 사회 등의 다양한 현상에 적용된다. 정규분포보다 응용 범위가 넓으며 주식시장의 붕괴와 대규모 자연재해 같은 극단적으로 드문 빈도를 갖는 문제를 모델화하는 데 사용할 수 있는 분포함수가 바로 지수분포이다. 지수분포를 이야기 하려면 푸아송분포를 먼저 다뤄야 한다. 푸아송분포를 간단히 설명하고 지수분포에 대해 알아보자.

푸아송분포

확률론이나 통계학에서 어떤 사건이 서로 독립적일 때, 일정 시간 동안 발생하는 사건의 횟수를 확률변수 X라고 한다면 이 확률변수는 특정한 분포를 따른다. 이 분포가 이산확률분포 중 하나인 **푸아송분포**(Poisson distribution)이다. 예를 들어 특정 사거리에서 오전 8시부터 오전 10시 사이에 발생하는 교통사고 건수를 확률변수 X라고 한다면 X의 확률질량함수는 사건이 일어날 횟수에 대한 기댓값을 λ라고 하고 그 사건이 k회 발생할 확률로

$$P(X = k) = f(k, \lambda) = \frac{\lambda^k e^\lambda}{n!},\ k = 1, 2, 3, \ldots \quad (12.26)$$

을 갖는다. 푸아송분포는 실제로 일어날 사건분포가 매우 낮은 경우에 적용되는 분포다. 예를 들어 어느 혈액형으로 한 사람이 일 년 동안 사망할 확률이 $1/10^5$ 정도로 낮을 경우 이 질병으로 1년에 사망할 사람의 수를 확률변수로 표현할 때 푸아송분포를 사용한다.

이를 이항분포로 나타낼 수 있지만 10만 명 당 한 명이 나올까 말까 하는 상황이므로 이를 이항분포로 표현하는 것이 적합하지 않아 n이 충분히 큰 자연수이고 확률 p는 매우 작은 수일 경우 이항분포 $B(n, p)$의 기댓값은 np였다. 기댓값을 $\lambda = np$로 갖는 푸아송분포는 어떻게 될까? 기초통계학에 관한 문헌 대부분을 읽어보면 어떻게 이항분포에서 푸아송분포가 유도되는지 알 수 있으므로 여기서는 생략하고 연습문제로 남긴다. 푸아송분포의 기댓값이 $\lambda = 1$인 경우 발생 횟수가 k회인 확률분포를 보면 대체로 발생 건수가 좌측에 분포된다는 것을 알 수 있고 $k \geq 5$일 때 확률이 거의 0에 가깝다는 것을 알 수 있다. 푸아송분포를 갖는 확률변수를 보통 $Pois(\lambda)$로 표기한다. 푸아송분포를 그림으로 나타내면 그림 12.10과 같다.[2]

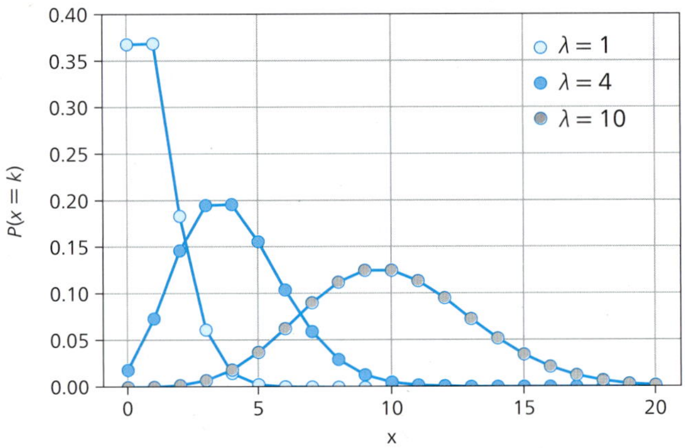

그림 12.10 푸아송분포

k는 발생 건수이고 λ는 확률변수 $X = Pois(\lambda)$의 기댓값이다. 즉, $E(Pois(\lambda)) = \lambda$이다. 또한 $V(Pois(\lambda)) = \lambda$도 성립된다.

[2] 위키피디아 참조: By Skbkekas - Own work, CC BY 3.0, https://commons.wikimedia.org/w/index.php?curid = 9447142

푸아송분포 구현

예제 12.1

확률변수 $X \sim Pois(5)$의 그래프를 나타내고 해당 분포에 따르는 난수를 생성해보자.

In

```
import numpy as np
import matplotlib.pyplot as plt
from math import factorial, exp

# Probability density of the Poisson distribution
def pois_dist(n, lamb):
   pd = (lamb ** n) * exp(-lamb) / factorial(n)
   return pd

x = np.arange(20)
pd1 = np.array([pois_dist(n, 5) for n in range(20)])

plt.ylim(0, 0.15)
plt.text(13.5, 0.14, 'lamb = 5')
plt.bar(x, pd1, color='lightcoral')

plt.show()
```

Out

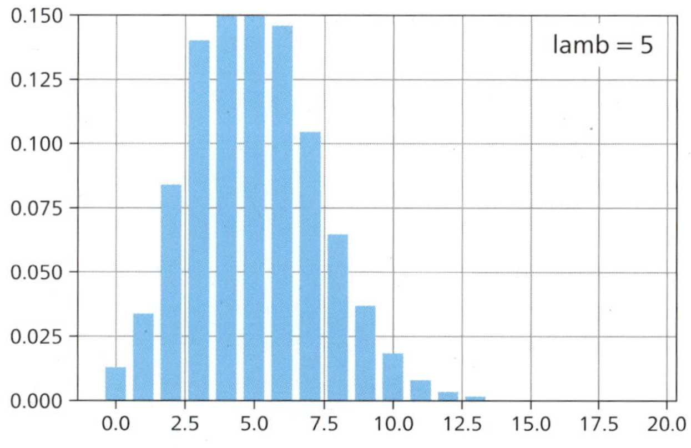

데이터를 이용하여 시뮬레이션할 때 푸아송분포를 갖는 데이터가 필요하다면 푸아송분포를 이용해서 난수를 생성하여 활용하면 된다. 여기서는 푸아송분포를 이용해서 푸아송분포를 갖는 난수를 생성해보자.

In

```
# 푸아송분포 (Poisson Distribution)
# np.random.poisson(lam=1.0, size=None)
# Poisson distribution is the limit of the binomial distribution for large N
import numpy as np

np.random.seed(seed=100)
rand_pois = np.random.poisson(lam=20, size=100)

print(rand_pois)
```

Out

```
[21 19 22 14 26 15 25 25 19 25 15 24 21 13 26 23 21 16 24 17 18 18 15
 18 22 28 21 18 17 31 23 13 20 19 24 17 20 13 19 16 16 21 16 21 19 20
 20 19 19 20 13 29  9 13 20 29 15 15 21 20 21 18 16 20 23 18 22 14 19
 20 18 17 20 24 20 15 19 19 25 17 19 27 20 17 12 22 16 23 17 11 15 19
 16 21 21 25 26 23 15 25]
```

지수분포

지수분포를 알아보자. 일정 시간 동안 발생하는 사건의 횟수가 푸아송분포를 따른다고 했다. 다음 사건이 일어날 때까지의 대기 시간은 무슨 분포를 따를까? 이 분포가 바로 지수분포이다. 예를 들어 새로 설치한 컴퓨터 칩이 고장 날 때까지의 대기 시간을 X라고 한다면 실제 데이터를 조사해 보면 지수 법칙을 따른다.

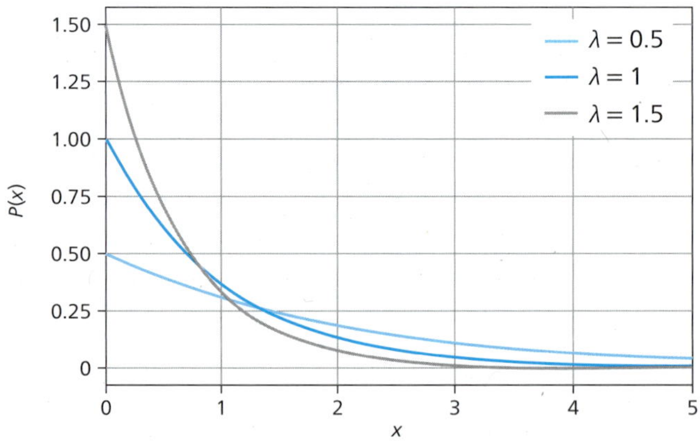

그림 12.11 지수분포

전자제품의 경우 일단 사용하기 시작한 초기에 고장 나지 않으면 상당 기간 고장 없이 사용할 수 있는 특성을 갖는다. 따라서 고장이 난다면 주로 초기에 발생한다는 뜻이고 고장 날 때까지의 시간은 특수한 형태의 분포도를 갖는다. 그 모양은 아래의 그림 12.11과 같다.[3]

이 지수분포를 갖는 확률변수의 확률밀도함수는

$$f(x, \lambda) = \begin{cases} \lambda e^{-\lambda x} & x \geq 0 \\ 0 & x < 0 \end{cases} \tag{12.27}$$

이다. $\lambda > 0$는 매개변수로서 속도 매개변수라고 한다. 이 분포함수는 $[0, \infty)$에서 양의 값을 갖고 나머지 부분에서는 0이다. 보통 확률변수 X가 수식 (12.27)과 같은 분포함수를 가지면 지수분포를 갖는다고 하고 $X \sim Exp(\lambda)$라고 나타낸다.

지수분포를 이용한 난수 생성

지수분포를 따르는 분포 중에 **파레토분포**(Pareto distribution)가 있다. 파레토분포는 거듭제곱 확률분포 형태의 분포로서 사회적, 품질관리, 과학, 지구물리학, 보험계리학 및 다양한 현상을 표현하는 데 유용하다. 확률변수 X가 파레토분포를 가질 경우 X가 특정 수 x보다 크게 될 확률을 생존함수라고 하고 다음 수식 (12.28)과 같이 나타낸다.

$$P(X > x) = \begin{cases} \left(\frac{x_m}{x}\right)^{\alpha}, & x \geq x_m \\ 1, & x < x_m \end{cases} \tag{12.28}$$

확률밀도함수는

$$f_X(x) = \frac{\alpha x_m^{\alpha}}{x^{\alpha+1}} \tag{12.29}$$

이다. 수식 (12.28)에서 x_m은 X가 가질 수 있는 최솟값이고, α는 양의 매개변수이다. 이를 그림으로 나타내면 다음 그림 12.12와 같다.[4]

[3] 위키피디아 참조: By Newystats - Own work, CC BY-SA 4.0, https://commons.wikimedia.org/w/index.php?curid = 80359746
[4] 위키피디아 참조: By Danvildanvil - Own work, CC BY-SA 3.0, https://commons.wikimedia.org/w/index.php?curid = 31096324

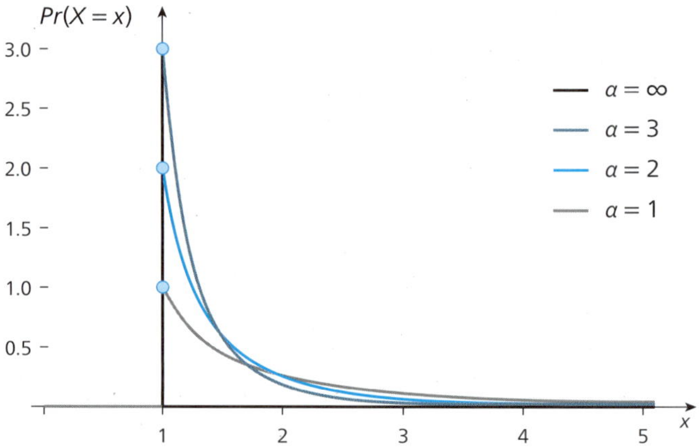

그림 12.12 파레토분포

시뮬레이션에 활용할 파레토분포를 갖는 난수를 생성해보자. 파레토분포를 갖는 난수 생성은 넘파이의 random.pareto() 함수를 사용한다. 다음 파이썬 코드를 실행해보자.

In

```
import numpy as np

a, m = 3., 2.     # 모양 및 모드
s = (np.random.pareto(a, 100) + 1) * m

print(s)
```

Out

```
[2.188255   2.93002313 3.27859195 2.43348384 2.08575775 2.04951155
 2.98910945 2.54624031 2.08302877 2.1935035  2.46541653 2.37945976
 2.16549545 2.34320475 2.88459106 2.13959429 2.5626595  3.11835134
 3.26041283 2.09047504 2.03451413 4.15255318 2.1677983  3.2347254
 2.83483883 3.03190184 3.5037713  2.6106356  2.05562364 2.33159601
 2.04582025 2.1760443  2.20227669 5.1593378  2.08564672 3.50414392
 2.29775887 3.4162687  5.38355817 4.23113688 2.25374785 3.22258294
 2.68744482 2.67152347 2.03958989 2.54915559 2.16606615 6.00428307
 2.4145898  2.73862432 2.64389777 2.4712811  2.80637927 2.06614246
 2.10775795 2.17914246 2.05957457 3.652614   3.72182479 8.34044051
 2.60372185 5.08754258 2.05586016 2.44453379 2.42954906 2.82815136
 2.57618792 3.61621162 2.07132665 2.06562734 2.01312927 3.38901431
 2.11227916 2.05679059 2.98557109 2.03084021 2.21651162 2.52691902
 2.02547106 2.67383571 2.55022864 2.40751802 4.55348659 2.40624408
 3.47400296 2.04158306 2.06263985 2.31512249 2.10942356 2.96224963
 3.34000684 2.39427893 2.27811071 4.56865295 3.66438541 2.70757613
 3.15932448 2.78720651 2.00980513 2.12217445]
```

지수분포 구현

예제 12.2

확률변수 $X \sim Exp(7)$의 그래프를 그려보고 해당 분포에 따르는 난수를 생성해보자.

In

```
import numpy as np
import matplotlib.pyplot as plt

plt.style.use('default')
plt.rcParams['figure.figsize'] = (6, 3)
plt.rcParams['font.size'] = 12
plt.rcParams['lines.linewidth'] = 2

ld = 7
x = np.linspace(0, 3, 100)
y = ld * np.exp(-ld * x)

plt.plot(x, y, alpha=0.7, label=r'$\lambda$=7')
plt.legend()

plt.show()
```

Out

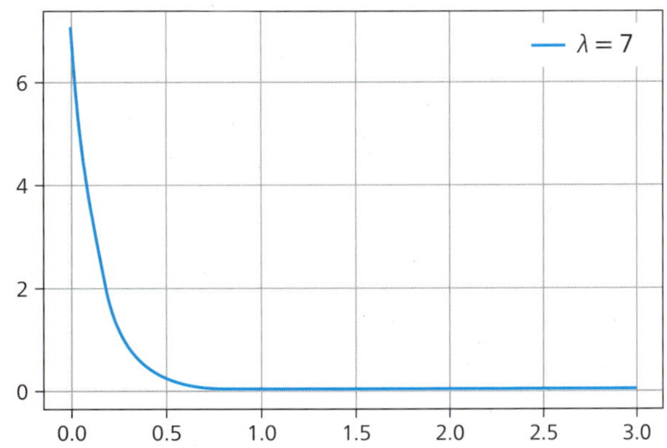

12.3 공분산

공분산(covariance)은 두 개의 데이터 집합 간에 어떠한 관계가 있는지를 알 수 있는 값이다. 인공지능에서 취급하는 데이터를 전처리할 때 공분산을 자주 사용한다. 이는 두 개의 확률변수의 상관 정도를 나타내는 방법이라고도 할 수 있다. 따라서 2개의 확률변수 중 하나의 값이 상승할 때 다른 값도 상승하거나 내려가는 경향을 보일 때 이를 공분산이라는 수치로 나타낸다. 예를 들어 키와 체중과의 관계를 생각해보면 키가 큰 학생의 체중이 대체로 더 나갈 거라는 추측을 뒷받침해줄 수 있는 수치가 공분산이다.

공분산

두 개의 데이터 집합 X와 Y가 각각 다음과 같은 값을 가진다고 하자. X는 $x_1, x_2, \ldots, x_n$을 값으로 가지며, Y는 $y_1, y_2, \ldots, y_n$을 값으로 갖는다. 이때 두 데이터 집합의 공분산은 다음과 같이 정의한다.

$$Cov(X, Y) = \frac{1}{n}\sum_{k=1}^{n}(x_k - \mu_x)(y_k - \mu_y) \tag{12.30}$$

수식 (12.30)에서 μ_x는 X의 평균이고 μ_y는 Y의 평균이다.

수식 (12.30)에서 정의한 공분산은 표본에 대한 공분산이다. 공분산의 정의를 확률변수에 적용해보자. 두 개의 확률변수 X와 Y의 공분산은 다음과 같이 정의한다.

$$Cov(X, Y) = E[(X - E(X))(Y - E(Y))] \tag{12.31}$$

두 확률변수의 공분산은 종종 분산을 표기하는 방법과 비슷하게 σ_{XY}라고 나타내거나 $\sigma(X, Y)$라고 나타낸다. 수식 (12.31)에서 $E(X)$는 X의 기댓값이고 $E(Y)$는 Y의 기댓값이다.

기댓값의 선형성질을 이용하여 이 정의를 계산해보면, 다음 수식 (12.32)와 같이 간단히 표현할 수 있다.

$$\begin{aligned} Cov(X, Y) &= E[(X - E(X))(Y - E(Y))] \\ &= E[XY - E(X)Y - E(Y)X + E(X)E(Y)] \\ &= E(XY) - E(X)E(Y) - E(Y)E(X) + E(X)E(Y) \\ &= E(XY) - E(X)E(Y) \end{aligned} \tag{12.32}$$

확률변수 X가 증가할 때 Y도 증가하는 추세가 있다면 공분산은 양의 값을 가진다. 반면에 X가 증가할 때 Y가 감소하는 추세가 있다면 공분산은 음의 값을 갖는다. 만약 이러한 관계가 불분명하다면 공분산의 값은 0에 가까운 수가 된다. 이를 그림 12.13에 나타냈다. 공분산의 값이 양수인지 음수인지에 따라 두 확률변수의 선형관계 경향을 알 수 있다.

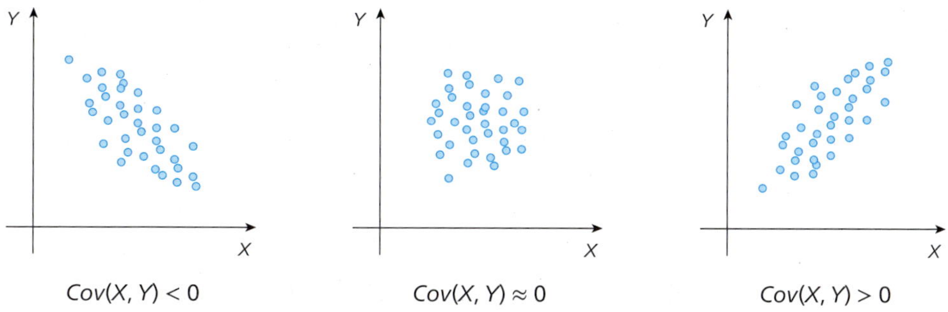

그림 12.13 공분산과 확률변수의 선형성

공분산이 방향성을 나타내고 있지만 공분산의 값의 크기에는 의미를 부여하기가 어렵다. 공분산의 값의 크고 작음이 강도의 크기를 말해주지 않기 때문이다. 확률변수의 값의 크기 자체가 크면 공분산 크기도 커질 수밖에 없다. 결국 크기를 가지고 선형관계의 강도가 어떤지 말할 수 없다. 이에 대해서는 연습문제를 통해 좀 더 자세히 알아보기로 하자.

공분산의 값을 정규화(normalize)할 필요가 있다. 공분산을 정규화한 값을 **상관계수**(correlation coefficient)라고 한다. 그래서 정규화한 공분산의 절댓값이 크면 클수록 선형관계가 강하다고 말할 수 있다. 공분산의 예를 들어보자.

예제 12.3

학생 5명이 국어 시험과 수학 시험에 응시하여 각각 다음 표와 같은 결과를 얻었다고 하자.

학생	강한솔	남성현	도현수	마상철	신선애
국어 점수	60	70	50	75	85
수학 점수	80	85	65	70	80

국어 점수를 X, 평균을 μ_x라고 하고, 수학 점수를 Y, 평균을 μ_y라고 하자. 먼저 국어 점수와 수학 점수의 평균을 계산하면 다음과 같다.

$$\mu_x = \frac{60 + 70 + 50 + 75 + 85}{5} = 68$$

$$\mu_y = \frac{80 + 85 + 65 + 70 + 80}{5} = 76$$

두 데이터의 공분산을 구해보자.

$$Cov(X, Y) = \frac{1}{5}((60-68)(80-76)+(70-68)(85-76)+(50-68)(65-76)$$
$$+(75-68)(70-76)+(85-68)(80-76))$$
$$= \frac{1}{5}(210) = 42$$

공분산을 보면 양수 42이므로 국어 점수가 높으면 수학 점수도 높은 경향이 있음을 말해준다.

이번에는 다른 반 학생 5명이 국어 시험과 수학 시험에 응시하여 각각 다음 표와 같은 결과를 얻었다고 하자.

학생	이보람	장건수	차상수	표창건	하승철
국어 점수	75	65	50	70	80
수학 점수	65	70	70	55	60

두 번째 반 학생의 국어 점수와 수학 점수의 평균을 구해보면 다음과 같다.

$$\mu_x = \frac{75+65+50+70+80}{5} = 68$$

$$\mu_y = \frac{65+70+70+55+60}{5} = 64$$

두 데이터의 공분산을 구해보자.

$$Cov(X, Y) = \frac{1}{5}((75-68)(65-64)+(65-68)(70-64)+(50-68)(70-64)$$
$$+(70-68)(55-64)+(80-68)(60-64))$$
$$= \frac{1}{5}(-185) = -37$$

이 경우 공분산은 음수 37이다. 국어 점수가 높으면 수학 점수가 낮은 경향이 있음을 의미한다. 이처럼 공분산을 이용하면 두 데이터 간의 관계를 파악할 수 있다.

공분산 구현

예제 12.4

하루 운동시간 X와 체질량 지수 Y에 대한 15명의 데이터가 다음 표와 같다. 공분산을 구해 보자.

대상자	1	2	3	4	5	6	7	8	9	10	11	12	13	14	15
운동시간	3	2	0	1	2	4	1	2	1	3	2	0	3	1	0
체질량지수	15	21	25	23	19	20	23	19	20	17	21	28	20	22	26

공분산은 넘파이의 average() 함수를 사용하여 계산할 수 있다. 또한 맷플롯립을 이용하여 그래프로 두 데이터의 관계를 시각화할 수 있다.

In
```
%matplotlib inline
import numpy as np
import matplotlib.pyplot as plt

x = np.array([3, 2, 0, 1, 2, 4, 1, 2, 1, 3, 2, 0, 3, 1, 0])  # 운동시간
y = np.array([15, 21, 25, 23, 19, 20, 23, 19, 20, 17, 21, 28, 20, 22,
26])  # 체질량지수
cov_xy = np.average((x-np.average(x))*(y-np.average(y)))

print("cov_xy", cov_xy)

plt.scatter(x, y, marker="o", label = "xy", s = 40)     # s는 마커의 크기
plt.legend()
plt.xlabel("x", size = 14)
plt.ylabel("y", size = 14)
plt.grid()

plt.show()
```

Out

cov_xy -3.1777777777777776

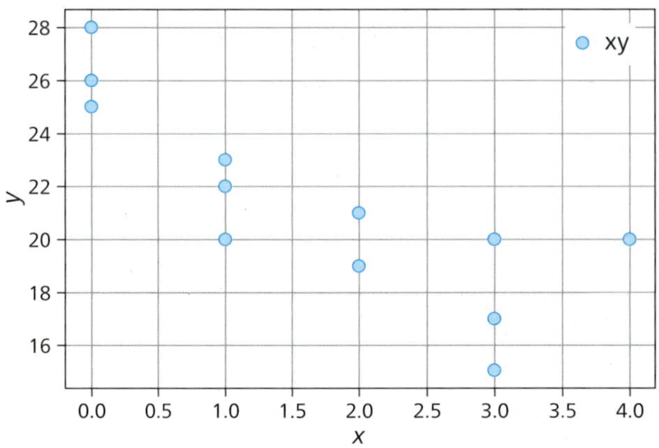

공분산에서 데이터 생산

`random.multivariate normal()` 함수는 공분산과 정규분포를 사용해서 데이터를 생성한다. 평균과 공분산을 토대로 랜덤하게 순서쌍 데이터를 생성한다. 이 함수는 공분산 행렬로 지정해야 한다.

도전문제

문제 12.1

다음 표에 나타낸 데이터는 포트폴리오를 구성하고 있는 두 증권 X와 Y의 4분기 동안 수익률에 대한 분포이다. 투자금액을 X증권에 50%, Y증권에 50% 투자할 때 포트폴리오 X와 Y의 공분산을 구하시오.

적용 기간	1분기	2분기	3분기	4분기
X증권	4	6	−4	10
Y증권	−1	5	3	18

풀이

In

```
%matplotlib inline
import numpy as np
import matplotlib.pyplot as plt
```

```
x = np.array([4, 6, -4, 10])      # X증권의 수익율
y = np.array([-1, 5, 3, 18])      # Y증권의 수익율
cov_xy = np.average((x-np.average(x))*(y-np.average(y)))

print("cov_xy", cov_xy)

plt.scatter(x, y, marker="o", label = "xy", s = 40)      # s는 마커의 크기
plt.legend()
plt.xlabel("x", size = 14)
plt.ylabel("y", size = 14)
plt.grid()

plt.show()
```

Out

```
cov_xy 23.5
```

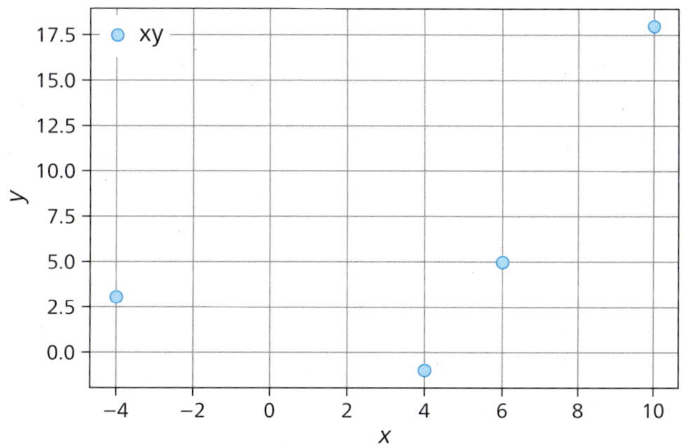

12.4 상관계수

앞에서 공분산에 대해 학습했다. 공분산의 약점은 공분산의 크기가 선형관계의 강도를 나타낸다고 말할 수 없었다는 점이었다. **상관계수**(correlation coefficient)는 두 그룹의 데이터 관계를 나타낸다는 면에서 공분산과 비슷한 개념이다. 하지만 상관계수는 공분산보다도 관계의 크기를 비교하기 쉬운 지표이다.

상관계수

상관관계는 두 확률변수 간의 어떤 선형적 또는 비선형적 관계가 있는지를 분석하는 방법이다. 이때 두 확률변수 간의 관계 강도를 상관계수로 나타낸다. 상관계수는 보통 **피어슨 상관계수**(Pearson correlation coefficient)를 사용한다. 이는 다음과 같이 정의한다.

두 개의 데이터 집합 X와 Y가 각각 다음과 같은 값을 가진다고 하자. X는 $x_1, x_2, \ldots, x_n$을 값으로 가지며, Y는 $y_1, y_2, \ldots, y_n$을 값으로 갖는다. 이때 두 데이터 집합의 상관계수 ρ_{XY}는 다음 수식 (12.33)과 같이 정의한다.

$$\rho_{XY} = \frac{n\sum_{i=1}^{n} x_i y_i - \sum_{i=1}^{n} x_i \sum_{i=1}^{n} y_i}{\sqrt{n\sum_{i=1}^{n} x_i^2 - \left(\sum_{i=1}^{n} x_i\right)^2}\sqrt{n\sum_{i=1}^{n} y_i^2 - \left(\sum_{i=1}^{n} y_i\right)^2}} \tag{12.33}$$

두 개의 확률변수 X와 Y의 상관계수는 공분산을 이용하여 수식 (12.34)와 같이 정의할 수 있다.

$$\mathrm{Corr}(X, Y) = \rho_{XY} = \frac{Cov(X, Y)}{\sigma_X \sigma_Y} \tag{12.34}$$

또한 확률변수 X와 Y의 평균과 기댓값으로 다음 수식 (12.35)와 같이 표현할 수도 있다.

$$\rho_{XY} = \frac{E[(X - \mu_X)(Y - \mu_Y)]}{\sigma_X \sigma_Y} \tag{12.35}$$

이를 풀어쓰면

$$\rho_{XY} = \frac{E(XY) - E(X)E(Y)}{\sqrt{E(X^2) - \mu_X^2}\sqrt{E(Y^2) - \mu_Y^2}} \tag{12.36}$$

이다. 수식 (12.36)에서 μ_X는 X의 기댓값이고, μ_Y는 Y의 기댓값이며, σ_X는 X의 표준편차이고 σ_Y는 Y의 표준편차이다.

수식 (12.36)으로 표현된 상관계수 ρ_{XY}의 특징을 살펴보면 다음과 같다.

(1) $-1 \le \rho_{XY} \le 1$

(2) 상관계수의 절댓값의 크기는 직선관계에 가까운 정도를 나타내고, 부호는 직선관계의 방향을 나타낸다.

- $\rho_{XY} > 0$: 양의 상관관계로서 산점도에서 점들이 우상향 방향으로 띠를 형성한다.
- $\rho_{XY} < 0$: 음의 상관관계로서 산점도에서 점들이 우하향 방향으로 띠를 형성한다.
- $\rho_{XY} = 1$: 모든 점이 정확히 기울기가 양수인 직선 위에 위치한다.
- $\rho_{XY} = -1$: 모든 점이 정확히 기울기가 음수인 직선 위에 위치한다.
- $\rho_{XY} = 0$: 점들의 선형적인 연관관계를 찾을 수 없다.

이를 그림으로 나타내면 그림 12.14와 같다.[5]

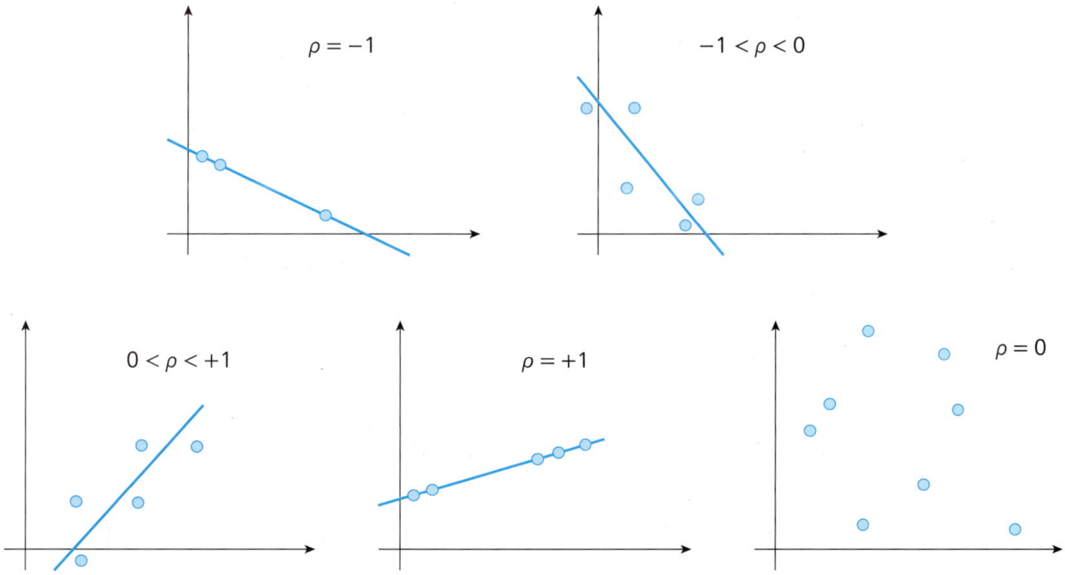

그림 12.14 상관계수와 분포도의 관계

예제 12.5

공분산을 구할 때 사용했던 예로 상관계수를 구해보자. 학생 5명이 국어 시험과 수학 시험에

[5] 위키피디아 참조: By Kiatdd - Own work, CC BY-SA 3.0, https://commons.wikimedia.org/w/index.php?curid = 37108966

응시하여 각각 다음 표와 같은 결과를 얻었다고 하자.

학생	강한솔	남성현	도현수	마상철	신선애
국어 점수	60	70	50	75	85
수학 점수	80	85	65	70	80

국어 점수를 X, 평균을 μ_x라고 하고, 수학 성적을 Y라고 하고 평균을 μ_y라고 하자. 먼저 국어 점수와 수학 점수의 평균을 계산해보면 다음과 같다.

$$\mu_x = \frac{60 + 70 + 50 + 75 + 85}{5} = 68$$

$$\mu_y = \frac{80 + 85 + 65 + 70 + 80}{5} = 76$$

두 데이터의 공분산 $Cov(X, Y) = 42$였다. 상관계수를 구해보자. 먼저 X의 표준편차 σ_X와 Y의 표준편차 σ_Y를 구해보자.

$$\begin{aligned}\sigma_X &= \sqrt{\frac{1}{5}\sum_{i=1}^{5}(x_i - \mu_X)^2} \\ &= \sqrt{\frac{1}{5}\{(60-68)^2 + (70-68)^2 + (50-68)^2 + (75-68)^2 + (85-68)^2\}} \\ &= \sqrt{\frac{1}{5}\{64 + 4 + 324 + 49 + 289\}} \\ &= \sqrt{\frac{730}{5}}\end{aligned}$$

이고

$$\begin{aligned}\sigma_Y &= \sqrt{\frac{1}{5}\sum_{i=1}^{5}(y_i - \mu_Y)^2} \\ &= \sqrt{\frac{1}{5}\{(80-76)^2 + (85-76)^2 + (65-76)^2 + (70-76)^2 + (80-76)^2\}} \\ &= \sqrt{\frac{1}{5}\{16 + 81 + 121 + 36 + 16\}} \\ &= \sqrt{\frac{270}{5}}\end{aligned}$$

이다. 그러므로

$$\rho_{XY} = \frac{Cov(X, Y)}{\sigma_X \sigma_Y} = \frac{42}{\sqrt{\frac{730}{5}}\sqrt{\frac{270}{5}}} = \frac{210}{\sqrt{730 \times 270}} \simeq \frac{210}{444} \simeq 0.473$$

이 상관계수를 보면 양의 값이므로 국어 점수가 좋은 학생이 수학 점수도 비교적 좋은 경향이 있다고 말할 수 있다. 하지만 0.47은 1에 그렇게 가까운 수가 아니므로 상관관계가 매우 크다고 말할 수는 없다.

이번에는 공분산 계산에서 예로 들었던 다른 반 학생 5명의 국어 시험과 수학 시험 성적에 대하여 상관계수를 구해보자. 학생들 성적은 다음 표와 같다.

학생	이보람	장건수	차상수	표창건	하승철
국어 점수	75	65	50	70	80
수학 점수	65	70	70	55	60

두 번째 반 학생의 국어 점수와 수학 점수의 평균을 구해보면 다음과 같다.

$$\mu_x = \frac{75 + 65 + 50 + 70 + 80}{5} = 68$$

$$\mu_y = \frac{65 + 70 + 70 + 55 + 60}{5} = 64$$

두 데이터의 공분산은 $Cov(X, Y) = -37$이었다. 이제 각각 X의 표준편차 σ_X와 Y의 표준편차 σ_Y를 구해보자.

$$\begin{aligned}\sigma_X &= \sqrt{\frac{1}{5}\sum_{i=1}^{5}(x_i - \mu_X)^2} \\ &= \sqrt{\frac{1}{5}\{(75-68)^2 + (65-68)^2 + (50-68)^2 + (70-68)^2 + (80-68)^2\}} \\ &= \sqrt{\frac{1}{5}\{49 + 9 + 324 + 4 + 144\}} \\ &= \sqrt{\frac{530}{5}}\end{aligned}$$

이고

$$\sigma_Y = \sqrt{\frac{1}{5}\sum_{i=1}^{5}(y_i - \mu_Y)^2}$$

$$= \sqrt{\frac{1}{5}\{(65-64)^2 + (70-64)^2 + (70-64)^2 + (55-64)^2 + (60-64)^2\}}$$

$$= \sqrt{\frac{1}{5}\{1 + 36 + 36 + 81 + 16\}}$$

$$= \sqrt{\frac{170}{5}}$$

이다. 그러므로

$$\rho_{XY} = \frac{Cov(X, Y)}{\sigma_X \sigma_Y} = \frac{-37}{\sqrt{\frac{530}{5}}\sqrt{\frac{170}{5}}} = \frac{-185}{\sqrt{530 \times 170}} \simeq \frac{-185}{300} \simeq -0.617$$

이 경우 상관계수는 음수이므로 국어 점수가 높으면 수학 점수가 낮은 경향이 있음을 의미한다. −0.6 정도의 상관관계이고 이 값은 1에서 좀 떨어져 있는 값이므로 음의 상관관계가 아주 크다고 말할 수 없다.

상관계수 구현

예제 12.6

다음 표는 하루 운동시간 X와 체질량지수 Y에 대한 15명의 데이터이다. 상관계수를 구해보자.

대상자	1	2	3	4	5	6	7	8	9	10	11	12	13	14	15
운동시간	3	2	0	1	2	4	1	2	1	3	2	0	3	1	0
체질량지수	15	21	25	23	19	20	23	19	20	17	21	28	20	22	26

상관계수는 넘파이의 corrcoef() 함수를 사용하여 구할 수 있다.

In
```
import numpy as np

x = np.array([3, 2, 0, 1, 2, 4, 1, 2, 1, 3, 2, 0, 3, 1, 0])  # 운동시간
y = np.array([15, 21, 25, 23, 19, 20, 23, 19, 20, 17, 21, 28, 20, 22,
26])     # 체질량지수
corr_xy = np.corrcoef(x, y)

print("상관계수는", corr_xy)
```

Out

```
상관계수는 [[ 1. -0.81350911]
[-0.81350911 1. ]]
```

도전문제

문제 12.2

다음 데이터는 포트폴리오를 구성하고 있는 두 증권 X와 Y의 4분기 동안 수익률에 대한 분포이다. 투자금액을 X증권에 50%, Y증권에 50% 투자할 때 포트폴리오 X와 Y의 상관계수를 구하시오.

적용 기간	1분기	2분기	3분기	4분기
X증권	4	6	−4	10
Y증권	−1	5	3	18

풀이

In

```
import numpy as np

x = np.array([4, 6, -4, 10])     # X증권의 수익율
y = np.array([-1, 5, 3, 18])     # Y증권의 수익율

corr_xy = np.corrcoef(x, y)

print("상관계수는", corr_xy)
```

Out

```
상관계수는 [[1. 0.64733748]
[0.64733748 1. ]]
```

정리

Mathematics for Artificial Intelligence

확률변수란 표본 공간의 각 표본에 대하여 특정 실숫값을 대응시키는 함수이다. 확률변수로 어떤 현상에 대한 확률을 수학적 기호를 이용하여 간결하게 표현할 수 있다. 이러한 수학적 표현 방식을 통해 기술적 통계학을 벗어나 수리 통계학 방식으로 통계처리를 할 수 있게 된다. 확률변수는 치역의 집합 형태가 가산 집합인지 비가산 집합인지에 따라 이산확률변수와 연속확률변수로 분류할 수 있다. 대표적인 이산확률변수인 성공과 실패만 있는 실험을 단 한 번 시행했을 경우의 확률분포를 나타내는 베르누이분포를 설명하였다. 베르누이 시행을 총 n번 시행했을 때 성공 횟수를 확률변수라고 한 이항분포, 아주 드물게 발생하는 특정 사건의 발생 건수를 확률변수로 한 푸아송분포 등에 대하여 자세히 설명하였다. 또한 대표적인 연속확률변수이며 많은 데이터 집단이 갖게 되는 정규분포의 특성을 살펴보았으며 특정 사건이 발생할 때까지의 시간을 확률변수로 한 지수분포 등에 대해서도 자세히 알아보았다.

이산확률변수나 연속확률변수 모두 확률변수가 어떻게 분포되는지를 하나의 0보다 큰 실수함수로 표현할 수 있었다. 이들 함수를 이산확률변수일 경우에는 확률질량함수라고 하였고, 연속확률변수일 경우에는 확률밀도함수라고 하였다. 이들 함수는 0과 1 사이의 값을 갖고 이산확률변수일 경우에는 총합이 1이 되며, 연속확률변수일 경우에는 실수 전 영역에서의 적분값이 1이 되는 특성이 있다. 인공지능에서는 확률분포함수를 이용하여 확률이 가장 높게 나타나는 출력을 최종 분류로 결정하기 때문에 확률분포함수는 딥러닝에 있어서 매우 중요한 역할을 한다. 또한 확률분포함수의 누적값으로 표현되는 누적 확률분포함수도 정의할 수 있는데, 이 장에서는 다루지 않았다.

동일한 표본 공간에 정의되는 두 개 이상의 확률변수 간의 관계를 공분산을 통해 정의하였다. 딥러닝 분야에서도 확률변수로 표현되는 두 개의 특성 간에 어떠한 관계가 있는지를 분석하는데 도구로 사용할 수 있는 것이 공분산과 상관계수이다. 공분산의 개념을 알아보기 위하여 학생들의 국어 점수와 수학 점수의 공분산을 직접 구해보았고, 공분산의 값이 양수인지 음수인지 또는 0에 가까운지 등에 따라 상관관계를 설명하였다. 국어 점수가 높은 학생이 수학 점수도 높은지 아니면 관계가 없는지 아니면 국어 점수가 높은 학생은 수학 점수가 낮다는 등을 나타내는 지표가 바로 공분산이다.

공분산은 한 가지 단점을 가지고 있는데, 다루고 있는 확률변수들의 값 자체가 큰 값이면 공분산이 음의 관계 또는 양의 관계를 갖게 될 때 실제 그 절댓값의 크기가 매우 커진다. 반면에 확률변수들의 값 자체가 작은 값을 가지면 공분산의 값의 상관관계와 무관하게 그 절댓값은 작게 나타난다. 하지만 이 값의 크기가 상관된 정도를 나타내지 못한다. 따라서 이를 정규화하여 나타낼 필요가 있는데 표준화한 값은 −1과 +1 사이의 값으로 제한한 상관계수이다. 상관계수를 이용하면 취급하는 확률변수의 값이 크건 작건 상관없이 상관관계의 강도를 말할 수 있다. 상관계수가 +1에 가까우면 두 개의 확률변수가 매우 큰 종속관계라는 의미이다. 즉, 하나가 커지면 다른 하나도 커진다는 뜻이다. 반대로 상관계수가 −1에 가까우면 하나가 커질 때 다른 하나는 작아지는 강한 종속관계가 있다는 의미이다. 상관계수가 0에 가깝다는 의미는 두 개의 확률변수의 종속성이 매우 약하다는 의미이며, 이들이 상호 독립성이 강하다는 의미이다.

연습문제

Mathematics for Artificial Intelligence

[문제 1~6번] 주사위 1개와 동전 1개를 동시에 던졌을 때 다음 물음에 답하시오.

01 표본 공간 S는 무엇인가?

02 이 실험을 통해 금전적인 상과 벌칙을 주기로 했다. 동전이 앞면이면 주사위 눈금에 2만 원을 곱한 금액을 상금으로 지불하고, 동전이 뒷면이면 주사위 눈금에 만 원을 곱한 금액을 벌금으로 내야 한다. 여기서 확률변수 X는 해당 표본에 대한 상금 또는 벌금액일 때, X가 가질 수 있는 값들을 모두 구하시오.

03 어떤 모집단에서 표본 데이터 12개를 추출하여 다음과 같은 값을 얻었다.

$$S = \begin{Bmatrix} 20000, & 40000, & 60000, & 80000, & 100000, & 120000, \\ -10000, & -20000, & -30000, & -40000, & -50000, & -60000 \end{Bmatrix}$$

각각의 샘플이 일어날 확률은 1/12일 때, 이 표본의 평균값을 구하시오.

04 확률변수 X의 기댓값을 구하고 문제 3에서 구한 표본의 평균값과 비교하시오.

05 확률변수 X의 분산을 구하시오.

06 확률변수 X의 표준편차를 구하시오.

07 다음 이항 정리를 수학적 귀납법으로 증명하시오.

08 푸아송분포를 이항 정리에서 유도하여 다음을 구하시오.

$$P(X = k) = f(k, \lambda) = \frac{\lambda^k e^\lambda}{n!}, \, k = 1, 2, 3, \ldots$$

09 확률변수 (X_1, Y_1)는 1반 학생 5명의 국어와 영어 중간고사 성적이다(표 1 참조). 중간고사 성적은 100점 만점이다. 확률변수 (X_2, Y_2)는 동일한 학생 5명의 국어와 영어 퀴즈 성적이다(표 2 참조). 퀴즈 성적은 10점 만점이다. 중간고사 성적의 공분산과 퀴즈 성적의 공분산을 구하고 비교하시오.

표 1

학생	강한솔	남성현	도현수	마상철	신선애
국어 중간고사 성적	60	70	50	75	85
영어 중간고사 성적	80	85	65	70	80

표 2

학생	강한솔	남성현	도현수	마상철	신선애
국어 퀴즈 성적	6	7	5	7.5	8.5
영어 퀴즈 성적	8	8	6.5	7	8

Mathematics for Artificial Intelligence

13장과 14장은 인쇄본이 아닌 파일(http://www.infinitybooks.co.kr/)로 제공한다. 13장은 11장과 12장에서 다룬 확률과 통계 내용 중에서 심화한 내용을 다루고 있다. 14장은 인공지능을 전공하는 학생들이 필요한 수학을 정리 요약한 내용이다. 따라서 계속해서 인공지능 지식을 높이고자 하는 학생이라면 필요한 수학이 어떻게 인공지능에 사용되는지를 엿볼 수 있는 내용으로 구성하였으므로 반드시 학습하기를 권장한다.

13 확률과 통계 3

13장 내용은 인피니티북스 홈페이지에서 다운로드할 수 있습니다(www.infinitybooks.co.kr).

학습목표

- 조건부 확률의 개념을 이해한다.
- 베이즈의 정리가 인공지능에서 어떻게 활용되는지 알아본다.
- 전확률과 베이즈의 정리에 대해 알아본다.
- 주어진 표본 데이터로부터 가장 적합한 분포를 찾는 가능도함수에 대해 알아본다.
- 정보량에 대한 다양한 정의와 개념을 이해한다.

학습목차

13.1 조건부 확률

어떤 환자가 병원에서 진단을 받았는데 오진일 경우가 있다. 그러면 오진율은 얼마나 되는지에 관심이 생긴다. 간단한 채혈만으로 중대한 질환을 예측할 뿐만 아니라 정확도가 90% 이상이라는 연구 결과를 신뢰할 때, 실제 질병에 걸렸다고 진단받았을 경우 오진 가능성은 얼마나 되는지가 매우 중요하다. 따라서 검사 결과 병에 걸렸다고 판정받았는데 실제는 그 병에 걸려있지 않을 가능성이 있는 반면에 검사 결과 병에 걸리지 않았다고 판정받았는데 실제는 그 병에 걸려있을 가능성도 있다. 이러한 문제는 뒤에서 배우게 될 베이지안 통계학의 핵심적인 내용이다.

베이지안 통계학을 이해하려면 조건부 확률의 개념을 정확히 알고 있어야 한다. 그래야 베이즈의 정리를 이해할 수 있으며 베이즈의 정리를 활용하여 머신러닝을 구현할 수 있다. 인공지능의 딥러닝에서는 근본적으로 확률값을 계산해야 하는 부분이 많으므로 확률론의 다양한 개념을 알고 있어야 한다. 더구나 조건부 확률에 대한 개념은 인공지능의 머신러닝에서 빼놓을 수 없는 중요 개념이다.

이 장에서는 조건부확률, 전확률과 베이즈의 정리, 가능도, 정보량을 학습하기로 한다.

13장 내용은 인피니티북스 홈페이지에서 다운로드할 수 있습니다(www.infinitybooks.co.kr).

Mathematics for Artificial Intelligence

14 인공지능과 수학

14장 내용은 인피니티북스 홈페이지에서 다운로드할 수 있습니다(www.infinitybooks.co.kr).

학습목표

- 인공지능에 대해 개괄적으로 이해한다.
- 회귀 분석의 개념을 이해하고 인공지능과 연관성을 알아본다.
- 신경망을 모방한 인공신경망의 개념을 알아본다.
- 인공신경망의 활성화함수와 다층신경망으로의 발전과정을 알아본다.
- 딥러닝의 학습, 오차, 회귀, 분류 등의 연관된 개념을 알아본다.
- 인공지능과 수학의 역할에 대해 알아본다.
- 인공지능을 위해 효과적인 수학 교육 과정과 교육 방법이 무엇인지 알아본다.

학습목차

14.1 인공지능

인공지능을 한마디로 정의하기는 매우 어렵지만 많은 데이터를 분석하여 자료를 정리하고 그 속에서 의미를 찾아낸 뒤 스스로 결정하는 기술이라고 말할 수 있다. 다시 말해서 많은 자료를 통해 학습하고 이를 토대로 새로운 입력에 해당하는 결과를 도출하려는 노력을 인공지능이라고 할 수 있다. 따라서 인공지능에서는 기존에 확보한 많은 자료로부터 필요한 자료를 검색하는 일과 효율적으로 빠르게 학습하는 알고리즘이 핵심이다. 사람이 지식을 학습하는 방식을 모방하여 기계가 학습하도록 하는 기술이 머신러닝이다. 딥러닝은 심층 학습이라고도 하고 여러 가지 비선형 변환기법을 조합하여 높은 수준의 추상화를 시도하는 기계 학습 알고리즘의 집합이다. 머신러닝의 한 영역으로서 인간의 두뇌가 데이터를 처리하고 의사결정을 위해 패턴을 만들어내는 과정을 모방하는 기능이다. 딥러닝은 목록화되지 않았거나 구조화되지 않은 데이터로부터 비지도 방식의 학습능력을 가진 네트워크이다. 비지도 학습을 통해 스스로 사물을 구분하는 능력을 갖추기 위한 노력이다. 딥러닝은 *DNN*, *CNN*, *RNN* 등의 딥러닝 기법을 컴퓨터 비전, 음성 인식, 자연어 처리, 신호 처리 등의 분야에 적용하여 물체를 탐지하거나 대화를 인식하거나 언어를 번역하거나 미흡한 인간의 의사결정 과정을 보완하여 의사결정을 하는 인간 뇌 기능을 모방한다.

이 장에서는 인공지능과 회귀 분석 개념, 인공신경망, 딥러닝을 학습하고 인공지능에서 수학의 역할에 대해 알아본다.

14장 내용은 인피니티북스 홈페이지에서 다운로드할 수 있습니다(www.infinitybooks.co.kr).

찾아보기

ㅇ

ㅈ